国家出版基金项目
NATIONAL PUBLICATION FOUNDATION

國家出版基金項目

教育部哲學社會科學研究重大課題攻關項目

「十一五」國家重點圖書出版規劃項目·重大工程出版規劃

國家社會科學基金重大項目

北京大學「九八五工程」重點項目

儒藏

精華編一九三册
子部儒學類

儒藏

精華編

北京大學《儒藏》編纂與研究中心

《儒藏》精華編第一九三册

首席總編纂 季羨林
項目首席專家 湯一介
總編纂 湯一介 龐樸 孫欽善 安平秋（按年齡排序）
本册主編 馮達文

《儒藏》精華編凡例

一、中國傳統文化以儒家思想爲中心。《儒藏》爲儒家經典和反映儒家思想、體現儒家經世做人原則的典籍的叢編。收書時限自先秦至清代結束。

二、《儒藏》精華編爲《儒藏》的一部分，選收《儒藏》中的精要書籍。

三、《儒藏》精華編所收書籍，包括傳世文獻和出土文獻。傳世文獻按《四庫全書總目》經史子集四部分類法分類，大類、小類基本參照《中國叢書綜録》和《中國古籍善本書目》，於個别處略作調整。凡單書已收入入選的個人叢書或全集者，僅存目録，並注明互見。出土文獻單列爲一個部類，原件以古文字書寫者一律收其釋文文本。韓國、日本、越南儒學者用漢文寫作的儒學著作，編爲海外文獻部類。

四、所收書籍的篇目卷次，一仍底本原貌，不選編，不改編，保持原書的完整性和獨立性。

五、對入選書籍進行簡要校勘。以對校爲主，確定内容完足、精確率高的版本爲底本，精選有校勘價值的版本爲校本。出校堅持少而精，以校正誤爲主，酌校異同。校記力求規範、精煉。

六、根據現行標點符號用法，結合古籍標點通例，進行規範化標點。專名號除書名號用角號（《》）外，其他一律省略。

七、對較長的篇章，根據文字内容，適當劃分段落。正文原已分段者，不作改動。千字以内的短文一般不分段。

八、各書卷端由整理者撰寫《校點説明》，簡要介紹作者生平、該書成書背景、主要内容及影響，以及整理時所確定的底本、校本（舉全稱後括注簡稱）及其他有關情況。重複出現的作者，其生平事蹟按出現順序前詳後略。

九、本書用繁體漢字豎排，小注一律排爲單行。

#《儒藏》精華編第一九三册

子部　儒學類

性理之屬

性理大全書卷之三十一

性理三

氣質之性命才附

南軒張氏曰：原性之理無有不善，人物所同也。論性之存乎氣質，則人稟天地之精，五行之秀，固與禽獸草木異。然就人之中不無清濁厚薄之不同，而實亦未嘗不相近也。○學者須是變化氣質，或偏於剛，或偏於柔，必反之。如禽獸是其氣質之偏，不能反也。人若不知自反，則去本性日以遠矣。若變化得過來，只是本性所有，初未嘗增添。故言性者，須分別出氣質之性。○問：人之性，其氣稟有清濁，何也？曰：二氣迭運，參差萬端，而萬物各正性命，夫豈物物而與之哉？氣稟之不同也。雖其氣稟之不同，而其本莫不善，故人貴於能反也。○太極無不善，故性亦無不善，人欲初無體也。《傳》曰：「人生而靜，天之性也。感物而動，性之欲也。」直至物至知知，好惡形焉，然後有流而爲惡者，非性所本有也。

或問：自孟子言性善，而荀卿言性惡，揚雄言善惡混，韓文公言三品，及至横渠張子分爲天地之性、氣質之性，然後諸子之説始定。性善者，天地之性也，餘則所謂氣質者也。然嘗疑之。張子所謂氣質之性形而後有，則天地之性乃未受生以前天理之流行者，故又以爲極本窮源之性，又以爲萬物一源。如此則可以謂之命，而不可以謂之性也。程子又有「人生而静以上不容説」之語，又於《好學論》言性之本，而後言形既生矣，則疑若天地之性指命而言。命固善矣，於人性果何預乎？勉齋黄氏曰：程、張之論，非此之謂也。蓋自其理而言之，不雜乎氣質而爲言，則是天地賦與萬物之本然者，而寓乎氣質之中也。故其言曰：「善反之，則天地之性存焉。」蓋謂天地之性未嘗離乎氣質之中也，其以天地爲言，特指其純粹至善，乃天地賦予之本然也。曰：形而後有氣質之性，其所以有善惡之不同，何也？曰：氣有偏正，則所受之理隨而偏正。氣有昏明，則所受之理隨而昏明。木之氣盛，則金之氣衰，故仁常多而義常少。金之氣盛，則木之氣衰，故義常多而仁常少。若此者，氣質之性有善惡也。曰：既言氣質之性有善惡，則不復有天地之性矣。子思子又有未發之中，何也？曰：性固爲氣質所雜矣，然方其未發也，此心湛然，物欲不生，則氣雖偏而理自正，氣雖昏而理自明，氣雖有贏乏，而理則無勝負。及其感物而動，則或氣動而理隨之，或理動而氣挾之，由是至善之理聽命於氣，善惡由之而判矣。此未發之前，天地之性純粹至善，而子思之所謂中也。《記》曰：「人生而静，天之性也。」程子曰：「其本也真而静，其未發也，五性具焉。」則理固有寂感，而静則其本也，動則有萬變之不同焉。愚嘗以是而質之先師矣，答曰：「未發之前，氣不用事，所以有善而無惡。」至哉此言也！○氣有清濁，譬如著些物蔽了，發不出。如柔弱之人見義不爲，爲義之意却在裏面，只是發不出。如燈火使紙罩了，光依舊在裏面，只是發不出來，拆去了紙，便自是光。○天地之間，只是箇陰陽五行，其理則爲健順五常，貫徹古今，充塞宇宙，捨此之外，别無一物，亦無一物不是此理。以人心言之，未發則無不善，已發則善惡形焉。然原其所以爲惡者，亦自此理而發，非是别有箇惡與理不相干也。若别有箇惡與理不相干，却是有性外之物也。《易》以陰陽分君子小人，周子謂性者剛柔善惡。君子小人不同而不出於陰陽，善惡不同而不出於剛柔，蓋天下未有性外之物也。人性本善，氣質之稟一昏一明，一偏一正，故有善惡之不同。其明而正者，則發無不善。昏而偏者，則發有善惡。然其所以爲惡者，亦自此理而發也，故曰惡亦不可不謂之性也。然人性本善，若自一條直路而發，則無不善。故孟子不但言性善，雖才與情，亦皆只謂之善。及其已發而有善有惡者，氣稟不同耳。然其所以爲惡者，亦自此理而發，故惡亦不可不謂之性。孟子所謂莫非命也，程子所謂思慮動作皆天也，張子所謂莫非天也，陽明勝則德性用，陰濁勝則物欲行，亦是此意。○天命之謂性，是天分付與人底謂之性，惟皇上帝降衷于民是也。所降之衷，何嘗不善？此性本無不善，天將箇性與人，便夾了氣與人，氣裏這性，性纔入氣裏面去，便有善有惡，有清有濁，有偏有正。清濁偏正雖氣爲之，然著他夾了，則性亦如此。譬如一泓之水本清，流在沙石上去，其清自若，流在濁泥中去，這清底也濁了，不可以濁底爲不是水。

北溪陳氏曰：天所命於人以是理，本只善而無惡，故人所受以爲性，亦本善而無惡。孟子道性善，是專就大本上説來，説得極親切，只是不曾發出氣稟一段，所以啓後世紛紛之論。蓋人之所以有萬殊不齊，只緣氣稟不同。這氣只是陰陽五行之氣，如陽性剛，陰性柔，火性燥，水性潤，金性寒，木性温，土性遲重。七者夾雜，便有參差不齊，所以人間所值便有許多般樣。然這氣運來運去，自有箇真元之會，如曆法算到本數湊合，所謂日月如合璧，五星如連珠時相似。聖人便是稟得這真元之會來。然天地間參差不齊之時多，真元會合之時少。如一歲間極寒極暑陰晦之時多，不寒不暑光風霽月之時極少，最難得恰好時節，人生多是值此不齊之氣。如有一等人非常剛烈，是值陽氣多；有一等人極是軟弱，是值陰氣多；有人躁暴忿厲，是又值陽氣之惡者；有人狡譎姦險，此又值陰氣之惡者；有人性圓，一撥便轉；也有一等極愚拗，雖一句善言亦説不入，與禽獸無異。都是氣稟如此。陽氣中有善惡，陰氣中亦有善惡，如《通書》所謂剛善剛惡、柔善柔惡之類。不是陰陽氣本惡，只是分合轉移、齊不齊中，便自然成粹駁善惡耳。因氣有駁粹，便有賢愚。氣雖不齊，而大本則一，雖下愚亦可變而爲善。然工夫最難，非百倍其功者不能。故子思曰：「人一能之，己百之。人十能之，己千之。果能此道，雖愚必明，雖柔必强。」正爲此耳。自孟子不説到氣稟，所以荀子便以性爲惡，揚子便以性爲善惡混，韓文公又以爲性有三品，都只是説得氣。近世東坡蘇氏又以爲性未有善惡，五峰胡氏又以爲性無善惡，都只含糊就人與天相接處捉摸，説箇性是天生自然底物，更不曾説得性端的指定是甚底物。直至二程得濂溪先生《太極圖》發端，方始説得分明極至，更無去處。其言曰：「性即理也，理則自堯舜至於塗人一也。」此語最是簡切端的。如孟子説善，善亦只是理，但不若指認理字下得較確定。胡氏看不徹，便謂善者只是贊嘆之辭，又誤了。既是贊嘆，便是那箇是好物方贊嘆，豈有不好物而贊嘆之邪？程子於本性之外，又發出氣稟一段，方見得善惡所由來，故其言曰：「論性不論氣不備，論氣不論性不明。二之則不是也。」蓋只論大本而不及氣稟，則所論有欠闕未備。若只論氣稟而不及大本，便只説得粗底，而道理全然不明。千萬世而下，學者只得按他説，更不可改易。○氣稟之説從何而起，夫子曰：「性相近也，習相遠也。」「惟上智與下愚不移。」此正是説氣質之性。子思子所謂三知三行，及所謂雖愚必明，雖柔必强，亦是説氣質之性，但未分明指出氣質字爲言耳。到二程子始分明指認説出甚詳備，横渠因之又立爲定論，曰：「形而後有氣質之性，善反之，則天地之性存焉。故氣質之性，君子有弗性者焉。」氣質之性是以氣稟言之，天地之性是以大本言之。其實天地之性亦不離氣質之中，只是就那氣質中分别出天地之性，不與相雜爲言耳。○若就人品類論，則上天所賦皆一般，而人隨其所值，又各有清濁之不齊。如聖人得氣至清，所以合下便能生知；賦質至粹，所以合下便能安行。大抵得氣之清者，不隔蔽那義理，便呈露昭著。如銀盞中滿貯清水，自透見盞底銀花子甚分明，若未嘗有水然。賢人得清氣多而濁氣少，清中微有些查滓，止未便能昏蔽得他，所以聰明也易開發。自大賢而下，或清濁相半，或清底少濁底多，昏蔽得厚了，如盞底銀花子看不見，欲見得，須十分加澄治之功。若能力學，也解變化氣質，轉昏爲明。有一般人稟氣清明，於理義上儘看得出，而行爲不篤，不能承載得道理，多雜詭譎去，是又賦質不粹。此如井泉甚清，貯在銀盞裏面亦透底清徹，但泉脉從淤土惡木根中穿過來，味不純甘，以之煮白米則成赤飯，煎白水則成赤湯，煎茶則酸澁，是有惡味夾雜了。又有一般人，生下來於世味一切簡淡，所爲甚純正，但與説到道理處全發不來，是又賦質純粹而稟氣不清。此如井泉脉味純甘絶佳，❶而有泥土渾濁了，終不透瑩。如温公恭儉力行，篤信好古，是甚次第正大資質，只緣少那至清之氣，識見不高明。二程屢將理義發他，一向偏執固滯，更發不上，甚爲二程所不滿。又有一般人，甚好説道理，只是執拗，自立一家意見，是稟氣清中被一條戾氣來衝拗了。如泉出來甚清，却被一條别水横衝破了，及或遭巉巖石頭横截衝激，不帖順去，反成險惡之流。看來人生氣稟是有多少般樣，或相倍蓰，或相什百，或相千萬，不可以一律齊。畢竟清明純粹恰好底極爲難得，所以聖賢少而愚不肖者多。

潛室陳氏曰：性者，人心所具之天理。以其稟賦之不齊，故先儒分别出來，謂有義理之性，有氣質之性。仁義禮智者，義理之性也。知覺運動者，氣質之性也。有義理之性而無氣質之性，則義理必無附著。有氣質之性而無義理之性，則無異於枯死之物。故有義理以行乎血氣之中，有血氣以受義理之體，合虚與氣而性全。孟子之時，諸子之言性往往皆於氣質上有見，而遂指氣質作性，但能知其形而下者耳。故孟子答之，只就義理上説，以攻他未曉處。氣質

❶「如」，原作「好」，今據重修本改。

之性，諸子方得於此，孟子所以不復言之。義理之性，諸子未通於此，孟子所以反覆詳説之。程子之説正恐後學死執孟子義理之説，而遺失氣質之性，故并二者而言之，曰：「論性不論氣不備，論氣不論性不明。」程子之論舉其全，孟子之論所以矯諸子之偏。人能即程子之言而達孟子之意，則其不同之意，不辯而自明矣。○識氣質之性，善惡方各有著落，不然則惡從何處生？孟子專説義理之性，專説義理，則惡無所歸，是論性不論氣，孟子之説爲未備。專説氣稟，則善爲無別，是論氣不論性，諸子之論所以不明夫本也。程子兼氣質論性。○問：目視耳聽，此氣質之性也。然視之所以明，聽之所以聰，抑氣質之性邪？抑義理之性邪？曰：目視耳聽，物也。視明聽聰，物之則也。來問可施於物則，不可施於言性。若言性當云：「好聲好色，氣質之性。正聲正色，義理之性。」義理只在氣質中，但外義理而獨徇氣質，則非也。

西山真氏曰：人之氣質有至善而不可移奪者，有善少惡多而易於移奪者，有善多惡少而難於移奪者。又曰：性之不能離乎氣，猶水之不能離乎土也。性雖不雜乎氣而氣汩之，則不能不惡矣。水雖不雜乎土而土汩之，則不能不濁矣。然清者其先，而濁者其後也。善者其先，而惡者其後也。先善者，本然之性也。後惡者，形而後有也。故所謂善者，超然於降衷之初；而所謂惡者，雜出於有形之後。其非相對而並出也，昭昭矣。

平岩葉氏曰：論性之善而不推其氣稟之不同，則何以有上智下愚之不移，故曰不備。論氣質之異而不原其性之皆善，則是不達其本也，故曰不明。然性氣二者，元不相離，判而二之，則亦非矣。

臨川吴氏曰：人得天地之氣而成形，有此氣，即有此理，所有之理謂之性。此理在天地，則元亨利貞是也；其在人而爲性，則仁義禮智是也。性即天理，豈有不善？但人之生也受氣於父之時，既有或清或濁之不同；成質於母之時，又有或美或惡之不同。氣之極清、質之極美者爲上聖，蓋此理在清氣美質之中，本然之真無所污壞。此堯舜之性所以爲至善，而孟子之道性善，所以必稱堯舜以實之也。其氣之至濁、質之至惡者爲下愚，上聖以下，下愚以上，或清或濁，或美或惡，分數多寡，有萬不同。惟其氣濁而質惡，則理在其中者被其拘礙淪染，而非復其本然矣。此性之所以不能皆善，而有萬不同也。孟子道性善，是就氣質中挑出其本然之理而言，然不曾分别性之所以有不善者，因氣質之有濁惡而污壞其性也。故雖與告子言，而終不足以解告子之惑。至今人讀《孟子》，亦見其未有以折倒告子，而使之心服也。蓋孟子但論得理之無不同，不曾論到氣之有不同處，是其言之不備也。不備者謂但説得一邊，不曾説得一邊，不完備也。故曰「論性不論氣不備」，此指孟子之言性而言也。至若荀、揚以性爲惡，以性爲善惡混，與夫世俗言人性寬、性褊、性緩、性急，皆是指氣質之不同者爲性，而不知氣質中之理謂之性，此其見之不明也。不明者謂其不曉得性字，故曰「論氣不論性不明」，此指荀、揚世俗之説性者言也。程子「性即理也」一語，正是鍼砭世俗錯認性字之非，所以爲大有功。張子言：「形而後有氣質之性，善反之，則天地之性存焉。故氣質之性，君子有弗性者焉。」此言最分曉，而觀者不能解其言，反爲所惑，將謂性有兩種。蓋天地之性、氣質之性，兩性字只是一般，非有兩等性也，故曰「二之則不是」。言人之性本是得天地之理，因有人之形，則所得天地之性局在本人氣質中，所謂形而後有氣質之性也。氣質雖有不同，而本性之善則一。但氣質不清不美者，其本性不免有所污壞，故學者當用反之之功。反之，如「湯武反之也」之反，謂反之於身而學焉，以至變化其不清不美之氣質，則天地之性渾然全備，具存於氣質之中，故曰「善反之，則天地之性存焉」。氣質之用小，學問之功大，能學者氣質可變，而不能污壞吾天地本然之性，而吾性非復如前污壞於氣質者矣，故曰：「氣質之性，君子有弗性者焉。」○或問：今世言人性善性惡、性緩性急、性昏性明、性剛性柔者，何也？曰：此氣質之性也。蓋人之生也，天雖賦以是理，而人得之以爲仁義禮智之性。然是性也，實具於五藏内之所謂心者焉，故必賦以是氣，而人得之以爲五藏百骸之身，然後所謂性者有所寓也。是以人之生也，稟氣有厚薄，而形體運動有肥瘠强弱之殊。稟氣有清濁，而材質知覺有愚智昏明之異。是則告子所謂生之謂性，而朱子謂其指人之知覺運動爲性者是也。是性也，實氣也，故張子謂「氣質之性，君子有弗性者焉」。程子亦謂「有自幼而善，有自幼而惡，是氣稟有然也」。斯豈天地本然之性云乎哉？若論天地本然之性，則程子曰「性即理也」，斯言盡之。○天下之清莫如水，先儒以水之清喻性之善。人無有不善之性，則世無有不清之水也。然黄河之水渾渾而流以至于海，竟莫能清者，何也？請循其初，原者水之初也。水原於天而附於地，原之初出，曷嘗不清也哉？出於岩石之地者，瑩然湛然，得以全其本然之清。出於泥塵之地者，自其初出而混於其滓，則原雖清而流不能不濁矣。非水之濁也，地則然也。人之性亦猶是，性原於天而附於人，局於氣質之中。人之氣質不同，猶地之岩石泥塵有不同也。氣質之明粹者，其性自如，岩石之水也；氣質之昏駁者，性從而變，泥塵之水也。水之濁於泥塵者由其地，而原之所自則清也，故流雖濁而有清之之道。河之水甚濁，貯之以器，投之以膠，則泥沉於底而其水可食。甚濁固可使之清也，況其濁不如河之甚者乎？世之學者非惟無以清之，而又有以濁之，性之污壞，豈專係乎有生之初哉？有生之後，日隨所接而增其滋穢，外物之淈多於氣質之滓者，奚翅千萬？不復其原之清，而反益其流之濁，非其性之罪也。雖然，原之清，天也；流之濁，人也。人者克，則天者復，亦在乎用力以清之者何如爾。

程子曰：在天曰命，在人曰性。貴賤壽夭，命也；仁義禮智，亦命也。以下兼論命。○夫動静者，陰陽之本，況五氣交運，則益參差不齊矣。賦生之類，宜其雜糅者衆，而精一者間或值焉。以其間值之難，則其數不能長，亦宜矣。○世之服食欲壽者，其亦大愚矣。夫命者，受之於天，不可增損加益，而欲服食而壽，悲哉！○問：富貴、貧賤、壽夭固有分定，君子先盡其在我者，則富貴、貧賤、壽夭可以命言。若在我者未盡，則貧賤而夭理所當然，富貴而壽是爲徼倖，不可謂之命。曰：雖不可謂之命，然富貴、貧賤、壽夭是亦前定。孟子曰：「求則得之，舍則失之，是求有益於得也，求在我者也。求之有道，得之有命，是求無益於得也，求在外者也。」故君子以義安命，小人以命安義。〇或問：命與遇異乎？曰：遇不遇，即命也。曰：長平死者四十萬，其命齊乎？曰：遇白起則命也。有如四海九州之人同日而死也，則亦常事爾。世之人以爲是駭然耳，所見少也。

張子曰：富貴貧賤者，皆命也。今有人均爲勤苦，有富貴者，有終身窮餓者，其富貴者即是幸會也。求而有不得，則是求無益於得也。道義則不可言命，是求在我者也。人一己百，人十己千，如此不至者，猶難罪性，語氣可也。同行報異，猶難語命，語遇可也。氣與遇，性與命，切近矣，猶未易言也。〇問：智愚之識殊，疑於有性；善惡之報差，疑於有命。曰：性通極於無，氣其一物爾。命稟同於性，遇乃適然爾。

五峰胡氏曰：貴賤，命也。仁義，性也。人固有遠跡江湖、念絕於名利者矣，然世或求之而不得免。人固有置身市朝、心屬於富貴者矣，然世或舍之而不得進。命之在人，分定于天，不可變也，是以君子貴知命。

朱子曰：性者萬物之原，而氣稟則有清濁，是以有聖愚之異。命者萬物之所同受，而陰陽交運參差不齊，是以五福六極值遇不一。〇問：命字有專以理言者，有專以氣言者。曰：也都相離不得。蓋天非氣，無以命於人；人非氣，無以受天所命。〇問：先生説命有兩種，一種是貧富貴賤，死生壽夭；一種是清濁偏正，智愚賢不肖。一種屬氣，一種屬理。以某觀之，兩種皆似屬氣。蓋智愚賢不肖，清濁偏正，亦氣之爲也。曰：固然。性則是命之理而已。○問：性分、命分何以别？曰：性分是以理言之，命分是兼氣言之。命分有多寡厚薄之不同，若性分則又都一般，此理聖愚賢否皆同。○問：天命謂性之命，與死生有命之命不同，何也？曰：死生有命之命，是帶氣言之，氣便有稟得多少厚薄之不同。天命謂性之命，是純乎理言之。然天之所命畢竟皆不離乎氣，但《中庸》此句乃是以理言之。孟子謂「性也有命焉」，此性是兼氣稟食色言之；「命也有性焉」，此命是帶氣言之。性善又是超出氣説。○問：顔淵不幸短命，伯牛死曰命矣夫，孔子得之不得曰有命，如此之命與天命謂性之命無分别否？曰：命之正者出於理，命之變者出於氣質，要之皆天所付予。孟子曰：「莫之致而至者，命也。」但當自盡其道，則所值之命皆正命也。因問：如今數家之學，如康節之説謂「皆一定而不可易」，如何？曰：也只是陰陽盛衰消長之理，大數可見，然聖賢不曾主此説。如今人説康節之數，謂他説一事一物皆有成敗之時，都説得膚淺了。○問：「亡之命矣夫」，此命字是就氣稟上説。曰：死生壽夭，固是氣之所稟，只看孟子説「性也有命焉」處便分曉。又問：不知命與知天命之命如何？曰：不同。知天命謂知其理之所自來，譬之於水，人皆知其爲水，聖人則知其發源處。如不知命處，却是説死生壽夭、貧富貴賤之命也。○問：子罕言命，若仁義禮智五常皆是天所命，如貴賤、死生、壽夭之命有不同，如何？曰：都是天所命，稟得精英之氣便爲聖爲賢，便是得理之全，得理之正。稟得清明者便英爽，稟得敦厚者便温和，稟得清高者便貴，稟得豐厚者便富，稟得久長者便壽。稟得衰頽薄濁者便爲愚不肖，爲貧，爲賤，爲夭。天有那氣生一箇人出來，便有許多物隨他來。天之所命固是均一，到氣稟處便有不齊，只看其稟得來如何耳。又問：得清明之氣爲聖賢，昏濁之氣爲愚不肖，氣之厚者爲富貴，薄者爲貧賤，此固然也。然聖人得天地清明中和之氣，宜無所虧欠，而夫子反貧賤，何也？豈時運使然也？抑其所稟亦有不足邪？曰：便是稟得來有不足，他那清明也只管得做聖賢，却管不得那富貴。稟得那高底則貴，稟得厚底則富，稟得長底則壽，貧賤夭者反是。夫子雖得清明者以爲聖人，然稟得那低底薄底，所以貧賤。顔子又不如孔子，又稟得那短底，所以又夭。又問：一陰一陽宜若停匀，則賢不肖宜均，何故君子常少，而小人常多？曰：自是他那物事駁雜，如何得齊？且以撲錢譬之，純者常少，不純者常多，自是他那氣駁雜，或前或後，所以拗不能得他恰好，如何得均平？且以一日言之，或陰或晴，或風或雨，或寒或熱，或清爽或鶻突，一日之間自有許多變，便可見矣。又問：雖是駁雜，然畢竟不過只是一陰一陽二氣而已，如何會恁地不齊？曰：便是不如此。若只是兩箇單底陽陰，則無不齊。緣是他那物事錯糅萬變，所以不能得他恰好。又問：如此，則天地生聖賢又只是偶然，不是有意矣。曰：天地那裏説我特地要生箇聖賢出來？也只是氣數到那裏恰相湊著，所以生出聖賢。及至生出，則若天之有意焉耳。又問：康節云：「陽一而陰二，所以君子少而小人多。」此語是否？曰：也説得來。自是那物事好底少而惡底多。且如面前事，也自是好底事少，惡底事多，其理只一般。○問：人生有壽夭氣也，賢愚亦氣也。今觀盜跖極愚而壽，顔子極賢而夭，如是則壽夭之氣與賢愚之氣容或有異矣。明道誌程邵公墓云：「以其間遇之難，則其數或不能長，亦宜矣。吾兒其得氣之精一，而數之局者歟？」詳味此説，氣有清濁，有短長。其清者固所以爲賢，然雖清而短，故於數亦短。其濁者固所以爲愚，然雖濁而長，故其數亦長。不知果然否？曰：此説得之，貴賤貧富亦是如此。但三代以上，氣數醇濃，故氣之清者必厚必長，而聖賢皆貴，且壽且富，以下反是。○問：富貴有命，如後世鄙夫小人當堯舜三代之世，如何得富貴？曰：當堯舜三代之世不得富貴，在後世則得富貴，便是命。曰：如此，則氣稟不一定。曰：以此氣遇此時，是他命好；不遇此時，便是背。所謂資適逢世是也。如長平死者四十萬，但遇白起便如此，只他相撞著，便是命。○人之稟氣，富貴貧賤長短，皆有定數寓其中。稟得盛者，其中有許多物事，其來無窮。亦無盛而短者，若木生於山，取之或貴而爲棟梁，或賤而爲厠料，皆其生時所稟氣數如此定了。○或指屋柱問云：此理也，曲直性也，所以爲曲直命也。曲直是説氣稟。曰：然。○問：《遺書》論命處注云：「聖人非不知命，然於人事不得不盡。」如何？曰：人固有命，只是不可不順受其正。如知命者不立乎巖牆之下是也。若謂其有命，却去巖牆之下立，萬一到覆壓處，却是專言命不得。人事盡處便是命。○問：伊川、横渠命遇之説。曰：所謂命者，如天子命我作甚官，其官之閑易繁難，甚處做得，甚處做不得，便都是一時命了，自家只得去做。故孟子只説莫非命也，却有箇正與不正。所謂正命者，蓋天之始初命我，如事君忠，事父孝，便有許多條貫在裏。至於有厚薄淺深，這却是氣稟了，然不謂之命不得，只不是正命。如桎梏而死，唤做非命不得，蓋緣他當時稟得箇乖戾之氣，便有此，然謂之正命不得。故君子戰兢如臨深履薄，蓋欲順受其正者，而不受其不正者。且如説當死於水火，不成便自赴水火而死。而今只恁地看，不必去生枝節説命、説遇、説同、説異也。

潛室陳氏曰：有氣質之性命，有義理之性命。由德上發者爲義理，由氣上發者爲氣質。雖其稟賦不同，苟能學問以充之，謂窮理盡性。則向之得於氣質者，今也性皆天德，命皆天理，所謂善反之，則天地之性存焉。

魯齋許氏曰：貧賤、富貴、死生、脩短、禍福稟於氣，皆本乎天也，是一定之分，不可求也。其中有正命，有非正命者。盡其道而不立乎巖牆之下，脩身以待之。然此亦有禍福吉凶、死生脩短來，當以順受。所謂「莫之致而至者皆正命也」，乃係乎天之所爲也。非正命者行險徼幸，行非禮義之事，致於禍害桎梏死者，命亦隨焉，人之自召也。

程子曰：性無不善，其所以不善者，才也。受於天之謂性，稟於氣之謂才。才之善不善，由氣之有偏正也。乃若其性，則無不善矣。今夫木之曲直，其性也；或可以爲車，或可以爲輪，其才也。然而才之不善，亦可以變之，在養其氣以復其善爾。故能持其志，養其氣，亦可以爲善。故孟子曰：「人皆可以爲堯舜。」以下兼論才。○性出於天，才出於氣，氣清則才清，氣濁則才濁。譬猶木焉，曲直者，性也；可以爲棟梁，可以爲榱桷者，才也。才則有善與不善，性則無不善。惟上智與下愚不移，非謂不可移也，而有不移之理。所以不移者只有兩般，爲自暴自棄不肯學也。使其肯學不自暴自棄，安不可移哉？○氣清則才善，氣濁則才惡。禀得至清之氣生者爲聖人，禀得至濁之氣生者爲愚人。如韓愈所言，公都子所問之人是也，然此論生知之聖人。若夫學而知之，氣無清濁，皆可至於善而復性之本，所謂「堯舜性之」，是生知也；「湯武反之」，是學而知也。○今人説有才，乃是言才之美者也。才乃人資質，循性脩之，雖至惡可勝而爲善。○德性謂天賦天資，才之美者也。○「少成若天性，習慣成自然。」雖聖人復出，不易此言。孔子曰「性相近也，習相遠也」，「唯上智與下愚不移」。愚非性也，不能盡其才也。○問：「上智下愚不移」是性否？曰：此是才，須理會得性與才所以分處。又問：「中人以上可以語上，中人以下不可以語上。」是才否？曰：固是。然此只是大綱説，言中人以上可以與之説近上話，中人以下不可與之説近上話也。生之謂性，凡言性處，須看立意如何。且如言人性善，性之本也；生之謂性，論其所禀也。孔子言性相近，若論其本，豈可言相近？只論其所禀也。告子所云固是，爲孟子問他，他説便不是也。「乃若其情，則可以爲善。」若夫爲不善，非才之罪。」此言人陷溺其心者，非關才事。才猶言材料，曲可以爲輪，直可以爲梁棟。若是毁鑿壞了，豈關才事？或曰：人才有美惡，豈可言非才之罪？曰：才有美惡者，是舉天下之言也。若説一人之才，如因富歲而賴，因凶歲而暴，豈才質之本然耶？○問：人性本明，因何有蔽？曰：此須索理會也，孟子言人性善是也。雖荀、揚亦不知性，孟子所以獨出諸儒者，以能明性也。性無不善，而有不善者，才也。性即理，理則自堯舜至于塗人，一也。才稟於氣，氣有清濁，稟其清者爲賢，稟其濁者爲愚。又問：愚可變否？曰：可。孔子謂「上智與下愚不移」，然亦有可移之理。惟自暴自棄者，則不移也。曰：下愚所以自暴自棄者，才乎？曰：固是也，然却道他不可移不得。性只一般，豈有不可移？却被他自暴棄，不肯去學，故移不得。使肯學者，亦有可移之理。○問：韓文公、揚雄言性如何？曰：其所言者，才耳。

朱子曰：性者，心之理；情者，心之動。才便是那情之會恁地者。情與才絶相近，但情是遇物而發，路陌曲折恁地去底，才是那會如此底。要之，千頭萬緒皆是從心上來。問：如此，則才與心之用相類。曰：才是心之力，是有氣力去做底。心是管攝主宰者，此心之所以爲大也。心，譬水也；性，水之理也。性所以立乎水之静，情所以行乎水之動，欲則水之流而至於濫也。才者，水之氣力所以能流者，然其流有急有緩，則是才之不同。伊川謂「性稟於天，才稟於氣」是也。○問：性之所以無不善者，以其出於天也。才之所以有善不善，以其出於氣也。要之，性出於天，氣亦出於天，何故便至於此？曰：性是形而上者，氣是形而下者。形而上者全是天理，形而下者只是那查滓。至於形又是查滓至濁者也。❶○問：才出於氣，德出於性。曰：不可。才也是性中出，德也是有是氣而後有是德。人之有才者出來做得事業，也是他性中有了，便出來做得。但溫厚篤實便是德，剛明果敢便是才。只爲他氣之所稟者生到那裏多，故爲才。○問：能爲善便是才。曰：能爲善而本善者是才。若云能爲善便是才，則能爲惡亦是才也。○問：人有强弱，由氣有剛柔。若人有技藝之類如何？曰：亦是氣。如今人看五行，亦推測得些小。又問：如才不足，人明得理可爲否？曰：若明得盡，豈不可爲？所謂克念作聖是也，然極難。若只明得一二，如何做得？○孟子說才，皆是指其資質可以爲善處。伊川所謂「才稟於氣，氣清則才清，氣濁則才濁」，此與孟子說才小異，而語意尤密，不可不考。「乃若其情，非才之罪。」以若訓順者未是，猶言如論其情，非才之罪也。蓋謂情之發有不中節處，不必以爲才之罪爾。退之論才之品有三，性之品有五，其說勝荀、揚諸公多矣。說性之品便以仁義禮智言之，此尤當理。說才之品若如此推究，則有千百種之多，姑言其大概如此。此正是氣質之說，但少一箇氣字耳。○問：伊川論才與孟子言才，有曰非才之罪也，又曰不能盡其才者也，又曰非天之降才爾殊也，又曰以爲未嘗有才焉。如孟子之意，未嘗以才爲不善，而伊川却說才有善不善。其言曰：「氣清則才善，氣濁則才惡。」又曰：「氣清則才清，氣濁則才濁。」意者以氣質爲才也，以氣質爲才，則才固有善不善之分矣。而孟子却止以才爲善者，何

❶「又」，原作「文」，今據重修本改。

也？曰：孟子與伊川論才則皆是。孟子所謂才，止是指本性而言。性之發用無有不善處，如人之有才事事做得出來。一性之中，萬善完具，發將出來便是才也。便如惻隱羞惡是心也，能惻隱羞惡者才也。如伊川論才，却是指氣質而言也。氣質之性，古人雖不曾與人説著，考之經典却有此意。如《書》云：「人惟萬物之靈，亶聰明，作元后。」與夫「天乃錫王勇智」之説，皆此意也。孔子謂「性相近也，習相遠也」，孟子辯告子生之謂性，亦是説氣質之性。近世被濂溪拈掇出來，而横渠、二程始有氣質之性之説。此伊川論才，所以云有善不善者，蓋主此而言也。

或問曰：韓愈所謂上中下三品者，乃孟子所謂才也。才雖不同，而所以性則一。孟子論性善，固極本窮源之論，至謂非天之降才爾殊，豈才果不殊邪？抑所謂才者乃所謂性也？才是資稟，性是所以然。性固行乎才之中，要不可指才便謂之性。然孟子所以謂之不殊者，何也？南軒張氏曰：孟子之論才，與退之上中下三品之説不同。退之所分三品，只是據氣稟而言耳。孟子論才曰：「非天之降才爾殊也。」又曰：「若夫爲不善，非才之罪也。」蓋善者性也，人之可以爲善者才也，此自不殊。

北溪陳氏曰：才是才質、才能。才質猶言才料質幹，是以體言；才能是會做事底，同這件事，有人會發揮得，有人全發揮不去，便是才不同，是以用言。孟子所謂非才之罪，及天之降才非爾殊等語，皆把才做善底物，他只是以其從性善大本上發來，便見都一般。要説得全備，須如伊川「氣清則才清，氣濁則才惡」之論，方盡。

平岩葉氏曰：性本乎理，理無不善。才本乎氣，氣則不齊，故或以之爲善，或以之爲惡。

性理大全書卷之三十一

性理大全書卷之三十二

性理四

心

程子曰：心，一也。有指體而言者，寂然不動是也；有指用而言者，感而遂通天下之故是也。惟觀其所見如何耳。❶ ○一人之心，即天地之心。○問：仁與心何異？曰：於所主曰心，名其德曰仁。曰：謂仁者心之用乎？曰：不可。曰：然則猶五穀之種待陽氣而生乎？曰：陽氣所發，猶之情也。心猶種焉，其生之德是謂仁也。○心，生道也。有是心，斯具是形以生。惻隱之心，人之生道也，雖桀、跖不得無是以生，但戕賊之以滅天耳。始則不知愛物，俄而至於忍，安之以至於殺，充之以至於好殺，豈人理也哉？○理與心一，而人不能會之爲一。○問：心有限量乎？曰：天下無性外之物，以有限量之形氣，用之不以其道，安能廣大其心也？心則性也，在天爲命，在人爲性，所主爲心，實一道也。通乎道，則何限量之有？必曰有限量，是性外有物乎。○耳目能視聽而不能遠者，氣有限也。心無遠近。○問：心有善惡否？曰：在天爲命，在義爲理，在人爲性，主於身爲心，其實一也。心本善，發於思慮則有善有不善。若既發，則可謂之情，不可謂之

❶「如何」，重修本作「何如」。

心。譬如水至於流而爲派，或行於東，或行於西，却謂之流也。○問：捨則亡，心有亡，何也？曰：否。此只是説心無形體，纔主著事時，便在這裏；纔過了，便不見。如「出入無時，莫知其鄉」，此句亦須要人理會。心豈有出入？亦以操捨而言也。放心謂心本善而流於不善，是放也。○問：《雜説》中以赤子之心爲已發，是否？曰：已發而去道未遠也。曰：大人不失赤子之心，若何？曰：取其純一近道也。曰：赤子之心與聖人之心，若何？曰：聖人之心，明鏡止水。○聖人之心未嘗有在，亦無不在。蓋其道合内外，體萬物。○體會必以心，謂體會非心，於是有心小性大之説。聖人之心與天爲一，或者滯心於智識之間，故自見其小耳。○有主則虚，無主則實，必有所事。○人之身有形體，未必能爲主。若有人爲係虜將去，隨其所處，已有不得與也。唯心，則三軍之衆不可奪也。若并心做主不得，則更有甚。○或問：多怒多驚，何也？曰：主心不定也。○人心作主不定，正如一箇翻車，流轉動揺，無須臾停。所感萬端，又如懸鏡空中，無物不入其中，有甚定形？不學，則却都不察，及有所學，便覺察得是爲害。著一箇意思，則與人成就得箇甚好見識。心若不做一箇主，怎生奈何？張天祺昔常言自約數年，自上著牀，便不得思量事。不思量事後，須强把他這心來制縛，亦須寄寓在一箇形象，皆非自然。司馬君實自謂「吾得術矣，只管念箇中字」，此則又爲中繫縛。且中字亦何形象？若愚夫不思慮，冥然無知，此又過與不及之分也。有人胸中常若有兩人焉，欲爲善，如有惡以爲之間。欲爲不善，又若有羞惡之心者。本無二人，此正交戰之驗也。持其志，使氣不能亂，此大可驗。○心定者，其言重以舒；不定者，其言輕以疾。○人心必有所止，無止則聽於物。惟物之聽，何所往而不妄也？或曰：心在我，既已入於妄矣，將誰使之？曰：心實使之。○人心不得有所繫。○人心常要活，則周流無窮而不滯於一隅。○人必有仁義之心，然後仁與義之氣睟然達於外。故不得於心，勿求於氣可也。○嘗喻以心知天，猶居京師往長安，但知出西門便可到長安，此猶是言兩處。若要誠實，只在京師便是到長安，更不可別求長安。只心便是天，盡之便知性，知性便知天。一作性便是天。當處便認取，更不可外求。○心具天德，心有不盡處，便是天德處未能盡。何緣知性知天，盡己心，則能盡人盡物，與天地參贊化育，贊則直養之而已。○有人説無心。曰：無心便不是，只當云無私心。○心要在腔子裏。

張子曰：虛心然後能盡心。又曰：虛心則無外以爲累。○心既虛，則公平。公平則是非較然易見，當爲不當爲之事自知。○心大則百物皆通，心小則百物皆病。○心清時常少，亂時常多。其清時，即視明聽聰四體不待羈束而自然恭謹；其亂時反是。如此者何也？蓋用心未熟，客慮多而常心少也，習俗之心未去而實心未全也。有時如失者，只爲心生，若熟後自不然。心不可勞，當存其大者，存之熟後，小者可略。

上蔡謝氏曰：心本一，支離而去者乃意爾。

和靖尹氏曰：橫渠云由知覺有心之名，蓋由其知覺強名曰心。又曰：寂然不動，感而遂通天下之故。若只寂然不動，與木石等也。只爲感而遂通，便是知覺，知覺即心也。至於摇扇得凉，是知覺也。譬如睡中人唤己名，則矍然而起，呼他人名則不應，是知覺也。

藍田吕氏曰：赤子之心，良心也，天之所以降衷，民之所以受天地之中也。寂然不動，虚明純一，與天地相似，與神明爲一。《傳》曰「喜怒哀樂之未發謂之中」，其謂此歟？此心自正，不待人而後正，而賢者能勿喪，不爲物欲之所遷動。如衡之平不加以物，如鑑之明不蔽以垢，乃所謂正也。惟先立乎大者，則小者不能奪。如使忿懥恐懼，好惡憂患，一奪其良心，則視聽食息從而失守，欲區區脩身以正其外，難矣！○我心所同然，即天理天德。孟子言同然者，恐人有私意蔽之。苟無私意，我心即天心。

延平李氏曰：虚一而静。心方實，則物乘之，物乘之則動；心方動，則氣乘之，氣乘之則惑；惑斯不一矣，則喜怒哀樂皆不中節矣。

朱子曰：惟心無對。○心者，氣之精爽。○心之理是太極，心之動静是陰陽。○趙致道謂心爲太極，林正卿謂心具太極，致道舉以爲問。曰：這般處極細難説。看來心有動静，其體則謂之易，其理則謂之道，其用則謂之神。葉賀孫問：「其體則謂之易」，體是如何？曰：體不是體用之體，恰似説體質之體，猶云其質則謂之易。理即是性，這般所在當活看。如心字，各有地頭説。如孟子云：「仁，人心也。」仁便是人心，這説心是合理説。如説顔子其心三月不違仁，是心爲主而不違乎理，就地頭看始得。○問：五行在人爲五臟，然心却具得五行之理，以心虚靈之故否？曰：心屬火，緣是箇光明發動底物，所以具得許多道理。〇問：人心形而上下如何？曰：如肺肝五臟之心，却是實有一物。若今學者所論操舍存亡之心，則自是神明不測。故五臟之心受病，則可用藥補之，這箇心則非菖蒲茯苓所可補也。問：如此，則心之理乃是形而上否？曰：心比性則微有迹，比氣則自然又靈。〇問：先生嘗言心不是這一塊，某竊謂滿體皆心也，此特其樞紐耳。曰：不然。此非心也，乃心之神明升降之舍。人有病心者，乃其舍不寧也。凡五臟皆然，心豈無運用？須常在軀殼之內。〇問：靈處是心，抑是性？曰：靈處只是心，不是性。性只是理。〇虛靈自是心之本體，非我所能虛也。耳目之視聽，所以視聽者，即其心也，豈有形象？然有耳目以視聽之，則猶有形象也。若心之虛靈，何嘗有物？〇心官至靈，藏往知來。問：先生前日以揮扇是氣。某後思之，心之所思，耳之所聽，目之所視，手之持，足之履，似非氣之所能到，氣之所運必有以主之者。曰：氣中自有箇靈底物事。〇問：知覺是心之靈固如此，抑氣之爲邪？曰：不專是氣，是先有知覺之理，理未知覺。氣聚成形，理與氣合，便能知覺。譬如這燭火是因得這脂膏，便有許多光燄。問：心之發處是氣否？曰：也只是知覺。又曰：所知覺者是理，理不離知覺，知覺不離理。〇問：心是知覺，性是理，心與理如何得貫通爲一？曰：不須去貫通，本來貫通。問：如何本來貫通？曰：理無心則無著處。〇所覺者，心之理也。能覺者，氣之靈也。〇人心但以形氣所感者而言爾，具形氣謂之人，合義理謂之道，有知覺謂之心。又曰：知覺便是心之德。○答游誠之曰：心一而已，所謂覺者亦心也。今以覺求心，以覺用心，紛拏迫切，恐其爲病不但揠苗而已。不若日用之間以敬爲主，而勿忘焉，則自然本心不昧，隨物感通，不待致覺而無不覺矣。故孔子只言克己復禮，而不言致覺用敬。孟子只言操存舍亡，而不言覺存昧亡。謝先生雖喜以覺言仁，然亦曰心有知覺，而不言知覺此心也。請推此以驗之，所論得失自可見矣。○問：覺是人之本心，不容泯没，故乘間發見之時，直是昭著，不與物雜。於此而自識，則本心之體即得其真矣。上蔡謂人須是識其真心，竊恐謂此，然此恐亦隨在而有。蓋此心或昭著於燕間静一之時，如孟子言平旦之氣。或發見於事物感動之際，如孟子言人乍見孺子將入井，皆有怵惕惻隱之心。或求之文字而怡然有得，如伊川先生所謂有讀《論語》了後，其中得一兩句喜者。或索之講論而恍然有悟，如夷子聞孟子極論一本之説，遂憮然爲間而受命。凡此恐皆是覺處。若素未有覺之前，但以爲已有是心而求以存之，恐昏隔在此，不知實爲何物，必至覺時，方始識其所以爲心者。既嘗識之，則恐不肯甘心以其虚明不昧之體迷溺於卑汙苟賤之中，此所以汲汲求明益不能已，而其心路已開，亦自有可進步處，與夫茫然未識指趣者大不侔矣。故某竊疑覺爲《小學》、《大學》相承之機，不知是否？曰：所論甚精，但覺似少渾厚之意。○答王子合曰：心猶鏡也，但無塵垢之蔽，則本體自明，物來能照。今欲自識此心，是猶欲以鏡自照而見夫鏡也。既無此理，則非别以一心又識一心而何。○心字一言以蔽之，曰生而已。天地之大德曰生，人受天地之氣而生，故此心必仁，仁則生矣。○心須兼廣大流行底意看，又須兼生意看。且如程先生言「仁者，天地生物之心」，只天地便廣大，生物便流行，生生不窮。○問：生物之心，我與那物同，便會相感。曰：這生物之心，只是我底觸物便自然感，非是因那物有此心，我方有此心。且赤子不入井、牛不觳觫時，此心何之？須常粧箇赤子入井、牛觳觫在面前，方有此惻隱之心。無那物時，便無此心乎？○問：程子云：「心生道也，人有是心，斯具是形以生。惻隱之心，生道也。」如何？曰：天地生物之心是仁，人之稟賦接得此天地之心，方能有生，故惻隱之心在人亦爲生道也。又曰：惻隱之心乃是得天之心以生，生物便是天之心。○問：「心生道也」一段，上面「心生道」莫是指天地生物之心？下面「惻隱之心人之生道」，莫是指人所得天地之心以爲心？蓋在天只有此理，若無那形質，則此理無安頓處，故曰「有是心，斯具是形以生」。上面猶言繼善，下面猶言成性。曰：上面「心生道也」，全然做天底也不得。蓋理只是一箇渾然底，人與天地渾合無間。○「有是心，斯具是形以生。」是心乃屬天地，未屬我底，❶此乃是衆人者。至下面各正性命，則方是我底，故又曰「惻隱之心，人之生道也」。「仁者，天地生物之心，而人物之所得以爲心。」人未得之，此理亦未嘗不在天地之間，只是人有是心，便自具是理以生。又不可道有心了，却討一物來安頓放裏面，似恁地處難看，須自體認得。○問：程子謂有主則虛，又謂有主則實。曰：有主於中，外邪不能入，便是虛有主於中。理義甚實，便是

❶「底」，原作「在」，今據重修本改。

實。○中有主則實，實則外患不能入，此重在主字上。有主則虛，虛則外邪不能入，重在敬字上。言敬則自虛静，故邪不得而奸之也。○問：有主則實，又曰有主則虛，如何分別？曰：只是有主於中，外邪不能入。自其有主於中言之，則謂之實；自其外邪不入言之，則謂之虛。又曰：若無主於中，則目之欲也從這裏入，耳之欲也從這裏入，鼻之欲也從這裏入。大凡有所欲皆入這裏，便滿了，如何得虛？一云：皆入這裏來，這裏面便滿了。以手指心曰：如何得虛？因舉林擇之作《主一銘》云：有主則虛，神守其都。無主則實，鬼闞其室。又曰：有主則實，既言有主，便已是實了，却似多了一實字。看來這箇實字，謂中有主則外物不能入矣。○問：有主則實，謂人具此實然之理，故實。無主則實，謂人心無主，私欲爲主，故實。曰：心虛則理實，心實則理虛。有主則實，此實字是好，蓋指理而言也。無主則實，此實字是不好，蓋指私欲而言也。以理爲主，則此心虛明，一毫私意著不得。譬如一泓清水，有少許砂土便見。○人心活則周流，無偏係即活。憂患樂好，皆偏係也。○心要活，活是生活之活，對著死説。活是天理，死是人欲。一云：天理存則活，人欲用則死。周流無窮，活便能如此。○問：人心要活，則周流無窮，而不滯於一隅。如何是活？曰：心無私，便可推行。活者，不死之謂。○人心之動，變態不一。所謂五分天理、五分人欲者，特以其善惡交戰而言爾。有先發於天理者，有先發於人欲者，蓋不可以一端盡也。○與張敬夫曰：某謂感於物者，心也。其動者，情也。情根乎性而宰乎心，心爲之宰，則其動也無不中節矣，何人欲之有？惟心不宰而情自動，是以流於人欲，而每不得其正也。然則天理人欲之判，中節不中節之分，特在乎心之宰與不宰，而非情能病之，亦已明矣。蓋雖曰中節，然是亦情也。但其所以中節者，乃心爾。今夫乍見孺子入井，此心之感也；必有怵惕惻隱之心，此情之動也。內交要譽、惡其聲者，心不宰而情之失其正也。怵惕惻隱，乃仁之端，又可以其情之動而遽謂之人欲乎？大抵未感物時，心雖爲已發，然苗裔發見，却未嘗不在動處。必舍是而別求，却恐無下功處也。○問：心有善惡否？曰：心是動底物事，自然有善惡。且如惻隱是善也，見孺子入井而無惻隱之心，便是惡矣。離著善，便是惡。然心之本體未嘗不善，又却不可説惡全不是心。若不是心，是甚麼做出來？古人學問便要窮理致知，直是下工夫消磨惡去，善自然漸次可復。操存是後面事，不是善惡時事。○心無間於已發未發，徹頭徹尾都是，那處截做已發未發？如放僻邪侈，此心亦在，不可謂非心。○問：形體之動，與心相關否？曰：豈不相關？自是心使他動。曰：喜怒哀樂未發之前，形體亦有運動，耳目亦有視聽，此是心已發，抑未發？曰：喜怒哀樂未發，又是一般。然視聽行動，亦是心向那裏。若形體之行動，心都不知，便是心不在。行動都没理會了，説甚未發？未發不是漠然全不省，亦常醒在這裏，不恁地困。○問：惻隱、羞惡、喜怒、哀樂固是心之發，曉然易見處。如未惻隱、羞惡、喜怒、哀樂之前，便是寂然静時，然豈得塊然如槁木？其耳目亦必有自然之聞見，其手足亦必有自然之舉動，不審此時唤作如何？曰：喜怒哀樂未發，只是這心未發耳，其手足運動自是形體如此。○問：人心是箇靈底物。如日間未應接之前，固是寂然未發，於未發中固常惺地惺，不恁瞑然不省。若夜間有夢之時，亦是此心之已動，猶晝之有思。如其不夢，未覺正當大寐之時，此時謂之寂然未發，則全沉沉瞑瞑，萬事不知不省，與木石蓋無異，與死相去亦無幾，不可謂寂然未發。不知此時心體何所安存？所謂靈底何所寄寓？聖人與常人於此時所以異者如何？而學者工夫此時又何以爲驗也？曰：寤寐者，心之動静也。有思無思者，又動中之動静也。有夢無夢者，又静中之動静也。但寤陽而寐陰，寤清而寐濁，寤有主而寐無主，故寂然感通之妙，必於寤而言之。又問：竊謂人生具有陰陽之氣，神發於陽，魄根於陰。心也者，則麗陰陽而乘其氣，無間於動静，即神之所會而爲魄之主也。晝則陰伏藏而陽用事，陽主動，故神運魄隨而爲寤。夜則陽伏藏而陰用事，陰主静，故魄定神蟄而爲寐。神之運，故虛靈知覺之體燁然呈露，有苗裔之可尋，如一陽復後，萬物之有春意焉。此心之寂感，所以爲有主。神之蟄，故虛靈知覺之體沉然潛隱，悄無蹤跡。如純坤之月，萬物之生性不可窺其眹焉。此心之寂感所以不若寤之妙，而於寐也爲無主，然其中實未嘗泯而有不可測者存。呼之則應，驚之則覺，則是亦未嘗無主而未嘗不妙也。故自其大分言之，寤陽而寐陰，而心之所以爲動静也。細而言之，寤之有思者，又動中之動，而爲陽之陽也。無思者，又動中之静，而爲陽之陰也。寐之有夢者，又静中之動，而爲陰之陽也。無夢者，又静中之静，而爲陰之陰也。又錯而言之，則思之有善與惡者，又動中之動，陽明陰濁也。無思而善應與妄應者，又動中之静，陽明陰濁也。夢中有正與邪者，又静中之動，陽明陰濁也。無夢而易覺與難覺者，又静中之静，陽明陰濁也。一動一静，循環交錯，聖人與衆人則同。而所以爲陽明陰濁則異，聖人於動静無不一於清明純粹之主，而衆人則雜焉而不齊。然則人之學力所係，於此亦可以驗矣。曰：得之。○問：覺得間嘗心存時，神氣清爽，是時視必明，聽必聰，言則有倫，動則有序，有思慮則必專一。若身無所事，則一身之内，如鼻息出入之麤細緩急，血脉流行，間或凝滯者，而有纖微疾癢之處，無不分明。覺得當時别是一般精神，如醉醒寐覺，不知可以言心存否？曰：理固如此，然亦不可如此屑屑計功效也。○問：《遺書》云「心本善，發於思慮，則有善不善」，如何？曰：疑此段微有未穩處。蓋凡事莫非心之所爲，雖放僻邪侈，亦是心之爲也。善惡但如反覆手耳，翻一轉便是惡，止安頓不著，也便是不善。如當惻隱而羞惡，當羞惡而惻隱，便不是。又問：心之用雖有不善，亦不可謂之非心否？曰：然。○問：「心本善，發於思慮則有善不善。」程子之意是指心之本體有善而無惡，及其發處，則不能無善惡也。胡五峰云「人有不仁，心無不仁」，先生以爲下句有病。如顔子其心三月不違仁，是心之仁也。至三月之外，未免少有私欲，心便不仁，豈可直以爲心無不仁乎？某近以先生之意推之，莫是五峰不曾分别得體與發處言之否？曰：只爲他説得不備。若云「人有不仁，心無不仁；心有不仁，心之本體無不仁」，則意方足耳。○問：心既發，則可謂之情，不可謂之心，如何？曰：心是貫徹上下，不可只於一處看。既發則可謂之情，不可謂之心。此句亦未穩。○問：程子云「心一也，有指體而言者，有指用而言者」。曰：此語與橫渠心統性情相似。○心主於身，其所以爲體者，性也；所以爲用者，情也。是以貫乎動靜而無不在焉。○心體固本靜，然亦不能不動。其用固本善，然亦能流而入於不善。夫其動而流於不善者，固不可謂心體之本然，然亦不可不謂之心也，但其誘於物而然耳。故先聖只説「操則存，存則靜，而其動也無不善矣。舍則亡，於是乎有動而流於不善者。出入無時，莫知其鄉」。出者亡也，入者存也，本無一定之時，亦無一定之處，特係於人之操舍如何耳。只此四句，説得心之體用、始終、真妄、邪正，無所不備。又見得此心不操即舍，不出即入，別無閑處可安頓之意。○胡文定公所謂「不起不滅心之體，方起方滅心之用，能常操而有，則雖一日之間，百起百滅，而心固自若」者，自是好語。但讀者當知所謂不起不滅者，非是塊然不動無所知覺也。又非百起百滅之中，別有一物不起不滅也。但此心瑩然，全無私意，是則寂然不動之本體。其順理而起，順理而滅，斯乃所以感而遂通天下之故者云耳。○問：心該誠神，備體用，故能寂而感，感而寂。其寂然不動者，誠也，體也；感而遂通者，神也，用也。體用一源，顯微無間，唯心之謂歟？曰：此説甚善。○問：心無私主，有感皆通。曰：無私主也不是慏悻沒理會，只是公。善則好之，惡則惡之；善則賞之，惡則刑之。此是聖人至公至神之化。心無私主，如天地一般，寒則徧天下皆寒，熱則徧天下皆熱，便是有感皆通。又問：心無私主最難。曰：亦是克去己私，心便無私主。心有私主，只是相契者便應，不相契者便不應。如好讀書人，見書便愛；不好讀書人，見書便不愛。○問：《大學或問》中論心處，每每言虚言靈，或言虚明，或言神明。《孟子·盡心》注云「心，人之神明」，竊以爲此等專指心之本體而言。又見孟子舉心之存亡出入，《集註》以爲心之神明不測，竊以爲此兼言心之體用，而盡其始終反覆變態之全。夫其本體之通靈如此，而其變態之神妙又如此，則所以爲是物者，必不囿於形體，而非粗淺血氣之爲。竊疑是人之一身神氣所聚，所以謂之神舍。人而無此，則身與偶人相似。必有此，而後有精神知覺做得箇活物，恐心又是身上精靈底物事，不知可以如此看否？又嘗求所以存是心者，竊見伊川言「人心作主不定，如破屋中禦寇」，又云如一箇翻車，每每教學者做箇主，或云立箇心，又云人心須要定，使他思時方思乃是。明道云人有四百四病，皆不由自家，則是心須教由自家。以此似見得心雖是活物，神明不測，然是自家身上物事，所主在我。收住後放去，放去後又復收回，自家可以自作主宰。但患不自做主，若自家主張著便在，不主張著便走去，及纔尋求著又在。故學者須自爲之主，使此心常有管攝方得。又嘗求所以爲主之實，竊見伊川論如何爲主，敬而已矣。又似見得要自做主宰，須是敬。蓋敬便收束得來謹密，正是著力做主處。不敬便掉放疎散，不復做主了。某於存心工夫，又粗見如此，不知是否？曰：理固如此，然須用其力，不可只做好話説過。又當有以培養之，然後積漸純熟，向上有進步處。○問：心具衆理，心雖昏蔽而所具之理未嘗不在。但當其蔽隔之時，心自爲心，理自爲理，不相賚屬。如一物未格，便覺此一物之理與心不相入，似爲心外之理，而吾心邈然無之。及既格之，便覺彼物之理爲吾心素有之物。夫理在吾心，不以未知而無，不以既知而有。然則所以若内若外者，豈其見之異耶？抑亦本無此事，而某所見之謬耶？曰：極是。○心與理一，不是理在面前爲一物，理便在心之中，心包蓄不住，隨事而發，恰似那藏相似。除了經函裏面點燈，四方八面皆如此光明燦爛，但今人亦少能看得如此。○問：心之爲物，衆理具足，所發之善固出於心，至所發不善皆氣稟物欲之私，亦出於心否？曰：固非心之本體，然亦是出於心也。又問：此所謂人心否？曰：是。問：人心亦兼善惡否？曰：亦兼説。○問：程子以心使心之説，竊謂此二心字只以人心道心判之，自明白。蓋上心字即是道心，專以理義言之也；下心字即是人心，而以形氣言之也。以心使心，則是道心爲一身之主，而人心其聽命也。不審是否？曰：亦是如此。然觀程先生之意，只是説自作主宰耳。○自人心而收之，則是道心；自道心而放之，便是人心。人心如卒徒，道心如將。○飢欲食、渴欲飲者，人心也；得飲食之正者，道心也。須是一心只在道上，少間那人心自降伏得不見了。人心與道心爲一，恰似無了那人心相似。只是要得道心純一，道心都發見在那人心上。○問：人心道心，如飲食男女之欲，出於其正，即道心矣。又如何分別？曰：這箇畢竟是生於血氣。○心定者，其言重以舒。言發於心，心定則言必審，故的確而舒遲。不定則内必紛擾，有不待思而發，故淺易而急迫，此亦志動氣之驗也。○心大則百物皆通，通只是透得那道理去，病則是窒礙了。問：如何是心小則百物皆病？曰：此言狹隘則事有窒礙不行，如仁則流於姑息，義則入於殘暴，皆見此不見彼。○問：横渠云「心要洪放」。又曰「心大則百物皆通，心小則百物皆病」。孫思邈云「膽欲大而心欲小」。竊謂横渠之説是言心之體，思邈之説是言心之用，未知是否？曰：心自有合要大處，有合要小處。若只著題目斷了，則便無可思量矣。○問：心如何能通以道，使無限量。曰：心不是横門硬迸教大得，須是去物欲之蔽，則清明而無不知。窮事物之理，則脱然有貫通處。横渠曰「不以聞見梏其心」，「大其心則能體天下之物」，所謂通之以道便是脱然有貫通處。若只守聞見，便自然狹窄了。○横渠所謂立得心，只是作得主底意思。○問：横渠説客慮多而常心少，習俗之心勝而實心未完。所謂客慮與習俗之心有分别否？曰：也有分别。客慮是泛泛底思慮習俗之心，便是從來習染偏勝底心，實心是義理底心。○問：某嘗著心説云，維天之命，於穆不已，所以爲生物之主者，天之心也。人受天命而生，因全得夫天之所以生我者，以爲一身之主，渾然在中，虚靈知覺常昭昭而不昧，生生而不可已，是乃所謂人之心。其體則即所謂元亨利貞之道，具而爲仁義禮智之性，其用則即所謂春夏秋冬之氣，發而爲惻隱、羞惡、辭讓、是非之情。故體雖具於方寸之間，而其所以爲體，則實與天地同其大。萬物蓋無所不備，而無一物出乎是理之外。用雖發乎方寸之間，而其所以爲用，則實與天地相流通。萬事蓋無所不貫，而無一理不行乎事之中。此心之所以爲妙，貫動静，一顯微，徹表裏，始終無間者也。人惟拘於陰陽五行所值之不純，而又重以耳目口鼻四肢之欲爲之累，於是此心始梏於形器之小，不能廓然大同無我，而其靈亦無以主於心矣。人之所以欲全體此心，而常爲一身之主者，必致知之力到，而主敬之功專，使胸中光明瑩浄，超然於氣稟物欲之上。而吾本然之體所與天地同大者，皆有以周徧昭晰，而無一理之不明。本然之用與天地流通者，皆無所隔絶間斷，而無一息之不生。是以方其物之未感也，則此心澄然惺惺，如鑑之虚，如衡之平。蓋真對越乎上帝，而萬理皆有定於其中矣。及夫物之既感也，則妍媸高下之應，皆因彼之自爾。而是理固周流該貫，莫不各止其所，如乾道變化，各正性命，自無分數之差，而亦未嘗與之俱往矣。静而天地之體存，一本而萬殊；動而天地之用達，萬殊而一貫。體常涵用，用不離體，體用渾淪，純是天理，日常呈露於動静間。夫然後向之所以全得於天者在我，真有以復其本，而維天於穆之命亦與之爲不已矣。此人之所以存夫心之大略也。所謂體與天地同其大者，以理言之耳。蓋通天地間惟一實然之理而已。爲造化之樞紐，古今人物之所同得。但人爲物之靈，極是體而全得之，總會於吾心，即所謂性。雖會在吾之心，爲我之性，而與天固未嘗間。此心之所謂仁，即天之元；此心之所謂禮，即天之亨；此心之所謂義，即天之利；此心之所謂智，即天之貞。其實一致，非引而譬之也。天道無外，此心之理亦無外。天道無限量，此心之理亦無限量。天道無一物之不體，而萬物無一之非天，此心之理亦無一物之不體，而萬物無一之非吾心。那箇不是心做，那箇道理不具於心。天下豈有性外之物，而不統於吾心是理之中也哉？但以理言，則爲天地公共不見其切於己，謂之吾心之體，則即理之在我有統屬主宰，而其端可尋也。此心所以至靈至妙，凡理之所至，其思隨之，無所不至。大極於無際而無不通，細入於無倫而無不貫。前乎上古，後乎萬世而無不徹；近在跬步，遠在萬里而無不同。雖至於位天地，育萬物，亦不過充吾心體之本然，而非外爲者。此張子所謂有外之心不足以合天心者也。所謂用與天地相流通者，以是理之流行言之耳。蓋是理在天地間流行圓轉，無一息之停，凡萬物萬事，小大精粗，無一非天理流行。吾心全得是理，而天理之在吾心，亦本無一息不生生，而不與天地相流行。人惟欲淨情達，不隔其所流行，然後常與天地流通耳。且如惻隱一端，近而發於親親之間，親之所以當親，是天命流行者然也，吾但與之流行，而不虧其所親者耳。一或少有虧焉，則天理隔絶於親親之間，而不流行矣。次而及於仁民之際，如老者之所以當安，少者之所以當懷，入井者之所以當怵惕，亦皆天命流行者然也，吾但與之流行，而不失其所懷、所安、所怵惕者耳。一或少有失焉，則天理便隔絶於仁民之際，而不流行矣。又遠而及於愛物之際，如方長之所以不折，胎之所以不殺，殀之所以不夭，亦皆天命流行者然也，吾但與之流行，而不害其所長、所胎、所殀者耳。一或少有害焉，則天理便隔絶於愛物之際，而不流行矣。凡日用間四端所應皆然。但一事不到，則天理便隔絶於一事之下；一刻不貫，則天理便隔絶於一刻之中。惟其千條萬緒皆隨彼天則之自爾，而心爲之周流貫匝無人欲之間焉，然後與元亨利貞流行乎天地之間者同一用矣。此程子所以指天地變化草木蕃，以形容恕心充擴得去之氣象也。然亦必有是天地同大之體，然後有是天地流通之用。亦必有是天地流通之用，然後有是天地同大之體。則其實又非兩截事也。或謂天命性心雖不可謂異物，然各有界分，不可誣也。今且當論心體，便一向與性與天衮同説去，何往而不可。若見得脱灑，一言半句亦自可見，更宜涵養體察。某思之，體與天地同大，用與天地流通，自原頭處論，竊恐亦是如此。然一向如此，則又涉於過高，而有不切身之弊。不若且只就此身日用見定言，渾然在中者爲體，感而應者爲用，爲切實也。又覺聖賢説話如平常然。曰：此説甚善。更寬著意思涵泳，則愈見精密矣。然又不可一向如此，向無形影處追尋，更宜於日用事物、經書指意、史傳得失上做工夫，即精粗表裏融會貫通，而無一理之不盡矣。○問：心存時也有邪處，故有人心道心，如佛氏所謂作用是性，也常常心存。曰：人心是箇無揀擇底心，道心是箇有揀擇底心。佛氏也不可謂之邪，只是箇無揀擇底心。到心存時，已無大段不是處了。

南軒張氏曰：人受天地之中以生，有是心也。天命之謂性，精微深奥，非言所可窮極，而妙其藴者心也。

象山陸氏曰：人心至靈，此理至明。人皆有是心，心皆具是理。

勉齋黄氏曰：古人以心配火，此義最精。○説虚靈知覺便是理，固不可。説虚靈知覺與理是兩項，亦不可。須當説虚靈知覺上見得許多道理。且如孩提之童知愛其親，長而知敬其兄，愛敬處便是道理，知愛知敬便是知覺。雖然如此説，若看不分明，又錯看成兩項，不若只將怵惕惻隱一句看爲尤切。蓋怵惕惻隱，因情以見理也；能怵惕惻隱，則知覺也。○心之能爲性情之主宰者，以其虚靈知覺也。此心之理炯然不昧，亦以其虚靈知覺也。自當隨其所指，各自體認，其淺深各自不同。心能主宰，則如謝氏常惺惺之謂，此只是能持敬，則便能如此。若此心之理炯然不昧，如《大學》所謂明德，須是物格知至，方能如此，正不須安排併合也。○人惟有一心，虚靈知覺者是也。心不可無歸藏，故有血肉之心。血肉之心不可無歸藏，故有此身體。身體不可無所蔽，故須裘葛。不可無所寄，故須棟宇。其主只在心而已。今人於屋宇、身體、衣服反切切求過人，而心上却全不理會。

北溪陳氏曰：心者，一身之主宰也。人之四肢運動，手持足履，與夫飢思食，渴思飲，夏思葛，冬思裘，皆是此心爲之主宰。如今心恙底人，只是此心爲邪氣所乘，内無主宰，所以日用飲食動作失其常度，與平人異。理義都喪了，只空有箇氣，往來於脈息之間未絶耳。大抵人得天地之理爲性，得天地之氣爲體。理與氣合，方成箇心。有箇虚靈知覺，便是身之所以爲主宰處。然這虚靈知覺有從理而發者，有從氣而發者，又各不同也。○心只似箇器一般，裏面貯底物便是性。康節謂心者性之郛郭，説雖粗而意極切。蓋郛郭者心也，郛郭中許多人煙便是心中所具之理相似。所具之理便是性，即這所具底便是心之本體。理具於心，便有許多妙用。知覺從理上發來，便是仁義禮智之心，便是道心。若知覺從形氣上發來，便是人心，便易與理相違。人只有一箇心，非有兩箇知覺，只是所以爲知覺者不同。且如飢而思食，渴而思飲，此是人心。至於食所當食，飲所當飲，便是道心。如有飢餓濱死而蹴爾嗟來等食皆不肯受，這心從何處發來？便是就裏面道理上發來。然其嗟也可去，其謝也可食，此等處禮義又隱微難曉，須是識見十分明徹，方辨别得。○心有體有用，具衆理者其體，應萬事者其用；寂然不動者其體，感而遂通者其用。體即所謂性，以其静者言也；用即所謂情，以其動者言也。聖賢存養工夫至到，方其静而未發也，全體卓然，如鑑之空，如衡之平，常定在這裏。及其動而應物也，大用流行，妍媸高下，各因物之自爾，而未嘗有絲毫銖兩之差。而所謂鑑空衡平之體亦常自若，而未嘗與之俱往也。○性只是理，全是善而無惡。心含理與氣，理固全是善，氣尚含兩頭在，未便全是善底物，纔動便易從不善上去。心是箇活物，不是帖静死定在這裏，常愛動。心之動是乘氣動，故文公《感興詩》曰「人心妙不測，出入乘氣機」。正謂此也。心之活處是因氣成便會活，其靈處是因理與氣合便會靈。所謂妙者，非是言至好，是言其不可測。忽然出，忽然入，無有定時；忽在此，忽在彼，亦無定處。操之便存在此，舍之便亡失了。故孟子曰「操則存，舍則亡，出入無時，莫知其鄉」者，惟心之謂與？存便是入，亡便是出。然出非是裏面本體走出外去，只是邪念感物逐他去，而本然之正體遂不見了。入非是自外面已放底牽入來，只一念提撕警覺便在此。人須是有操存涵養之功，然後本體常卓然在中，爲此身主宰，而無亡失之患。所貴於學問者，爲此也。故孟子曰「學問之道無他，求其放心而已矣」。此意極爲人深切。○心雖不過方寸大，然萬化皆從此出，正是原頭處。故子思以未發之中爲天下之大本，已發之和爲天下之達道。○仁者，心之生道也。敬者，心之所以生也。○此心之量極大，萬理無所不包，萬事無所不統。古人每言學，必欲其博。孔子所以學不厭者，皆所以極盡乎此心無窮之量也。孟子所謂盡心者，須是盡得箇極大無窮之量，無一理一物之或遺，方是真能盡得心。然孟子於諸侯之禮未之學，豈非爵禄法制之未詳聞，畢竟是於此心無窮之量，終有所欠缺未盡處。○心至靈至妙，可以爲堯舜，參天地，格鬼神。雖萬里之遠，一念便到。雖千古人情事變之祕，一照便知。雖金石至堅可貫，雖物類至幽至微可通。○横渠曰：「合虛與氣，有性之名；合性與知覺，有心之名。」虛是以理言，理與氣合，遂生人物。受得去成這性，於是乎方有性之名。性從理來不離氣，知覺從氣來不離理。合性與知覺，遂成這心，於是乎方有心之名。

潛室陳氏曰：人心如鏡，物來則應，物去依舊自在，不曾迎物之來，亦不曾送物之去，只是定而應，應而定。○問：明道言中有主則實，實則外患不能入。伊川云心有主則虛，虛則邪不能入，無主則實，實則物來奪之。所主不同何也？曰：「有主則實」謂有主人在内，先實其屋，外客不能入，故謂之實。「有主則虛」謂外客不能入，只有主人自在，故又謂之虛。知惟實故虛，蓋心既誠敬，則自然虚明。○問：伊川説「心本善，發於思慮，則有善有不善」。思慮從心生，心若善，思慮因何有不善？曰：思慮以交物而蔽，故有不善。○問：赤子之心與未發之中同否？曰：赤子之心只是真實無僞，然喜怒哀樂已是倚向一邊去了。如生下時便有嗜慾，不如其意便要號啼，雖是真實，已是有所倚著。若未發之中，却渾然寂然，喜怒哀樂都未形見，只有一片空明境界，未有倚靠，此時只可謂之中。要之赤子之心不用機巧，未發之中乃存養所致，二者實有異義。

西山真氏曰：北辰常不移，故能爲列宿之宗。人心常不動，故能應萬物之變。不動，非無所運用之謂也。順理而應，不隨物而遷，雖動猶静也。○收之使入者，大本之所以立。推之使出者，達道之所以行。不收是謂無體，不推是謂無用。太極之有動静，人心之有寂感，一而已矣。○大舜十六字開萬世心學之源，後之聖賢更相授受，雖若不同，然大抵教人守道心之正，而遏人心之流耳。孟子於仁義之心，則欲其存而不放，本心欲其勿喪，赤子之心欲其不失，凡此皆所謂守道心之正也。《易》言懲忿窒慾，孔子言克己，《大學》言好樂憂患則不得其正，孟子言寡欲，以小體之養爲戒，以飢渴之害爲喻，凡此皆所謂遏人心之流也。心一而已爾，由義理而發無以害之，可使與天地參；由形氣而發無以檢之，至於違禽獸不遠。始也特豪毛之間，終焉有霄壤之隔，此精一之功所以爲理學之要歟？

鶴山魏氏曰：人之一心至近而遠，至小而大，至微而著，所以包括神明，管攝性情者也。

臨川吴氏曰：心學之妙，自周子、程子發其祕，學者始有所悟，以致其存存之功。周子云無欲故静，程子云有主則虚，此二言者，萬世心學之綱要也。不爲外物所動之謂静，不爲外物所實之謂虚。静者其本，虚者其効也。

性理大全書卷之三十二

性理大全書卷之三十三

性理五

心性情定性　情意　志氣志意　思慮附

程子曰：自性之有形者謂之心，自性之有動者謂之情。○問：喜怒出於性否？曰：固是。纔有生識便有性，有性便有情，無性安得有情？○問：喜怒出於外，如何？曰：非出於外，感於外而發於中也。問：性之有喜怒，猶水之有波否？曰：然。湛然平静如鏡者，水之性也。及遇沙石地勢不平，便有湍激，或風行其上，便爲波濤洶洶，此豈水之性也哉？人性中只有四端，人豈有許多不善底事？然無水安得波浪，無性安得情也？○問：性善而情不善乎？曰：情者性之動也，要歸之於正而已，亦何得以不善名之？

張子曰：心統性情者也。○有形則有體，有性則有情。○發于性則見于情，發于情則見于色，以類而應也。

龜山楊氏曰：六經不言無心，惟佛氏言之。亦不言修性，惟揚雄言之。心不可無，性不假修，故《易》止言洗心盡性，《記》言正心尊德性，孟子言存心養性。

河東侯氏曰：性之動便是情，主宰處便是心。

五峰胡氏曰：探視聽言動無息之本，可以知性；察視聽言動不息之際，可以會情。視聽言動，道義明著，孰知其爲此心？

視聽言動，物欲引取，孰知其爲人欲？是故誠成天下之性，性立天下之有，情效天下之動，心妙性情之德。性情之德，庸人與聖人同。聖人妙而庸人之所以不妙者，拘滯於有形而不能通爾。今欲通之，非致知何適哉？○氣之流行，性爲之主；性之流行，心爲之主。

朱子曰：性猶太極也，心猶陰陽也。太極只在陰陽之中，非能離陰陽也。然至論太極自是太極，陰陽自是陰陽，惟性與心亦然。所謂一而二，二而一也。仁義禮智，性也；惻隱、羞惡、辭讓、是非，情也。以仁愛，以義惡，以禮讓，以智知者，心也。性者，心之理也。情者，性之動也。心者，性情之主也。○未動爲性，已動爲情，心則貫乎動静而無不在焉。○性對情言，心對性情言，合如此是性。動處是情，主宰是心。大抵心與性似一而二，似二而一，此處最當體認。○在天爲命，稟於人爲性，既發爲情，此其脈理甚實，仍更分明易曉。惟心乃虚明洞徹，統前後而爲言耳。據性上説，寂然不動處是心亦得。據情上説，感而遂通處是心亦得。故孟子説「盡其心者，知其性也」，文義可見。性則具仁義禮智之端，實而易察。知此實理，則心無不盡。盡亦只是盡曉得耳，如云盡曉得此心者，由知其性也。○問：心性之别。曰：這箇極難説，且是難爲譬喻。如伊川以水喻性，其説本好，却使曉不得者生病。心大概似箇官人，天命便是君之命，性便如職事一般，此亦大概如此，要自理會得。如邵子云性者道之形體，蓋道只是合當如此，性則有一箇根苗，生出君臣之義，父子之仁。性雖虚，都是實理。心雖是一物，却虚，故能包含萬理，這箇要人自體察始得。又曰：性是心之道理，心是主宰於身者。四端便是情，是心之發見處，四者之萌皆出於心，而其所以然者，則是此性之理所在也。○問：未發之前心性之别。曰：心有體用，未發之前是心之體，已發之際乃心之用，如何指定説得？蓋主宰運用底便是心，性便是會恁地做底理。性則一定在這裏，到主宰運用却在心。情只是幾箇路子，隨這路子恁地做去底，却又是心。○問：静是性，動是情。曰：大抵都主於心。性字從心從生，情字從心從青。性是有此理，且如天命之謂性，要須天命箇心了，方是性。○人多説性方説心，看來當先説心。古人制字亦先制得心字，性與情皆從心。以人之生言之，固是先得這道理，然纔生這許多道理，却都具在心裏。且如仁義自是性，孟子則曰仁義之心。惻隱羞惡自是情，孟子則曰惻隱之心、羞惡之心。蓋性即心之理，情即性之用。今先説一箇心，便教人識得箇情性底總腦，教人知得箇道理存著處。若先説性，却似性中别有一箇心。横渠心統性情語極好，顛撲不破。○問：心性情。曰：孟子説「惻隱之心，仁之端也」一段極分曉。惻隱、羞惡、是非、辭讓是情之發，仁、義、禮、智是性之體。性中只有仁義禮智，發之爲惻隱、羞惡、辭讓、是非，乃性之情也。○問：性情心仁。曰：性無不善，心所發爲情，或有不善。説不善非是心，亦不得。却是心之本體本無不善，其流爲不善者，情之遷於物而然也。性是理之總名，仁義禮智皆性中一理之名。惻隱、羞惡、辭讓、是非是情之所發之名，此情之出於性而善者也。其端所發甚微，皆從此心出，故曰心統性情者也。

性不是别有一物在心裏，心具此性情。心失其主，却有時不善。如我欲仁斯仁至，我欲不仁斯失其仁矣。「回也三月不違仁」，言「不違仁」是心有時乎違仁也。出入無時，莫知其鄉，存養主一使之不失仁，乃善。○性情心，惟孟子、横渠説得好。仁是性，惻隱是情，須從心上發出來，心統性情者也。性只是合如此底，只是理，非有箇物事。若是有底物事，則既有善亦必有惡；惟其無此物只是理，故無不善。○心統性情者也，寂然不動，而仁義禮智之理具焉，動處便是情。有言静處是性，動處是心，如此則是將一物分作兩處了。心與性不可以動静言。凡物有心而其中必虛，如雞心猪心之屬，切開可見。人心亦然。只這些虛處便包藏許多道理，彌綸天地，該括古今，推廣得來，蓋天蓋地，莫不由此，此所以爲人心之妙歟？理在人心，是之謂性。性如心之田地，充此中虛，莫非是理而已。心是神明之舍，爲一身之主宰，性便是許多道理得之於天而具於心者。發於智識念慮處皆是情，故曰心統性情者也。○問：明道云：「稟於天爲性，感爲情，動爲心。」伊川則又云：「自性之有形者謂之心，自性之有動者謂之情。」如二程説，則情與心皆自夫一性之所發。彼問性而對以情與心，則不可謂不切所問者。然明道以動爲心，伊川以動爲情，自不相侔。不知今以動爲心是耶？以動爲情是耶？或曰：「情對性言，静者爲性，動者爲情。」是説固然也。今若以動爲情是，則明道何得却云「感爲情，動爲心」哉？横渠云「心統性情者也」，既是心統性情，伊川何得却云「自性之有形者謂之心，自性之有動者謂之情」耶？如伊川所云，却是性統心情者也。不知以心統性情爲是耶？性統心情爲是耶？此性情心三者未有至當之論也。曰：《近思録》中一段云「心一也，有指體而言者」，注云「寂然不動」是也；「有指用而言者」，注云「感而遂通天下之故」是也。夫寂然不動是性，感而遂通是情，故横渠云心包性情者也，此説最爲穩當。如前二程先生説話，恐是記録者誤耳。如明道「感爲情，動爲心」，感與動如何分得？若伊川云「自性之有形者謂之心」，某直理會他説不得，以此知是門人記録之誤也。○問：人當無事時，其中虚明不昧，此是氣，自然動處便是性。曰：虚明不昧便是心，此理具足於中無少欠缺便是性，感物而動便是情。横渠説得好，「由太虚有天之名，由氣化有道之名」，此是總説。「合虚與氣有性之名，合性與知覺有心之名」，是就人物上説。○看横渠心統性情之説，乃知此話大有功，始尋得箇情字著落，與孟子説一般。孟子言「惻隱之心，仁之端也」。仁，性也；惻隱，情也。此是情上見得心。又曰「仁義禮智根於心」，此是性上見得心。蓋心便是包得那性情，性是體，情是用。○五峰云「心妙性情之德」，妙是主宰運用之意。五峰此説不是曾去研窮深體，如何直見得恁地？○問：論性有已發之性，有未發之性。曰：性纔發便是情，情有善惡，性則全善，心又是一箇包總性情底。大抵言性，便須見得是元受命於天，其所稟賦自有本根，非若心可以一概言也。却是漢儒解「天命之謂性」云「木神仁，金神義」等語，却有意思，非苟言者，學者要體會親切。又曰：若不用明破，只恁涵養，自有到處，亦自省力。○性是未動，情是已動，心包得已動未動。蓋心之未動則爲性，已動則爲情，所謂心統性情者也。欲是情發出來底。心如水，性猶水之静，情則水之流，欲則水之波瀾，但波瀾有好底，有不好底。欲好底，如我欲仁之類；不好底，則一向奔馳出去，若波濤翻浪；大段不好底欲則滅却天理，如水之壅決，無所不害。孟子謂情可以爲善，是説那情之正從性中流出來者，元無不好也。○心，主宰之謂也。動静皆主宰，非是静時無所用，及至動時方有主宰也。言主宰，則混然體統自在其中。心統攝性情，非儱侗與性情爲一物而不分别也。○心者，主乎性而行乎情。故喜怒哀樂未發則謂之中，發而皆中節則謂之和，心是做工夫處。○心之全體湛然虚明，萬理具足，無一毫私欲之間，其流行該徧，貫乎動静，而妙用又無不在焉。故以其未發而全體者言之，則性也；以其已發而妙用者言之，則情也。然心統性情，只就渾淪一物之中指其已發未發而爲言耳。非是性是一箇地頭，心是一箇地頭，情又是一箇地頭，如此懸隔也。○問：心性情之辨。曰：程子云「心譬如穀種，其仁具生之理是性，陽氣發生處是情。」推而論之，物物皆然。○性具許多道理，昭昭然者屬性。未發理具，已發理應，則屬心；發動則情，所以存其心則養其性。心該備通貫，主宰運用。吕云「未發時，心體昭昭」。程云「有指體而言者，有指用而言者」。李先生云「心者，貫幽明，通有無」。○心性指其寂然不動處，情指其發動處。○有是形則有是心，而心之所得乎天之理，則謂之性。仁義禮智是也。性之所感於物而動，則謂之情。惻隱、羞惡、辭讓、是非是也。是三者，人皆有之，不以聖凡爲有無也。但聖人則氣清而心正，故性全而情不亂耳。學者則當存心以養性而節其情也。今以聖人爲無心，而遂以爲心不可以須臾有事，然則天之所以與我者，何爲而獨有此贅物乎？○性只是理，情是流出運用處，心之知覺即所以具此理而行此情者也。以智言之，所以知是非之理，則智也、性也；所以知是非而是非之者，情也；具此理而覺其爲是非者，心也。此處分別只在毫釐之間，精以察之，乃可見耳。○問：横渠言「由太虚有天之名，由氣化有道之名，合虚與氣有性之名，合性與知覺有心之名」。所謂性者，恐兼天地之性、氣質之性而言否？所謂心者，併人心、道心言否？曰：非氣無形，無形則性善無所賦，故凡言性者皆因氣質而言，但其中自有所賦之理耳。人心、道心亦非有兩物也。○性是理，心是包含該載、敷施發用底。○康節云「性者，道之形體；心者，性之郛郭；身者，心之區宇」。此語雖説得粗，畢竟大概好。○問：心之動，性之動。曰：動處是心，動底是性。又問：先生謂「動處是心，動底是性」。竊推此二句只在「底」、「處」兩字上。如穀種然，生處便是穀，生底却是那裏面些子。曰：若以穀譬之，穀便是心，那爲粟、爲菽、爲禾、爲稻底便是性。康節所謂「心者，性之郛郭」是也。○心以性包裹底是心，發出不同底是性。○心以性爲體，心將性做餡子模樣。蓋心之所以具是理者，以有性故也。○心有善惡，性無不善。若論氣質之性，亦有不善。○心性理拈著一箇，則都貫穿，惟觀其所指處輕重如何。如「養心莫善於寡欲，雖有不存焉者寡矣」，存雖指理言，然心自在其中。「操則存」，此存雖指心言，然理自在其中。○

問：人之生稟乎天之理以爲性，其氣清則爲知覺，而心又不可以知覺言，當如何？曰：難説。以天命之謂性觀之，則命是性，天是心。心有主宰之義，然不可無分別，亦不可太説開成兩箇，當熟玩而默識其主宰之意可也。○有這性便發出這情，因這情便見得這性。因今日有這情，便見得本來有這性。○性不可言，所以言性善者，只看他惻隱、辭讓四端之善，則可以見其性之善。如見水流之清，則知源頭必清矣。四端情也，性則理也。發者情也，其本則性也。如見影知形之意。○性不可説，情却可説，所以告子問性，孟子却答他情。蓋謂情可爲善，則性無有不善。所謂四端者，皆情也。仁是性，惻隱是情。惻隱是仁發出來底端芽，如一箇穀種相似。穀之生是性，發爲萌芽是情，所謂性只是那仁義禮智四者而已。四件無不善，發出來則有不善，何故？殘忍便是那惻隱反底，冒昧便是那羞惡反底。○仁義者，天理之目；而慈愛羞惡者，天理之施。於此看得分明，則性情之分可見。

北溪陳氏曰：情與性相對。情者，性之動也。在心裏面未發動底是性，事物觸著便發動出來底是情。寂然不動是性，感而遂通是情。這動底只是就性中發出來，不是別物。其大目則爲喜怒哀懼愛惡欲七者，《中庸》只説喜怒哀樂四箇，孟子又指惻隱、羞惡、辭讓、是非四端而言，大抵都是情。性中有仁，動出爲惻隱；性中有義，動出爲羞惡；性中有禮智，動出爲辭讓是非。端是端緒，裏面有這物，其端緒便發從外面來。若内無仁義禮智，則其發也，安得有許四端？大概心是箇物，貯此性，發出底便是情。孟子曰「惻隱之心，仁之端也；羞惡之心，義之端也；辭讓之心，禮之端也；是非之心，智之端也」。惻隱、羞惡等以情言，仁義等以性言，必又言心在其中者，所以統情性而爲之主也。

問：明道云「在人爲性，主於身爲心，心發於思慮謂之情」。如此則性乃心情之本。而横渠則以爲心統性情，如何？潛室陳氏曰：心居性情之間，向裏即是性，向外即是情，心居二者之間而統之。所以聖賢工夫只在心裏著到，一舉而兼得之，横渠此語大有功。

西山真氏曰：誠者，真實無妄之理，天之命於人，人之受於天，性此而已，故曰「誠成天下之性」。凡天下所有之理莫不具於一性之中，故曰「性立天下之有」。情者，性之動也。效，如「爻者效也」之效。天下之理不能無變動，卦之有爻所以像之，性之有情亦猶是也。未發則理具於性，既發則理著於情。情之動須因乎物，所以不能無動則理也，故曰「情效天下之動」。仁義禮智，性之德；惻隱以下，情之德。性情之德雖具，而發揮運用則在此心而已。故《中庸》論大本達道，必以戒懼慎獨爲主。蓋該寂感貫動静者，心也。心得其正，然後性之本然者全，而情之發亦中節矣，故曰「心妙性情之德」。

張子問：定性未能不動，猶累於外物，何如？程子曰：所謂定者，動亦定，静亦定，無將迎，無内外。苟以外物爲外，牽己而從之，是以己性爲有内外也。且以性爲隨物於外，則當其在外時，何者爲在内？是有意於絶外誘，而不知性之無内外也。既以内外爲二本，則又烏可遽語定哉？夫天地之常，以其心普萬物而無心；聖人之常，以其情順萬事而無情。故君子之學，莫若廓然而大公，物來而順應。《易》曰「貞吉悔亡，憧憧往來，朋從爾思」。苟規規於外誘之除，將見滅於東而生於西也，非惟日之不足，顧其端無窮，不可得而除也。人之情各有所蔽，故不能適道，大率患在於自私而用智。自私則不能以有爲爲應迹，用智則不能以明覺爲自然。今以惡外物之心而求照無物之地，是反鑑而索照也。《易》曰「艮其背，不獲其身；行其庭，不見其人」。孟氏亦曰「所惡於智者，爲其鑿也」。與其非外而是內，不若内外之兩忘也，兩忘則澄然無事矣。無事則定，定則明，明則尚何應物之爲累哉？聖人之喜，以物之當喜；聖人之怒，以物之當怒。是聖人之喜怒不繫於心而繫於物也，是則聖人豈不應於物哉？烏得以從外者爲非，而更求在内者爲是也？今以自私用智之喜怒，而視聖人喜怒之正爲如何哉？夫人之情易發而難制者，惟怒爲甚。第能於怒時遽忘其怒，而觀理之是非，亦可見外誘之不足惡，而於道亦思過半矣。

問：《定性書》也難理會。已下論定性。朱子曰：也不難。定性字説得也詫異，此性字是箇心字意。明道言語甚圓轉，初讀未曉得，都没理會，子細看却成段相應。此書在鄠時作，年甚少。○明道《定性書》自胸中瀉出，如有物在後面逼逐他相似，皆寫不辦。黄直卿曰：此正所謂有造道之言。曰：然。只是一篇之中，都不見一箇下手處。童蜚卿曰：廓然而大公，物來而順應，這莫是下工處否？曰：這是説已成處。且如今人私欲萬端，紛紛擾擾，無可奈何，如何得他大公？所見與理皆是背馳，如何便得他順應？楊道夫曰：這便是先生前日所謂也須存得這箇在。曰：也不由你存。此心紛擾，看著甚方法也不能得他住。這須是見得，須是知得天下之理，都著一毫私意不得方是，所謂知止而後有定也。不然只見得他如生龍活虎相似，更把捉不得。○《定性》一章，明道言不惡事物，亦不逐事物。今人惡則全絶之，逐則又爲物引將去。惟不拒不流，泛應曲當，則善矣。蓋横渠有意於絶外物而定其内，明道意以爲須是内外合一，動亦定，静亦定，則應物之際自然不累於物。苟只静時能定，則動時恐却被物誘去矣。○問：聖人動亦定，静亦定，所謂定者是體否？曰：是。曰：此是惡物來感時定，抑善惡來皆定？曰：惡物來不感，這裏自不接。曰：善物則如何？曰：當應便應，有許多分數來，便有許多分數應，這裏自定。曰：子哭之慟，而何以見其爲定？曰：此是當應，也須是廓然而大公，物來而順應。再三誦此語，以爲説得圓。○問：聖人定處未詳。曰：知止而後有定，只看此一句，便了得萬物各有當止之所。知得，則此心自不爲物動。曰：舜號泣于旻天，象憂亦憂，象喜亦喜，當此時何以見其爲定？曰：此是當應而應，當應而應便是定。若不當應而應，便是亂了。當應而不應，則又是死了。○問：天地之常，以其心普萬物而無心；聖人之常，以其情順萬事而無情。故君子之學，莫若廓然而大公，物來而順應。學者卒未到此，奈何？曰：雖未到此，規模也是恁地廓然大公，只是除却私意。事物之來，順他道理應之。且如有一事，自家見得道理是恁地，却有箇偏曲底意思要爲那人，便是不公，便逆了這道理，不能順應。聖人自有聖人大公，賢人自有賢人大公，學者自有學者大公。又問：聖賢大公固未敢請，學者之心當如何？曰：也只要存得這箇在，克去私意。這兩句是有頭有尾説話，大公是包説，順應是就裏面細説。公是忠，便是維天之命，於穆不已。順應便是乾道變化，各正性命。○廓然而大公，是寂然不動；物來而順應，是感而遂通。○問：《定性書》云「大率患在於自私而用智，自私則不能以有爲爲應迹，用智則不能以明覺爲自然」。曰：此一書首尾只此兩項，伊川文字段數分明，明道多只恁成片説將去。初看似無統，子細理會，中間自有路脈貫串將去。君子之學莫若廓然而大公，物來而順應。自後許多説話，都只是此二句意。「艮其背，不獲其身；行其庭，不見其人。」此是説廓然而大公。孟子曰：「所惡於智者，爲其鑿也。」此是説物來而順應。第能於怒時遽忘其怒，而觀理之是非。遽忘其怒是應廓然而大公，而觀理之是非是應物來而順應。這須子細去看，方始得。○問：自私則不能以有爲爲應迹，用智則不能以明覺爲自然。所謂天地之常，以其心普萬物而無心；聖人之常，以其情順萬事而無情。所謂普萬物、順萬事者，即廓然而大公之謂。無心無情者，即物來而順應之謂。自私則不能廓然而大公，所以不能以有爲爲應迹。用智則不能物來而順應，所以不能以明覺爲自然。曰：然。○明道云「不能以有爲爲應迹」，應迹謂應事物之迹，若心則未嘗動也。○問：《定性書》所論，固是不可有意於除外誘，然此地位高者之事，在初學恐亦不得不然否？

曰：初學也不解如此，外誘如何除得？有當應者亦只得順他，便看理如何。理當應便應，不當應便不應。此篇大綱只在「廓然而大公，物來而順應」兩句。其他引《易》、《孟子》，皆是如此。末謂「第能於怒時遽忘其怒，而觀理之是非」，一篇著力緊要，只在此一句。遽忘其怒，便是廓然大公；觀理之是非，便是物來順應。明道言語渾淪，子細看節節有條理。曰：內外兩忘，是內不自私，外應不鑿否？曰：是。大抵不可以在內者爲是，而在外者爲非，只得隨理順應。○人情易發而難制者，惟怒爲甚。惟能於怒時，遽忘其怒，而觀理之是非。舊時謂觀理之是非，纔見己是而人非，則其争愈力。後來看，不如此。如孟子所謂「我必不仁也，其自反而仁矣，其横逆由是也，則曰：此亦妄人而已矣」。○人情易發而難制，明道云「人能於怒時遽忘其怒，亦可見外誘之不足畏，而於道亦思過半矣」。此語可見。然有一説，若知其理之曲直，不必校却好；若見其直而又怒，則愈甚。大抵理只是此理，不在外求。若於外復有一理時，却難爲只有此理故。○問：聖人恐無怒容否？曰：怎生無怒容？合當怒時，必亦形於色。如要去治那人之罪，自爲笑容則不可。曰：如此則恐涉忿厲之氣否？曰：天之怒，雷霆亦震。舜誅四凶，當其時亦須怒。但當怒而怒便中節，事過便消了，更不積。○問：《定性書》是正心誠意工夫否？曰：正心誠意以後事。○定性者，存養之功至而得性之本然也。性定則動静如一，而内外無間矣。天地之所以爲天地，聖人之所以爲聖人，不以其定乎？君子之學亦以求定而已矣。故廓然而大公者，仁之所以爲體也；物來而順應者，義之所以爲用也。仁立義行，則性定而天下之動一矣，所謂貞也。夫豈急於外誘之除，而反爲是憧憧哉？然常人之所以不定者，非其性之本然也。自私以賊夫仁，用智以害夫義，是以情有所蔽而憧憧耳。不知自反以去其所蔽，顧以惡外物爲心，而反求照於無物之地，亦見其用力愈勞，而燭理愈昧，益以憧憧而不自知也。艮其背，則不自私矣。行無事，則不用知矣。內外兩忘，非忘也。一循於理，不是內而非外也。不是內而非外，則大公而順應，尚何事物之爲累哉？聖人之喜怒大公而順應，天理之極也；衆人之喜怒自私而用知，人欲之盛也。忘怒則公，觀理則順，二者所以爲自反而去蔽之方也。夫張子之於道，固非後學所敢議。然意其强探力取之意多，涵養之功少，故不能無疑於此。程子以是發之，其旨深哉！

勉齋黄氏曰：定性字當作定心看。若以心有内外，則不惟未可語定，亦且不識心矣。問：「天地之常」至「而順應」是第二段，此書大意不過此二句而已。❶廓然大公是不絶乎物，物來順應是不累乎物。曰：固是如此。然自心普萬物、情順萬事，便是不絶乎物。無情無心，便是不累乎物。只是此兩意貫了一篇。又曰：自「《易》曰貞吉悔亡」至「而除也」是第三段，此乃引《易》以結上段之意。貞吉則虚中無我，不絶乎物而亦不累乎物也。憧憧則累乎物矣。自「人之情」至「索照也」是第四段，只是與前二段意相反。自私便是求絶乎物，用智是反累乎物。不能以有爲爲應迹，故求絶乎

❶「二」，原作「七」，今據重修本改。

物。不能以明覺爲自然，故反累乎物。自「《易》曰艮其背」至「應物爲累哉」是第五段，亦引《易》以結上文。艮不獲其身則無我，無我則不自私。用智而鑿，則不以明覺爲自然，故不若内外之兩忘也。自「聖人之喜」至「爲如何哉」是第六段，以聖人喜怒明其廓然大公，物來順應也。後面是第七段，未嘗無怒而觀理是非，則未至於聖人而於道思過半矣。以此讀之，則自粲然明白矣。又曰：末一段專説順應一邊，然未嘗不怒，則是大公。朱文公舊説亦兼大公順應而言，蓋以遽忘其怒爲大公也。

西山真氏曰：定性者，理定於中而事不能惑也。理定于中，則當静之時固定也，動之時亦未嘗不定也。不隨物而往，不先物而動，故曰無將迎。理自内出而周於事，事自外來而應以理。理即事也，事即理也，故曰無内外。夫能定能應，有寂有感，皆心之妙也。所以然者，性也。若以定與寂爲是，而應與感爲非，則是以性爲有内外也。事物之來以理應之，猶鑑懸於此，而形不能遁也。鑑未嘗隨物而照，性其可謂隨物而在外乎？故事物未接，如鑑之本空者，性也。事物既接，如鑑之有形者，亦性也。内外曷嘗有二本哉？知此，則知事物不能累吾之性，雖酬酢萬變，未嘗不定也。

雙峰饒氏曰：君子之學，惟其知性之無内外也，故其存於中者，常豁然而大公。知應事接物各有當然之理，莫非吾性之理也，故其感於外者，常因事物之來，而順理以應之，此其所以能定也。衆人惟其不知此理，故不能豁然大公，而常梏於自私，不能物來順應，而每事常鑿智以爲用，此其所以不能定也。

問：意是心之運用處，是發處？朱子曰：運用是發了。問：情亦是發處，何以別？曰：情是性之發，情是發出恁地，意是主張要恁地。如愛那物是情，所以去愛那物是意。情如舟車，意如人去使那舟車一般。已下論情意。○心意猶有痕跡，如性則全無兆眹，只是許多道理在這裏。○問：意是心之所發，又説有心而後有意，則是發處依舊是心主之。到私意盛時，心也隨去。曰：固然。○問：情意之别。曰：情是會做底，意是去百般計較做底，意因有是情而後用。○問：情意如何體認？曰：性情則一。性是不動，情是動處，意則有主向。如好惡是情，好好色，惡惡臭，便是意。○未動而能動者，理也；未動而欲動者，意也。

北溪陳氏曰：意者，心之所發也，有思量運用之義。大抵情者，性之動；意者，心之發。情是就心裏面自然發動，改頭换面出來底，正與性相對。意是心上發起一念，思量運用要恁地底。情動是就全體上論，意是就一念處論。合數者而觀，纔應接事物時，便都呈露在面前。且如一件事物來接著，在内主宰者是心；動出來或喜或怒是情；裏面有箇物能動出來底是性；運用商量要喜那人，要怒那人是意；心向那所喜所怒之人是志；喜怒之中節處，又是性中道理流出來，即其當然之則處是理；其所以當然之根原處是命。一下許多物事都在面前，未嘗相離，亦粲然不相紊亂。○以意比心，則心大意小。以全體言，意是就全體上發起一念慮處。○毋意之意，是就私意説；誠意之意，是就好底意説。○人常言意思，去聲。思者思平聲。也。思慮、念慮之類，皆意之屬。

程子曰：志御氣則治，氣役志則亂。人忿慾勝志者有矣，以義理勝氣者鮮矣。已下論志氣志意。○問：人有少而勇，老而怯，少而廉，老而貪，何爲其然也？曰：志不立，爲氣所使故也。志勝氣，則一定而不可變也。曾子易簀之際，其氣微可知也，惟其志既堅定，則雖死生之際，亦不爲之動也，況老少之異乎！○問：志意之别。曰：志自所存主言之，發則意也。發而當，理也；發而不當，私也。

朱子曰：性者，即天理也，萬物稟而受之，無一理之不具。心者，一身之主宰。意者，心之所發。情者，心之所動。志者，心之所之，比於情意尤重。氣者，即吾之血氣而充乎體者也，比於他則有形器而較粗者也。○心之所之謂之志，日之所之謂之時。志字從之從心，時字從之從日。志是心之所之，一直去底。意又是志之經營往來底，是那志底脚。凡營爲謀度往來，皆意也。所以横渠云「志公而意私」。○問：意志。曰：横渠云「以意志兩字言，則志公而意私，志剛而意柔，志陽而意陰」。○志是公然主張要做事底，意是私地潛行間發處。志如伐，意如侵。

北溪陳氏曰：志者，心之所之。之猶向也，謂心之正面全向那裏去。如志於道，是心全向於道；志於學，是心全向於學。一直去求討要，必得那箇物事，便是志。若中間有作輟，或退轉底意，便不得謂之志。○志有趣向期必之意，趣向那裏去，期料要恁地，決然必欲得之，便是志。人若不立志，只泛泛地同流合汙，便做成甚人？須是立志，以聖賢自期，便能卓然拔出於流俗之中，不至隨波逐浪，爲碌碌庸輩之歸。若甘心於自暴自棄，便是不能立志。○立志須是高明正大。人多有好資質，純粹静淡甚近道，却甘心爲卑陋之歸，不肯志於道，只是不能立志。○孟子曰「士尚志」，立志要高，不要卑。○《論語》曰「博學而篤志」，立志要定，不要雜；要堅，不要緩。如顔子曰：「舜何人也？予何人也？有爲者亦若是。」若曰「文王我師也，周公豈欺我哉」？皆以聖人自期，皆是能立志。孟子曰：「舜爲法於天下，可傳於後世，我猶未免爲鄉人也，是則可憂也。憂之如何？如舜而已矣。」孟子以舜自期，亦是能立志。

西山真氏曰：志者，心之用也。心無不正，而其用則有正邪之分。志者，進德之基，若聖若賢，莫不發軔乎此。志之所趨，無遠不達，穹山窮海不能限也。志之所向，無堅不入，鋭兵精甲不能禦也。善惡二途，惟道與利而已。志乎道，則理義爲之主，而物欲不能移。志乎利，則物欲爲之主，而理義不能入。堯桀舜蹠之所繇以異也，可不謹乎？

魯齋許氏曰：雲從龍，風從虎，氣從志。龍虎所在而風雲從之，志之所在而氣從之。

程子曰：思慮不得至於苦。已下論思慮。○要息思慮，便是不息思慮。○不深思則不能造於道。不深思而得者，其得易失。○欲知得與不得，於心氣上驗之。思慮有得，中心悦豫，沛然有裕者，實得也。思慮有得，心氣勞耗者，實未得也，强揣度耳。○人多思慮，不能自寧，只是做他心主不定。○未有不能體道而能無思者，故坐忘則坐馳，有忘之心，是則思而已矣。○泛乎其思，不若約之可守也。思則來，捨則去，思之不熟也。○呂與叔嘗言「患思慮多，不能驅除」。曰：此正如破屋中禦寇，東面一人來未逐得，西面又一人至矣，左右前後，驅逐不暇。蓋其四面空踈，盜固易入，無緣作得主定。又如虛器入水，水自然入。若以一器實之以水，置之水中，水何能入來？蓋中有主則實，實則外患不能入，自然無事。

問：思可去否？上蔡謝氏曰：思如何去？思曰睿，睿作聖，思豈可去？問：遇事出言，每思而發，是否？曰：雖不中，不遠矣。

問：程子云「要息思慮，便是不息思慮」。朱子曰：思慮息不得，只敬便都没了。○問：思慮紛擾。曰：公不思慮時，不識箇心是何物。須是思慮時，知道這心如此紛擾，漸漸見得，却有下工夫處。○問：知與思於人身最緊要。曰：然，二者也只是一事。知如手相似，思是教這手去做事也。思所以用夫知也。○人心無不思慮之理。若當思而思，自不當苦苦排抑，却反成不静也。

魯齋許氏曰：慎思，視之所見，聽之所聞，一切要箇思字。君子有九思，思曰睿是也。要思無邪，目望見山，便謂之青可乎？惟知故能思。○或問：心中思慮多，奈何？曰：不知所思慮者何事？果求所當知，雖千思萬慮可也。若人欲之萌，即當斬去，在自知之耳。人心虛靈，無槁木死灰不思之理，要當精於可思慮處。

臨川吴氏曰：常人非無思，而不見其有得，何也？不思其則，是謂妄思，惡有妄思而可以有得者哉？思必于其則，而後爲思之正；則必于其得，而後爲思之成。則也者，帝之衷，民之彝，性分所固有，事理之當然也。稽諸夫子之言，無邪其綱，九思其目也。無邪者，心之則，曰明曰聰、曰温曰恭、曰忠曰敬者。視聽色貌言，事之則也。思之思之，其有不得之者乎？

性理大全書卷之三十三

性理大全書卷之三十四

性理六

道

程子曰：道未始有天人之别，但在天則爲天道，在地則爲地道，在人則爲人道。○天之自然謂之天道。○天以生爲道，天命猶天道也。以其用言也，則謂之命。○觀生理可以知道。○《繫辭》云：「形而上者謂之道，形而下者謂之器。」又云：「立天之道，曰陰與陽；立地之道，曰柔與剛；立人之道，曰仁與義。」又曰：「一陰一陽之謂道。」陰陽亦形而下者也，而曰道者，惟此語截得上下最分明。元來只此是道，要在人默而識之。或者以清虚一大爲天道，此乃以器言，而非道也。○道即性也。若道外尋性，性外尋道，便不是。○《書》言天叙天秩，天有是理，聖人循而行之，所謂道也。○道之外無物，物之外無道，是天地之間無適而非道也。即父子而父子在所親，即君臣而君臣在所嚴，以至爲夫婦，爲長幼，爲朋友，無所爲而非道，此道所以不可須臾離也。故君子之於天下也，無適也，無莫也，義之與比。若有適有莫，則於道爲有間，非天地之全也。○冲漠無眹，萬象森然已具，未應不是先，已應不是後。如百尺木自根本至枝葉，皆是一貫，不可道上面一段事無形無兆，却待人旋要安排引入來教入塗轍。既是塗轍，却只是一箇塗轍。○今語道則須待要寂滅湛静，形使如槁木，心使如死灰，豈有直做牆壁木石而謂之道？所貴乎智周天地萬物而不遺，又幾時要如死灰？所貴乎動容周旋中禮，又幾時要如槁木？論心術無如孟子，也只謂「必有事焉」。今既如槁木死灰，則却於何處有事？○謂張子厚曰：道者，天下之公也，而學者欲立私説，何也？子厚曰：心不廣也。曰：彼亦是美事，好而爲之，不知迺所當爲，强私之也。○問：道無真假。曰：既無真，則是假耳。既無假，則是真矣。真假皆無，尚何有哉？必曰是者爲真，非者爲假，不亦顯然而易明乎？○問：何謂誠？何謂道？曰：自性言之謂之誠，自理言之謂之道，其實一也。

張子曰：道所以可久可大，以其肖天地而不雜也。與天地不相似，其違道也遠矣。○人知道爲自然，而未識自然之爲體。○天地之道無非以至虚爲實，人須於虚中求出實。聖人虚之至，故擇善自精。心之不能虚，由有物榛礙。金鐵有時而腐，山岳有時而摧，凡有形之物即易壞。惟太虚處無動摇，故爲至實。《詩》云「德輶如毛，毛猶有倫。上天之載，無聲無臭」。至矣！○太虚者，自然之道。行之要在思，故又曰思誠。○事無大小，皆有道在其間。能安分，則謂之道；不能安分，謂之非道。顯諸仁，天地生萬物之功，則人可得而見也。所以造萬物，則人不可得而見，是藏諸用也。

藍田吕氏曰：人受天地之中以生，良心所發，莫非道也。在我者，惻隱、羞惡、辭遜，是非皆道也。在彼者，君臣、父子、夫婦、昆弟、朋友之交亦道也。在物之分，則有彼我之殊；在性之分，則合乎内外一體而已。是皆人心所同然，乃吾性之所固有也。

上蔡謝氏曰：聖人之道無顯微，無内外，由灑掃、應對、進退而上達天道，本末一以貫之。

和静尹氏謂吕堅中曰：吾道甚平易明白，須行到無内外、無思慮方得。

五峰胡氏曰：陰陽成象，而天道著矣。剛柔成質，而地道著矣。仁義成德，而人道著矣。○道者，體用之總名。仁其體，義其用。合體與用，斯爲道矣。○堯、舜、禹、湯、文王、仲尼之道，天地中和之至，非有取而後爲之者也。是以周乎萬物，通乎無窮，日用而不可離也。○道不能無物而自道，物不能無道而自物。道之有物，猶風之有動，水之有流也，夫孰能間之？故離物求道者，妄而已矣。

延平李氏曰：道之可以治心，猶食之充飢，衣之禦寒也。身有迫於飢寒之患者，遑遑焉爲衣食之謀，造次顛沛未始忘也。至於心之不治，有没世不知慮者，豈愛心不若口體哉？弗思甚矣！然飢而思食，不過乎菽粟之甘；寒而求衣，不過乎綈布之温。道之所可貴，亦不過君臣、父子、夫婦、長幼、朋友之間，行之以仁義忠信而已耳。捨此之不務，而必求夫誣詭譎怪可以駭人耳目者而學之，是猶飢寒切身者不知菽粟綈布之爲美，而必期乎珍異侈靡之奉焉。求之難得，享之難安，終亦必亡而已矣。

朱子曰：這道體浩浩無窮。○聖人之道如飢食渴飲。○聖人之道有高遠處，有平實處。○合内外，平物我，此見道之大端，蓋道只是致一公平之理而已。○道之常存，初非人所能預。只是此箇自是亘古亘今、常在不滅之物，雖被人作壞，終殄滅他不得。○鳶飛魚躍，道體隨處發見。○天高地下，人位乎中。天之道不出乎陰陽，地之道不出乎柔剛，是則舍仁與義，亦無以立人之道矣。然而仁莫大於父子，義莫大於君臣，是謂三綱之要，五常之本，人倫天理之至。○通天下只是一箇天機活物，流行發用，無間容息，據其已發者而指其未發者，則已發者人心，而凡未發者皆其性也，亦無一物而不備矣。夫豈别有一物拘於一時，限於一處而名之哉？即夫日用之間，渾然全體，如川流之不息，天運之不窮耳。此所以體用精粗，動静本末，洞然無一毫之間，而鳶飛魚躍，觸處朗然也。存者存此而已，養者養此而已。○問：昔有問伊川如何是道，伊川曰「行處是」。又問明道如何是道，明道令於君臣、父子、兄弟上求。諸先生之言不曾有高遠之説。曰：明道之説固如此。然君臣、父子、兄弟之間，各有當然之理，此便是道。○問：韓持國言道上無克，此説猶可。至説道無真假，則誤甚矣。曰：正緣其謂道無真假，所以言無克。若知道有真假，則知假者在所當克也。○道之大本豈别是一物？但日用中隨事觀省，久當自見。然亦須是虚心游意，積其功力，庶幾有得。○道是統名，理是細目。○道訓路，大概説人所共由之路，理各有條理界瓣。因舉康節云：「夫道也者，道也。道無形，行之則見於事矣。如道路之道，坦然使千億萬年行之人，知其歸者也。」○問：道與理如何分？曰：道便是路，理是那文理。問：如木理相似？曰：是。問：如此却似一般。曰：道字包得大，理是道字裹面許多理脉。又曰：道字宏大，理字精密。

○問：程子云：「沖漠無眹，萬象森然已具。未應不是先，已應不是後。如百尺之木，自根本至枝葉，皆是一貫。不可道上面事無形無兆，却待人旋安排引入來教入途轍。」他所謂途轍者，莫只是以人所當行者言之。凡所當行之事，皆是先有此理，却不是臨行事時旋去尋討道理。曰：此言未有這事，先有這理。如未有君臣，已先有君臣之理。未有父子，已先有父子之理。不成元無此理，直待有君臣父子，却旋將道理入在裏面？又問：「既是塗轍，却只是一箇塗轍」，是如何？曰：是這一箇事，便只是這一箇道理。精粗一貫，元無兩樣。今人只見前面一段事無形無兆？將謂是空蕩蕩，却不知道沖漠無眹，萬象森然已具。又問：「未應不是先，已應不是後」，應字是應務之應否？曰：未應是未應此事，已應是已應此事。未應固是先，却只是後來事。已應固是後，却只是未應時理。○問：沖漠無眹一段。曰：未有事物之時，此理已具。少間應處，只是此理。所謂塗轍，即是所由之路。如父之慈、子之孝，只是一條路從源頭下來。○問：「未應不是先」一條。曰：未應如未有此物，而此理已具。到有此物，亦只是這箇道理。塗轍是車行處，且如未有塗轍，而車行必有塗轍之理。○答呂子約曰：道之得名，只是事物當然之理。元德直以訓行，則固不可。當時若但以當行之路答之，則因彼之説發吾之意，而沖漠之云亦自通貫矣。今且以來示所引一陰一陽，君臣父子，形而上下，沖漠氣象等説，合而析之，則陰陽也，君臣父子也，皆事物也。人之所行也，形而下者也，萬象紛羅者也。是數者各有當然之理，即所謂道也，當行之路也，形而上者也，沖漠之無眹者也。若以形而上者言之，則沖漠者固爲體，而其發於事物之間者爲之用。若以形而下者言之，則事物又爲體，而其理之發見者爲之用。不可概謂形而上者爲道之體，天下達道爲道之用也。○問：伊川云「形而上者謂之道，形而下者謂之器，須着如此説」。曰：這是伊川見得分明，故云須着如此説。形而上者是理，形而下者是物。如此開説，方見分明。如此了，方説得道不離乎器，器不違乎道處。如爲君須止於仁，這是道理合如此。爲人臣止於敬，爲人子止於孝，爲人父止於慈，這是道理合如此。今人不解恁地説，便不索性兩邊説，怎生説得通？○問：形而上下如何以形言？曰：此言最的當，設若以有形無形言之，便是物與理相間斷了。所以明道謂截得分明者，只是上下之間分别得一箇界止分明。器亦道，道亦器，有分别而不相離也。○道須是合理與氣看，理是虚底物事，無那氣質，則此理無安頓處。《易》説「一陰一陽之謂道」，這便兼理與氣而言。陰陽氣也，一陰一陽則是理矣。猶言一闔一闢謂之變，闔闢非變也，一闔一闢則是變也。蓋陰陽非道，所以陰陽者道也。○道是道理，事事物物皆有箇道理。器是形迹，事事物物亦皆有箇形迹。有道須有器，有器須有道。凡有形有象者，皆器也。其所以爲是器之理者，則道也。這箇在人看始得。指器爲道固不得，離器於道亦不得。須知形而上者指理而言，形而下者指事物而言。○道即理也，以人所共由而言，則謂之道；以其各有條理而言，則謂之理。其目則不出乎君臣、父子、兄弟、夫婦、朋友之間，而其實無二物也。○

經書中所言只是這一箇道理，都重三疊四說在裏，只是許多頭面出來。如《語》、《孟》所載，也只是這許多話。一箇聖賢出來說一番了，一箇聖賢又出來從頭說一番。如《書》中堯之所說，也只是這箇；舜之所說，也只是這箇；以至於禹、湯、文、武所說，也只是這箇。又如《詩》中周公所贊頌文武之盛德，亦只是這箇。便若桀紂之所以危亡，亦只是反了這箇。道理若使別撰得出來，古人須自撰了。惟其撰不得，所以只共這箇道理。○道者，古今共由之理。如父之慈，子之孝，君仁臣忠，是一箇公共底道理。德便是得此道於身，則爲君必仁，爲臣必忠之類，皆是自有得於己，方解恁地。堯所以脩此道而成堯之德，舜所以脩此道而成舜之德，自天地以先，羲黄以降，都只是這一箇道理。亘古今未嘗有異，只是代代有一箇人出來做主，做主便即是得此道理於己。不是堯自是一箇道理，舜又是一箇道理，文王、周公、孔子又別是一箇道理。老子說失道而後德，他都不識，分做兩箇物事，便將道做一箇空無底物事看。吾儒說只是一箇物事，以其古今公共是這一箇，不着人身上說謂之道，德即是全得此道於己。他說「失道而後德，失德而後仁，失仁而後義」，若離了仁義便是無道理了，又更如何是道？○道不須別去尋討，只是這箇道理，非是別有一箇道被我忽然看見，攫拏得來，方是見道。只是如日用底道理，恁地是，恁地不是，事事理會得箇是處，便是道。○道者兼體用、該費隱而言也。○道體用雖極精微，聖人之言則甚明白。○問：汎觀天地間，日往月來，寒往暑來，四時行，百物生，這是道之流行發見處。即此而總言之，其往來生化無一息間斷處，便是道體否？曰：此體用説得是，但「總」字未當。總便成兼用説了，只就那骨處便是體。如水之或流或止，或激成波浪是用，即這水骨可流可止、可激成波浪處便是體。如這身是體，目視耳聽，手足運動處便是用。如這手是體，指之運動提掇處便是用。因舉《論語集注》曰：「往者過，來者續，無一息之停，乃道體之本然也。」曰：即是此意。○問：前説體用無定所，是隨處説如此。若合萬事爲一大體用，則如何？曰：體用也定。見在底便是體，後來生底便是用。此身是體，動作處便是用。天是體，萬物資始處便是用。地是體，萬物資生處便是用。就陽言，則陽是體，陰是用。就陰言，則陰是體，陽是用。○體是這箇道理，用是他用處。如耳聽目視，自然如此，是體也。開眼看物，着耳聽聲，便是用。人只是合當做底便是體，人做處便是用。譬如此扇子有骨有柄用紙糊，此則體也。人摇之，則用也。如尺與秤相似，上有分寸星銖，則體也。將去秤量物事，則用也。○問：去歲聞先生曰「只是一箇道理，其分不同」。所謂分者，莫只是理一而其用不同？如君之仁，臣之敬，子之孝，父之慈，與國人交之信之類是也。曰：其體已略不同。君臣父子國人是體，仁敬慈孝與信是用。

樂菴李氏曰：道非事不形，事非道不行。○道一而已，而以脩身爲本。自脩身以及於治國平天下，皆是道也。○或問：如何是道？曰：世所謂學道者，往往外求。不知向外去，又那得道？若能於父子親，於君臣義，於夫婦和，於兄弟敬，於朋友信，只此便是道，何必他求？今人更不去人倫上尋討，但曰吾學道，亦惑矣。

南軒張氏曰：道者，天命之全體，流行無間，貫乎古今，通乎萬物者也。衆人自昧之，而是理也何嘗有間斷？聖人盡之，而亦非有所增益也。未應不是先，已應不是後，立則俱立，達則俱達。蓋公天下之理非有我之得私，此仁之道所以爲大，而命之理所以爲微也。○當其可即是道。蓋事事物物之間，道無往而不存，然無適而不爲中也。○凡一飲食一起居之間，莫不有其道焉。賢者隨時而循理，在聖人則如影之隨形，道固不離乎聖人也。

象山陸氏曰：此道充塞宇宙天地，順此而動，故日月不過，而四時不忒。聖人順此而動，故刑罰清而民服。古人所以造次必於是，顛沛必於是也。

東萊吕氏曰：夫道非窮天以爲高，非極地以爲深，人之所性之中固有之矣。其體則純而不雜，其用則施之無方。

勉齋黄氏曰：陰陽分而五行具，人物生而萬事出，太極之妙爲之根柢，而周流其間，充塞宇宙，貫徹古今，不可須臾離也。形交氣感而稟受不齊，慾動情勝而好惡無節，心以形役，志以氣移，理以慾昏，性以情鑿，鄉之不可離者梏亡茅塞，莫之存矣。圖書出而天文始兆，聖賢生而人文始開。二儀肇分，仁義著矣。五氣順布，五事備矣。禮以天秩，典以天敍，而教行焉。因至顯之象驗至微之理，即人事之當然察天命之本然，加之以操存持養，則動容周旋，無適而不由於斯道之中矣。聖賢之功與天無間，凡有血氣莫不尊親，心之秉彝不可已也。○三才之植立，萬化之流行，自一息至於不可終窮，自一豪至於不可限量。所以綱維主宰者，道而已。道非他，行乎天理之當然，不雜以人欲之私而已。自古帝王參天地，贊化育，更堯舜禹湯六七君，上下數百千年，致治之盛常如一日，豈有出於此道之外哉？詩書載籍之傳，其詳可睹也。春秋戰國以來，異論滋熾，其術愈工，其説愈巧，其效愈邈，彼豈不知聖帝明王豐功偉績之可慕哉？陷人欲之私而昧天理之正，帝王體統卒以泯没，而民生不見隆古之盛，千有餘年於此矣，可勝歎哉！循乎道者如此，戾乎道者如彼，然則有志於世者，其轍迹可考也。然道之在天下，與三才並立，萬化並行，雖顯晦不同，未嘗亡也。神而明之，其惟人乎？○或問某在廬山時，聞饒師魯言道必三節看方密。如洒掃應對是事，必有當然之理，又必有所以然之故。以事對當然，則事是粗，當然者是精。以當然對所以然，則當然者是粗，所以然者是精。某既疑道之難以三節分，又疑道之不可以粗言也，遂求質於胡文伯量。胡文云朱文公嘗謂「心之神靈，妙衆理而宰萬事者也」。此乃「精中之精，粗中之精」。「精中之精，粗中之精」八字，朱文公語也。以此論之，則師魯之言未爲不然。今敢以質之先生。曰：昔人之言道，惟以道對器，體對用。道對器，則器可以包用。洒掃應對，即精義入神之類是也。體對用，則用可以包器。《中庸》之言費隱，孟子之言仁義禮智，惻隱、羞惡、恭敬、是非之類是也。又何嘗分三節？道亦豈可以粗言？今師魯之言既不是，伯量之舉例又不類，二者皆失之也。至於「粗中之精，精中之精」八字，往往朱文公之意亦不如此。前一段恐以魂魄爲粗，義理爲精；後一段則知又能運用此理者也。噫，微言之絶而大義之乖，只在目前矣。可懼也哉！

北溪陳氏曰：道猶路也，當初命此字，是從路上起意。人所通行，方謂之路。一人獨行，不得謂之路。道之大綱只是日用間人倫事物所當行之理，衆人所共由底，方謂之道。大概是就日用人事上説，方見得人所通行底意親切。若就此推原來歷，不是就人事上剗然有箇道理如此，其根原皆是從天來。故横渠謂「由太虚有天之名，由氣化有道之名」。此便是推原來歷。天即理也，古聖賢説天，多是就理上論。理無形狀，以其自然而致，故謂之天。若就天之形體論，也只是箇積氣，恁蒼蒼茫茫，實有何形質。但横渠此天字是説理，理不成死定在這裏。一元之氣流出來，生人生物，便有箇路脉恁地，便是人物所通行之道，此就造化推原其所從始如此。至子思説率性之謂道，只是就人物已受得來處説。隨其所受之性，便自然有箇當行之路，不待人安排着。其實道之得名，須就人所通行處説，只是日用人事所當然之理，古今所共由底路，所以名之曰道。○道只是人事之理耳。形而上者謂之道，形而下者謂之器。自有形而上者言之，其隱然不可見底則謂之道。自有形而下者言之，其顯然可見底則謂之器。其實道不離乎器，道只是器之理。人事有形狀處都謂之器，人事中之理便是道。道無形狀可見，所以明道曰：「道亦器也，器亦道也。須着如此説，方截得上下分明。」○道流行乎天地之間，無所不在，無物不有，無一處欠缺。子思言「鳶飛魚躍，上下察」以證之，有以見道無不在，甚昭著分曉。在上則鳶飛戾天，在下則魚躍于淵，皆是這箇道理。程子謂「此子思喫緊爲人處，活潑潑地」。所謂「喫緊」云者，只是緊切爲人説。所謂「活潑潑」云者，只是實真見這道理在面前，如活底物相似。此正如顔子所謂「卓爾」，孟子所謂「躍如」之意，都是真見得這道理分明，故如此説。○《易》説「一陰一陽之謂道」。陰陽，氣也，形而下者也。道，理也，只是陰陽之理，形而上者也。孔子此處是就造化根原上論。大凡字義須是隨本文看得透方可。如「志於道」，「可與適道」，「道在邇」等類，又是就人事上論。聖賢與人説道，多是就人事上説。惟此一句，乃是贊《易》時説來歷根原。儒中竊禪學者又直指陰陽爲道，便是指氣爲理了。○學者求道，須從事物千條萬緒中磨鍊當來。若就事事物物上看，亦各有箇當然之理。且「足容重」，足是物，重是足當然之理。

「手容恭」，手是物，恭是手當然之理。如「視思明，聽思聰」，明與聰便是視聽當然之理。又如「坐如尸，立如齊」，如尸如齊便是坐立當然之理。以類而推，大小高下皆有箇當然恰好道理，古今所通行而不可廢者。道之大原自是出於天，自未有天地之先，固是先有此理。然纔有理便有氣，纔有氣，此理便在乎氣之中，而不離乎氣。氣無所不在，則理無所不通。其盛著見於造化發育，而其實流行乎日用人事，千條萬緒。人生天地之内，物類之中，全具是道，與之俱生，不可須臾離。故欲求道者，須是就人事中盡得許多千條萬緒，當然之理，然後可以全體是道，而實具於我。非可舍吾身人事，超乎二氣之表，只管去窮索未有天地始初之妙爲道體，則在我此身有何干涉？○道非是外事物有箇虛空底，其實道不離乎物，離物則無所謂道。且如君臣有義，義底是道，君臣是器。若要看義底道理，須就君臣上看，不成脱了君臣之外，别有所謂義。父子有親，親底是道，父子是器，若要看得親底道理，須就父子上看，不成脱了父子之外，别有所謂親。即夫婦而夫婦在所别，即長幼而長幼在所序，即朋友而朋友在所信，亦非外夫婦、長幼、朋友而有所謂别、序與信。

或問：形而上者謂之道，何以言形？潛室陳氏曰：一物必有一理，道即器中之理。器既有形，道即因而顯，分開不得。先聖欲開悟後學，不奈何指開示人。所以俱言形者，見本是一物。若除了此字，止言上者謂之道，下者謂之器，却成二片矣。〇道只是當行底理。天下事事物物與自家一身，凡日用常行，那件不各有當行底道理？那曾一歘走離得？才離得則物非物，事非事，吾身日用常行者皆非是矣。故道即路之謂也。之燕之越，無非是路。才無路，便是荆棘草莽。聖人之道只是眼前當然底，一時走離不得。後學求道只就此上看，不用窈窈冥冥，探索深遠。如此爲道，皆日用而不知者也。

西山真氏曰：器者，有形之物也。道者，無形之理也。明道先生曰：「道即器，器即道，兩者未嘗相離。」蓋凡天下之物有形有象者，皆器也，其理便在其中。大而天地亦形而下者，乾坤乃形而上者。天地以形體言，乾坤以性情言。乾健也，坤順也，即天地之理。日月星辰，風雨霜露，亦形而下者，其理即形而上者。以身言之，身之形體皆形而下者，曰性曰心之理，乃形而上者。至於一物一器，莫不皆然。且如燈燭者，器也。其所以能照物，形而上之理也。

且如椅桌，器也。而其用，理也。天下未嘗有無理之器，無器之理。即器以求之，則理在其中。如即天地則有健順之理，即形體則有性情之理。精粗本末，初不相離。若舍器而求理，未有不蹈於空虛之見，非吾儒之實學也。

雙峰饒氏曰：道者，天下當然之理，原於天之所命，根於人之所性，而著見於日用事物之間。如大路然，本無難知難行之事，學者患不得其門而入耳。苟得其門而入，則由愚夫愚婦之可知可能，以至於盡性至命之地，無遠之不可到也。

理

程子曰：萬物各具一理，而萬理同出一原，所以可推而無不通也。○一物之理，即萬物之理。○物物皆有理，如火之所以熱，水之所以寒，至於君臣父子間皆是理。○理則天下只是一箇理，故推至四海而準。須是質諸天地、考諸三王不易之理，故敬則只是敬此者也，仁是仁此者也，信是信此者也。○理與心一，而人不能會爲一者，有己則喜自私，私則萬殊，宜其難一也。○隨時觀理，而天下之理得矣。○《詩》曰：「天生烝民，有物有則；民之秉彝，好是懿德。」萬物皆有理，順之則易，逆之則難。各循其理，何勞於己力哉！○所以謂萬物一體者，皆有此理，只爲從那裏來。生生之謂易，生則一時生，皆完此理。人則能推，物則氣昏推不得，不可道他物不與有也。○或問太虛。曰：亦無太虛。遂指虛曰：皆是理，安得謂之虛？天下無實於理者。○天理云者，這一箇道理更有甚窮已。○寂然不動，感而遂通者，天理具備，元無少欠，不爲堯存，不爲桀亡。父子君臣，常理不易，是不曾動來。因不動，故言寂然。雖不動，感便通，感非自外也。○視聽思慮動作，皆天也，人但於其中要識得真與妄尔。○天理，自然之理也。○莫之爲而爲，莫之致而致，便是天理。○觀天理亦須放開意思，開闊得心胸便可見。○有德者得天理而用之，既有諸己，所用莫非中理。○物有自得天理者，如蜂蟻知衛其君，豺獺知祭禮，亦出於人情而已。○天地生物，各無不足之理。常思天下君臣、父子、兄弟、夫婦，有多少不盡分處。○天地萬物之理，無獨必有對，皆自然而然，非有安排也。○萬物莫不有對，一陰一陽，一善一惡，陽長則陰消，善增則惡滅。斯理也，推之其遠乎，人只要知此耳。○質必有文，自然之理也。理必有對，生生之本也。有上則有下，有此則有彼，有質則有文。一不獨立，二必爲文，非知道者孰能識之。

張子曰：所謂天理也者，能説諸心，能通天下之志之理也。上蔡謝氏曰：天，理也；人，亦理也。循理則與天爲一，與天爲一，我非我也，理也；理非理也，天也。唯文王有純德，故曰在帝左右。帝謂文王，帝是天之作用處。或曰：意、必、固、我有一焉，則與天地不相似矣。曰：然。理上怎安得箇字？《易》曰「與天地相似，故不違」，相似猶自是語。

朱子曰：萬物各具一理，萬理同出一原。萬物皆有此理，理皆同出一原。但所居之位不同，則其理之用不一。如爲君須仁，爲臣須敬，爲子須孝，爲父須慈，物物各具此理，而物物各異其用，然莫非理之流行也。○問：萬理粲然，還同不同。曰：理只是這一箇，道理則同，其分不同。君臣有君臣之理，父子有父子之理。○問：既是一理，又謂五常，何也？曰：謂之一理亦可，謂之五理亦可。以一包之則一，分之則五。問：分爲五之序。曰：渾然不可分。○理只是一箇理，理舉著全無欠闕。且如言著仁，則都在仁上。言著誠，則都在誠上。言著忠恕，則都在忠恕上。言著忠信，則都在忠信上。只爲只是這箇道理，自然血脉貫通。○理是有條理，有文路子。文路子當從那裏去，自家也從那裏去。文路子不從那裏去，自家也不從那裏去。須尋文路子在何處，只挨著理了行。○只是這箇理分做四段，又分做八段，又細碎分將去。四段者，意其爲仁義禮智。○理如一把綫相似，有條理。如這竹籃子相似，指其上行篾曰：一條子恁地去。又別指一條曰：一條恁地去。又如竹木之文理相似，直是一般理，橫是一般理。有心便存得許多理。○理便是心之所有之理，心便是理之所會之地。○至微之理，至著之事，一以貫之。○形而上者謂之道，形而下者謂之器。形而上者指理而言，形而下者指事物而言。事事物物皆有其理，事物可見而其理難知。即事即物，便要見得此理。只是如此看，但要真實於事物上見得這箇道理，然後於己有益。爲人君止於仁，爲人子止於孝，必須就君臣、父子上見得此理。大學之道，不曰窮理而謂之格物，只是使人就實處窮竟事事物物上有許多道理，窮之不可不盡也。○天下之理，至虛之中，有至實者存。至無之中，有至有者存。夫理者，寓於至有之中，而不可以目擊而指數也。然而舉天下之事，莫不有理。且臣之事君便有忠之理，子之事父便有孝之理，目之視便有明之理，耳之聽便有聰之理，貌之動便有恭之理，言之發便有忠之理。只是常常恁地省察，則理不難知也。○問：性即理如何？曰：物物皆有性，便皆有其理。曰：枯槁之物亦有理乎？曰：不論枯槁，他本來都有道理。因指案上花瓶，便有花瓶道理，書燈便有書燈道理。水之潤下，火之炎上，金之從革，木之曲直，土之稼穡，一一都有性，都有理。人若用之，又着順他理始得。若把金來削做木用，把木來鎔做金用，便無此理。○天理既渾然，然既謂之理，則便是箇有條理底名字。故其中所謂仁義禮智四者，合下便各有一箇道理不相混雜，以其未發，莫見端緒，不可以一理名，是以謂之渾然。非是渾然裏面都無分別，而仁義禮智却是後來旋次生出四件有形有狀之物也。須知天理只是仁義禮智之總名，仁義禮智便是天理之件數。○問：理有能然，有必然，有當然，有自然處，皆須兼之，方於理字訓義爲備否？且舉其一二，如惻隱者，氣也；其所以能是惻隱者，理也。蓋在中有是理，然後能形諸外爲是事，外不能爲是事，則是其中無是理矣。此能然處也。又如赤子之入井，見之者必惻隱。蓋人心是箇活底，然其感應之理必如是，雖欲忍之，而其中惕然自有不能以已也。不然，則是槁木死灰，理爲有時而息矣。此必然處也。又如赤子入井，則合當爲之惻隱。蓋人與人類，其待之理當如此，而不容不如此也。不然，則是爲悖天理，而非人類矣。此當然處也。當然亦有二，一就合做底事上，直言其大義如此。如入井當惻隱，與夫爲父當慈，爲子當孝之類是也。一泛就事中又細揀别，其是是非非當做與不當做處。如視其所當視，而不視其所不當視；聽其所當聽，而不聽其所不當聽，則得其正而爲理。非所當視而視，與當視而不視；非所當聽而聽，與當聽而不聽，則爲非理矣。此亦當然處也。又如所以入井而惻隱者，皆天理之真，流行發見，自然而然，非有一毫人爲預乎其間，此自然處也。其他又如動静者，氣也；其所以能動静者，理也。動則必静，静必復動。其必動必静者，亦理也。事至則當動，事過當静者，亦理也。而其所以一動一静，又莫非天理之自然矣。又如親親、仁民、愛物者，事；其所以能親親、仁民、愛物者，理。見其親則必親，見其民則必仁，見其物則必愛者，亦理也。在親則當親，在民則當仁，在物則當愛。其當親當仁當愛者，亦理也。而其所以親之，仁之，愛之，又無非天理之自然矣。凡事皆然，能然、必然者，理在事先。當然者正就事而直言其理，自然則貫事理言之也。四者皆不可不兼該，而止就事言者，必見理直截親切，在人道爲有力。所以《大學章句》《或問》論難處，惟專以當然不容已者爲言，亦此意，熟則其餘自可類舉矣。曰：此意甚備。《大學》本亦更有所以然一句，後來看得且要見得所當然是切要處。若果得不容已處，即自可默會矣。○問：程子云「視聽思慮動作，皆天也，人但於中要識得真與妄耳」。真妄是於那發處别，識得天理人欲之分，如何？曰：皆天也，言視聽思慮動作皆是天理。其順發出來，無非當然之理，即所謂真。其妄者，却是反乎天理者也。雖是妄，亦無非天理，只是發得不當地頭。譬如一草木合在山上，此是本分，今却移在水中，其爲草木固無以異，只是那地頭不是。恰如善固性也，惡亦不可不謂之性之意。○問：天地萬物之理無獨必有對，對是物也，理安得有對？曰：如高下、小大、清濁之類皆是。曰：高下、小大、清濁又是物也，如何？曰：有高必有下，有大必有小，皆是理必當如此。如天之生物，不能獨陰必有陽，不能獨陽必有陰，皆是對。這對處不是理對，其所以有對者，是理合當恁地。問：如何便至不知手之舞之，足之蹈之？曰：真箇是未有無對者，看得破時，真箇是差異好笑。且如一陰一陽便有對，至於太極，却對甚底？曰：太極有無極對。曰：此只是一句。如金木水火土，即土亦似無對，然皆有對。太極便與陰陽相對，此是形而上者謂之道，形而下者謂之器，便對過，却是横對了。土便與金木水火相對，蓋金木水火是有方所，土却無方所，亦對得過。一云：四物皆資土故也。胡氏謂「善不與惡對」，惡是反善，如仁與不仁，如何不可對？若不相對，覺説得天下事都尖斜了，没箇是處。一云：湖南學者云善無對，不知惡乃善之對，惡者反乎善者也。○問：天下之理無獨必有對，有動必有静，有陰必有陽，以至屈伸、消長、盛衰之類，莫不皆然。還是他合下便如此邪？曰：自是他合下來如此。一便對二，形而上便對形而下。然就一言之，一中又自有對。且如眼前一物，便有背有面，有上有下，有内有外。二又各自爲對，雖説無獨必有對，然獨中又自有對。且如棊盤路兩兩相對，末稍中間只空一路，若似無對，然此一路對了三百六十路。此所謂一對萬，道對器也。○天下之物未嘗無對，有陰便有陽，有仁便有義，有善便有惡，有語便有嘿，有動便有静，然又却只是一箇道理。如人行出去是這脚，行歸亦是這脚；譬如口中之氣，噓則爲温，吸則爲寒耳。○蔡季通云：理有流行，有對待。先有流行，後有對待。曰：難説先有後有。季通舉太極説，以爲道理皆然，且執其説。

東萊吕氏曰：天下事有萬不同，然以理觀之，則未嘗異。君子須當於異中而求同，則見天下之事本未嘗異。

勉齋黄氏曰：此身只是形氣神理，理精於神，神精於氣，氣精於形。形則一定，氣能呼吸，能冷暖。神則有知覺，能運用。理則知覺運用上許多道理。然有形則斯有氣，有氣斯有神，有神斯有理，只是一物分出許多名字。知此，則心性情之類，皆可見矣。

或問：伊川有云「在物爲理，處物爲義」。又曰「在義爲理」。何如？潛室陳氏曰：理對義言，則理爲體，而義爲用。理對道言，則道爲體，而理爲用。○又問：《遺書》云「天地生物，各無不足之理，常思天下君臣、父子有多少不盡分處」。既曰「無不足」，如何又有「不盡分處」？曰：天理本無不足，人自虧欠他底。

北溪陳氏曰：理與義對説，則理是體，義是用。理是在物當然之則，義是所以處此理者。故程子曰「在物爲理，處物爲義」。○如君臣、父子、夫婦、兄弟、朋友等類，若不是實理如此，則便有時廢了。惟是實理如此，所以萬古常然，雖更亂離變故，終有不可得而殄滅者。○理與性字對説。理乃是在物之理，性乃是在我之理。在物底便是天地人物公共底道理，在我底乃是此理已具，得爲我所有者。○道與理大概只是一件物，然拆爲二字，亦須有分别。道是就人所通行上立字，與理對説，則道字較寬，理字較實，理有確然不易底意。故萬古通行者，道也；萬古不易者，理也。理無形狀，如何見得？只是事物上一箇當然之則便是理，則是準則法則，有箇確定不易底意。只是事物上正當合做處便是當然，無過些，亦無不及些。如爲君止於仁，仁便是爲君當然之則。爲臣止於敬，敬便是爲臣當然之則。爲父止於慈，爲子止於孝，孝慈便是父子當然之則。又如足容重，重便是足容當然之則。手容恭，恭便是手容當然之則。如尸便是坐中當然之則，如齊便是立中當然之則。古人格物窮理，要就事物上窮箇當然之則，亦不過只是窮到那合做恰好處而已。

或問：心也，性也，天也，一理也。何如？魯齋許氏曰：便是一以貫之。又問：理出於天，天出於理。曰：天即理也。有則一時有，本無先後。○有是理而後有是物。譬如木生，知其誠有是理，而後成木之一物。表裏精粗無不到，如成果實相似，如水之流滿出東西南北皆可。體立而用行，積實於中，發見於外，則爲惻隱，爲羞惡。内無而外自不應，凡物之生，必得此理而後有是形，無理則無形。孟子所謂「非人者無此理，何異於禽獸哉」？○事物必有理，未有無理之物。兩件不可離，無物則理何所寓？讀史傳事實文字，皆已往粗迹，但其中亦有理在。聖人觀轉蓬，便知造車。或觀擔夫争道，而得運筆意，亦此類也。但不可泥於迹，而不知變化。雖淺近事物，亦必有形而上者，但學者能得聖神功用之妙，以觀萬事萬物之理可也。則形而下者，事爲之間，皆粗迹而不可廢。

臨川吴氏曰：理之在人心，猶水之在地中，晝夜生生而不竭，是之謂有原。心理之發見，猶原泉之初出，毋滑壞，毋閼絶，將混混乎其常活而常清矣。○夫凡物必有所以然之故，亦必有所當然之則。所以然者，理也；所當然者，義也。程子曰：「在物爲理，處物爲義。」理之有義，猶形影聲響也，世豈有無義之理哉？理如玉之膚也，至微而至密，有旁通廣取，其義不一而足者。是以聖人之學必精義而入神。

德

程子曰：德者，得也，須是實到這裏須得。○一德立而百善從之。○存諸中爲德，發於外爲行。德之成其可見者，行也。○得之於心，謂之有德。自然睟然，見於面，盎於背，施於四體。四體不言而喻，豈待勉强也！○德性者，言性之可貴與言性善，其實一也。性之德者，言性之所有。○有德者，得天地而用之，既有諸己，所以莫非中理。○心是天德，心有不盡處，便是天德處未能盡。○人心莫不有知，惟蔽於人欲，則亡天德也。○聖賢論天德，蓋謂自家元是天然完全自足之物。若無所汙壞，即當直而行之。若小有汙壞，即敬以治之，使復如舊。

張子曰：德主天下之善，善原天下之一。○接物處皆是小德，統會處便是大德。○富貴之得不得，天也。至於道德則在己，求之而無不得也。○循天下之理之謂道，得天下之理之謂德，故曰「易簡之善配至德」。

龜山楊氏曰：仁義而足乎己，斯謂之德。

上蔡謝氏曰：德可以易言耶？動容周旋中禮，聖人之事也，止曰盛德之至。具天下之至善，止曰有德。爲天下之大惡，止曰失德。故禮樂皆得，謂之有德。

五峰胡氏曰：德有本，故其行不窮。孝悌也者，德之本歟？

朱子問吳必大，如何是德？曰：只是此道理，因講習躬行後，見得是我之所固有，故守而勿失耳。曰：尋常看「據於德」如何說？必大以横渠得寸守寸，得尺守尺對。曰：須先得了，方可守。如此說時，依舊認德字未着。今且說只是這道理，然須長長提撕，令在己者決定是做得如此。如方獨處默坐，未曾事君親，接朋友，然在我者已渾全是一箇孝悌忠信底人。以此做出事來，事親則必孝，事君則必忠，與朋友交則必信，不待旋安排。蓋存於中之謂德，見於事之謂行。《易》曰「君子以成德爲行」，正謂以此德而見諸事耳。○存之於中謂理，得之於心謂德，發見於行事爲百行。○德是得於天者，講學而得之，得自家本分底物事。○問：韓子道與德爲虛位，如何？曰：亦說得通。蓋仁義禮智是實，此道德字是通上下說，却虛。如有仁之道，義之道，仁之德，義之德，此道德只隨仁義上說，是虛位。他又自說道有君子小人，德有凶有吉，謂吉人則爲吉德，凶人則爲凶德，君子行之爲君子之道，小人行之爲小人之道，如「道二，仁與不仁」，「君子道長，小人道消」之類。若是志於道，據於德，方是好底，方是道德之正。○《中庸》分道德，曰父子君臣以下爲天下之達道，智仁勇爲天下之達德。君有君之道，臣有臣之道，德便是箇行道底。故爲君主於仁，爲臣主於敬。仁敬可喚做德，不可喚做道。

東萊呂氏曰：至德以道爲本。至德者，精粹而不可名者之謂。道體溥博淵深，無聲無臭，無下手處。惟至德以道爲本，則有所依據，識得體段。○今人不識德字，往往見一事之善則謂之德，殊不知此乃行也。實有諸己之謂德，見諸行事之謂行。既實有於己矣，須見於行事之間，然後吾之行全進。

或問：道也，德也，仁也，三者所處不同。潛室陳氏曰：道謂事事物物當然之理；德乃行是道，實得於心；仁謂本心之德，愛之理，乃諸德之總會處。在一人身上只是一箇物事，但一節密一節耳。

北溪陳氏曰：德者，得也，不能離得一箇得字。古經書雖是多就做工夫實有得上説，然亦有就本原來歷上論。如所謂明德者，是人生所得於天，本來光明之理具在吾心者，故謂之明德。如孩提之童無不知愛親敬兄，此便是得於天本明處。有所謂達德者，是古今天下人心之所同得，故以達言。有所謂懿德者，是得天理之粹美，故以懿言之。又有所謂德性者，亦只是在我所得於天之正理，故謂之德性。○道是天地間本然之道，不是因人做工夫處論，德便是就人做工夫處論。德是行是道而實有得於吾心者，故謂之德。何謂行是道而實有得於吾心？如實能事親，便是此心實得這孝。實能事兄，便是此心實得這悌。大概德之一字，是就人做工夫已到處論，乃是做工夫實有得於己了，不是就方做工夫時説。

○道與德不是判然二物。道是公共的，德是實得於身，爲我所有的。○所謂天德者，自天而言，則此理公共，在天得之爲天德。其道流行賦予，爲物之所得，亦謂之天德。若就人論，則人得天之理以生，亦謂之天德。其所爲純得天理之真，無人僞之雜，亦謂之天德。

西山真氏曰：德者何，仁義禮智是也。此所謂體也。德專以其本體而言，才兼言其著於用者。聖人之所謂才，有與德合言之者。才難之才，即所謂德也。德全則才亦全矣。《中庸》謂「天下至聖，爲能聰明睿知，足以有臨也。寬裕温柔，足以有容也。發彊剛毅，足以有執也。齊莊中正，足以有敬也。文理密察，足以有别也」。蓋惟聖人爲能兼五者之全，非五者之全不足以言聖。○《皐陶謨》有六德、三德之分，小大不同，而皆適於用。

性理大全書卷之三十四

性理大全書卷之三十五

性理七

仁

程子曰：天地之大德曰生。天地絪緼，萬物化醇，生之謂性，萬物之生意最可觀。此元者善之長也，斯所謂仁也。又曰：非仁則無以見天地。○仁者以天地萬物爲一體，莫非我也。如其皆我，何所不盡？不能有諸己，則其與天地萬物豈特相去千萬而已哉！○自古不曾有人解仁字之義，須是道與他分别出五常。若只是兼體，却只有四也。且譬一身，仁，頭也；其他四端，手足也。至如《易》雖言元者善之長，然亦須通四德以言之。○問仁。曰：此在諸公自思之，將聖賢所言仁處類聚觀之，體認出來。孟子曰：「惻隱之心，仁也。」後人遂以愛爲仁。惻隱固是愛也，愛自是情，仁自是性，豈可專以愛爲仁？孟子言惻隱爲仁，蓋爲前已言「惻隱之心，仁之端也」。既曰仁之端，則不可便謂之仁。退之言博愛之謂仁，非也。仁者固博愛，然便以博愛爲仁，則不可。○仁者必愛，指愛爲仁則不可。不仁者無所知覺，指知覺爲仁則不可。○觀物於静中皆有春意，切脉最可體仁。○觀鷄雛，此可觀仁。○仁之道，要之只消道一公字。公只是仁之理，不可將公便唤做仁。○公而以人體之，故爲仁。只爲公則物我兼照，故仁所以能恕，所以能愛。恕則仁之施，愛則仁之用也。○人之一肢病，不知痛癢，謂之不仁。人之不仁亦猶是也，蓋不知仁道之在己也。知仁道之在己而由之，乃仁也。○視聽言動一於禮，謂之仁。○仁則一，不仁則二。○大率把捉不定，皆是不仁。去不仁，則仁存。○學者識得仁體實有諸己，只要義理栽培，如求經義皆栽培之意。○仁者渾然與物同體，義禮智信皆仁也。識得此理，以誠敬存之而已。○至仁則天地爲一身，而天地之間，品物萬形爲四肢百體。夫人豈有視四肢百體而不愛者哉？聖人，仁之至也，獨能體是心而已。曷嘗支離多端，而求之自外乎？故能近取譬者，仲尼所以示子貢以爲仁之方也。醫書有以手足風頑謂之四體不仁，爲其疾痛不以累其心故也。夫手足在我，而疾痛不與知焉，非不仁而何？世之忍心無恩者，其自棄亦若是而已。○孟子云：「仁也者，人也。合而言之，道也。」《中庸》所謂「率性之謂道」是也。仁者，人此者也。敬以直內，義以方外，仁也。若以敬直內，則便不直矣。行仁義豈有直乎？必有事焉而勿正，則直也。夫能敬以直內，義以方外，則與物同矣。故曰：「敬義立而德不孤。」是以仁者無對，放之東海而準，放之西海而準，放之南海而準，放之北海而準。醫家言四體不仁，最能體仁之名也。

張子曰：虛者，仁之原；禮義者，仁之用。○虛則生仁，仁在理以成之。○敦厚虛靜，仁之本；敬和接物，仁之用。

龜山楊氏曰：《論語》言仁處，皆仁之方也。若正所謂仁，則未之嘗言也，故曰「子罕言利與命與仁」。要道得親切，唯孟子言「仁，人心也」，最爲親切。○李似祖問：何以知仁？曰：孟子以惻隱之心爲仁之端，平居但以此體究，久久自見。因問似祖：尋常如何説隱？似祖云：如有隱憂，勤恤民隱，皆疾痛之謂也。曰：孺子將入井，而人見之者，必有惻隱之心，疾痛非在己也，而爲之疾痛，何也？似祖曰：出於自然，不可已也。曰：安得自然如此？若體究此理，知其所從來，則仁之道不遠矣。

上蔡謝氏曰：心者何也？仁是已。仁者何也？活者爲仁，死者爲不仁。今人身體麻痹，不知痛癢，謂之不仁。桃杏之核可種而生者，謂之桃仁、杏仁，言有生之意。推此，仁可見矣。○問：一日静坐，見一切事平等，皆在我和氣中，此是仁否？曰：此只是静中工夫，只是心虚氣平也。須是應事時有此氣象方好。○仁者，天之理，非杜撰也。故哭死而哀，非爲生也。經德不回，非干禄也。言語必信，非正行也。天理當然而已矣。當然而爲之，是爲天之所爲也。聖門學者大要以克己爲本，克己復禮，無私心焉，則天矣。

和靖尹氏曰：鮑某嘗問伊川：「仁者愛人，便是仁乎？」伊川云：「愛人，仁之事耳。」焞時侍坐歸，因取《論語》中説仁事，致思久之，忽有所得，遂見伊川請益曰：「某以仁惟公可盡之。」伊川沉思久之云：「思而至此，學者所難及也。天心所以至仁者，惟公爾。人能至公，便是仁。」○謝收嘗問學於伊川，伊川云：「學之大，無如仁。汝謂仁是如何？」謝久之無入處。一日再問：「愛人是仁否？」伊川云：「愛人乃仁之端，非仁也。」謝收去。焞因曰：「某謂仁者，公而已。」伊川云：「何謂也？」焞曰：「能好人，能惡人。」伊川云：「善涵養，不易見得到此。」

延平李氏答朱元晦書曰：仁字難説。《論語》一部只是説與門弟子求仁之方，知所以用心，庶幾私欲沉，天理見，則知仁矣。如顔子、仲弓之問，聖人所以答之之語，皆其切要用力處也。孟子曰：「仁，人心也。」心體通有無，貫幽明，無不包括，與人指示於發用處求之也。又曰：「仁者，人也。」人之一體便是天理，無所不備具。若合而言之，人與仁之名亡，則渾是道理也。來諭以謂仁是心之正理，能發能用底一箇端緒，如胎育包涵，其中生氣無不純備，而流動發生自然之機，又無頃刻停息。憤盈發洩，觸處貫通，體用相循，初無間斷。此説推擴得甚好。但又云：「人之所以爲人而異乎禽獸者，以是而已。若犬之性、牛之性，則不得而與焉。」若如此説，恐有礙。蓋天地中所生物，本源則一，雖禽獸草木，生理亦無頃刻停息間斷者，但人得其秀而最靈，五常中和之氣所聚，禽獸得其偏而已。此其所以異也。若謂流動發生自然之機，與夫無頃刻停息間斷，即禽獸之體亦自如此。若以爲此理唯人獨得之，即恐推測體認處未精，於他處便有差也。又云「須體認到此純一不雜處，方見渾然與物同體氣象」一段語，却無病。又云「從此推出分殊合宜處，便是義」以下數句，莫不由此，而「仁一以貫之。蓋五常百行無往而非仁也」，此説大概是，然細推之，却似不曾體認得伊川所謂「理一分殊」，龜山云「知其理一，所以爲仁；知其分殊，所以爲義」之意。蓋全在「知」字上用着力也。謝上蔡《語録》云：「不仁便是死漢，不識痛癢了。」仁字只是有知覺了了之體段。若於此不下工夫，令透徹，即何縁見得本源毫髮之分殊哉？若於此不了了，即體用不能兼舉矣。此正是本源體用兼舉處，人道之立，正在於此。仁之一字，正如四德之元。而仁、義二字正如立天道之陰陽，立地道之柔剛，皆包攝在此二字爾。大抵學者多爲私欲所昏，故用力不精，不見其效。若欲於此進步，須把斷諸路頭，静坐默識，使之泥滓漸漸消去方可。不然，亦只是説也。更熟思之。

朱子曰：天地以生物爲心者也，而人物之生，又各得夫天地之心以爲心者也。故語心之德，雖其總攝貫通，無所不備，然一言以蔽之，則曰仁而已矣。蓋天地之心，其德有四，曰元亨利貞，而元無不統。其運行焉，則爲春夏秋冬之序，而春生之氣無所不通。故人之爲心，其德亦有四，曰仁義禮智，而仁無不包。其發用焉，則爲愛恭宜别之情，而惻隱之心無所不貫。故論天地之心者，則曰乾元、坤元，則四德之體用不待悉數而足。論人心之妙者，則曰「仁，人心也」，則四德之體用亦不待遍舉而該。蓋仁之爲道，乃天地生物之心即物而在，情之未發而此體已具，情之既發而其用不窮。誠能體而存之，則衆善之源，百行之本，莫不在是。此孔門之教所以必使學者汲汲於求仁也。其言有曰「克己復禮爲仁」，言能克去己私，復乎天理，則此心之體無不在，而此心之用無不行也。又曰「居處恭，執事敬，與人忠」，則亦所以存此心也。又曰「事親孝，事兄弟，及物恕」，則亦所以行此心也。又曰「求仁得仁」，則以讓國而逃，諫伐而餓，爲能不失乎此心也。又曰「殺身成仁」，則以欲甚於生，惡甚於死，爲能不害乎此心也。此心何心也？在天地則坱然生物之心，在人則温然愛人利物之心，包四德而貫四端者也。或曰：若子之言，則程子所謂「愛情，仁性，不可以愛爲仁」者，非歟？曰：不然。程子之所謂，以愛之發而名仁者也；吾之所論，以愛之理而名仁者也。蓋所謂情、性者，雖其分域之不同，然其脉絡之通，各有攸屬者，則曷嘗判然離絶而不相管哉？吾方病夫學者誦程子之言，而不求其意，遂至於判然離愛而言仁，故特論此以發明其遺意。而子顧以爲異乎程子之説，不亦誤哉。或曰：程氏之徒言仁多矣，蓋有謂愛非仁，而以萬物與我爲一爲仁之體者矣。陳淵問楊龜山曰：萬物與我爲一，其仁之體乎？曰：然。亦有謂愛非仁，而以心有知覺釋仁之名者矣。上蔡謝氏曰：心有所覺謂之仁，仁則心與事爲一。草木五穀之實謂之仁，取名於生也。生則有所覺矣。四體之偏痺謂之不仁，取名於不知覺也。不知覺則死矣。事有感而隨之以喜怒哀樂，應之以酬酢萬變者，非知覺不能也。身與事接而心漠然不省者，與四體不仁無異也。然則不仁者，雖生無以異於死，雖有心亦鄰於無心，雖有四體亦弗爲吾用也。故視而弗見，聽而弗聞，食而不知其味。此善學者所以急急於求仁也。今子之言若是，然則彼皆非歟？曰：彼謂物我爲一者，可以見仁之無不愛矣，而非仁之所以爲體之真也。彼謂心有知覺者，可以見仁之包乎智矣，而非仁之所以得名之實也。觀孔子答子貢博施濟衆之問，與程子所謂覺不可以訓仁者，則可見矣。予尚安得復以此而論仁哉？抑泛言同體者，使人含糊昏緩而無警切之功，其弊或至於認物爲己者有之矣。專言知覺者，使人張皇迫躁而無沉潛之味，其弊或至於認欲爲理者有之矣。一忘一助，二者蓋胥失之。而知覺之云者，於聖門所云「樂山」、「能守」之氣象，尤不相似。予尚安得復以此而論仁哉？因并記其語，作《仁説》。

仁說圖

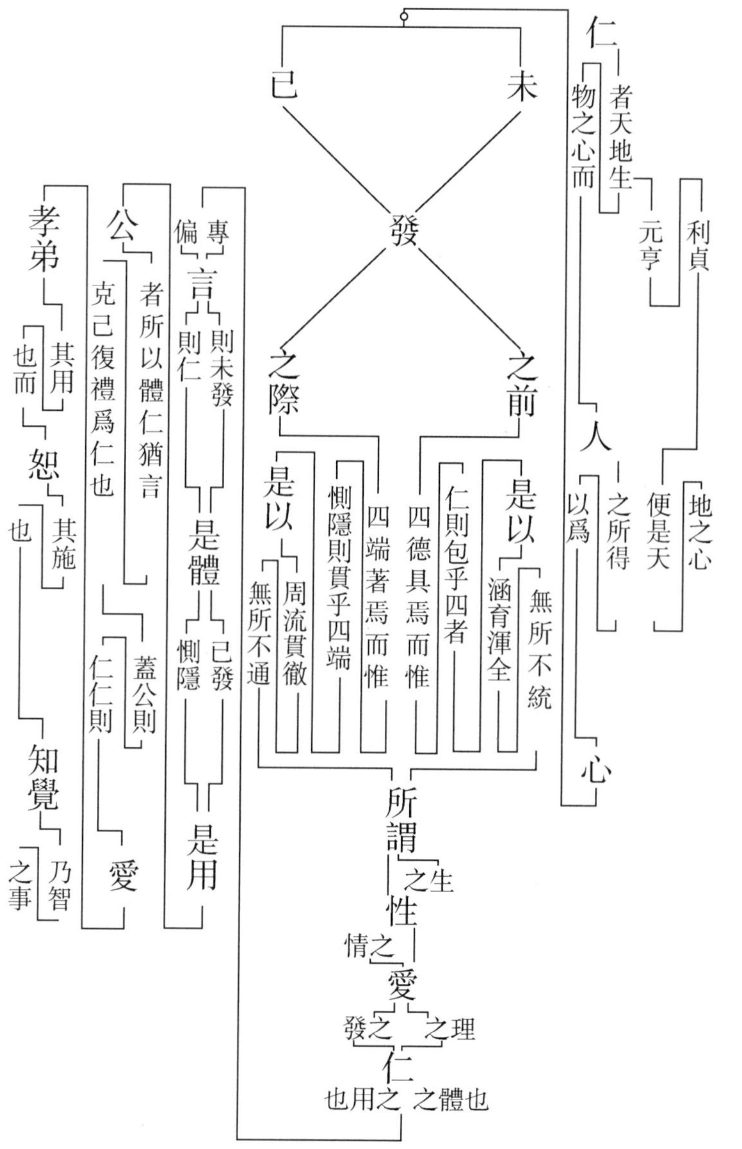
仁
者天地生物之心而
人
之所得以爲
心
元亨利貞
便是天地之心
未發
之前
是以
涵育渾全無所不統
仁則包乎四者
四德具焉而惟
已發
之際
四端著焉而惟
惻隱則貫乎四端
是以
周流貫徹無所不通
所謂
生之
性
情之
愛
之理
發之
仁
之體也
之用也
專言
則未發
是體
偏言
則仁
已發
惻隱
是用
公
者所以體仁猶言
克己復禮爲仁也
蓋公則
仁仁則
愛
孝弟
其用
也而
恕
其施
也
知覺
乃智
之事

○問：仁者天地生物之心。曰：天地之心只是箇生。凡物皆是生方有此物，如草木之萌芽、枝葉、條幹，皆是生方有之。人物所以生生不窮者，以其生也。才不生，便乾枯死了。這箇是統論一箇仁之體。○仁也者，天地所以生物之心，而人物之所得以爲心者也。惟其得夫天地生物之心以爲心，是以未發之前，四德具焉，曰仁、義、禮、智，而仁無不統；已發之際，四端著焉，曰惻隱、羞惡、辭遜、是非，而惻隱之心無所不通。此仁之體用所以涵育渾全，周流貫徹，專一心之妙，而爲衆善之長也。○問：四德之「元」猶五常之「仁」，偏言則一事，專言則包四者。曰：須先識得元與仁是箇甚物事，更就自家身上看甚麽是仁，甚麽是義、禮、智。既識得這箇，便見得這一箇能包得那數箇。元只是初底便是，如木之萌，如草之芽。其在人如惻然有隱，初來底意思便是。所以程子謂看鷄雛可以觀仁，爲是那嫩小底便是仁底意思在。楊道夫曰：如先生之言，正是程子説「復其見天地之心」，復之初爻便是天地生物之心也。曰：今只將公所見看，所謂「心譬如穀種，生之性便是仁，陽氣發處乃情也」，觀之便見。○問：仁者心之德，愛之理。曰：「仁者心之德」，猶言潤者水之德，燥者火之德。「愛之理」，猶言木之根、水之源。試以此意思之。○仁者愛之理，理是根，愛是苗。仁之愛，如糖之甜，醋之酸，愛是那滋味。○仁是根，愛是苗，不可便唤苗做根。然而這箇苗却定是從那根上來。○愛是惻隱，惻隱是情，其理則謂之仁。心之德，德又只是愛。謂之心之德，却是愛之本柄。○心之德是統言，愛之理是就仁、義、禮、智上分説。如義便是宜之理，禮便是别之理，智便是知之理。但理會得愛之理，便理會得心之德。又曰：愛雖是情，愛之理是仁也。仁者愛之理，愛者仁之事。仁者愛之體，愛者仁之用。愛是箇動物事，理是箇静物事。理便是性，緣裏面有這愛之理，所以發出來無不愛。程子曰：「心如穀種，其生之性乃仁也。」生之性便是愛之理。○問：渾然無私便是愛之理，行仁而有得於己便是心之德否？曰：如此解釋文義亦可，但恐本領上未透徹爾。○又問：一性稟於天而萬善皆具。仁義禮智，所以分統萬善而合爲一性者也。方寂然不動，此理完然，是爲性之本體。及因事感發而見於中節之時，則一事所形，一理隨著。一理之當，一善之所由得。仁固性也，而見於事親從兄之際，莫非仁之發也。有子謂孝弟行仁之本，説者於是以愛言仁，而愛不足以盡之。以心喻仁，而心實宰之。必曰「仁者愛之理」，然後仁之體明；曰「仁者心之德」，然後仁之用顯。學者識是愛之理，而後可以全此心之德。如何？曰：大意固如此。然説得未明，只看文字意脉不接續處，便是見得未親切。曰：莫是不合分體用言之否？曰：然。只是一箇心，便自具了仁之體用。喜怒哀樂未發處是體，發於惻隱處便却是情。因舉天地萬物同體之意，極問其理。曰：須是近裏著身推究，未干天地萬物事也。須知所謂「心之德」者，即程先生「穀種」之説；所謂「愛之理」者，則正謂仁是未發之愛，愛是已發之仁爾。只以此意推之，不須外邊添入道理。若於此處認得仁字，即不妨與天地萬物同體。若不會得，便將天地萬物同體爲仁，却轉無交涉矣。孔門之教説許多仁，却未曾正定説出。蓋此理直是難言，若立下一箇定説，便該括不盡。且只於自家身分上體究，久之自然通達。程子謂：「四德之元，猶五常之仁。偏言則一事，專言則包四者。」須是統看仁如何却包得數者，又却分看義、禮、智、信如何亦謂之仁？大抵於仁上見得盡，須知發於剛果處亦是仁，發於辭遜、是非亦是仁，且欵曲研究，識盡全體。正猶觀山，所謂横看成嶺，直看成峰。若自家見他不盡，初謂只是一嶺，及少時又見一峰出來，便是未曾盡見全山，到底無定據也。○問：仁者以天地萬物爲一體，此即人物初生時驗之可見。人物均受天地之氣而生，所以同一體。如人兄弟異形，而皆出父母胞胎，所以皆當愛。故推老老之心則及人之老，推幼幼之心則及人之幼。惟仁者其心公溥，實見此理，故能以天地萬物爲一體否？曰：人與萬物均受此氣，均得此理，「所以皆當愛」，便是不如此。愛字不在同體上説，自不屬同體事，他那物事自是愛。這箇是説那無所不愛了，方能得同體。若愛則是自然愛，不是同體了方愛。惟其同體，所以無所不愛。所以愛者，以其有此心也。所以無所不愛者，以其同體也。「仁者愛之理」，只是愛之道理，猶言「生之性」。愛則是理之見於用者也。蓋仁，性也。性只是理而已。愛是情，情則發於用。性者指其未發，故曰「仁者愛之理」。情即已發，故曰「愛者仁之用」。○問：仁者愛之理。曰：這一句只將心、性、情看便分明。一身之中，渾然自有箇主宰者，心也。有仁義禮智，則是性。發爲惻隱、羞惡、辭遜、是非，則是情。惻隱，愛也，仁之端也。仁是體，愛是用。又曰：愛之理，愛自仁出也。然亦不可離了愛去説仁。問：韓愈博愛之謂仁。曰：是指情爲性了。問：周子説愛曰仁，與博愛之説如何？曰：「愛曰仁」，猶曰「惻隱之心仁之端也」，是就愛處指出仁。若「博愛之謂仁」，「之謂」便是把博愛做仁了，終不同。○以生字説仁，生自是上一節事。當來天地生我底意，我而今須要自體認得。試自看一箇物，堅硬如頑石，成甚物事？此便是不仁。「藹乎若春暘之温，汎乎若醴酒之醇」，此是形容仁底意思。○仁是根，惻隱是萌芽。親親，仁民，愛物，便是推廣到枝葉處。○問：伊川云：「萬物之生意最可觀。」曰：物之初生，其本未遠，固好看。及榦成葉茂，便不好看。如赤子入井時，惻隱怵惕之心只些子仁，見得時却好看。到得發政施仁，其仁固廣，便看不見得何處是仁。○萬物之生，天命流行。自始至終，無非此理。但初生之際淳粹未散，尤易見爾。只如元亨利貞皆是善，而元則爲善之長，亨、利、貞皆是那裏來。仁義禮智亦皆善也，而仁則爲萬善之首，義、禮、智皆從這裏出爾。○仁自是箇和柔底物事。譬如物之初生，自較和柔。及至夏間長茂，方始稍堅硬。秋則收結成實，冬則斂藏。然四時生氣無不該貫。如程子説生意處，非是説以生意爲仁，只是説生物皆能發動，死物則都不能。譬如穀種，蒸殺則不能生也。又曰：以穀種譬之，一粒穀春則發生，夏則成苗，秋則結實，冬則收藏，生意依舊包在裏面。每箇穀子裏有一箇生意藏在裏面，種而後生也。仁義禮智亦然。又曰：仁與禮自是有箇發生底意思，義與智自是有箇收斂底意思。○或問：仁有生意如何？曰：只此生意心是活物，必有此心乃能知辭遜，必有此心乃能知羞惡，必有此心乃能知是非。此心不生，又烏能辭遜、羞惡、是非？且如春之生物也，至於夏之長則是生者長，秋之遂亦是生者遂，冬之成亦是生者成也。百穀之熟方及七八分，若斬斷其根，則生者喪矣，其穀亦只得七八分。若生者不喪，須及十分。收而藏之，生者似息矣。只明年種之，又復有生。○問：曩者論仁包四者，蒙教以初底意思看仁。昨觀《孟子》四端處，似頗認得此意。曰：如何？曰：仁者，生之理而動之機也。惟其運轉流通無所間斷，故謂之仁，故能貫通四者。曰：這自是難説。他自活，今若恁地看得來，只見得一邊，只見得他用處，不見他體了。問：生之理便是體否？曰：若要見得分明，只看程先生説心譬如穀種，生之性便是仁，便分明。若更要真實識得仁之體，只看夫子所謂克己復禮。克去己私，如何便喚得做仁？曰：若如此看，則程子所謂公字愈覺親切。曰：公也只是仁底殼子，盡他未得在，畢竟裏面是箇甚物事？生之性也只是狀得仁之體。○問：仁包四德，如元者善之長，從四時生物意思觀之，則陰陽都偏了。曰：如此則秋冬都無生物氣象。但生生之意至此退了，到得退未盡處，則陽氣依舊在。○問：周子窗前草不除去，即是謂生意與自家一般。曰：他也只是偶然見與自家意思相契。又問：横渠驢鳴是天機自動意思？曰：固是。但也是偶然見他如此。如謂草與自家意一般，木葉便不與自家意思一般乎？如驢鳴與自家呼喚一般，馬鳴便不與自家一般乎？問：程子觀天地生物氣象也是如此？曰：他也只是偶然見如此，便說出來示人。而今不成只管去守看生物氣象。○問：程子謂切脉可以體仁，莫是心誠求之之意否？曰：還是切脉底是仁，那脉是仁？曰：切脉是仁。曰：若如此，則當切脉時，又用着箇意思去體仁。復問童蜚卿曰：切脉體仁又如何？曰：脉是那血氣周流。切脉則便可以見仁。曰：然。恐只是恁地。脉理貫通乎一身，仁之理亦是恁地。又問：鷄雛如何是仁？楊道夫曰：先生嘗謂初與嫩底便是。曰：如此看較分明。蓋當是時飲啄自如，未有所謂争鬬侵陵之患者，只此便是仁也。○問：觀鷄雛此可觀仁，何也？曰：凡物皆可觀，此偶見鷄雛而言耳。小小之物，生理悉具。○問：聖賢言仁，有專指體而言者，有包體用而言者。曰：仁對義、禮、智言之，則爲體。專言之，則兼體用。○孔子說仁多說體，孟子說仁多說用。如克己復禮、惻隱之心之類。○以心之德而專言之，則未發是體，已發是用。以愛之理而偏言之，則仁便是體，惻隱是用。○問：程子云，仁道難言，唯公近之，非以公訓仁。當公之時，仁之氣象自可嘿識。曰：公固非仁，然公乃所以仁也。仁之氣象於此固可默識，然學者之於仁，非徒欲識之而已。○仁是愛底道理，公是仁底道理。故公則仁，仁則愛。公却是仁發處，無公則仁行不得。○公之爲仁，公不可與仁比並看。公只是無私，纔無私，這仁便流行。程先生云：「唯公爲近之。」却不是近似之「近」。纔公，仁便在此，故云近。猶云：「知所先後，則近道矣。」不是道在先後上，只知先後，便近於道。如去其壅塞則水自流通，水之流通却不是去壅塞底物事做出來，水自是元有，只被塞了，纔除了塞便流。仁自是元有，只被私意隔了，纔克去己私，做底便是仁。葉賀孫問：公是仁之體，仁是理。曰：不用恁地說，徒然不分曉。只公是無私，無私則理無或蔽。今人喜也是私喜，怒也是私怒，哀也是私哀，懼也是私懼，愛也是私愛，惡也是私惡，欲也是私欲。苟能克去己私，擴然大公，則喜是公喜，怒是公怒，哀、懼、愛、惡、欲，莫非公矣。此處煞係利害。顔子所授於夫子，只是克己復禮爲仁。○或問：仁與公之別。曰：仁在內，公在外。又曰：惟仁然後能公。又曰：仁是本有之理，公是克己工夫極至處。故惟仁然後能公，理甚分明。故程子曰「公而以人體之」，則是克盡己私之後，只就自身上看便見得仁也。○「公而以人體之故爲仁。」蓋公猶無塵也，人猶鏡也，仁則猶鏡之光明也。鏡無纖塵則光明，人能無一豪之私欲則仁。然鏡之明非自外求也，只是鏡元來自有這光明，今不爲塵所昏爾。人之仁亦非自外得也，只是人心元來自有這仁，今不爲私欲所蔽爾。故人無私欲，則心之體用廣大流行而無時不仁，所以能愛能恕。「仁之道只消道一公字，非以公爲仁，須是公而以人體之。」伊川自曰「不可以公爲仁」，世有以公爲心而慘刻不恤者，須公而有惻隱之心。此功夫却在「人」字上。蓋人體之以公方是仁，若以私欲，則不仁矣。○仁是人心所固有之理，公則仁，私則不仁，未可便以公爲仁，須是體之以人方是仁。公、恕、愛，皆所以言仁者也。公在仁之前，恕與愛在仁之後。公則能仁，仁則能愛能恕故也。○問：「公而以人體之故爲仁」，竊謂此段之意，「人」字只是指吾此身而言，與《中庸》言「仁者人也」之「人」自不同，不必重看，緊要却在「體」字上。蓋仁者心之德，主性情，宰萬事，本是吾身至親至切底物。公只是仁之理，專言公，則只虚空説著理，而不見其切於己。故必以身體之，然後我與理合而謂之仁。亦猶孟子「合而言之，道也」。然公果如之何而體？如之何而謂之仁？亦不過克盡己私，至於此心豁然，瑩浄光潔，徹表裏純是天理之公，生生無間斷，則天地生物之意常存。故其寂而未發，惺惺不昧，如一元之德昭融於地中之「復」，無一事一物不涵在吾生理之中。其隨感而動也，惻然有隱，如春陽發達於地上之「豫」，無一事非此理之貫，無一物非此生意之所被矣。此體公之所以爲仁，所以能恕，所以能愛。雖或爲義爲禮爲智爲信，無所往而不通也。不審是否？曰：此説得之。○問：公所以能恕，所以能愛。恕則仁之施，愛則仁之用。愛是仁之發處，恕是推其愛之之心以及物否？曰：如公所言，亦非不是，只是自是湊合不著，都無滋味。又問：莫是帶那上文公字説否？曰：然。恕與愛本皆出於仁，然非公則安能恕，安能愛。又問：愛只是合下發處便愛，未有以及物。在恕則方能推己以及物否？曰：仁之發處自是愛。恕是推那愛底，愛是恕之所推者。若不是恕去推那愛，也不能及物，也不能親親、仁民、愛物，只是自愛而已。若裏面元無那愛，又只推箇甚麽？如開溝相似。是裏面元有這水，所以開着便有水來。若裏面元無此水，如何會開着便有水。若不是去開溝，縱有此水，也如何得他流出來？愛，水也。開之者，恕也。又問：若不是推其愛以及物，縱有此愛，也無可得及物否？曰：不是無可得及物。

若不能推則不能及物。○或問：恕則仁之施，愛則仁之用。施與用如何分别？曰：恕之所施，施其愛爾。不恕，則雖有愛而不能及人也。又曰：施是從這裏流出，用是就事説。推己爲恕，恕是從己流出去及那物，愛是才調恁地。愛如水，恕如水之流。又問：先生謂愛如水，恕如水之流。退而思，有所未合。竊謂仁如水，愛如水之潤，恕如水之流。不審如何。曰：説得好，昨日説過了。又曰：恕是分俵那愛底。如一桶水，愛是水，恕是分俵此水何處一杓，故謂之「施」。愛是仁之用，恕所以施愛者。又曰：施、用兩字移動全不得。這般處惟有孔、孟能如此。下自荀、揚諸人便不能，便不移易者。昔有言盡己之謂忠，盡物之謂恕，伊川言盡物只可言信，推己之謂恕。蓋恕是推己，只可言施。如此等處極當細看。○上蔡以知覺言仁。只知覺得那應事接物底，如何便唤做仁？須是知覺那裏方是。且如一件事是合做與不合做，覺得這箇方是仁。唤着便應，抉着便痛，這是心之流注在血氣上底。覺得那理之是非，這方是流注在理上底。唤着不應，抉着不痛，這固是死人，固是不仁。唤得應，抉着痛，只這便是仁，則誰箇不會如此？須是分作三截看。那不聞痛癢底是不仁。只覺得痛癢，不覺得理底，雖會那一等，也不便是仁。須是覺這理方是。○或問：謝上蔡以覺言仁是如何？曰：覺者，是要覺得箇道理，須是分毫不差，方能全得此心之德，這便是仁。若但知得箇痛癢，則凡人皆覺得，豈盡是仁者邪？醫者以頑痺爲不仁，以其不覺，故謂之不仁。不覺固是不仁，然便謂覺是仁則不可。○問：程門以知覺言仁，《克齋記》乃不取，何也？曰：仁離愛不得。上蔡諸公不把愛做仁。他見伊川言博愛非仁也，仁是性，愛是情。伊川也不是道愛不是仁，若當初有人會問，必説道愛是仁之情，仁是愛之性，如此方分曉。惜門人只領那意，便專以知覺言之，於愛之説若將浼焉，遂蹉過仁地位去説，將仁更無安頓處。見孺子匍匐將入井，皆有怵惕惻隱之心，這處見得親切。聖賢言仁皆從這處説。又問：知覺亦有生意。曰：固是。將知覺説來冷了，覺在知上却多，些小搭在仁邊。仁是和底意。然添一句，又成一重。須自看得，便都理會得。○答張敬夫書曰：胡廣仲引孟子先知先覺以明上蔡「心有知覺」之説，已自不倫，其謂知此覺此，亦未知指何爲説。要之大本既差，勿論可也。今觀所示，乃直以此爲仁，則是以知此覺此爲知仁覺仁也。仁本吾心之德，又將誰使知之而覺之邪？若據《孟子》本文，則程子釋之已詳矣，曰：「知是知此事，知此事當如此也。覺是覺此理。」知此事之所以當如此之理也。意已分明，不必更求玄妙。且其意與上蔡之意亦初無干涉也。上蔡所謂知覺，正謂知寒暖飽飢之類爾。推而至於酬酢佑神，亦只是此知覺，無别物也。但所用有小大爾。然此亦只是智之發用處，但惟仁者爲能兼之，故謂仁者心有知覺則可，謂心有知覺謂之仁，則不可。蓋仁者心有知覺，乃以仁包四者之用而言，猶云仁者知所羞惡、辭讓云爾。若曰心有知覺謂之仁，則仁之所以得名初不爲此也。今不究其所以得名之故，乃指其所兼者便爲仁體，正如言仁者必有勇，有德者必有言，豈可遂以勇爲仁，言爲德哉？又答曰：來教云：「夫其所以與天地萬物一體者，以夫天地之心之所有，是乃生生之藴，人與物所公共，所謂愛之理也。」熹詳此數句，似頗未安。蓋仁只是愛之理，人皆有之。然人或不公，則於其所當愛者反有所不愛，惟公則視天地萬物皆爲一體而無所不愛矣。若愛之理，則是自然本有之理，不必爲天地萬物同體而後有也。熹向所呈，似《仁説》，其間不免尚有此意，方欲改之而未暇，來教以爲不如《克齋》之云，是也。然於此却有所未察。竊謂莫若將公字與仁字且各作一字，看得分明，然後却看中間兩字相近處之爲親切也。若遽混而言之，乃是程子所以訶以公便爲仁之失。此毫釐間正當子細也。又看仁字當并義、禮、智字看，然後界限分明，見得端的。今舍彼三者而獨論仁字，所以多説而易差也。又謂體用一源、内外一致爲仁之妙，此亦未安。蓋義之有羞惡，禮之有恭敬，智之有是非，皆内外一致，非獨仁爲然也。南軒張氏與朱子書曰：仁之爲説，推原其本，人與天地萬物一體也。是以其愛無所不至，猶人之身無分寸之膚而不貫通，則無分寸之膚不愛也。故以「惟公近之」之語形容仁體，最爲親切。欲人體夫所以愛者言仁，然愛字只是明得其用。必曰「仁者愛之理」，乃更親切。夫其所以與天地一體者，以夫天地之心之所存，是乃生生之藴，人與物所公共，所謂愛之理者，此也。故探其本，則未發之前，愛之理存乎性，是乃仁之體；察其動，則已發之際，愛之施被乎物，是乃仁之用。體用一源，内外一致，此仁之所以爲妙也。

又答曰：程子言仁，本末甚備。今撮其大要，不過數言。蓋曰仁者生之性也，而愛其情也，孝悌其用也。公者所以體仁，猶言克己復禮爲仁也。學者於前三言者，可以識仁之名義。於後一言者，可以知其用力之方矣。今不深考其本末指意之所在，但見其分别性、情之異，便謂愛之與仁了無干涉；見其以公爲近仁，便謂直指仁體最爲深切。殊不知仁乃性之德而愛之本，因其性之有仁，是以其情能愛。但或蔽於有我之私，則不能盡其體用之妙。惟克己復禮，廓然大公，然後此體渾全，此用昭著，動静本末，血脉貫通爾。程子之言，意蓋如此。非謂愛之與仁了無干涉也。此説前書言之已詳，今請復以兩言決之。如熹之説，則性發爲情，情根於性。未有無性之情，無情之性，各爲一物而不相管攝。二説得失，此亦可見。非謂公之一字便是直指仁體也。細觀來喻，所謂：「公天下而無物我之私，則其愛無不溥矣。」不知此兩句甚處是直指仁體處？若以愛無不溥爲仁之體，則陷於以情爲性之失，高明之見必不至此。若以公天下而無物我之私便爲仁體，則恐所謂公者漠然無情，但如虛空木石，雖其同體之物尚不能有以相愛，況能無所不溥乎？然則此兩句中初未嘗有一字説着仁體，須知仁是本有之性，生物之心惟公爲能體之，非因公而後有也。故曰：「公而以人體之故爲仁。」細看此語，却是人字裏面帶得仁字過來。由漢以來，以愛言仁之弊，正爲不察性、情之辨，而遂以情爲性爾。今欲矯其弊，反使仁字汎然無所歸宿，而性情遂至於不相管，可謂矯枉過直，是亦枉而已矣。其弊將使學者終日言仁而實未嘗識其名義，且又并與天地之心、性情之德而昧焉。竊謂程子之意必不如此。南軒書云：《仁説》如「天地以生物爲心」之語，平看雖不妨，然不若只云「天地生物之心，人得之爲人之心」似完全。「仁道難名，惟公近之，然不可便以公爲仁」，又曰：「公而以人體之故爲仁。」此意指仁之體極爲深切。愛只是情，蓋公天下而無物我之私焉，則其愛無不溥矣。如此看乃可。由漢以來，言仁者蓋未嘗不以愛爲言也。

○問：愛之理實具于心，心之德發而爲愛否？曰：解釋文義則可，實下功夫當如何？曰：據其已發之愛，則知其爲心之德。指其未發之仁，則知其爲愛之理。曰：某記少時與人講論此等道理，見得未真，又不敢斷定，觸處問人，自爲疑惑，皆是臆度所致，至今思之可笑。須是就自己實做工夫處分明見得這箇道理，意味自别。如克己復禮則如何爲仁。居處恭，執事敬，與出門如見大賓之類亦然。克己復禮本非仁，却須從克己復禮中尋究仁在何處，親切貼身體驗出來，不須向外處求。周謨曰：平居持養只克去己私，便是本心之德流行發見，無非愛而已。曰：此語近。正如疏導溝渠，初爲物所壅蔽，才疏導得通，則水自流行。克己復禮便是疏導意思，流行處便是仁。○問：敦厚虛静者仁之本。曰：敦厚虛静是「爲仁」之本。又問：虛者仁之原。曰：虛只是無欲故虛。虛明無欲，此仁之所由生也。又問：此虛字與一、大、清、虛之虛如何？曰：這虛也只是無欲，渠便將這箇喚做道體。然虛對實而言，却不似形而上者。○程子云：「大率把捉不定皆是不仁。」問：心之本體湛然虛明，無一毫私欲之累，則心德未嘗不存矣。把捉不定，則爲私欲所亂，是心外馳而其德亡矣。曰：如公所言，則是把捉不定，故謂之不仁。今此但曰「皆是不仁」，乃是言惟其不仁，所以致把捉不定也。○余正叔謂無私欲是仁。曰：謂之無私欲然後仁，則可。謂無私便是仁，則不可。蓋惟無私欲而後仁始見，如無所壅底而後水方行。方叔曰：與天地萬物爲一體是仁。曰：無私是仁之前事，與天地萬物爲一體是仁之後事。惟無私然後仁，惟仁然後與天地萬物爲一體，要在二者之間，識得畢竟仁是甚模樣。欲曉得仁名義，須并義禮智三字看。欲真箇見得仁底模樣，須是從克己復禮做工夫去。今人説仁，如糖皆道是甜，不曾喫着，不知甜是甚滋味。聖人都不説破，在學者以身體之而已矣。○問：程子云：「敬以直内，義以方外，仁也。」如何以此便謂之仁？曰：亦是仁也。若能到私欲净盡，天理流行處，皆可謂之仁。○問：存得此心便是仁。曰：且要存得此心，不爲私欲所勝，遇事每每着精神照管，不可隨物流去，須要緊緊守着。若常存得此心應事接物，雖不中不遠。思慮紛擾于中，都是不能存此心。此心不存，合視處也不知視，合聽處也不知聽。或問：莫在於敬否？曰：敬非别是一事，常唤醒此心便是。人每日只鶻鶻突突過了，心都不曾收拾得在裏面。又曰：仁雖似有剛直意，畢竟本是箇温和之物，但出來發用時有許多般。須得是非、辭遜、斷制三者，方成仁之事。及至事定，三者各退，仁仍舊温和。緣是他本性如此。人但見有是非、節文、斷制，却謂都是仁之本意，則非也。春本温和，故能生物，所以説仁如春。○問求仁。曰：看來仁字只是箇渾淪底道理。如《大學》致知格物，所以求仁也。《中庸》博學、審問、謹思、明辨、力行，亦所以求仁也。○學者須是求仁。所謂求仁者，不放此心。聖人亦只教人求仁。蓋仁義禮智四者，仁足以包之。若是存得仁，自然頭頭做着，不用逐事安排。故曰：「苟志於仁矣，無惡也。」今看《大學》亦要識此意，所謂「顧諟天之明命」，無他，求其放心而已。○前輩教人求仁，只説是淵深温粹，義理飽足。○問仁。曰：聖賢説話有説自然道理處，如「仁人心」是也。有説做工夫處，如「克己復禮」是也。○二程先生之前，學者全不知有仁字。凡聖賢説仁處，不過只作愛字看了。

自二先生以來，學者始知理會仁字，不敢只作愛説。然其流復不免有弊者，蓋專務説仁，而於操存涵泳之功不免有所忽略，故無復優柔厭飫之味，克己復禮之實。不但其蔽也愚而已，而又一向離了愛字，懸空揣摸，既無真實見處，故其爲説恍惚驚怪，弊病百端，殆反不若全不知有仁字而只作愛字看却之爲愈也。某竊嘗謂：若實欲求仁，固莫若力行之近。但不學以明之，則有擿埴冥行之患，故其蔽愚。若主敬、致知交相爲助，則自無此蔽矣。若且欲曉得仁之名義，則又不若且將愛字推求。若見得仁之所以愛，而愛之所以不能盡仁，則仁之名義意思瞭然在目矣，初不必求之於恍惚有無之間也。

南軒張氏曰：「仁者天下之正理」，此言仁乃天下之正理也。天下之正理而體之於人，所謂仁也。若一毫之偏，則失其正理而爲不仁矣。

勉齋黄氏曰：仁包四者。「包」字須看得出。嘗記朱先生云：「未發則有仁義禮智之性，而仁則包四德。已發則有惻隱、羞惡、恭敬、是非之情，而惻隱則貫四端。」貫字如一箇物串在四箇物裏面過，包字如四箇物都合在一箇物裏面。

北溪陳氏曰：仁道甚廣大精微。可以用處只爲愛，而發見之端爲惻隱。又曰：仁是此心生理全處常生生不息，故其端緒方從心中萌動發出來，自是惻然有隱。由惻隱而充及到那物上，遂成愛。故仁乃是愛之根，而惻隱則根之萌芽，而愛則又萌芽之長茂已成者也。觀此，則仁者愛之理，愛者仁之用，自可見得脉絡相關處矣。○孔門教人，求仁爲大。只專言仁，以仁包萬善。能仁，則萬善在其中矣。至孟子乃兼仁義對言之，猶四時之陰陽也。○自孔門後，人都不識仁。漢人只把做恩愛說，是又太泥了愛，又就上起樓起閣，將仁看得全粗了。故韓子遂以博愛爲仁。至程子始分別得明白，謂仁是性，愛是情。然自程子此言一出，門人又將愛全掉了，一向求高遠去，不知仁是愛之性，愛是仁之情。愛雖不可以正名仁，而仁亦豈能離得愛？上蔡遂專以知覺言仁。夫仁者固能知覺，謂知覺爲仁則不可。若轉一步看，只知覺純是理，便是仁也。龜山又以萬物與我爲一爲仁體。夫仁者固能與萬物爲一，謂與萬物爲一爲仁，則不可。此乃是仁之量。若能轉來看，只於與物爲一之前，徹表裏純是天理流行無間，便是仁也。呂氏《克己銘》又欲克去有己，須與物合爲一體方爲仁，認得仁都曠蕩在外了，於我都無統攝。必己與物對時，方下得克己工夫。若平居獨處，不與物對時，工夫便無可下手處，可謂踈闊之甚。據其實，己如何得與物合一？洞然八方，如何得皆在我闥之內？此不過只是想像箇仁中大底氣象如此耳。仁實何在焉？殊失向來孔、顏傳授心法本旨。其他門人又淺，皆無有說得親切者。○仁有以理言者，有以心言者，有以事言者。以理言，則只是此心全體天理之公，如文公所謂心之德、愛之理，此是以理言者也。心之德乃專言，而其體也；愛之理乃偏言，而其用也。程子曰：「仁者天下之公，善之本也。」亦以理言者也。以心言，則知此心純是天理之公，而絶無一毫人欲之私以間之也。如夫子稱回心三月不違仁，程子謂「只是無纖毫私欲，少有私欲便是不仁」，及「雍也不知其仁」等類，皆是以心言者也。以事言，則只是當理而無私心之謂。如夷、齊求仁而得仁，殷有三仁，及子文之忠，文子之清，皆「未知焉得仁」等類是也。若以用工言，則只是去人欲，復天理，以全其本心之德而已矣。如夫子當時答群弟子問仁，雖各隨其才質病痛之不同，而其旨意所歸，大概不越乎此。

問：明道謂學者能識仁體，實有諸己，只要義理栽培，如講求經義皆栽培之意。若仁之在人心一耳，不學之人獨無仁乎？潛室陳氏曰：識得仁體，謂滿腔子是惻隱之心。既體認得分明，無私意夾雜，又須讀書涵泳義理以灌溉滋養之。○問：周子曰：「愛曰仁。」程子云：「愛自是情，仁自是性，豈可專以愛爲仁。」程子學周子者也，何故議論迥別？曰：善言性者必有驗於情，故孟子以惻隱爲仁之端，周子以愛言仁，皆是借情以明性。若便以愛爲仁，則是指情作性，語死不圓矣。韓子博愛之仁是。○問：仁者有知覺，知覺何可以盡仁哉？仁者特有之耳。竊以爲纔言知覺，已入智中來。曰：程門雖有以覺言仁，然不專主此說，其他話頭甚多。上蔡專主此說，所以晦翁絕口不言，只説愛之理、心之德。此一轉語，亦含知覺在中，可更思求。○問：仁者偏言之只一事，兼言之則包四端。四端皆心之德，頭面迥異。仁既是愛之理，則義、禮、智亦當謂之理，四者皆當用工夫。然孔門大率多去仁上着力，何邪？曰：所謂愛之理是偏言之，將四端分作四去看，截然界限不可相侵。心之德是兼言之，將四端只作仁字看，仁爲善之長，猶家之嫡長子包貫得諸子，故獨以理言。以心德言，須見移在諸位上用不同，方是詣理。○問：晦翁説仁爲愛之理、心之德，如何？曰：愛是情，理是性，心統情性者也。單説愛字與心字，猶是就情上看，必曰愛之理、心之德，方和性在裏面，是愛之所以爲愛，而心之所以爲心者也，是之謂仁。前輩謂心爲穀種，能生處即是他所以爲穀種處。故桃杏之核皆曰仁。孔門不曾正説仁之體段，只説求仁、爲仁之方。孟子方説怵惕惻隱處以狀仁之體段，又説仁人心也。須認得仁爲人心，方見仁着落。所以不仁之人全無人心，既無人心，問他恁麽羞惡、恭敬、是非？仁包四端，即此可見。心如穀種，所以生處是性，生許多枝葉處便是情。心亦是有形影底物事，情亦是有形影底物事，獨性無形影。○問：程子云「把捉不定皆是不仁者」。曰：仁，人心也。心走作不在腔子裏，則人形雖具而所以爲形者死矣，故謂之不仁。

西山真氏曰：仁之一字，從古無訓。且如義訓宜，禮訓理，又訓履，智訓知，皆可以一字名其義。惟仁不可以一字訓。孟子曰：「仁者，人也。」亦只是言仁者乃人之所以爲人之理，亦不是以人訓仁。蓋緣仁之道大，包五常，貫萬善，所以不可以一言盡之。自漢以後，儒者只將愛字説仁。殊不知仁固主乎愛，然愛不足以盡仁。孟子曰：「惻隱之心，仁之端也。」惻隱者，此心惻然有隱，即所謂愛也。然只是仁之發端而已。韓文公言博愛之謂仁，程先生非之，以爲仁自是性，愛自是情，以愛爲仁，是以情爲性也。至哉言乎。朱文公先生始以愛之理、心之德六字形容之。所謂愛之理者，言仁非止乎愛，乃愛之理也。蓋以體言之，則仁之道大，無所不包。發而爲用，則主乎愛。仁者，愛之體也。愛者，仁之用也。愛者，如見赤子入井而惻然欲有以救之，以至矜憐憫惜慈祥恩惠，愛之謂也。性中既有仁，發出來便是愛。如根上發出苗，以苗爲出於根則可，以苗便爲根則不可。以愛出於仁則可，以愛便作仁則不可。故文公以「愛之理」三字言之，方説得盡。又曰：心之德，何也？蓋心者此身之主，而其理則得於天。仁義禮智皆此心之德，而仁又爲五常之本。如元亨利貞皆乾之德，而元獨爲四德之長。天之元，即人之仁也。元爲天之全德，故仁亦爲人心之全德。然仁之所以爲心之德者，正以主乎愛故也。仁所以能愛者，蓋天地以生物爲心，而人得之以爲心，是以主乎愛也。愛之理、心之德六字之義，乃先儒所未發，而朱文公始發之，其有功於學者至矣。豈可不深味之乎。○自非聖人，未有不由恕而至仁者。故孟氏亦

曰：「强恕而行，求仁莫近焉。」恕必以「强」言，❶蓋明用力之難，學者當以强矯自厲云爾。夫恕之所以難者，何也？道心惟微，物欲易錮，私見一立，人己異觀，天理之公於是遏絶而不行矣。有志於仁者，當知穹壤之間與吾並生，莫非同體。體同則性同，性同則情同。公其心，平其施，必均齊而毋偏吝，必方正而無頗邪，帥是以往，將無一物不獲者，此所謂絜矩之道也。然《大學》既言絜矩，而繼以義利者，豈異指哉？利則惟己是營，義則與人同欲。世之君子平居論説，孰不以平物我、公好惡爲當然，而私意横生，莫能自克者，以利焉爾。利也者，其本心之螟蝨，正塗之榛莽歟？《大

❶「必以」，原作「必」，重修本作「以」，今據四部叢刊影印明正德本《西山先生真文忠公文集》改。

學》丁寧於絶簡，孟子懇激於首章，聖賢深切爲人，未有先乎此者。然則士之求仁，當自絜矩始。而推其端，又自明義利之分始。○凡天下至微之物皆有箇心，發生皆從此出。緣是稟受之初，皆得天地發生之心以爲心，故其心無不能發生者。一物有一心，自心中發出生意，又成無限物。且如蓮實之中有所謂么荷者，便儼然如一根之荷。他物亦莫不如是。故上蔡先生論仁，以桃仁、杏仁比之，謂其中有生意，纔種便生故也。惟人受天地之中以生，全具天地之理，故其爲心又最靈於物，故其所藴生意纔發出，則近而親親，推而仁民，又推而愛物，無所不可。以至於覆冒四海，惠利百世，亦自此而推之爾。此人心之大，所以與天地同量也。然一爲利禄所汩，則私意横生，遂流而爲殘忍，爲刻薄，則生意消亡，頑如鐵石，便與禽獸相去不遠，豈不可畏也哉。今爲學須要常存此心，平居省察，覺得胸中盎然有慈祥惻怛之意，無忮忍刻害之私，此即所謂本心，即所謂仁也。便當存之養之使之不失，則萬善皆從此而生。○人得天地生物之心以爲心，其心本無不仁。只因有私欲，便有違仁之時。能克去私欲，則心常仁矣。心者，指知覺而言也。仁者，指心所具之理而言也。蓋圓外竅中者，是心之體。謂形質也，此乃血肉之心。虛靈知覺者，是心之靈。靈，謂精爽也，言其妙則謂神明不測。仁義禮智信，是心之理。理即性也。知覺屬氣，凡能識痛痒，識利害，識義理者，皆是也。此所謂人心。若仁義禮智信，則純是義理。此所謂道心。人能克去私欲，則所知覺者皆義理。不能克去私欲，則所知覺者，物我利害之私而已。純是理，即是不違仁。雜以私欲，便是違仁。○手足不仁者，非曰手足自不仁也，蓋手足本吾一體，緣風痺之人血氣不貫於手足，便與不屬己相似。人與物亦本吾一體，緣頑忍之人此心不貫於人物，亦與不屬己相似。風痺之人不仁於手足，頑忍之人不仁於民物，皆以其不屬己故也。殊不知天地吾之父母，與人雖有彼我之異，與物亦有貴賤之殊，要本同一體。只緣私意一生，天理泯絶，便以人己爲二致，亦如手足本是吾身之物，只緣風邪所中，血氣隔塞，遂以手足爲外物。手足，民物之比也。風邪，私意之比也。人無私意之害，則民物之休戚自然相關，一見赤子入井，則此心爲之怵惕。無風邪之病，則手足之痒痾亦自然相關，雖小小疾苦，此心亦爲之痛楚。當如此玩味，方曉程子「痿痺不仁」之意。

魯齋許氏曰：仁爲四德之長。元者善之長，前人訓元爲廣大，直是有理。心胸不廣大，安能愛敬，安能教思容保民無疆？○仁與元俱包四德而俱列並稱，所謂合之不渾，離之不散。仁者，性之至，而愛之理也。愛者，情之發，而仁之用也。公者，人之所以爲仁之道也。元者，天之所以爲仁之至也。仁者，人心之所固有，而私或蔽之，以陷於不仁。故仁者必克己，克己則公，公則仁，仁則愛。未至於仁，則愛不可以充體。若夫知覺，則知之用，而仁者之所兼也。元者，四德之長，故兼亨、利、貞。仁者，五常之長，故兼義、禮、智、信。此二者所以必有知覺，不可便以知覺名仁也。

臨川吴氏曰：天之爲天也，元而已。人之爲人也，仁而已。四序一元也，五常一仁也。人之有仁，如木之有本。木有本，榦枝所由生也；人有仁，萬善所由出也。人而賊其仁，猶木戕其本也。木無本，則其枝瘁而榦枯。人不仁，則其心死，而身雖生也奚取。○仁者壽，非聖人之言乎？天地生物之心曰仁，惟天地之壽最久。聖人之仁如天地，亦惟上古聖人之壽最久。人所稟受有萬不齊，豈能人人如聖人之仁哉？夫人全德固未易全，然禮儀三百，威儀三千，無一而非仁者。得三百、三千之一，亦可謂仁，則亦可以得壽矣。予嘗執此觀天下之人，凡氣之温和者壽，質之慈良者壽，量之寬洪者壽，貌之重厚者壽，言之簡默者壽。蓋温和也，慈良也，寬洪也，重厚也，簡默也，皆仁之一端。其壽之長，決非猛厲、殘忍、褊狹、輕薄、淺躁者之所能及也。○夫東南西北，地之四方也，而東爲先。元亨利貞，天之四德也，而元爲長。地之東，天之元，時之春，人之仁也。《易》曰「體仁足以長人」，仁者何？人之心也。苟能體此，則有我之私纖芥不留，及物之春洞徹無間，真足爲人之長矣。不然，失其本心，没於下流，而不能自拔也，又奚長之云。

性理大全書卷之三十五

性理大全書卷之三十六

性理八

仁義

程子曰：仲尼言仁，未嘗兼義，獨於《易》曰：「立人之道曰仁與義。」孟子言仁，必以義配。蓋仁者體也，義者用也。知義之爲用而不外焉者，可與論道矣。世之論仁義者多外之，不然，則混而無別，非知仁義之説也。○昔者聖人立人之道曰仁曰義。孔子曰：「仁者人也，親親爲大。義者宜也，尊賢爲大。」唯能親親，故老吾老以及人之老，幼吾幼以及人之幼。唯能尊賢，故賢者在位，能者在職。唯仁與義盡人之道，則謂之聖人。○人必有仁義之心，然後仁義之氣睟然達於外。

朱子曰：仁義如陰陽，只是一氣。陽是正長底氣，陰是方消底氣。仁便是方生底義，義便是收回頭底仁。要之，仁未能盡得道體。道則平鋪地散在裏，仁固未能盡得。然仁却是足以該道之體。若識得陽，便識得陰。識得仁，便識得義。識得一箇，便曉得其餘箇。○問：於仁也柔，於義也剛。曰：仁體柔而用剛，義體剛而用柔。又問：此豈所謂陽根陰，陰根陽邪？曰：然。○問：自太極之動言之，則仁爲剛而義爲柔。自一物中陰陽言之，則仁之用柔，義之用剛。曰：是如此。仁便有箇流動發越之意，然其用則慈柔。義便有箇商量從宜之義，然其用則決裂。○問：仁義體用動靜何如。曰：仁固爲體，義固爲用。然仁義各有體用，各有動靜。○仁義互爲體用動靜。仁之體本靜，而其用則流行不窮。義之用本動，而其體則各止其所。○義之嚴肅，即是仁底收斂。○尋常人施恩惠底，心便發得易。當刑殺時，此心便疑。可見仁屬陽屬剛，義屬陰屬柔。黄直卿云：「只將舒、斂二字看，便見喜則舒，怒則斂。」○問：義者仁之質。曰：義有裁制割斷意，是把定處，便發出許多仁來。如非禮勿視聽言動，便是把定處。一日克己復禮，天下歸仁，便是流行處。○問：孟子以惻隱爲仁之端，羞惡爲義之端。周子云：「愛曰仁，宜曰義。」然以其存於心者而言，則惻隱與愛固爲仁心之發，然羞惡乃就恥不義上反説，而非直指義之端也。宜字乃是就事物上説。不知義在心上，其體段如何？曰：義之在心，乃是決裂果斷者也。○或曰：存得此心即便是仁。曰：此句甚好，但下面説合於心者爲之，不合於心者勿爲，却又從義上去了，不干仁事。今且只以孟子「仁人心也，義人路也」，便見得仁義之别。蓋仁是此心之德，才存得此心，即無不仁。如説克己復禮，亦只是要得私欲去後，此心常存耳。未説到行處也。纔説合於心行之，便侵過「義人路」底界分矣。然義之所以能行，却是仁之用處。學者須是此心常存，方能審度事理，而行其所當行也。此孔門之學，所以必以求仁爲先。蓋此是萬理之原，萬事之本，且要先識認得，先存養得，方有下手立脚處耳。○克己復禮爲仁，善善惡惡爲義。○仁只是那流行底，義是那合當做處。仁只是發出來底，及至發出來有截然不可亂處便是義。○仁存諸心，性之所以爲體也。義制夫事，性之所以爲用也。○天命之性，流行發用，見於日用之間，無一息之不然，無一物之不體。其大端全體，即所謂仁。而於其間事事物物，莫不各有自然之分，如方維上下，定位不易，毫釐之間，不可差謬，即所謂義。立人之道，不過二者，而二者則初未嘗相離也。○問：龜山說：「知其理一，所以爲仁。知其分殊，所以爲義。」仁便是體，義便是用否？曰：仁只是流出來底，義是合當做底。如水流動處是仁，流爲江河，匯爲池沼，便是義。如惻隱之心便是仁；愛父母，愛兄弟，愛鄉黨，愛朋友故舊，有許多等差便是義。

問：心無内外。心而有内外，是私心也，非天理也。故愛吾親而人之親亦所當愛，敬吾長而人之長亦所當敬。今吾有親則愛焉，而人之親不愛，有長則敬焉，而人之長不敬，是心有兩也，是二本也。且天之生物使之一本，而二本可乎？南軒張氏曰：此緊要處，不可毫釐差。蓋愛敬之心由一本，而施有差等，此仁義之道所以未嘗相離也。《易》所謂「稱物平施」，稱物之輕重而吾施無不平焉，此吾儒所謂理一而分殊也。

勉齋黄氏曰：《論語》一書未嘗以仁義對言，而孟子言仁義者不一而足。聖賢之教，宜無異指，而若是不同，何也？仁義性所有也，夫子言性，不可得聞，而孟子道性善也。夫子教人，無非仁義之道，使人油然入於仁義而不自知也。孟子憫斯世之迷惑，故開關啓鑰，直指人心而明告之也。五常百行皆性所有，而獨言仁義，又何也？仁義蓋總其名，而五常百行，其支派也。孟子提綱挈領，使人由是而推之，無往而非仁義也。孟子之言仁義也，其强爲是名耶？抑亦有自來也？且何以知其爲性所有而五常百行之總名也？夫子固常言之矣：「立天之道曰陰與陽，立地之道曰柔與剛，立人之道曰仁與義。」三才之道，一而已。陰陽以氣言，剛柔以質言，仁義以理言也。人受氣於天，賦形於地，稟陰陽剛柔氣質以爲體，則具仁義之理以爲性。此豈人之所能强名，而五常百行，孰有出於仁義之外哉。○仁義之道不在他求。孟子曰：「惻隱之心，仁之端也。羞惡之心，義之端也。」又曰：「孩提之童，無不知愛其親者。及其長也，無不知敬其兄也。親親，仁也。敬長，義也。」仁義之道，根於吾心之固有，初非有甚高難能之事也。存之於虚静純一之中，推之於動作應酬之際，則仁義之道在我矣。試以吾平日設心者思之：果能事親而孝乎？果能處宗族而睦乎？果能交於鄉黨朋友而兼所愛乎？果能視人如己乎？果能視民如傷乎？即是心而充之，以至於無一念之不公，則仁之道盡矣。果能從兄而順乎？果能事上而敬乎？果能應事接物而求其是乎？果能見利不趨乎？果能見害不避乎？即是心而充之，以至於無一事之不宜，則義之道盡矣。盡仁義之道，則仰不愧，俯不怍，而上下與天地同流矣。

北溪陳氏曰：仁義起發是惻隱、羞惡，及到那人物上方見得愛與宜，故曰愛之理、宜之理。

仁義禮智

問：仁義禮智，立名還有意義否？朱

子曰：説仁便有慈愛底意思，説義便有剛果底意思。聲音氣象，自然如此。黄直卿云：六經中專言仁者，包四端也。言仁義而不言禮智者，仁包禮，義包智。○生底意思是仁，殺底意思是義。發見會通是禮，收一作深。藏不測是智。○仁與義是柔軟底，禮、智是堅實底。仁義是頭，禮智是尾。一似説春秋夏冬相似。仁義一作仁禮。是陽底一截，禮智一作義智。是陰底一截。○問：仁義禮智體用之别。曰：自陰陽上看下來，仁、禮屬陽，義、智屬陰。春夏是陽，秋冬是陰。只將仁義説，則春作夏長仁也，秋斂冬藏義也。若將仁義禮智説，則春仁也，夏禮也，秋義也，冬智也。仁、禮是敷施出來底，義便是肅殺果斷底，智便是收藏底。如人肚臟有許多事，如何見得？其智愈大，其臟愈深。正如《易》中道：「立天之道曰陰與陽，立地之道曰柔與剛，立人之道曰仁與義。」解者多以仁爲柔，以義爲剛，非也。却是以仁爲剛，以義爲柔。蓋仁是箇發出來了便硬而强，義便是收斂向裏底，外面見之便是柔。○仁禮屬陽，義智屬陰。袁機仲却説義是剛底物，合屬陽，仁是柔底物，合屬陰。殊不知舒暢發達便是那剛底意思，收斂藏縮便是那柔底意思。他只念得「於仁也柔，於義也剛」兩句，便如此説。殊不知正不如此。又云：以氣之呼吸言之，則呼爲陽，吸爲陰。吸便是收斂底意。《鄉飲酒義》云，温厚之氣盛於東南，此天地之仁氣也，嚴凝之氣盛於西北，此天地之義氣也。○仁、禮屬陽屬健，義、智屬陰屬順。問：義則截然有定分，有收斂底意思，自是屬陰、順，不知智如何解。曰：智更是截然，更是收斂。如知得是，知得非，知得便了，更無作用。不似仁、義、禮三者有作用。知只是知得了，便交付惻隱、羞惡、辭遜三者，他那箇更收斂得快。○人只是此仁義禮智四種心，如春夏秋冬，千頭萬緒，只是此四種心發出來。○仁義禮智便是元亨利貞。若春間不曾發生得，到夏無緣得長，秋冬亦無可收藏。○問：仁是天地之生氣，義、禮、智又於其中分別，然其初只是生氣，故爲全體。曰：然。問：肅殺之氣亦只是生氣？曰：不是二物，只是斂些。春夏秋冬亦只是一氣。○問：仁包義、禮、智，惻隱包羞惡、辭讓、是非，元包亨、利、貞，春包夏、秋、冬。以五行言之，亦如木是包得火、金、水。曰：木是生氣，有生氣然後物可得而生。若無生氣，則火金水皆無自而能生矣。故木能包此三者。仁、義、禮、智，性也。性無形影可以摸索，只是有這理耳。

惟情乃可得而見，惻隱、羞惡、辭遜、是非是也。故孟子言性曰：「乃若其情，則可以爲善矣。」蓋性無形影，惟情可見。觀其發處既善，則知其性之本善必矣。○或問：《論語》言仁處。曰：理難見，氣易見，但就氣上看便見。如看元亨利貞是也。元亨利貞也難看，且看春夏秋冬。春時盡是温厚之氣，仁便是這般氣象。夏秋冬雖不同，皆是陽春生育之氣行乎其中。故偏言則一事，專言則包四者。明道謂義禮智皆仁也。若見得此理，則聖人言仁處或就仁上說，或就事上說，皆是這一箇道理。程正叔云：「滿腔子是惻隱之心。」曰：仁便是惻隱之母。又曰：若曉得此理，便見得克己復禮，私欲盡去，便純是温和沖粹之氣，乃天地生物之心。其餘人所以未仁者，只是心中未有此氣象。《論語》但云求仁之方者，是其門人必嘗理會得此一箇道理。今但問其求仁之方，故夫子隨其人而告之。趙致道云：李先生云：「仁是天理之體統。」曰：是。○仁有兩般，有作爲底，有自然底。看來人之生便自然如此，不待作爲。如說父子欲其親，君臣欲其義，是他自會如此，不待欲也。父子自會親，君臣自會義。既自會恁地，便活潑潑地，便是仁。孟子說乍見孺子入井時，皆有怵惕惻隱之心，最親切。人心自是會如此，不是内交要譽方如此。大凡人心中皆有仁義禮智，然元只是一物發用出來，自然成四派。如破梨相似，破開成四片。如東對著西，便有南北相對。仁對著義，便有禮智相對。以一歲言之，便有寒暑。以氣言之，便有春夏秋冬。以五行言之，便有金木水火土。且如陰陽之間，儘有次第。大寒後不成便熱，須是且做箇春温，漸次到熱田地。大熱後不成便寒，須是且做箇秋涼，漸次到寒田地。所以仁義禮智，自成四派，各有界限。仁流行到義處便成義，禮、智處便成禮、智。且如萬物收藏，何嘗休了，都有生意在裏面。如穀種桃仁杏仁之類，種著便生，不是死物，所以名之曰仁，見得都是生意。如春之生物，夏是生物之盛，秋是生意漸漸收斂，冬是生意收藏。又曰：春夏是行進去，秋冬是退後去。正如人呵氣，呵出時便熱，吸入時便冷。○問：仁是生底意，義禮智則如何？曰：天只是一元之氣，春生時全見是生，到夏時長也只是這底，到秋來成遂也只是這底，到冬天藏斂也只是這底。仁義禮智割做四段，一箇便是一箇，渾淪看只是一箇。○問：先生以爲一分爲二，二分爲四，四分爲八，又細分將去。程子說性中只有仁義禮智四者而已，只分到四便住，何也？曰：周先生亦只分到五行住。若要細分，則如《易》樣分。○若説仁義，便如陰陽。若説四端，便如四時。若分四端八字，便如八節。蓋嘗言仁義禮智只是一箇道理分爲兩箇，兩箇分爲四箇，一箇是仁，一箇是義，一箇是禮，一箇是智。這四箇便是箇種子，惻隱、羞惡、恭敬，是非便是種子所生底苗。○問：以愛名仁，是仁之迹。以覺言仁，是仁之端。程子云：「仁道難名，惟公近之，不可便以公爲仁。」畢竟仁之全體如何識認？克己復禮，天下歸仁，孟子所謂萬物皆備於我，是仁之體否？曰：覺決不可以言仁，雖足以知仁，自屬智了。愛分明是仁之迹。曰：惻隱是仁情之動處。要識仁，須是兼義禮智看。有箇宜底意思是義，有箇讓底意思是禮，有箇別白底意思是智，有箇愛底意思是仁。仁是天理，公是天理，故伊川謂「惟公近之」，又恐人滯著，隨即曰「不可便以公爲仁」。萬物皆備固是仁，然仁之得名却不然。○問：元亨利貞有次第，仁義禮智因發而感，則無次第。曰：發時無次第，生時有次第。○仁義禮智，性之大目，皆是形而上者，豈可分也。○問：仁得之最先，蓋言仁具義禮智。曰：先有是生理，三者由此推之。○仁渾淪言，則渾淪都是一箇生意，義禮智都是仁。對言，則仁與義禮智一般。○仁與智包得，義與禮包不得。○仁所以包三者，蓋義禮智皆是流動底物，所以皆從仁上漸漸推出。仁智、元貞是始終之事，這兩頭却重，如坎與震是始萬物、終萬物處，艮則是中間接續處。○問：孟子説仁義禮智，義在第二。《太極圖》以義配利，則在第三。曰：禮是陽，故曰亨。仁義禮智，猶言東西南北。元亨利貞，猶言東南西北。一箇是對説，一箇是從一邊説起。○四端猶四德，逐一言之，則各自爲界限。分而言之，則仁義又是一大界限。故曰：「仁，人心也。義，人路也。」如《乾・文言》既曰四德，又曰：「乾元者，始而亨者也。利貞者，性情也。」○或言性之四端迭爲賓主，然仁、智其總統也。「恭而無禮則勞」，是以禮爲主也。「君子義以爲質」，是以義爲主也。蓋四德未嘗相離，遇事則迭見層出，要在人默而識之。曰：説得是。○仁義禮智才去尋討他時便動了，便不是本來底。又曰：心之所以會做許多，蓋具得許多道理。又曰：何以見得有此四者？因其惻隱，知其有仁。因其羞惡，知其有義。又曰：伊川穀種之説最好。又曰：冬飲湯，是宜飲湯。夏飲水，是宜飲水。冬飲水，夏飲湯，便不宜。○童蜚卿問：仁恐是生生不已之意。人惟爲私意所汩，故生意不得流行。克去己私，則全體大用無時不流行矣。曰：此是衆人公共説底。畢竟緊要處不知如何。今要見仁字意思，須將仁義禮智四者共看，便見仁字分明。如何是義，如何是禮，如何是智，如何是仁，便仁字自分明。若只看仁字，越看越不出。曰：仁字恐只是生意，故其發而爲惻隱，爲羞惡，爲辭遜，爲是非？曰：且只得就惻隱字上看。楊道夫問：先生嘗説仁字就初處看，只是乍見孺子入井，而怵惕惻隱之心，蓋有不期然而然，便是初處否？曰：恁地靠著也不得。大抵人之德性上自有此四者意思，仁便是箇溫和底意思，義便是箇慘烈剛斷底意思，禮便是箇宣著發揮底意思，智便是箇收斂無痕迹底意思。性中有此四者，聖門却只以求仁爲急者，緣仁却是四者之先。若常存得温厚底意思在這裏，到宣著發揮時便自然會宣著發揮，到剛斷時便自然會剛斷，到收斂時便自然會收斂。若將别箇做主，便都對副不著了。此仁之所以包四者也。直卿問：此恐如五行之木。若不是先有箇木，便亦自生下面四箇不得。曰：若無木便無火，無火便無土，無土便無金，無金便無水。又曰：仁字如人釀酒。酒方微發時帶些温氣便是仁，到發得極熱時便是禮，到得熟時便是義，到得成酒後却只與水一般，便是智。又如一日之間，早間天氣清明便是仁，午間極熱時便是禮，晚下漸涼便是義，到夜半全然收斂，無些形迹時，便是智。只如此看，甚分明。○當來得於天者只是箇仁，所以爲心之全體。却自仁中分四界子，一界子上是仁之仁，一界子上是仁之義，一界子是仁之禮，一界子是仁之智。一箇物事，四脚撑在裏面，唯仁兼統之。心裏只有此四物，萬物萬事皆自此出。○問：如温和之氣，固是見得仁。若就包四者意思看，便自然有節文，自然得宜，自然明辨。曰：然。○禮者，仁之發。智者，義之藏。且以人之資質言之：温厚者多謙遜，通曉者多刻剥。○仁字專言之則混然而難名，必以仁義禮智四者兼舉而並觀，則其意味情狀互相形比，乃爲易見。仁義禮智同具於性，而其體渾然莫得而見。至於感物而動，然後見其惻隱、羞惡、辭遜、是非之用，而仁義禮智之端於此形焉，乃所謂情。而程子以謂陽氣發處者，此也。但此四者同在一處之中，而仁乃生物之主，故雖居四者之一，而四者不能外焉。此《易傳》所以有「偏言則一事，專言則包四者」之説。固非獨以仁爲性之統體，而謂三者必已發而後見也。大抵仁義禮智，性也。惻隱、羞惡、辭遜、是非，情也。心則統乎性情者也。以此觀之，則區域分辯而不害其同，脈絡貫通而不害其别，庶乎其得之矣。○人之爲人，孰不具是性。若無是四端，則亦非人之道矣。然分而論之，其别有四，猶四體然。其位各置，不容相奪，而其體用互爲相須。合而言之，則仁蓋可兼包也。故言其未發，則仁之體立，而義禮智即是而存焉。循其既發，則惻隱之心形，而其羞惡、辭讓、是非亦由是而著焉。故孟子首舉不忍人之心，而後復詳於四端也。人有之而自謂不能，是自賊其良心者也。○性是太極渾然之體，本不可以名字言。但其中含具萬理，而綱領之大者有四，故命之曰仁義禮智。孔門未嘗備言，至孟子而始備言之者，蓋孔子時性善之理素明，

雖不詳著其條而説自具；至孟子時異端蠭起，往往以性爲不善，孟子思有以明之，於是别而言之。蓋四端之未發也，雖寂然不動，而其中自有條理，自有間架，不是儱侗都無一物，所以外邊纔感，中間便應。如赤子入井之事感，則仁之理便應，而惻隱之心於是乎形。如過廟過朝之事感，則禮之理便應，而恭敬之心於是乎形。蓋由其中間衆理渾具，各各分明，故外邊所遇，隨感而應。所以四端之發，各有面貌之不同。是以孟子析而爲四，以示學者，使知渾然全體之中，而粲然有條若此，則性之善可知矣。然四端之未發也，所謂渾然全體，無聲臭之可言，無形象之可見，何以知其粲然有條如此？蓋是理之可驗，乃依然就他發處驗得。凡物必有本根。性之理雖無形，而端的之發最可驗。故由其惻隱，所以必知其

有仁。由其羞惡，所以必知其有義。由其恭敬，所以必知其有禮。由其是非，所以必知其有智。使其本無是理於内，則何以有是端於外？由其有是端於外，所以必知有是理於内而不可誣也。故孟子言：「乃若其情，則可以爲善矣，乃所謂善也。」是則孟子之言性善，蓋亦遡其情而逆知之耳。○問：仁兼四端意思理會不透。曰：謝上蔡見明道先生，舉史文成誦，明道謂其玩物喪志。上蔡汗流浹背，面發赤色。明道云：「此便見得惻隱之心。」且道上蔡聞得過失，恁地慚惶，自是羞惡之心，如何却説道「見得惻隱之心」？公試思。久之，先生曰：惟是有惻隱之心方會動，若無惻隱之心，却不會動。惟是先動了，方始有羞惡，方始有恭敬，方始有是非。動處便是惻隱。若不會動，却不成人。若不從動處發出，所謂羞惡者非羞惡，所謂恭敬者非恭敬，所謂是非者非是非。天地生生之理，這些動意未嘗止息。看如何梏亡，亦未嘗盡消滅，自是有時而動。學者只怕間斷了。

南軒張氏曰：四者具於性而根於心，猶木之著本，水之發源，由是而生生不息也。仁義禮智根於心而生色於外，充盛著見，自不可揜。故其睟然之和，見於面，盎於背，施於四體，四體不言而喻。涵養擴充，積久而熟，天理融會，動容周旋，無非此理。○人之性，仁義禮智四德具焉。其愛之理則仁也，宜之理則義也，讓之理則禮也，知之理則智也。是四者雖未形見，而其理固根於此，則體實具於此矣。性之中只有是四者，萬善皆管乎是焉。而所謂愛之理者，是乃天地生物之心，而其所由生者也。故仁爲四德之長，而又可以兼包焉。

惟性之中有是四者，故其發見於情則爲惻隱、羞惡、是非、辭讓之端，而所謂惻隱者，亦未嘗不貫通焉。此性情之所以爲體用，而心之道則主乎性情者也。人惟己私蔽之，以失其性之理而爲不仁，甚至於爲忮爲忍，豈人之情也哉？其陷溺者深矣。是以爲仁莫要乎克己。己私既克，則廓然大公，而其愛之理素具於性者無所蔽矣。愛之理無所蔽，則與天地萬物血脈貫通，而其用亦無不周矣。故指愛以名仁則迷其體，程子所謂「愛是情，仁是性」，謂此。而愛之理則仁也。指公以爲仁則失其真，程子所謂「仁道難名，惟公近之，不可便指公爲仁」，謂此。而公者人之所以能仁也。夫静而仁義禮智之體具，動而惻隱、羞惡、辭讓、是非之端達。其名義位置，固不容相奪倫。然而惟仁者爲能推之而得其宜，是義之所存者也。惟仁者爲能恭讓而有節文，是禮之所存者也。惟仁者爲能知覺而不昧，是智之所存者也。此可見其兼能而貫通者矣。是以孟子於仁，統言之曰「仁人心也」，亦猶在《易》乾坤四德而統言乾元、坤元也。

勉齋黄氏曰：道固莫大於仁義，而孟子又曰：「惻隱之心，仁也。羞惡之心，義也。恭敬之心，禮也。是非之心，智也。」向之二者分而爲四，又何也？天固不外乎陰陽矣。陰陽互分而爲老少，則爲四矣。陰陽互分而爲老少，金木水火之所以流行也。木神則仁，金神則義，火神則禮，水神則智。五行既不外乎陰陽，則五性亦不外乎仁義也。嗟夫，人禀五行陰陽之秀氣以生，而具有仁義禮智之性，所以與天地並立而爲三也。自其氣禀所昏，物慾所汩，則惻隱者變而爲殘忍矣，羞惡者變而爲鄙賤矣，恭敬者變而爲傲慢矣，是非者變而爲昏愚矣。如是，則雖具人之形，而亦何異於禽獸哉！

北溪陳氏曰：人性之有仁義禮智，只是天地元亨利貞之理。仁在天爲元，於時爲春，乃生物之始，萬物於此方萌芽發露，如仁之生生，所以爲衆善之長也。禮在天爲亨，於時爲夏，萬物到此時一齊盛長，衆美所會聚，如經禮三百，曲禮三千，燦然文物之盛，亦衆美所會聚也。義在天爲利，於時爲秋，萬物到此時皆成遂，各得其所，如義斷制萬事，亦各得其宜。秋有肅殺氣，義亦有嚴肅底意。智在天爲貞，於時爲冬，萬物到此時皆歸根復命，收斂都定了，如智見得萬事是非都一定，確然不可易，便是貞固道理。貞後又生元，元又生亨，亨又生利，利又生貞。只管如此去，循環無端。總而言之，又只是一箇元。蓋元是箇生意，亨只是此生意之通，利只是此生意之遂，貞也只是此生意之藏。此元所以兼通四德。故曰：「大哉乾元，萬物資始，乃統天。」謂統乎天，則終始周流，都是一箇元。如仁兼統四者，義禮智都是仁。至其爲四端，則所謂惻隱一端，亦貫通乎羞惡、辭讓、是非之端而爲之統焉。今即就四端不覺發動之初，真情懇切時，便自見惻隱貫通處。故程子曰：「四德之元，猶五常之仁。偏言則一事，專言則包四者。」可謂示人親切，萬世不易之論矣。○問：何謂義禮智都是仁？曰：仁者此心渾是天理流行，到那禮儀三百，威儀三千，亦都渾是這天理流行。到那義之裁斷千條萬緒，各得其宜，亦都渾是這天理流行。到那智之分別萬事，是非各定，亦都渾是這天理流行。○仁義禮智四者判作兩邊，只是仁義兩箇。如春夏秋冬四時分來，只是陰陽兩箇。春夏爲陽，秋冬爲陰。夏之通暢只是春之發生盛大處，冬之斂藏只是秋之肅殺歸根處。

潛室陳氏曰：性是太極渾然之全體，本不可以名字言。但其中含具萬理，而綱領之大者有四，故命之曰仁義禮智。孔門未嘗備言，至孟子始備言之。苟但曰渾然本體，則恐爲無星之秤，無寸之尺，而終不足以曉天下。於是別而言之，界爲四破，而四端之説於是乎立。孟子之言，亦遡其情而逆知之耳。仁義禮智既見得他界分分明，又須知四者之中，仁義是一箇對立底關鍵。蓋仁，仁也，而禮者則仁之著；義，義也，而智者則義之藏。猶春夏秋冬，雖爲四時，然春夏皆陽之屬也，秋冬皆陰之屬也。故曰：「立天之道曰陰與陽，立人之道曰仁與義。」是知天地之道不兩則不能以立，故端有四而立之兩耳。仁義雖對立而成兩，然仁實通乎四者之中。蓋偏言則一事，專言則包四者。故仁者仁之本，禮者仁之節文，義者仁之節制，智者仁之分別。猶春夏秋冬雖不同，而同出於春。春則春之生，夏則春之長，秋則春之收，冬則春之藏也。自四而兩，自兩而一，則統之有宗，會之有元矣。故曰：「五行一陰陽，陰陽一太極。」是天地之理固然也。仁包四端，而智居四端之末者，蓋冬者藏也，所以終萬物而始萬物者也。智有藏之義焉，有終始之義焉，是惻隱、羞惡、恭敬三者皆有可爲之事，而智則無事可爲，但分別其爲是爲非耳。是以謂之藏也。又惻隱、羞惡、恭敬皆是一面底道理，而是非則有兩面，既別其所是，又別其所非，終始萬物之象也。故仁爲四端之首，而智則或終而或始。猶元爲四德之長，然元不生於元而生於貞。蓋天地之化，不翕聚則不能發散，理固然也。仁智交際之間，乃萬化之機軸，循環不窮，脗合無間，程子所謂「陰陽無端，動静無始」者，此也。

西山真氏曰：人之爲人，所以與天地並立而爲三者，蓋形有大小之殊，而理無大小之間故也。理者何？仁義禮智是也。人之有是理者，天與之也。自天道而言，則曰元亨利貞；自人道而言，則曰仁義禮智；其實一而已。人與天地本一無二，而其所以異者，天地無心而人有欲。天地惟無心也，是以於穆之命，終古常新，元而亨，亨而利，利而貞，貞而又元，一通一復，循環而無間。人之生也，初皆全具此理，惟其有形體之累，則不能無物欲之私。故當其惻隱之發而有以撓之，則仁不能充矣。當其羞惡之發而有以奪之，則義不能充矣。恭敬、是非之發亦然。此孟子所以惓惓於「充之」一言也。蓋善端之發，其始甚微，亦猶陰陽之氣兆於二至，初皆眇然而未著也。迨陽浸而長，至于正月，則天地之氣和，而物皆發達矣。陰浸而長，至于七月，則天地之氣肅，而物皆收斂矣。天地無心，其生成萬物之理，皆自微至著，無一歲不然者。人能體天地之心以爲心，因其善端之發，保養扶持，去其所以害之者。若火之然，因而噓之。若泉之達，因而導之。則一念之惻隱可以澤百世，一念之羞惡可以正萬民。堯、舜之仁，湯、武之義，所以與天地同其大者，以其能充之也。

性理大全書卷之三十六

性理大全書卷之三十七

性理九

仁義禮智信

程子曰：仁者，公也，人此者也。義者，宜也，權量輕重之極也。禮者，别也。智者，知也。信者，有此者也。萬物皆有性，此五常性也。○仁義禮智信，於性上要言此五事，須要分别出。仁則固一，一所以爲仁。惻隱則屬愛，乃情也，非性也。恕者入仁之門，而恕非仁也。因其惻隱之心，知其有仁。惟四者有端，而信無端。只有不信，更無信。如東西南北已有定體，更不用信。若以東爲西，以南爲北，則有不可信。如東即東，西即西，則無信。○仁載此四事，由行而宜之謂義，履此之謂禮，知此之謂智，誠此之謂信。○仁義禮智信，五者性也。仁者全體，四者四支。仁，體也。義，宜也。禮，别也。智，知也。信，實也。○凡有血氣之類，皆具五常，但不知充而已矣。

張子曰：仁不得義則不行，不得禮則不立，不得智則不知，不得信則不能守。此致一之道也。

朱子曰：在天只是陰陽五行，在人得之只是剛柔五常之德。○或問：仁義禮智，性之四德。又添箇信字，謂之五性，如何？曰：信是誠實此四者，實有是仁，實有是義，禮智皆然。如五行之有土，非土不足以載四者。○仁只是一箇渾然天理。義字如一横劍、一利刃相似。凡事物到前，便兩分去。胸中許多勞勞攘攘，到此一齊割斷了。君子義以爲質，義以爲上，義不食也，義弗乘也，精義入神以致用也。此是義十分精熟，用便見也。禮者節文也。智主含藏分别，有知覺，無運用。信是義理之全體本質，不可得而分析者。故明道言四端，不言信。○得此生意以有生，然後有禮智義信。以先後言之，則仁爲先。以大小言之，則仁爲大。○問：蒙喻仁意思，云義禮智信上著不得，又須見義禮智信上少不得，方見得仁統五常之意。今以樹爲喻：夫樹之根固有生氣，然貫徹首尾，豈可謂幹與枝，花與葉無生氣也。曰：固然。只如四時，春爲仁，有箇生意在，夏則見其有箇亨通意在，秋則見其有箇成實意在，冬則見其有箇貞固意在。夏、秋、冬，生意何嘗息？本雖凋零，生意則常存。大抵天地間只一理，隨其到處分許多名字出來。四者於五行各有配，惟信配土，以見仁義禮智實有此理，不是虚説。又如乾四德，元最重，其次貞亦重，以明始終之義。非元則無以生，非貞則無以終，非終則無以爲始，不始則不能成終矣。如此循環無窮也。○或問：人之所以爲性者五，而獨舉仁義，何也？曰：天地之所以生物者，不過乎陰陽五行，而五行實一陰陽也。故人之所以爲性者，雖有仁義禮智信之殊，然其曰仁義，則其大端已舉矣。蓋以陰陽五行而言，則木、火皆陽，金、水皆陰，而土無不在。以性而言，則禮者仁之餘，知者義之歸，而信亦無不在也。○人稟五行之秀以生，故木神曰仁，則愛之理也，而其發爲惻隱。火神曰禮，則敬之理也，而其發爲恭遜。金神曰義，則宜之理也，而其發爲羞惡。水神曰智，則別之理也，而其發爲是非。土神曰信，則實有之理也，而其發爲忠信。是皆天理之固然，人心之所以爲妙也。○答袁機仲曰：所論仁義禮智，分屬五行四時。蓋天地之間，一氣而已。分陰分陽，便是兩物。故陽爲仁，而陰爲義。然陰陽又各分而爲二。故陽之初爲木爲春爲仁，陽之盛爲火爲夏爲禮。陰之初爲金爲秋爲義，陰之極爲水爲冬爲智。蓋仁之惻隱方自中出，而禮之恭敬則已盡發於外。義之羞惡方自外入，而智之是非則已全伏於中。故其象類如此，非是假合附會。若能默會於心，便自可見。元亨利貞，其理亦然。五行之中，四者既各有所屬，而土居中宮，爲四行之地、四時之主。在人則爲信，爲眞實之義，而爲四德之地、衆善之主也。五聲、五色、五臭、五味、五藏、五蟲，其分倣此。蓋天人一物，內外一理，流通貫徹，初無間隔。若不見得，則雖生於天地間而不知所以爲天地之理，雖有人之形貌而亦不知其所以爲人之理矣。○程珙問：《論語》多是説仁，孟子却兼説仁義。意者夫子説元氣，孟子説陰陽。仁恐是體，義恐是用。先生嘗曰：孔、孟之言，有同有異，固所當講。然今且當理會何者爲仁，何者爲義，如何説箇仁義二字底道理。大凡天之生物，各付一性。性非有物，只是一箇道理之在我者耳。故性之所以爲體，只是仁、義、禮、智、信五字。天下道理不出於此。韓文公云，人之所以爲性者五，其説最爲得之。却爲後世之言性者多雜，所以將性字作知覺心意看了，非聖賢所説性字本指也。五者之中所謂信者，是箇眞實無妄底道理。

如仁義禮智，皆真實而無妄者也。故信字更不須説。只仁義禮智四字，於中各有分別，不可不辯。蓋仁則是箇温和慈愛底道理，義則是箇斷制裁割底道理，禮則是箇恭敬撙節底道理，智則是箇分別是非底道理。凡此四者具於人心，是乃性之本體。方其未發，漠然無形象之可見。及其發而爲用，則仁者爲惻隱，義者爲羞惡，禮者爲恭敬，智者爲是非。隨事發見，各有苗脈，不相殽亂，所謂情也。故孟子曰：「惻隱之心，仁之端也。羞惡之心，義之端也。恭敬之心，禮之端也。是非之心，智之端也。」謂之端者，猶有物在中而不可見，必因其端緒發見於外，然後可得而尋也。蓋一心之中，仁義禮智各有界限，而其性情體用，又自各有分別。須是見得分明，然後就此四者之中，又自見得仁義兩字是箇大界限。如天地造化，四序流行，而其實不過於一陰一陽而已。於此見得分明，然後就此又自見得仁字是箇生底意思，通貫周流於四者之中。仁固仁之本體也，義則仁之斷制也，禮則仁之節文也，智則仁之分別也。正如春之生氣，貫徹四時。春則生之生也，夏則生之長也，秋則生之收也，冬則生之藏也。故程子謂：「四德之元，猶五常之仁。偏言則一事，專言則包四者。」正謂此也。孔子只言仁，以其專言者言之也，故但言仁而仁義禮智皆在其中。孟子兼言義，以其偏言者言之也。然亦不是於孔子所言之外添入一箇義字，但於一理之中分別出來耳。其又兼言禮智，亦是如此。蓋禮又是仁之著，智又是義之藏，而仁之一字，未嘗不流行乎四者之中也。若論體用，亦有兩説。蓋以仁存於心，而義形於外言之，則曰「仁人心也，義人路也」，而以仁義相爲體用。若以仁對惻隱、義對羞惡而言，則就其一理之中，又以未發、已發相爲體用。若認得熟，看得透，則玲瓏穿穴，縱横顛倒，無處不通，而日用之間行著習察，無不是著工夫處矣。曰：孔門方説仁字，則是列聖相傳，到此方漸次説親切處爾。夫子所以賢於堯、舜，於此亦可見其一端也。○或問：仁義禮智信有本耶？曰：亦孝弟而已矣。但以愛親而言，則爲仁之本也。其順乎親，則爲義之本也。敬乎親，則爲禮之本也。其知此者，則爲智之本也。其誠此者，則爲信之本也。蓋人之所以爲五常百行之本，無不在此。孟子之論仁、義、禮、智樂之實者，正爲是爾。此其所以爲至德要道也歟？

北溪陳氏曰：仁者，心之全德，兼統四者。義禮智信，無仁不得。蓋仁是心中箇生理，常流行生生不息，徹終始，無間斷。苟無這生理，則心便死了。其待人接賓，恭敬何自而發，必無所謂禮。處事之際，必不解裁制，而無所謂義。其於是非也，亦頑然無所知覺，而無所謂智。既無是四者，又烏有所謂實理哉？就事物言：父子有親便是仁，君臣有義便是義，夫婦有别便是禮，長幼有序便是智，朋友有信便是信。此是豎觀底意。若横而觀之，以仁言，則所謂親、義、别、序、信皆莫非此心天理流行，又是仁；以義言，則只那合當親，合當義，合當别，合當序，合當信底，皆各當乎理之宜，又是義；以禮言，則所以行乎親、義、别、序、信中之節文又是禮；以智言，則所以知是五者當然而不昧又是智；以信言，則所以實是五者，誠然而不妄又是信。若又錯而言之，親親，仁也；所以愛親之誠，則仁之仁也；所以諫乎親，則仁之義也；所以温清定省之節文，則仁之禮也；自良知無不知是愛，則仁之智也；所以爲事親之實，則仁之信也。從兄，義也；所以愛兄之誠，則義之仁也；所以當敬在兄，❶則義之義也；所以徐行後長之節文，則義之禮也；自良知無不知是敬，則義之智也；所以爲從兄之實，則義之信也。敬賓，禮也；所以懇惻於中，則禮之仁也；所以接待之宜，則禮之義也；所以周旋之節文，則禮之禮也；所以酬酢而不亂，則禮之智也；所以爲敬賓之實，則禮之信也。察物，智也；是是非非之懇惻，則智之仁也；是是非非之得宜，則智之義也；是是非非之中節，則智之禮也；是是非非之一定，則智之智也；所以爲是非之實，則智之信也。復言，信也；由乎天理之公，則信之仁也；發而皆天理之宜，則信之義也；出而中節，則信之禮也；所以有條而不紊，則信之智也；所以爲是言之實，則信之信也。○仁義禮智信，五者謂之五常，亦謂之五性。就造化上推，原來只是五行之德。仁在五行爲木之神，在人性爲仁。義在五行爲金之神，在人性爲義。禮在五行爲火之神，在人性爲禮。智在五行爲水之神，在人性爲智。人性中只有仁義禮智四位，却無信位。如五行木位東，金位西，火位南，水位北，而土無定位，只寄處於四位之中。木屬春，火屬夏，金屬秋，水屬冬，土無專氣，只分寄旺於四季之間。四行無土，便都無所該載，猶仁義禮智無信，便都不實了。只仁義禮智之實理便是信。信却

❶「當」，重修本作「常」，文淵閣四庫全書本《北溪字義》作「庸」。

易曉。仁義禮智須逐件看得分明，又要合聚看得脈絡都不亂。○四者端緒，日用間常常發見，只是人看理不明，故茫然不知得。且如一事到面前，便自有箇是有箇非，須是知得此便是智。若是也不知，非也不知，便是心中頑愚無知覺了。既知得是非已明，便須判斷。只當如此做，不當如彼做，有可否、從違便是義。若要做此，又不能割捨得彼，只管半間不界，便是心中頑鈍而無義。既斷定了，只如此做，便看此事如何是太過，如何是不及，做得正中恰好，有箇節文，無過無不及，此便是禮。做事既得中，更無些子私意夾雜其間，便都純是天理流行，此便是仁。事做成了，從頭至尾皆此心真實所爲，便是信。此是從下說上去。若從上說下來，且如與箇賓客相接，初間纔聞之，便自有箇懇惻之心怛然動於中是仁。此心既怛然動於中，便肅然起敬去接見他是禮。既接見畢，便須合作如何待，輕重厚薄，處之合宜便是義。或輕或重，或厚或薄，明白一定是智。從首至末皆真實是信。此道理循環無端，若見得熟，則大用小用皆宜，横說竪說皆通。○程子論「心譬如穀種，生之性便是仁」，此一語說得極親切。只按此爲準去看，更兼所謂「仁是性，愛是情」，及「仁不可訓覺」，與「公而以人體之故爲仁」等數語相參照體認出來，則主意不差，而仁可得矣。義就心上論，則是心之裁制決斷處。「宜」字乃裁斷後事。裁斷當理，然後得宜。凡事到面前便須有剖判，是可是否。文公謂義之在心，如利刃然，物來觸之，便成兩片。若可否都不能剖判，便是此心頑鈍無義了。且如有一人來邀我同出去，便須能剖判當出不當出。若要出又不要出，於中遲疑不能決斷，更何義之有？此等處須是自看得破。如韓文公以行而宜之之謂義，則是就外面説成義外去了。「禮者天理之節文，而人事之儀則。」朱子以此兩句對言之，何也？蓋天理只是人事中之理而具於心者也，天理在中而著見於事，人事在外而根於中，天理其體而人事其用也。儀，謂容儀而形見於外者，有粲然可象底意，與文字相應。則，謂法則、準則，是箇骨子所以存於中者，乃確然不易底意，與節字相應。文而後儀，節而後則，必有天理之節文，而後有人事之儀則。禮者，心之敬而天理之節文也。心中有箇敬油然自生便是禮，見於應接便自有箇節文。節則無太過，文則無不及。如做事太質無文彩，是失之不及。末節繁文太盛，是流於太過。天理之節文，乃其恰好處，便是理合當如此，更無太過，更無不及，當然而然，便即是中。智只是心中一箇知覺處，知得是是非非恁地確定是智。孟子謂：「知斯二者弗去是也。」「知」是知識，「弗去」便是確定不易之意。信在性只是四者都實底道理，及發出來便爲忠信之信。由内面有此信，故發出來方有忠信之信。忠信只是一物，而判作二者，便是信之端緒，是就外面應接事物發原處説。

魯齋許氏曰：五常，性也。天命之性，性分中之所固有，君臣、父子、夫婦、長幼、朋友所行之道也。率性之道，職分之所當爲。

誠

程子曰：無妄之謂誠，不欺其次也。一

本云：李邦直云：不欺之謂誠。便以不欺爲誠。徐仲車云不息之謂誠，《中庸》言「至誠無息」，非以無息解誠也。或以問先生，先生遂云然。○動以天爲無妄，動以人欲則妄矣。無妄者，至誠也。至誠者，天之道也。○信不足以盡誠，猶愛不足以盡仁。○閑邪則誠自存，不是外面捉一箇誠將來存著。○不誠則有累，誠則無累。○誠則無不敬。未至於誠，則敬然後誠。○主一者謂之敬，一者謂之誠。○誠之爲言，實而已矣。

張子曰：誠則實也。太虛者，天之實也。萬物取足於太虛，人亦出於太虛。太虛者，心之實也。○誠者，虛中求出實。

藍田呂氏曰：誠者理之實然，一而不可易者也。○實理不二，則其體無雜。其體不雜，則其行無間。故至誠無息。

上蔡謝氏曰：誠是實理，非專一也。

朱子曰：誠者實有此理。○誠，實理也，亦誠慤也。由漢以來，專以誠慤言誠，至程子乃以實理言。後學皆棄誠慤之説不觀。《中庸》亦有言實理爲誠處，亦有言誠慤爲誠處。不可只以實爲誠，而以誠慤爲非誠也。○問：「無妄之謂誠，不欺其次也。」曰：非無妄故能誠，無妄便是誠。無妄是四方八面都去得，不欺猶是兩箇物事相對。○無妄是兼天地萬物所同得底渾淪道理，不欺是就一邊人身説。○問：無妄誠之道，不欺則所以求誠否？曰：無妄者，聖人也。謂聖人爲無妄則可，謂聖人爲不欺則不可。又問：此正所謂誠者天之道，思誠者人之道否？曰：然。無妄是自然之誠，不欺是著力去做底。○無妄自是我無妄，故誠。不欺者對物而言之，故次之。○上蔡云「誠是實理，不是專説是理」。

後人便只於理上説，不於心上説，未是。○問：誠與信如何分？曰：誠是箇自然之實，信是箇人所爲之實。《中庸》説「誠者天之道也」便是誠，若「誠之者人之道也」便是信。上是下不是。誠是自然底實，信是人做底實，故曰：「誠者天之道。」這是聖人之信。若衆人之信，只可唤做信，故信未可唤做誠。誠是自然無妄之謂，如水只是水，火只是火，仁徹底是仁，義徹底是義。○誠者，實有之理，自然如此。忠信，以人言之，須是人體出來方見得。○誠字以心之全體而言，忠字以其應事接物而言，此義理之本名也。至曾子所言忠恕，則是聖人之事，故其忠與誠，仁與恕，得通言之。○問性、誠。曰：性是實，誠是虚。性是理底名，誠是好處底名。性譬如這扇子相似，誠譬則這扇子做得好。又曰：五峰云：「誠者命之道乎，中者性之道乎，仁者心之道乎。」此語分得輕重虚實處却好。某以爲道字不若改做德字更親切。○問：誠是體，仁是用否？曰：理一也，以其實有，故謂之誠。以其體言，則有仁義禮智之實。以其用言，則有惻隱、羞惡、恭敬、是非之實。故曰：「五常百行，非誠，非也。」蓋無其實矣，又安得有是名乎。○問：「一心之謂誠，盡心之謂忠」，其分如何？又謂「忠，天道也」，其與盡心之義同否？曰：「一心之謂誠」，專以體言。「盡心之謂忠」是當體之用。「忠，天道也」對恕推己而言，正指盡心之義。○誠字，在道則爲實有之理，在人則爲實然之心，而其維持主宰，全在敬字。今但實然用力於敬，則日用工夫自然有總會處，而道體之中，名實異同，先後本末，皆不相礙。若不以敬爲事，而徒曰誠，則所謂誠者，不知其將何所錯。且五常百行，無非可願，雜然心目之間，又將何所擇而可乎？○問：誠、敬二字如何看？輔廣云：先敬然後誠。曰：且莫理會先後。敬是如何，誠是如何？廣曰：敬是把捉工夫，誠則到自然處。曰：敬也有把捉時，也有自然時。誠也有勉爲誠時，亦有自然誠時。且說此二字義。敬只是箇收斂畏懼不縱放，誠只是箇朴直慤實不欺誑。初時須著如此，不縱放，不欺誑。到得工夫到時，則自然不縱放不欺誑矣。○誠是不欺妄底意思，敬是不放肆底意思。○妄誕欺詐爲不誠，怠惰放肆爲不敬，此誠敬之别。

勉齋黄氏曰：「無妄之謂誠，不欺其次矣。」無妄便是「誠者天之道」，不欺便是「誠之者人之道」。○誠字也隨人看。如說誠自不妄語入。不妄語只是不欺裏面一路，未及躬行底話。假如天下雷行，物與無妄，天地這一副當道理與你，都恁實剥剥地，仁便實是仁，義便實是義，更無一點虛。又如周天三百六十五度，循環不已，曷嘗有些子挫過？今年冬至一陽來復，明年冬至亦一陽來復，這是真實無妄。人體這實理，便莫以欺僞存心。所謂不欺，是外面爲事，裏面須實是如此。纔有七分爲善，更有兩三分爲不善底意，便是不實。如顔子三月不違仁，是三月間無不實。三月之後，未免有之。即是有些不實便屏去了。

北溪陳氏曰：誠字後世都說差了，到伊川方云「無妄之謂誠」，字義始明。至晦翁又增兩字，曰「真實無妄之謂誠」，道理分曉易明。後世說至誠兩字，動不動輒加諸人，只成箇謙恭敬謹底意思。不知誠者真實無妄之謂，至誠乃是真實極至而無一毫之不盡，惟聖人可以當之，如何可容易以加諸人。○誠字本就天道論。「維天之命，於穆不已。」只是一箇誠。天道流行，自古及今，無一毫之妄。暑往則寒來，日往則月來。春生了便夏長，秋殺了便冬藏。元亨利貞，終始循環，萬古常如此，皆是真實道理爲之主宰。如天行一日一夜一周而又過一度，與日月星辰之運行躔度，萬古不差，皆是誠實道理如此。又就果木觀之，甜者萬古甜，苦者萬古苦，青者萬古常青，白者萬古常白，紅者萬古常紅，紫者萬古常紫，圓者萬古常圓，缺者萬古常缺。一花一葉，文縷相等對，萬古常然，無一毫差錯。便待人力十分安排撰造來，終不相似。都是真實道理，自然而然，此《中庸》所以謂「其爲物不貳，其生物不測」，而五峰亦曰：「誠者命之道乎。」皆形容得親切。就人論，則只是這實理流行付與於人，自然發見出來底，未説到做工夫處。且誠之一字，不成受生之初便具這理，到賦形之後，未死之前，這道理便無了。在吾身日用，常常流行發見，但人之不察耳。如孩提之童，無不知愛親敬兄，都是這實理發見出來，乃良知良能，不待安排。又如乍見孺子將入井便有怵惕之心，至行道乞人饑餓瀕死，而蹴爾嗟來等食，乃不屑就，此皆是降衷秉彝真實道理，自然發見出來。雖極惡之人，物慾昏蔽之甚，及其稍息，則良心之實自然發見，終有不可殄滅者。此皆天理自然流行真實處，雖曰見於在人，而亦天之道也。及就人做工夫處論，則又是慤實不欺之理，是乃人事之當然，此人之道也。故存心全體慤實固誠也，若一言之實亦誠也，一行之實亦誠也。○誠與信相對論，則誠是自然，信是用力。誠是理，信是心。誠是天道，信是人道。誠是以命言，信是以性言。誠是以道言，信是以德言。

西山真氏曰：唐虞之時，未有誠字。《舜典》所謂「允塞」，即誠之義也。至伊尹告太甲，乃曰：「鬼神無常享，享于克誠。」誠字始見於此。

臨川吴氏曰：誠者，中之實也。純乎天理之實爲誠，徇人欲則妄矣。

忠信

程子曰：盡己無歉爲忠，體物無違爲信，表裏之義也。○盡己爲忠，盡物爲信。極言之，盡己者，盡己之性也；盡物者，盡物之性也。信者無僞而已，於天性有所損益，則爲僞矣。《易·無妄》曰：「天下雷行，物與無妄。」動以天理故也。○忠信者以人言之，要之則實理也。

朱子曰：盡己之謂忠，盡物之謂信，只是一理。但忠是盡己，信却是於人無所不盡，猶曰忠信内外也。○忠自裏面發出，信是就事上説。忠是要盡自家這箇心，信是要盡自家這箇道理。○信者，忠之驗。忠只是盡己，因見於事而爲信，又見得忠如此。○忠信只是一事，但自我而觀謂之忠，自彼而觀謂之信。此程子所以有「盡己爲忠，盡物爲信」之論也。○忠信只是一理。自中心發出來便是忠，著實便是信。謂與人説話時，説到底見得恁地了，若説一半不肯盡説，便是不忠。有這事説這事，無這事便説無，便是信。只是一箇理，自其發於心謂之忠，驗於事謂之信。○問：「發己自盡爲忠，循物無違爲信。」所謂發己，莫是奮發自揚之意否？「循物無違」，未曉其義。曰：「發己自盡」，但謂凡出於己者，必自竭盡，而不使其有苟簡不盡之意耳。非奮發之謂也。「循物無違」，謂言語之發，循其物之真實而無所背戾，如大則言大，小則言小，言循於物而無所違耳。

問：明道云：「發己自盡爲忠，循物無違爲信，表裏之謂也。」又曰：「盡己之謂忠，以實之謂信，忠信内外也。」蓋因其理之有定，當其可而無違，是之謂忠信。忠信本無二致，自其發於内而言之之謂忠，自其因物應之之謂信，故曰：「表裏之謂也。」明道以此釋曾子之言曰：「爲人謀而不忠，與朋友交而不信。爲人謀，則謀在我，是亦發於中之意；與朋友交，則朋友在外，是亦遇事而應之之意。」明道論忠信内外大概如此否？南軒張氏曰：盡於己爲忠，形於物爲信。忠信可以内外言，亦可以體用言也。要之形於物者即其盡於己者也。玩程子之辭，意義蓋包涵矣。

北溪陳氏曰：忠信二字，從古未有人解得分曉。諸家説忠，都只以事君不欺而言。夫忠固能不欺，而以不欺名忠則不可，如此則忠之一字，只事君方使得。説信又只以不疑而言。信固能不疑，而以不疑解信則不可，如此則所謂不疑者，不疑何事？説字骨不出。直至程子曰：「盡己之謂忠，以實之謂信。」方説得確定。盡己是盡自家心裏面以所存主者而言，須是無一毫不盡方是忠。如十分底話，只説得七八分，猶留兩三分，便是不盡，不得謂之忠。以實是就言上説，有話只據此實物説，無便曰無，有便曰有。若以無爲有，以有爲無，便是不以實，不得謂之信。忠信非判然二物。從内面發出，無一不盡是忠，發出外來皆以實是信。明道發得又明暢，曰：「發己自盡爲忠，循物無違爲信。」從己心中發出無一不盡是忠；循物之實而言無些子違背他，如是便曰是，不與是底相背，非便曰非，不與非底相背，便是信。伊川説得簡要確實，明道説得發越條暢。○信有就言上説，是發言之實；有就事上説，是做事之實。有以實理言，有以實心言。○忠信兩字近誠字。忠信只是實，誠也只是實。但誠是自然實的，忠信是做工夫實底。誠是就本然天賦真實道理上立字，忠信是就人做工夫上立字。○問：忠信之信，與五常之信，如何分別？曰：五常之信，以心之實理而言。忠信之信，以言之實理而言。須是逐一看得透徹。古人言語，有就忠信之信言者，有就五常之信言者，不可執一看，若泥著則不通。○聖人分上忠信便只是誠，是天道。賢人分上忠信只是思誠，是人道。○誠與忠信對，則誠天道，忠信人道。忠與信對，則忠天道，信人道。○孔子云：「主忠信。」主與賓相對，賓是外人，出入無常，主人是吾家之主，常存在這屋裏。以忠信爲吾心之主，是心中常要忠信，蓋無時而不在是也。心中所主者忠信，則其中許多道理便都實在這裏。若無忠信，則一切道理都虛了。主字下得極有力。○忠信等字骨看得透，則無往而不通。如事君之忠，亦只是盡己之心以事君。爲人謀之忠，亦只是盡己之心以爲人謀耳。○忠信是就人用工夫上立字。大抵性中只有仁義禮智四位，萬善皆從此而生。四位實爲萬善之總括。如忠信，如孝弟等類，皆在萬善之中。孝弟便只是仁之實，但到那事親事兄處，方始目之曰孝弟。忠信便只是五常實理之發，但到那接物發言處，方始名之曰忠信。

忠　恕

上蔡謝氏曰：昔人有問明道先生云：「如何斯可謂之恕心？」明道曰：「充廣得去則爲恕心。」「如何是充廣得去底氣象？」曰：「天地變化草木蕃。」「充廣不去時如何？」曰：「天地閉，賢人隱。」察此可以見盡不盡矣。○忠恕猶形影也，無忠，做恕不出來。

河東侯氏曰：無恕不見得忠，無忠做不出恕來。誠有是心之謂忠，見於功用之謂恕。

朱子曰：主於内爲忠，見於外爲恕。忠是無一毫自欺處，恕是稱物平施處。○忠因恕見，恕由忠出。○忠只是一箇忠，做出百千萬箇恕來。○忠恕只是體用，便是一箇物事，猶形影，要除一箇除不得。若未曉，且看過去，却時復潛玩，忠與恕不可相離一步。○忠是本根，恕是枝葉，非是別有枝葉，乃是本根中發出枝葉，枝葉即是本根。○忠恕猶曰中庸，不可偏舉。○人謂盡己之謂忠，盡物之謂恕。盡己之謂忠固是，盡物之謂恕則未盡。推己之謂恕，盡物之謂信。○忠者天下大公之道，恕所以行之也。忠言其體，天道也。恕言其用，人道也。○「維天之命，於穆不已」，不其忠乎？「天地變化草木蕃」，不其恕乎！○問：忠恕之別。曰：猶形影也。無忠則不能爲恕矣。○忠恕兩字，在聖人有聖人之用，在學者有學者之用。又曰：就聖人身上説，忠者天之天，恕者天之人。就學者身上説，忠者人之天，恕者人之人。要之只是箇小德川流、大德敦化意思。○問：程子言如心爲恕，如心之義如何？曰：萬物之心，便如天地之心。天下之心，便如聖人之心。天地之生萬物，一箇物裏面便有一箇天地之心。聖人於天下，一箇人裏面便有一箇聖人之心。聖人之心，自然無所不到，此便是「乾道變化，各正性命」，聖人之忠恕也。如「己所不欲，勿施於人」，便是推己之心，求到那物上，賢者之忠恕也。又曰：恕只是推得去。推不去底人，只要理會自己，不管別人。別人底事，便說不關我事。今如此人，便爲州爲縣，亦只理會自己，百姓盡不管他。直是推不去。又問：恕字恁地闊。曰：所以道一言而可以終身行之者其恕乎。又曰：也須是忠，無忠，把甚麼推出來。○忠者盡己之心，無少僞妄，以其必於此而本焉，故曰「道之體」。恕者推己及物，各得所欲，以其必由是而之焉，故曰「道之用」。○問：孔子言恕必兼忠，如何對子貢只言恕？曰：不得忠時不成恕，說恕時忠在裏面。

南軒張氏曰：忠體也，恕用也。體立而用未嘗不存其中。用之所形，體亦無乎不具也。

北溪陳氏曰：忠信，是以忠對信而論。忠恕，又是以忠對恕而論。伊川謂：「盡己之謂忠，推己之謂恕。」忠是就心說，是盡己之心無不真實者。恕是就待人接物處說，只是推己心之所真實者以及人物而已。字義，中心爲忠，是盡己之中心無不實故爲忠；如心爲恕，是推己心以及人，要如己心之所欲者便是恕。夫子謂「己所不欲勿施於人」，只是就一邊論，其實不止是勿施己所不欲者。凡己之所欲者，須要施於人方可。如己欲孝，人亦欲孝。己欲弟，人亦欲弟。必推己之所欲孝欲弟者以及人，使人亦得以遂其欲孝欲弟之心。己欲立，人亦欲立。己欲達，人亦欲達。必推己之所欲立欲達者以及人，使人亦得以遂其欲立欲達之心，便是恕。只是己心流底去到那物而已。然恕道理甚大，在士人只一門之内，應接無幾，其所推者有限。就有位者而言，則所推者大而所及者甚廣。苟中天下而立，則其所推者愈大。如吾欲以天下養其親，却使天下之人父母凍餓，不得以遂其孝。吾欲長吾長、幼吾幼，却使天下之人兄弟妻子離散，不得以安其處。吾欲享四海之富，却使海内困窮無告者不得以遂其生生之樂。如此便是全不推己，便是不恕。○大概忠恕只是一物。就中截作兩片，則爲二物。上蔡謂忠恕猶形影，説得好。蓋存諸中者既忠，則發出外來便是恕。應事接物處不恕，則在我者必不十分真實。故發出忠底心，便是恕底事。做成恕底事，便是忠底心。○有天地之忠恕，至誠無息而萬物各得其所是也。有聖人之忠恕，吾道一以貫之是也。有學者之忠恕，己所不欲勿施於人是也。皆理一而分殊。○聖人本無私意，此心豁然大公，物來而順應，何待於推？學者未免有私意錮於其中，視物未能無爾汝之間，須是用力推去，方能及到那物上。既推得去，則亦豁然大公矣。所以子貢問一言可以終身行之者，其恕乎。蓋學者須是著力推己以及物，則私意無所容，而仁可得矣。○自漢以來，恕字義甚不明，至有謂善恕己量主者，而范忠宣公亦謂以恕己之心恕人。不知恕之一字，就己上著不得。據他説恕字，只是箇饒人底意思。如此，則是己有過且自恕己，人有過又并恕人，是相率爲不肖之歸，豈古人推己如心之義乎？故忠宣公謂「以責人之心責己」一句説得是，「以恕己之心恕人」一句説得不是。其所謂恕，恰似今人説且恕，不輕恕之意。字義不明，爲害非輕。

西山真氏曰：忠之爲義，先儒以爲中心釋之，又以盡己言之。蓋本諸心而無僞者忠也，發乎己而必盡者亦忠也。然未有本諸心而不盡於己，盡乎己而不本諸心者，其亦一而已爾。聖賢之言忠，不顓於事君也。爲人謀必忠也，於朋友必忠告也，事親必忠養也。至於以善教人，以利教民，無適而非忠也。平居有一之可媿而能盡忠其君，無是道也。恕者如心之謂，非寛厚之謂也。如我能爲善，亦欲他人如我之善。我無惡，亦欲人如我之無惡。我欲立，亦欲人之立。我欲達，亦欲人之達。大概是視人如己，推己及物之謂。○忠者盡己之心也，恕者推己之心以及人也。忠盡乎内者也，恕形於外者也。己之心既無一毫之不盡，則形之於外亦無一毫之不當。如事親當孝，事兄當悌，處朋友當信，事事物物，各盡其所以當然之理以處之，即是恕也。有忠而後有恕，忠者形也，恕者影也。如有形而後有影也。在聖人則曰誠，在學者則曰忠。誠是自然而然，忠是須用著力。在聖人則不必言恕，在學者則當言恕。蓋聖人不待乎推，學者先盡己而後能及人，故有待乎推也。然學若能於忠恕二字上著力，於盡己盡人之間無不極其至，久之亦可以到至誠地位。

恭　敬

程子曰：發於外者謂之恭，有諸中者謂之敬。

朱子嘗因言恭敬二字如忠信。或云：敬主於中者也，恭發於外者也。曰：凡言發於外，比似主於中者較大。蓋必充積盛滿而後發於外，則發於外者，豈不如主於中者？然主於中者却是本，不可不知。○恭主容，敬主事。有事著心做，不易其心而爲之，是敬。恭形於外，敬主於中。自誠身而言，則恭較緊。自行事而言，則敬爲切。○初學則不如敬之切，成德則不如恭之安。敬是主事，然專言則又如「脩己以敬」，敬是直內，只偏言是主事。恭是容貌上説。○問：恭敬二字，恭在外，工夫猶淺，敬在內，工夫大段細密。曰：二字不可以深淺論。恭敬猶忠信兩字。問：恭即是敬之發見。曰：本領雖在敬上，若論那大處，恭反大於敬。若不是裏面積盛，無緣發出來做得恭。○問：恭敬二字，《語》、《孟》之言多矣。如「敬而無失，與人恭而有禮」，「居處恭，執事敬」。「行己也恭，事上也敬」，「責難於君謂之恭，陳善閉邪謂之敬」。伊川先生言：「發於外者謂之恭，有諸中者謂之敬。」蓋恭敬只一理。曰：恭主容，敬主事。自學者而言，則恭不如敬之力。自成德而言，則敬不如恭之安。○問：恭與敬如何？曰：恭是主容貌而言，貌曰恭。手容恭。敬是主事而言。執事敬。事思敬。問：敬如何是主事而言？曰：而今做一件事，須是專心在上面方得，不道是不好事。而今若讀《論語》，心又在《孟子》上，如何理會得？若做這一件事，心又在那事，永做不得。又曰：敬是畏底意思。又曰：敬是就心上説，恭是對人而言。又曰：若有事時，則此心便即專在這一事上，無事，則此心湛然。又曰：恭是謹，敬是畏，莊是嚴。嚴威儼恪，非所以事親，是莊於這處使不得。若以臨下，則須是莊。「臨之以莊則敬」，不莊以涖之，則民不敬。○人常恭敬，則心常光明。

北溪陳氏曰：恭有嚴底意，敬字較實。○身體嚴整，容貌端莊，此是恭底意。但恭是敬之見於外者，敬是恭之存於中者。敬與恭不是二物，如形影然，未有内無敬而外能恭者，亦未有外能恭而内無敬者。此與忠信、忠恕相關一般。○「坐如尸，立如齊」，便是敬之容。「正其衣冠，尊其瞻視，儼然人望而畏之」，便是恭之容。敬工夫細密，恭氣象闊大。○且如恭敬，古人皆如此著力。如堯之欽明，舜之温恭，湯之聖敬日躋，文王之緝熙敬止，都是如此做工夫。○誠與敬字不相關，恭與敬字却相關。

性理大全書卷之三十七

性理大全書卷之三十八

道統

朱子曰：道之在天下者未嘗亡，惟其託於人者或絶或續，故其行於世者有明有晦。是皆天命之所爲，非人智力之所能及也。夫天高地下，而二氣五行紛紜錯糅，升降往來於其間。其造化發育，品物散殊，莫不有固然之理。而其最大者，則仁義禮智之性，君臣、父子、昆弟、夫婦、朋友之倫是已。而其周流充塞，無所虧間，夫豈以古今治亂爲存亡者哉？然氣之運也，則有醇漓判合之不齊。人之稟也，則有清濁昏明之或異。是以道之所以託於人而行於世者，惟天所畀，乃得與焉。《河圖》出而八卦畫，《洛書》呈而九疇敘。而孔子於斯文之興喪，亦未嘗不推之於天。自周衰，孟軻氏没，而此道之傳不屬。至宋受命，五星集奎，開文明之運，而周子出焉。不由師傳，默契道體，建《圖》屬《書》，根極領要。當時見而知之有程氏者，遂擴大而推明之，而周公、孔子、孟氏之傳煥然復明於時。非天所畀，其孰能與於此？○「天不生仲尼，萬古如長夜。」唐子西嘗於一郵亭梁間見此語。蔡季通云：天先生伏羲、堯舜、文王，後不生孔子亦不得，後又不生孟子亦不得，二千年後又不生二程亦不得。此道更前後聖賢，其説始備。自堯、舜以下，若不生箇孔子，後人去何處討分曉？孔子後若無箇孟子，也未有分曉。孟子後數千載，乃始得程先生兄弟發明此理。今看來漢、唐以下諸儒説道理，見在史策者，直是説夢。只有箇韓文公依稀説得略似耳。○自鄒孟氏没，而聖人之道不傳。世俗所謂儒者之學，内則局於章句、文詞之習，外則雜於老子、釋氏之言。而其所以脩己治人者，遂一出於私智人爲之鑿，淺陋乖離，莫適主統。使其君之德不得比於三代之隆，民之俗不得躋於三代之盛。若是者，蓋已千有餘年於今矣。濂溪周子奮乎百世之下，乃始深探聖賢之奥，疏觀造化之原，而獨心得之。立象著書，闡發幽秘，詞義雖約，而天人性命之微，脩己治人之要，莫不畢舉。河南兩程先生既親見之而得其傳，於是其學遂行於世。士之講於其説者，始得以脱於俗學之陋、異端之惑，而其所以脩己治人之意，亦往往有能卓然不惑於世俗利害之私，而慨然有志於堯、舜其君民者。蓋三先生者，其有功於當世，於是爲不小矣。

勉齋黄氏曰：道原於天，具於人心，著於事物，載於方策。明而行之，存乎其人。聖賢迭興，體道經世，三綱既正，九疇既敘，則安且治。聖賢不作，道術分裂，邪説誣民，充塞仁義，則危且亂。世之有聖賢，其所關繫者甚大。生而榮，死而哀，秉彝好德之良心所不能自已也。堯、舜、禹、湯、文、武、周公生，而道始行。孔子、孟子生，而道始明。孔、孟之道，周、程、張子繼之。周、程、張子之道，文公朱先生又繼之。此道統之傳，歷萬世而可考也。○有太極而陰陽分，有陰陽而五行具。太極、二五妙合而人物生。賦於人者秀而靈，精氣凝而爲形，魂魄交而爲神，五常具而爲性，感於物而爲情，措諸用而爲事。物之生也，雖偏且塞，而亦莫非太極、二五之所爲，此道原之出於天者然也。聖人者，又得其秀之秀而最靈者焉。於是繼天立極，而得道統之傳。故能參天地，贊化育，而統理人倫，使人各遂其生，各全其性者，其所以發明道統以示天下後世者，皆可考也。堯之命舜，則曰：「允執厥中。」中者，無所偏倚，無過不及之名也。存諸心而無偏倚，措之事而無過不及，則合乎太極矣。此堯之得於天者，舜之得統於堯也。舜之命禹，則曰：「人心惟危，道心惟微，惟精惟一，允執厥中。」舜因堯之命而推其所以執中之由，以爲人心，形氣之私也；道心，性命之正也。精以察之，一以守之，則道心爲主，而人心聽命焉。則存之心，措之事，信能執其中。曰精曰一，此又舜之得統於堯，禹之得統於舜者也。其在成湯，則曰：「以義制事，以禮制心。」此又因堯之中，舜之精、一，而推其制之之法。制心以禮，制事以義，則道心常存，而中可執矣。曰禮曰義，此又湯之得統於禹者也。其在文王，則曰：「不顯亦臨，無射亦保。」此湯之以禮制心也。「不聞亦式，不諫亦入。」此湯之以義制事也。此文王之得統於湯者也。其在武王，受丹書之戒，則曰：「敬勝怠者吉，義勝欲者從。」周公繫《易》爻之辭曰：「敬以直内，義以方外。」曰敬者，文王之所以制心也。曰義者，文王之所以制事也。此武王、周公之得統於文王者也。至於夫子，則曰：「博學於文，約之以禮。」又曰「文行忠信」，又曰「克己復禮」。其著之《大學》，曰格物、致知、誠意、正心、脩身、齊家、治國、平天下。亦無非數聖人制心制事之意焉。此又孔子得統於周公者也。顔子得於博文約禮、克己復禮之言，曾子得之《大學》之義，故其親受道統之傳者如此。至於子思，則先之以戒懼謹獨，次之以知仁勇，而終之以誠。至於孟子，則先之以求放心，而次之以集義，終之以擴充。此又孟子得統於子思者然也。及至周子，則以誠爲本，以欲爲戒，此又周子繼孔、孟不傳之緒者也。至二程子，則曰：「涵養須用敬，進學則在致知」，又曰：「非明則動無所之，非動則明無所用。」而爲四箴以著克己之義焉。此二程得統於周子者也。先師文公之學，見之四書，而其要則尤以《大學》爲入道之序。蓋持敬也，自格物、致知、誠意、正心、脩身，而見於齊家、治國、平天下，外有以極其規模之大，而内有以盡其節目之詳，此又先師之得其統於二程者也。聖賢相傳，垂世立教，粲然明白，若天之垂象，昭昭然而不可易也。故嘗撮其要指而明之：居敬以立其本，窮理以致其知；克己以滅其私，存誠以致其實。以是四者而存諸心，則千聖萬賢所以傳道而教人者，不越乎此矣。

北溪陳氏曰：粵自羲皇作《易》，首闡渾淪。神農、黃帝相與繼天立極，而宗統之傳有自來矣。堯、舜、禹、湯、文、武更相授受，中天地爲三綱五常之主。皋陶、伊、傅、周、召又相與輔相，施諸天下，爲文明之治。孔子不得行道之任，乃集群聖之法，作六經，爲萬世師。而回、參、伋、軻實傳之。上下數千年，無二説也。軻之後失其傳，天下騖於俗學，蓋千數百餘年，昏昏冥冥，醉生夢死，不自覺也。及濂溪先生與河南二程先生，卓然以先知先覺之資相繼而出。濂溪不由師傳，獨得於天。提綱啓鑰，其妙具在《太極》一圖，而《通書》四十章又以發

《圖》之所未盡。上與羲皇之《易》相表裏，而下以振孔、孟不傳之墜緒，所謂再闢渾淪。二程親受其旨，又從而光大之。故天理之微，人倫之著，事物之衆，鬼神之幽，與凡造道入德之方，脩己治人之術，莫不秩然有條理，備見於《易傳》、《遺書》，使斯世之英才志士得以探討服行，而不失其所歸。河洛之間，斯文洋洋，與洙泗並聞而知者。有朱文公，又即其遺言遺旨，益精明而瑩白之。上以達群聖之心，下以統百家而會于一，蓋所謂集諸儒之大成而嗣周、程之嫡統，粹乎洙泗、濂洛之淵源者也。

果齋李氏曰：太極之妙，立乎形氣未具之先，而行乎氣形已具之内，蓋造化之樞紐，品彙之根柢也。人之生也，全而得之，其體則有仁義禮智之性，其用則有惻隱、羞惡、辭讓、是非之情，而心兼統焉。以之應事接物，莫不各有當然之則，而自不容已者，是則所謂道也。斯道也，無物不有，大而至於天地之運，小而至於一塵之微，不能外也；無時不然，遠而至於古今之變，近而至於一息之頃，不能違也。分而言之，一物各具一太極也。合而言之，萬物體統一太極也。是故自一而萬，則體統燦然而不可亂。自萬而一，則根本渾然而未嘗離。體用一源也，隱顯無間也。朱子之道之至，其與太極爲一者歟？蓋自夫子設教洙泗，以博文約禮授學者，顔子、子思、孟子相與共守之，未嘗失墜。其後正學失傳，士各以意爲學。其務於該洽者，既以聞見積累自矜，而流於泛濫駁雜之歸。其溺於徑約者，又謂不立文字可以識心見性，而陷於曠蕩空虛之域。寥寥千載，而後周、程、張子出焉。歷時未久，浸失其真。朱子出，而後合伊洛之正傳，紹鄒魯之墜緒，前賢後賢之道，該徧全體，其亦可謂盛矣。蓋古者《易》更三古而混於八索，《詩》、《書》煩亂，禮樂散亡，而莫克正也。夫子從而贊之定之，删之正之，又作《春秋》，六經始備，以爲萬世道德之宗主。秦火之餘，六經既已爛脱，諸儒各以己見妄穿鑿爲説，未嘗有知道者也。周、程、張子，其道明矣，然於經言未暇釐正。一時從游之士，或殊其旨，遁而入於異端者有矣。朱子於是考訂訛謬，探索深微，總裁大典，勒成一家之言。仰包純古之載籍，下採近世之文獻，集其大成，以定萬世之法，然後斯道大明，如日中天，有目者皆可觀也。夫子之經，得先生而正。夫子之道，得先生而明。起斯文於將墜，覺來裔於無窮，雖與天壤俱弊可也。後世雖有作者，其不可及也夫。

西山真氏曰：道之大原出於天，其用在天下，其傳在聖賢，此子思子之《中庸》所以有性、道、教之别也。蓋性者，智愚所同得。道者，古今所共由。而明道闡教以覺斯人，則非聖賢莫能與。故自堯、舜至于孔子，率五百歲而聖人出。孔子既没，曾子、子思與孟軻氏復先後而推明之。百有餘年之間，一聖三賢，更相授受，然後堯、舜、禹、湯、文、武、周公之所以開天常，立人紀者，粲然昭陳，垂示罔極。然則天之生聖賢也，夫豈苟然哉！不幸戰國、嬴秦以後，學術涣散，無所統盟。雖以董相、韓文公之賢，相望于漢、唐，而於淵源之正，體用之全，猶有未究其極者。故僅能著衛道之功於一時，而無以任傳道之責於萬世。迨至我宋，大儒繼出，以主張斯文爲己任。蓋孔孟之道至周子而復明，周子之道至二程子而益明，二程之道至朱子而大明。其視曾子、子思、鄒孟氏之傳，若合符節，豈人之所能爲也哉？天也！

臨川吴氏曰：道之大原出於天。羲、農、黄帝繼天立極，是謂三皇。道統之傳，實始於此。黄帝而後，少皞、顓帝、高辛繼之，通堯、舜謂之五帝。堯、舜、禹、皋君臣也，而並生唐虞之際，所以爲盛也。成湯、伊尹生於商之初興，而傳説生於商之中世。文、武、周、召生於周之盛際，而夫子生於周之既衰。夫子以來，始不得位，而聖人之道不行。於是始教授弟子，而惟顔、曾得其傳。顔子早死，曾子傳之子思，子思傳之孟子，孟子没而不得其傳焉。至周子始有以接乎孟子之傳於千載之下。二程子則師於周子而傳其學。後又有朱子集周、程之大成。是皆得夫道統之傳者也。聖賢繼作，前後相承，吾道正脉，賴以不墜。

聖賢

總論

程子曰：氣化之在人與在天，一也。聖人於其間有功用而已。○問：揚子云觀乎天地，則見聖人。曰：不然。觀乎聖人，則見天地。○聖人即天地也。天地中善惡一切函容覆載，故聖人之志，止欲老者安之，朋友信之，少者懷之。○聖人，天地之用也。○聖人之心，如天地之造化，生養萬物而不尸其功，應物而見於彼，復何存於此乎。○聖人一言即全體用，不期然而然也。○因是人有可喜則喜之，聖人之心本無喜也。因是人有可怒則怒之，聖人之心本無怒也。○聖人之德無所不盛，古之稱聖人者，自其尤盛而言之。尤盛者，見於所遇也。而或以爲聖人有能有不能，非知聖人者也。○惟聖人善通變。○一行豈所以名聖人？至於聖則自不可見，何嘗道聖人孝，聖人廉。○聖人濟物之心無窮，而力或有所不及。○聖人之責人也常緩，便見只欲事正，無顯人過惡之意。○聖人無優劣，有則非聖人也。○凡人有己必用才。聖人忘己，何才之足言。○聖人責己感處多，責人應處少。○聖人之心未嘗有，志亦無不在。蓋其道合內外，體萬物。○聖人之心，雖當憂勞，未嘗不安靜。其在安靜，亦有至憂，而未嘗勞也。○元氣會則生賢聖。○體道，少能體即賢，盡能體即聖。○人多昏其心，聖賢則去其昏。○或曰：賢聖氣象何自而見之？曰：姑以其言觀之亦可也。○聖賢之處世，莫不於大同之中有不同焉。不能大同者，是亂常拂理而已。不能不同者，是隨俗習污而已。○學者必識聖賢之體。聖人猶化工也，賢人猶巧工也。翦綵以爲花，設色以畫之，非不宛然肖之，而欲觀生意之自然，則無之也。○聖人愈自卑，而道自高。賢人不高，則道不尊。聖賢之分也。○合天人，通義命，此大賢以上事。○或謂賢者好貧賤而惡富貴，是反人之情也。所以異於人者，以守義安命焉耳。

張子曰：賢人當爲天下知，聖人當受命。雖不受知，不受命，然爲聖爲賢，乃吾性分當勉爾。○洪鐘未嘗有聲，由扣乃有聲。聖人未嘗有知，由問乃有知。或謂：聖人無知，則當不問之時，其猶木石乎？曰：有不知則有知，無不知則無知。故曰：「聖人未嘗有知，由問乃有知也。」聖人無私無我，故功高天下，而無一介累於其心。蓋有一介存焉，未免乎私己也。

五峰胡氏曰：聖人之應事也，如水由於地中，未有可止而不止、可行而不行者也。○窮則獨善其身，達則兼善天下者，大賢之分也。達則兼善天下，窮則兼善萬世者，聖人之分也。

朱子曰：聖人萬善皆備。有一毫之失，此不足爲聖人。○聖人不知己是聖人。○問：聖人憂世覺民之心，終其身至死而不忘耶？抑當憂世覺民非其時，此意亦常在懷，但不戚戚發露也。若終其身常不忘，則不見聖人胸中休休焉和樂處。若時或恬然，不戚戚發露，則又不見聖人於斯人其心相關甚切處。若憂世之心與和樂之心並行而不悖，則二者氣象又爲如何？曰：聖人之心樂天知命者，其常也。憂世之心，則有感而後見爾。○聖賢之心正大光明，洞然四達，故能春生秋殺，過化存神，而莫知爲之者。學者須識得此氣象而求之，庶無差失。若如世俗常情，支離巧曲，瞻前顧後之不暇，則又安能有此等氣象。

魯齋許氏曰：聖人以中道、公道應物而已，無我無人，無作爲，以天下才治天下事，應之而已。但精微之理，聖人之能事也。○天運時刻不暫停，聖人明睿所照，見於無形，非常人智慮所及者。○先賢言語皆格言，然亦有一時一事有爲而言者，故或不可爲後世法，或行之便生弊。唯聖人言語，萬世無弊。雖有爲而言，皆可通行無弊。

孔　子

周子曰：道德高厚，教化無窮，實與天地參而四時同，其惟孔子乎！

程子曰：孔子之道著見於行，如《鄉黨》之所載者，自誠而明也。

朱子曰：孔子天地間甚事不理會過？若非許大精神，亦呑許多不得。〇問：孔子不是不欲仕，只是時未可仕。曰：聖人無求仕之義，君不見用，只得且恁地做。〇問：孔子當衰周時，可以有爲否？曰：聖人無有不可爲之事，只恐權柄不入手。若得權柄在手，則兵隨印轉，將逐符行。近温《左氏傳》，見定、哀時煞有可做底事。問：固是聖人無不可爲之事，聖人有不可爲之時否？曰：便是聖人無不可爲之時。若時節變了，聖人又自處之不同。又問：孔子當衰周，豈不知時君必不能用己？曰：聖人却無此心。豈有逆料人君能用我與否。到得後來説「吾不復夢見周公」，與「鳳鳥不至，河不出圖，吾已矣夫」時，聖人亦自知其不可爲矣。但不知此等話是幾時説，是據陳恒弑其君，孔子沐浴而朝請討之時，是獲麟之年，那時聖人猶欲有爲也。〇問：看聖人汲汲皇皇，不肯没身逃世，只是急於救世，不能廢君臣之義。至於可與不可，臨時依舊裁之以義。曰：固是。但未須説急於救世。自不可不仕。又問：若據危邦不入，亂邦不居，有道則見，無道則隱等語，却似長沮、桀溺之徒做得是。曰：此爲學者言之。聖人做作，又自不同。又問：聖人亦明知世之不可爲否？曰：也不是明知不可，但天下無不可爲之時。苟可以仕則仕，至不可處便止。

東萊呂氏曰：禹、稷思天下飢溺由己飢溺，孔子歷聘諸國以至誨人不倦，皆是合當做事。自古聖人之於天下皆如此。

顏　子

程子曰：聖人之德行固不可得而名狀，若顏子底一箇氣象，吾曹亦心知之。欲學聖人，且須學顏子。○學者要學得不錯，須是學顏子，有準的。○問：顏子如何學孔子到此深邃？曰：顏子所以大過人者，只是得一善則拳拳服膺與能屢空耳。○問：顏子勇乎？曰：孰勇於顏子。觀其言曰：「舜何人也，予何人也，有爲者亦若是。」孰勇於顏子？如「有若無，實若虛，犯而不校」之類，抑可謂大勇矣。○孔子弟子少有會問者，只顏子能問，又却終日如愚。○顏子作得禹、稷、湯、武事功，若德則别論。○問：陋巷貧賤之人亦有以自樂，何獨顏子。曰：貧賤而在陋巷，俄然處富貴，則失其本心者衆矣。顏子簞瓢由是，萬鐘由是。○問：顏子得淳和之氣，何故夭？曰：衰周天地和氣有限，養得仲尼，已是多也。

張子曰：顏子知當至而至焉，[1]故見其進也。不極善則不處焉，故未見其止也。知必至者，如志於道，致廣大，極高明，此則儘遠大，所處則直是精約。極善者，須以中道方謂極善。蓋過則便非善，不及亦非善。此極善是顏子所求也，所以瞻之在前，忽焉在後。夫子高遠處又要求，精約處又要至。

[1] 上「至」，原作「生」，今據重修本改。

顏子之分，必是入神處又未能，精義處又未至。然顏子雅意，則直要做聖人。○學不能推究事理，只是心麤。至如顏子未至於聖人處，猶是心麤。

問：顏子初時只是天資明睿而學力精敏，於聖人之言皆深曉默識，未是於天下之理廓然無所不通。至於所謂卓爾之地，乃是廓然貫通。而知之至極，與聖人生知意味相似矣。不審是否？朱子曰：是如此。○問：顏子之學，莫是先於性情上著工夫否？曰：然。○問：顏子比湯如何？曰：顏子只據見在事業，未必及湯。使其成就，則湯又不得比顏子。前輩說禹與顏子雖是同道，禹比顏子又麤些。顏子比孟子，則孟子當麤看。磨稜合縫，猶未有盡處。○問：先生舊云顏子優於湯、武，如何見得？曰：這般處說不得。據自看，覺得顏子渾渾無痕迹。

南軒張氏曰：顏子之所至亞於聖人，孔門高弟莫得而班焉。及考《魯論》師友之所稱，有曰「不遷怒，不貳過」而已，有曰「以能問於不能，以多問於寡，有若無，實若虛，犯而不校」而已。自學者觀之，疑若近而易識。然而顏子之所以爲善學聖人者，實在乎此。則聖門之學，其大略亦可見矣。

問：張子云：「顏子未到聖人處，猶是心麤。」如何？潛室陳氏曰：聖人心如百分秤，體統光明，查滓渾化，故分毫處皆照。顏子未到查滓渾化地位，猶未免有暗處，故謂之心麤。

曾子

程子曰：曾子傳聖人學，其德後來不

可測，安知其不至聖人。如言「吾得正而斃」，且休理會文字，只看他氣象極好，被他所見處大。後人雖有好言語，只被氣象卑，終不類道。○曾子傳聖人道，只是一箇誠篤。《語》曰：「參也魯。」如聖人之門，子游、子夏之言語，子貢、子張之才辯，聰明者甚多。卒傳聖人之道者，乃質魯之人。人只要一箇誠實，聖人說忠信處甚多。曾子，孔子在時甚少，後來所學不可測。且易簀之事，非大賢已上作不得。❶曾子之後有子思便可見。○曾子易簀之際，志於正而已矣，無所慮也。與行一不義，殺一不辜而得天下不爲者同心。

朱子曰：曾子之爲人，敦厚質實，而其學專以躬行爲主。故其真積力久，而得以聞乎一以貫之之妙。然其所以自守而終身者，則固未嘗離乎孝敬信讓之規。而其制行立身，又專以輕富貴，守貧賤，不求人知爲大。是以從之游者，所聞雖或甚淺，亦不失爲謹厚脩潔之人。所記雖或甚踈，亦必有以切於日用躬行之實。○曾子說話，盛水不漏。○曾子父子相反。參合下不曾見得，只從日用間應事接物上積累做去，及至透徹，那小處都是自家底了。點當下見得甚高，做處却又欠闕。○曾子之學，大抵力行之意多。

子思

龜山楊氏曰：孔子歿，群弟子離散，分處諸侯之國，雖各以所聞授弟子，然得其傳者蓋寡。故子夏之後有田子方，子方之後

❶「已」，四庫本作「以」。

爲莊周，其去本寖遠矣。獨曾子之後，子思、孟子之傳得其宗。子思之學，《中庸》是也。

朱子曰：曾子大抵偏於剛毅，這終是有立脚處。所以其他諸子皆無傳，惟曾子獨得其傳。到子思也恁地剛毅，孟子也恁地剛毅。惟是有這般人，方始湊合得著。惟是這剛毅等人，方始立得定。子思别無可考，只孟子所稱如「摽使者出諸大門之外，北面再拜稽首而不受」，如云「事之云乎，豈曰友之云乎」之類，這是甚麽樣剛毅！

孟　子

程子曰：孟子言己志，有德之言也。論聖人之事，造道之言也。

張子曰：孟子於聖人，猶是麤者。

龜山楊氏曰：道之不行久矣。自周衰以來，處士横議，儒墨異同之辨起，而是非相勝，非一日也。孟子以睿智剛明之材，出於道學陵夷之後。非堯、舜之道不陳於王前，非孔子之行不行於身，思以道援天下，紹復先王之令緒，其自任可謂至矣。當是之時，人不知存亡之理，恃强威弱，挾衆暴寡，以謂久安之勢，在此而已。夫由其道，則七十里而興；不由其道，雖天下而亡，古今之常理也。彼方恃强挾衆，而驟以仁義之言誘之，動逆其所順，則不悟其理者，宜其迂闊而不足用也。故轍環於齊、魯、晉、宋之郊而道終不行，亦其勢然矣。雖膏澤不下於民，其志不施於事業，而世之賴其力，亦豈鮮哉。方世衰道微，使儒墨之辯息，而姦言詖行不得逞其志，無君無父之教不行於天下，而民免於禽獸，則其爲功非小矣。古人謂孟子之功不在禹下，亦足爲知言也。

和靖尹氏曰：趙岐謂孟子通五經，尤長於《詩》、《書》，岐未爲知孟子者。某謂孟子精通於《易》，孟子踐履處皆是《易》也。試讀《易》一遍，然後看孟子便見。揚子謂孟子知言之要，知德之奧，非苟知之，亦允蹈之。此最善論孟子者。

五峰胡氏曰：孟子生世之大弊，承道之至衰，蘊經綸之大業，進退辭受執極而不變，用極而不亂，屹然獨立於橫流，使天下後世曉然知强大威力之不可用。士所以立身，大夫所以立家，諸侯所以立國，天王所以保天下，必本諸仁義也。偉哉！○孟子云：「萬物皆備於我矣，反身而誠，樂莫大焉。」自孟子而後，天下之人能立身建功就事者，其言其行，豈不皆有合於道？然求如孟子知性者，不可得也。

朱子曰：孟子比之孔門原憲，謹守必不似他，然他不足以及人，不足以任道，孟子便擔當得事。○孟子不甚細膩，如大匠把得繩墨定，千門萬户自在。○答林擇之曰：近略整頓孟子說，見得此老直是把得定。但常放教到極險處，方與一斡轉。斡轉後，便見天理人欲直是判然。非有命世之才，見道極分明，不能如此。然亦只此便是英氣害事處，便是才高無可依據處，學者亦不可不知也。○問：孟子露其才，蓋亦時然而已。豈孟子亦有戰國之習否？曰：亦是戰國之習。如三代人物自是一般氣象，《左傳》所載春秋人物又是一般氣象，戰國人物又是一般氣象。○答吕伯恭曰：如孟子論愛牛制産，本末雖殊，然亦聲其說於立談之間。大抵聖賢之言隨機應物，初無理事精麤之别。其所以格君心者，自其精神力量有感動人處，非爲恐彼逆疑吾説之迂，而姑論無事之理以嘗試之也。若必如此，則便是世俗較計利害之私，何處更有聖賢氣象耶？

南軒張氏曰：孟子在戰國，多眷眷於齊宣王，其去也又遲遲而不去。只爲齊宣王有好善之資，難爲棄之耳。

程子曰：仲尼，元氣也。顔子，春生也。孟子并秋殺盡見。仲尼無所不包。顔子示不違如愚之學於後世，有自然之和氣，不言而化者也。孟子則露其才，時然而已。仲尼，天地也。顔子，和風慶雲也。孟子，泰山巖巖之氣象也。觀其言皆可以見之矣。仲尼無迹，顔子微有迹，孟子其迹著。以下論孔、顔、曾、思、孟。○孔子儘是明快人，顔子豈弟，孟子儘雄辯。○或謂：孔子尊周，孟子欲齊王行王政，何也？曰：譬如一樹，有可栽培之理則栽培之，不然須别種。聖賢何心，視天命之改與未改爾。○魯、衛、齊、梁之君不足與有爲，孔、孟非不知也。然自任以道，則無不可爲者也。○孔子爲宰則爲宰，爲陪臣則爲陪臣，皆能發明大道。孟子必得賓師之位，然後能明其道，猶之有許大形象然後爲泰山，許多水然後爲海，以此未及孔子。○孔子没，曾子之道日益光大。傳孔子之道者，曾子而已。曾子傳之子思，子思傳之孟子，孟子死不得其傳。至孟子而聖人之道益尊。○孔、孟之分，只是要别箇聖人賢人。如孟子若爲孔子事業則儘做得，只是難似聖人。譬如翦綵以爲花，花則無不似處，只是無他造化功。綏斯來，動斯和，此是不可及處。○仲尼聖人，其道大。當定、哀之時，人莫不尊之。後弟子各以其所學行，異端遂起，至孟子時不得不辨也。〇問：使孔、孟同時，將與孔子並駕其説於天下耶？將學孔子耶？曰：安能並駕。雖顔子亦未達一間耳。顔、孟雖無大優劣，觀其立言，孟子終未及顔子。〇顔子默識，曾子篤信。得聖人之道者，二人也。〇顔回在陋巷，淡然進德，其聲氣若不可聞者，有孔子在焉。若孟子，安得不以行道爲己任哉。〇孟子有功於道，爲萬世之師。其才雄，只見雄才，便是不及孔子處。人須當學顔子，便入聖人氣象。〇孟子之於道，若温淳淵懿，未有如顔子者，於聖人幾矣。後世謂之亞聖，容有取焉。〇顔子具體，顧微耳，在充之而已。孟子生而大全，顧未粹耳，在養之而已。〇人有顔子之德，則有孟子之事功。孟子之事功與禹、稷並。〇傳經爲難。如聖人之後纔百年，傳之已差。聖人之學，若非子思、孟子，則幾乎息矣。道何嘗息，只是人不由之。道非亡也，幽、厲不由也。

上蔡謝氏曰：孔子曰：「天之將喪斯文也，後死者不得與於斯文也。天之未喪斯文也，匡人其如予何。」於「天之將喪斯文」下，便言「後死者不得與於斯文」，則是文之興喪在孔子，與天爲一矣。蓋聖人德盛，與天爲一，出此等語自不覺耳。孟子地位未能到此，故曰：「天未欲平治天下也。如欲平治天下，當今之世，舍我其誰。」聽天所命，未能合一。〇孔子曰：「事君盡禮，人以爲諂。」當時諸國君相，怎生當得他聖人恁地禮數。是他只管行禮，又不與你計較長短。與上大夫言，便誾誾如也。與下大夫言，便侃侃如也。冕者瞽者，見之便作，過之便趨。蓋其德全盛，自然到此，不是勉强做出來。氣象與孟子渾別。孟子説大人則藐之，勿視其巍巍然，猶自參較彼我，未有合一底氣象。○人之氣稟不同。顔子似弱，孟子似强。顔子具體而微，所謂具體者，合下來有恁地氣象，但未彰著耳。微，如《易》「知微知彰」，「微顯闡幽」之微。孟子强勇，以身任道。後車數十乘，從者數百人，所至王侯分庭抗禮，壁立萬仞，誰敢正覷著。非孟子恁地手脚，也撑拄此事不去。雖然，猶有大底氣象未能消磨得盡。不然，「藐大人」等語言不説出來。所以見他未至聖人地位。○顔子充擴其學，孟子能爲其大。孟子之才甚高，顔子之學粹美。

或問：古來誰好學。和靖尹氏曰：惟孔子好學。曰：孔子猶好學乎？曰：孔子言：「我非生而知之，好古敏以求之」，又言：「十室之邑，必有忠信如丘者焉，不如丘之好學也。」豈不是惟孔子好學？孔子又非妄言以欺天下後世者。其次莫如顔子。○問：晁以道謂：「以孔子賢於堯、舜，私孔子者也。以孟子配孔子，卑孔子也。」此語如何？曰：不須如此較優劣。惟韓退之説得最好，自堯、舜相傳至孔子、孟子，軻死不得其傳，便是。

五峰胡氏曰：皇皇天命，其無息也。體之而不息者，聖人也。是故孔子學不厭，教不倦。顔子晞夫子，欲罷而不能。孟子承先聖，周旋而不舍。我知其久於仁矣。○學之道，莫過乎繹孔子、孟軻之遺文。孔子定《書》、删《詩》、繫《易》、作《春秋》，何區區於空言？所以上承天意，下憫斯人，故丁寧反覆，三四不倦，使人知所以正心、誠意、修身、齊家、治國、平天下之本也。孟軻氏閑先聖之道，慨然憂世。見齊、梁之君，開陳理義。提世大綱，一掃東周五霸之弊，發興衰撥亂之心。其傳聖人之道，純乎純者也。

朱子曰：看聖賢代作，未有孔子，便無《論語》之書。未有孟子，便無《孟子》之書。○問：顏子合下完具，只是小，要漸漸恢廓。孟子合下大，只是未粹，要索學以充之。此莫是才具有異？曰：然。孟子覺有動蕩底意思。○問：伊川云：「聖人與理爲一，無過不及，中而已。」敢問顏子擇乎中庸，未見其止，嘆夫子瞻前忽後，則過不及雖不見於言行，而亦嘗動於心矣，此亦是失否？曰：此一段説得好。聖人只是一箇中底道理。問：若使曾子爲邦，比顏子如何？曰：想得不似顏子熟。然曾子亦大，故有力。曾子、子思、孟子大略皆相似。○孔門弟子如子貢後來見識煞高，然終不及曾子。今人只見曾子唯一貫之旨，遂得道統之傳。此雖固然，但曾子平日是箇剛毅有力量，壁立千仞底人，觀其所謂「士不可以不弘毅」，「可以託六尺之孤，可以寄百里之命，臨大節而不可奪」，「晉楚之富不可及也，彼以其富，我以吾仁，彼以其爵，我以吾義，吾何慊乎哉」底言語可見。雖是做工夫處比顏子覺麤，然緣他資質剛毅，先自把捉得定，故得卒傳夫子之道。後來有子思、孟子，其傳永遠。孟子氣象尤可見。○曾子本是魯拙，後既有所得，故守得夫子規矩定。其教人有法，所以有傳。若子貢則甚敏，見得易，然又雜，往往教人亦不似曾子守定規矩，故其後無傳。○問顏淵、仲弓不同。曰：聖人之德，自是無不備。其次，則自是易得不備。如顏子已是煞周全了，只比之聖人更有些未完。如仲弓則偏於淳篤，而少顔子剛明之意。○孔門只一箇顔子合下天資純粹。到曾子便過於剛，與孟子相似。世衰道微，人欲横流，不是剛勁有脚跟底人，定立不住。○孟子才高，學之無可依據，爲他元來見識自高。顔子才雖未嘗不高，然其學却細膩切實，所以學者有用力處。孟子終是麤。○伊川曰：學者須是學顔子。孟子説得麤，不甚子細，只是他才高自至那地位。若學者學他，或會錯認了他意思。若顔子説話，便可下手做。孟子底，更須解説方得。○問：孟子無可依據，學者當學顔子。如養氣處，豈得謂無可依據？曰：孟子皆是要用。顔子曾就己做工夫，所以學顔子則不錯。○問：顔子春生，孟子并秋殺盡見。曰：仲尼無不包，顔子方露出春生之意，如「無伐善，無施勞」是也。使此更不露，便是孔子。孟子便如秋殺都發出來，露其才，如所謂英氣，是發用處都見。○孟子明則動矣，未變也。顔子動則變矣，未化也。

潛室陳氏曰：顔子一身渾是義理，不知有人。孟子見義理之無窮，惟知反己。顔子之量無涯，孟子之言有迹。○問：謝顯道謂顔子學得親切如孟子。不知顔子所學甚處與孟子相似？曰：學顔子有依據，孟子才高難學。蓋顔子之學親切勝如孟子也。

雙峰饒氏曰：顔、孟均之爲大賢也，而一可學，一難學者，顔子如和風慶雲，人皆可以即之；孟子如泰山巖巖，可望而不可攀。其規模氣象之不同，亦以氣稟之有異故也。

魯齋許氏曰：陽貨以不仁不智劫聖人，聖人應得甚閒暇。他人則或以卑遜取辱，或以剛直取禍，或不能禦其勃然之勢，必不得停當。聖人則辭遜而不卑，道存而不亢。或曰：孟子遭此如何？曰：必露精神。

孔孟門人

程子曰：子貢之知亞於顏子，知至而未能至之者也。○强者易抑，子路是也。弱者難强，宰我是也。

或問：孔子許子路升堂，其品第甚高，何以見？龜山楊氏曰：觀其死猶不忘結纓，非其所養素定，何能爾耶？苟非其人，則遑遽急迫之際，方寸亂矣。

朱子曰：曾點之志如鳳凰翔于千仞之上。○曾點見得事事物物上皆是天理流行，良辰美景，與幾箇好朋友行樂。他看見日用之間莫非天理，在在處處莫非可樂。他自見得那「春服既成，冠者五六人，童子六七人，浴乎沂，風乎舞雩，詠而歸」處，此是可樂天理。○曾點見道無疑，心不累事。其胸次灑落，有非言語所能形容者。○曾點有康節底意思，將那一箇物玩弄。○曾點開闊，漆雕開深穩。○問曾點氣象。曰：曾點氣象固是從容灑落，然須見得他因甚得如此始得。若見得此意，自然見得他做得堯、舜事業處。○子路全義理。○孟子極尊敬子路。○夫子乘桴之嘆，獨許子路之能從，而子路聞之，果以爲喜。且看此等處，聖賢氣象是如何。世間許多紛紛擾擾，如百千蚊蚋鼓發狂鬧，何嘗入得他胸次耶。若此等處放不下，更説甚克己復禮？直是無交涉也。○子路仕衛之失，前輩論之多矣。然却是見不到，非知其非義而苟爲也。○問：孔門學者如子張全然務外，不知如何地學却如此？曰：也干他學甚事。他在聖門，亦豈不曉得爲學之要。只是他資質是箇務外底人，所以終身只是這意思。子路是箇好勇底人，終身只是説出那勇底話。而今學者閑時都會説道理當如何，只是臨事時，依前只是他那本來底面目出來，都不如那閑時所説者。○子張過高，子夏窄狹。○子張是箇務外底人，子游是箇高簡虚曠不屑細務底人，子夏是箇謹守規矩嚴毅底人。○子貢俊敏，子夏謹嚴。但將《論語》子夏之言看，甚嚴毅。孔子門人自曾、顔而下，惟二子後來想大，故長進。○吴公言偃悦周公、仲尼之道，而北學於中國，身通受業，遂因文學以得聖人之一體，豈不可謂豪傑之士哉？今以《論語》考其話言，類皆簡易踈通，高暢宏達。其曰「本之則無」者，雖若見詘於子夏，然要爲知有本也。則其所謂文學，固宜有以異乎今世之文學矣。既又考其行事，則武城之政，不小其邑而必以《詩》、《書》禮樂爲先務，其視有勇足民之效，蓋有不足爲者，至使聖師爲之莞爾而笑，則其與之之意，豈淺淺哉。及其取人，則又以二事之細而得滅明之賢，亦其意氣之感默有以相契者。以故近世論者意其爲人必當敏於聞道而不滯於形器。豈所謂南方之學得其精華者，乃自古而已然也耶？○問：孟子恁地，而公孫、萬章之徒皆無所得？曰：他只是逐孟子上上下下，不曾自去理會。又曰：孔子於門人恁地提撕警覺，尚有多少病痛。

西山真氏曰：閔子言行見於《論語》者唯四章，合而言之，見其躬至孝之行，辭不義之禄，氣和而正，言謹而確。此其所以亞於顔淵，而與曾子並稱也歟？

性理大全書卷之三十八

性理大全書卷之三十九

諸儒一

周子名惇頤，字茂叔，號濂溪。

山谷黄氏曰：茂叔人品甚高，胸中洒落如光風霽月。好讀書，雅意林壑，初不爲人窘束。短於取名而惠於求志，薄於徼福而厚於得民。菲於奉身而燕及煢嫠，陋於希世而尚友千古。

程子曰：自再見茂叔後，吟風弄月以歸，有「吾與點也」之意。又曰：茂叔窗前草不除，問之，云：「與自家意思一般。」

延平李氏曰：黄山谷謂周子洒落如光風霽月，此善形容有道者氣象。

朱子曰：山谷謂周子洒落者，只是形容一箇不疑所行，清明高遠之意。若有一毫私吝心，何處更有此等氣象耶？只如此，有道者胸懷表裏亦自可見。○先生在當時，人見其政事精絶，則以爲宦業過人。見其有山林之志，則以爲襟懷洒落，有仙風道氣。無有知其學者。惟程太中知之，宜其生兩程夫子也。○先生博學力行，聞道甚早。遇事剛果，有古人風。爲政精密嚴恕，務盡道理。○先生信古好義，以名節自砥礪。奉己甚約，俸禄盡以周宗族，奉賓友，家無百錢之儲。襟懷飄洒，雅有高趣。尤樂佳山水，遇適意處，或徜徉終日。廬山之麓有溪焉，發源於蓮華峰下，潔清紺寒，下合於湓江。先生濯纓而樂之，因寓以濂溪之號。○濂溪清和。季通云其學精慤深密。孔經甫嘗祭以文曰：「公年壯盛，玉色金聲。從容和毅，一府皆傾。」墓碑亦謂其精密嚴恕。氣象可想矣。○周子看得這理熟，縱横妙用，只是這數箇字都括盡了。周子從理處看，邵子從數處看，都只是這理。劉砥曰：畢竟理較精粹。曰：從理上看則用處大，數自是細碎。○問：周子是從上面先得？曰：也未見得是恁地否。但是周先生天資高，想見下面工夫也不大故費力。○今人多疑濂溪出於希夷。鄭可學曰：濂溪書具存，如《太極圖》，希夷如何有此説？曰：張忠定公嘗云：「公事有陰陽。」此説全與濂溪同。忠定見希夷。蓋亦有些來歷，但當時諸公知濂溪者未嘗言其有道。曰：此無足怪，程太中獨知之。曰：然。又問：明道之學後來故別，但其本自濂溪發之，只是此理推廣之耳，但不如後來程門授業之多。曰：當時既未有人知，無人往復，只得如此。○秦、漢以來，天下之士莫知所以爲學，是以天理不明而人欲熾，道學不傳而異端起，人挾其私智以馳騖一世。宋興，有濂溪者作，然後天理明，而道學之傳復續。蓋有以闡夫太極、陰陽、五行之奥，而天下之爲中正仁義者得以知其所自來。言聖學之有要，而下學者知勝私復禮之可以馴致於上達。明天下之有本，而言治者知誠心端緒之可以舉而措之於天下。其所以上接洙泗千載之統，下啓河洛百世之傳者，脉絡分明，而規模亦宏遠矣。○先生之學，性諸天，誠諸己，而合乎前聖授受之統。又得二程以傳之，而其流遂及於天下。非有爵賞之勸，刑辟之威，而天下學士靡然鄉之。○贊先生像曰：道喪千載，聖遠言堙。不有先覺，孰開我人？《書》不盡言，《圖》不盡意。風月無邊，庭草交翠。

南軒張氏曰：濂溪始學陳希夷，後來自有所見。其學問如此，而舉世不知。爲南安獄掾日，惟程太中始知之。可見無分毫矜誇。此方是朴實頭下工夫底人。○自孟子没，聖學失傳。歷世久遠，其間儒者非不知尊敬孔、孟而講習六經。至攷其所得，則不越於詁訓文義之間而止矣。於所謂聖人之心，所以本諸天地而措諸天下與來世者，蓋鮮克涉其藩，而况睹其大全者哉？惟周先生出乎千載之後，而有得於太極之妙。今其《圖》與《書》具存，道學有傳，實在乎此。○自秦、漢以來，言治者汩於五伯功利之習，求道者淪於異端空虚之説。故言治者若無預於學，而求道者反不涉於事。孔、孟之書僅傳，而學者莫得其門而入。生民不克睹乎三代之盛，可勝歎哉。惟濂溪先生崛起於千載之後，獨得微旨於殘編斷簡之中，推本太極，以及乎陰陽五行之流布，人物之所以生化，於是知人之爲至靈而性之爲至善。萬理有其宗，萬事循其則。舉而措之，則可見先王之所以爲治者，皆非私智之所出。孔孟之意，于以復明。○先生之學，淵源精粹，寔自得於其心，而其妙乃在《太極》一圖。窮二氣之所根，極萬物之所行，而明主静之爲本，以見聖人之所以立人極而君子之所當脩爲者。故其所養内充，闇然而日章。雖不得大施於時，而蒞官所至，如春風和氣，隨時發見，被飾萬物。百世之下，聞其風者，猶將咨嗟興起之不暇。○去古益遠，儒學陵夷。先生起於遠方，乃超然有所自得於其心。本乎《易》之太極，《中庸》之誠，以極乎天地萬物之變化。其教人，使之志伊尹之志，學顏子之學。推之於治，先王之禮樂刑政可舉而行，如指諸掌。於是河南二程先生兄弟從而得其説，推明究極之。廣大精微，殆無餘藴。學可以至於聖，治不可以不本於學。而道德性命，初不外乎日用之實，而詖淫邪遁之説皆無以自隱其形，可謂盛矣。然則先生發端之功，顧不大哉！

北山陳氏曰：昔夫子之道，其精微在《易》，而所以語門人者，皆日用常道，未嘗及《易》也。夫子殁，門人各以所聞傳道于四方者，其流或少差。獨曾子、子思之傳得其正。子思復以其學授孟軻氏。斯時也，百氏之説昌矣。孟軻氏殁，又曠千載而泯不傳。濂溪周子出，始發明孔子《易》道之藴，提其要以授哲人。既又手爲《圖》，筆爲《書》，然後孔氏之傳復續。凡今之學知有孔氏大《易》之藴，《大學》、《中庸》、《七篇》之旨歸者，皆自先生發之。先生之功在後學，深長且遠者，以此也。

鶴山魏氏曰：周子奮自南服，超然獨得，以上承孔、孟氏垂絶之緒。河南二程子神交心契，相與疏瀹闡明，而聖道復著。曰誠，曰仁，曰太極，曰性命，曰陰陽，曰鬼神，曰義利。綱條彪列，分限曉然。學者始有所準的，於是知身之貴，果可以位天地，育萬物，果可以爲堯、舜，爲周公、仲尼。而其求端用力，又不出乎暗室屋漏之隱，躬行日用之近，亦非若異端之虚寂，百氏之支離也。○濂溪奪乎百世之下，始探造化之至賾。建《圖》著《書》，闡發幽祕。即斯人日用常行之際，示學者窮理盡性之歸。使誦其遺言者，始得以曉然於洙泗之正傳。而知世之所謂學者，非滯於俗師則淪於異端，蓋有不足學者。於是二程親得其傳，而聖學益以大振。雖三人於時皆不及大用，而嗣往聖，開來哲，發天理，正人心，使孔孟絶學獨盛於宋朝而超出乎百代，功用所關，誠爲不小。

臧氏格曰：先生所得之奥，不俟師傳，匪由知索，神交心契，固已得其本流。不然，嗜溪流之紺寒，愛庭草之交翠，體夫子之無言，窮顔淵之所以樂，是果何味而獨嚅嚌之耶？故能發前聖之所未發，覺斯人之所未覺，使高遠者不墮於荒忽，循守者不淪於滯固，私意小智何所容其巧，詭經僻説何所肆其誣，功用豈不偉哉！

程　子名顥，字伯淳，號明道。

伊川序先生行實曰：先生資稟既異而充養有道，純粹如精金，温潤如良玉。寛而有制，和而不流。忠誠貫於金石，孝弟通於神明。視其色，其接物也如春陽之温。聽其言，其入人也如時雨之潤。胸懷洞然，徹視無間。測其蕴，則浩乎若滄溟之無際。極其德，美言蓋不足以形容。其行己，内主於敬而行之以恕，見善若出諸己，不欲弗施於人。居廣居而行大道，言有物而動有常。自十五六時，聞汝南周茂叔論道，遂厭科舉之業，慨然有求道之志。未知其要，泛濫於諸家，出入於老釋者，幾十年，反求諸六經而後得之。明於庶物，察於人倫。知盡性至命必本於孝悌，窮神知化由通於禮樂。

辨異端似是之非，開百代未明之惑。秦、漢而下，未有臻斯理也。謂孟子没而聖學不傳，以興起斯文爲己任。其言曰：「道之不明，異端害之也。昔之害近而易知，今之害深而難辨。昔之惑人也乘其迷暗，今之入人也因其高明。自謂之窮神知化，而不足以開物成務。言爲無不周徧，實則外於倫理。窮深極微，而不可入堯、舜之道。天下之學，非淺陋固滯，則必入於此。自道之不明也，邪誕妖異之説競起，塗生民之耳目，溺天下於污濁。雖高才明智，膠於見聞，醉生夢死，不自覺也。是皆正路之蓁蕪，聖門之蔽塞，闢之而後可以入道。」先生進將覺斯人，退將明之書，不幸早世，皆未及也。其言平易易知，賢愚皆獲其益。如群飲於河，各充其量。其教人，自致知至於知止，誠意至於平天下，洒掃應對至於窮理盡性，循循有序。其接物，辨而不間，感而能通，教人而人易從，怒人而人不怨。賢愚善惡，咸得其心。狡僞者獻其誠，暴慢者致其恭。聞風者誠服，覿德者心醉。

藍田吕氏曰：先生負特立之才，知大學之要。博聞强記，躬行力究。察倫明物，極其所止。涣然心釋，洞見道體。其造於約也，雖事變之感不一，應之以是心而無窮；雖天下之理至衆，知反之吾身而自足。其致於一也，異端並立而不能移，聖人復起而不與易。其養之成也，和氣充浹，見于聲容，然望之崇深，不敢慢也；遇事優爲，從容不迫，然誠心懇惻，弗之措也。其自任之重也，寧學聖人而未至，不欲以一善成名；寧以一物不被澤爲己病，不欲以一時之利爲己功。其自信之篤也，吾志可行，不苟潔其去就；吾義所安，小官有所不屑。

廣平游氏曰：時有同明道先生在臺列者，志未必同，然心慕其爲人。嘗語人曰：「他人之賢者猶可得而議也，乃若伯淳則如美玉然，反覆視之，表裏洞徹，莫見疵瑕。」

或曰：中心安仁者，天下一人而已。如伯淳莫將做天下一人看。龜山楊氏曰：固是。

上蔡謝氏曰：先生坐如泥塑人，接人則渾是一團和氣。○學者須是胸懷擺脱得開始得。有見先生在鄠縣作簿時詩云：「雲淡風輕近午天，傍花隨柳過前川。旁人不識予心樂，將謂偷閑學少年。」看他胸懷直是好，與曾點底事一般。又詩云：「閑來無事不從容，睡覺東窗日已紅。萬物静觀皆自得，四時佳興與人同。道通天地有形外，思入風雲變態中。富貴不淫貧賤樂，男兒到此是豪雄。」明道門擺脱得開，爲他所過者化。

華陽范氏曰：先生以獨智自得，去聖人千有餘歲，發其關鍵，直覩堂奥。一天地之理，盡事物之變。故其貌肅而氣和，志定而言厲。望之可畏，即之可親。叩之者無窮，從容以應之，其出愈新。真學者之師也。

河間劉氏曰：先生德性充完，粹和之氣盎於面背。樂易多恕，終日怡悦，未嘗見其忿厲之容。

河南朱氏曰：先生之學，以誠爲本。仰觀乎天，清明穹窿，日月之運行，陰陽之變化，所以然者，誠而已。俯察乎地，廣博持載，山川之融結，草木之蕃殖，所以然者，誠而已。人居天地之中，參合無間，純亦不已者，其在兹乎？先生得聖人之誠者也。才周萬物而不自以爲高，學濟三才而不自以爲足，行貫神明而不自以爲異，識照古今而不自以爲得。至於六經之奥義，百家之異説，研窮搜抉，判然胸中。天下之事，雖萬變交於前，而燭之不失毫釐，權之不失輕重。凡貧賤富貴死生，皆不足以動其心。非所得之深，所養之厚，能至是歟？蓋其所知，上極堯舜三代帝王之治，其所以包涵博大，悠遠纖悉，上下與天地同流。下至行師用兵戰陣之法，皆造其極。外之夷狄情狀，山川道路之險易，邊鄙防戍，斥堠控帶之要，靡不究知。其吏事操決，文法簿書，又皆精密詳練，而所有不試其萬一。

河間邢氏曰：先生德性絶人，外和内剛，眉目清峻，語聲鏗然。恕早從先生之弟學。初見先生於磁州，其氣貌清明夷粹，其接人和以有容，其斷義剛而不犯，其思索妙造精義，其言近而測之益遠。恕蓋始恍然自失，而知天下有成德君子所謂完人者，若先生是已。

武夷胡氏曰：聖人志在天下國家，與常人志在功名全别。孟子傳聖人之道，故曰：「予豈若是小丈夫哉？諫於其君而不受，則悻悻然見於其面，去則窮日之力。」且看聖人氣象則别。明道却是如此。元豐中，有詔起吕申公、司馬温公。温公不起，明道作詩送申公，又詩寄温公，其意直是眷眷在天下國家。雖然如此，於去就又却分明，不放過一步。

范陽張氏曰：明道書窗前有草茂覆砌，或勸之芟，明道曰：「不可，欲常見造物生意。」又置盆池畜小魚數尾，時時觀之。或問其故。曰：「欲觀萬物自得意。」草之與魚，人所共見。惟明道見草則知生意，見魚則知自得意，此豈流俗之見可同日而語。

陳恬贊曰：賢哉先生，始於孝弟。孝篤於親，弟友其弟。推以治人，不爲而化。民靡有争，揖讓于野。移之事君，讜言忠謨。姦邪之言，感動欷歔。舉以教人，粹然王道。天下英材，躬服允蹈。本以正身，惟德温温。如冬之日，如夏之雲。終其默識，洞暢今古。鈎深窮微，該世之務。賢哉先生，超然絶倫，大用甚邇，胡奪之年！先生之道，不在其弟。方其初起，天下咸喜。今其西矣，天下懷矣。誰爲有力，進之君矣。俾行其道，覺斯民矣。

朱子曰：明道説話渾淪，煞高。學者難看。○明道説底話，恁地動彈流轉。○贊先生像曰：揚休山立，玉色金聲。元氣之會，渾然天成。瑞日祥雲，和風甘雨。龍德正中，厥施斯普。

程　子名頤，字正叔，號伊川。

司馬光、吕公著嘗言於朝曰：程頤之爲人，言必忠信，動遵禮義，實儒者之高蹈，聖世之逸民。又曰：頤道德純備，學問淵博，有經天緯地之才，有制禮作樂之具，實天民之先覺，聖代之真儒也。公著又言曰：程頤年三十四，有特立之操，出群之姿，洞明經術，通古今治亂之要，實有經世濟物之才，非同拘士曲儒徒有偏長。使在朝廷，必爲國器。

王巖叟嘗言於朝曰：程頤學極聖人之精微，行全君子之純粹，與其兄顥俱以德名顯於時。又曰：頤抱道養德之日久，而潛神積累之功深，静而閲天下之義理者多，必有嘉言以新聖聽。

明道嘗曰：異日能尊師道是吾弟，若接引後學，隨人才而成就之，則不敢讓。

或謂：自秦、漢以下，卓乎天下之習不能蔽也，程正叔而已。觀正叔所言，未嘗務脱流俗，只是一箇是底道理，自然不墮流俗中。龜山楊氏曰：然。觀其論婦人不再適人，以謂寧餓死。若不是見得道理分明，如何敢説這樣話。

邵氏伯温曰：先生嘗渡漢江，中流船幾覆，舟中人皆懼，先生獨正襟安坐如常。問之。曰：心存誠敬爾。

河南朱氏曰：伊川先生以言乎道，則貫徹三才而無一毫之爲間。以言乎德，則并包衆美而無一善之或遺。以言乎學，則博通古今而無一物之不知。以言乎才，則開物成務而無一理之不總。

胡安國言於朝曰：程頤脩身行法，規矩準繩，獨出諸儒之表。雖崇寧間曲加防禁，學者私相傳習。其後門人稍稍進用，傳者浸廣，士大夫争相淬勵。而其間志利禄者託其説以自售，分黨相排，衆論洶洶，深詆其徒，而乃上及於頤。竊以爲過矣。夫聖人之道所以垂訓萬世，無非中庸。然中庸之義，不明久矣。自頤兄弟始發明之，然後其義可思而得也。不然，則或謂高明所以處己，中庸所以應事接物。本末上下，析爲二途，而其義不明矣。士學宜師孔、孟，此其至論也。然孔、孟之道不傳久矣。自頤兄弟始發明之，而後其道可學而至也。不然，則或以六經、《語》、《孟》之書資口耳，取世資以干禄，愈不得其門而入矣。今欲使學者蹈中庸，師孔、孟，而禁使不得從頤之學，是入室而不由户也。不亦誤乎？

范陽張氏曰：伊川之學自踐履中入，

故能深識聖賢氣象。如曰孔子元氣也，顔子景星慶雲也，孟子有泰山巖巖氣象。自非以心體之，安能別白如此。

朱子曰：先生遊太學時，胡翼之方主教導，嘗以「顔子所好何學論」試諸生，得先生所試，大驚，即延見，處以學職。吕希哲與先生鄰齋，首以師禮事焉。既而四方之士從游者日益衆。○先生年十八，上書闕下，勸仁宗以王道爲心，生靈爲念，黜世俗之論，期非常之功。○問：前輩多言伊川似孟子。曰：不然。伊川謹嚴，雖大故以天下自任，其實不似孟子。○問：程先生當初進説，只以聖人之説爲可必信，先王之道爲可必行。不狃滯於近規，不遷惑於衆口，必期致天下如三代之世。何也？曰：也不得不恁地説。如今説與學者，也只得教他依聖人言語恁地做去。待他就裏面做工夫有見處，便自知得聖人底是確然恁地。○有咎伊川著書不以示門人者，再三誦之。先生不以爲然也。因坐復嘆曰：公恨伊川著書不以示人，某獨恨當時提撕也不緊，故當時門人弟子布在海内，炳如日星，自今觀之，皆不滿人意。只今《易傳》一書散滿天下，家置而人有之，且道誰曾看得他箇果有得其意者否？果曾有行得他箇否？○問：伊川臨終時，或曰：「平生學底正要今日用。」伊川開目曰：「説要用便不是。」此是如何？曰：説要用，便是兩心。○書伊川帖曰：近世學者閲理不精，正坐讀書太草草耳。況《春秋》大義數十，炳若日星，固已見於傳序。而所謂不容遺忘者，又非先生決不能道也。夫三綱五常大倫大法，有識以上即能言之，而臨小利害輒以失其所守，正以學不足以全其本心之正，是以無所根著而忘之耳。既有以自信其不容遺忘，又不覺因事而形於筆札之間，非先生之德盛仁熟，左右逢原，能及是耶？○贊先生像曰：規圓矩方，繩直準平。允矣君子，展也大成。布帛之文，菽粟之味，知德者希，孰識其貴。

張子曰：昔嘗謂伯淳優於正叔，今見之果然。其救世之志甚誠切，亦於今日天下之事儘記得熟。以下總論二程。○學者不可謂少年自緩，便是四十五十。二程從十四歲時便鋭然欲學聖人，今盡及四十，未能及顔、閔之徒。伊川可如顔子，然恐未如顔子之無我。

滎陽吕氏曰：二程之學，以聖人爲必可學而至，而己必欲學而至於聖人。

嵩山晁氏曰：伊川嘗謂明道云：「吾兄弟近日説話太多。」明道云：「使見吕晦叔，則不得不少。見司馬君實，則不得不多。」

武夷胡氏曰：程氏之文，於《易》則因理以明象而知體用之一源，於《春秋》則見諸行事而知聖人之大用，於諸經《語》、《孟》則發其微指而知求仁之方、入德之序。程氏之行，其行己接物，則忠誠動於州里。其事親從兄，則孝悌顯於家庭。其辭受取舍，非其道義，則一介不以取與諸人，雖禄之千鍾不顧也。○昔嘗見鄒志完論近世人物，因問程明道如何。志完曰：此人得志，使萬物各得其所。又問伊川如何。曰：却不得比明道。又問：何以不得比？曰：爲有不通處。曰：伊川不通處必有言行可證，願聞之。志完色動，徐曰：有一二事恐門人或失其傳。後來在長沙再論二先生學術，志完却曰：伊川見處極高。因問何以言之。曰：昔鮮于侁曾問顔子在陋巷不改其樂，不知所樂者何事。伊川却問曰：「尋常道顔子所樂者何？」侁曰：「不過是説顔子所樂者道。」伊川曰：「若説有道可樂，便不是顔子。」以此知伊川見處極高。

五峰胡氏曰：二程倡久絶之學於今日，其功比於孔子作《春秋》，孟子闢楊、墨。

馮氏忠恕曰：王霖言明道、伊川隨侍太中知漢州，宿一僧寺，明道入門而右，從者皆隨之。伊川入門而左，獨行至法堂上相會。伊川自謂：「此是頤不及家兄處。」蓋明道和易，人皆親近；伊川嚴重，人不敢近也。

朱子曰：明道、伊川先生之學，以《大學》、《論語》、《孟子》、《中庸》爲標指，而達於六經。使人讀書窮理以誠其意，正其心，脩其身，而自家而國，以及於天下，其道坦而明，其説簡而通，其行端而實，是蓋將有以振百代之沉迷，而内之聖賢之域。其視一時之事業、詞章、論議、氣節，所繫孰爲輕重，所施孰爲短長，當有能辨之者。○明道德性寬大，規模廣闊。伊川氣質剛方，文理密察。其道雖同而造德各異。故明道嘗爲條例司官，不以爲浼，而伊川所作《行狀》乃獨不載其事。明道猶謂青苗可且放過，而伊川乃於西監一狀較計如此。此可謂不同矣。然明道之放過，乃孔子之獵較爲兆；而伊川之一一理會，乃孟子之不見諸侯也。此亦何害其爲同耶？但明道所處是大賢以上事，學者未至而輕議之，恐失所守。伊川所處雖高，然實中人皆可跂及，學者只當以此爲法，則庶乎寡過矣。然又當觀用之淺深，事之大小，裁酌其宜，難執一意。此君子所以貴窮理也。○濂溪在當時無有知其學者，惟程太中獨知之。明道當初想明得煞容易，便無那查滓，只一再見濂溪。當時又不似而今有許多言語出來，不是他天資高見得易，如何便明得。或問：《遺書》中載明道語，便自然洒落明快。曰：自是他見得容易。伊川《易傳》却只管脩改，晚年方出其書。若使明道作，想無許多事。嘗見門人有祭明道文云：先生欲著樂書，有志未就。不知其書要如何作。○問：明道、濂溪俱高，不如伊川精切。曰：明道説話超邁，不如伊川説得的確。濂溪也精密，不知其他書如何，但今所説這些子無一字差錯。○明道之言，發明極致，通透洒落，善開發人。伊川之言，即事明理，質慤精深，尤耐咀嚼。然明道之言，一見便好，久看愈好，所以賢愚皆獲其益。伊川之言，乍見未好，久看方好，故非久於玩索者不能識其味。此其自任，所以有成人材、尊師道之不同。○明道渾然天成，不犯人力。伊川功夫造極，可奪天巧。○明道語宏大，伊川語親切。○明道所見甚俊偉，故説得較快。初看時便好，子細看亦好。○明道言語儘寬平，伊川言語初難看，細讀有滋味。某説大處自與伊川合，小處却時有意見不同。○問：明道曾看釋、老書，伊川則莊、列亦不曾看。曰：後來須著看，不看無緣知他道理。○伊川《好學論》十八時作。明道十四五便學聖人，二十及第出去做官，一向長進。《定性書》是二十二三時作，是時遊山，許多詩甚好。○問：明道可比顔子，伊川可比孟子否？曰：明道可比顔子。孟子才高，恐伊川未到孟子處。然伊川收束檢制處，孟子却不能到。○問：明道到處響應，伊川入朝成許多事，此亦可見二人用處。曰：明道從容，伊川都挨不行。問：伊川做時似孟子否？曰：孟子較活絡。問：孟子做似伊川否？先生首肯。○或謂二程之於濂溪，亦若橫渠之於范文正公耳。曰：先覺相傳之祕，非後學所能窺測。誦其詩，讀其書，則周、范之造詣固殊，而程、張之契悟亦異。如曰仲尼、顏子所樂，吟風弄月以歸，皆是當時口傳心授的當親切處。後來二先生舉似後學亦不將作第二義看。然則《行狀》所謂「反求之六經然後得之」者，特語夫功用之大全耳。至其入處，則自濂溪，不可誣也。若橫渠之於文正則異於是。蓋當時粗發其端而已。受學乃先生自言，此豈自誣者耶？大抵近世諸公知濂溪甚淺，如吕氏《童蒙訓》記其嘗著《通書》，而曰「用意高遠」。夫《通書》太極之説，所以明天理之根源，究萬物之終始，豈用意而爲之，又何高下遠近之可道哉？○問：學於明道恐易開發，學於伊川恐易成就。曰：在人用力。若不用力，恐於伊川無向傍處，明道却有悟人處。○聞伯夷、柳下惠之風者，頑廉薄敦，皆有興起，此孟子之善想象者也。孔子元氣也，顏子和風慶雲也，孟子泰山巖巖之氣象也，此程夫子之善想象者也。今之想象大程夫子者，當識其明快中和處；小程夫子者，當識其初年之嚴毅，晚年又濟以寬平處。豈徒想象而已哉，必還以驗之吾身者如何也。若言論風旨，則誦其詩，讀其書，字字而訂之，句句而議之，非惟求以得其所言之深旨，將併與其風範氣象皆得之矣。○某自十四五時讀程、張書，至今四十餘年，但覺其義之深，指之遠，而近世紛紛所謂文章議論者，殆不足復過眼。信乎孟氏以來一人而已。然非用力之深者，亦無以自信其必然也。

南軒張氏曰：二程先生始嘗受學于周先生，而其自得之深，充養之至，精粹純密，更益光大。聖門之大全，至是發明無遺憾矣。○讀諸先生之書，惟覺二程先生完全精粹，愈讀愈無窮，不可不詳味也。○二先生所以教學者，不越於居敬、窮理二事。取其書反覆讀之，則可以見。蓋居敬有力，則其所窮者愈精。窮理浸明，則其所居益有地。二者蓋互相發也。○二先生其猶一氣之周流乎？何其理之該而不偏，辭之平而有味也。讀《遺書》、《易傳》，他書真難讀也。

張子名載，字子厚，號横渠。

程子曰：子厚以禮教學者最善，使學者先有所據守。○某接人治一作談。經論道者亦甚多，肯言及治體者，誠未有如子厚。○子厚才高，其學更先從雜博中過來。○問：子厚立言，得無有幾於迫切者乎？曰：子厚之爲人謹且嚴，是以其言似之。方之孟子，則寬宏舒泰有不及也。然孟子猶有英氣存焉，是以未若顔子之懿，渾然無圭角之可見也。○某接人多矣，不雜者三人：張子厚、邵堯夫、司馬君實。○子厚之氣似明道。○答横渠書曰：所論大概有苦心極力之象，而無寬裕温柔之氣，非明睿所照，而考索至此，故意屢偏而言多窒，小出入時有之。明睿所照者，如目所睹，纖微盡識之矣。考索至者，如揣料於物，約見彷彿耳，能無差乎？更望完養思慮，涵泳義理，他日自當條暢。

吕晦叔薦先生于朝曰：「張載學有本原，西方之學者皆宗之。」神宗即命召見。

問治道，皆以復三代爲對。他日見執政，執政語之曰：「新政之更，懼不能任事，求助於子，何如？」先生曰：「朝廷將大有爲，天下士願與下風。若與人爲善，則孰敢不盡？如教玉人追琢，則人亦故有不能。」執政嘿然。

藍田吕氏曰：先生志氣不群，少孤自立，無所不學。與邠人焦寅游，寅喜談兵，先生説其言。當康定用兵時，年十八，慨然以功名自許，上書謁范文正公。公一見知其遠器，欲成就之，乃責之曰：「儒者自有名教，何事於兵。」因勸讀《中庸》。先生讀其書，雖愛之，猶未以爲足也。於是又訪諸釋老之書，累年盡究其説，知無所得，反而求之六經。嘉祐初，見洛陽程伯淳、正叔昆弟于京師，共語道學之要。先生涣然自信曰：「吾道自足，何事旁求。」乃盡棄異學，淳如也。間起從仕，日益久，學益明。方未第時，文潞公以故相判長安，聞先生名行之美，聘以束帛，延之學宫，異其禮際，士子矜式焉。晚自崇文移疾西歸，終日危坐一室，左右簡編，俯而讀，仰而思，有得則識之。或終夜起坐，取燭以書。其志道精思，未始須臾息，亦未嘗須臾忘也。學者有問，多告以知禮成性，變化氣質之道，學必如聖人而後已。聞者莫不動心，有進而自得之者。窮神知化，一天人，立大本，斥異學，自孟子以來未之有也。○先生氣質剛毅，德盛貌嚴，然與人居久而日親。其治家接物，大要正己以感人。人未之信，反躬自治，不以語人。雖有未喻，安行而無悔。故識與不識，聞風而畏。聞人之善，喜見顔色。答問學者，雖多不倦。有不能者，未嘗不開其端。有可語者，必丁寧以誨之，惟恐其成就之晚。

廣平游氏曰：子厚學成德尊與孟子比，然猶祕其學。明道曰：「處今之時，當隨其資教之，雖識有明暗，亦各有得焉。」子厚用其言，故關中學者躬行之多與洛人並。

或論橫渠。龜山楊氏曰：正叔先生亦自不許他。曰：先生嘗言自孟子之後無他見識，何也？曰：如彼見識，秦、漢以來何人到得。

和靖尹氏曰：橫渠昔在京，坐虎皮説《周易》，聽從甚衆。一夕二程先生至，論《易》，次日撤去虎皮，曰：「吾平日與諸公説者皆亂道，有二程近到，深明易道，吾所弗及，汝輩可師之。」乃歸陝西。

或問：橫渠言十五年學恭而安不成。明道曰：「可知是學不成，有多少病在。」莫是如伊川説：「若不知得，只是覷却堯，學他行事，無堯許多聰明睿知，怎生得似他動容周旋中禮。」朱子曰：也是如此，更有多少病。良久曰：人便是被一箇氣質局定，變得些子了又有些子，變得些子又更有些子。問：橫渠只是硬把捉，故不安否？曰：他只是學箇恭，自驗見不曾熟。不是學箇恭又學箇安。○橫渠云：「吾學既得於心，則脩其辭。命辭無差，然後斷事。斷事無失，吾乃沛然。」看來理會道理，須是説得出。一字不穩，便無下落。所以横渠中夜便筆之於紙，只要有下落。而今理會得有下落底，臨事尚脚忙手亂，況不曾理會得下落？橫渠如此，若論道理他却未熟，然他地位却要如此。高明底則不必如此。○橫渠之學是苦心得之，乃是致曲，與伊川異。以孔子爲非生知，渠蓋執「好古敏以求之」，故有此説。不知「好古敏以求之」，非孔子做不得。○問：横渠之教，以禮爲先。某恐謂之禮，則有品節，每遇事須用秤停當禮，方可遵守。初學者或未嘗識禮，恐無下手處。敬則有一念之肅便已改容更貌，不費安排，事事上見得此意。如何？曰：古人自幼入小學便教以禮，及長自然在規矩之中。横渠却是以官法教人。禮也易學，今人乍見，往往以爲難。某嘗要取三禮編成一書，事多蹉過。若有朋友，只兩年工夫可成。○横渠教人，道夜間自不合睡，只爲無可應接，他人皆睡了，己不得不睡。他做《正蒙》時，或夜裏默坐徹曉，他直是恁地勇方做得。因舉曾子「任重道遠」一段曰：子思、曾子直恁地，方被他打得透。○問：程、張之門，於六經多指説道之精微，學之要領，與夫下手處。雖甚精切易見，然被他開了四至，便覺規模狹了。曰：横渠最親切，程氏規模廣大，學者少有能如横渠輩用功者。近看得横渠用工最親切，直是可畏。○問：横渠似孟子否？曰：横渠嚴密，孟子宏闊。又問：孟子平正，横渠高處太高，僻處太僻？曰：是。又曰：横渠之於程子，猶伯夷、伊尹之於孔子。○或云：諸先生説話皆不及小程先生，雖大程亦不及。曰：不然。明道説話儘高，邵、張説得端的處儘好。且如伊川説：「仁者天下之公，善之本也。」大段寬而不切。如横渠説「心統性情」，這般所在説得的當。又如伊川謂「鬼神者造化之迹」，却不如横渠所謂「二氣之良能」也。○明道之學從容涵泳之味洽，横渠之學苦心力索之功深。○曾子剛毅，立得牆壁在，而後可傳之子思、孟子。伊川、横渠甚嚴，游、楊之門倒塌了。若天資大段高，則學明道。若不及明道，則且學伊川、横渠。○贊先生像曰：早悦孫吴，晚逃佛老。勇撤臯比，一變至道。精思力踐，妙契疾書。《訂頑》之訓，示我廣居。

西山真氏曰：張子有言：「爲天地立心，爲生民立極，爲前聖繼絶學，爲萬世開太平。」又曰：「此道自孟子後千有餘歲，若天不欲此道復明，則不使今人有知者。既使人有知者，則必有復明之理。」此皆先生以道自任之意。

邵　子名雍，字堯夫，號康節。

程子曰：邵堯夫先生始學於百原，堅苦刻厲，冬不爐，夏不扇，夜不就席者數年。衛人賢之。先生歎曰：「昔人尚友於古，而吾未嘗及四方，遽可已乎？」於是走吴適楚，過齊、魯，客梁、晉，久之而歸，曰：「道其在是矣。」蓋始有定居之意。先生少時自雄其材，慷慨有大志。既學，力慕高遠，謂先王之事爲可必致。及其學益老，德益卲，玩心高明，觀於天地之運化、陰陽之消長，以達乎萬物之變，然後頹然其順，浩然其歸。在洛幾三十年，始至，蓬蓽環堵，不蔽風雨，躬爨以養其父母，居之裕如。講學於家，未嘗强以語人，而就問者日衆。鄉里化之，遠近尊之。士人之道洛者，有不之公府而必之先生之廬。先生德氣粹然，望之可知其賢。然不事表襮，不設防畛，正而不諒，通而不汙，清明坦夷，洞徹中外，接人無貴賤親踈之間。群居燕飲，笑語終日，不敢甚異於人，顧吾所樂何如耳。病畏寒暑，常以春秋時行遊城中，士大夫家聽其車音，倒屣迎致，雖兒童奴隸皆知懽喜尊奉。其與人言，必依於孝弟忠信。樂道人之善，而未嘗及其惡。故賢者悦其德，不賢者服其化。所以厚風俗，成人材者，先生之功多矣。又曰：先生之學得之於李挺之，挺之得之於穆伯長。推其源流，遠有端緒。今穆、李之言及其行事概可見矣，而先生純一不雜，汪洋浩大，乃其所自得者多矣。○謂周純明曰：吾從堯夫先生游，聽其議論，振古之豪傑也，惜其無所用於世。周曰：所言何如？曰：内聖外王之道也。○堯夫襟懷放曠，如空中樓閣，四通八達也。○堯夫於物理上儘説得，亦大段漏泄他天機。○堯夫詩：「雪月風花未品題。」他便把這些事便與堯舜三代一般。此等語自孟子後無人曾敢如此言來，直是無端。又如言：「須信畫前元有易，自從删後更無詩。」這箇意思，元古未有人道來。○堯夫詩云：「梧桐月向懷中照，楊柳風來面上吹。」真風流人豪也。又詩云：「頻頻到口微成醉，拍拍滿懷都是春。」不止風月，言皆有理。萬事皆出於理。自以爲皆有理，故要得從心妄行總不妨。堯夫又得詩云：「聖人喫緊些兒事。」其言太急迫。此道理平鋪地放着裏，何必如此。○世之博文强識者衆矣，其終未有不入於禪學者。特立不惑，子厚、堯夫而已。然其説之流，亦未免於有弊也。○子厚、堯夫之學，善自開大者也。堯夫細行或不謹，而其卷舒運用亦熟矣。○邵堯夫病革，且言「試與觀化一遭」。子厚言：「觀化他人便觀得自家，自家又如何觀得化？」嘗觀堯夫詩意纔做得識道理，却於儒術未見所得。

上蔡謝氏曰：邵堯夫直是豪才。嘗有詩云：「當年志氣欲横秋，今日看來甚可羞。事到强爲終屑屑，道非心得竟悠悠。

鼎中龍虎忘看守，碁上山河廢講求。」又有詩云：「斟有淺深存燮理，飲無多少繫經綸。卷舒萬古興亡手，出入千重雲水身。」此人在風塵時節，便是偏霸手段。學須是天人合一始得。又有詩云：「萬物之中有一身，一身中有一乾坤。能知造化備於我，肯把天人別立根。天向一中分體用，人於心上起經綸。天人安有兩般義，道不虛行只在人。」問：此詩如何？曰：説得大體亦是，但不免有病，不合説一中分體用。又問曰：此句何故有病？曰：昔富彦國問堯夫云：「一從甚處起？」曰：「公道從甚處起？」富曰：「一起於震。」邵曰：「一起於乾。」問：兩説如何？曰：兩説都得。震謂發生，乾探本也。若會得天理，更説甚一二。〇問：堯夫所學如何？曰：與聖門却不同。問：何故却不同？曰：他也只要見物理到逼真處，不下工夫，便差却。問：何故却不着工夫？曰：爲他見得天地進退，萬物消長之理，便敢做大。於聖門下學上達底事，更不施功。堯夫精《易》之數，事物之成敗始終，人之禍福脩短，算得來無毫髮差錯。如指此屋便知起於何時，至某年月日而壞，無不如其言。然二程不貴其術。堯夫喫不過，一日問伊川曰：「今歲雷從甚處起？」伊川曰：「起處起。」如堯夫必用推算，某更無許多事。」邵即默然。

和靖尹氏曰：康節之學，本是經世之學。今人但知其明《易》數知未來事，却小了他學問。如陳叔易贊云：「先生之學，志在經綸。」最爲盡之。

《吕氏家塾》記曰：邵堯夫先生居洛四十年，安貧樂道，自云未嘗皺眉。所居寢息處爲「安樂窩」，自號「安樂先生」。又爲甕牖，讀書燕居其下，旦則焚香獨坐，晡時飲酒三四甌，微醺便止，不使至醉也。中間州府以更法不餉餽，寓賓乃爲薄粥以代之，好事者或載酒以濟其乏。嘗有詩曰：「莫道山翁拙於用，也能康濟自家身。」喜吟詩，作大字書，然遇興則爲之，不牽强也。大寒暑則不出，每出乘小車，用一人挽之，爲詩以自詠曰：「花似錦時高閣望，草如茵處小車行。」司馬公贈以詩曰：「林間高閣望已久，花外小車猶未來。」隨意所之，遇主人喜客，則留三五宿。又之一家亦如之。或經月忘返，雖性高潔，而接人無賢不肖貴賤，皆懽然如親。嘗自言：「若至大病，自不能支。其遇小疾，得有客對話，不自覺疾之去體也。」學者來從之問經義，精深浩博，應對不窮，思致幽遠，妙極道數。間與相知之深者開口論天下事，雖久存心世務者不能及也。

張氏峋曰：先生少受學於北海李之才挺之，又游河、汾之曲，以至淮海之濱。涉於濟、汶，達於梁、宋。苟有達者，必訪以道，無常師焉。乃退居共城，廬於百原之上。大覃思於《易經》，夜不設寢，日不再食，三年而學以大成。大名王豫天悅博達之士，尤長於《易》。聞先生之篤志，愛而欲教之。既與之語三日，得所未聞，始大驚服，卒捨其學而學焉，北面而尊師之。衛人乃知先生之爲有道也。年三十餘，來游于洛，以爲洛邑天下之中，可以觀四方之士，乃定居焉。先生清而不激，和而不流。遇人無貴賤賢不肖，一接以誠。長者事之，少者友之，善者與之，不善者矜之。故洛人久而益尊信之。四方之學者與大夫之過洛者，莫不慕其風而造其廬。先生之教人，必隨其才分之高下，不驟語而强益之。或聞其言，若不適其意，先生亦不屑也。故來者多而從者少，見之者衆而知之者尚寡。及接之久，察其所處，無不中於理。叩其所有，愈久而愈新。則皆心悦而誠服。先生未嘗有求於人。或餽之以禮者，亦不苟辭。洛人爲買宅，丞相富公爲買園以居之。年六十，始爲隱者之服。隆寒盛暑，閉門不出。曰：「非退者之宜也。」其於書無所不讀，諸子百家之學皆究其本原，而釋老技術之説，一無所惑其志。晚尤喜爲詩，平易而造於理。

歐陽氏棐曰：康節邵先生嘗以爲學者之患在於好惡先成乎心，而挾其私智以求於道，則蔽於所好而不得其真。故求之至於四方萬里之遠，天地陰陽屈伸消長之變，無所不可，而必折衷於聖人。雖深於象數，先見默識，未嘗以自名也。其學純一而不雜，居之而安，行之而成，平夷渾大，不見圭角，其自得深矣。

朱子曰：康節本是要出來有爲底人，然又不肯深犯手做，凡事直待可做處方試爲之。纔覺難，便拽身退，正張子房之流。○康節學於李挺之，請曰：「願先生微開其端，毋竟其説。」此意極好。學者當然。須是自理會出來便好。○伊川之學於大體上瑩徹，於小小節目上猶有踈處。康節能盡得事物之變，却於大體上有未瑩處。劉用之云：康節善談《易》，見得透徹。曰：然。伊川又輕之，嘗有簡與横渠云：「堯夫説《易》好聽，今夜試來聽他説看。」某嘗説此便是伊川不及孔子處，只觀孔子便不如此。○程、邵之學固不同，然二程所以推尊康節者至矣。蓋以其信道不惑，不雜異端，班於温公、横渠之間。則亦未可以其道不同而遽貶之也。又曰：康節之學抉摘窈微，與佛老之言豈無一二相似？而卓然自信無所污染，此其所見必有端的處。比之温公欲護名教而不言者，又有間矣。○或言康節心胸如此快活，如此廣大，如何得似他。曰：他是甚麽樣做工夫。○問：近日學者有厭拘檢，樂舒放，惡精詳，喜簡便者，皆欲慕邵堯夫之爲人。曰：邵子這道理豈易及哉。他腹裏有這箇學能包括宇宙終始古今，如何不做得大，放得下？今人却恃箇甚後敢如此？因誦其詩云：「日月星辰高照曜，皇王帝伯大鋪舒。」可謂人豪矣。○康節之學，其骨髓在《皇極經世》，其花草便是詩。黄直卿云：其詩多説閑静樂的意思，大煞把箇事了。曰：這箇未説聖人，只顔子之樂亦不恁地。看他詩篇篇只管説樂，次第樂得來厭了。聖人得底，如喫飯相似，只飽而已。他却如喫酒。又曰：他都是有箇自私自利底意，所以明道有「要之不可以治天下國家」之説。○康節詩儘好看。楊道夫問：舊張無垢引心贊云：「廓然心境大無倫，盡此規模有幾人。我性即天天即性，莫於微處起經綸。」不知如何？曰：是殆非康節之詩也。林少穎云：朱内翰作。問：何以辨？曰：若是真實見得，必不恁地張皇。道夫曰：舊看此意似與性爲萬物之一原，而心不可以爲限量同。曰：固是。但只是摸空説，無着實處。如康節云：「天向一中分造化，人從心上起經綸。」多少平易。實見得者自别。又問：一中分造化。曰：本是一箇，而消息盈虚，便生陰陽。事事物物皆恁地，有消便有息。○問：康節詩嘗有莊老之説，如何？曰：便是他有些子這箇。曰：如此莫於道體有異否？曰：

他嘗説老子得《易》之體，孟子得《易》之用。體用自分作兩截。曰：他又説經綸，如何？曰：看他只是以術去處得這事恰好無過，如張子房相似，他所以極口稱贊子房也。二程謂其粹而不雜，以今觀之，亦不可謂不雜。曰：他説風花雪月，莫是曾點意思否？曰：也是見得眼前這箇好。曰：意其有「與自家意思一般」之意？曰：也是他有這些子。若不是，却淺陋了。○邵堯夫詩：「雪月風花未品題。」此言事物皆有造化。○邵堯夫六十歲作《首尾吟》百三十餘篇，至六七年間終。渠詩玩侮一世，只是一箇「四時行焉，百物生焉」之意。○或問康節詩。曰：「施爲欲似千鈞弩，磨礪當如百鍊金。」問：千鈞弩如何？曰：只是不妄發。如子房之在漢，謾説一句，當時承當者便須百碎。○康節詩云：「幽暗巖崖生鬼魅，清平郊野見鸞凰。」聖人道其常，也只是就那光明處理會説與人，那幽暗處知得有多少怪異。○康節以品題風月自負，然實强似《皇極經世書》。○問：先生須得邵堯夫先知之術。先生久之，曰：吾之所知者，「惠迪吉，從逆凶」，「滿招損，謙受益」。若是明日晴，後日雨，吾又安能知耶。○贊先生像曰：天挺人豪，英邁蓋世，駕風鞭霆，歷覽無際。手探月窟，足躡天根，閑中今古，醉裏乾坤。

性理大全書卷之三十九

性理大全書卷之四十

諸儒二

程子門人

程子曰：呂與叔閑居中，某嘗窺之，必見其儼然危坐，可謂敦篤矣。學者須恭敬，但不可令拘迫。拘迫則難久也。○呂和叔任道擔當，其風力甚勁。然深潛縝密，有所不逮於與叔。○游酢非昔日之游酢也。固是穎然資質温厚，讀《西銘》已能不逆於心。言語外立得箇意思，便道中庸矣。楊時雖不逮酢，然煞穎悟。○游酢、楊時是學得靈利，高才也。楊時於新學極精，今日一有所問，能盡知其短而持之。介甫之學，大抵支離。某嘗與楊時讀了數篇，其後盡能推類以通之。○林大節雖差魯，然所問便能躬行。○劉質夫久於其事，自小來便在此。聖學不傳久矣。吾生百世之後，將明斯道，興斯學於既絶，力小任重，而懼其難者亦有冀矣。以謂苟能使知之者廣，則用力者衆，何難之不易也？游吾門者衆矣，而信之篤，得之多，行之果，守之固，若質夫者，幾希。他人之學，敏則有矣，未易保也。質夫之至，吾無疑焉。○李端伯相聚雖不久，未見他操履。然才識穎悟，自是不能已也。○呂進伯可愛，老而好學，理會直是到底。○邢明叔明辨有才氣，其於世務練習，蓋美材也。晚溺於佛，所謂「日月至焉」而已者，豈不可惜哉。○范淳夫色温而氣和，其人如玉，尤可以開陳是非，導人主之意。○謝顯道爲切問近思之學，其才能充而廣之者也。吾道有望矣。○謝良佐因論求舉於方州與就試於大學，得失無以異，遂不復計較。明且勇矣。○謝良佐記問甚博。曰：賢却記得許多，可謂玩物喪志。良佐身汗面赤。曰：此便是惻隱之心。○與范巽之語，聞而多礙者，先入也。與吕與叔語，宜礙而信者，致誠也。○尹焞魯，張繹俊。俊恐過之，魯者終有守也。○楊應之在交游中，英氣偉度過絶於人，未見其比，可望以託吾道者。

吕氏大忠曰：蘇季明德性純茂，强學篤志。

龜山楊氏曰：游定夫與兄醇，俱以文行知名於時，所交皆天下豪英。定夫雖少，而一時老師宿儒，咸推先之。伊川以事至京師，一見謂其資可適道。時明道知扶溝縣，兄弟方以倡明道學爲己任，設庠序，聚邑人子弟教之，召定夫來職學事。定夫欣然往從之，得其微言，於是盡棄其學學焉。○伊川稱游定夫德宇睟然，問學日進，政事亦絶人遠甚。於師門見稱如此，其所造可知矣。○定夫筮仕之初，縣有疑獄，十餘年不決。公攝邑事，一問得其情而釋之，精練如素官者。人服其明。○定夫自幼不群，讀書一過目輒成誦。比壯，益自力，心傳目到，不爲世儒之習。誠於中，形諸外，儀容辭令，燦然有文，望之知爲成德君子也。其事親無違，交朋友有信，蒞官遇僚吏有恩意，人樂於自盡而無敢慢其令者。惠政在民，戴之如父母，故去則見思，愈久而不忘。若其道學足以覺斯人，餘潤足以澤天下，遭時清明，不究所用，士論共惜之。

河東侯氏曰：明道先生謂謝子雖少魯，直是誠篤。理會事有不透，其顙有泚。其憤悱如此。○明道先生平和簡易，惟劉絢庶幾似之。

上蔡謝氏曰：昔在二程先生門下，明道最愛中立，伊川最愛定夫，觀二人氣象亦相似。

和靖尹氏曰：謝顯道習舉業已知名，往扶溝見明道先生受學，志甚篤。明道一日謂之曰：「爾輩在此相從，只是學某言語，故其學心口不相應。盍若行之？」請問焉。曰：「且静坐。」伊川每見人静坐，便嘆其善學。○周恭叔未三十，見伊川，持身嚴苦，塊然一室，未嘗窺牖。幼議母黨之女，登科後其女雙瞽，遂娶焉，愛過常人。伊川曰：頤未三十時亦做不得此事。○馮忠恕問：陳叔易言伊川嘗許良佐有王佐才，有諸？曰：無此語。先生晚年，顯道來見，留十餘日。先生謂焞：「如見顯道，試問此來所得如何。」焞即往問焉。謝曰：「良佐每常聞先生語，多疑惑。今次見先生，聞語判然無疑，所得如此。」焞具以告。先生曰：「某見得他也是如此。」不聞有此語爾。

華陽范氏曰：吕與叔脩身好學，行如古人。○朱光庭初受學於安定先生，告以爲學之本主於忠信，既終身力行之。及見二程先生而聞格物致知爲進道之門，正心誠意爲入德之方，服行其教，造次不忘。嘗謂百世以俟聖人而不惑者，惟孔、孟爲然。故力排異端，以扶聖道。

武夷胡氏曰：河南二程先生得孟子不傳之學於遺經，以倡天下。而升堂覩奥，號稱高弟，在南方則廣平游定夫、上蔡謝顯道、龜山楊中立三人是也。○龜山天資夷曠，濟以問學，充養有道，德器早成。積於中者，純粹而閎深。見於外者，簡易而平澹。閒居和樂，色笑可親。臨事裁處，不動聲氣。與之游者，雖群居終日，嗒然不語，飲人以和，而鄙薄之態自不形也。推本孟子性善之説，發明《中庸》、《大學》之道。有欲知方者，爲指其攸趣，無所隱也。當時公卿大夫之賢者莫不尊信之。又曰：先生造養深遠，燭理甚明。混迹同塵，知之者鮮。知之者，知其文學而已。不知者以爲蔡氏所引，此公無求於人，蔡氏焉能浼之。行年八十，志氣未衰，精力少年殆不能及。朝廷方嚮意儒學，日新聖德，延禮此老，置之經席，朝夕咨訪，裨補必多。至如裁決危疑，經理世務，若燭照數計而龜卜也。○侯師聖安於羈苦，守節不移，固所未有。至於講論經術，則通貫不窮。商確時事，則纖微皆察。

陳氏淵曰：明道在潁昌時，龜山先生因往從學，明道甚喜。每言曰：「楊君最會得容易。」及歸，送之出門，謂坐客曰：「吾道南矣。」又曰：謝顯道爲人誠實，但聰悟不及先生。○明道每言楊君聰明，謝君如水投石，然亦未嘗不稱其善。伊川自涪歸，見學者凋落，多從佛學，獨先生與謝丈不變。因歎曰：「學者皆流於夷狄矣，惟有楊、謝二君長進。」

馮氏忠恕曰：和靖言嘗侍坐伊川，問曰：「張繹每聞先生語，往往言下解悟。焞聞先生語，須再三尋思，或更請問，然後解悟。然他日持守恐繹不及焞。」伊川以爲然。伊川没，未幾思叔亦殁。和靖被召，嘗曰：「思叔若在，到今自當召用，必能有爲於世。」

祁氏寬曰：張思叔三十歲方見伊川，後

伊川一年卒。初以文聞於鄉曲，後來作文字甚少。伊川每云：「張繹朴茂。」

呂氏稽中曰：尹和靖應進士舉策問，議誅元祐貴人。和靖曰：「噫！尚可以干禄乎哉。」不對而出。告於程子曰：「吾不復應進士舉矣。」程子曰：「子有母在。」和靖歸告其母，母曰：「吾知汝以爲善養，不知汝以禄養。」於是退不復就舉。程子聞之，曰：「賢哉母也。」○大觀中，新學日興，有言者曰：「程頤倡爲異端，尹焞、張繹爲之左右。」和靖遂不欲仕。而聲聞益盛，德益成，同門之士皆尊畏之。伊川曰：「我死而不失其正，尹氏子也。」

呂氏本中曰：龜山天資仁厚，寬大能容物，又不見其涯涘。不爲崖異絶俗之行以求世俗名譽，與人交，終始如一。性至孝，幼喪母，哀毁如成人。事繼母尤謹。熙寧中，既舉進士得官，聞河南兩程先生之道，即往從學。既歸，閑居累年，沉浸經書，推廣師説，窮探力索，務極其趣，涵蓄廣大而不敢輕自肆也。本中嘗聞於先輩長者，以爲明道先生温然純粹，終身無疾言遽色，先生實似之。

章氏憲曰：龜山先生嘗云：「程門後來成就莫踰王信伯。」胡安國嘗薦其學有師承，識通世務，使司獻納，必有補於聖時。

朱子曰：呂與叔惜乎壽不永，如天假之年，必所見又别。程子稱其深潛縝密，可見他資質好，又能涵養。某若只如吕年，亦不見得到此田地矣。與叔本是箇剛底氣質，涵養得到，所以如此。故聖人以剛之德爲君子，柔爲小人。若有其剛矣，須除去那剛之病，全其爲剛之德，相次可以爲學。若不剛，終是不能成。○問：與叔論選舉狀，立士規以養德厲行，更學制以量才進藝，定貢法以取賢斂才，立試法以試用養才，立辟法以興能備用，立舉法以覆實得人，立考法以責任考功。曰：其論甚高。使其不死，必有可用。○與叔後來亦看佛書，朋友以書責之，呂云：「某只是要看他道理如何。」其文集上雜記亦多不純，想後來見二程了却好。○游定夫清德重望，皎如日星，雖奴隸之賤皆知之。其流風餘韻，足以師世範俗。○定夫事業不得大施，獨有《中庸論孟說》垂於世。考其師友所稱，味其話言所傳，則夫造道之深，流風之遠，有可得而推者矣。○龜山天資高，朴實簡易，然所見一定，更不須窮究。某嘗謂這般人皆是天資出人，非假學力。○龜山解文字著述無綱要。詩文說道理之類，才說得有意思，便無收殺包揚。曰：是道理不透否？曰：雖然，亦是氣質弱。○問：龜山晚年出處不可曉，其召也以蔡京，然在朝亦無大建明。曰：以今觀之，則可以追咎當時無大建明。若自家處之，不知當時所當建明者何事？或云：不過擇將相爲急。曰：也只好說。擇將相固是急，然不知當時有甚人可做。當時將只說种師道，相只說李伯紀，然固皆嘗用之矣。又況自家言之，彼亦未便見聽。據當時事勢，亦無可爲者。不知有大聖賢之才如何爾。○問：龜山當時何意出來？曰：龜山做人也苟且，是時未免祿仕，故胡亂就之。苟可以少行其道，龜山之志也。然來得已不是，及至，又無可爲者，只是說得那没緊要底事。當此之時，苟有大力量，咄嗟間真能轉移天下之事，來得也不枉。既不能然，又只是隨衆鶻突。又曰：他當時一出，追奪荆公王爵，罷配享夫子，且欲毁劈三經板。士子不樂，遂相與聚問三經有何不可，輒欲毁之。當時龜山亦謹避而已。問：或者疑龜山此出爲無補於事，徒爾紛紛。或以爲大賢出處不可以此議。如何？曰：龜山此行固是有病，但只後人又何曾夢到他地位在？惟胡文定以柳下惠援而止之而止比之，極好。○龜山之出，人多議之。惟胡文定之言曰：「當時若能聽用，決須救得一半。」此語最公。○上蔡爲人英果明決，强爲不倦。克己復禮，日有課程。所著《論語説》及門人所記《遺語》皆行於世。如以生意論仁，以實理論誠，以常惺論敬，以求是論窮理，其命意皆精當，而直指窮理居敬爲入德之門，則又最得明道教人之綱領。使者行部過之，不敢問以職事，顧以典學。嘗宰德安府之應城，胡文定因介紹，請以弟子禮見。入門，見吏卒植立庭中，如土木偶人，肅然起敬，遂稟學焉。其同時及門之士，亦皆稱其言論閎肆，善啓發人。今讀其書，尚可想見也。某自少時妄意爲學，即賴先生之言以發其趣。而平生所聞先生行事，又皆高邁卓絶，使人興起，凛然常懼其一旦泯滅而無傳也。○上蔡語雖不能無過，然都是確實做工夫來。○問：人之病痛不一，各隨所偏處去。上蔡才高，所以病痛盡在矜字。曰：此説是。○明道以上蔡記誦爲玩物喪志，蓋爲其意不是理會道理，只是誇多鬭靡爲能。若明道看史不蹉一字，則意思自别。此正爲己爲人之分。○問：上蔡説横渠以禮教人，其門人下梢頭低，只溺於刑名度數之間，行得來困，無所見處。如何？曰：觀上蔡説得又自偏了，這都看不得禮之大體，所以都易得偏。如上蔡説横渠之非，以爲「欲得正容謹節」，這自是好，如何廢這箇得？如專去理會刑名度數固不得，又全廢了這箇也不得。○尹彦明見伊川後，半年方得《大學》、《西銘》看，此意思也好，也有病。蓋且養他氣質，淘潩去了那許多不好底意思。如《學記》所謂「未卜禘，不視學，游其志也」之意。此意思固好，然也有病者。蓋天下有多少書，若半年間都不教他看一字，幾時讀得天下許多書？所以彦明終竟後來工夫少了。或曰：想得當時《大學》亦未成倫緒，難看在。曰：然。彦明看得好，想見煞著日月看。臨了連格物也看錯了，所以深不信伊川「今日格一件，明日格一件」之説。是看箇甚。○和靖持守有餘，而格物未至，故所見不精明，無活法。○和靖在程門直是十分鈍底，被他只就一箇敬字上做工夫，終被他做得成。○自其上者言之，有明未盡處。自其下者言之，有明得一半便謂只是如此。尹氏亦只是明得一半，便謂二程之教止此，孔、孟之道亦只是如此。惟是中人之性，常常要著力照管自家這心要常在，須是窮得透徹方是。○和靖只是一箇篤實，守得定。如涪州被召，祭伊川文云：「不背其師則有之，有益於世則未也。」因言：學者只守得某言語已自不易，少間又自轉移了。○和靖主一之功多，而窮理之功少。故説經雖簡約，有益學者，但推説不去，不能大發明。在經筵進講，少開悟啓發之功。紹興初入朝，滿朝注想，如待神明。然亦無大開發處。是時高宗好看山谷詩，尹云：「不知此人詩有何好處，陛下看他作什麽。」只説得此一言。然只如此説，亦何能開悟人主？大抵解經固要簡約。若告人主，須有反覆開導推説處，使人主自警省。蓋人主不比學者可以令他去思量。如孔子答哀公顔子好學之問，與答季康子詳略不同，此告君之法也。○和靖當經筵都説不出。張魏公嘗問：「『人有不爲也，而後可以有爲。』此孟子至論。」和靖曰：「未是。」張曰：「何者爲至？」和靖曰：「好善優於天下爲至。」張初不喜伊洛之學，此語極中其病。然正好發明，惜但此而止耳。○尹子之學有偏處。渠初見伊川，將朱公掞所抄語録去呈，想是他爲有看不透處，故伊川云：「某在，何必觀此書。」蓋謂不如當面與他説耳。尹子後來遂云語録之類不必看。不知伊川固云某在不必觀，今伊川既不在，如何不觀？又如云《易傳》是伊川所自作者，其他語録是學者所記，故謂只當看《易傳》，不當看語録。然則夫子所自作者，《春秋》而已，《論語》亦門人所記也，謂學夫子者只當看《春秋》，不當看《論語》，可乎？○朱公掞文字有幅尺，是見得明也。南軒云：「朱公掞奏狀説伊川不著。」曰：「不知如何方是説著？」「大意只要説得實便好。如伊川説物便到四凶上，及吕與叔《中庸》，皆説實話也。」○范淳夫純粹，精神短。雖知尊敬程子，而於講學處欠缺。如《唐鑑》極好，讀之亦不無憾。又曰：淳夫資質極平正，點化得，是甚次第。○李朴先之大概是能尊尚道學，但恐其氣剛，亦未能遂志於學問。○問：郭冲晦何如人。曰：西北人氣質重厚淳固，但見識不及。如兼山《易》、《中庸》義多不可曉。不知伊川晚年接人是如何。問：游、楊諸公早見程子，後來《語》、《孟》、《中庸》説猶疎略，何也？曰：游、楊諸公皆才高，又博洽。略去二程處參較所疑，及病敗處各能自去求。雖其説有踈略處，然皆通明，不似兼山輩立論可駭也。○問：伊川門人如此其衆，不知何故後來更無一人見得親切。或云：游、楊亦不久親炙。曰：也是諸人無頭無尾，不曾盡心在上面也。各家去奔走仕宦，所以不能理會得透。如邵康節從頭到尾，極終身之力而後得之。雖其不能無偏，然就他這道理，所謂「成而安」矣。如茂叔先生資稟便較高，他也去仕宦，只他這所學自是從合下直到後來，所以有成。某看來這道理若不是拚生盡死去理會，終不解得。又曰：吕與叔高於諸公，大段有筋骨。惜其早死。若不早死，却須理會得到。○與叔《文集》煞有好處，他文字極是實。説得好處，如千兵萬馬，飽滿伉壯。上蔡雖有過當處，亦自是説得透。龜山文字却怯弱，似是合下會得易。○游、楊、謝諸公，當時已與其師不相似，却似别立一家。謝氏發明得較精彩，然多不穩貼。和靖語却實，然意短，不似謝氏發越。龜山《語録》與自作文又不相似，其文大段照管不到，❶前面説如此，後面又都反了。緣他只依傍語句去，皆是不透。龜山年高。與叔年四十七，他文字大綱立得脚來健，多有處説得好又切。若有壽，必煞進。游定夫學無人傳，無語録。○學者氣質上病最難救。如程門謝氏，便如「師也過」；游與楊便如「商也不及」，皆是氣質上病。○上蔡之學，初見其無礙，甚喜之。後細觀之，終不離禪底見解。如灑掃應對處，此只是小子之始學。程先生因發明：雖始學，然其終之大者，亦不離乎此。上蔡於此類處便説得大了。道理自是有小有大，有

❶「段」，原作「故」，今據重修本改。

初有終。若如此説時，便是不安於其小者初者，必知其中有所謂大者方安爲之。如曾子三省處，皆只是實道理。上蔡於小處説得亦大了。如游、楊解書之類，多使聖人語來反正。如解「不亦樂乎」，便云「學之不講爲憂，有朋友講習豈不樂乎」之類，亦不自在。大率諸公雖親見伊川，皆不得其師之説。○上蔡多説過了。龜山巧，又别是一般，巧得又不好。范諫議説得不巧，然亦好。和靖又忒不巧，然意思好。○伊川之門，上蔡自禪門來，其説亦有差。張思叔最後進，然深惜其早世。使天予之年，殆不可量。其他門人多出仕宦四方，研磨亦少。龜山最老，其所得亦深。○思叔持守不及和靖，乃伊川語，非特爲品藻二人，蓋有深意。和靖舉以語人，亦非自是，乃欲人識得先生意耳。若以其自是之嫌而不言，則大不是，將無處不窒礙矣。○問：上蔡議論莫太過。曰：上蔡好於事上理會理，却有過處。又問：和靖專於主敬，集義處少。曰：和靖主敬把得定，亦多近傍理。龜山説話頗淺狹。范淳夫雖平正而亦淺。又問：嘗見《震澤記善録》，彼親見伊川，何故如此之差？曰：彼只見伊川面耳。○問和靖立朝議論。曰：和靖不觀他書，只是持守得好。他語録中説涵養持守處，分外親切。有些朝廷文字，多是吕稽中輩代作。問：龜山立朝却有許多議論。曰：龜山雜博，是讀多少文字？龜山少年未見伊川時，先去看莊、列等文字。後來雖見伊川，然而此念熟了，不覺時發出來。游定夫尤甚。羅仲素時復亦有此意。○一日論伊川門人，云多流入釋氏。陳文蔚曰：只是游定夫如此，恐龜山輩不如此。曰：只《論語序》便可見。○看道理不可不子細。程門高弟如謝上蔡、游定夫、楊龜山輩，下稍皆入禪學去。必是程先生當初説得高了，他門只晫見上一截，少下面著實工夫，故流弊至此。○問：程門誰真得其傳？曰：也不盡見得。如劉質夫、朱公掞、劉思叔輩，又不見他文字。看程門諸公力量見識，比之康節、横渠皆趕不上。○韓退之云：「孔子之道大而能博，門弟子不能徧觀而盡識也，故學焉而皆得其性之所近。其爲學也只就他資質所尚處添得些小好而已。所以學貴公聽並觀，求一箇是當處，不貴徒執己自用。今觀孔子諸弟子，只除了曾、顔之外，其他説話便皆有病。程子諸門人，上蔡有上蔡之病，龜山有龜山之病，和靖有和靖之病，無有無病者。問：也是後來做工夫不到故如此？曰：也是合下見得不周偏差了。又曰：而今假令親見聖人説話，盡傳得聖人之言，不差一字，若不得聖人之心，依舊差了。何況猶不得其言。若能得聖人之心，則雖言語各别，不害其爲同。如曾子説話，比之孔子又自不同。子思傳曾子之學，比之曾子，其言語亦自不同。孟子比之子思又自不同。然自孔子以後，得孔子之心者，惟曾子、子思、孟子而已。後來非無能言之士，如揚子雲《法言》模倣《論語》，王仲淹《中説》亦模倣《論語》，言愈似而去道亦遠。及至程子方略明得四五十年，爲得聖人之心。然一傳之門人，則已皆失其真矣。其終卒歸於擇善固執，明善誠身，博文約禮而已，只是要人自去理會。

南軒張氏曰：磨而不磷，涅而不緇，須還孔子。吾人只當學子路。如龜山晚年一出，不是道要官職，當時意思亦是要去其間救正。直到後來圍城，不知救正得如何。磨不磷、涅不緇是聖人事，龜山自處地位太高爾。○吴晦叔言：上蔡自見二先生，爲克己之學。有一研，平生極愛惜，遂去之，然猶往來于心。其天資最高尚且如此，以見克己之難也。程裿因言：上蔡自謂後來於器物之類置之，只爲合要用，却無健羨心。此工夫極至處，可謂勇矣。曰：上蔡偏處雖多，惟其勇，故工夫亦極至。龜山天資粹美，矯厲之工少，而涵養之工多。問：游先生如何。曰：亞于二公。

覺軒蔡氏《近思後録》曰：楊應之勁挺不屈，自爲布衣以至官於朝，未嘗有求於人，亦未嘗假人以言色。篤信好學，至死不變。○劉質夫氣和而體莊，持論不苟合，跬步不忘學。○李端伯胸中闓肆開發。與人交，洞照其情，和而不流，時靡有争。遇事如控轡逐曲舞交，屈折如意。○吕和叔明善志學，性之所得者盡之於心，心之所知者踐之於身。妻子刑之，朋友信之，鄉黨宗之，可謂至誠敏德矣。○和叔與人語，必因其可及而喻諸義。治經説得於身踐而心解。其文章不作於無用。○楊遵道孝友和易，中外無間言，平居無喜愠色。與人辨論，綱振條析，發微指極，冰解的破，聞者欽聳。退而察其私，言若不能出諸口，蓋度不身踐，不苟言也。○劉安節貌温，望之知其有容。過人無貴賤小大一以誠，雖忤己者未嘗見其怒色恚辭。其與人遊，常引其所長而陰覆其不及。○張思叔因讀《孟子》「志士不忘在溝壑，勇士不忘喪其元」，始有得處。後更窮理造微，少能及之者。○馬時中天資重厚，雖勇於爲義，而恥以釣名。

居朝凡所建明，輒削其藁，故人少知者。

西山真氏《讀書記》曰：吕希哲從安定胡先生於太學，與程先生並舍，察程先生學問淵源非他人比，首以師禮事之，由是知見日益廣大。然未嘗專主一説，不私一門，務略去枝葉，一意涵養，直截徑捷以造聖人。爲説書二年，日夕勸道人主以脩身爲本，脩身以正心誠意爲主，心正意誠，天下自化，不假他術。身不能脩，左右之人且不能喻，況天下乎？其行己務自省察校量，以自進益。晚年嘗言：「十餘年前在楚州，橋壞墮水中時，覺心動。數年前大病，已稍勝前。今次疾病，全不動矣。」其自力如此。嘗曰：「攻其惡，無攻人之惡。」蓋自攻其惡，日夜且自點檢，絲毫不盡，則慊於心矣，豈有工夫點檢他人耶？○范淳夫嘗與伊川論唐事，及爲《唐鑑》，盡用先生之意。先生謂門人曰：淳夫乃能相信如此。元祐中，客有見伊川者，几案無他書，惟《唐鑑》一部。先生謂客曰：三代以來，無此議論。○劉質夫自髫齓即事明道先生程氏兄弟受學焉，所授有本末，所知造淵微。知所止矣，孜孜焉不知其他也。天性孝悌樂善，而不爲異端所惑，故其履也安。内日加重而無交戰之病，故其行也果。○劉安節天資近道而敏於學問，嘗從當世賢而有道者游。始以致知格物發其材，沉涵熟復，存心養性久之，於是有得。常曰：堯、舜之道不過孝悌，天下之理有一無二，迺若異端則有間矣。○尹和靖莊正仁實，不欺闇室。其於聖人六經之言，耳順心得，如出諸己。○吕和叔爲人質厚剛正，以聖門事業爲己任。所知信而力可及，則身遂行之，不復疑畏，故識者方之季路。潛心玩理，望聖賢之致尅期可到。自身及家，自家及鄉人，旁及親戚朋友，皆紀其行而述其事。○游定夫嘗問：謝顯道公於外物一切放得下否？曰：實在上面做工夫來。人要富貴，要他做甚，必須有用處。尋討用處病根，將來斬斷便没事。平生未嘗干人，在書局亦不謁政府。或勸之，曰：「他安能陶鑄我，自有命在。」○馬伸時中，崇寧中禁元祐學，姦人用事，出其黨爲諸路學使，專糾其事。伊川之門學者無幾，雖宿素從游，間以趨利叛去。時中方自吏部求爲西京司法曹事，鋭然爲親依之計，至則因張繹求見。先生辭焉。時中曰：「使伸得聞道，雖死何憾，況不至於死乎。」先生聞而歎曰：「此真有志者。」遂引而進之。自爾出入凡三年，公暇，雖風雨必一造焉。靖康初爲御史，以論汪、黄誤國，貶濮州監酒，死。嘗曰：「『志士不忘在溝壑，勇士不忘喪其元。』今日何時，溝壑乃吾死所也。」故其臨事奮不顧身如此。又嘗曰：「志在行道。使吾以富貴爲心，則爲富貴所累。使吾以妻子爲念，則爲妻子所累。是道不可行也。」

羅從彦字仲素，號豫章。

延平李氏曰：羅先生少從審律先生吴國華學，後見龜山，迺知舊學之差，三日驚汗浹背。曰：「幾枉過了一生。」於是謹守龜山之學，數年後，方心廣體胖。○先生性明而脩，行全而潔，充之以廣大，體之以仁恕。精深微妙，多極其至。漢、唐諸儒無近似者。至於不言而飲人以和，與人並立而使人化，如春風發物，蓋亦莫知其所以然也。凡讀聖賢之書粗有見識者，孰不願得授經門下，以質所疑。

朱子曰：龜山先生唱道東南，士之游其門者甚衆。然語其潛思力行，任重詣極如羅公，蓋一人而已。○羅先生嚴毅清苦，殊可畏。○李先生言羅仲素《春秋說》不及文定。蓋文定才大，設張羅落者大。○楊道夫言：羅先生教學者靜坐中看喜怒哀樂未發謂之中，未發作何氣象。李先生以爲此意不惟於進學有力，兼亦是養心之要。而《遺書》有云：「既思則是已發。」昔嘗疑其與前所舉有礙，細看亦甚緊要，不可以不孜。黃直卿曰：此問亦甚切。但程先生剖析毫釐，體用明白。羅先生探索本原，洞見道體。二者皆有大功於世，善觀之則亦並行而不相悖矣。況羅先生於靜坐觀之，乃其思慮未萌，虛靈不昧，自有以見其氣象，則初無害於未發。蘇季明以「求」字爲問，則求非思慮不可，此伊川所以力辨其差也。曰：公雖是如此分解羅先生說，終恐做病。如明道亦說靜坐可以爲學，謝上蔡亦言「多著靜不妨」，此說終是小偏，才偏便做病。道理自有動時，自有靜時，學者只是敬以直內，義以方外，見得世間無處不是道理，雖至微至小處亦有道理，便以道理處之。不可專要去靜處求。所以伊川謂只用敬，不用靜，便說得平。也是他經歷多，故見得恁地正而不偏。若以世之大段紛擾人觀之，若會靜得固好，若講學則不可有毫髮之偏也。如天雄、附子，冷底人喫得也好，如要通天下喫便不可。

陳氏協曰：先生可謂有德有言之隱君子矣。當徽廟時，居鄉授徒，守道尤篤，而同郡李公侗傳其學。厥後朱子又得李公之傳，其道遂彰明於世。學者仰之如泰山北斗者，其端皆自公發之。公没之後，既無子孫，及其遺言不多見於世。嘉定七年，郡守劉允濟始加搜訪，得公所著《遵堯録》八卷進之於朝，其書四萬言，大要謂藝祖開基，列聖繼統，若舜、禹遵堯而不變。至元豐改制，皆自王安石作俑，創爲功利之圖，浸兆裔夷之侮。是其畎畝不忘君之心，豈若沮溺輩素隱行怪之比邪。

周氏坦曰：先生不求聞達於世，胸次抱負不少概見。獨得其大者，所謂道德問學之淵源，上承伊洛之正派，下開中興以後諸儒之授受，昭然不可泯也。公受學龜山之門，其潛思力行，任重詣極，同門皆推敬之。義理之學正鬱於時，一綫之緒賴是得以僅存。觀其在羅浮山静坐三年，所以窮天地萬物之理，切實若此。著《遵堯録》一篇，述皇朝相傳宏規懿範，及名臣碩輔論建謨畫，下及元豐功利之人紛更憲度，貽患國家。撮要提綱，無非理亂安危之大者。公之學，其明體適用，略可推矣。

李　侗字愿中，號延平。

朱子曰：先生少遊鄉校有聲，已而聞郡人羅仲素得河洛之學於龜山之門，遂往學焉。羅公清介絶俗，雖里人鮮克知之，見先生從遊受業，或頗非笑。先生若不聞，從之累年。受《春秋》、《中庸》、《語》、《孟》之説，從容潛玩，有會于心，盡得其所傳之奥。羅公少然可，亟稱許焉。於是退而屏居山里，結茅水竹之間，謝絶世故餘四十年，簞瓢屢空，怡然自適。中間郡將學官聞其名而招致之，或遣子弟從遊受學，州郡士人有以矜式焉。又曰：先生從羅仲素學，講誦之餘，危坐終日以驗夫喜怒哀樂未發之前氣象爲何如，而求所謂中者。若是者蓋久之，而知天下之大本真有在乎是也。蓋天下之理無不由是而出，既得其本，則凡出於此者，雖品節萬殊，曲折萬變，莫不該攝洞貫，以次融釋，而各有條理，如川流脈絡之不可亂。大而天地之所以高厚，細而品彙之所以化育，以至於經訓之微言，日用之小物，折之于此，無一不得其衷焉。由是操存益固，涵養益熟。精明純一，觸處洞然。泛應曲酬，發必中節。又曰：其接後學答問，窮晝夜不倦，隨人淺深，誘之各不同，而要以反身自得而可以入於聖賢之域。○先生喜黄太史稱濂溪「胸中灑落如光風霽月」爲善形容有道者氣象，嘗諷誦之，而顧謂學者曰：「存此於胸中，庶幾遇事廓然，而義少進矣。」○先生姿稟勁特，氣節豪邁而充養完粹，無復圭角。精純之氣，達於面目。色温言厲，神定氣和，語默動静，端詳閑泰，自然之中若有成法。平居恂恂，於事若無甚可否。及其酬酢事變，斷以義理，則有截然不可犯者。○先生之道德純備，學術通明，求之當世，殆絶倫比。然不求知於世，而亦未嘗輕以語人。故上之人既莫之知，而學者亦莫之識。是以進不獲施之於時，退未及傳之於後。而先生方且玩其所安樂者於畎畝之中，悠然不知老之將至。蓋所謂依乎中庸，遯世不見知而不悔者，先生庶幾焉。○先君子吏部府君亦從羅公問學，與先生爲同門友，雅敬重焉。嘗與沙縣鄧迪天啓語及先生，鄧曰：愿中如冰壺秋月，瑩徹無瑕，非吾曹所及。先君子深以爲知言，亟稱道之。○先生終日危坐而神彩精明，略無隤墮之氣。○問先生言行。曰：他却不曾著書，充養得極好。凡爲學也不過是恁地涵養將去，初無異義。只是先生睟面盎背，自然不可及。○先生初間也是豪邁底人，到後來也是磨琢之功。○先生少年豪勇，夜醉，馳馬數里而歸。後來養成徐緩，雖行二三里路，常委蛇緩步，如從容室中也。問：先生如何養？曰：先生只是潛養思索。他涵養得自是別，真所謂不爲事物所勝者。古人云：「終日無疾言遽色。」他真箇是如此。尋常人去近處必徐行，出遠處行必稍急。先生出近處也如此，出遠處亦只如此。尋常人叫一人，叫之一二聲不至則聲必厲。先生叫之不至，聲不加於前也。又如坐處壁間有字，某每常亦須起頭一看。若先生則不然，方其坐時，固不看也。若是欲看，則必起就壁下視之。其不爲事物所勝，大率若此。○先生居處有常，不作費力事。所居狹隘，屋宇卑小。及子弟漸長，逐間接起。又接起廳屋，亦有小書室，然甚整齊瀟灑，安物皆有常處。其制行不異於人。亦嘗爲任希純教授，延入學作職事，居常無甚異同，頹如也。真得龜山法門。○先生說一步是一步。如說「仁者其言也訒」，某當時爲之語云：聖人如天覆萬物。曰：不要如是廣說，須窮「其言也訒」前頭如何，要得一進步處。○先生不要人强行，須有見得處方行。所謂灑然處。然猶有偏在。灑落而行固好，未到灑落處不成不行，亦須按本行之，待其著察。○先生當時說學已有許多意思，只爲說敬字不分明，所以許多時無捉摸處。○先生好看《論語》，自明而已。謂孟子早是說得好了，使人愛看了也。其居在山間亦殊無文字看，讀《辨正》，更愛看《春秋左氏》。初學於仲素只看經，後侯師聖來沙縣，羅邀之至，問伊川如何看，云：「亦看《左氏》，要見曲折。」故始看《左氏》。○先生有爲，只用蠱卦，但有決烈處。○先生嘗云：人之念慮若是於顯然過惡萌動，此却易見易除，却怕於匹似閑底事爆起來，纏繞思念將去，不能除，此尤害事。熹向來亦是如此。○問：先生所作《李先生行狀》云：「終日危坐，以驗夫喜怒哀樂之前氣象爲如何，而求所謂中者。」與伊川之説若不相似。曰：這處是舊日下得語太重。今以伊川之語格之，則其下工夫處亦是有些子偏。只是被李先生静得極了，便自見得是有箇覺處，不似別人。今終日危坐，只是且收斂在此，勝如奔馳。若一向如此，又似坐禪入定。○問：延平先生何故驗於喜怒哀樂未發之前而求所謂中？曰：只是要見氣象。陳後之曰：持守良久，亦可見未發氣象？曰：延平即是此意。又問：此與楊氏體驗於未發之前者異同如何？曰：這箇亦有些病。那「體驗」字是有箇思量了，便是已發。若觀時恁著意看，便也是已發。問：此「體驗」是著意觀，只恁平常否？曰：此亦是以不觀觀之。○論李先生之學常在目前。曰：只是君子戒謹所不覩，恐懼所不聞，便自然常存。顔子非禮勿視聽言動，正是如此。○問：延平静坐之説，聞先生頗不以爲然，如何？曰：此亦難説。静坐理會道理自不妨，只是討要静坐則不可。若理會得道理明透，自然是静。常見先生説舊見羅先生説《春秋》，頗覺不甚好，不知到羅浮極静後又理會得如何。某心嘗疑之，以今觀之是如此。蓋心下熱鬧，如何看得道理出。○人若著些利害，便不免開口告人，却與不學之人何異？向見李先生説，若大段排遣不去，只思古人所遭患難有大不可堪者，持以自比，則亦可以少安矣。始者甚卑其説，以爲何至如此。後來臨事却覺有得力處，不可忽也。○舊見先生説：「少從師友，幸有所聞。中間無講習之助，幾成廢墮。然賴天之靈，此箇道理時常在心目間，未嘗敢忘。」此可見其持守之功矣。然則所見安得而不精，所養安得而不熟耶？○某舊見先生時説得無限道理，也曾去學禪。先生云：「汝恁地懸空理會得許多，面前事却又理會不得。道亦無玄妙，只在日用間著實做工夫處理會，便自見得。」後來方曉得他説，故今日不至無理會耳。○祭先生文曰：道喪千載，兩程勃興。有的其緒，龜山是承。龜山之南，道則與俱。有覺其徒，望門以趨。惟時豫章，傳得其宗。一簞一瓢，凛然高風。猗歟先生，果自得師。身世兩忘，惟道是資。精義造約，窮深極微。凍解冰釋，發於天機。乾端坤倪，鬼祕神彰。風霆之變，日月之光。爰暨山川，草木昆蟲。人倫之正，王道之中。一以貫之，其外無餘。縷析毫差，其分則殊。體用渾圓，隱顯昭融。萬變並酬，浮雲太空。仁孝友弟，灑落誠明。清通和樂，展也大成。婆娑丘林，世莫我知。優哉游哉，卒歲以嬉。迨其季年，德盛道尊。有來摳衣，發其蔽昏。侯伯聞風，擁篲以迎。大本大經，是度是程。税駕云初，講議有端。疾病乘之，醫窮技殫。嗚呼先生，而止於斯！命之不融，誰實尸之？合散屈伸，消息滿虛。廓然大公，與化爲徒。古今一息，曷計短長。物我一身，孰爲窮通。嗟惟聖學，不絶如綫。先生得之，既厚以全。進未獲施，退未及傳。殉身已歿，孰云非天！熹也小生，丱角趨拜。恭惟先君，實共源派。誾誾侃侃，斂衽推先。冰壺秋月，謂公則然。施及後人，敢渝斯志。從游十年，誘掖諄至。春山朝榮，秋堂夜空。即事即理，無幽不窮。相期日深，見勵彌切。蹇步方休，鞭繩以掣。安車暑行，過我衡門。返旆相遭，涼秋已分。熹於此時，適有命召。問所宜言，反覆教詔。最後有言，吾子勉之：凡兹衆理，子所自知。奉以周旋，幸不失墜！歸裝朝嚴，訃音夕至。失聲長號，淚落懸泉。何意斯言，而決終天！病不舉扶，没不飯含。奔走後人，死有餘憾。儀刑永隔，卒業無期。墜緒茫茫，孰知我悲。伏哭柩前，奉奠以贄。不亡者存，鑑此誠意。

胡　安　國字康侯，謚文定。子寅，字明仲，號致堂；宏，字仁仲，號五峰，附。

上蔡謝氏嘗語朱震曰：胡康侯正如大冬嚴雪，百草萎死，而松柏挺然獨秀也。使其困厄如此，乃天將降大任焉耳。

河東侯氏曰：視不義富貴如浮雲者，當今天下胡康侯一人耳。

朱子曰：公傳道伊洛，志在《春秋》。著書立言，格君垂後。所以明天理，正人心，扶三綱，敘九法者，深切著明，體用該貫。而其正色危言，據經論事，剛大正直之氣亦無所媿於古人。○問：文定却是卓然有立，所謂非文王猶興者。曰：固是資質好。然在太學，多聞先生師友之訓，所以能然。其學問多得潁昌靳裁之啓發。又曰：

後來得之上蔡者多。○文定公《傳家録》議論極有力，可以律貪起懦。但以上工夫不到。○文定云：「知至，故能知言。意誠，故能養氣。」此語好。又云：「豈有見理已明而不能處事者？」此語亦好。○問：文定之學與董仲舒如何？曰：文定却信得於己者可以施於人，學於古者可以行於今。其他人皆謂得於己者不可施於人，學於古者不可行於今，所以淺陋。然文定比之仲舒較淺，仲舒比似古人又淺。○文定大綱説得正。微細處五峰尤精，大綱却有病。○致堂議論英發，人物偉然。向嘗侍之坐，見其數盃後歌孔明《出師表》，誦張才叔「自靖人自獻于先王」義，陳了翁奏狀等，可謂豪傑之士也。《讀史管見》乃嶺表所作，當時並無一册文字隨行，只是記憶，所以其間有牴牾處。○致堂説道理無人及得他，以他才氣，甚麽事做不得？只是不通檢點，如何做得事成。我欲做事，事未起而人已檢點我矣。○五峰善思，然思過處亦有之。《知言疑議》大端有八：性無善惡，心爲已發，仁以用言，心以用盡，不事涵養，先務知識，氣象迫狹，語論過高。○問：《知言》論中、誠、仁如何？曰：「中者性之道」，言未發也。「誠者命之道」，言實理也。「仁者心之道」，言發動之端也。問：道字疑可改爲德字。曰：亦可。一云：但言其自然，則謂之道，言其實體，則謂之德。德字較緊，然他是特地下此寬字。伊川答吕與叔書亦云「中者性之德」近之。吕伯恭云：「《知言》勝《正蒙》。」似此等處誠然，但不能純如此處爾。又問：中、誠、仁，一而已，何必別言？曰：理固未嘗不同，但聖賢説一箇物字時且隨處説，他那一箇意思，自是他一箇字中便有箇正意義如此，不可混説。聖賢書初便不用許多了。學者亦宜各隨他説處看之，方見得他所説字本相。如誠，如中，如仁。若便只混看，則下梢都看不出。○問：誠者性之德。曰：何者不是性之德？如仁義禮智皆是。恁地説較不切，不如胡氏「誠者命之道乎」説得較近傍。○問：誠者物之終始而命之道。曰：誠是實理，徹上徹下只是這箇，生物都從那上做來，萬物流形天地之間，都是那底做。○「誠者命之道，中者性之道，仁者心之道。」此數句説得密，如何大本處却含糊了，以性爲無善惡，天理、人欲都混了，故把做同體。問：同行語如何？曰：此却是只就事言之。黄直卿曰：他既以性無善惡，何故云「中者性之道」？曰：他也把中做無善惡。○「人有不仁，心無不仁」，此語有病。且如顔子「其心三月不違仁」，若纔違仁，其心便不仁矣，豈可謂心無不仁？○伊川初嘗言曰：「凡言心者，皆指已發而言。」後復曰：「此説未當。」五峰却守其前説，以心爲已發，性爲未發，將心、性二字對説。《知言》中如此處甚多。○《知言》固有好處，然亦大有差失。如論性，却曰：「不可以善惡辨，不可以是非分。」既無善惡，又無是非，則是告子湍水之説爾。如曰：「好惡，性也，君子好惡以道，小人好惡以己。」則是以好惡説性，而道在性外矣。不知此理却從何而出。問：所謂探視聽言動無息之際，可以會情。此猶告子生之謂性之意否？曰：此語亦有病，下文謂：「道義明著，孰知其爲此心？物欲誘引，孰知其爲人欲？」便以道義對物欲，却是性中本無道義，逐旋於此處攙入兩端，則是性亦可以不善言矣。如曰：「性也者，天地鬼神之奥也，善不足以名之，況惡乎？孟子說性善云者，歎美之辭，不與惡對。」其所謂「天地鬼神之奧」，言語亦大故誇逞。某嘗謂聖賢言語自是平易，如孟子尚有些險處，孔子則直是平實。「不與惡對」之說，本是龜山與總老相遇，因論《孟子》說性，曾有此言。文定往往得之龜山，故有是言。然總老當時之語猶曰：「渾然至善，不與惡對。」猶未甚失性善之意。今去其「渾然至善」之語，而獨以「不與惡對」爲歎美之辭，則其失遠矣。如論齊王之愛牛，此良心之苗裔因私欲而見者，以答「求放心」之問。然雞犬之放，則固有去而不可收之理。人之放心只知求之，則良心在此矣。何必等待天理發見於物欲之間，然後求之？如此，則中間空闕多少去處？正如屋下失物，直待去城外求也。愛牛之事，孟子只就齊王身上說，若施之他人則不可。況操存涵養，皆是平日工夫，豈有等待發見然後操存之理？今胡氏子弟議論每每好高，要不在人下。纔說心，便不說用心，以爲心不可用。至如《易傳》中有連使「用心」字處，皆塗去「用」字。某以爲孟子所謂堯、舜之治天下，豈無所用其心哉？何獨不可以「用」言也。○黃直卿言：五峰說性，云：「好惡，性也。」本是要說得高，不知却反說得低了。曰：依舊是氣質上說。某常要與他改云：「所以好惡者性也。」○「好惡，性也。」既有好即具善，有惡即具惡。若只云有好惡，而善惡不定於其中，則是性中理不定也。既曰天，便有天命、天討。○《知言》云：「凡人之生，粹然天地之心，道義全具，無適無莫，不可以善惡辨，不可以是非分。無過也，無不及也，此中之所以名也。」即告子性無善無不善之論也。唯伊川「性即理也」一句甚切至。○問：五峰言天命不囿於善，不可以人欲對。曰：天理固無對，然有人欲，則天理便不得不與人欲對爲消長。善亦本無對，然既有惡，則善便不得不與惡對爲盛衰。且謂天命不囿於物，可也。謂不囿於善，則不知天之所以爲天矣。謂惡不足以言性，可也。謂善不足以言性，則不知善之所從來矣。○好善而惡惡，人之性也。爲有善惡，故有好惡。善惡字重，好惡字輕。君子順其性，小人拂其性。五峰言：「好惡，性也。君子好惡以道，小人好惡以欲。」是好人之所惡，惡人之所好亦是性也，而可乎？○問：天理人欲同體異用之説如何？曰：當然之理，人合恁地底便是體，故仁義禮智爲體。如五峰之説，則仁與不仁、義與不義、禮與不禮、智與不智皆是性。如此，則性乃一箇大人欲窠子。其説乃與東坡、子由相似，是大鑿脱，非小失也。「同行異情」一句却説得去。又曰：胡氏之病在於説性無善惡。體中只有天理，無人欲，謂之同體則非也。同行異情蓋亦有之。如口之於味，目之於色，耳之於聲，鼻之於臭，四肢之於安佚，聖人與常人皆如此，是同行也。然聖人之情不溺於此，所以與常人異耳。問：聖賢不視惡色，不聽惡聲，此則非同行者。曰：彼亦就其同行處説耳。某謂聖賢立言處處皆通，必不若胡氏之偏也。龜山云：「天命之謂性，人欲非性也。」胡氏不取其説，是以人欲爲性矣，此其甚差者也。又曰：天理、人欲如何同體得？如此，却是性可以爲善，亦可以爲惡，却是一團人欲窠子，將甚麽做體？却是韓愈説性自好，言人之爲性有五，仁義禮智信是也。指此五者爲性，却説得是。性只是一箇至善道理，萬善總名，才有一毫不善，自是情之流放處，如何却與人欲同體。今人全不去看。○人學當勉，不可據見定。蓋道理無窮，人之思慮有限。若只守所得以爲主，則其或墮於偏者不復能自明也。如五峰只就其上成就所學，亦只是忽，而不詳細反復也。○明仲嘗畏五峰議論精確，五峰亦嘗不有其兄，嘗欲焚其《論語解》并《讀史管見》。以今觀之，殊不然。如《論語》、《管見》中雖有粗處，亦多明白。至五峰議論，反以好高之過，得一説便説，其實與這物事都不相干涉，便説得無著落。五峰辨《疑孟》之説，周遮全不分曉，若是恁地分疏，孟子剗地沈淪，不能得出世。○明仲甚畏仁仲議論，明仲亦自信不及。蓋人不可不遇敵己之人。仁仲當時無有能當之者，故恣其言説出來。然今觀明仲説較平正。

南軒張氏曰：文定雖不及河南之門，然與游、楊、謝遊而講於其説。其自得之奥，在於《春秋》。被遇明時，執經入侍，正大之論，竦動當世。所以扶三綱，明大義，抑邪説，正人心。亦可謂有功於斯文矣。○五峰先生優游南山之下餘二十年，玩心神明，不捨晝夜。力行所知，親切至到。析太極精微之旨，窮皇王制作之原。綜事物於一原，貫古今於一息。指人欲之偏，以見天理之全。即形而下者而發無聲無臭之妙，使學者驗端倪之不遠，而造高深之無極。體用該備，可舉而行。先生之於斯道，可謂見之明而擴之至矣。○《知言》一書乃其平日之所自著，其言約，其義精，誠道學之樞要，制治之蓍龜也。○序《五峰文集》曰：先生非有意於爲文者也，其一時詠歌之所發，蓋所以紓寫其性情。而其他述作與夫問答往來之書，又皆所以明道義而參異同，非若世之爲文者，徒從事於言語之間而已也。粤自蚤歲服膺文定公之教，至于没齒，惟其進德之日新，故其發見於詞氣議論之間者，亦月異而歲不同。雖然，以先生之學而不得大施於時，又不幸僅得中壽，其見於文字間者，復止於此，豈不甚可歎息！至其所志之遠，所造之深，綱領之大，義理之精，後之人亦可以推而得焉。

性理大全書卷之四十

性理大全書卷之四十一

諸儒三

朱子

名熹，字仲晦，號晦庵。

屏山劉氏作《元晦字詞》曰：木晦於根，春容曄敷。人晦於身，神明内腴。昔者曾子稱其友，曰「有若無，實若虛」。不斥厥名，而傳于書。雖百世之遠，揣其氣象，知顔如愚。自諸子言志，回欲無伐。一宣於言，終身弗越。陋巷闇然，其光烈烈。從事於兹，惟參也無慚。貫道雖一，省身則三。來輔孔門，翺翔兩驂。學的欲正，吾知斯之爲指南。惟先吏部，文儒之粹。彪炳育珍，又華其繼。來兹講磨，融融熹熹。真聰廓開，如源之方駛。望洋渺瀰，老我縮氣。古人不云乎，純亦不已。子德不日新，則時予之耻，勿謂此耳。充之益充，借曰合矣。宜養於蒙，言而思毖，動而思躓，凛乎惴惴，惟顔曾是畏。其後以元爲四德之首，不敢當，遂更曰仲。

延平李氏與其友羅博文書曰：元晦進學甚力，樂善畏義，吾黨鮮有。晚得此人商量所疑，甚慰。又云：此人極穎悟，力行可畏，講學極造其微處論辯。某因此追求有所省。渠所論難處，皆是操戈入室，須從原頭體認來，所以好説話。某昔於羅先生得入處，後無朋友，幾放倒了，得渠如此極有益。渠初從謙開善處下工夫來，故皆就裏面體認。今既論難，見儒者路脉，極能指其差誤之處。自見羅先生來，未見有如此者。

又云：此子别無他事，一味潛心於此。初講學時，頗爲道理所縛，今漸能融釋，於日用處一意下工夫。若於此漸熟，則體用合矣。此道理全在日用處熟，若静處有而動處無，即非矣。

朱子自題畫像曰：從容乎禮法之場，沈潛乎仁義之府，是予蓋將有意焉，而力莫能與也。佩先師之格言，奉前烈之遺矩，惟闇然而日脩，或庶幾乎斯語。

勉齋黄氏曰：先生自少厲志聖賢之學，自韋齋得中原文獻之傳，聞河洛之學，推明聖賢遺意，日誦《大學》、《中庸》，以用力於致知誠意之地。先生早歲已知其説，而心好之，韋齋病且亟，屬曰：「籍溪胡原仲，白水劉致中，屏山劉彦冲，三人吾友也。學有淵源，吾所敬畏。吾即死，汝往事之。而惟其言之聽，則吾死不恨矣。」先生既孤，則奉以告三君子而稟學焉。時年十有四，慨然有求道之志，博求之經傳，徧交當世有識之士。雖釋老之學亦必究其歸趣，訂其是非。延平於韋齋爲同門友，先生歸自同安，不遠數百里徒步往從之。延平稱之曰：「樂善好義，鮮與倫比。」又曰：「穎悟絶人，力行可畏，其所論難體認切至。」自是從遊累年，精思實體，而學之所造者益深矣。其爲學也，窮理以致其知，反躬以踐其實。居敬者，所以成始成終也。謂致知不以敬，則昏惑紛擾，無以察義理之歸。躬行不以敬，則怠惰放肆，無以致義理之實。持敬之方，莫先主一。既爲之箴以自儆，又筆之書，以爲小學、大學皆本於此。終日儼然端坐一室，討論典則，未嘗少輟。自吾一心一身以至萬事萬物，莫不有理。存此心於齊莊静一之中，窮此理於學問思辨之際，皆有以見其所當然而不容已，與其所以然而不可易。然充其知而見於行者，未嘗不反之於身也。不睹不聞之前，所以戒懼者愈嚴愈敬。隱微幽獨之際，所以省察者愈精愈密。思慮未萌，而知覺不昧。事物既接，而品節不差。無所容乎人欲之私，而有以全乎天理之正。不安於偏見，不急於小成，而道之正統在是矣。其爲道也，有太極而陰陽分，有陰陽而五行具。稟陰陽之氣以生，則太極之理各具於其中。天所賦爲命，人所受爲性。感於物爲情，統性情爲心。根於性，則爲仁義禮智之德；發於情，則爲惻隱、羞惡、辭讓、是非之端；形於身，則爲手足、耳目、口鼻之用；見於事，則爲君臣、父子、夫婦、兄弟、朋友之常；求諸人，則人之理不異於己；參諸物，則物之理不異於人。貫徹古今，充塞宇宙，無一息之間斷，無一毫之空闕。莫不析之，極其精而不亂；然後合之，盡其大而無餘。先生之於道，可謂建諸天地而不悖，質諸聖賢而無疑矣。故其得於己而爲德也。以一心而窮造化之原，盡性情之妙，達聖賢之蘊。以一身而體天地之運，備事物之理，任綱常之責。明足以察其微，剛足以任其重，弘足以致其廣，毅足以極其常。其存之也，虚而静；其發之也，果而確；其用之也，應事接物而不窮；其守之也，歷變履險而不易。本末精粗，不見其或遺；表裏初終，不見其或異。至其養深積厚，矜持者純熟，嚴厲者和平，心不待操而存，義不待索而精。猶以爲義理無窮，歲月有限，常慊然有不足之意。蓋有日新又新不能自已者，而非後學之所可擬議也。其可見之行，則脩諸身者，其色莊，其言厲，其行舒而恭，其坐端而直。其閑居也，未明而起，深衣幅巾方履，拜於家廟以及先聖；退坐書室，几案必正，書籍器用必整。其飲食也，羹食行列有定位，匕箸舉措有定所。倦而休也，瞑目端坐。休而起也，整步徐行，中夜而寢，既寢而寤，則擁衾而坐，或至達旦。威儀容止之則，自少至老，祁寒盛暑，造次顛沛，未嘗有須臾之離也。行於家者，奉親極其孝，撫下極其慈，閨庭之間，内外斬斬，恩義之篤，怡怡如也。其祭祀也，事無鉅細，必誠必敬。小不如儀，則終日不樂。已祭無違禮，則油然而喜。死喪之際，哀戚備至。飲食衰絰，各稱其情。賓客往來，無不延遇。稱家有無，常盡其歡。於親故雖疎遠，必致其愛。於鄉閭雖微賤，必致其恭。吉凶慶吊，禮無所遺。賙卹問遺，恩無所闕。其自奉，則衣取蔽體，食取充腹。居止取足以障風雨，人不能堪，而處之裕如也。若其措諸事業，則州縣之施設，立朝之言論，經綸規畫，正大宏偉，亦可概見。雖達而行道不能施之一時，然退而明道，足以傳之萬代。謂聖賢道統之傳散在方册，聖賢之旨不明，則道統之傳始晦。於是竭其精力，以研窮聖賢之經訓。於《大學》、《中庸》則補其闕遺，别其次第，綱領條目，粲然復明。於《語》、《孟》則深原當時答問之意，使讀而味之者，如親見聖賢而面命之。於《易》與《詩》則求其本義，攻其末失，深得古人遺意於數千載之上。凡數經者，見諸傳註，其關於天命之微，人心之奥，入德之門。造道之閾者，既以極深研幾，探賾索隱，發其旨趣而無所遺矣。至於一字未安，一詞未備，亦必沈潛反復，或達旦不寐，或累日不倦，必求至當而後已。故章旨字義至微至細，莫不理明辭順，易知易行。於《書》則疑今文之艱澁，反不若古文之平易。於《春秋》則疑聖心之正大，決不類傳註之穿鑿。於《禮》則病王安石廢罷儀禮，而傳記獨存。於《樂》則憫後世律尺既亡，而清濁無據。是數經者亦嘗討論本末，雖未能著爲成書，然其大旨固已獨得之矣。若歷代史記，則又考論西周以來至於五代，取司馬公編年之書，緝以《春秋》紀事之法，綱舉而不繁，目張而不紊，國家之理亂，君臣之得失，如指諸掌。周、程、張、邵之書，所以繼孔孟道統之傳，歷時未久，微言大義鬱而不章，先生爲之裒集發明，而後得以盛行於世。太極先天圖精微廣博，不可涯涘，爲之解剥條畫，而後天地本原、聖賢蘊奧不至於泯沒。程、張門人祖述其學，所得有淺深，所見有疏密，先生既爲之區别，以悉取其所長。至或識見小偏、流於異端者，亦必研窮剖析，而不沒其所短。南軒張公、東萊吕公同出其時，先生以其志同道合，樂與之友。至或識見少異，亦必講磨辨難，以一其歸。至若求道而過者，病傳註誦習之煩，以爲不立文字，可以識心見性；不假修爲，可以造道入德；守虛靈之識，而昧天理之真；借儒者之言，以文佛老之說。學者利其簡便，詆訾聖賢，捐棄經典，猖狂叫呶，側僻固陋，自以爲悟。立論愈下者，則又崇奬漢唐，比附三代，以便其計功謀利之私。二說並立，高者陷於空無，下者溺於卑陋，其害豈淺淺哉！先生力排之，俾不至亂吾道以惑天下，於是學者靡然向之。教人以《大學》、《語》、《孟》、《中庸》爲入道之序，而後及諸經。以爲不先乎《大學》，則無以提綱挈領，而盡《語》、《孟》之精微。不參之《論》、《孟》，則無以融會貫通，而極《中庸》

之旨趣。然不會其極於《中庸》，則又何以建立大本，經綸大經，而讀天下之書、論天下之事哉？其於讀書也，必使之辯其音釋，正其章句，玩其辭，求其義，研精覃思，以究其所難，平心易氣，以聽其所自得。然未嘗不三致意焉。蓋亦欲學者窮理反身，爲己務實，辯别義利，毋自欺，謹其獨之戒，而持之以敬也。從遊之士，迭誦所習，以質其疑。意有未喻，則委曲告之，而未嘗倦。問有未切，則反覆戒之，而未嘗隱。務學篤，則喜見於言；進道難，則憂形于色。講論經典，商略古今，率至夜半。雖疾病支離，至諸生問辯，則脱然沈痾之去體。一日不講學，則惕然常以爲憂。摳衣而來，遠自川蜀。文詞之傳，流及海外。至於夷虜，亦知慕其道，竊問其起居。窮鄉晚出，家蓄其書，私淑諸人者，不可勝數。先生既没，學者傳其書、信其道者益衆，亦足以見理義之感於人者深矣。繼往聖將微之緒，啓前賢未發之機，辨諸儒之得失，闢異端之訛繆，明天理，正人心，事業之大，又孰有加於此者？至若天文、地志、律歷、兵機，亦皆洞究淵微。文詞字畫，騷人才士疲精竭神，常病其難，至先生未嘗用意，而亦皆動中規繩，可爲世法。是非姿稟之異，學行之篤，安能事事物物各當其理，而造其極哉？學脩而道立，德成而行尊，見之事業者又如此。秦漢以來，迂儒曲學既皆不足以望其藩牆，而近代諸儒有志乎孔、孟、周、程之學者，亦豈能以造其閫域哉？嗚呼，是殆天所以相斯文焉，篤生哲人，以大斯道之傳也。道之正統待人而後傳。自周以來，任傳道之責，得統之正者，不過數人，而能使斯道章章較著者，一二人而止耳。由孔子而後，曾子、子思繼其微，至孟子而始著。由孟子而後，周、程、張子繼其絶，至先生而始著。蓋千有餘年之間，孔孟之徒所以推明是道者，既已煨燼殘闕，離析穿鑿。蠹壞之後，扶持植立，厥功偉然。未及百年，踳駮尤甚。先生出，而自周以來聖賢相傳之道一旦豁然，如大明中天，昭晰呈露。先生平居惓惓，無一念不在於國。聞時政之闕失，則戚然有不豫之色。語及國勢之未振，則感慨以至泣下。然謹難進之禮，則一官之拜，必抗章而力辭。厲易退之節，則一語不合，必奉身而亟去。其事君也，不貶道以求售。其愛民也，不徇俗以苟安。故其與世動輒齟齬。自筮仕以至屬纊，五十年間歷仕四朝，仕於外者僅九考，立於朝者四十日，道之難行也如此。然紹道統，立人極，爲萬世宗師，則不以用舍爲加損也。

果齋李氏曰：先生之道之至，原其所以臻斯閫者，無他焉，亦由主敬以立其本，❶窮理以致其知，反躬以踐其實。而敬者又貫通乎三者之間，所以成始而成終也。故其主敬也，一其内以制乎外，齊其外以養其内。内則無二無適，寂然不動，以爲酬酢萬變之主。外則儼然肅然，終日若對神明，而有以保固其中心之所存。及其久也，静虚動直，中一外融，而人不見其持守之力，則篤敬之驗也。其窮理也，虚其心，平其氣，字求其訓，句索其旨，未得乎前，則不敢求乎後，未通乎此，則不敢志乎彼。使之意定理明，而無躁易淩躐之患。心專慮一，而無貪多欲速之蔽。始以熟讀，使其言皆若出於吾之口。繼以精思，使其意皆若出於吾

❶「由」，原作「曰」，今據重修本改。

之心。自表而究裏，自流而遡源，索其精微，若別黑白，辯其節目，若數一二。而又反復以涵泳之，切己以體察之，必若先儒所謂沛然若河海之浸，膏澤之潤，涣然冰釋，怡然理順，而後爲有得焉。若乃立論以驅率聖言，鑿説以妄求新意，或援引以相糾紛，或假借以相混惑，麁心浮氣，意象匆匆，常若有所迫逐，而未嘗徘徊顧戀如不忍去，以待其浹洽貫通之功，深以爲學者之大病。不痛絶乎此，則終無入德之期。蓋自孔孟以降千五百年之間，讀書者衆矣，未有窮理若此其精者也。先生天姿英邁，視世之所屑者不啻如草芥。翛然獨與道俱，卓然獨與道立，固已迥出庶物之表。及夫理明義精，養深積盛，充而爲德行，發而爲事業。人之視之，但見其渾灝磅礴不可涯涘，而莫知爲之者。又曰：先生入以事君，則必思堯舜其君；出以治民，則必欲堯舜其民。言論風旨之所傳，政教條令之所布，固皆可爲世法。而其考諸先聖而不繆，建諸天地而不悖，百世以俟聖人而不惑者，則以訂正群書，立爲準則，使學者有所據依循守，以入於堯舜之道，此其勳烈之尤彰明盛大者。《語》、《孟》二書，世所誦習，爲之説者亦多，而析理未精，釋言未備。《大學》、《中庸》至程子始表章之。然《大學》次序不倫，闕遺未補。《中庸》雖爲完篇，而章句渾淪，讀者亦莫知其條理之粲然也。先生蒐輯先儒之説，而斷以己意，彙別區分，文從字順，妙得聖人之本旨，昭示斯道之標的。又使學者先讀《大學》以立其規模，次及《語》、《孟》以盡其藴奥，而後會其歸於《中庸》。尺度權衡之既定，由是以窮諸經，訂群史，以及百氏之書，則將無理之不可精，無事之不可處矣。又嘗集《小學》，使學者得以先正其操履。集《近思録》，使學者得以先識其門庭，羽翼四子，以相左右。蓋此六書者，學者之飲食裘葛，凖繩規矩，不可以須臾離也。聖人復起，不易斯言矣。其於《易》也，推卦畫之本體，辨三聖之旨歸，專主筮占，而實該萬變，以還潔静精微之舊。其於《詩》也，深玩辭氣，而得詩人之本意；盡削《小序》，以破後儒之臆説；妄言美刺，悉就芟夷，以復温柔敦厚之教。其於《禮》也，則以《儀禮》爲經，而取《禮記》及諸經史書所載有及於禮者，皆以附於本經之下，具列註疏諸儒之説。補其闕遺，而析其疑晦，雖不克就，而宏綱大要固已舉矣。謂《書》之出於口授者多艱澁，得於壁藏者反平易，學者當沈潛反復於其易，而不必穿鑿附會於其難。謂《春秋》正義明道，尊王賤霸，尊君抑臣，内夏外夷，乃其大義。而以爵氏、名字、日月、土地爲褒貶之例，若法家之深刻，乃傳者之鑿説。謂《周官》徧布周密，周公運用天理熟爛之書。學者既通四子，又讀一經而遂學焉，則所以治國平天下者，思過半矣。謂《通鑑》編年之體近古，因就繩以策牘之法，以綱提其要，以目紀其詳。綱倣《春秋》，而兼採群史之長。目倣左氏，而稽合諸儒之粹。褒貶大義，凜乎烈日秋霜。而繁簡相發，又足爲史家之矩範。謂諸子百家，其言多詭於聖人。獨韓子論性專指五常，最爲得之。因爲之考訂其集之同異，以傳于世。而屈原忠憤，千古莫白，亦頗爲發明其旨。樂律久亡，清濁無據，亦嘗討論本末，探測幽眇，雖未及著爲成書，而其大旨固已獨得之矣。若夫析世學之繆，辯異教之非，擣其巢穴，砭其隱微，使學者由於大中至正之則，而不躓於荆棘擭穽之塗，摧陷肅清之功，固非近世諸儒所能髣髴其萬一也。自夫子設教洙泗，以博文約禮授學者。顔、曾、思、孟相與守之，未嘗失墜。其後正學失傳，士各以意爲學。其騖於該洽者，既以聞見積累自矜，而流於泛濫駁雜之歸。其溺於徑約也，又謂不立文字，可以識心見性，而陷於曠蕩空虚之域。學者則知所傳矣，亦或悦於持敬之約，而憚於觀理之煩。先生身任道統，而廣覽載籍，先秦古書既加考索，歷代史記，國朝典章，以及古今儒生學士之作，靡不徧觀，取其所同而削其不合，稽其實用而翦其煩蕪，參伍辨證以扶經訓，而詰其舛差，秋毫不得遁焉。數千年間，世道學術、議論文詞之變，皆若身親歷於其間，而耳接目覩焉者。大本大根固已上達直遂，柯葉散殊亦皆隨其所至。究其所窮，條分派别，經緯萬端，本末巨細，包羅囊括，無所遺漏，故所釋諸書悉有依據，不爲臆度料想之説。外至文章字畫，亦皆高絶一世。蓋其包涵停蓄，溥博淵泉，故其出之者自若是其無窮也。學者據經辨疑，隨問隨析，固皆極其精要。暇而辨難古今，其應如響，愈扣愈深，亹亹不絶。及詳味而細察之，則方融貫於一理而已矣。嘗有言曰：「學者望道未見，固必即書以窮理。苟有見焉，亦當考諸書，有所證驗而後實，有所裨助而後安。不然，則德孤而與枯槁寂滅者無以異矣。潛心大業何有哉？」矧自周衰，教失禮樂，養德之具一切盡廢，所以維持此心者，惟有書耳。謂可轔轢經傳，遽指爲糟粕而不觀乎？要在以心體之，以身踐之，而勿以空言視之而已矣。以是存心，以是克己，仁豈遠乎哉？至於晚歲，德尊言立，猶以義理無窮，歲月有限，慊然有不足之意。洙泗以還，博文約禮，兩極其至者，先生一人而已。先生教人，規模廣大，而科級甚嚴，循循有序，不容躐等淩節而進。至於切己務實，辨别義利，毋自欺，謹其獨之戒，未嘗不丁寧懇到，提耳而極言之。每誦南軒張公「無所爲而然」之語，必三歎焉。晚見諸生繳繞於文義之間，深慮斯道之無傳，始頗指示本體，使深思而自得之，其望於學者益切矣。嗚呼，道之在天下未嘗亡也，而統之相傳苟非其人，則不得而與！自孟子没千有餘年，而後周、程、張子出焉，歷時未久，浸失其真。及先生出，而後合濂溪之正傳，紹鄒魯之墜緒，前聖後賢之道該偏全備，其亦可謂盛矣。蓋昔者《易》更三古，而混於八索，《詩》、《書》煩亂，《禮》、《樂》散亡，而莫克正也。夫子從而贊之、定之、删之、正之，又作《春秋》，六經始備，以爲萬世道德之宗主。秦火之餘，六經既已爛脱，諸儒各以己見妄穿鑿爲説，未嘗有知道者也。周、程、張子其道明矣，然於經言未暇釐正，一時從遊之士或昧其旨，遁而入於異端者有矣。先生於是考訂訛繆，探索深微，總裁大典，勒成一家之言，仰包粹古之載籍，下採近世之文獻，集其大成，以定萬世之法，然後斯道大明，如日中天，有目者皆可睹也。夫子之經得先生而正，夫子之道得先生而明，起斯文於將墜，覺來裔於無窮，雖與天壤俱弊可也。

吴氏壽昌曰：先生每觀一水一石，一草一木，稍清陰處，竟日目不瞬。飲酒不過兩三行，又移一處，大醉則趺坐高拱。經史子集之餘，雖記録雜説，舉輒成誦。微醺則吟哦古文，氣調清壯。某所聞見，則先生每愛誦屈原《楚騷》，孔明《出師表》，淵明《歸去來》詞，并杜子美數詩而已。

北溪陳氏曰：先生道巍而德尊，義精而仁熟。立言平正温潤，清巧的實，徹人心，洞天理，達群哲，會百聖，粹乎洙泗伊洛之緒。凡曩時有發端而未竟者，今悉該且備。凡曩時有疑辨而未瑩者，今益信且白。宏綱大義，如指諸掌，掃千百年之繆誤，爲後學一定不易之準則。辭約而理盡，旨明而味深，而其心度澄朗，瑩無查滓，工夫縝密，渾無隙漏，尤可想見於辭氣間。故孔孟周程之道，至先生而益明，所謂主盟斯世，獨惟先生一人而已。

鶴山魏氏曰：天生斯民，必有出乎其類者爲之君師，以任先覺之責。然而非一人所能自爲也，必並生錯出，交脩互發，然後道章而化成。是故有堯、舜，則有禹、皋陶。有湯、文，則有伊尹、萊朱、太公望、散宜生。各當其世，觀其會通，以盡其所當爲之分。然後天衷以位，人極以立，萬世之標準以定。雖氣數詘信之不齊，而天之愛人，閲千古如一日也。自比閭節授之法壞，射飲讀法之禮無所於行，君師之枋移於孔子，❶則又有冉、閔、顔、曾群弟子左右羽翼之，微言大義，天開日揭，萬物咸覩。自孔子没，則諸子已有不能盡得其傳者，於是子思、孟子又爲之闡幽明微，著嫌辨似，而後孔氏之道歷萬世而亡弊。嗚呼，是不曰天之所命，而誰爲之？秦漢以來，諸儒生於籍去書焚、師異指殊之後，不惟孔道晦蝕，孟氏之説亦鮮知之。千數百年間，何可謂無人，則往往孤立寡儔，倡焉莫之和也，絶

❶「枋」，重修本作「道」。

焉莫之續也。乃至國朝之盛，南自湖湘，北至河洛，西極關輔，地之相去何翅千餘里，而大儒輩出，聲應氣求，若合符節。曰極，曰誠，曰仁，曰道，曰中，曰恕，曰性命，曰氣質，曰天理、人欲，曰陰陽、鬼神，若此等類，凡皆聖門講學之樞要，而千數百年習浮踵漏莫知其説者，至是脱然如沈痾之間，大寐之醒。至于吕、謝、游、楊、尹、張、侯、胡諸儒，切磋究之，分别白之，亦幾無餘藴矣。然而絶之久而復之難，傳者寡而咻者衆也。朱文公先生始以彊志博見，淩高厲空，自受學延平李先生，退然如將弗勝，於是斂華就實，反博歸約。迨其蓄久而思渾，資深而行熟，則貫精粗，合外内，群獻之精藴，百家之異指，毫分縷析，如示諸掌。張宣公、吕成公同心協力，以閑先聖之道，而僅及中身，論述靡竟，惟先生巍然獨存。中更學禁，自信益篤。蓋自《易》、《詩》、《中庸》、《大學》、《論語》、《孟子》悉爲之推明演繹，以至《三禮》、《孝經》，下迨屈、韓之文，周、程、邵、張之書，司馬氏之史，先正之言行，亦各爲之論著。然後帝王經世之規，聖賢新民之學，粲然中興。學者習其讀，推其義，則知三才一本，道器一致。幽探乎無極、太極之妙，而實不離乎匹夫匹婦之所知。大至於位天地，育萬物，而實不外乎暗室屋漏之無愧。蓋至近而遠，至顯而微，非若棄倫絶學者之慕乎高，而譁世取寵者之安於卑也。猗其盛歟！嗚呼，帝王不作，而洙泗之教興，微孟子，吾不知大道之與異端果孰爲勝負也。聖賢既熄，而關洛之學興，微朱子，亦未知聖傳之與俗學果孰爲顯晦也。韓子謂孟子之功不在禹下，予謂朱子之功不在孟子下。

張　栻字敬夫，號南軒。

朱子曰：南軒張公生有異質，穎悟夙成，忠獻公愛之。❶ 自其幼學而所以教者，莫非忠孝仁義之實。既長，命往從胡仁仲之門問程氏學，先生一見，知其大器，即以所聞孔門論仁親切之指告之。公退而思，若有得也，以書質焉，而先生報之曰：「聖門有人，吾道幸矣。」公以是益自奮勵，直以古之聖賢自期，作《希顔録》一篇，蚤夜觀省，以自警策。所造既深遠矣，猶未敢自以爲足，則又取友四方，益務求其所未至。蓋玩索講評，踐行體驗，反覆不置者十有餘年，然後昔之所造愈深遠，而反以得乎簡易平實之地。其於天下之理，蓋皆瞭然心目之間，而實有以見其不能已者，是以決之勇，行之力，而守之固。其所以篤於君親、一於道義而没世不忘者，初非有所勉慕而强爲之也。公爲人坦蕩明白，表裏洞然，詣理既精，信道又篤，其樂於聞過而勇於徙義，則又奮厲明決，無毫髮滯吝意，故其德日新，業日廣，而所以見於論説行事之間者，上下信之至於如此。雖小人以其好惡之私，或能壅塞於一時，然至於公論之久長，蓋亦莫得而揜之也。公之教人，必使之先有以察乎義利之間，而後明理居敬以造其極。其剖析開明，傾倒切至，必竭兩端而後已。平生所著書，唯《論語説》最後出，而《洙泗言仁》、《諸葛忠武侯傳》爲成書，其他如《書》、《詩》、《孟子》、《太極圖説》、《經世編年》之屬，則猶欲稍更定焉而未及也。然

❶「公」，原脱，今據明嘉靖本《晦庵集》補。

其提綱挈領，所以開悟後學，使不迷於所鄉，其功則已多矣。蓋其常言有曰：「學莫先於義利之辯，而義也者，本心之所當爲而不能自已，非有所爲而爲之者也。一有所爲而爲之，則皆人欲之私，而非天理之所存矣。」嗚呼，至哉言也！其亦可謂擴前聖所未發，而同於性善養氣之功者歟！又曰：靖康之變，國家之禍極矣。小大之臣，奮不顧身以任其責者，蓋無幾人。而其承家之孝，許國之忠，判決之明，計慮之審，又未有如公者。雖降命不長，不克卒就其業，然其志義偉然，死而後已，則質諸鬼神而不可誣也。○某嘗竊病聖門之學不傳，而道術遂爲天下裂。士之醇慤者拘於記誦，其敏秀者衒於詞章，既皆不足以發明天理，而見諸人事。於是言理者歸於老佛，而論事者騖於管商，則於理事之正反皆有以病焉，而去道益遠矣。中間河洛之間，先生君子得其不傳之緒而推明之，然今不能百年，而學者又失其指。近歲乃幸得吾友敬夫焉，而天下之士乃有以知理之未始不該於事，而事之未始不根於理也。○孟子没而義利之説不明於天下，董相仲舒、諸葛武侯、兩程先生屢發明之，而世之學者莫之能信。是以其所以自爲者，鮮不溺於人欲之私；而其所以謀人之國家，則亦曰功利焉而已爾。自魏國張忠獻公唱明大義，以斷國論，南陽胡文定公誦説遺經，以開聖學，其託於空言，見諸行事，雖若不同，而於孟子之言，董、葛、程氏之意，則皆有所謂千載而一轍者。張公敬夫，則又忠獻公之嗣子，而胡公季子五峰先生之門人也。自其幼壯，不出家庭，而固已得夫忠孝之傳。既又講於五峰之門，以會其歸，則其所以默契於心者，人有所不得而知也。獨其見於論説，則義利之間，豪釐之辨，蓋有出於前哲之所欲言而未及究者。措諸事業，則凡宏綱大用，鉅細顯微，莫不洞然於胸次，而無一毫功利之雜。是以論道於家，而四方學者争鄉往之。入侍經帷，出臨藩屏，則天子亦味其言，嘉其績，且將倚以大用。而敬夫不幸死矣。○敬夫最不可得，聽人説話便肯改。○敬夫見識純粹，踐行純實，使人望而敬之。○敬夫學問愈高，所見卓然，議論出人意表。近讀其語説，不覺胸中洒然，誠可歎服。○敬夫見處卓然不可及，從游之久，反復開益爲多。但其天姿明敏，從初不歷階級而得之，故今日語人，亦多失之太高。○南軒見處高，如架屋相似，大間架已就，只中間少裝折。○問：先生舊與南軒反復論仁，後來畢竟合否？曰：亦有一二處未合。敬夫説本出胡氏，胡氏之説惟敬夫獨得之，其餘門人皆不曉，但云當守師之説。向來往長沙，正與敬夫辨此。○敬夫高明，他將謂人都似他，纔一説時，便更不問人曉會與否，且要説盡他箇。故他門人敏底秖學得他説話，若資質不逮，依舊無着摸。某則性鈍，讀書極是辛苦，故尋常與人言，多不敢爲高遠之論。蓋爲是身曾親經歷過，故不敢以是責人爾。《學記》曰：「進而不顧其安，使人不由其誠。」今教者之病多是如此。○學者於理有未至處，切不可輕易與之説。而敬夫爲人明快，每與學者説話，一切傾倒説出，此非不可，但學者見未到這裏，見他如此説，便不復致思，亦甚害事。某則不然，非是不與他説，蓋不欲與學者語未至之理耳。○敬夫見識極高，却不耐事。○南軒、伯恭之學皆疏。呂伯恭學耐事，却有病。

略。南軒疎略從高處去，伯恭疎略從卑處去。伯恭説道理與作爲自是兩件事，如云仁義道德與度數刑政，介然爲兩塗不可相通。他在時不曾見與某説，他死後諸門人弟子此等議論方漸漸説出來，乃云皆原於伯恭也。○贊先生像曰：擴仁義之端，至於可以彌六合。謹義利之判，至於可以析秋毫。拳拳乎其致主之功，汲汲乎其幹父之勞。仡仡乎其任道之勇，卓卓乎其立心之高。知之者識其春風沂水之樂，不知者以爲湖海一世之豪。彼其揚休山立之姿，既與其不可傳者死矣。觀於此者，尚有以卜，其見伊、吕而失蕭、曹也耶。

性理大全書卷之四十一

性理大全書卷之四十二

諸儒四

呂祖謙字伯恭，號東萊。

朱子曰：伯恭説義理大多傷巧，未免杜撰。○問：東萊博學多識則有之矣，守約恐未也。曰：然。○某嘗謂人讀書寧失之拙，不可失之巧；寧失之低，不可失之高。伯恭之弊盡在於巧。○問東萊之學。曰：伯恭於史分外子細，於經却不甚理會。○東萊聰明，看文理却不子細。向嘗與較《程易》到噬嗑卦「和而且治」，一本「治」作「洽」，據「治」字於理爲是，他硬執要做「洽」字。「和」已有「洽」意，更下「洽」字不得。緣他先讀史多，所以看麄着眼。讀書須是以經爲本，而後讀史。○伯恭教人看文字也麄。有以《論語》是非問者，伯恭曰：「公不會看文字，管他是與非做甚？但有益於我者，切於我者，看之足矣。」且天下須有一箇是與不是，是處便是理，不是處便是咈理，如何不理會得？○東萊《文鑑》編得泛，然亦見得淺。○伯恭所編《奏議》皆優柔和緩者，亦未爲全是。今丘宗卿作序者，是舊所編，後脩《文鑑》不止乎此，更添入。○東萊自不合做這《大事記》，他那時自感疾了，一日要做一年，若不死，自漢武至五季只千來年，他三年自可了此文字。人多云其解題煞有工夫，其實他當初作題目却煞有工夫，只一句要包括一段意。解題只見成，檢令諸生寫。伯恭病後，既免人事應接，免出做官。若不死，大段做得文字。○問伯恭《少儀外傳》多瑣碎處。曰：人之所見不同。某只愛看人之大體大節、磊磊落落處，這般瑣碎便懶看。伯恭又愛理會這處，其間多引忍恥之說，最害義。緣他資質弱，與此意有合，遂就其中推廣得大。想其於忠臣義士死節底事，都不愛。他亦有詩，說張巡、許遠那時不應出來。○伯恭宗太史公之學，以爲非漢儒所及，某嘗痛與之辨。子由《古史》言馬遷「淺陋而不學，疎略而輕信」。此二句最中馬遷之失，伯恭極惡之。《古史》序云：「古之帝王，其必爲善，如火之必熱，水之必寒。其不爲不善，如騶虞之不殺，竊脂之不穀。」此語最好。某嘗問伯恭：「此豈馬遷所能及？」然子由此語雖好，又自有病處，如云「帝王之道以無爲爲宗」之類。他只說得箇頭勢大，下面工夫又皆空疎。亦猶馬遷《禮書》云：「大哉禮樂之道，洋洋鼓舞萬物，役使群動。」說得頭勢甚大，然下面亦空疎，却引荀子諸說以足之。又如《諸侯年表》盛言「形勢之利，有國者不可無」，末却云「形勢雖强，要以仁義爲本」。他上文本意主張形勢，而其末却如此說者，蓋他也知仁義是箇好底物事，不得不說，且說教好看。如《禮書》所云，亦此意也。伯恭極喜渠此等說，以爲遷知行夏之時，乘殷之輅，服周之冕，爲得聖人爲邦之法，非漢儒所及。此亦衆所共知，何必馬遷？然遷嘗從董仲舒游，《史記》中有「余聞之董生」云，此等語言亦有所自來也。遷之學也說仁義，也說詐力，也用權謀，也用功利，然其本意，却只在於權謀功利。孔子說伯夷「求仁得仁，又何怨」？他一傳中首尾皆是怨辭，盡説壞了伯夷。子由《古史》皆删去之，盡用孔子之語作傳，豈可以子由爲非，馬遷爲是？聖賢以六經垂訓，炳若丹青，無非仁義道德之説。今求義理不於六經，而反取踈略淺陋之子長，亦惑之甚矣。○贊先生像曰：以一身而備四氣之和，以一心而涵千古之祕。推其有，足以尊主而庇民；出其餘，足以範俗而垂世。然而狀貌不踰於中人，衣冠不詭於流俗。迎之而不見其來，隨之而莫覩其躅。矧是丹青，孰形心曲？惟嘗見之者於此而復見之焉，則不但遺編之可續而已。

西山真氏曰：吕成公所傳，中原之文獻也；其所闡繹，河洛之微言也。扶持絶學，有千載之功；教育英材，有數世之澤。及慶元初，孽臣始竊大柄，大愚以一太府丞抗疏，顯斥其姦，孤忠凛然，之死不悔。迨其晚年，義精仁熟，有成公之風焉。

陸九淵字子静，號象山。

朱子曰：陸子静説只是一心，一邊屬人心，一邊屬道心，那時尚説得好在。○子静説克己復禮，云不是克去己私利欲之類，别自有箇克處，又却不肯説破。某嘗代之下語，云不過是要言語道斷，心行路絶耳。因言此是陷溺人之深坑，學者切不可不戒。○問：子静不喜人説性。曰：怕只是自理會不曾分曉，怕人問難，又長大了，不肯與人商量，故一截截斷了。然學而不論性，不知所學何事。○某向與子静説話，子静以爲意見。某曰：邪意見不可有，正意見不可無。子静説此是閑議論。某曰：閑議論不可議論，合議論則不可不議論。又曰：

《大學》不曾説無意，而説誠意。若無意見，將何物去擇乎中庸？將何物去察邇言？《論語》無意，只是要無私意，若是正意，則不可無。又曰：他之無意見，則是不理會理，只是胡撞將去。若無意見，成甚麽人在這裏！○問：告子「不得於言，勿求於心」。曰：子静不著言語，其學正似告子，故常諱這些子。又問：陸嘗云人不惟不知孟子高處，也不知告子高處。曰：試説看，陸只鶻突説過。又曰：陸子静説告子也高，也是他尚不及告子。告子將心硬制得不動，陸遇事未必皆能不動。○向來見子静與王順伯論佛，云「釋氏與吾儒所見亦同，只是義利公私之間不同」。此説不然，如此却是吾儒與釋氏同一箇道理。若是同時，何緣得有義利不同？只被源頭便不同，吾儒萬理皆實，釋氏萬理皆空。又曰：他尋常要説集義所生者，其徒包敏道至説成襲義而取，却不説義集而取之，他説如何？陳正淳曰：他説須是實得，如義集只是强探力取。曰：謂如人心知此義理，行之得宜，固自内發。人性質有不同，或有魯鈍，一時見未到得，别人説出來，反之於心，見得爲是而行之，是亦内也。人心所見不同，聖人方見得盡。今陸氏只是要自渠心裏見得底，方謂之内。若别人説底，一句也不是。才自别人説出，便指爲義外，如此乃是告子之説。如生而知之與學而知之、困而知之，安而行之與利而行之、勉强而行之，及其知之、行之則一也，豈可一一須待自我心而出，方謂之内？所以指文義而求之者，皆不爲内，故自家才見得如此，便一向執着。將聖賢言語便亦不信，更不去講貫，只是我底是，其病痛只在此。只是專主生知安行，而學知以下，一切皆廢。又只管理會一貫，理會一。且如一貫，只是萬理一貫，無内外本末隱顯精粗皆一以貫之。此政同歸殊塗，百慮一致，無所不備。今却不教人恁地理會，却只尋箇一，不知去那裏討頭處？○子静之學，看他千般萬般病，只在不知有氣稟之雜，把許多麄惡底氣都做心之妙理，合當恁地，自然做將去。向在鉛山，得他書云：「看見佛之所以與儒異者，止是他底全是利，吾儒止是全在義。」某答他云：「公亦只見得第二著。」看他意只説吾儒絶斷得許多利欲，便是千了百當，一向任意做出都不妨。不知初自受得這氣稟不好，今才任意發出許多不好底，也只都做好商量了，只道這是胸中流出自然天理。不知氣有不好底夾雜在裹，一齊衮將去，道害事不害事。看子静書，只見他許多麄暴底意思可畏。其徒都是這樣，才説得幾句，便無大無小，無父無兄，只我胸中流出底是天理，全不著得些工夫。看來這錯處，只在不知有氣稟之性。○或説象山説克己復禮，不但只是欲克去那利欲忿懥之私，只是有一念要做聖賢，便不可。曰：聖門何嘗有這般説話？人要去學聖賢，此是好底念慮，有何不可？若以爲不得，則堯舜之兢兢業業，周公之思兼三王，孔子之好古敏求，顔子之有爲若是，孟子之願學孔子之念，皆當克去矣。看他意思只是禪。誌公云：「不起纖毫修學心，無相光中常自在。」他只是要如此，然豈有此理？又曰：子静説話常是兩頭明，中間暗。或問暗是如何？曰：是他那不説破處。他所以不説破，便是禪家所謂「鴛鴦繡出從君看，莫把金針度與人」。他禪家自愛如此。子静説良知、良能、四端等處，且成片舉似經語，不可謂不是。但説人便能如此，不假脩爲存養，此却不得。譬如旅寓之人，自家不能送他回鄉，但與説云：「你自有田有屋，大段快樂，何不便回去？」那人既無資送，如何便回去得？又如脾胃傷弱，不能飲食之人，却硬要將飯將肉塞入他口，不問他喫得與喫不得。若是一頓便理會得，亦豈不好？然非生知安行者，豈有此理？便是生知安行，也須用學。大抵子思説率性，孟子説存心養性，大段説破。夫子更不曾説，只説孝弟忠信篤敬。蓋能如此，則道理便在其中矣。○子静云：「涵養是主人翁，省察是奴婢。」陳正己力排其説，曰：子静之説無定，常要云今日之説自如此，明日之説自不如此。大抵他只要拗，才見人説省察，他便反而言之，謂須是涵養。若有人向他説涵養，他又言須是省察以勝之。自渠好爲訶佛罵祖之説，致令其門人以夫子之道反害夫子。○問：象山道「當下便是」。曰：看聖賢教人，曾有此等語無？聖人教人，皆從平實地上做去。所謂「克己復禮，天下歸仁」，須是先克去己私方得。孟子雖云「人皆可以爲堯舜」，也須是「服堯之服，誦堯之言，行堯之行」方得。聖人告顏子以「克己復禮」，告仲弓以「出門如見大賓，使民如承大祭」，告樊遲以「居處恭，執事敬，與人忠」，告子張以「言忠信，行篤敬」，這箇是説甚底話？又平時告弟子，也須道是「學而時習」，「行有餘力，則以學文」，又豈曾説箇當下便是底語？大抵今之爲學者有二病，一種只當下便是底，一種便是如公平日所習底。却是這中間一條路，不曾有人行得。而今人既不能知，但有聖賢之言可以引路。聖賢之言分分曉曉，八字打開，無些子回互隱伏説話。○因説子静云：這箇只争些子，才差了便如此。他只是差過去了，更有一項却是不及。若使過底，拗轉來却好；不及底，趲向上去却好。只緣他纔高了，便不肯下；纔不及了，便不肯向上。過底便道只是就過裏面求箇中，不及底也道只就不及裏面求箇中。初間只差了些子，所謂「差之毫釐，繆以千里」。又曰：某看近日學問高者，便説做天地之外去，卑者便只管陷溺。高者必入於佛老，卑者必入於管商。定是如此，定是如此！○陸氏會説，其精神亦能感發人，一時被他聳動底，亦便清明。只是虚，更無底簟。思而不學則殆，正謂無底簟便危殆也。「山上有木，漸，君子以居賢德善俗。」有階梯而進，不患不到。今其徒往往進時甚鋭，然其退亦速。纔到退時，便如墜千仞之淵。○問：子静「君子喻於義」口義。曰：子静只是拗。伊川云「惟其深喻，是以篤好」。子静必要云「好後方喻」。看來人之於義利，喻而好者多。若全不曉，又安能好？然好之則喻矣，畢竟伊川説占得多。

朱子門人

朱子曰：蔡神與博學强記，高簡廓落，易象之文，地理之説，無所不通。季通承父志，學行之餘，尤邃律歷，討論定著，遂成一家之言，使千古之誤曠然一新，而遡其源流，皆有成法。○季通有精詣之識，卓絶之才，不可屈之志，不可窮之辯。○南軒云亡，吾道益孤，朋友亦難得十分可指擬者。黄直卿明睿端莊，造詣純篤，斯道有望於直卿者不輕。○輔漢卿身在都城俗學聲利場中，而能閉門自守，味衆人之所不味，更幾勉力，卒究大業。○陳安卿論顔子卓爾之説甚善，論大本達道意甚備。若得不容己處，即自可默會矣。○陳才卿一室蕭然，有以自樂，令人敬歎。日用工夫精進如此，尤爲可喜。若知此心此理端的在我，則參前倚衡自有不容舍者。○徐子融志趣操守非他人所及，大率志氣剛決痛快，無支離纏繞之弊。余正叔在此無日不講説，終是葛藤不斷也。方叔看得道理儘自穩實。○廖德明學有根據，爲政能舉先王已墜之典，以活中路無告之人，固學道愛人之君子所樂聞而願爲者。○方賓王爲學之意親切的當，而不失其序，近日所見朋友講習，未有能及此者。○鄭子上説《易》、《中庸》甚子細，論人心道心之説，比舊益精密矣。○晏亞夫進學意氣頗多激昂，而心志未甚凝定，於日用之間，益加持敬工夫，則見得本來明德之體用動静如一矣。

勉齋黄氏曰：晦翁先生之門從遊者多矣。季通之來，先生必留數日，往往通夕對床不暇寢。從先生游者，歸必過其家，聽其言論不忍去，去皆充然有所得也。其負英邁之氣，藴該洽之學，智極乎道德性命之原，行謹乎家庭唯諾之際，於先生之門可謂傑然者矣。

西山真氏曰：季通師事文公，文公顧曰「季通吾老友也」。凡性與天道之妙，他弟子不得聞者，必以語季通焉。異篇奥傳，微辭邃旨，先令討究而後折衷。先生於經無所不通，嘗語三子曰：「淵，汝宜紹吾易學。」曰：「沉，汝宜演吾皇極數。」而《春秋》則以屬知方焉。○仲默自勝衣趣拜，入則服膺父教，出則從晦庵游。晦庵晚年訓傳諸經略備，獨《書》未及爲，環眂門下生求可付者，遂以屬仲默。《洪範》之數，學者久失其傳，西山獨心得之，然未及論著，亦曰「成吾書者，沉也」。

雲莊劉氏曰：季通天資高，聞道早，於書無所不讀，於事無所不講，明陰陽消長之運，達古今盛衰之理，上稽天時，下考人事，皆有明證。若禮樂兵制度數，皆正其流而會于一。方技曲學異端邪説，悉拔其根而辨其非。凡古書奇辭奧旨，人所不能讀者，一見即解。文公嘗曰：「人讀易書難，季通讀難書易。」又曰：「造化微妙，惟深於理者能識之。吾與季通言，而未嘗厭也。」先生處家，以孝弟忠信儀刑子孫；而其教人也，以性與天道爲先。自本而支，自源而流，聞者莫不興起。嘗言文公教人以訓詁文義爲先，下學上達固是常序，然世衰道微，邪説交作，學者未知本原，未必不惑於異端之説也，故文公晚年接引後學，亦無隱焉。

李士英《言行録》曰：西山從晦翁游最久，精識博聞，同輩皆不能及。義理大原固已心通意解，尤長於天文、地理、樂律、曆數、兵陣之説。凡古書盤錯肯綮，學者讀之不能以句，元定爬梳剖析，細入秋豪，莫不暢達。晦翁論《易》，推本河圖、洛書、邵氏《皇極經世書》先天圖，往往多與元定往復而有發焉。○仲默年僅三十，即屏去舉子業，一以聖賢爲師。平居仰觀俯察，默坐終晷，瞭然有見於天地之心，萬物之情，反求諸躬，衆理具備，信前聖之言不予欺也。○仲默父師之託，凛凛焉常若有負。蓋沉潛反復者數十年，然後克就。其於《書》也，考序文之誤，訂諸儒之説，以發明二帝三王群聖賢用心。《洪範》、《洛誥》、《秦誓》諸篇，往往有先儒所未及者。其於「洪範」數也，謂「體天地之撰者，易之象；紀天地之撰者，範之數。數始於一奇，象成於二偶。奇者，數之所以立；偶者，象之所以在。故二四而八，八卦之象也。三三而九，九疇之數也。由是八八而又八之爲四千九十六，而象備矣。九九而又九之爲五百六十一，而數周矣。《易》更四聖而象已著，《範》錫神禹而數不傳。後之作者昧象數之源，窒變通之妙，或即象而爲數，或反數而擬象。《洞極》有書，《潛虛》有圖，非無作也。牽合傅會，自然之數益晦焉。嗟夫，天地之所以肇，人物之所以生，萬事之所以得失，莫非數也。數之體著於形，數之用妙於理。非窮神知化者，曷足以語此」？仲默於二書闡發幽微至於如此，真不媿父師之託哉！

董氏玓曰：勉齋先生得紫陽之正傳，造詣精深，而見於講説者，特簡易明白，的當痛快，讀之使人興起。

黄氏瑞節曰：蔡氏祖子孫三世一轍。朱子云：「蔡神與所以教其子者，不干利禄而開之以聖賢之學，其志識高遠，非人所及。」

真德秀字景元，後更希元，號西山。

勉齋黄氏曰：西山在朝，屢進危言，力扶大義，公論藉以開明，善類爲之踊躍。

吴郡李氏曰：子朱子沉潛乎性命，而發越乎詞章。先生心得其傳，汪洋乎翰墨，沉浸乎仁義，所入雖不同，其見於道一也。子朱子之道不盡行於時，故私淑諸其徒。先生之道方大顯于世，蓋將公利澤於民物。所遭雖不同，其衣被萬世亦一也。

邵庵虞氏曰：先生《大學衍義》之書，本諸聖賢之學，以明帝王之治；據已往之跡，以待方來之事；慮周乎天下，憂及乎後世；君人之軌範，蓋莫備於斯焉。董仲舒曰：「人主而不知《春秋》，前有讒而不知，後有賊而不見。」此雖未敢上比於《春秋》，然有天下國家者，誠反覆於其言，則治亂之別，得失之故，情僞之變，其殆庶幾無隱者矣！

史傳云：自韓侂胄立僞學之名以錮善類，凡近世大儒之書皆顯禁以絶之。德秀晚出，獨慨然以斯文自任，講習而服行之。黨禁既開，而正學遂明于天下後世，多其力也。

魏華父字了翁，號鶴山。

邵庵虞氏曰：孔子、顔子殁，其學不傳。曾子以其傳授子思，而孔子之精微益以明著，孟子得以擴而充之。後千五百年以至于宋，汝南周氏始有以繼顔子之絶學，傳之程伯淳氏。而正叔氏又深有取於曾子之學，以成己而教人。而張子厚氏又多得於孟子者也。顔曾之學均出於夫子，豈有異哉？固其資之所及，而用力有不同焉者爾。朱元晦氏論定諸君子之言，而集其成。一時小人用事，惡其厲己，倡邪説以爲之禁，士大夫身蹈其禍，而學者公自絶以苟全。論世道者，能無衋然于茲乎？方是時，臨邛魏華父起於白鶴山下，奮然有以倡其説於摧廢之餘，拯其弊於口耳之末。故其立朝，惓惓焉以周程張朱四君子易名爲請，尊其統而接其傳，非直爲之名也。又曰：魏氏之爲學，即物以明義，反身以求仁，審夫小學文藝之細，以推乎典禮會通之大。本諸平居屋漏之隱，而充極於天地鬼神之著，巖巖然立朝之大節，不以夷險而少變。而立言垂世，又足以作新乎斯人，蓋庶幾乎不悖不惑者矣。若夫聖賢之書，實由秦漢以來諸儒誦而傳之，得至于今。其師弟子之所授受，以顓門相尚，雖卒莫得其要，然而古人之遺制，前哲之緒言，或者存乎其間，蓋有不可廢者。自濂洛之説行，朱氏祖述而發明之，於是學者知趨乎道德性命之本，廓如也。而從事於斯者，誦習而成言，惟日不足，所以博文多識之事若將略焉，則亦有所未盡者矣。況乎近世之弊，好爲鹵莽，其求於此者或未切於身心，而攷諸彼者曾弗及於詳博。於是傳注之所存者，其舛譌牴牾之相承，既無以明辨其非是。而名物度數之幸在者，又不察其本原。誠使有爲於世，何以徵聖人制作之意，而爲因革損益之器哉？魏氏又有憂於此也，故其致知之日，加意於《儀禮》、《周官》、大小戴之《記》。及取九經注疏、正義之文，據事別類而録之，謂之《九經要義》。其志將以見夫道器之不離，而有以正其臆説聚訟之惑世。此正張氏以禮爲教，而程氏所以有徹上徹下之語者也。

許　衡字平仲，號魯齋。

牧庵姚氏曰：先生之學，一以朱子之言爲師，窮理以致其知，反躬以踐其實。始而行其家，中而及之人。故于魏、于輝、于秦，摳衣其門，所在林立，盛德之聲昭聞于時。官諸胄學，其教也，入德之門始惟由《小學》而四書。講貫之精，而後進于《易》、《書》、《詩》、《春秋》耳。提面命者，莫不以孝弟忠信爲本，四方化之。雖吏爲師刀筆筐篋之流，父以之訓其子，兄以之勗其弟者，亦惟以是爲先。語述作固不及朱子之富，而扶植人極，開世太平之功，不慚德焉。

耶律氏有尚曰：雪齋姚樞隱蘇門，傳伊洛之學於南士趙復仁甫，先生即詣蘇門訪求之，得伊川《易傳》、晦庵《論孟集註》、《大學中庸章句》、《或問》、《小學》等書。讀之深有默契于中，遂一一手寫以還。聚學者謂之曰：「昔所授受，殊孟浪也。今始聞進學之序，若必欲相從，當悉棄前日所學章句之習，從事於《小學》洒掃應對，以爲進學之基。不然，則當求他師。」衆皆唯。遂悉取向來簡帙焚之，使無大小皆自《小學》入。先生亦旦夕精讀不輟，篤志力行，以身先之，雖隆寒盛暑不廢也。○先生自得伊洛之學，冰釋理順，美如芻豢。嘗謂終夜以思，不知手之舞、足之蹈。○先生天資弘毅，卓然有守，其恭儉正直出於天性。雖艱危窮阨之際，所守益堅，而好學不倦。聞一善言，見一善行，不啻飢渴。於名利紛華，畏若探湯，誠心自然，人皆信之。建元以來十被召旨，未嘗不起，然卒不肯枉尺直尋而去。每入對，則衆皆注意而聽之，衛士或舉手加額曰：「是欲澤被生民者也。」

圭齋歐陽氏曰：先生自謹獨之功，充而至於天德、王道之蘊，故告世祖治天下之要，惟曰王道。及問其功，則曰三年有成。是以啓沃之際，務以堯舜其君、堯舜其民爲己任。由其真積力久，至誠交孚，言雖剴切，終無以忤。至於其身之進退，則凛若萬夫之勇，何可以利禄誘而威武屈也？晚年義精仁熟，躬備四時，道出萬物之表。無事而静，則太空晴雲，舒卷自如；應物而動，則雷雨滿盈，草木甲拆。事至而不凝，事過而無迹。四方之人聞之而知敬，望之而知畏，親之而知愛，遠之而知慕。求其所以然，則惟見其胸中磅礴浩大，人欲净盡，天理流行，動静語默，無往而非斯道之著形也。又曰：先生天資之高，固得不傳之妙於聖賢之遺言。然淳篤似司馬君實，剛果似張子厚，光霽似周茂叔，英邁似邵堯夫，窮理致知、擇善固執似程叔子、朱元晦。至於體用兼該，表裏洞徹，超然自得於不動而敬、不言而信之域者，又有濂洛數君子所未發者焉。宜夫抗萬鈞之勢而道不危，擅四方之名而行無毀。

邵庵虞氏曰：南北未一，許文正公先得朱子之書，伏讀而深信之，持其説以事世祖，而儒者之道不廢，許公實啓之。是以世祖以來，不愛名爵以起天下之處士，雖所學所造各有以自見，其質諸聖賢而不悖，俟乎百世而不惑者，論者尚慊然也。

陳氏剛曰：魏國文正公出，學者翕然師之。其學尊信朱子，而濂洛之道益明。使天下之人皆知誦習程朱之書以至於今者，公之力也。

吴　澄字幼清，號草廬。

邵庵虞氏曰：孟子殁，千五百年而周子出，河南兩程夫子爲得其傳。時則有若張子精思以致其道，其迥出千古，則又有邵子焉。邵子之學既無傳，而張子之殁，門人往往卒業於程氏。程門學者篤信師説，各有所奮力以張皇斯道，奈何世運衰微，民生寡佑，而亂亡隨之矣，悲夫！斯道之南，豫章、延平高明純潔，又得朱子而屬之。百有餘年間，師弟子之言折衷無復遺憾，求之書，蓋所謂集大成者。時則有若陸子静氏，超然有得於孟子「先立乎其大者」之旨。其於斯文互有發明，學者於焉可以見其全體大用之盛，而二家門人區區異同相勝之淺見，蓋無足論也。先生之生，炎運垂息，自其髫齓，特異常人。得斷簡於衆遺，發新知於卓識。盛年英邁，自任以天下斯文之重，蓋不可禦也。摧折窮山，壯志莫遂，艱難避地，垂十數年。其所以自致於聖賢之道者，日就月將矣。歷觀近代進學之勇，其孰能過之？○許文正公爲祭酒，門人守其法，久之寖失其舊。先生繼至，深閔乎學者之日就荒唐，而徒從事於利誘也。思有以作新之，於是六館諸生，以次授業。晝退堂後寓舍，則執經者隨而請問，先生懇懇循循，其言明白痛切。因其才質之高下，聞見之淺深，而開導誘掖之。使其刻意研窮，以究乎精微之藴；反身克治，以踐乎進脩之實。講論不倦，每至夜分，寒暑不廢。於是一時游觀之彦，雖不列在弟子員者，亦皆有所觀感而興起矣。嘗與人書曰：「天生豪傑之士不數也。夫所謂豪傑之士，以其知之過人，度越一世而超出等夷也。戰國之時，孔子徒黨盡矣，充塞仁義若楊墨之徒，又滔滔也。而孟子生乎其時，獨願學孔子，而卒得其傳。當斯時也，曠古一人而已，真豪傑之士哉！孟子殁，千有餘年，溺於俗儒之陋習，淫於老佛之異教，無一豪傑之士生於其間。至于周程張邵，一時迭出，非豪傑其孰能與於斯乎？又百年，子朱子集數子之大成，則中興之豪傑也。以紹朱子之統自任者，果有其人乎？」

揭氏傒斯曰：先生磨研六經，疏滌百氏，綱明目張，如禹之治水。雖未獲任君之政，而著書立言，師表百世，又豈一才一藝所得並哉？其學之源，則見于《易》、《書》、《春秋》、《禮記》諸《纂言》。其學之敘，則見於《學基》、《學統》諸書。而深造極詣，尤莫尚於邵子。其所著書及文章，皆行于世。公隱居時，有草屋數間，程文憲公過而署之，曰「草廬」。〇元文敏公明善以學自命，問《易》、《詩》、《書》、《春秋》，歎曰：「與吴先生言，如探淵海。」

性理大全書卷之四十二

性理大全書卷之四十三

學一

小學

程子曰：古人雖胎教與保傅之教，猶勝今日庠序鄉黨之教。古人自幼學，耳目游處所見皆善，至長而不見異物，故易以成就。今日自少所見皆不善，纔能言便習穢惡，日日銷鑠，更有甚天理？○古之人自能食能言而教之，是故大學之法以豫爲先。蓋人之幼也，智愚未有所主，則當以格言至論日陳於前，盈耳充腹，久自安習，若固有之者。日復一日，雖有讒説搖惑，不能入也。若爲之不豫，及乎稍長，意慮偏好生於内，衆口辨言鑠於外，欲其純全，不可得已。○人多以子弟輕俊爲可喜，而不知其可憂也。有輕俊之質者，必教以通經學使近本，而不以文辭之末習，則所以矯其偏質，而復其德性也。○勿謂小兒無記性，所歷事皆能不忘。故善養子者，當其嬰孩鞠之，使得所養，全其和氣。乃至長，而性美教之，示以好惡有常。至如養犬者，不欲其升堂，則時其升堂而扑之。若既扑其升堂，又復食之於堂，則使孰從？雖日撻而求其不升，不可得也。養異類且爾，況人乎？故養正者，聖人也。

朱子曰：古者初年入小學，只是教之以事，如禮、樂、射、御、書、數，及孝弟忠信之事。自十六七入大學，然後教之以理，如致知格物，及所以爲忠信孝弟者。○古人自入小學時，已自知許多事了。至入大學時，只要做此工夫。今人全未曾知此。古人只去心上理會，至去治天下，皆自心中流出。今人只去事上理會。○古人小學養得小兒子誠敬善端發見了。然而大學等事，小兒子不會推將去，所以又入大學教之。○古人便都從小學中學了，所以大來都不費力。如禮、樂、射、御、書、數，大綱都學了。及至長大，也更不大段學，便只理會窮理致知工夫。而今自小失了，要補填實是難。但須莊敬誠實，立其基本，逐事逐物理會道理。待此通透意誠心正了，就切身處理會，旋旋去理會禮、樂、射、御、書、數。今則無所用乎御，如禮、樂、射、書、數，也是合當理會底，皆是切用。但不先就切身處理會得道理，便教考究得些禮文制度，又干自家身己甚事？○古人小學教之以事，便自養得他心不知不覺自好了。到得漸長漸更歷，通達事物，將無所不能。今人既無本領，只去理會許多閑汩董，百方措置思索，反以害心。○問：大學與小學不是截然爲二，小學是學其事，大學是窮其理以盡其事否？曰：只是一箇事。小學是學事親，學事長，且直理會那事。大學是就上面委曲詳究那理，其所以事親是如何，所以事長是如何。古人於小學存養已熟，根基已深厚，到大學只就上面點化出些精彩。古人自能食能言，便已教了。一歲有一歲工夫，到二十時，聖人資質已自有二三分，大學只出治光彩。又曰：如今全失了小學工夫，只得教人且把敬爲主，❶收斂身心，却方可下工

❶「只得」，四庫本無。

夫。或云敬當不得小學，某看來小學却未當得敬，敬已是包得小學。敬是徹上徹下工夫，雖做得聖人田地，也只放下這敬不得。如堯舜，也終始是一箇敬。如說「欽明文思」，頌堯之德，四箇字獨將這箇敬做擗初頭。如說「恭己正南面而已」，如說「篤恭而天下平」，皆是。○陸子壽言古者教小子弟，❶自能言能食即有教，以至灑掃應對之類，皆有所習，故長大則易語。今人自小即教做對，稍大即教作虛誕之文，皆壞其性質。○天命非所以教小兒，教小兒只說箇義理大概，只眼前事，或以灑掃應對之類作段子亦可。每嘗疑《曲禮》「衣毋撥，足毋蹶。將上堂，聲必揚。將入户，視必下」等叶韻處，皆是古人初教小兒語。《列女傳》孟母又添兩句曰：「將入門，問孰存。」○教小兒讀詩不可破章。又曰：授書莫限長短，但文理斷處便住。若文勢未斷者，雖多授數行亦不妨。蓋兒時讀書，終身改口不得。嘗見人教兒讀書限長短，後來長大後都念不轉。如訓詁則當依古註。問：向謂小兒子讀書未須把近代解說底音訓教之，却不知解時如何？若依古註，恐他不甚曉。曰：解時却須正說始得。若大段小底，又却只是粗義，自與古註不相背了。○嘗訓其子曰：起居坐立，務要端莊，不可傾倚，恐至昏怠。出入步趨，務要凝重，不可票輕，以害德性。以謙遜自牧，以和敬待人。凡事切須謹飭，無故不須出入。少說閑話，恐廢光陰。勿觀雜書，恐分精力。早晚頻自點檢所習之業，每旬休日將一旬內書温習數過。勿令心少有放佚，則自然漸

❶「子弟」，四庫本作「弟子」。

近道理，講習易明矣。○問：女子亦當有教。自《孝經》之外，如《論語》只取其面前明白者教之，如何？曰：亦可。如曹大家《女戒》，温公《家範》亦好。○問：《小學》載樂一段，不知今人能用得否？曰：姑使知之。古人自小即以樂教之，乃是人執手提誨，到得大來涵養已成，稍能自立便可。今人既無此，非志大有所立，因何得成立？○因論小學，曰：古者教必以樂，後世不復然。問：此是作樂使之聽，或其自作？曰：自作。若自理會不得，自作何益？古者國君備樂，士無故不去琴瑟，日用之物無時不列於前。○《弟子職》「所受是極」，云受業去後，須窮究道理到盡處也。「毋驕恃力」，如恃氣力，欲胡亂打人之類。蓋自小便教之以德，教之以尚德不尚力之事。○後生初學，且看《小學》之書，那是做人底樣子。○《小學》多説那恭敬處，少説那防禁處。又曰：前賢之言須是真箇躬行佩服，方始有功。不可只如此説過，不濟事。○問：《小學》「父慈而教，子孝而箴」。曰：人既自有箇良知良能了，聖賢又恁地説，直要人尋教親切。「父慈而教，子孝而箴。」看我是能恁地不恁地。《小學》所説，教人逐一去上面尋許多道理。到著《大學》，亦只是這道理。又教人看得親切實如此，不是胡亂恁地説去。○問：某今看《大學》，如《小學》中有未曉處，亦要理會？曰：相兼看亦不妨。學者於文爲度數，不可存終理會不得之心。須立箇大規模，都要理會得。至於其明其暗，則係乎人之才如何耳。

東萊吕氏曰：教小兒當以正，不可便使之情竇日開。○問：教小兒以何爲先？曰：先教以恭謹，不輕忽，不躐等，讀書乃餘事。今之有資質者，父兄便教以科舉之文，不容不躐等。皆因父兄無識見，至有以得一第便爲成材者。○後生學問，且須理會《曲禮》、《少儀》、《儀禮》等，學灑掃應對進退之事，及先理會《爾雅》訓詁等文字，然後可以語上。下學而上達，自此脱然有得，自然度越諸子也。不如此，則是躐等犯分陵節，終不能成。孰先傳焉，孰後倦焉，不可不察也。

西山真氏曰：《小學》之書，先載胎教之法，而後以《内則》之文繼之。《列女傳》曰：「古者婦人妊子，寢不側，坐不邊，立不蹕，不食邪味，割不正不食，席不正不坐，目不視邪色，耳不聽淫聲。夜則令瞽誦詩，道正事。如此則生子形容端正，才德過人矣。」❶此言妊子之時，必慎所感，感於善則善，感於惡則惡也。合《列女傳》與《内則》二篇觀之，則《小學》之教略備矣。

魯齋許氏曰：《小學》内明父子之親，言凡爲人子，爲人婦，幼男與未嫁女子，皆當盡愛盡敬，不敢自專，事親之道也。○凡人幼小時，不引得正，後便難了，如字畫端楷之類是也。

臨川吴氏曰：古之教者，子能食而教之食，子能言而教之言。欲其有别也，而教之以異處。欲其有讓也，而教之以後長。因其良知良能而導之，而未及乎讀誦也。教之數，教之方，教之日，與夫學書計，學幼儀，則既辨名物矣，而亦非事夫讀誦也。弟子之職曰孝、曰弟、曰謹、曰信、曰愛、曰親，行之有餘力而後學文。今世童子甫能言，不過教以讀誦而已。其視古人之教何如

❶「德」，原脱，今據四部叢刊景明本《古列女傳》卷一補。

也？然古人豈廢讀誦哉？戴氏《記》拾《曲禮》遺經，句三言，或四言。管氏書載《弟子職》一篇，句四言，或五言、六言。皆韻語，句短而音諧，蓋取其讀誦之易，而便於童習也。古書闕而教法泯，俗間教子率以周興嗣《千文》、李瀚《蒙求》開其先，讀誦雖易，而竟何所用？士大夫之家頗欲知其無用而舍旃。童習之初，遽授《小學》、《孝經》等書，字語短長，參差不齊，往往不能以句。教者强揠，而學者苦其難，又胡能使之樂學哉？程子嘗欲作詩，略言教童子灑掃應對事長之節，而不果作。陳氏五言禮詩近之，而有未備，君子病焉。

總論爲學之方

程子曰：學也者，使人求於內也。不求於內而求於外，非聖人之學也。何謂求於外？以文爲主者是也。學也者，使人求於本也。不求於本而求於末，非聖人之學也。何謂求於末？考詳略、採同異者是也。是二者無益於德，君子弗之學也。○名數之學，君子學之而不以爲本也。言語有序，君子知之而不以爲始也。○義之精者，須是自求得之。如此，則善求義也。○學莫貴於自得。得非外也，故曰自得。學而不自得，則至老而益衰。○自得者，所守不變。自信者，所守不疑。○解義理若一向靠書册，何由得居之安，資之深？不惟自失，兼亦誤人。○古之學者優柔厭飫，有先後次序。今之學者却只做一場話說，務高而已。常愛杜元凱語「若江海之浸，膏澤之潤，渙然冰釋，怡然理順，然後爲得也」。○今之學者往往以游、夏爲小不足學，然游、夏一言一事却總是實。○知之必好之，好之必求之，求之必得之。古人此箇學是終身事，果能顛沛造次必於是，豈有不得道理？○問：如何學可謂之有得？曰：大凡學問，聞之知之皆不爲得，❶得者須默識心通。學者欲有所得，須是要誠意燭理。上知則穎悟自別，其次須以義理涵養而得之。○凡志於求道者，可謂誠心矣。欲速助長而不中理，反不誠矣。故求道而有迫切之心，雖得之，必失之。觀天地之化一息不留，疑於速也。然寒暑之變極微，曷嘗遽哉？○學者須要知言。○凡人纔學便須知著力處，既學便須知得力處。○多聞識者，猶廣儲藥物也，知所用爲貴。○進學莫大於致知，養心莫大於理義。古人所養處多，若聲音以養其耳，舞蹈以養其血脉。今人都無，只有箇義理之養，人又不知求。○恥不知而不問，終於不知而已。以爲不知而必求之，終能知之矣。○學而未有所知者，譬猶人之方醉也，亦何所不至。及其既醒，必惕然而恥矣。醒而不以爲恥，末如之何也！○學者必知所以入德，不知所以入德，未見其能進也。故孟子曰：「不明乎善，不誠其身。」《易》曰：「知至至之。」○學者自治極於剛，則守道愈固；勇於進，則遷善愈速。○今之學者，如登山麓，方其迤邐，莫不闊步，及到峻處便逡巡。一云：或以峻而遂止，或以難而稍緩，苟能遇難而益堅，聞過則改，何遠弗至也？○人少長須激昂自進。中年已後，自至成德者事，方可自安。○君子之學必日新。日新者，日進也。不日新者必日退，未有不進而不退者。唯聖人之道無所進

❶「不爲」，四庫本作「爲有」。

退，以其所造者極也。○君子莫進於學，莫止於畫，莫病於自足，莫罪於自棄。進而不止，湯武所以反之而聖。○學者所見所期，不可不遠且大，然行之亦須量力有漸。志大心勞，力小任重，恐終敗事。○學貴乎成，既成矣，將以行之也。學而不能成其業，用而不能行其學，則非學矣。○百工治器，必貴於有用。器而不可用，工不爲也。學而無所用，學將何爲也？○力學而得之，必擴充而行之。不然者，局局其守耳。○學者有所聞，而不著乎心，不見乎行，則其所聞，故自他人之言耳，於己何與焉？○學莫大於平心，平莫大於正，正莫大於誠。○問：有因苦學失心者，何也？曰：未之聞也。善學者之於其心，治其亂，收其放，明其蔽，安其危，曾謂爲心害乎？○古之人十五而學，四十而仕。其未仕也，優游養德，無求進之心，故其所學必至於有成。後世之人，自其爲兒童從父兄之所教，與其壯長追逐時習之所尚，莫不汲汲於勢利也，善心何以不喪哉？○學而爲名，內不足也。○根本須是先培壅，然後可立趨向也。趨向既正，一作立。所造有淺深，則由勉與不勉也。○守之必嚴，執之必定。少怠而縱之，則存者亡矣。○君子之學，要其所歸而已矣。○有志於道，而學不加進者，是無勇也。○博奕，小技也，不專心致志，猶不可得。況學聖人之道，悠悠焉何能自得也？孔子曰：「吾嘗終日不食，終夜不寢，以思無益，不如學也。」又曰：「朝聞道，夕死可矣。」夫聖人何所爲而迫切至於如是其極哉？善學者當求其所以然之故，不當誦其文過目而已也。學如不及，猶恐失之。苟曰姑俟來日，斯自棄也。○無好學之志，則雖聖人復出，亦無益矣。○不知性善，不可以言學。知性之善，而以忠信爲本，是曰先立乎其大者也。○問：人有日記萬言，或妙絶技藝者，是可學乎？曰：不可。才可勉而少進，鈍者不可使利也。惟積學明理既久，而氣質變焉，則暗者必明，弱者必立矣。○質之美者，一明即盡，濁滓渾化，斯與天地同體矣。莊敬持養，抑其次也，及其至則一也。○氣質沉静，於受學爲易。○意、必、固、我既亡之後，必有事焉，此學者所宜盡心也。夜氣之所存者，良知也，良能也。苟擴而充之，化旦晝之所害爲夜氣之所存，然後可以至於聖人。○學禮義、考制度，必求聖人之意。得其意，則可以沿革矣。○人之於學，避其所難，而姑爲其易者，斯自棄也已。夫學者必志於大道，以聖人自期，而猶有不至者焉。○人皆可以爲聖人，而君子之學必至於聖人而後已。不至於聖人而已者，皆自棄也。孝其所當孝，悌其所當悌，自是而推之，是亦聖人而已矣。○學者不學聖人則已，欲學之，須是熟玩聖人氣象，不可止於名上理會，如是只是講論文字。○今之學者有三弊：溺於文辭，牽於詁訓，惑於異端。苟無是三者，則必求歸於聖人之道矣。○人之學當以大人爲標準，❶然上面更有化爾，人當學顏子之學。一作事。○君子之學貴乎一，一則明，明則有功。○學要在敬也、誠也，中間便一作更。有箇仁。博學而篤志，切問而近思，仁在其中矣之意。敬主事。○不思故有惑，不求故無得，不問故莫知。○學不貴博，貴於正而已，正則博。言不貴文，貴於當而已，

❶「準」，原作「垛」，今據重修本改。

當則文。○能盡飲食言語之道，則可以盡死生去就之道；能盡去就之道，則可以盡死生之道。飲食言語，去就死生，小大之勢一也。故君子之學自微而顯，自小而章。○問：立德進德先後。曰：此有二。有立而後進，有進而至于立。立而後進，則是卓然定後有所進。立則是三十而立，進則是吾見其進也。有進而至于立，則進而至于立道處也。此進是可與適道者也，立是可與立者也。

張子曰：在始學者得一義，須固執，從粗入精也。如孝事親，忠事君，一種是義，然其中有多少義理也。○聞見之善者，謂之學則可，謂之道則不可。須是自求，已能尋見義理，則自有旨趣。自得之，則居之安矣。○學者只是於義理中求。譬如農夫，是穮是蓘，雖有饑饉，必有豐年。蓋求之，則須有所得。發源端本處既不誤，則義可以自求。○人欲得正己而物正，大抵道義雖不可緩，又不欲急迫，在人固須求之有漸，於己亦然。蓋精思潔慮以求大功，則其心隘。惟是得心弘放得如天地易簡，易簡然後能應物皆平正。○玩心未熟，可求之平易，勿迂也。若始求太深，恐自兹愈遠。○爲學所急，在於正心求益。若求之不已，無有不獲，惟勉勉不忘爲要耳。○人若志趣不遠，心不在焉，雖學無成。人惰於進道，無自得達，自非成德君子。必勉勉至從心所欲不踰矩，方可放下，德薄者終學不成也。○學之不勤者，正猶七年之病，不蓄三年之艾。今之於學加工數年，自是享之無窮。人多是恥於問人，假使今日問於人，明日勝於人，有何不可？如是則孔子問於老聃、萇弘、郯子、賓牟賈，有甚不得？聚天下衆人之善者，是聖人也。豈有得其一端，而便勝於聖人也？○義理有疑，一作礙。則濯去舊見，以來一作求。新意。心中苟有所開，即便劄記，不思則還塞之矣。更須得朋友之助。一日間朋友論著，則一日間意思差別。須日日如此講論，久則自覺進也。○慕學之始，猶聞都會紛華盛麗，未見其美，而知其有美不疑。步步進則漸到，畫則自棄也。觀書解大義，非聞也，必以了悟爲聞。人之好强者以其所知少也，所知多則不自强滿。學然後知不足，有若無，實若虛，此顏子之所以進也。○變化氣質。孟子曰：「居移氣，養移體。」況居天下之廣居者乎！居仁由義，自然心和而體正。更要約時，但拂去舊日所爲，使動作皆中禮，則氣質自然全好。《禮》曰「心廣體胖」，心既弘廣，則自然舒泰而樂也。若心但能弘廣，不謹敬，則不立。若但能謹敬，而心不弘廣，則入于隘，須寬而敬。大抵有諸中者，必形諸外，故君子心和則氣和，心正則氣正。其始也，固亦須矜持。古之爲冠者，以重其首；爲履者，以重其足。至於盤盂几杖爲銘，皆所以慎戒之。○人之氣質美惡與貴賤夭壽之理，皆是所受定分。如氣質惡者，學即能移。今人所以多爲氣所使，而不得爲賢者，蓋爲不知學。○爲學大益，在自能變化氣質，不爾卒無所發明，不得見聖人之奥。故學者先須變化氣質，變化氣質與虛心相表裏。大中，天地之道也。得大中，陰陽鬼神莫不盡之矣。○天資美，不足爲功。惟矯惡爲善，矯惰爲勤，方是爲功。人必不能便無是心，須是思慮，但使常游心於義理之間。立本處以易簡爲是，接物處以時中爲是。易簡而天下之理得，時中則要博學素備。○有志於學者，都更不論氣之美惡，只看志如何。匹夫不可奪志也，惟患學者不能堅勇。○多求新意，以開昏蒙。吾學不振，非强有力者不能自奮，惟信篤持謹，何患不至？○書多閱而好忘者，只爲理未精耳，理精則須記了無去處也。仲尼一以貫之，蓋只著一義理都貫却。學者但養心識明静，自然可見。○下學而上達者兩得之，人謀又得，天道又盡。任私意以求是未必是，虚心以求是方爲是。夫道，仁與不仁，是與不是而已。○既學而先有以功業爲意者，於學便相害。既有意必穿鑿，創意作起事也。德未成而先以功業爲事，是代大匠斲，希不傷手也。○學者大不宜志小氣輕。志小則易足，易足則無由進。氣輕則虚而爲盈，約而爲泰，亡而爲有，以未知爲已知，未學爲已學。人之有恥於就問，便謂我勝於人，只是病在不知求是爲心，故學者當毋我。○明善爲本，固執之乃立，擴充之則大，易視之則小，在人能弘之而已。○富貴之得不得，天也。至于道德則在己，求之而無不得者也。

上蔡謝氏曰：學須是熟講，學不講，用盡工夫只是舊時人。學之不講，是吾憂也，仁亦在夫熟而已。○今之學須是如飢之須食，寒之須衣始得。若只欲彼善於此，則不得。○人須先立志，立志則有根本。譬如樹木，須先有箇根本，然後培養能成合抱之木。若無根本，又培養箇甚？○顔子工夫真百世軌範，舍此應無入路，無住宅。

龜山楊氏曰：今之學者只爲不知爲學之方，又不知學成要何用。此事體大，須是曾著力來，方知不易。夫學者學聖賢之所爲也，欲爲聖賢之所爲，須是聞聖賢所得之道。若只要博通古今，爲文章，作忠信愿慤，不爲非義之士而已，則古來如此等人不少，然以爲聞道則不可。且如東漢之衰，處士逸人與夫名節之士，有聞當世者多矣。觀其作處，責之以古聖賢之道，則略無毫髮髣髴相似，何也？以彼於道初無所聞故也。今時學者平居，則曰「吾當爲古人之所爲」，纔有一事到手，便措置不得。蓋其所學以博通古今爲文章，或志於忠信愿慤、不爲非義而已，而不知須是聞道，故應如此。由是觀之，學而不聞道，猶不學也。○爲己之學正猶飢渴之於飲食，非有悦乎外也。以爲弗飲弗食，則飢渴之病必至於致死。人而不學，則失其本心，不足以爲人，其病蓋無異於飢渴者，此固學之不可已也。然古之善學者必先知所止，知所止然後可以漸進。倀倀然莫知所之，而欲望聖賢之域，多見其難矣。此理宜切求之，不可忽也。○六經之義驗之於心而然，施之於行事而順，然後爲得。驗之於心而不然，施之於行事而不順，則非所謂經義。今之治經者爲無用之文，徼幸科第而已，果何益哉！○學者必以孔孟爲師，學而不求諸孔孟之言，亦末矣。《易》曰：「君子多識前言往行，以蓄其德。」孟子曰：「博學而詳説之，將以反説約也。」世之學者欲以雕繪組織爲工，誇多鬬靡，以資見聞而已。故摭其華不茹其實，未嘗蓄德而反約也，彼亦焉用學爲哉？○自孟子没，聖學失傳，荀卿而下，皆未得其門而入者也。七篇之書具在，始終考之，不過道性善而已。知此則天下之理得，而諸子之失其傳，皆可見也。夫學道者捨先聖之書，何求哉？譬之適九達之衢，未知所之，六經能指其攸趣而已，因其所指而之焉，則庶乎其有至也。徒弊精神於章句之間，則末矣。○古之學者以聖人爲師，其學有不至，故其德有差焉。人見聖人之難爲也，故凡學者以聖人爲可至，則必以爲狂而竊笑之。夫聖人固未易至，若舍聖人而學，是將何所取則乎？以聖人爲師，猶學射而立的然，的立於彼，然後射者可視之而求中。若其中不中，則在人而已。不立之的，以何爲準？❶○顔淵請問其目，學也；請事斯語，則習矣。學而不習，徒學也。譬之學射而志於彀，則知所學矣。若夫承梃而目不瞬，貫虱而懸不絶，由是而求盡其妙，非習不能也。習而察故說，久而性成之，則說不足道也。○學者當有所疑，乃能進德，然亦須著力深，方有疑。今之士讀書爲學，蓋自以爲無可疑者，故其學莫能相尚。如孔子門人所疑，皆後世所謂不必疑者也。子貢問政，子曰：「足食，足兵，民信之矣。」子貢疑所可去，答之以去兵，於食與信猶有疑焉，故能發孔子民無信不立之說。若今之人問政，答之足食與兵，何疑之有？樊遲問仁，子曰愛人；問知，子曰知人。是蓋甚明白，而遲猶曰未達，故孔子以「舉直錯諸枉，能使枉者直」教之，由是而行之，於知之道，不其庶矣乎。然遲退而見子夏，猶再問舉直錯諸枉之義，於是又得舜舉皋陶、湯舉伊尹之事爲證，故仁知兼盡其說。如使今之學者方得其初問之答，便不復疑矣。蓋嘗謂古人以爲疑者，今人不知疑也，學何以進？

和靖尹氏曰：凡學問切忌間斷，便不是學。一日暴之，十日寒之，奚可哉！○

❶「以何」，重修本作「何以」。

學問不可有私心。私心，人欲也。人欲去，天理還。○問：如何仕而優則學。曰：學豈有休時？《書》曰：「念終始典于學。」荀子曰「學至死乃已，是也」。

涑水司馬氏曰：學者所以求治心也，學雖多而心不治，安以學爲？○問：蘧伯玉五十而知四十九年非，信乎？曰：何啻其然也？古之君子好學者，有垂死而知其未死之前所爲非者，況五十乎？夫道如山也，愈升而愈高；如路也，愈行而愈遠。學者亦盡其力而止耳，自非聖人，有能窮其高遠者哉？

五峰胡氏曰：學欲博不欲雜，守欲約不欲陋。雜似博，陋似約，學者不可不察也。○學貴大成，不貴小用。大成者，參於天地之謂也。小用者，謀利計功之謂也。○人之生也，良知良能根於天，拘於己，汨於事，誘於物，故無所不用學也。學必習，習則熟，熟則久，久則天，天則神。天則不慮而行，神則不期而應。○以反求諸己爲要法，以言人不善爲至戒。○靜觀萬物之理，得吾心之悅也易。動處萬物之分，得吾心之樂也難。是故智仁合一，然後君子之學成。○有之在己，知之在人。有之而人不知，從而與人較者，非能有者也。○學道者正如學射，纔持弓矢，必先知的，然後可以積習而求中的矣。若射者不求知的，不求中的，則何用持弓矢以射爲？列聖諸經千言萬語，必有大體，必有要妙。人自少而有志，尚恐奪於世念，日月蹉跎，終身不見也。若志不在於的，苟欲玩其辭而已，是謂口耳之學，曾何足云。夫滯情於章句之末，固遠勝於博奕戲豫者矣，特以一斑自喜，何其小也，何不志於大體以求要妙。譬如遊山，必上東岱，至於絶頂，坐使天下高峰遠岫，卷阿大澤，悉來獻狀，豈不偉歟？○脩身以寡欲爲要，行己以恭儉爲先，自天子至於庶人，一也。

延平李氏曰：講學切在深潛縝密，然後氣味深長，蹊徑不差。若概以理一而不察乎其分之殊，此學者所以流於疑似亂真之説，而不自知也。○學問之道不在多言，但默坐澄心，體認天理。若真有所見，雖一毫私欲之發，亦退聽矣。久久用力於此，庶幾漸明，講學始有力耳。○學者之病，在於未有洒然冰釋凍解處，縱有力持守，不過苟免顯然悔尤而已。若此者，恐未足道也。○孔門諸子，群居終日，交相切磨，又得夫子爲之依歸，日用之間，觀感而化者多矣。恐於融釋而脱落處，非言説所及也。不然，子貢何以言「夫子之言性與天道，不可得而聞也」耶！○大率有疑處，須静坐體究，人倫必明，天理必察。於日用處著力，可見端緒，在勉之爾。

朱子曰：聖門日用工夫，甚覺淺近，然推之理，無有不包，無有不貫，及其充廣，可與天地同其廣大。故爲聖爲賢，位天地育萬物，只此一理而已。○常人之學多是偏於一理，主於一説，故不見四旁以起争辯。聖人則中正和平，無所偏倚。○聖賢所説工夫都只一般，只是一箇擇善固執。《論語》則説學而時習之，孟子則説明善誠身，只是隨他地頭所説不同，下得字來各自精細，其實工夫只是一般。須是盡知其所以不同，方知其所謂同也。○學者工夫，但患不得其要，若是尋究得這箇道理，自然頭頭有箇著落，貫通浹洽，各有條理。如或不然，則處處窒礙。學者常談，多説持守，未得其要，不知持守甚底。説擴充，説體驗，説涵養，皆是揀好底言語做箇説話。必有實得力處方可，所謂要於本領上理會者，蓋緣如此。○爲學須先立得箇大腔當了，却旋去裏面修治壁落教綿密。今人多是未曾知得箇大規模，先去修治得一間半房，所以不濟事。○識得道理源頭，便是地盤。如人要起屋，須是先築教基址堅牢，上面方可架屋。若自無好基址，空自今日買得多少木去起屋，少間只起在別人地上，自家身己自没頓放處。○學問須是大進一番，方始有益。若能於一處大處攻得破，見那許多零碎，只是這一箇道理，方是快活。然零碎底非是不當理會，但大處攻不破，縱零碎理會得些少，終不快活。曾點、漆雕開已見大意，只緣他大處看得分曉。今且道他那大底是甚物事，天下只有一箇道理，學只要理會得這一箇道理。這裏纔通，則凡天理人欲、義利、公私、善惡之辨，莫不皆通。○或問：氣質之偏如何救得？曰：纔説偏了，又著一箇物事去救他偏，越見不平正了，越討頭不見。要緊只是看教大底道理分明，偏處自見得。如暗室求物，把火來便照見，若只管去摸索，費盡心力，只是摸索不見。若見得大底道理分明，有病痛處也自會變移不自知，不消得費力。○成己方能成物，成物在成己之中。須是如此推出，方能合義理。聖賢千言萬語，教人且從近處做去。如灑掃大廳大廊，亦只是如灑掃小室模樣，掃得小處净潔，大處亦然。若有大處開拓不去，即是於小處便不曾盡心。學者貪高慕遠，不肯從近處做去，如何理會得大頭項底？而今也有不曾從裏做得底，外面也做得好，此只是才高，以智力勝將去。《中庸》

説細處，只是謹獨、謹言、謹行，大處是武王、周公達孝，經綸天下無不載。小者便是大者之驗，須是要謹行謹言，從細處做起，方能充得如此大。又曰：如今爲學甚難，緣小學無人習得，如今却是從頭起。古人於小學、小事中，便皆存箇大學、大事底道理在。大學只是推將開闊去，向來小時做底道理存其中，正似一箇坯素相似。○學者做工夫，莫説道是要待一箇頓段大項目工夫後，方做得，即今逐些零碎積累將去，纔等待大項目後方做，即今便蹉過了。學者只今便要做去，斷以不疑，鬼神避之。需者，事之賊也。○如今學問未識箇入路，就他自做倒不覺。惟既識得箇入頭，却事事須著理會。且道世上多多少少事，既識得路頭，許多事都自是合著如此，不如此不得，自是天理合下當然。○若不見得入頭處，緊也不可，慢也不得。若識得些路頭，須是莫斷了，若斷了便不成。待得再新整頓起來，費多少力。如雞抱卵，看來抱得有甚煖氣，只被他常常恁地抱得成。若把湯去，湯便死了。若抱纔住，便冷了。然而實是見得入頭處，也自不解住了，自要做去。他自得些滋味了，如喫果子相似。未識滋味時，喫也得，不消喫也得。到識滋味了，要住自住不得。○爲學切須收斂端嚴，就自家身心上做工夫，自然有所得。○爲學功夫固當有先後，然亦不是截然今日爲此，明日爲彼也。且如所謂先明性之本體，而敬以守之，固是如此，然從初若都不敬，亦何由得有見耶？○或言學者工夫多間斷。曰：聖賢教人，只是要救一箇間斷。○收拾放心，乃是緊切下功夫處。講學乃其中之一事，今但專一於此下功，不須思前算後，計較得失，講學亦且看直截明白處，不要支蔓。〇學問緊要是見處要得透徹，然不自主敬致知上著功夫，亦無入頭處也。〇爲學不厭卑近，愈卑愈近，則功夫愈實，而所得愈高遠。其直爲高遠者，則反是，此不可不察也。〇持敬讀書，表裏用力，切須實下功夫，不可徒爲虛説。然表裏亦非二事，但不可取此而舍彼耳，其實互相爲用，只是一事。〇人須做功夫，方有疑。初做時定是觸著相礙，没理會處，只如居敬窮理，始初定分作兩段。居敬則執持在此，纔動則便忘了。問：始學必如此否？曰：固然。要知居敬在此，動時理便自窮。只是此話，功夫未到時難説。又曰：但能無事時存養教到，動時也會求理。〇學者精神短底，看義理只到得半途，便以爲前面没了。或曰：若功夫不已，亦須有向進。曰：須知得前面有，方肯做功夫。今之學者大概有二病，一以爲古聖賢亦只此是了，故不肯做功夫；一則自謂做聖賢事不得，不肯做功夫。〇學者須於主一上做功夫。若無主一功夫，則所講底義理無安著處，都不是自家物事。若有主一功夫，則外面許多義理方始爲我有，都是自家物事。功夫到時，纔主一，便覺意思好，卓然精明，不然便緩散消索了，没意思。做功夫只自脚下便做將去，固不免有散緩時，但纔覺，便收斂。將來漸漸做去，但得收斂時節多，散緩之時少，便是長進處。故孟子説：「學問之道無他，求其放心而已。」所謂求放心者，非是別去求箇心來存著。只纔覺放，心便在此。孟子又曰：「雞犬放則知求之，心放則不知求。」某嘗謂雞犬猶是外物，纔放了，須去外面捉將來。若是自家心更不用別求，纔覺便在這裏。雞犬放，猶有求不得時；自家心則無求不得之理。因言横渠説做功夫處，更精切，似二程。二程資稟高潔浄，不大段用工夫。横渠資稟有偏駁夾雜處，他大段用功夫來。觀其言曰：「心清時少，亂時多。其清時，視明聽聰，四體不待羈束而自然恭謹，其亂時反是。」説得來大段精切。○人生與天地一般，無些欠缺處。且去子細看秉彝常性是如何，將孟子言性善處看是如何善，須精細看來。○質敏不學，乃大不敏。有聖人之資必好學，必下問。若就自家杜撰更不學，更不問，便已是凡下了。聖人之所以爲聖，也只是好學下問。舜自耕稼陶漁以至于帝，無非取諸人以爲善。孔子説：「禮，吾聞諸老聃。」這也是學於老聃，方知得這一事。○或問：東萊謂變化氣質，方可言學。曰：此意甚善。但如鄙意，則以爲學乃能變化氣質耳。若不讀書窮理，主敬存心，而徒切切計較於昨非今是之間，恐亦勞而無補也。○待文王而後興者，凡民也。若夫豪傑之士，雖無文王猶興。豪傑質美，生下來便見這道理，何用費力？今人至於沉迷而不反，聖人爲之屢言，方始肯來，已是下愚了。况又不知求之，則終於爲禽獸而已。蓋人爲萬物之靈，自是與物異。若迷其靈而昏之，則與禽獸何別？○學問是自家合做底，不知學問，則是欠闕了自家底。知學問，則方無所欠闕。今人把學問來做外面添底事看了。○聖賢只是做得人當爲底事盡。今做到聖賢，止是恰好，又不是過外。○凡人須以聖賢爲己任。世人多以聖賢爲高，而自視爲卑，故不肯進。抑不知使聖賢本自高，而己別是一様人，則早夜孜孜，別是分外事，不爲亦可，爲之亦可。然聖賢稟性與常人一同，既與常人一同，又安得不以聖賢爲己任？自開闢以來，生多少人，求其盡己者，千萬人中無一二，只是衮同枉過一世。《詩》曰：「天生烝民，有物有則。」今世學者往往有物，而不能有其則。《中庸》曰：「尊德性而道問學，極高明而道中庸。」此數句乃是徹首徹尾，人性本善，只爲嗜慾所迷，利害所逐，一齊昏了。聖賢能盡其性，故耳極天下之聰，目極天下之明。爲子極其孝，爲臣極其忠。或問：明性須以敬爲先。曰：固是，但敬亦不可混淪説。須是每事上檢點，論其大要，只是不放過耳。大抵爲己之學，於他人無一毫干預。聖賢千言萬語，只是使人反其固有，而復其性耳。◯學者大要立志。所謂志者，不道將這些意氣去蓋他人，只是直截要學堯舜。孟子道性善，言必稱堯舜，此是真實道理。世子自楚反，復見孟子，孟子曰：「世子疑吾言乎？夫道一而已矣！」這些道理更無走作，只是一箇性善可至堯舜，别没去處了。下文引成覸、顔子、公明儀所言，便見得人人皆可爲也。學者立志，須教勇猛，自當有進。志不足以有爲，此學者之大病。◯世俗之學，所以與聖賢不同者，亦不難見。聖賢直是真箇去做，説正心，直要心正；説誠意，直要意誠；脩身齊家，皆非空言。今之學者説正心，但將正心吟詠一餉；説誠意，又將誠意吟詠一餉；説脩身，又將聖賢許多説脩身處諷誦而已。或掇拾言語，綴緝時文，如此爲學，却於自家身上有何交涉？這裏須用著意理會。今之朋友固有樂聞聖賢之學，而終不能去世俗之陋者，無他，只是志不立爾。學者大要立志，纔學便要做聖人是也。○問：人氣力怯弱，於學有妨否？曰：爲學在立志，不干氣稟强弱事。又曰：爲學何用憂惱，但放令平易寬快去。或舉聖門弟子唯稱顏子好學，其次方説及曾子，以此知事大難。曰：固是如此。某看來亦有甚難，有甚易？只是堅立著志，順義理做去，他無蹺欹也。○這箇物事要得不難。如飢之欲食，渴之欲飲，如救火，如追亡，似此年歲間，看得透，活潑潑地在這裏流轉，方是。○學者做工夫，當忘寢食做一上，使得些入處，自後方滋味接續。浮浮沉沉，半上落下，不濟得事。○而今緊要且看聖人是如何，常人是如何，自家因甚便不似聖人，因甚便只是常人。就此理會得透，自可超凡入聖。○爲學須覺今是而昨非，日改月化，便是長進。○今之學者全不曾發憤。○爲學不進只是不勇。○不可倚靠師友。

○今人做工夫，不肯便下手，皆是要等待。如今日早間有事，午間無事，則午間便可下手。午間有事，晚間便可下手，却須要待明日。今月若尚有數日，必直待後月。今年尚有數月，不做工夫，必曰「今年歲月無幾，直須來年」。如此，何緣長進？○凡人便是生知之資，也須下困學勉行底工夫，方得。蓋道理縝密，去那裏捉摸，若不下工夫，如何會了得？○大抵爲學，雖有聰明之資，必須做遲鈍工夫，始得。既是遲鈍之資，却做聰明底樣工夫，如何得？○今人不肯做工夫，有是覺得難後，遂不肯做。有自知不可爲，公然遜與他人。如退産相似，甘伏批退，自己不願要。○爲學勿責無人爲自家剖析出來，須是自家去裏面講究做工夫，要自見得。○小立課程，大作工夫。○且理會去，未須計其得。纔計於得，則心便二，頭便低了。○嚴立功程，寬著意思。久之自當有味，不可求欲速之功。○人多言爲事所奪，有妨講學，此爲不能使船嫌溪曲者也。遇富貴，就富貴上做工夫。遇貧賤，就貧賤上做工夫。兵法一言甚佳，因其勢而利導之也。人謂齊人弱，田單乃因其弱以取勝。又如韓信特地送許多人安於死地，乃始得勝。學者若有絲毫氣在，必須進力。除非無了此氣，只口不會說話，方可休也。○爲學極要求把箇處著力，到工夫要斷絶處，又更增工夫，著力不放令倒，方是向進處。爲學正如撑上水船，方平穩處，儘行不妨。及到灘脊急流之中，舟人來這上，一篙不可放緩，直須著力撑上，不得一步不緊。放退一步，則此船不得上矣。○學者理會道理，當深沉潛思。又曰：讀書如煉丹，初時烈火煅煞，然後漸漸慢火養。又如煮物，初時烈火煮了，却須慢火養。讀書初勤敏著力，子細窮究，後來却須緩緩温尋，反復玩味，道理自出。又不得貪多欲速，直須要熟，工夫自熟中出。○大要須先立頭緒，頭緒既立，然後有所持守。《書》曰：「若藥弗瞑眩，厥疾弗瘳。」今日學者皆是養病。○須磨厲精神，去理會天下事，非燕安暇豫之可得。○陽氣發處，金石亦透，精神一到，何事不成？○人氣須是剛，方做得事。如天地之氣剛，故不論甚物事皆透過。人氣之剛，其本相亦如此。若只遇著一重薄物事，便退轉去，如何做得事？○進取得失之念放輕，却將聖賢格言處研窮考究。若悠悠地似做不做，如捕風捉影，有甚長進！今日是這箇人，明日也是這箇人。○學者只是不爲己，故日間此心，安頓在義理上時少，安頓在閑事上時多。於義理却生，於閑事却熟。○今學者要緊且要分別箇路頭，要緊是爲己、爲人之際。爲己者直拔要理會這箇物事，欲自家理會得，不是漫恁地理會。且恁地理會做好看，教人說道自家也曾理會來。這假饒理會得十分是當，也都不關自身己事。要須先理會這箇路頭，若分別得了，方可理會文字。○今之學者直與古異。今人只是强探向上去，古人則逐步步實做將去。○爲學須是切實爲己，則安靜篤實，承載得許多道理。若輕揚淺露，如何探討得道理？縱使探討得，說得去，也承載不住。○入道之門，是將自家身己入那道理中去，漸漸相親，久之與己爲一。而今人道理在這裏，自家身在外面，全不曾相干涉。○或問爲學。曰：今人將作箇大底事說，不切己了，全無益。一向去前人說中乘虛接渺，援取許多枝蔓，只見遠了，只見無益於己。聖賢千言萬語，儘自多了。前輩說得分曉了，如何不切己去理會？如今看文字，且要以前賢程先生等所解爲主，看他所說如何，聖賢言語如何。將己來聽命於他，切己思量體察，就日用常行中著衣喫飯，事親從兄，盡是問學。若是不切己，只是說話。今人只憑一己私意，瞥見些子說話，便立箇主張，硬要去說，便要聖賢從我言語路頭去，如何會有益？此其病只是要說高說妙，將來做箇好看底物事做弄。如人喫飯，方知滋味。如不曾喫，只要攤出在外面與人看，濟人濟己都不得。○或問：爲學如何做工夫？曰：不過是切己便的當。此事自有大綱，亦有節目。常存大綱在我，至於節目之間，無非此理。體認省察，一毫不可放過。理明學至，件件是自家物事，然亦須各有倫序。問：如何是倫序？曰：不是安排此一件爲先，此一件爲後，此一件爲大，此一件爲小。隨人所爲，先其易者，闕其難者，將來難者亦自可理會。且如讀書，二《禮》、《春秋》有制度之難明，本末之難見，且放下未要理會亦得。如《書》、《詩》直是不可不先理會。又如《詩》之名數，《書》之盤誥，恐難理會。且先讀典謨之書，雅頌之詩，何嘗一言一句不説道理，何嘗深潛諦玩無有滋味，只是人不曾子細看。若子細看，裏面有多少倫序，須是子細參研方得，此便是格物窮理。如遇事亦然，事中自有一箇平平當當道理，只是人討不出，只隨事衮將去，亦做得，却有掣肘不中節處。亦緣鹵莽了，所以如此。聖賢言語何曾誤天下後世，人自學不至耳。○爲學須是專一，吾儒惟專一於道理，則自有得。○須是在己見得只是欠闕，他人見之却有長進，方可。○爲學之道，須先存得這箇道理，方可講究事情。○今人口略依稀説過，不曾心曉。○博學謂天地萬物之理，修己治人之方，皆所當學。然亦各有次序，當以其大而急者爲先，不可雜而無統也。○今之學者多好説得高，不喜平。殊不知這箇只是合當做底事。○譬如登山，人多要至高處，不知自低處不理會，終無至高處之理。○於顯處平易處見得，則幽微底自在裏許。○學者須是直前做去，莫起計獲之心。如今説底恰似畫卦影一般，吉凶未應時，一場鶻突，知他是如何？到應後，方始知元來是如此。○學者須是熟。熟時一喚，便在目前。不熟時，須著旋思索，到思索得來，意思已不如初了。

性理大全書卷之四十三

性理大全書卷之四十四

學　二

總論爲學之方

朱子曰：學問不只於一事一路上理會。○未有耳目狹而心廣者，其說甚好。○學者若有本領，相次千枝萬葉都來湊著，這裏看也須易曉，讀也須易記。○學問須嚴密理會，銖分豪析。又曰：愈細密，愈廣大；愈謹確，愈高明。○開闊中又著細密，寬緩中又著謹嚴。○如其窄狹，則當涵泳廣大氣象。頽惰，則當涵泳振作氣象。○學者須養教氣宇開闊弘毅。○常使截斷嚴整之時多，膠膠擾擾之時少方好。○《易》曰：「學以聚之，問以辨之，寬以居之，仁以行之。」《語》曰：「執德不弘，信道不篤，焉能爲有？焉能爲亡？」學問之後，斷以寬居，信道篤而又欲執德弘者，人之爲心不可促迫也。人心須令著得一善，又著一善，善之來無窮，而吾心受之有餘地方好。若只著得一善，第二般來又未便容得，如此無緣心廣而道積也。○自家猶不能快自家意，如何他人却能盡快我意？要在虛心以從善。○虛心順理，學者當守此四字。○聖人與理爲一是恰好，其它以心處這理，却是未熟，要將此心處理。○今人言道理說要平易，不知到那平易處極難，被那舊習纏繞，如何便擺脱得去？譬如作文一般，那箇新巧者易作，要平淡便難。然須還他新巧，然後造於平淡。又曰：自高險處移下平易處甚難。○學者當常令道理在胸中流轉。○今學者之於大道，其未及者，雖有遲鈍，却須終有到時。唯過之者，便不肯復回來耳。○師友之功，但能示之於始而正之於終爾。若中間二十分工夫，自用喫力去做，既有以喻之於始，又自勉之於中，又其後得人商量是正之，則所益厚矣。不爾，則亦何補於事？○或論人之資質，或長於此而短於彼。曰：只要長善救失。或曰：長善救失，不特教者當如此，人自爲學亦當如此。曰：然。○凡言誠實，都是合當做底事，不是説道誠實好了方去做，不誠實不好了方不做，自是合當誠實。○有一分心向裏，得一分力；有兩分心向裏，得兩分力。○世間萬事須臾變滅，皆不足置胸中。惟有窮理脩身，爲究竟法耳。○大凡人只合講明道理而謹守之，以無愧於天之所與者。若乃身外榮辱休戚，當一切聽命而已。○聖人千言萬語，只是要教人做人。○爲學只要至誠耐久，無有不得，不須別生計較，思前算後也。○爲學之要，只在著實操存，密切體認，自己身心上理會。切忌輕自表襮，引惹外人辯論，枉費酬應，分却向裏工夫。○人須打疊了心下閑思雜慮，如心中紛擾，雖求得道理也没頓處。須打疊了後，得一件方是一件，兩件方是兩件。○人固有終身爲善而自欺者，不特外面有，心中欲爲善而常有箇不肯底意思，便是自欺也。須是要打疊得盡。蓋意誠而後心可正，過得這一關後方可進。○學者須是培養，今不做培養工夫，如何窮得理？程子言：「動容貌，整思慮，則自生敬。敬只是主一也。」存此則自然天理明。又曰：整齊嚴肅則心便一，一則自是無非僻之干，此意但涵養久之，則天理自然明。今不曾做得此工夫，胸中膠擾駁雜，如何窮得理？一如他人不讀書，是不肯去窮理。今要窮理，又無持敬工夫。從陸子靜學如揚敬仲輩，持守得亦好，若肯去窮理，須窮得分明。然他不肯讀書，只任一己私見，有似箇稊稗。今若不做培養工夫，便是五穀不熟，又不如稊稗也。○爲學之道更無他法，但能熟讀精思，久久自有見處。尊所聞，行所知，則久久自有至處。○書不記，熟讀可記。義不精，細思可精。唯有志不立，直是無著力處。只如而今貪利祿而不貪道義，要作貴人而不要作好人，皆是志不立之病。直須反復思量，究見病痛起處，勇猛奮躍，不復作此等人。❶一躍躍出，見得聖賢所説千言萬語，都無一字不是實語，方始立得此志。就此積累工夫，迤邐向上去，大有事在。○爲學之道無他，只是要理會得目前許多道理。世間事無大無小，皆有道理。如《中庸》所謂「率性之謂道」，也只是這箇道理。「道不可須臾離也」，只是這箇道理。見得是自家合當做底，便做將去；不當做底，斷不可做。只是如此。○爲學無許多事，只是要持守身心，研究道理，分別得是非善惡，直是「如好好色，如惡惡臭」，到這裏方是踏著實地，自住不得。○爲學當以存主爲先，而致知力行亦不可以偏廢。縱使己有一長，未可遽視以輕彼，而長其驕吝克伐之私，況其有無之實，又初未可定乎。凡日用間，知此一病而欲去之，則即此欲去之心，便是能去之藥。但當堅守，常自警覺，不必妄意推求，必欲舍此拙

❶ 「復」，原作「伏」，今據重修本改。

法而必求妙解也。○爲學之實固在踐履，苟徒知而不行，誠與不學無異。然欲行而未明於理，則所踐履者又未知其果何事也。故大學之道雖以誠意、正心爲本，而必以格物、致知爲先。所謂格物、致知，亦曰窮盡物理，使吾之知識無不精切而至到耳。夫天下之物莫不有理，而其精蘊則已具於聖賢之書，故必由是以求之。然欲其簡而易知，約而易守，則莫若《大學》、《論語》、《中庸》、《孟子》之篇也。○學必貴於知道，而道非一聞可悟，一超可入也。循下學之則，加窮理之工，由淺而深，由近而遠，則庶乎其可矣。○自家既有此身，必有主宰，理會得主宰，然後隨自家力量窮理格物，而合做底事不可放過些子。因引程子言：「如行兵，當先做活計。」○主敬者，存心之要；而致知者，進學之功。二者交相發焉，則知日益明，守日益固，而舊習之非自將日改月化於冥冥之中矣。○講學貴於實見義理，要在熟讀精思，潛心玩味，不可貪多務得，搜獵敷衍，便爲究竟也。○爲學之要先須持己，然後分别義利兩字，令趨向不差，是大節目。其他隨力所及爲之，務在精審，而不貴於泛濫涉獵也。○聖賢之教不過博文約禮四字。博文則須多求博取，熟講而精擇之，乃可以浹洽而通貫。約禮則只敬之一字已是多了。日用之間，只以此兩端立定程課，不令間斷，則久之自有進步處矣。○問：横渠張氏云：「義理有疑，即濯去舊見，以來新意。」曰：此説甚當，最有理。若不濯去舊見，何處得新意來？今學者有二種病：一是主自家意思，一是舊有先入之説。雖欲擺脱，亦被他自來相尋。○看道理須要就那大處看，便前面開闊，不要就壁角裏地步窄，一步便觸，無去處了。而今且要看天理人欲，義利公私，分別得明，將自家日用底與他勘驗，須漸漸有見處，前頭漸漸開闊。那箇大壇場不去上面做，不去上面行，只管在壁角裹，縱理會得一句，只是一句透，道理小了。如《破斧》詩，須看那「周公東征，四國是皇」，見得周公用心始得。◯天下無不可説底道理，如爲人謀而忠，朋友交而信，傳而習，亦都是眼前事，皆可説。只有一箇熟處説不得，除了熟之外，無不可説者。未熟時，頓放這裹又不穩帖，拈放那邊又不是。然終不成住了，也須從這裹更著力始得。到那熟處，頓放這邊也是，頓放那邊也是，七顛八倒無不是，所謂「居之安，則資之深，資之深則左右逢其原」。譬如梨柹，生時酸澁喫不得，到熟後自是一般甘美。相去大遠，只在熟與不熟之間。◯書有合講處，有不必講處。如主一處，定是如此了，不用講。只是便去下工夫，不要放肆，不要戲慢，整齊嚴肅，便是主一，便是敬。聖賢説話多方百面，須是如此説。但是我恁地説他箇無形無狀，去何處證驗？只去切己理會，此等事久自會得。◯學則處事都是理，不學則看理便不恁地周匝，不恁地廣大，不恁地細密。然理亦不是外面硬生道理，只是自家固有之理。堯舜性之，此理元無失。湯武反之，已有些子失，但復其舊底，學只是復其舊底而已。蓋向也交割得來，今却失了，可不汲汲自脩而反之乎？此其所以爲急，不學則只是硬隄防，處事不見理，一向任私意，平時却也强勉去得，到臨事變便亂了。◯爲學之道莫先於窮理，窮理之要必在於讀書，讀書之法莫貴於循序而致精，而致精之本則又在於居敬而持志，此不易之理也。夫天下之事莫不有理，爲君臣者有君臣之理，爲父子者有父子之理，爲夫婦、爲兄弟、爲朋友，以至於出入起居、應事接物之際，亦莫不各有理焉。有以窮之，則自君臣之大，以至事物之微，莫不知其所以然，與其所當然，而無纖芥之疑。善則從之，惡則去之，而無毫髮之累。此爲學所以莫先於窮理也。至論天下之理，則要妙精微，各有攸當，亘古亘今不可移易，唯古之聖人爲能盡之，而其所行所言，無不可爲天下後世不易之大法。其餘則順之者爲君子而吉，背之者爲小人而凶。吉之大者，則能保四海而可以爲法。凶之甚者，則不能保其身而可以爲戒。是其粲然之跡，必然之效，蓋莫不具於經訓史册之中。欲窮天下之理，而不即是而求之，則是正牆面而立爾。此窮理所以必在乎讀書也。若夫讀書則其不好之者，固怠忽間斷而無所成矣。其好之者又不免乎貪多而務廣，往往未啓其端，而遽已欲探其終，未究乎此，而忽已志在乎彼，是以雖復終日勤勞，不得休息而意緒怱怱，常若有所奔趨迫逐，而無從容涵泳之樂，是又安能深信自得，常久不厭，以異於彼之怠忽間斷而無所成者哉？孔子所謂欲速則不達，孟子所謂進鋭者退速，正謂此也。誠能鑑此而有以反之，則心潛於一，久而不移，而所讀之書文意接連，血脉貫通，自然漸漬浹洽，心與理會，而善之爲勸者深，惡之爲戒者切矣。此循序致精，所以爲讀書之法也。若夫致精之本，則在於心，而心之爲物，至虚至靈，神妙不測，常爲一身之主，以提萬事之綱，而不可有頃刻之不存者也。一不自覺，而馳騖飛揚，以徇物欲於軀殼之外，則一身無主，萬事無綱，雖其俯仰顧盼之間，蓋已不自覺其身之所在，而況能反覆聖言，參考事物，以求義理至當之歸乎？ 孔子所謂「君子不重則不威，學則不固」，孟子所謂「學問之道無他，求其放心而已矣」者，正謂此也。誠能嚴恭寅畏，常存此心，使其終日儼然，不爲物欲之所侵亂，則以之讀書，以之觀理，將無所往而不通。以之應事，以之接物，將無所處而不當矣。此居敬持志，所以爲讀書之本也。○生知之聖不待學而自至，若非生知，須要學問。學問之先，止是致知。所知果至，自然透徹，不患不進。問：知得須要踐履。曰：不真知得，如何踐履得？ 若是真知，自住不得，不可似他們只把來説過了。❶ 又問：今之言學者滿天下，家誦《中庸》、《大學》、《語》、《孟》之書，人習《中庸》、《大學》、《語》、《孟》之説，究觀其實，不惟應事接物與所學不相似，而其爲人舉足動步，全不類學者所爲。或做作些小氣象，或自治一等議論，專一欺人，此豈其學使然歟？ 抑踐履不至歟？ 抑所學之非歟？ 曰：此何足以言學。某與人説學問，止是説得大概，要人自去下工。譬如寶藏一般，其中至寶之物何所不有，某止能指與人説此處有寶，若不下工夫自去討，終不濟事。今人爲學多是爲名，不肯切己。○向見前輩有志於學，而性猶豫者，其內省甚深，下問甚切，然不肯沛然用力於日用間，是以終身抱不決之疑，此爲可戒而不可爲法也。○《與東萊吕氏書》曰：承喻整頓收斂，則入於著力，從容游泳，又墮於悠悠，此正學者之通患。然程子嘗曰：「亦須且自

❶「們」，原作「門」，今據重修本改。

此去，到德盛後，自然左右逢其原。」今亦當且就整頓收斂處著力，但不可用意安排等候，即成病耳。○人看文字，多有淺迫之病。淺則於其文義多所不盡，迫故於其文理亦或不暇周悉。兼義理精微，縱横錯綜，各有意脉。今人多是見得一邊，便欲就此執定，盡廢他説。此乃古人所謂執德不弘者，非但讀書爲然也。要須識破此病，隨事省察，庶幾可以深造而自得也。○横渠：「未能立心，惡思多之致疑。」此説甚好，便見有次序處。一云：事固當考索，然心未有主，却泛然理會不得。若是思慮紛然，趨向未定，未有箇主宰，如何地講學？○問：理有未窮，且只持敬否？曰：不消恁地説。持敬便只管持將去，窮理便只管窮將去。如説前面萬一有持不得、窮不得處，又去别生計較，這箇都是枉了思量，然亦只是不曾真箇持敬窮理。若是真箇曾持敬窮理，豈有此説？譬如出路，要乘轎便乘轎，要乘馬便乘馬，要行便行，都不消思量前面去不得時，又著如何，但當勇猛堅決向前，那裏要似公説居敬不得處又著如何，窮理不得處又著如何。古人所謂心堅石穿，蓋未嘗有箇不得底事。又曰：聖人之言本自直截，若裏面有屈曲處，聖人亦必説在上面。若上面無底，又何必思量從那屈曲處去，都是枉了工夫。○問：學者曰：「公今在此坐，是主静？是窮理？」久之未對。曰：便是公不曾做工夫。若不是主静，便是窮理，只有此二者。既不主静，又不窮理，便是心無所用，閑坐而已。如此做工夫，豈有長進之理？夫子嘗云：「造次必於是，顛沛必於是。」須是如此做工夫方得。公等每日只是閑用心，問閑事，説閑話底時節多；問要緊事，究竟自己事底時節少。若是真箇做工夫底人，他自是無閑工夫説閑話，問閑事。聖人言語有幾多緊要大節目，都不曾理會，小者固不可不理會，然大者尤緊要。○日用之間，隨時隨處提撕此心，勿令放逸，而於其中隨事觀理，講求思索，沈潛反復，庶於聖賢之教漸有默相契處，則自然見得天道性命真不外乎此身。而吾之所謂學者，舍是無有別用力處。○人無英氣，固安於卑陋而不足以語上。其或有之而無以制之，則又反爲所使，而不肯遜志於學，此學者之通患也。所以古人設教，自洒掃應對進退之節，禮樂射御書數之文，必皆使之抑心下首，以從事於其間而不敢忽，然後可以消磨其飛揚倔强之氣，而爲入德之階。今既皆無此矣，則唯有讀書一事，尚可以爲攝伏身心之助，然不循序而致謹焉，則亦未有益也。○主一之功，固須常切提撕，不令間斷；窮理之事，又在細心耐煩。將聖賢遺書從頭循序，就平實明白處玩味，不須貪多，但要詳熟，自然見得意緒。○讀書固不可廢，然亦須以主敬立志爲先，方可就此田地上推尋義理，見諸行事。若平居泛然，略無存養之功，又無實踐之志，而但欲曉解文義，説得分明，則雖盡通諸經，不錯一字，亦何所益？況又未必能通而不誤乎！○學問根本在日用間持敬集義功夫，直是要得念念省察，讀書求義，乃其間之一事耳。近日學者之弊，苦其説之太高太多。如此只見意緒叢雜，都無玩味工夫，不唯失却聖賢本意，亦分却日用實功，不可不戒也。○窮理涵養要當並進。蓋非稍有所知，無以致涵養之功；非深有所存，無以盡義理之奥。正當交相爲用，而各致其功耳。○今之學者不知古人爲己之意，不以讀書治己爲先，而急於聞道，是以文勝其質，言浮於行，而終不知所底止也。○讀書須嚴立課程，思慮亦不可過苦，但虛心游意，時時玩索，久之當自見縫罅意味。持守亦不必著意安排，但亦只且如此從容，纔覺放慢，即便提撕，即自常在此矣。○學者須虛心涵泳，未要生說，却且就日用間實下持敬工夫，求取放心，然後却看自家本性元是善與不善，自家與堯舜元是同與不同。若信得及，意思自然開明，持守亦不費力矣。○問：君子無終食之間違仁，不但終食之間而已也，雖造次必於是；不但造次而已也，雖顛沛必於是。蓋欲此心無頃刻須臾之間斷也，及稱顏子則曰「三月不違」，於衆人則曰「日月至焉」而已。今學者於日月至焉，且茫然不知其所謂，況其上者乎？克己工夫要當自日月至焉推而上之，至終食之間，以至造次、至顛沛，一節密一節去，庶幾持養純熟，而三月不違可學而至。不學則已，欲學聖人則純亦不已，此其進步之階歟？曰：下學之功誠當如此，其資質之高明者自應不在此限，但我未之見耳。○爲學雖有階漸，然合下立志，亦須略見義理大概規模。於自己方寸間，若有箇惕然愧懼、奮然勇決之志，然後可以加之討論玩索之功，存養省察之力，而期於有得。夫子所謂志學，所謂發憤，政爲此也。若但悠悠泛泛，無箇發端下手處，而便謂可以如此平做將去，則恐所謂莊敬持養、必有事焉者，亦且若存若亡，徒勞把捉，而無精明的確、親切至到之効也。○人之爲學當知其何所爲而爲學，又知其何所事而可以爲學，然後循其次第，勉勉而用力焉。必使此心之外更無異念，而舊習之能否，世俗之毀譽，身計之通塞，自無一豪入於其心，然後乃可幾耳。○道之體用雖極淵微，而聖賢言之則甚明白。學者誠能虛心靜慮，而隨以求之日用躬行之實，則其規模之廣大，曲折之詳細，固當有以得之燕閒靜一之中，其味雖淡而實腴，其旨雖淺而實深矣。然其所以求之者，不難於求而難於養。故程夫子之言曰：「學莫先於致知，然未有能致知而不在敬者。」而邵康節之告章子厚曰：「以君之材，於吾之學頃刻可盡，但須相從林下一二十年，使塵慮銷散，胸中豁豁無一事，乃可相授。」正爲此也。○爲學工夫不在日用之外，檢身則動靜語默，居家則事親事長，窮理則讀書講義，大抵只要分別一箇是非，而去彼取此耳，無他玄妙之可言也。論其至近至易，則即今便可用力；論其至急至切，則即今便當用力。莫更遲疑，且隨深淺，用一日之力，便有一日之効。致有疑處，方好尋人商量，則其長進通達不可量矣。若即今全不下手，必待他日遠求師友，然後用力，則目下蹉過却合做底親切工夫，虛度了難得底少壯時節，正使他日得聖賢而師之，亦無積累憑藉之資可受鉗錘，未必能真有益也。○夫義利之間，所差毫末，而舜跖之歸異焉。是以在昔君子之爲學也，莊敬涵養以立其本，而講於義理以發明之，則其口之所誦也有正業，而心之所處也有常分矣。至於希世取寵之事，不惟有所愧而不敢，實亦有所急而不暇焉。○問：致知以明之，持敬以養之，此學之要也。不致知則難於持敬，不持敬亦無以致知。曰：二者交相爲用，固如此。然亦當各致其力，不可恃此而責彼也。○大抵思索義理到紛亂窒塞處，須是一切掃去，放教胸中空蕩蕩地了，却舉起一看，便自覺得有下落處。此説向見李先生曾説來，今日方真實驗得如此，非虛語也。○天下之物，無一物不具天理，是以聖門之學，下學之序，始於格物以致其知，不離乎日用事物之間。別其是非，審其可否，由是精義入神以致其用。其間曲折纖悉，各有次序，而一以貫通，無分段，❶無時節，無方所。以爲精也，而不離乎粗；以爲末也，而不離乎本。必也優游潛玩，饜飫而自得之，然後爲至。固不可以自畫而緩，亦不可以欲速而急。譬如草木自萌芽生長，以至於枝葉華實，不待其日至之時，而揠焉以助之長，豈不無益而反害之哉？○人之所以爲學者，以吾之心未若聖人之心故也。心未能若聖人之心，是以燭理未明，無所準則，隨其所好，高者過，卑者不及，而不自知其爲過且不及也。若吾之心即與天地聖人之心無異矣，則尚何學之爲哉？故學者必因先達之言，以求聖人之意；因聖人之意，以達天地之理。求之自淺以及深，至之自近而及遠，循循有序，而不可以欲速迫切之心求也。夫如是，是以浸漸經歷，審熟詳明，而無躐等空言之弊，馴致其極，然後吾心得正，天地聖人之心不外是焉。非固欲畫於淺近而忘深遠，舍吾心以求聖人之心，棄吾説以徇先儒之説也。○鄉道之勤，衛道之切，不若求其所謂道者，而脩之於己之爲本。用力於文詞，不若窮經觀史以求義理，而措諸事業之爲實也。蓋人有是身，則其秉彝之則初不在外。與其鄉往於人，孰若反求諸己？與其以口舌馳説而欲其得

❶「段」，四庫本作「限」。

行於世，孰若得之於己而一聽其用舍於天耶？至於文詞，一小伎耳。以言乎邇，則不足以治己；以言乎遠，則無以治人。是亦何所與於人心之存亡，世道之隆替，而校其利害，勤懇反復，至於連篇累牘而不厭耶？○爲學之序，必先成己，然後可以成物。此心此理元無間斷虧欠，聖賢遺訓具在方册。若果有意，何用遲疑等待，何用準擬安排，只從今日爲始，隨處提撕，隨處收拾，隨時體究，隨事討論。但使一日之間整頓得三五次，理會得三五事，則日積月累，自然純熟，自然光明矣。若只如此立得箇題目頓在面前，又却低徊前却，不肯果決向前，真實下手，則悠悠歲月豈肯待人，恐不免但爲自欺自誣之流，而終無得力可恃之地也。○觀浮圖者，仰首注視而高談，不若俯首歷階而漸進。蓋觀於外者，雖足以識其崇高鉅麗之爲美，孰若入於其中者能使真爲我有，而又可以深察其層累結架之所由哉？自今而言，聖賢之言具在方册，其所以幸教天下後世者，固已不遺餘力。而近世一二先覺又爲之指其門户，表其梯級，而後學者由是而之焉，宜亦甚易而無難矣。而有志焉者或不能以有所至，病在一觀其外，粗覘彷彿，而便謂吾已見之，遂無復入於其中，以爲真有而力究之討。此所以驟而語之雖知可悦，而無以深得其味，遂至半途而廢，而卒不能以有成耳。○問：今之學者不是忘，便是助長。曰：這只是見理不明耳。理是自家固有底，從中而出，如何忘得？使他見之之明，如饑而必食，渴而必飲，則何忘之有？如食而至於飽則止，飲而至於滿腹則止，又何助長之有？此皆是見理不明之病。○問：工夫有間斷，亦是氣質之偏使然。曰：固是氣質，然大患是不子細。嘗謂今人讀書得如漢儒亦好，漢儒各專一家，看得極子細。今人纔看這一件，又要看那一件，下梢都不曾理會得。○今須先正路頭，明辨爲己、爲人之別，直見得透，却旋旋下工夫，則思慮自通，知識自明，踐履自正，積日累月，漸漸熟，漸漸自然。若見不透，路頭錯了，則讀書雖多，爲文日工，終做事不得。○自天降衷，萬理皆具，仁義禮智，君臣、父子、兄弟、朋友、夫婦，自家一身都擔在這裏，須是理會了，體認教一一周足，略欠闕些子不得。須要緩心，直要理會教盡。須是大作規模，闊開其基，廣闢其地，少間到逐處，即看逐處都有頓放處。日用之間，只在這許多道理裏面轉，更無些子空闕處。堯、舜、禹、湯也只是這道理。○大凡學問不可只理會一端，聖賢千言萬語，看得雖似紛擾，然却都是這一箇道理。而今只就緊要處做固好，然別箇也須一一理會，湊得這一箇道理都一般方得。天下事硬就一箇做，終是做不成。如莊子說：「風之積也不厚，則其負大翼也無力。」須是理會得多，方始襯簟得起。且如籩豆之事，各有司存，非是說籩豆之事置之度外，不用理會。「動容貌」三句，亦只是三句是自家緊要合做底。籩豆是付與有司做底，其事爲輕。而今只理會三句，籩豆之事都不理會，萬一被有司喚籩做豆，若不曾曉得，便被他瞞。所以《中庸》先說箇博學之，孟子曰博學而詳說之。且看孔子雖曰生知，是事去問人，若問禮、問喪於老聃之類甚多。只如官名不曉得，莫也無害，聖人亦汲汲去問郯子。蓋是我不識底，須是去問人始得。因說南軒《洙泗言仁》編得亦未是。聖人説仁處固是仁，然不説處不成非仁。天下只有箇道理，聖人説許多説話，都要理會，豈可只去理會説仁處，不説仁處便掉了不管？○問：如古人詠歌舞蹈到動盪血脉、流通精神處，今既無之，專靠義理去研究，恐難得悦樂，不知如何？曰：只是看得未熟耳。若熟看，待浹洽則悦矣。而今且放置閑事，不要閑思量，只專心去玩味義理，便會心精，心精便會熟。涵養當用敬，進學則在致知。無事時，且存養在這裏，提撥警覺，不要放肆，到那講習應接，便當思量義理，用義理做將去。無事時，便著存養收拾此心。○問：爲學工夫，以何爲先？曰：亦不過如前所説，專在人自立志。既知這道理，辨得堅固心，一味向前，何患不進？只患立志不堅，只恁聽人言語，看人文字，終是無得於己。或云：須是做工夫，方覺言語有益。曰：別人言語亦當子細窮究。孟子説：「我知言，我善養吾浩然之氣。」知言便是窮理，別人言語，他自邪説，何與我事？被他謾過，理會不得，便有陷溺。所謂生於其心，害於其政；作於其政，害於其事。蓋謂此也。○問：講學須當志其遠者、大者。曰：固是，然細微處亦須研窮。若細微處不研窮，所謂遠者、大者，只是揣作一頭詭怪之語，果何益？須是知其大小，測其淺深，又別其輕重。因問：平時讀書，因見先生説，乃知只得一模樣耳。曰：模樣亦未易得，恐只是識文句。○問：未知學問，知有人欲，不知有天理。既知學問，則克己工夫有著力處，然應事接物之際，苟失存主，則心不在焉。及既知覺，已爲間斷，故因天理發見，而收合善端，便成片段，雖承見教如此，而工夫最難。

曰：此亦學者常理，雖顔子亦不能無間斷。正要常常點檢，力加持守，使動静如一，則工夫自然接續。○學問無賢愚，無大小，無貴賤，自是人合理會底事。且如聖賢不生，無許多書册，無許多發明，不成不去理會，也只當理會。今有聖賢言語，有許多文字，却不去做，師友只是發明得，人若不自向前，師友如何著得力？○問所觀書，滕璘以讀《告子》篇對。曰：古人興於詩，詩可以興。又曰：雖無文王猶興，人須要奮發興起必爲之心，爲學方有端緒。古人以詩吟詠起發善心，今既不能曉古詩。某以爲《告子》篇諸處，讀之可以興發人善心者，故勸人讀之。且如「理義之悦我心，猶芻豢之悦我口」，讀此句，須知義理可以悦我心否？果如芻豢悦口否？方是得。璘謂：理義悦心，亦是臨事見得此事合理義，自然悦懌。曰：今則終日無事，不成便廢了理義？便無悦處？如讀古人書，見其事合理義，思量古人行事，與吾今所思慮欲爲之事。纔見得合理義，則自悦；纔見不合理義，自有羞愧憤悶之心。不須一一臨事時看。○問：程子云：「且省外事，但明乎善，唯進誠心。」只是教人鞭辟近裏，切謂明善是致知，誠心是誠意否？曰：知至即便意誠，善纔明，誠心便進。又問：其文章雖不中不遠矣，便是應那省外事一句否？曰：然。外事所可省者，即省之；所不可省者，亦强省不得。善只是那每事之至理，文章是威儀制度，所守不約，汎濫無功，説得極切。這般處只管將來玩味，則道理自然都見。○問：爲學大端。曰：且如士人應舉，是要做官，故其工夫勇猛，念念不忘，竟能有成。若爲學須立箇標準，我要如何爲學，此志念念不忘，工夫自進。蓋人以眇然之身與天地並立而爲三，常思我以血氣之身如何配得天地，且天地之所以與我者，色色周備，人自污壞了。因舉「萬物皆備於我，反身而誠，樂莫大焉」一章，今之爲學須是求復其初，求全天之所以與我者始得。若要全天之所以與我者，便須以聖賢爲標準，直做到聖賢地位，方是全得本來之物而不失。如此，則工夫自然勇猛；臨事觀書，常有此意，自然接續。若無求復其初之志，無必爲聖賢之心，只見因循荒廢了。○學問只要理會一箇道理，天生烝民，有物有則，有一箇物，便有一箇道理。所以大學之道，教人去事物上逐一理會得箇道理。若理會一件未得，直須反覆推究研窮，行也思量，坐也思量，早上思量不得，晚間又把出思量，晚間思量不得，明日又思量。如此，豈有不得底道理？若只略略地思量，思量不得便掉了，如此，千年也理會不得。○問：人固欲事事物物理會，然精力有限，不解一一都理會得。曰：固有做不盡底，但立一箇綱程，不可先自放倒也。須靜着心，實著意，沉潛反覆，終久自曉得去。○問：人之思慮有邪有正，若是大段邪僻之思，却容易制，惟是許多無頭面不緊要底思慮，不知何以制之？曰：此亦無他，只是覺得不當思量底，便莫要思，便從脚下做將去，久久純熟，自然無此等思慮矣。譬如人坐不定者，兩脚常要行，但纔要行時，便自省覺莫要行，久久純熟，亦自然不要行而坐得定矣。前輩有欲澄治思慮者，於坐處置兩器，每起一善念，則投白豆一粒於器中，每起一惡念，則投黑豆一粒於器中。初時黑豆多，白豆少，後白豆多，黑豆少，後來遂不復有黑豆，最後則雖白豆亦無之矣。然此只是箇死法，若更加以讀書窮理底工夫，則去那般不正當底思慮，何難之有？又如人有喜做不要緊事，如寫字作詩之屬，初時念念要做，更遏捺不得。若能將聖賢言語來玩味，見得義理分曉，則漸漸覺得此重彼輕，久久不知不覺，自然剥落消殞去。何必横生一念，要得别尋一捷徑，盡去了意見，然後能如此。此皆是不奈煩去脩治他一箇身心了，作此見解。譬如人做官，則當至誠去做職業，却不奈煩去做，須要尋箇倖門去鑽，道鑽得這裏透時，便可以超躐將去。今欲去意見者，皆是這箇心。學者但當就意見上分真妄，存其真者，去其妄者而已。若不問真妄，盡欲除之，所以游游蕩蕩，虚度光陰，都無下工夫處。因舉《中庸》曰：「喜怒哀樂未發謂之中，發而皆中節謂之和。中也者，天下之大本；和也者，天下之達道。致中和，天地位焉，萬物育焉。」只如喜怒哀樂，皆人之所不能無者，如何要去得？只是要發而中節爾。所謂致中，如孟子之求放心與存心養性是也。所謂致和，如孟子論平旦之氣與充廣其仁義之心是也。今却不奈煩去做這樣工夫，只管要求捷徑去意見，只恐所謂去意見者，正未免爲意見也。聖人教人如一條大路，平平正正，自此直去，可以到聖賢地位。只是要人做得徹，做得徹時，也不大驚小怪，只是私意剥落淨盡，純是天理融明爾。又曰：興於詩，立於禮，成於樂，聖人做出這一件物事來，使學者聞之，自然歡喜，情願上這一條路去，四方八面攛掇他去這路上行。又曰：所謂致中者，非但只是在中而已，纔有些子偏倚便不可，須是常在那中心十字上立，方是致中。譬如射，雖射中紅心，然在紅心邊側亦未當，須是正當紅心之中，乃爲中也。輔廣云：此非常存戒謹恐懼底工夫不可。曰：固是。只是箇戒謹恐懼便是工夫。又曰：博我以文，約我以禮，聖門教人只此兩事，須是互相發明。約禮底工夫深，則博文底工夫愈明；博文底工夫至，則約禮底工夫愈密。○學者最怕因循，莫説道一下便要做成，今日知得一事亦得，行得一事亦得，只不要間斷，積累之久，自解做得徹去。若有疑處，且須自去思量，不要倚靠人，道待去問他，若無人可問時，不成便休也？人若除得箇倚靠人底心，學也須會進。○人説道頓段做工夫，亦難得頓段工夫。莫説道今日做未得，且待來日做。若做得一事，便是一事工夫。若理會得這些子，便有這些子工夫。若見處有積累，則見處自然貫通。若存養處有積累，則存養自然透徹。○問：横渠言「得尺守尺，得寸守寸」，先生却云「須放寬地步」，如何？曰：只是且放寬看將去，不要守殺了。横渠説自好，但如今日所論，却是大局促了。○問：動容周旋，未能中禮，於應事接物之間，未免有礙理處，如何？曰：只此便是學。但能於應酬之頃，逐一點檢，使一一合於理，久久自能中禮也。○語萬人傑曰：平日工夫須是做到極時，四邊皆黑，無路可入，方是有長進處，大疑則可大進。若自覺有些長進，便道我已到了，是未足以爲大進也。顔子「仰高鑽堅，瞻前忽後」，及至「雖欲從之，末由也已」，直是無去處了。至此可以語進矣。○洪慶將歸，先生召入與語曰：此去且存養，要這箇道理分明，常在這裏，久自有覺，覺後自是，此物洞然通貫圓轉。乃舉孟子求放心、操則存兩節，及明道語録中聖賢教人千言萬語、下學上達一條云：自古聖賢教人，也只就這理上用功。所謂放心者，不是走作向別處去。蓋一瞬目間便不見，纔覺得便又在面前，不是苦難收拾，公且自去提撕便見得。又曰：如今要下工夫，且須端莊存養，獨觀昭曠之原，不須枉費工夫鑽紙上語。待存養得此中昭明洞達，自覺無許多窒礙，恁時方取文字來看，則自然有意味，道理自然透徹，遇事時自然迎刃而解，皆無許多病痛。此等語不欲對諸人説，恐他不肯去看文字，又不實了。且教他看文字，撞來撞去，將來自有撞著處。○爲學之道，須先存得這箇道理，方可講究。若居處必恭，執事必敬，與人必忠，要如顔子直須就視聽言動上警戒到復禮處，仲弓出門如見大賓，使民如承大祭，是無時而不主敬。如今亦不須較量顔子、仲弓如何會如此，只將他那事就自家切己處便做他底工夫，然後有益。又曰：爲學之道如人耕種一般，先須辦了一片地在這裏了，方可在上耕種。今却就別人地上鋪排許多種作底物色，這田地元不是我底。又如人作商，亦須先安排許多財本，方可運動，若財本不贍，則運動未得。到論道處，如説水，只説是冷，不能以不熱字説得；如説湯，只説是熱，不能以不冷字説得。又如飲食，喫著酸底便知是酸底，喫著鹹底便知是鹹底，始得。○今學者不會看文字，多是先立私意，自主張己説，只借聖人言語做起頭，便自把己意接説將去。病痛專在這上，不可不戒。○問：治心脩身之要，以爲雖知事理之當爲，而念慮之間，多與日間所講論者相違。曰：且旋恁地做去。只是如今且説箇熟字，這熟字如何便得到這地位？到得熟地位，自有忽然不可知處，不是被你硬要得，直是不知不覺得如此。○問：學者忌先立標準如何？曰：如「必有事焉，而勿正」之謂。而今雖道是要學聖人，亦且從下頭做將去。若日日恁地比較也不得。雖則是曰「舜何人也，予何人也」？若只管將來比較，不去做工夫，又何益？

性理大全書卷之四十四

性理大全書卷之四十五

學　三

總論爲學之方

朱子曰：爲學之道，聖經賢傳所以告人者，已竭盡而無餘，不過欲人存此一心，使自家身有主宰。今人馳騖紛擾，一箇心都不在軀殼裏。孟子曰：「學問之道無他，求其放心而已。」又曰：「存其心，養其性，所以事天也。」學者須要識此。○涵養工夫，如一粒菜子中間含許多生意，亦須是培壅澆灌方得成，不成説道有那種子在此，只待他自然生根生苗去。若只見道理如此，便要受用去，則一日止如一日，一年止如一年，不會長進。正如菜子無糞去培壅，無水去澆灌。也須是更將《語》、《孟》、《中庸》、《大學》中道理來涵養。○人之爲學，惟患不自知其所不足；既知之，則亦即此而加勉焉耳。爲仁由己，豈他人所能與？惟讀書窮理之功，不可不講也。○涵養、致知、力行三者，便是以涵養做頭，致知次之，力行次之。不涵養則無主宰，如做事須用人，纔放下或困睡，這事便無人做主，都由別人，不由自家。既涵養又須致知，既致知又須力行。若致知而不力行，與不知同。亦須一時並了，非謂今日涵養，明日致知，後日力行也。要當皆以敬爲本，敬却不是將來做一箇事，今人多先安一箇敬字在這裏，如何做得？敬只是提起這心，莫教放散，恁地則心便自明。這裏便窮理格物，見得當如此便是，不當如此便不是，既見了便行將去。今且將《大學》來讀，便見爲學次第，初無許多屈曲。又曰：某於《大學》中所以力言《小學》者，以古人於《小學》中已自把捉成了，故於大學之道無所不可。今人既無小學之功，却當以敬爲本。○問：程子云「看雞雛可以觀仁」，如何？曰：既通道理後，這般箇久久自知之。《記》曰：「善問者如攻堅木，先其易者，後其節目。」所以游先生問「陰陽不測之謂神」，而程子問之曰：「公是揀難底問，是疑後問。」故昨日與公說，讀書須看一句後又看一句，讀一章後又讀一章，格物須格一物後又格一物，見這箇物事道理既多，則難者道理自然識得。童蜚卿曰：程子謂「近思只是比類推去」。曰：程子說得推字極好。又曰：比類莫是比這一箇意思推去否？曰：固是。如爲子則當止於孝，爲臣則當止於忠，自此節節推去，然只一愛字雖出於孝，畢竟千頭萬緒，皆當推去須得。○人之爲學，五常百行，豈能盡常常記得？人之性，惟五常爲大；五常之中，仁尤爲大。而人之所以爲是仁者，又但當守敬之一字。只是常求放心，晝夜相承，只管提撕，莫令廢惰，則雖不能常常盡記衆理，而義禮智信之用，自然隨其事之當然而發見矣。子細思之，學者最是此一事爲要，所以孔門只是教人求仁也。○爲學無許多事，只是要持守身心，研究道理，分別得是非善惡，直是如好好色，如惡惡臭，到這裏方是踏著實地，自住不得。○問：持敬豈不欲純一於敬，然自有不敬之念固欲與己相反，愈制則愈甚。或謂只自持敬，雖念慮妄發莫管他，久將自定。還如此得否？曰：要之邪正本不對立，但恐自家胸中無箇主，若有主，邪自不能入。又問：不敬之念非出於本心，如忿慾之萌，學者固當自克，雖聖賢亦無如之何。至於思慮妄發，欲制之而不能。曰：纔覺恁地，自家便挈起了，但莫先去防他。然此只是自家見理不透，做主不定，所以如此。《大學》曰：「物格而後知至，知至而後意誠。」纔意誠，則自然無此病。○爲學大要只在求放心，此心流濫無所收拾，將甚處做管轄處？其他用工總閑慢。須先就自心上立得定決不雜，則自然光明四達，照用有餘。凡所謂是非美惡，亦不難辨。況天理人欲決不兩立，須得全在天理上行，方見人欲消盡，義之與利不待分辨而明。至若所謂利者，凡有分毫求自利便處皆是，便與克去，不待顯著方謂之利。此心須令純純只在一處，不可令有外事參雜，遇事而發，合道理處，便與果決行去，勿顧慮。若臨事見義，方復遲疑，則又非也。仍須勤勤把將做事，不可俄頃放寬，日日時時如此，便須見驗。人之精神，習久自成。大凡人心若勤緊收拾，莫令寬縱逐物，安有不得其正者？若真箇提得緊，雖半月見驗可也。○凡看文字，非是要理會文字，正要理會自家性分上事。學者須要主一，主一常要心存在這裏，方可做工夫。如人須尋箇屋子住，至於爲農工商賈，方惟其所之。主者無箇屋子，如小人趁得百錢，亦無歸宿。孟子説求其放心，已是兩截。如常知得心存這裏，則心自不放。又云：無事時須要知得此心，不知此心，恰似睡困，都不濟事。今看文字，又理會理義不出，亦只緣主一工夫欠闕。○學者若不爲己，看做甚事都只是爲别人，雖做得好，亦不關己。自家去從師，也不是要理會身己；自家去取友，也不是要理會身己。只是漫恁地，只是要人説道也曾如此，要人説道好，自家又識得甚麽人？自家又有幾箇朋友，這都是徒然。説道看道理，不曾著自家身己，如何會曉得？世上如此爲學者多。只看爲己底是如何，他直是苦切，事事都是自家合做底事，如此方可，不如此定是不可。今有人苦學者，他因甚恁地苦？只爲見這物事是自家合做底事。如人喫飯，是自家肚饑，定是要喫。又如人做家主要錢使，在外面百方做計，壹錢也要將歸。這是爲甚如此，只爲自家身上事。若如此爲學，如何會無所得？○學問之功，無内外身心之間，無粗細隱顯之分。初時且要大綱持守，勿令放逸而常切提撕，漸加嚴密。更讀聖賢之書，逐句逐字，一一理會，從頭至尾，不要揀擇。如此久之，自當見得分明，守得純熟矣。○學道做工夫，須是奮厲警發，悵然如有所失，不尋得則不休。如自家有一大光明寶藏，被人偷將去，此心還肯放捨否？定是去追捕尋捉，得了方休，做工夫亦須如此。○或問：理會應變處。曰：今且當理會常，未要理會變。常底許多道理未能理會得盡，如何便要理會變？聖賢説話，許多道理平鋪在那裏，且要闊著心胸平去看，通透後自能應變。不是硬捉定一物，便要討常，便要討變。今也須如僧家行脚，接四方之賢士，察四方之事情，覽山川之形勢，觀古今興亡治亂得失之迹，這道理方見得周徧。士而懷居，不足以爲士矣。不是塊然守定這物事在一室，關門獨坐便了，便可以爲聖賢。自古無不曉事情底聖賢，亦無不通變底聖賢，亦無關門獨坐底聖賢。

聖賢無所不通，無所不能，那箇事理會不得？如《中庸》天下國家有九經，便要理會許多物事。如武王訪箕子陳洪範，自身之視聽言貌思，極至於天人之際，以人事則有八政，以天時則有五紀，稽之於卜筮，驗之於庶徵，無所不備。如《周禮》一部書，載周公許多經國制度，那裏便有國家當自家做，只是古聖賢許多規模大體也要識。蓋這道理無所不該，無所不在。且如禮樂射御書數，許多周旋升降文章品節之繁，豈有妙道精義在？只是也要理會。理會得熟時，道理便在上面。又如律曆刑法、天文地理、軍旅官職之類，都要理會。雖未能洞究其精微，然也要識箇規模大概，道理方浹洽通透。若只守箇些子捉定在這裏，把許多都做閑事，便都無事了，如此只理會得門内事，門外事便了不得。所以聖人教人要博學，須是「博學之，審問之，慎思之，明辯之，篤行之」。子曰：「我非生而知之者，好古敏以求之者也。」文武之道布在方册，在人。賢者識其大者，不賢者識其小者。夫子焉不學，而亦何常師之有？聖人雖是生知，然也事事理會過，無一之不講。這道理不是只就一件事上理會見得便了，學時無所不學，理會時却是逐件上理會去。凡事雖未理會得詳密，亦有箇大要處，縱詳密處未曉得，而大要處已被自家見了。今只就一綫上窺見天理，便説天理只恁地了，便要去通那萬事，不知如何得？萃百物然後觀化工之神，聚衆材然後知作室之用。於一事一義上欲窺聖人之用心，非上智不能也，須開心胸去理會。天理大，所包得亦大。且如五常之教，自家而言，只有箇父子夫婦兄弟，纔出外便有朋友，朋友之中事已煞多。

及身有一官，君臣之分便定。這裏面又煞多事，事事都合講過。他人未做工夫底，亦不敢向他説。如吾友於己分上已自見得，若不説與公，又可惜了。他人於己分上不曾見得，泛而觀萬事，固是不得。而今已有箇本領，却只捉定這些子便了，也不得。如今只道是持敬收拾身心，日用要合道理無差失，此固是好，然出而應天下事，應這事得時，應那事又不得。學之大本，《中庸》、《大學》已説盡了。《大學》首便説格物致知，爲甚要格物致知？便是要無所不格，無所不知。物格知至，方能意誠心正身脩，推而至於家齊國治天下平，自然滔滔去都無障礙。○古人學問只是爲己而已，聖賢教人具有倫理，學問是人合理會底事，學者須是切己方有所得。今人知爲學者，聽人説一席好話，亦解開悟，到切己工夫却全不曾做，所以悠悠歲月無可理會。若使切己下工，聖賢言語雖散在諸書，自有箇通貫道理，須實有見處，自然休歇不得。今人事無小大，皆潦草過了。❶只如讀書一事，頭邊看得兩段，便揭過後面，或看得一二段，或看得三五行，殊不曾子細理會，如何會有益？○爲學大端在於求復性命之本，然求造聖賢之極致，須是便立志如此，便做去始得。若曰「我之志只是要做箇好人，識些道理便休」，宜乎工夫不進，日夕漸漸消靡。今須思量天之所以與我者，必須是光明正大，必不應只如此而止，就自家性分上儘做得去，不到聖賢地位不休。如此立志，自是歇不住，自是儘有工夫可做。如顏子之欲罷不能，如小人之孳孳爲利，念念自不忘。

❶「潦」，原作「老」，今據重修本改。

若不立志，終不得力。因舉程子云「學者爲氣所勝，習所奪，只可責志」。又舉云「立志以定其本，居敬以持其志」。此是五峰議論好處。又舉「士尚志」，何謂尚志？曰仁義而已矣。又舉「舜爲法於天下，可傳於後世，我猶未免爲鄉人也，是則可憂也」。憂之如何？如舜而已矣。又舉「三軍可奪帥，匹夫不可奪志也」。如孔門亦有不能立志者，如冉求「非不説子之道，力不足也」是也。所以其後志於聚斂，無足怪。○問：下學與上達固相對是兩事，然下學却當大段多著工夫。曰：聖賢教人多説下學事，少説上達事。説下學工夫要多也好，但只理會下學又局促了。須事事理會過，將來也要知箇貫通處。不去理會下學，只理會上達，即都無事可做，恐孤單枯燥。程先生云：「但是自然，更無玩索。」既是自然，便都無可理會了。譬如耕田，須是種下種子，便去耘鋤灌漑，然後到那熟處。而今只想像那熟處，却不曾下得種子，如何會熟？如一以貫之，是聖人論到極處了，而今只去想像那一，不去理會那貫，譬如討一條錢索在此，都無錢可穿。又問：爲學工夫大概在身則有箇心，心之體爲性，心之用爲情。外則目視耳聽，手持足履，在事則自事親事長，以至於待人接物，洒掃應對，飲食寢處，件件都是合做工夫處。聖賢千言萬語，便只是其中細碎條目。曰：講論時是如此講論，做工夫時須是著實去做。道理聖人都説盡了，《論語》中有許多，《詩》、《書》中有許多，須是一一與理會過方得。程先生謂「或讀書講明道義，或論古今人物而別其是非，或應接事物而處其當否」。如何而爲孝？如何而爲忠？以至天地之所以高厚，一物之所以然，都逐一理會，不只是箇一便都了。又問：下學莫只是就切近處求否？曰：也不須恁地揀，事到面前便與他理會。且如讀書，讀第一章便與他理會第一章，讀第二章便與他理會第二章，今日撞著這事便與他理會這事，明日撞著那事便理會那事。萬事只是一理，不成只揀大底、要底理會，其他都不管。譬如海水，一灣一曲，一洲一渚，無非海水，不成道大底是海水，小底不是。程先生云：「窮理者，非謂必盡窮天下之理，又非謂止窮得一理便到。但積累多後，自當脱然有悟處。」又曰：「自一身之中以至萬物之理，理會得多，自當豁然有箇覺處。」今人務博者却要盡窮天下之理，務約者又謂反身而誠，則天下之物無不在我，此皆不是。且如一百件事，理會得五六十件了，這三四十件雖未理會，也大概可曉了。○問：爲學道理日用間做工夫，所以要步步縝密者，蓋緣天理流行乎日用之間，千條萬緒無所不在，故不容有所欠缺。若工夫有所欠缺，便於天理不湊得著。曰：也是如此。理只在事物之中。做工夫須是密，然亦須是那疎處斂向密，又就那密處展放開。若只拘要那縝密處，又却局促了。問：放開底樣子如何？曰：亦只是見得天理是如此，人欲是如此，便做將去。或云：無時不戒謹恐懼，則天理無時而不流行；有時而不戒謹恐懼，則天理有時而不流行。此語如何？曰：不如此也不得，然也不須得將戒謹恐懼説得太重，也不是恁地驚恐。只是常常提撕認得這物事，常常存得不失。今人只見他説得此四箇字重，便作臨事驚恐看了。如臨深淵，如履薄冰，曾子也只是順這道理常常恁地把捉去。一云：恁地兢謹把捉去，不成便恁地驚恐，學問只是要此心常存。若不用戒謹恐懼，而此理常流通者，惟天地與聖人耳。聖人不勉而中，不思而得，從容中道，亦只是此心常存，理常明，故能如此。賢人所以異於聖人，衆人所以異於賢人，亦只争這些子境界存與不存而已。嘗謂人無有極則處，❶便是堯舜周孔，不成説我是從容中道，不要去戒謹恐懼，那工夫亦自未嘗得息。子思説尊德性，又却説道問學；致廣大，又却説盡精微；極高明，又却説道中庸；温故，又却説知新；敦厚，又却説崇禮。這五句是爲學用工精粗全體説盡了。如今所説，却只偏在尊德性上去，揀那便宜多底占了，無道問學底許多工夫。只恐是占便宜自了之學，出門動步便有礙，做一事不得。今人之患，在於徒務末而不究其本。然只去理會那本，而不理會那末，亦不得。時變日新而無窮，安知他日之事，非吾輩之責乎？若是少間事勢之來，當應也只得應。若只是自了，便待工夫做得二十分到，終不足以應變。到那時，却怕人説道不能應變，也牽强去應，應得便只成杜撰，便只是人欲，又有誤認人欲作天理處。若應變不合義理，則平日許多工夫依舊都是錯了。一日之間，事變無窮，小而一身有許多事，一家又有許多事，大而一國，又大而天下，事業恁地多，都要人與他做。不是人做，却教誰做，不成我只管得自家。若將此樣學問去應變，如何通得許多事情，做出許多事業？學者須是立定此心，汎觀天下之事，精粗巨細，無不周徧。下梢打成一塊，亦是一箇物事，方可見於用。不是揀那

❶「則」，重修本作「到」。

精底放在一邊，粗底放在一邊。所謂天理人欲，只是一箇大綱如此，下面煞有條目。須是就事物上辯別那箇是天理，❶那箇是人欲。不可恁地空説，將大綱來罩却，籠統無界分，恐一向暗昧，更動不得。如做器具，固是教人要做得好，不成要做得不好。好底是天理，不好底是人欲。然須是較量所以好處，如何樣做方好做得。

南軒張氏曰：人之性善，然自非上智生知之資，其氣稟不容無所偏。學也者，所以化其偏而若其善也。氣稟之偏，其始甚微，惟夫習而不察，日以滋長，非用力之深，末由返也。◯古人所以從事於學者，其果何所爲而然哉？天之生斯人也，則有常性。人之立于天地之間也，則有常事。在身有一身之事，在家有一家之事，在國有一國之事。其事也，非人之所能爲也，性之所有也。弗勝其事，則爲弗有其性；弗有其性，則爲弗克若天矣。克保其性而不悖其事，所以順乎天也。然則捨講學其能之哉？凡天下之事，皆人之所當爲。君臣、父子、兄弟、夫婦、朋友之際，人事之大者也。以至於視聽言動，周旋食息，至纖至悉，何莫非事者？一事之不貫，則天性以之陷溺也。然則講學其可不汲汲乎？學所以明萬事而奉天職也。雖然，事有其理而著於吾心，心也者，萬事之宗也。惟人放其良心，故事失其統紀。學也者，所以收其放而存其良心也。夏葛而冬裘，饑食而渴飲，理之所固存，❷而事之所當然者。凡吾於萬事皆見其若是也，而後爲當其可，學者求乎

❶「别」，四庫本作「剖」。
❷「存」，重修本作「有」。

此而已。嘗竊怪今世之學者，其所從事往往異乎是。鼓篋入學，抑亦思吾所謂學者果何事乎？聖人之立教者果何在乎？而朝廷建學群聚而教養者，又果何爲乎？嗟夫！此獨未之思而已矣。使其知所思，則必竦然動于中，而其朝夕所接，君臣、父子、兄弟、夫婦、朋友之際，視聽言動之間，必有不得而遁者，庶乎可以知入德之門矣！○入德有門户，得其門而入，然後有進也。夫子之教人循循善誘，始學者聞之，即有用力之地，而至于成德，亦不外是。今欲求所持循而施吾弗措之功，其可不深考之於夫子之遺經乎？試舉一端而論，夫子之言曰：「弟子入則孝，出則弟，謹而信，汎愛衆，而親仁。行有餘力，則以學文。」嗟乎！是數言者，視之若易，而爲之甚難；驗之不遠，而測之愈深。聖人之言，化工也。學者如果有志，盍亦於所謂入孝出弟，所謂謹而信，所謂汎愛親仁者，學之而弗措乎？學然後知不足，其間精微曲折未易盡也，其亦問之而弗措乎？思之未至，終不爲己物，盍亦思之而弗措乎？思之而有疑，盍亦辨之而弗措乎？思而得，辨而明，又盍行之而弗措乎？是五者，蓋同體以相成，相資而互相發也。真積力久，所見益深，所履益固，而所以弗措者，蓋有不可以已，高明博厚端可馴而識矣。噫，學不躐等也。譬如燕人適越，其道里之所從，城郭之所經，山川之阻脩，風雨之晦冥，必一一實履焉。中道無畫，然後越可幾也。若坐環堵之室，而望越之渺茫，車不發軔，而欲乘雲駕風以遂抵越，有是理哉？且夫爲孝必自冬温夏清、昏定晨省始，爲弟必自徐行後長者始。故善言學者，必以洒掃、應對、進退爲先焉，惟夫弗措之爲貴也。○學必有序，故自洒掃、應對、進退而往，皆序也。由近以及遠，自粗以至精，學之方也。如適千里者，雖步步踏實，亦須循次而進。今欲闊步一蹴而至，有是理哉？自欺自誤而已。○講究義理，須要看得如饑食渴飲，只是平常事。若談高説妙，便是懸空揣度，❶去道遠矣。○近日學者論仁字，多只是要見得仁字意思，縱使逼真，亦終非實得。看《論語》中聖人所言，只欲人下工夫，升高自下，陟遐自邇，循序積習，自有所至。存養省察，固當並進，存養是本，工夫固不越於敬，敬固在主一。此事惟用力者方知其難。○講學不可以不精也，毫釐之差，則其弊有不可勝言者。故夫專於考索，則有遺本溺心之患；而騖於高遠，則有躐等憑虛之憂。二者皆其弊也。考聖人之教，固不越乎致知、力行之大端，患在人不知所用力耳。莫非致知也，日用之間，事之所遇，物之所觸，思之所起，以至於讀書考古。苟知所用力，則莫非吾格物之妙也。其爲力行也，豈但見於孝悌忠信之所發，形於事而後爲行乎？自息養瞬存，以至於三千三百之間，皆合内外之實也。行之力，則知愈進；知之深，則行愈達。○如今一輩學者，往往希慕高遠，畢竟終無所得。要之仁之實，事親是也；義之實，從兄是也。當於事親從兄之際，踐履中體察之，此最親切。若升高必自下，若陟遐必自邇，須是下學而上達，雖洒掃應對，其中自有妙理。至如禮經三百，威儀三千，在吾儒爲之，雖若遲緩，然爲之不已，雖至聖人可也。更當博觀伊洛議論，涵泳於中，使

❶「空」，原作「高」，今據重修本改。

之自得。且如聽人説他處市井如何，山川如何，比之親到氣象殊别。○責己須要備，人有片善，皆當取之。古人之學，只是爲己。如晏平仲其事君臨政未必皆是，然善與人交，聖人便取之。子産有君子之道四焉，其不合道處想多，只此四者，便是吾之師。責己而取人，不惟養吾之德，亦與人爲善也。

象山陸氏曰：學者大病在於師心自用。師心自用，則不能克己，不能聽言。雖使義黄唐虞以來，❶群聖人之言畢聞於耳，畢熟於口，畢記於心，衹益其私，增其病耳。爲過益大，去道愈遠，非徒無益而又害之。○爲學但當孜孜進德脩業，使此心於日用間，戕賊日少，光潤日著，則聖賢垂訓，向以爲盤根錯節、未可遽解者，將涣然冰釋，怡然理順，有不加思而得之者矣。○學者且當大綱思省，平時雖號爲士人，雖讀聖賢書，其實何曾篤志於聖賢事業？往往從俗浮沉，與時俯仰，徇情縱欲，汩没而不能以自振。日月逾邁，而有泯然與草木俱腐之恥。到此能有愧懼，大決其志，乃求涵養磨礪之方。若有事役，未得讀書，未得親師，亦可隨處自家用力檢點，見善則遷，有過則改，所謂心誠求之，不中不遠。若事役有暇，便可親書册，無不有益者。

東萊吕氏曰：静多於動，踐履多於發用，涵養多於講説，讀經多於讀史。工夫至此，然後可久可大。○問：人之格局卑者，不知能進否？曰：中人以下固不可以語上，然如人坐暗室，久必自明。若人果有志，積以歲月之久，亦自有見。又問：必有

❶「黄」，重修本作「皇」。

所見，然後能立否？曰：人之初學，豈能一一自有所見，須去下工夫。工夫既深，其久乃有所見。○爲學須先識得大綱模樣，使志趣常在這裏。到做工夫，却隨節次做去，漸漸行得一節，又問一節，方能見衆理所聚。今學者病多在閑邊問人，路頭尚不知，大率問人，須是就實做工夫處商量方是。○凡勤學須是出於本心，不待父母先生督責，造次不忘，寢食在念，然後見功。苟有人則作，無人則輟，此之謂爲父母先生勤學，非爲己脩，終無所得。○持養之久，則氣漸和。氣和，則温裕婉順。望之者意消忿解，而無招咈取怒之患矣。體察之久則理漸明，理明則諷導詳款。聽之者心諭慮移，而無起争見郤之患矣。更須參觀物理，深察人情，體之以身，揆之以時，則無偏蔽之失也。○持養察識之功，要當並進，更當於事事物物試驗學力。若有窒礙齟齬處，即深求病源所在而鋤去之。○士生於三代之後，所見未必皆正人也，所聞未必皆正言也。一日暴之，十日寒之，其爲善難矣哉。處此者有道，善者以爲法，不善者以爲戒。善者以爲法，是見其善而從其善也。不善者以爲戒，是因其不善而知其善也。在人者雖有善不善之殊，在我者一歸於善而已矣。如此，則所遇之人無非碩師，所聽之言無非法語，何入而不自得哉！○凡見人有一行之善，則當學之，勿以其同時同處貴耳賤目焉。○爲人立基址，須是堅實。既堅實，須是就充擴，所謂士不可以不弘毅。○爲學必須於平日氣稟資質上驗之。如滯固者疎通，顧慮者坦蕩，智巧者易直。苟未如此轉變，要是未得力耳。○須要公平觀理，而撤户牖之小。嚴敬持身，而戒防範之踰。周密而非發於避就，精察而不安於小成。此病痛皆所素共點檢者耳。義理無窮，才智有限，非全放下，終難湊泊，然放下政自非易事也。○培養克治，殊不可緩。私意之根，若尚有眇忽未去，異日遇事接物，助發滋養，便張皇不可剪截，其害非特一身也。要須著實省察，令毫髮不留，乃善。○群居以和肅爲上。若爲學之志專，則自無暇及他事。

勉齋黄氏曰：静處下工，誠爲長策。然居敬集義，博文約禮，皆不可廢。朋友切磨，固欲相觀而善，然講習一事，尤爲至切。須將聖賢言語逐一研究，不可以爲非切己。若不自此用工，則義理不明，生出無限病痛。○人能於虚静處認得分曉，又於閙静時存得純固，此乃萬理之宅，萬事之原。看到惺惺處，則於一二疑義合商量處，肯細心磨講，則洞然無疑矣。○致知持敬，兩事相發。人心如火，遇木即焚，遇事即應。惟於世間利害得喪及一切好樂見得分明，則此心亦自然不爲之動，而所謂持守者始易爲力。若利欲爲此心之主，則雖是强加控制，此心隨所重而發，恐亦不易遏也。便使强制得下，病根不除，如以石壓草，石去而草復生矣。此不可不察也。○學問須是就險難窮困處試一過，真能不動，方是學者。人生最難克是利欲，利欲之大，是富貴貧賤。吾夫子只許顔淵、子路兩箇。若是此處打不過，❶便教説得天花亂墜，盡是閑話也。○進道之要固多端，且刊落世間許多利欲外慕，見得榮辱是非、得失利害皆不足道，只有直截此心，無愧無懼，方且見之動静語

❶「不」，原作「一」，今據重修本改。

默皆是道理。不然，則浮湛出入，渾殽膠擾，無益於己，見窺於人，甚可畏也。○爲學須隨其氣質，察其所偏，與其所未至，擇其最切者而用吾力焉。譬如用藥，古人方書亦言其大法耳，而病證多端，則亦須對證而謹擇之也。○古先聖賢言學，無非就身心上用功，人心道心，直内方外，都未説近講學處。夫子恐其識見易差，於是以博文約禮對言。博文先而約禮後，博文易而約禮難。後來學者專務其所易，而常憚其所難，此道之所以無傳。須是如《中庸》之旨，戒懼慎獨爲終身事業，不可須臾廢離。而講學窮理，所以求其明且正耳。若但務學而於身心不加意，恐全不成學問也。○人之爲學，但當操存涵養，使心源純静；探賾索隱，使義理精熟；力加克制，使私意不生。三者並行而日勉焉，則學進矣。○爲學只要收拾身心，勿令放逸，如臨深淵，如履薄冰，如見大賓，如承大祭。蓋理義非由外鑠，我固有之也。此心放逸，則固有之理先已昏惑紛擾而失其正矣。便説得天花亂落，亦於我何有干涉？況亦未見心不純静而能理明義精者。理義無窮，如登嵩華，如涉溟渤，且要根脚純實深厚，然後可以承載。初涉文義，便有跳踉自喜之意，又安能任重而致遠耶？世間固有全不識學問，而能質實重厚、小心謹畏者，不害爲君子。亦有親師取友，講明道義，而輕猥浮薄者，未免爲小人。此等處皆後生所當别識，先以戒謹厚重爲心，然後可以言學也。○古人爲學，大抵先於身心上用工，如危微精一之旨，制心制事之語，敬勝怠、義勝欲之戒，無非欲人檢點身心，存天理，去人欲而已。然學問之方難以人人口授，故必載之方策；

而義理精微，亦難以意見揣度，故必參之聖賢。故初學之法，且令格物窮理考古驗今者，蓋欲知爲學之方，求義理之正，使知所以居敬集義而無毫釐之差，亦卒歸於檢點身心而已。年來學者但見古人有格物窮理之説，但馳心於辨析講論之間，而不務持養省察之實。所以辨析講論者，又不原切問近思之意，天之所以與我，與吾之所以全乎天者，大本大原漫不加省，而尋行數墨，入耳出口，以爲即此便是學問。退而察其胸中之所存，與夫應事接物，無一不相背馳。聖人教人，決不若是。〇留意講習，若是實體之於心，見吾一身之中實具此理，操而存之，實有諸己，則不至流於口耳之學。〇今世知學者少，都以易説了學問。但能斂束身心，便道會持敬；但曉文義，便道會明理。俯視世之不學者既有間，仰觀昔者聖賢之言學條目，又不過如此，便道爲學都了，不知後面都不是。惟孔子全不如此，逐日只見不足，如曰「學而不厭，誨人不倦」，乃曰：「何有於我哉？」如曰「德之不脩，學之不講」，乃曰：「是吾憂也。」豈聖人不情之語哉？此心直是歉然。今之學者須當體得此心，切實用功，逐日察之念慮心術之微，驗之出入起居之際，體之應人接物之間，真箇無歉，益當加勉，豈可一説便了著？〇問：孟子才高，學之無可依據。❶學者當學顏子，入聖人爲近，有用力處，如何？曰：如博文約禮，克己復禮，不遷怒，不貳過等，皆用力處。就務實切己下工，所以入聖人爲近。〇問：濂溪曰「聖希天，賢希聖，士希賢」一條。曰：纔説爲學，便以

❶「可」，重修本作「所」。

伊尹、顏子並言，若非爲己務實之論。蓋人之心量，自是有許多事，不然則褊狹了，然又不可不知輕重先後。故伊尹曰志，顏子曰學，《大學》既言明德，便言新民，聖賢無一偏之學。

北溪陳氏曰：道之浩浩，何處下手？聖門用工節目，其大要亦不過曰致知力行而已。致者，推之而至其極之謂。致其知者，所以明萬理於心，而使之無所疑也。力者，勉焉而不敢怠之謂。力其行者，所以復萬善於己，而使之無不備也。知不致，❶則真是真非無以辨，其行將何所適從？必有錯認人欲作天理，而不自覺者矣。行不力，則雖精義入神，亦徒爲空言，而盛德至善竟何有於我哉？此《大學》明明德之功，必以格物致知爲先，而誠意、正心、脩身繼其後。《中庸》擇善固執之目，必自夫博學、審問、慎思、明辨而篤行之。而顏子稱夫子循循善誘，亦惟在於博我以文，約我以禮而已，無他說也。然二者亦非截然判先後爲二事，猶之行者目視足履，動輒相應，蓋亦交進而互相發也。故知之明，則行愈遠；而行之力，則所知又益精矣。其所以爲致知力行之地者，必以敬爲主。敬者，主一無適之謂。所以提撕警省此心，使之惺惺，乃心之生道，而聖學所以貫動靜徹終始之功也。能敬則中有涵養而大本清明，由是而致知，則心與理相涵，而無頑冥之患；由是而力行，則身與事相安，而不復有扞格之病矣。雖然，人性均善，均可與適道，而鮮有能從事於斯者，由其二病。一則病於安常習故，而不能奮然立志以求自拔；二則病於偏執

❶「致」，原作「至」，今據重修本改。

私主，而不能豁然虛心以求實見。蓋必如孟子以舜爲法於天下，而我猶未免爲鄉人者爲憂，必期如舜而後已，然後爲能立志。必如顔子以能問於不能，以多問於寡，有若無，實若虛，然後能爲虛心。既能立志而不肯自棄，又能虛心而不敢自是，然後聖門用工節目，循序而進，日有惟新之益，❶雖升堂入室，惟吾之所欲而無所阻矣。此又學者所當深自警也。

西山真氏曰：學者觀聖人論人之得失，皆當反而觀己之得失，然後爲有補云。○程子云：「涵養須用敬，進學則在致知。」蓋窮理以此心爲主，必須以敬自持，使心有主宰，無私意邪念之紛擾，然後有以爲窮理之基本。心既有所主宰矣，又須事事物物各窮其理，然後致盡心之功。欲窮理而不知持敬以養心，則私慮紛紜，精神昏亂，於義理必無所得。知持敬以養心矣，而不知窮理，則此心雖清明虛靜，又只箇空蕩蕩底物事，而無許多義理以爲之主，其於應事接物必不能皆當，釋氏禪學正是如此。故必以敬涵養，而又講學、審問、慎思、明辨以致其知，則於清明虛靜之中，而衆理悉備。其靜則湛然寂然而爲未發之中，其動則泛應曲當而爲中節之和。天下義理，學者工夫，無以加於此。自伊川發出，而文公又從而闡明之，《中庸》尊德性、道問學章，即此意也。○學問之道有三：曰省察也，克治也，存養也。是三者不容以一闕也。夫學者之治心，猶其治疾然。省察焉者，視脉而知疾也。克治焉者，用藥以去疾也。而存養者，則又調虞愛護以杜未形之疾者也。○聖賢

❶「惟」，重修本作「維」。

大道爲必當蹊，異端邪徑爲不可蹈，此明趨向之要也。非義而富貴，遠之如垢污。不幸而賤貧，甘之如飴蜜。志道而遺利，重內而輕外，此審取舍之要也。欲進此二者，非學不能，學必讀書，然書不可以汎讀。先《大學》，次《論》、《孟》，而終之以《中庸》。經既明，然後可觀史，此其序也。沈潛乎訓義，反覆乎句讀，以身體之，以心驗之，循序而漸進，熟讀而精思，此其法也。然所以維持此心而爲讀書之地者，豈無要乎？亦曰敬而已矣。子程子所謂主一無適者，敬之存乎中者也；整齊嚴肅者，敬之形於外者也。平居齊慄，如對神明，言動酧酢，不失尺寸，則心有定主而理義入矣。蓋操存固則知識明，知識明則操存愈固。子朱子之所以教人大略如此。

潛室陳氏曰：橫渠云：「未知立心，患思多之致疑。」蓋立心，持敬之謂。先立箇主人翁了，方做得窮理格物工夫。○問：伊川云：「盡性至命，必本於孝弟；窮神知化，由通於禮樂。」不知孝弟，何以能盡性至命？不知禮樂，何以能窮神知化？曰：盡性至命，窮神知化，皆聖人事。欲學聖人，皆從實地上做起，升高必自下，陟遐必自邇。此聖門切實之學，積累之久，將自有融液貫通處，非謂一蹴便能。○問：明道以記誦博識爲玩物喪志，如何？曰：徒記誦該博而理學不明，不造融會貫通處，是逐其小者，忘其大者，反以無用之物累其空明之心，是爲玩物喪志。○問：明道謂：「學不言而自得者，乃自得也。有安排布置者，皆非自得也。」安排布置須是見於施設，以安排布置爲非自得，如何？曰：安排布置非是見於設施，謂此心此理未到純熟兩忘地位，必有營度計慮之勞，逆施偷作之病。纔到自得處，則心便是口，理便是心，心與理忘，口與心忘，處處安行自在，默識心通，不用安排布置也。○記問之學雖博而有限，中窒故也。義理之學至約而無窮。中明故也。

鶴山魏氏曰：氣質之禀，自非生知上知，寧能無偏？學則所以矯其偏而復於正也。然今之學者有二：繇博以致約，則斂華而就實，故志爲之主，愈斂則愈實，愈久則愈明。或者唯博之趨，若可以譁世取榮，然氣爲之主，氣衰則志索，於是有始鋭而終惰，始明而終闇者矣。

雙峰饒氏曰：爲學之方，其大略有四：一曰立志，二曰居敬，三曰窮理，四曰反身。若夫趨向卑陋，而此志之不立。持養踈略，而此心之不存。講學之功不加，而所知者昏蔽。反身之誠不篤，而所行者悖戾。將見人欲愈熾，天理愈微，本心一亡，亦將何所不至哉！○人之爲學，莫先於立志。立志之初，當先於分別古今人品之高下，孰爲可尊可慕而可法，孰爲可賤可惡而可戒，此入德之先務也。此志既立，然後講學以明之，力行以充之，則德之進也，浩乎其不可禦矣。○君子之學不守諸約，則汎濫支離，固無以爲體道之本。不致其博，則陿陋偏黨，亦無以盡道體之全。存養省察，致知力行，闕一不可。○誠之爲道，無所不體。自學者言之，敬所以存心也；敬立則内直，義所以制事也，義形則外方。二者皆學者切己之事。苟非有誠意以爲之，則敬非真敬，而其爲敬也必踈略；義非實義，而其爲義也必駁雜，所謂不誠無物也。○今之學者所以不能學爲聖賢者，其大患在於無志，其次在於無所守。蓋人而無志，則趨向卑陋，不足與議高明光大之事業。勉之以道義，則曰難知難行。期之以聖賢，則曰不可企及。不過終身汩汩爲鄉里之庸人而已，何足與有爲哉？人而無守，則見利必趨，見害必避。平居非不粗知義理，至於臨事則爲利欲所驅，而有所不暇顧，何足與有所立哉？○仁者，天地生物之心，而人得之以爲心。義禮智信之理皆具於中，而爲心之全德者也。此雖人心之所固有，然學者苟無存養體驗之功，則氣質物欲有以蔽之，而無以識其體之實有於己矣。幸而有以識其體之實有於己矣，然或不能博學於文，講求義理以栽培之，則如孤根獨立而無所壅培，非特無以助其生長而使之進於盛大，亦恐風霜彫摧，而其根將不能以自存也。

魯齋許氏曰：凡爲學之道，必須一言一句自求己事。如六經、《語》、《孟》中我所未能，當勉而行之。或我所行不合於六經、《語》、《孟》中，便須改之。先務躬行，非止誦書作文而已。

臨川吴氏曰：學者之於道，其立志當極乎遠大，而用功必循夫近小。遠大者何？究其源也。近小者何？有其漸也。漸者自流遡源，而不遽以探原爲務也。道之有原，如水之有原。人之學道，如禹之治水。禹之治水也，治河必自下流始。兖州之功爲多，而冀州次之，河之外名川三百，支川三千，無所不理。若畎若澮、田間水道爾，亦濬之以距于川，其不遺近小也如是。聖門教人，自庸言庸行之常，至一事一物之微，諄切平實，未嘗輕以道之大原示人也。仁道之大，子所罕言，聖人豈有隱哉？三百三千之儀，流分派别，殆猶三百三千之川，雖瑣細繁雜，然無一而非道之用。子貢之穎悟，曾子之誠篤，皆俟其每事用力，知之既徧，行之既周，而後引之會歸于一以貫之之地。無子貢、曾子平日積累之功，則一貫之旨不可得而聞也。近世程子受學於周子，太極一圖，道之大原也。程子之所手授而終身秘藏，一語曾莫之及，寧非有深慮乎？朱子演繹推明之後，此圖家傳人誦。宋末之儒高談性命者比比，誰是真知實行之人？蓋有不勝其弊者矣。夫小德之川流，道之派也；大德之敦化，道之原也。未周徧乎小德，而欲窺覘乎大德，舍派而尋原者也。○所貴乎學者，以其能變化氣質也。學而不足以變化氣質，何以學爲哉？世固有率意而建功立業者矣，亦有肆情而敗國殄民者矣。彼其或剛或柔，或善或惡，任其氣質之何如，而無復矯揉克治以成人。學者則不如是，昏可變而明也，弱可變而强也，貪可變而廉也，忍可變而慈也，學之爲用大矣哉！凡氣質之不美，皆可變而美，況其生而美者乎？○爲學而逐逐於欲，役役於利，汩没於卑污苟賤以終其身，與彼不學者曾不見其少異，是何也？所學非吾所謂學也。夫今之學者之學不過二端，讀書與爲文而已矣。讀書所以求作聖人之路逕，而或徒以資口耳。爲文所以述垂世之訓辭，而或徒以眩華采。如是而學，欲以變化其氣質，不亦難哉！宜其愈學而無益，雖皓首没世猶夫人也。○勉生於不足，不勉生於足。不足則勉，勉則進。足則不勉，不勉則止。昔之聖賢兢兢業業，孜孜汲汲，不自足故也。世之自以爲有餘者反是。○敏不敏，天也。學不學，人也。天者不可恃，而人者可勉也。蟹不如螾，駑可以及驥，何也？敏而不學，猶不敏也；不敏而學，猶敏也。夫子上聖也，而好學；顏子大賢也，而好學。古之人不恃其天資之敏也如此。既敏且學，則事半而功倍。

性理大全書卷之四十五

性理大全書卷之四十六

學 四

存 養 持敬附

程子曰：學之而不養，養之而不存，是空言也。○學在知其所有，又養其所有。○見之既明，養之既熟，泰然而行之，其進曷禦焉？○學至涵養其所得而至於樂，則清明高遠矣。○或曰：惟閉目静坐爲可以養心。曰：豈其然乎？有心於息慮，則思慮不可息矣。○問：君子存之，如何其存也？曰：必有事焉而勿正，心勿忘，勿助長，乃存之之道也。○問：有言求中於喜怒哀樂未發之前，可乎？曰：求則是有思也，思則是已發也。然則何所據依，何以用功哉？曰：存養而已矣。及其久也，喜怒哀樂之發，不期中而自中矣。○今志于義理而心不安樂者，何也？此則正是剩一箇助之長。雖則心操之則存，捨之則亡，然而持之太甚，便是必有事焉而正之也。亦須且恁去，如此者只是德孤。德不孤，必有鄰。到德盛後，自無窒礙，左右逢其原也。○問：每常遇事，即能知操存之意，無事時如何存養得熟？曰：古之人耳之於樂，目之於禮，左右起居，盤盂几杖，有銘有戒，動息皆有所養。今皆廢此，獨有理義之養心耳。但存此涵養意，久則自熟矣。敬以直内，是涵養意。言不莊不敬，則鄙詐之心生矣。貌不莊不敬，則怠慢之心生矣。○要脩持他這天理則在德，須有不言而信者，言難爲形狀。養之則須直不愧屋漏與慎獨，這是箇持養底氣象也。○或謂張繹曰：「吾至於閒静之地，則洒然心悦，吾疑其未善也。」繹以告程子，程子曰：然。社稷宗廟之中，不期敬而自敬，是平居未嘗敬也。使平居無不敬，則社稷宗廟之中，何敬之改脩乎？然則以静爲悦者，必以動爲厭。方其静時，所以能悦，静之心又安在哉？○德盛者，物不能擾，而形不能病。形不能病，以物不能擾也。故善學者臨死生而色不變，疾痛慘戚而心不動，由養之有素也，非一朝一夕之力也。○心之躁者，不熱而煩，不寒而慄，無所惡而怒，無所悦而喜，無所取而起。君子莫大於正其氣，欲正其氣，莫若正其志。其志既正，則雖熱不煩，雖寒不慄，無所怒，無所喜，無所取，去就猶是，死生猶是，夫是之謂不動心。○聖人不記事，所以常記得。今人忘事，以其記事。不能記事，處事不精，皆出於養之不完固。○問：獨處一室，或行暗中，多有憂懼，何也？曰：只是燭理不明。若能燭理，則知所懼者妄，又何懼焉？有人雖知此，然不免懼心者，只是氣不充。須是涵養久則氣充，自然物動不得。然有懼心，亦是敬不足。

張子曰：正心之始，當以己心爲嚴師，凡所動作，則知所懼。如此一二年間，守得牢固，則自然心正矣。○求心之始如有所得，久思則茫然復失，何也？夫求心不得其要，鑽研太甚則惑。心之要只是欲平曠，熟後無心，如天簡易不已。今有心以求其虚，則是已起一心，無由得虚。切不得令心煩，求之太切，則反昏惑，孟子所謂助長也。

孟子亦只言存養而已，此非可以聰明思慮力所能致也。

龜山楊氏曰：古之學者，視聽言動無非禮，所以操心也。至於無故不徹琴瑟，行則聞珮玉，登車則聞和鸞，蓋皆欲收其放心，不使惰慢邪僻之氣得而入焉。

延平李氏《答朱元晦書》曰：常存此心，勿爲他事所勝，即欲慮非僻之念自不作矣。孟子有夜氣之説，更熟味之，當見涵養處也。於涵養處著力，正是學者之要。若不如此，存養終不爲己物也。○今之學者雖能存養，知有此理，然旦晝之間，一有懈焉，遇事應接舉處不覺打發機械，即離間而差矣。唯存養熟，道理明，習氣漸爾消鑠，道理油然而生，然後可進，亦不易也。

朱子曰：自古聖賢皆以心地爲本。○聖賢千言萬語，只要人不失其本心。○古人言志帥、心君，須心有主張始得。○心若不存，一身便無所主宰。○纔出門，便千岐萬轍，若不是自家有箇主宰，如何得是？○心在，群妄自然退聽。○人只有箇心，若不降伏得，更做甚麼人！一云：如何做得事成。○人只一心，識得此心，便無走作。雖不加防閑，此心常在。○人精神飛揚，心不在殼子裏面，便害事。○未有心不定而能進學者。人心萬事之主，走東走西，如何了得？○只外面有些隙罅，便走了。問：莫是功夫間斷，心便外馳否？曰：只此心纔向外，便走了。○人昏時，便是不明。纔知那昏時，便是明也。○今人心聳然在此，尚無惰慢之氣，況心常能惺惺者乎？故心常惺惺，自無客慮。○人常須收斂箇身心，使精神常在這裏，似擔百十斤擔相似，須硬著筋骨擔。○大抵是且收斂得身心在這裏，便已有八九分了。却看道理有窒礙處，却於這處理會。爲學且要專一，理會這一件，便只且理會這一件，若行時心便只在行上，坐時心便只在坐上。○學者爲學，未問真知與力行，且要收拾此心，令有箇頓放處。若收斂都在義理上安頓，無許多胡思亂想，則久久自於物欲上輕，於義理上重。須是教義理心重於物欲，如秤令有低昂，即見得義理自端的，自有欲罷不能之意，其於物欲自無暇及之矣。苟操舍存亡之間無所主宰，縱説得，亦何益？○存得此心，便是要在這裏常常照管。若不照管，存養要做甚麽用？○今於日用間空閑時，收得此心在這裏截然，這便是喜怒哀樂未發之中，便是渾然天理。事物之來，隨其是非，便自見得分曉，是底便是天理，非底便是逆天理。常常恁地收拾得這心在，便如執權衡以度物。

○人若要洗刷舊習都浄了，却去理會此道理者無是理。只是收放心把持在這裏，便須有箇真心發見，從此便去窮理。○大概人只要求箇放心，日夕常照管令在，力量既充，自然應接從容。○存心只是知有此身，謂如對客，但知道我此身在此對客。○但操存得在時，少間他喜怒哀樂自有一箇則在。○心存時少，亡時多，存養得熟後，臨事省察不費力。○平日涵養之功，臨事持守之力，涵養持守之久，則臨事愈益精明。平日養得根本固善，若平日不曾養得，臨事時便做根本工夫，從這裏積將去。若要去討平日涵養，幾時得？又曰：涵養之則，凡非禮勿視聽言動，禮儀三百，威儀三千，皆是。○明底人便明了，其他須是養。養非是如何椎鑿用工，❶只是心虛靜，久則自明。○問：靜中常用存養。曰：説得有病。一動一靜，無時不養。○平居須是儼然若思。○須敬守此心，不可急迫。當栽培深厚，栽只如種得一物在此。但涵養持守之功繼繼不已，是謂栽培深厚。如此而優游涵泳於其間，則浹洽而有以自得矣。苟急迫求之，則此心已自躁迫紛亂，只是私己而已，終不能優游涵泳以達於道。○大凡氣俗不必問，心平則氣自和。惟心麤一事，學者之通病。橫渠云：「顔子未至聖人，猶是心麤。」一息不存，即爲粗病。要在精思明辨，使理明義精，而操存涵養無須臾離，無毫髮間，則天理常存，人欲消去，其庶幾矣哉！○人能操存此心，卓然而不亂，亦自可與入道。況加之學問探討之功，豈易量耶？○人心本明，只被物事在上蓋蔽了，不曾得露頭面，故燭理難。且徹了蓋蔽底事，待他自出來行兩匝看。他既喚做心，自然知得是非善惡。○心須常令有所主，做一事未了，不要做別事。心廣大如天地，虛明如日月。要閑，心却不閑，隨物走了。不要閑，心却閑，有所主。○心得其正，方能知性之善。○學者工夫，且去剪截那浮泛底思慮。○學者常用提省此心，使如日之升，則群邪自息。他本自光明廣大，自家只着些子力去提省照管他，便了。不要苦着力，著力則反不是。○大抵心體通有無，該動靜，故工夫亦通有無，該動靜，方無透漏。若必待其發而後察，察而後存，則工夫之所不至多矣。惟涵養於未發之前，則其發處自然中節者多，不中節者少。體察之際，亦

❶「工」，四庫本作「功」。

甚明審，易爲着力。○問：心要在腔子裏。若慮事應物時，心當如何？曰：思慮應接亦不可廢，但身在此，則心合在此。曰：然則方其應接時，則心在事上，事去則此心亦合管着。曰：固是要如此。○人一箇心終日放在那裏去，得幾時在這裏，孟子所以只管教人求放心。今人終日放去，一箇身恰似箇無梢工底船，流東流西，船上人皆不知。某嘗謂人未讀書，且先收斂得身心在這裏，然後可以讀書，求得義理。而今硬捉在這裏讀書，心飛揚那裏去，如何得會長進？○問：心如何得在腔子裏？曰：敬便在腔子裏。又問：如何得會敬？曰：只管恁地衮做甚麽？纔説到敬，便是更無可説。○以敬爲主，則内外肅然。不忘不助，而心自存。不知以敬爲主而欲存心，則不免將一箇心把捉一箇心。外面未有一事時，裏面已是三頭兩緒，不勝其擾擾矣。就使實能把捉得住，只此已是大病，況未必真能把捉得住乎！○涵養本原之功，誠易間斷。然纔覺得間斷，便是相續處。只要常自提撕，分寸積累將去，久之自然接續，打成一片耳。講學工夫亦是如此。莫論事之大小，理之淺深，但到目前，即與理會到底，久之自然浹洽貫通也。○今之人知求鷄犬，而不知求其放心，固爲大惑。然苟知其放而欲求之，則即此知求之處，一念悚然，是亦不待別求入處，而此心體用之全已在是矣。由是而持敬以存其體，窮理以致其用，則其日增月益，自將有欲罷而不能者矣。○學者日用之間，以敬爲主，不論感與未感，平日常是如此涵養，則善端之發，自然明著，少有間斷。而察識存養，擴而充之，皆不難乎爲力矣！○涵養須用敬，進學則在致知。無事時且存養在這裏，提撕警覺，不要放肆。到講習應接時，便當思量義理。○問：涵養須用敬，涵養甚難。心中一起一滅，如何得主一？曰：人心如何教他不思？如周公思兼三王，以施四事，豈是無思？但不出於私則可。曰：某多被思慮紛擾。思這一事，又牽走那事去。雖知得，亦自難止。曰：既知得不是，便當絶斷了。○涵養此心須用敬。譬之養赤子，方血氣未壯實之時，且須時其起居飲食，養之於屋室之中，而謹顧守之，則有向成之期。纔方乳保，却每日暴露於風日之中，偃然不顧，豈不致疾而害其生耶？○問：伊川謂敬是涵養一事，敬不足以盡涵養否？曰：五色養其目，聲音養其耳，義理養其心，皆是養也。○古人直自小學中涵養成就，所以大學之道只從格物做起。今人從前無此工夫，但見大學以格物爲先，便欲只以思慮知識求之，更不於操存處用力，縱使窺測得十分，亦無實地可據。大抵敬字徹上徹下之意，格物致知乃其間節次進步處耳。○或謂：人心紛擾時難把捉。曰：真箇是難，把持不能得久，又被事物及閑思慮引將去。孟子牛山之木一章，最要看「操之則存，舍之則亡」。或又謂：把持不能久，勝物欲不去。曰：這箇不干别人事。雖是難，亦是自着力把持，常惺惺不要放倒。覺得物欲來，便着緊不要隨他去，這箇須是自家理會。若説把持不得，勝他不去，是自壞了，更説甚「爲仁由己，而由人乎哉」。又曰：把心不定，喜怒憂懼四者皆足以動心。○問：心不能自把捉。曰：自是如此。蓋心便能把捉自家，自家却如何把捉得他？唯有以義理涵養耳。○問：某平時所爲，把捉這心教定。一念忽生，則這心返被他引去。曰：這箇亦只是認教熟，熟了便不如此。今日一念纔生，有以制之；明日一念生，又有以制之，久後便無。此理只是這邊較少，那邊較多，便被他勝了。如一車之火，以少水勝之，水撲處纔滅，而火又發矣。○問：學者於已發處用工，此却不枉費心力。曰：存養於未發之前則可，求中於未發之前則不可。然則未發之前，固有平日存養之功矣。不必須待已發，然後用工也。○問：涵養於未發之初，令不善之端旋消則易爲力，若發後則難制。曰：聖賢之論，正要就發處制。惟子思説「喜怒哀樂未發謂之中」，孔孟教人多從發處説。未發時固當涵養，不成發後便都不管。或云這處最難，因舉横渠戰退之説。曰：此亦不難，只要明得一箇善惡，每日遇事須是體驗。見得是善，從而保養取，自然不肯走在惡上去。○聖人之心，如明鏡止水，天理純全者即是存處。但聖人則不操而常存耳，衆人則操而存之。方其存時，亦是如此，但不操則不存耳。存者，道心也；亡者，人心也。心，一也，非是實有此二心各爲一物，不相交涉也，但以存亡而異其名耳。方其亡也，固非心之本然，亦不可謂别是一箇有存亡出入之心，却待反本還原，别求一箇無存亡出入之心來換却。只是此心，但不存便亡，不亡便存，中間無空隙處。所以學者必汲汲於操存，而雖舜禹之間，亦以精一爲戒也。○問：心思擾擾。曰：程先生云：「嚴威整肅，則心便一，一則自無非僻之干。」只纔整頓起處，便是天理，别無天理。但常常整頓起，思慮自一。○求放心不須注解，只日用十二時中常切照管，不令放出，即久久自見功效。義理自明，持守自固，不費氣力也。○《答胡季隨書》曰：近有問以放心求心者，嘗欲別下一語云：「放而知求，則此心不爲放矣。」此處間不容息，如夫子所言克己復禮功夫要切處，亦在爲仁由己一句也，豈藉外以求之哉？○《答張敬夫書》曰：來喻所謂「學者先須察識端倪之發，然後可加存養之功」，則熹於此不能無疑。蓋發處固當察識，但人自有未發時，此處便合存養，豈可必待於發而後察，察而後存耶？且從初不曾存養，便欲隨事察識，竊恐浩浩茫茫無下手處。而毫釐之差，千里之謬，將有不可勝言者。此程子所以每言「孟子才高，學之無可依據，人須是學顏子之學，則入聖人爲近，有用力處」。其微意亦可見矣。且如洒掃、應對、進退，此存養之事也，不知學者將先於此而後察之耶，抑將先察識而後存養也？以此觀之，則用力之先後判然可覩矣。來教又謂「言静則溺於虚無」，此固所當深慮。若以天理觀之，則動之不能無静，猶静之不能無動也。静之不能無養，猶動之不可不察也。但見得一動一静互爲其根，敬義夾持不容間斷之意，則雖下静字，元非死物，至静之中，蓋有動之端焉，是乃所以見天地之心者。而先王之所以至日閉關，蓋當此之時，則安静以養乎此爾。固非遠事絶物，閉目兀坐，而偏於静之謂。但未接物時，便有敬以主乎其中，則事至物來，善端昭著，而所以察之者益精明爾。伊川先生所謂「却於已發之際觀之」者，正謂未發則只有存養，而已發則方有可觀也。周子之言主静，乃就中正仁義而言。以正對中，則中爲重。以義配仁，則仁爲本爾。非四者之外，別有主静一段事也。來教又謂熹言以静爲本，不若遂言以敬爲本，此固然也。然敬字工夫通貫動静，而必以静爲本，故熹向來輒有是語。今若易爲敬，雖若完全，然却不見敬之所施有先有後，則亦未得爲諦當也。至如來教所謂「要須動以見静之所存，静以涵動之所本，動静相須，體用不離，而後爲無滲漏也」。此數句卓然意語俱到，謹以書之座右，出入觀省。○此心此性，人皆有之，所以不識者，物欲昏之耳。欲識此本根，亦須合下且識得箇持養功夫次第而加功焉，方始見得。見得之後，又不舍其持養之功，方始守得。蓋初不從外來，只持養得便自著見，但要窮理功夫互相發耳。

象山陸氏曰：古先聖賢未嘗艱難其途徑，支離其門户。夫子曰「吾道一以貫之」，孟子曰「夫道一而已矣」，曰「塗之人可以爲禹」，曰「人皆可以爲堯舜」，曰「人有四端而自不能者，自賊者也」。人孰無心，道不外索，患在戕賊之耳，放失之耳。古人教人，不過存心養心，求放心。此心之良，人所固有，惟不知保養而反戕賊放失之耳。苟知其如此，而防閑其戕賊放失之端，日夕保養灌溉，使之暢茂條達，如手足之捍頭面，則豈有艱難支離之事？今曰向學而又艱難支離，遲回不進，則是未知其心，未知其戕賊放失，未知所以保養灌溉。此乃爲學之門，進德之地。得其門不得其門，有其地無其地，兩言而決耳。

勉齋黄氏曰：静養工夫，且認得性情部分，識得虚靈本體，端居默養，令根本完固，則成性存存，而道義自明矣。

程子曰：君子之遇事無巨細，一於敬

而已。簡細故以自崇，非敬也。飾私智以爲奇，非敬也。要知無敢慢而已。《語》曰：「居處恭，執事敬，雖之夷狄不可棄也。」然則執事敬者，固爲人之端也。推是心而成之，則篤恭而天下平矣。以下論持敬。○入道莫如敬，未有能致知而不在敬者。今人操心不定，視心如寇賊而不可制，不是事累心，乃是心累事。當知天下無一物是合少得者，不可惡也。○學者先務，固在心志。有謂欲屏去聞見知思，則是絶聖棄智。有欲屏去思慮，患其紛亂，則是須坐禪入定。如明鑑在此，萬物畢照，是鑑之常，難爲使之不照。人心不能不交感萬物，亦難爲之不思慮。若欲免此，惟是心有主。如何爲主，敬而已矣。有主則虛，虛謂邪不能入。無主則實，實謂物來奪之。今夫瓶罌有水實内，則雖江海之浸，無所能入，安得不虛？無水於内，則停注之水不可勝注，安得不實？大凡人心不可二用，用於一事，則他事更不能入者，事爲之主也。事爲之主，尚無思慮紛擾之患。若主於敬，又焉有此患乎？所謂敬者，主一之謂敬。所謂一者，無適之謂一。且欲涵泳主一之義，一則無二三矣。言敬無如聖人之言，《易》所謂「敬以直内，義以方外」。須是直内，乃是主一之義。至於不敢欺，不敢慢，尚不愧于屋漏，皆是敬之事也。○執事須是敬，又不可矜持太過。○嚴威儼恪，非敬之道，但致敬須自此入。○敬而無失，便是喜怒哀樂未發謂之中。敬不可謂中，但敬而無失，即所以爲中也。○一不敬，則私欲萬端生焉，害仁此爲大。○動容貌，整思慮，則自然生敬，敬只是主一也。主一則既不之東，又不之西，如此則只是中。既不之此，又不之彼，如此則只是內。存此則自然天理明。學者須是將敬以直內，涵養此意，直內是本。○或問：燕處倨肆，心不怠慢，有諸？曰：無之。入德必自敬始，故容貌必恭也，言語必謹也。雖然優游涵泳而養之可也，拘迫則不能入矣。

張子曰：學者欲其進，須敬其事，則有立，有立則有成。未有不敬而能立，不立則安可望有成？

上蔡謝氏曰：敬是常惺惺法，心齊是事事放下，其理不同。○問：敬之貌如何？曰：於儼若思時可見。問：學爲敬，不免有矜持，如何？曰：矜持過當却不是。尋常作事，用心過當便有失，要在勿忘、勿助長之間耳。○問：敬慎有異否？曰：執輕如不克，執虛如執盈，慎之至也。敬則慎在其中矣，敬則外物不能易。學者須去却不合做底事，則於敬有功。敬換不得，方其敬也，甚物事換得？因指所坐亭子曰：這箇亭子須只喚做白罔院亭子，却着甚底換得？曰：學者未能便窮理，莫須先省事否？曰：非事上做不得工夫，也須就事上做工夫。如或人說動中有靜，靜中有動，有此理。然靜而動者多，動而靜者少，故多着靜不妨。人雖是卓立中塗，不得執一邊。○或問：正其衣冠，端坐儼然，自有一般氣象。某嘗行之，果如其說，此是敬否？曰：不如執事上尋，便更分明。事思敬，居處恭，執事敬，若只是靜坐時有之，却只是坐如尸也。

和靖尹氏曰：某初見伊川時，教某看敬字。某請益，伊川曰：「主一則是敬。」當時雖領此語，然不若近時看得更親切。祁寬問如何是主一？曰：敬有甚形影，只收斂身心，便是主一。且如人到神祠中致敬時，其心收斂，更著不得毫髮事，非主一而何？

朱子曰：聖人相傳，只是一箇字，堯曰欽明，舜曰温恭。聖敬日躋，君子篤恭而天下平。○堯是初頭出治第一箇聖人，《尚書·堯典》是第一篇典籍，説堯之德都未下別字，欽是第一箇字。如今看聖賢千言萬語，大事小事，莫不本於敬。收拾得自家精神在此，方看得道理盡。看道理不盡，只是不曾專一。或云：主一之謂敬，敬莫只是主一？曰：主一又是敬字注解。要知事無小無大，常令自家精神思慮盡在此，遇事時如此，無事時也如此。○敬字工夫乃聖門第一義，徹頭徹尾，不可頃刻間斷。○敬之一字，真聖門之綱領，存養之要法。一主乎此，更無内外精粗之間。○敬則萬理具在。○聖人言語，當初未曾關聚，如説「出門如見大賓，使民如承大祭」等類，皆是敬之目。到程子始關聚，説出一箇敬來教人。然敬有甚物？只如畏字相似，不是塊然兀坐，耳無聞目無見，全不省事之謂。只收斂身心，整齊純一，不恁地放縱，便是敬。孔子之所謂克己復禮，《中庸》所謂致中和，尊德性，道問學，《大學》所謂明明德，《書》曰「人心惟危，道心惟微。惟精惟一，允執厥中」。聖賢千言萬語只是教人明天理，滅人欲。人性本明，如寶珠沉溷水中，明不可見，去了溷水，則寶珠依舊自明。自家若得知是人欲蔽了，便是明處。只是這上便緊緊着力，主定一面格物，今日格一物，明日格一物，正如游兵攻圍拔守，人欲自消鑠去。所以程先生説敬字，只謂我自有一箇明底物事在這裏，把箇敬字抵敵，常常存箇敬在這裏，則人欲自然來不得。夫子曰：「爲仁由己，而由人乎哉？」緊要處正在這裏。○聖賢言語大約似乎不同，然未始不貫。只如夫子言非禮勿視聽言動，出門如見大賓，使民如承大祭，言忠信，行篤敬，這是一副當説話。到孟子又却説求放心，存心養性。《大學》則又有所謂格物致知，正心誠意。至程先生又專一發明一箇敬字。若只恁看，似乎參錯不齊，千頭萬緒，其實只一理。楊道夫曰：泛泛於文字間，祇覺得異，實下工則貫通之理始見。曰：然。只是就一處下工夫，則餘者皆兼攝在裏。聖賢之道如一室然，雖門户不同，自一處行來便入得，但恐不下工夫爾。因歎敬字工夫之妙，聖學之所以成始成終者皆由此。故曰脩己以敬，下面安人、安百姓皆由於此。只緣子路問不置，故聖人復以此答之。

要之只是箇脩己以敬，則其事皆了。或曰：自秦漢以來，諸儒皆不識這敬字，直至程子方説得親切，學者知所用力。曰：程子説得如此親切了，近世程沙隨猶非之，以爲聖賢無單獨説敬字時，只是敬親、敬君、敬長，方着箇敬字，全不成説話。聖人説脩己以敬，曰敬而無失，曰聖敬日躋，何嘗不單獨説來？若説有君、有親、有長時用敬，則無君親無長之時，將不敬乎？○敬之一字，學者若能實用其力，則雖程子兩言之訓，猶爲剩語。如其不然，則言愈多，心愈雜，而所以病乎敬者益深矣。○敬不是萬慮休置之謂，只要隨事專一謹畏，不放逸耳。非專是閉目静坐，耳無聞，目無見，不接事物，然後爲敬。整齊收斂這身心，不敢放縱，便是敬。嘗謂敬字似甚字，恰似箇畏字相似。○敬只是收斂來。程夫子亦説敬，孔子説行篤敬，敬以直内，義以方外，聖賢亦是如此，只是工夫淺深不同。聖賢説得好，「人生而静，天之性也。感物而動，性之欲也。物至知知，然後好惡形焉。好惡無節於内，知誘於外，不能反躬，天理滅矣」。○爲學則自有箇大要，所以程子推出一箇敬字與學者説。要且將箇敬字收斂箇身心，放在模匣子裏面不走作了，然後逐事逐物看道。○學固不在乎讀書，然不讀書，則義理無由明。要知無事不要理會，無書不要讀。若不讀這一件書，便闕了這一件道理。不理會這一事，便闕這一事道理。要他底須着些精彩方得，然泛泛做又不得。故程先生教人以敬爲本，然後心定理明。孔子言「出門如見大賓，使民如承大祭」，也是散説要人敬。但敬便是箇關聚底道理。嘗愛古人説得「學有緝熙于光明」，此句最好。蓋心地本自光明，只被利欲昏了，今所以爲學者要令其光明處轉光明，所以下緝熙字。緝如緝麻之緝，連緝不已之意。熙則訓明字。心地光明，則此事有此理，此物有此理，自然見得。且如人心何嘗不光明，見他人做得是便道是，做得不是便知不是，何嘗不光明？然只是纔明便昏了。又有一種人自謂光明，而事事物物元不曾照見，似此光明亦不濟得事。○周先生只説「一者，無欲也」，然這話頭高，卒急難湊泊，尋常人如何便得無欲？故伊川只説箇敬字，教人只就這敬字上捱去，庶幾執捉得定，有箇下手處。縱不得，亦不至失。要之皆只要人於此心上見得分明，自然有得爾。然今之言敬者，乃皆裝點外事，不知直截於心上求功，遂覺累墜不快活，不若眼下於求放心處有功，則尤省力也。但此事甚易，只如此提惺，❶莫令昏昧，一二日便可見效，且易而省力，只在念不念之間耳，何難而不爲？○敬字前輩多輕説過了，唯程子看得重。人只是要求放心，何者爲心？只是箇敬。人纔敬時，這心便在身上了。○人之爲學，千頭萬緒，豈可無本領？此程先生所以有持敬之語，只是提撕此心，教他光明，則於事無不見，久之自然剛健有力。○程先生所以有功於後學者，最是敬之一字有力。人之心性，敬則常存，不敬則不存。○今人皆不肯於根本上理會，如敬字只是將來説，更不做將去。根本不立，故其他零碎工夫無湊泊處。明道、延平皆教人静坐，看來須是静坐。○問：敬者德之聚。曰：敬則德聚，不敬則都散了。○只敬則心便一。○敬只是此心自做主宰處。○敬是箇扶策人底物事，人當放肆怠惰時，纔敬便扶策得此心起。常常會恁地，雖有些放僻邪侈意思，也退聽。○敬不是只恁坐地，舉足動步，常要此心在這裏。○敬且定下，如東西南北各有去處，此爲根本，然後可明。若與萬物並流，則如眯目播糠，上下四方易位矣，如伊川説聰明睿知皆由是出。問：敬中有誠立明通道理。曰：然。○敬則天理常明，自然人欲懲窒消治。○人能存得敬，則吾心湛然，天理粲然，無一分着力處，亦無一分不着力處。○心走作不在此，便是放，夫人終日之間如是者多矣。博學、審問、謹思、明辯、力行，皆求之之道，也須是敬。○持敬之説不必多言，但熟味整齊，嚴肅、嚴威、儼恪，動容貌，整思慮，正衣冠，尊瞻視，此等數語，而實加工焉，則所謂直内，所謂主

❶「惺」，重修本作「醒」。

一，自然不費安排，而身心肅然，表裏如一矣。○問敬。曰：一念不存，也是間斷；一事有差，也是間斷。○問：敬何以用工？曰：只是内無妄思，外無妄動。○問：二程專教人持敬，持敬在主一，熟思之，若能每事加敬，則起居語嘿在規矩之内，久久精熟，有從心所欲不踰矩之理。顔子請事四者，亦只是持敬否？曰：學莫要於持敬，故伊川謂「敬則無己可克」，省多少事。然此事甚大，亦甚難，須是造次顛沛必於是，不可須臾間斷。如此方有功，所謂敏則有功。若還今日作，明日輟，放下了又拾起，幾時得見效？脩身、齊家、治國、平天下，都少箇敬不得，如湯之聖敬日躋，文王小心翼翼之類，皆是。只是他便與敬爲一，自家須用持著，稍緩則忘了。所以常要惺惺地，久之成熟，可知道從心所欲不踰矩，顔子止是持敬。○問：敬之一字初看似有兩體。一是主一無適，心體常存，無所走作之意。一是遇事小心謹畏，不敢慢易之意。近看得遇事小心謹畏，是心心念念常在這一事上，無多岐之惑，便有心廣體胖之氣象，此非主一無適而何？動而無二三之雜者，主此一也；静而無邪妄之念者，亦主此一也。主一蓋兼動静而言，静而無事，惟主於往來出入之息耳。未審然否？曰：謂主一兼動静而言，是也。出入之息，此句不可曉。○問主一。曰：做這一事，且做一事；做了這一事，却做那一事。今人做這一事未了，又要做那一事，心下千頭萬緒。○問：主一如何用工？曰：不當恁地問。主一只是主一，不必更於主一上問道理。如人喫飯喫了便飽，却問人如何是喫飯。先賢説得甚分明，也只得恁地説，在人自體認取，主一只是專一。○問：或人專守主一。曰：主一亦是。然程子論主一却不然，又要有用，豈是守塊然之主一？ 呂與叔問主一，程子云只是專一。今欲主一，而於事乃處置不下，則與程子所言自不同。○或謂：主一不是主一事，如一日萬機，須要並應。曰：一日萬機，也無並應底道理，須還他逐一件理會，但只是聰明底人却見得快。○問：閑邪則固一矣，主一則更不消言閑邪。曰：只是覺見邪在這裏，要去閑他，則這心便一了，所以説道閑邪則固一矣。既一則邪便自不能入，更不消説又去閑邪。恰如知得外面有賊，今夜須用防他，則便惺了。既惺了，不須更説防賊。○或問：閑邪主一如何？ 曰：主一似持其志，閑邪似無暴其氣。閑邪只是要邪氣不得入，主一則守之於内，二者不可有偏，此内外交相養之道也。○問：伊川云「主一之謂敬，無適之謂一」。又曰「人心常要活，則周流無窮而不滯於一隅」。或者疑主一則滯滯，則不能周流無窮矣。切謂主一，則此心便存，心存則物來順應，何有乎滯？ 曰：固是。然所謂主一者，何嘗滯於一事？ 不主一，則方理會此事，而心留於彼，這却是滯於一隅。又問：以大綱言之，有一人焉，方應此事未畢，而復有一事至，則當如何？ 曰：也須是做一件了，又理會一件，亦無雜然而應之理。但甚不得已，則權其輕重可也。○人有躁妄之病者，殆居敬之功有所未至，故心不能宰物，氣有以動志而致然耳。若使主一不二，臨事接物之際，真心現前，卓然而不可亂，則又安有此患哉？ 或謂子程子曰：「心術最難執持，如何而可？」程子曰：「敬。」又嘗曰：「操約者，敬而已矣。」惟其敬足以直内，故其義有以方外。義集而氣得所養，則夫喜怒哀樂之發，其不中節者寡矣。孟子論養吾浩然之氣，以爲集義所生，而繼之曰：「必有事焉，而勿正，心勿忘，勿助長也。」蓋又以居敬爲集義之本也。夫必有事焉者，敬之謂也，若曰「其心儼然，常若有所事」云爾。夫其心儼然肅然，常若有所事，則雖事物紛至而沓來，豈足以亂吾之知思？而宜不宜、可不可之幾，已判然於胸中矣。如此，則此心晏然，有以應萬物之變，而何躁妄之有哉？○問：下手工夫。曰：只是要收斂此心，莫要走作。若看見外面風吹草動，去看覷他，那得許多心去應他，便也是不收斂。問：莫是主一之謂敬。曰：主一是敬表德，只是要收斂處。宗廟只是敬處，朝廷只是嚴處，閨門只是和，便是持敬。○問：静時多爲思慮紛擾。曰：此只爲不主一，人心皆有此病。不如且將讀書程課繫縛此心，逐旋行去，到節目處自見功效淺深。大凡理只在人身中，不在外面，只爲人役役於不可必之利名，故本原固有者日加昏蔽，豈不可惜！○問：程子以敬教人，自言主一之謂敬，不之東又不之西，不之此又不之彼，如此則何時而不存，故近日又稍體究禮樂不可斯須去身之説。蓋禮則嚴謹，樂則和樂，兩者相須而后能，故明道先生既以敬教人，又自謂「於外事思慮儘悠悠」，又曰「既得後，便須放開，不然却只是守」。故謝子因之爲展托之論，又恐初學勢須把持，未敢便習展托，於斯二者孰從孰違？曰：二先生所論敬字，須該貫動静看方得。夫方其無事而存主不懈者，固敬也。及其應物而酬酢不亂者，亦敬也。故曰「毋不敬，儼若思」。又曰「事思敬，執事敬」。豈必以攝心坐禪而謂之敬哉？禮樂固必相須，然所謂樂者，亦不過謂胸中無事而自和樂耳，非是著意放開一路而欲其和樂也。然欲胸中無事，非敬不能，故程子曰「敬則自然和樂」，而周子亦以爲禮先而樂後，此可見也。既得後須放開，不然却只是守者，此言既自得之後，則自然心與理會，不爲禮法所拘而自中節也。若未能如此，則是未有所自得，纔方是守禮法之人爾。亦非謂既自得之，又却須放教開也。○問：敬而無失，則不偏不倚，斯能中矣。曰：説得慢了，只敬而無失，便不偏不倚，只此便是中。○問：敬而無失，莫是心純於敬，在思慮則無一毫之不敬，在事爲則無一事之不敬。曰：只是常敬，敬即所以中。○問：和靖論敬以整齊嚴肅，然專主於内。上蔡專於事上作工夫，故云敬是常惺惺法之類。曰：謝、尹二説難分内外，皆是自己心地工夫。事上豈可不整齊嚴肅，静處豈可不常惺惺乎？○問：主敬只存之於心，少寬四體，亦無害否？曰：心無不敬，則四體自然收斂，不待十分着意安排，而四體自然舒適。着意安排，則難久而生病矣。○今所謂持敬，不是將箇敬字做箇好物事樣，塞放懷裏，只要胸中常有此意，而無其名耳。○問：持敬患不能久，當如何下工夫？曰：某舊時亦曾如此思量，要得一箇直截道理。元來都無他法，只是習得熟，熟則自久。○問：先持敬，令此心惺惺了方可，應接事物何如？曰：不然。又問：須是去事物上求？曰：不然。若無事物時，不成須去求箇事物來理會。且無事物之時，要你做甚麽。○動出時也要整齊，平時也要整齊。問：乃是敬貫動静。

曰：到頭底人，言語無不貫動静者。◯問：敬通貫動静而言，然静時少，動時多，恐易得撓亂。曰：如何都静得？有事須着應。人在世間，未有無事時節。若事至前而自家却要主静，頑然不應，便是心都死了。無事時敬在裏面，有事時敬在事上，有事無事，吾之敬未嘗間斷也。且如應接賓客，敬便在應接上；賓客去後，敬又在這裏。若厭苦賓客而爲之心煩，此却是自撓亂，非所謂敬也。故程子説「學到專一時方好」，蓋專一則有事無事，皆是如此。程子此段，這一句是緊要處。◯近世學者之病，只是合下欠却持敬工夫，所以事事滅裂。其言敬者，又只説能存此心，自然中理，至於容貌詞氣，往往全不加工。又況心慮荒忽，未必真能存得耶。程子言「敬必整齊嚴肅，正衣冠，尊瞻視爲先」，又言「未有箕踞而心不慢者」，如此乃是至論。◯《答胡廣仲書》曰：敬之一字，真聖學始終之要。向來之論，謂必先致其知，然後有以用力於此，疑若未安。蓋古人由小學而進於大學，其於洒掃應對進退之間，持守堅定，涵養純熟，固已久矣。是以大學之序，特因小學已成之功，而以格物致知爲始。今人未嘗一日從事於小學，而曰必先致其知，然後敬有所施，則未知其以何爲主而格物以致其知也。故程子曰：「入道莫如敬，未有能致知而不在敬者。」又論敬云：「但存此久之，則天理明。」推而上之，凡古昔聖賢之言亦莫不如此者。試考其言而以身驗之，則彼此之得失見矣。◯問：人如何發其誠敬，消其欲。曰：此是極處了。誠只是去了許多僞，敬只是去了許多怠慢，欲只是要窒。◯誠、敬、寡欲，不可以次序做工夫。數者雖則未嘗不串，然其實各是一件事。不成道敬則欲自寡，却全不去做寡欲底工夫，則是廢了克己之功也。但恐一旦發作，又却無理會。譬如平日慎起居，節飲食，養得如此了，固是無病。但一日意外病作，豈可不服藥？敬只是養底工夫，克己是去病，須是俱到，無所不用其極。○敬如治田而灌溉之功，克己則是去其惡草也。○問：持敬與克己工夫。曰：敬是涵養操持不走作，克己則和根打併了，教他盡淨。○問：且如持敬，豈不欲純一於敬？然自有不敬之念固欲與己相反，愈制則愈甚。或謂只自持敬，雖念慮妄發，莫管他，久將自定。還如此得否？曰：要之邪正本不對立，但恐自家胸中無箇主。若有主，邪自不能入。○問：嘗學持敬，讀書心在書，爲事心在事，如此頗覺有力。只是瞑目静坐時，支遺思慮不去。或云只瞑目時，已是生妄想之端。讀書心在書，爲事心在事，只是收聚得心，未見敬之體。曰：静坐而不能遣思慮，便是静坐時不曾敬。敬只是敬，更尋甚敬之體？似此支離病痛愈多，更不做得工夫，只了得安排杜撰也。○大凡學者須先理會敬字。敬是立脚去處，常要自省得，纔省得便在此。或以爲此事最難。曰：患不省察爾。覺得間斷，便已接續，何難之有？操則存，舍則亡，只在操舍兩字之間。要之只消一箇操字，到緊要處，全不消許多文字言語。若此意成熟，雖操字亦不須用。○問：一向把捉，待放下，便覺恁衰颯，不知當如何？曰：這箇也不須只管恁地把捉，若要去把捉，又添一箇要把捉底心，是生許多事。若知得放下不好，便提掇起來，便是敬。曰：静坐久之，一念不免發動，當如何？曰：

也須看一念是要做甚麽事，若是好事合當做底事，須去幹了。或此事思量未透，須着思量教了。若是不好底事，便不要做。自家纔覺得如此，這敬便在這裏。○敬莫把做一件事看，只是收拾自家精神，專一在此。今看來學者所以不進，緣是但知説道格物，却於自家根骨上煞欠闕精神，意思都恁地不專一，所以工夫都恁地不精鋭。未説道有甚底事分自家志慮，只是觀山玩水，也煞引出了心，那得似教他常在裏面好。如世上一等閑物事，一切都絶意，雖似不近人情，要之如此方好。○敬有死敬，有活敬。若只守着主一之敬，遇事不濟之以義，辯其是非，則不活。若熟後，敬便有義，義便有敬。静則察其敬與不敬，動則察其義與不義。如出門如見大賓，使民如承大祭，不敬時如何。坐如尸，立如齊，不敬時如何。須敬義夾持，循環無端，則内外透徹。○涵養須用敬，處事須是集義。○敬義只是一事。如兩脚立定是敬，纔行是義；合目是敬，開眼見物便是義。○方未有事時，只得説敬以直内。若事物之來，當辯别一箇是非，不成只管敬去。敬義不是兩事。○敬者，守於此而不易之謂；義者，施於彼而合宜之謂。○敬要回頭看，義要向前看。○問：讀《大學》已知綱目次第了，然大要用工夫，恐在敬之一字。前見伊川説「敬以直内，義以方外」處。曰：能敬以直内矣，亦須義以方外。能知得是非，始格得物。不以義方外，則是非好惡不能分别，物亦不可格。又問：恐敬立則義在其中，伊川所謂「弸諸中，彪諸外」是也。曰：雖敬立而義在也，須認得實方見得。今有人雖胸中知得分明，説出來亦是見得千了百當，及應物之時，顛倒錯謬，全是私意。亦不知聖人所謂敬義處，全是天理，安得有私意？○問持敬。曰：但因其良心發見之微，猛省提撕，使心不昧，則是做工夫底本領。本領既立，自然下學而上達矣。若不察於良心發見處，即渺渺茫茫，恐無下手處也。○問：主一工夫兼動静否？曰：若動静，收斂心神在一事上，不胡亂思想，東去西去，便是主一。又問：由敬可以至誠否？曰：誠自是真實，敬自是嚴謹。如今正不要如此看，但見得分曉了，便下工夫做將去。如整齊嚴肅，其心收斂，常惺惺數條，無不通貫。○或以此心不放動爲主敬之説。曰：主敬二字只恁地做不得，須是内外交相養。蓋人心活物，須是窮理。○問：敬先於知，然知至則敬愈分明。曰：此正如配義與道。○以身驗之，乃知伊洛拈出敬字，真是學問始終日用親切之妙。近與朋友商量，不若只於此處用力，而讀書窮理以發揮之，直到聖賢究竟地位，亦不出此。○《答何鎬書》曰：持敬之説甚善。但如所諭，則須是天資儘高底人，不甚假脩爲之力，方能如此。若顔、曾以下，尤須就視聽言動、容貌辭氣上做工夫。蓋人心無形，出入不定，須就規矩繩墨上守定，便自内外帖然。豈曰放僻邪侈於内，而姑正容謹節於外乎？且放僻邪侈，正與莊整齊肅相反。誠能莊整齊肅，則放僻邪侈決知其無所容矣。既無放僻邪侈，然後到得自然莊整齊肅地位，豈容易可及哉？此日用工夫至要約處，亦不能多談。請以一事驗之，儼然端莊，執事恭恪時，此心如何？怠惰頹靡，涣然不收時，此心如何？試於此審之，則知内外未始相離，而所謂莊整齊肅者，正所以存其心也。又曰：此心操之則存，而敬者所以操之之道也。今乃於覺而操之之際，指其覺者便以爲存，而於操之之道不復致力。此所以不惟立説之偏，而於日用工夫亦有所間斷而不周也。愚意竊謂正當就此覺處敬以操之，使之常存而常覺，是乃乾坤易簡交相爲用之妙。若便以覺爲存，而不加持敬之功，則恐一日之間存者無幾何，而不存者什八九矣。○劉黻因説學者先立心志爲難。曰：無許多事，只是一箇敬，徹上徹下，只是這箇道理。到剛健，便自然勝得許多物欲之私。温公謂人以爲如制悍馬，如幹盤石之難也。静而思之，在我而已。如轉户樞，何難之有？

性理大全書卷之四十六

性理大全書卷之四十七

學　五

存　養持敬　靜附

南軒張氏曰：持敬乃是切要工夫，然要將箇敬來治心則不可。蓋主一之所謂敬，敬是敬此也。只敬便在此。若謂敬爲一物，將一物治一物，非惟無益，而反有害。乃孟子所謂必有事焉，而正之，卒爲助長之病。以下論持敬。○誠者，天之道；敬者，人事之本。敬道之成，則誠而天矣。然則君子之學始終乎敬者也。人之有是心也，其知素具也。意亂而欲汩之，紛擾臬兀不得須臾以寧，而正理益以蔽塞，萬事失其統矣。於此有道焉，其惟敬而已乎？伊川先生曰：「主一之謂敬。」又曰：「無適之謂一。」夫所謂一者，豈有可玩而執者哉？無適乃一也，蓋不越乎此而已。嘗試於平居暇日深體其所謂無適者，則庶乎可識於言意之表矣。故儼若思，雖非敬之道，而於此時可以體敬焉。即是而存之，由是以察之，則事事物物不得遁焉。涵泳不舍，思慮將日以清明，而其知不蔽矣。知不蔽，則敬之意味無窮，而功用日新矣。天地之心，其在茲與？學者舍是而求入聖賢之門，難矣哉！至於所進有淺深，則存乎其人用力敏勇，與緩急之不同耳。○答潘叔昌曰：所謂思慮時擾之患，此最是合理會處。其要莫若主一，《遺書》中論此處甚多。須反復玩味，據目下看底意思用工。譬如汲井，漸汲漸清。如所謂未應事前，此事先在；既應之後，此事尚存。正緣主一工夫未到之故，須是思此事時，只思此事；做此事時，只做此事。莫教别底交互出來，久久自别。看時似乎淺近，做時極難。又曰：所諭收斂則失於拘迫，從容則失於悠緩，此學者之通患。於是二者之間，必有事焉，其惟敬乎？拘迫則非敬也，悠緩則非敬也。但當常存乎此，本原深厚，則發見必多。而發見之際，察之亦必精矣。若謂先識所謂一者，而後可以用力，則用力未篤。所謂一者，只是想象，何由意味深長乎？

勉齋黄氏曰：敬是束得箇虚靈知覺住。如火炬束得緊時，那燄頭直上，不束則散滅了。○主敬致知，兩事相爲經緯。但言敬而不能有所見者，恐亦於此有所未思耳。○持守之方，無出主敬。前輩所謂常惺惺法，已是將持敬人心胸内事模寫出了。更要去上面生支節，只恐支離，無緣脱灑。○問：前輩説主一無適，是説得已發時敬。如惺惺收斂，是説得未發時敬。曰：未須要辨未發已發，且就自家心一息之間，幾番已發未發，雖數千萬變，豈無可辨認？且如一箇大鏡相似，恁地光皎在這裏，人來照着便隨他賦形，人過去後，這光皎者自若。○敬是人之本體，人惟胡思亂想，便失了本然之體。恐懼警畏，正欲收拾他依元恁地。○人稟陰陽五行之氣以生，其爲是氣也，莫不各有是理。人得是氣以爲體，則亦具是理以爲性。又必有虚靈知覺者，存乎其間以爲心。事物未接，思慮未萌，虚靈知覺者感而遂通。一寂一感，而是理亦爲之寂感焉。使夫虚靈知覺者常肅然而不亂，炯然而不昏，則寂而理之體無不存，感而理之用無不行矣。惟夫虛靈知覺既不能不囿於氣，而又不能不動於欲也，則將爲氣所昏，爲欲所亂，而理之體用亦隨之而昏且亂矣。此敬之説所由以立也。虛靈知覺，我所有也。吾惟慢怠而無以檢之，則爲氣所昏，爲欲所亂矣。惕然悚然，常若鬼神父師之臨其上，常若深淵薄冰之處其下，則虛靈知覺者自不容於昏且亂矣。故嘗聞之先師曰：「敬字之説，惟畏爲近之。」誠能以所謂畏者驗之，則不昏不亂可見矣。曰：然則諸説之不同，何也？曰：惺惺者，不昏之謂也，主於一而不容一物撓亂之謂也。整齊嚴肅，則制於外以養其中也，是皆可以體夫敬之意矣。然而不昏不亂者，必先敬而後能如此。制於外以養其中者，必如此而後能敬。以之體敬之義，必欲真見夫所謂敬者，惟畏爲近之也。蓋畏即敬也，能敬則能整齊嚴肅，整齊嚴肅則能敬，能敬則不昏不亂矣。此朱子不得不取夫諸説以明夫敬，而又以畏字爲最近也。

北溪陳氏曰：程子謂「主一之謂敬，無適之謂一」，文公合而言之曰「主一無適之謂敬」，尤分曉。敬一字，從前經書説處儘多，只把做閑慢説過。到二程方拈出來，就學者做工夫處説，見得這道理尤緊切，所關最大。敬字本是箇虛字，與畏懼等字相似。今把做實工夫主意重了，似箇實物一般。○人心妙不可測，出入無時，莫知其鄉，惟敬便存在這裏。所謂敬者無他，只是此心常存在這裏，不走作，不散漫，常恁地惺惺便是敬。○上蔡所謂常惺惺，却是就心地上做工夫處，説得亦親切。蓋心常醒在這裏，便常惺惺恁地活，若不在便死了。心纔在這裏，則萬理森然於其中。古人謂敬德之聚，正如此。○《禮》謂「執虛如執盈，入虛如有人」。只就此二句體認持敬底工夫，意象最親切。且如人捧箇至盈底物，心若不在這上，纔移一步，便傾了。惟執之拳拳，心常在這上，雖行到那裏，也不傾倒。入虛如有人，雖無人境界，此心常嚴肅如對大賓然，此便是主一無適底意。○格物致知也須敬，正心誠意也須敬，齊家治國平天下也須敬。敬者，一心之主宰，萬事之根本。○程子說人心做工夫處，特注意此字。蓋以此道理貫動静，徹表裏，一始終，本無界限。閑静無事時也用敬，應事接物時也用敬。心在裏面也如此，動出外來做事也如此，初頭做事也如此，做到末梢也如此。此心常無間斷，纔間斷，便不敬。

西山真氏曰：伊川先生言「主一之謂敬」，又恐人未曉一字之義，又曰「無適之謂一」。適，往也。主於此事則不移於他事，是之謂無適也。主者，存主之義。伊川又云「主一之謂敬，一者之謂誠」。主則有意，在學者用功，須當主於一。主者，念念守此而不離之意也。及其涵養既熟，此心湛然，自然無二無雜，則不待主而自一矣。不待主而自一，即所謂誠也。敬是人事之本，學者用功之要。至於誠，則達乎天道矣。此又誠敬之分也。○所謂主一者，静時要一，動時亦要一。平居暇日未有作爲，此心亦要主於一，此是静時敬。應事接物，有所作爲，此心亦要主於一，此是動時敬。静時能敬，則無思慮紛紜之患。動時能敬，則無舉措煩擾之患。如此，則本心常存而不失。爲學之要，莫先於此。○端莊静一，乃存養工夫。端莊，主容貌而言。静一，主心而言。蓋表裏交正之功，合而言之則敬而已。○秦漢以下，諸儒皆不知敬爲學問之本。自程子始指以示人，而朱子又發明之極其切至。二先生有功於聖門，此其最大者也。○往昔百聖相傳，敬之一言實其心法。蓋天下之理惟中爲至正，惟誠爲至極。然敬所以中，不敬則無中也。敬而後能誠，非敬則無以爲誠也。氣之決驟軼於奔駟，敬則其銜轡也。情之横放甚於潰川，敬則其隄防也。故周子主静之言，程子主一之訓，皆其爲人最切者，而子朱子又丁寧反復之。學者倘於是而知勉焉，戒於思慮之未萌，恭於事物之既接，無少間斷，則德全而欲泯矣。

鶴山魏氏答張大監曰：敬字之義甚大，孔門説仁處，大抵多有敬意，如「四勿」、「二一如」之類是也。《左傳》「敬德之聚，能敬必有德」，此義極精。自聖學不傳，人多以擎跽曲拳正坐拱嘿之類爲敬。至周程以後，如「誠」字、「敬」字、「仁」字，方得聖賢本指。其所謂主一無適之謂敬，此最精切。

魯齋許氏曰：聖人之心如明鏡止水，物來不亂，物去不留。用工夫主一也，主一是持敬也。○東萊嘗云：「南軒言心在焉，則謂之敬。」且如方對客談論，而他有所思，雖思之善，亦不敬也。才有間斷，便是不敬。

臨川吴氏曰：《易》、《書》、《詩》、《禮》之言敬者非一。及夫子答子路之問，則其辭重以專，而子路莫之悟也。再問三問，意若有所不足，聖人語以堯舜猶病，雖能已其問，而子路猶未悟也。嗚呼！子路聖門高第弟子也，果於從人，勇於治己，當時許其升堂，後人尊之爲百世之師，親承脩己以敬之誨於夫子，而未能心受也，況後聖人千數百載而掇拾其遺言者乎？伊洛大儒，嗣聖傳於已絶，提敬之一字爲作聖之梯階，漢唐諸儒所不得而聞也。新安大儒繼之，直指此爲一心之主宰，萬事之本根，❶其示學者切矣。夫人之一身，心爲之主。人之一心，敬爲之主。主於敬，則心常虚。虚者，物不入也。主於敬，則心常實。實者，我不出也。敬也者，當若何而用力耶？必有事焉，非但守此一言而可得也。○仁義禮智之得於天者，謂之德。是德也，雖同得於有生之初，而或失於有生之後。能得其所得而不失者，君子也。蓋德具於心者也，欲不失其心，豈有他術哉？敬以持之而已矣。昔子路問君子，夫子以脩己以敬爲答。敬也者，所以成君子之德也。堯舜禹之欽，即敬也。傳之於湯，爲日躋之敬。傳之於文王，爲緝熙之敬。夫子脩己以敬之言，傳自堯、舜、禹、湯、文王，而傳之於顔、曾、子思、孟子者也。至于程子遂以敬字該聖功之始終，敬之法，主一無適也。學者遽聞主一無適之説。儻未之能，且當由謹畏入。事事知所謹，而於所不當爲者有不肯爲。念念知所畏，而於所不當爲者有不敢爲。充不肯爲、不敢爲之心而進退焉。凡事主於一而不二乎彼，凡念無所適而專在乎此，程子敬字之法不過如是。敬則心存，心存而一静一動皆出於正。仁義禮智之得於天者，❷庶其得於心而不失矣乎！

程子曰：惟静者可以爲學。以下論静。

○學者患心慮紛亂，不能寧静，此則天下公

❶「本根」，四庫本作「根本」。

❷「天」，重修本作「心」。

病。學者只要立箇心，此上頭儘有商量。○尹和靖、孟敦夫、張思叔侍坐，伊川指面前水盆語曰：清静中一物不可著，纔著物便揺動。

張子曰：静有言得大處，有小處。如仁者静，大也。静而能慮，則小也。始學者亦要静以入德，至成德亦只是静。

上蔡謝氏曰：近道莫如静，齋戒以神明其德，天下之至静也。

延平李氏《答朱元晦書》曰：❶某曩時從羅先生學問，終日相對静坐，只説文字，未嘗及一雜語。先生極好静坐，某時未有知，退入室中，亦只静坐而已。先生令静中看喜怒哀樂未發之謂中，未發時作何氣象。此意不唯於進學有力，兼亦是養心之要。

朱子曰：明道教人静坐，李先生亦教人静坐。蓋精神不定，則道理無湊泊處。又云：須是静坐，方能收斂。○静坐無閑雜思慮，則養得來，便條暢。○或問：不拘静坐與應事皆要專一否？曰：静坐非是要如坐禪入定，斷絶思慮，只收斂此心，莫令走作閑思慮，則此心湛然無事，自然專一。及其有事，則隨事而應。事已，則復湛然矣。不要因一事而惹出三件兩件，如此則雜然無頭項，何以得他專一？只觀文王「雝雝在宫，肅肅在廟。不顯亦臨，無射亦保」，便可見敬只是如此。古人自少小時，便做了這工夫，故方其洒掃時加帚之禮，至於學詩、學樂舞、學弦誦，皆要專一。且如學射時，心若不在，何以能中？學御時，心若不在，何以使得他馬？書數皆然。今既自小不曾做得，不奈何須着從今做去方得。

❶「元晦」，重修本作「晦翁」。

若不做這工夫，却要讀書看義理，恰似要立屋無基地，且無安頓屋柱處。今且説那營營底心會與道理相入否？會與聖賢之心相契否？今求此心，正爲要立箇基址，得此心光明有箇存主處，然後爲學便有歸着不錯。若心雜然昏亂，自無頭當，却學從那頭去，又何處是收功處？故程先生須令就敬字上做工夫，正爲此也。○人也有静坐無思念底時節，也有思量道理底時節，豈可畫爲兩途説？静坐時與讀書時，工夫迥然不同。當静坐涵養時，正要體察思繹道理，只此便是涵養。不是説喚醒提撕，將道理去却那邪思妄念，只自家思量道理時，自然邪念不作。言忠信，行篤敬，立則見其參於前，在輿則見其倚於衡，只是常常見這忠信篤敬在眼前，自然邪妄無自而入。非是要存這忠信篤敬，去除那不忠不敬底心。今人之病，正在於静坐讀書時，二者工夫不一，所以差。○問：存養多用静否？曰：不必然。孔子却都就用處，教人做工夫。今雖説主静，然亦非棄事物以求静。既爲人，自然用事君親，交朋友，撫妻子，御僮僕，不成捐棄了，只閉門静坐。事物之來，且曰候我存養，又不可只茫茫隨他事物中走，二者須有箇思量倒斷始得。頃之復曰：動時，静便在這裏。動時也有静，順理而應，則雖動亦静也。故曰：「知止而後有定，定而後能静。」事物之來，若不順理而應，則雖塊然不交於物以求静，心亦不能得静。惟動時能順理，則無事時能静。静時能存，則動時得力。須是動時也做工夫，静時也做工夫，兩莫相靠，使工夫無間斷始得。若無間斷，静時固静，動時心亦不動，動亦静也。若無工夫，則動時固動，静時雖欲求静，亦不可得而静，静亦動也。動静如船之在水，潮至則動，潮退則止；有事則動，無事則静。一云：事來則動，事過了静。如潮頭高，船也高；潮頭下，船也下。雖然，動静無端，亦無截然爲動爲静之理。如人之氣吸則静，噓則動。又問答之際，答則動也，止則静矣。凡事皆然。且如涵養致知，亦何所始？但學者須自截從一處做去。程子謂學莫先於致知，是知在先。又曰未有致知而不在敬者，則敬也在先。從此推去，只管恁地。○心於未遇事時，須是静，及至臨事方用，便有氣力。如當静時不静，思慮散亂，及至臨事已先倦了。伊川解静專處云「不專一，則不能直遂」。閑時須是收斂定，做得事便有精神。○心要精一。方静時，須湛然在此，不得困頓，如鏡樣明，遇事時方好。心要收拾得緊，如顏子請事斯語，便直下承當，及犯而不校，却别。○静便定，熟便透。○静爲主，動爲客。静如家舍，動如道路。○静中動，起念時。動中静，是物各付物。○人身只有箇動静。静者，養動之根。動者，所以行其静。動中有静，如發而皆中節處，便是動中之静。○問：動静兩字，人日間静時煞少，動時常多。曰：若聖人動時亦未嘗不静，至衆人動時却是膠擾亂了。如今人欲爲一事，未嘗能專此一事，處之從容不亂。其思慮之發，既欲爲此，又欲爲彼，此是動時却無那静也。○爲人君，止於仁；爲人臣，止於敬。止於仁敬者，静也。要止於仁與敬者，便是動。只管是一動一静，循環無端，所以謂「動極復静，静極復動」。如人噓吸，若噓而不吸則須絶，吸而不噓亦必壅滯著不得。噓者，所以爲吸之基。尺蠖之屈，以求信也。龍蛇之蟄，以存身也。精義入神，以致用也。利用安身，以崇德也。大凡這箇都是一屈一信，一消一息，一往一來，一闔一闢。大底有大底闔闢消息，小底有小底闔闢消息，皆只是這道理。○問：伊川嘗教人静坐，如何？曰：亦是他見人要多思慮，且以此教人收拾此心耳。若初學者亦當如此。○主敬存養，雖說必有事焉，然未有思慮作爲，亦静而已。所謂静者，固非槁木死灰之謂。而所謂必有事者，亦豈求中之謂哉？○《答吳伯豐書》曰：學問臨事不得力，固是静中欠却工夫。然欲舍動求静，又無此理。蓋人之身心，動静二字循環反覆，無時不然。但常存此心，勿令忘失，則隨動隨静，無處不是用力處矣。○明道在扶溝時，謝、游諸公皆在彼問學。明道一日曰：「諸公在此，只是學某說話，何不去力行？」二公云：「某等無可行者。」明道曰：「無可行時，且去静坐。」蓋静坐時，便涵養得本原稍定。雖是不免逐物，及自覺而收斂歸來，也有箇着落。譬如人出外去，才歸家時，便自有箇着身處。若是不曾存養得箇本原，茫茫然逐物在外，便要收斂歸來，也無箇着身處也。○伊川見人静坐，如何便歎其善學？曰：這却是一箇總要處。○問：而今看道理不出，只是心不虚静否？曰：也是不曾去看。會看底就看處自虚静，這箇互相發。○問汪長孺所讀何書，長孺誦《大學》所疑。曰：只是輕率。公不惟讀聖賢之書如此，凡說話及論人物亦如此，只是不敬。又云：長孺氣粗，故不子細，爲今工夫須要静，静多不妨。今人只是動多了静，静亦自有說話。程子曰「爲學須是静」。又曰「静多不妨」。才静事都見得，然總亦只是一箇敬。○問：初學精神易散，静坐如何？曰：此亦好，但不專在静處做工夫，動作亦當體驗。聖賢教人，豈專在打坐上？要是隨處着力，如讀書，如待人處事，若動若静，若語若默，皆當存此。無事時只合静心息念，且未説做他事，只自家心如何令把捉不定，恣其散亂走作，何有於學？孟子謂：「學問之道無他，求其放心而已矣。」不然，精神不收拾，則讀書無滋味，應事多齟齬，豈能求益乎？○問：伯羽如何用功？曰：且學静坐，痛抑思慮。曰：痛抑也不得，只是放退可也。若全閉眼而坐，却有思慮矣。又言：也不可全無思慮，無邪思耳。○問滕德粹近作何工夫。德粹云：静坐而已。曰：横渠云：「言有教，動有法，晝有爲，宵有得，息有養，瞬有存。」此語極好。君子終日乾乾，不可食息閑，亦不必終日讀書，或静坐存養亦是。天地之生物，以四時運動，春生夏長，固是不息。及至秋冬凋落，亦只藏於其中，故明年復生。若使至秋冬已絶，則來春無緣復有生意。學者常喚令此心不死，則日有進。○問：武侯寧静致遠之説。曰：静便養得根本深固，自可致遠。○問：宋傑尋常覺得資質昏愚，但持敬，則此心虛静，覺得好。若敬心稍不存，則裏面固是昏雜，而發於外亦鶻突，所以專於敬，而無失上用功。曰：這裏未消説敬與不敬在。蓋敬是第二節事，而今便把來夾雜説，則鶻突了，愈難理會。且只要識得那一是一，二是二。便是虛静，也要識得這物事；不虛静，也要識得這物事。如未識得這物事時，則所謂虛静亦是箇黑底虛静，不是白底虛静。而今須是要打破那黑底虛静，換做箇白淨底虛静，則八窗玲瓏，無不融通。不然，則守定那裏底虛静，終身黑淬淬地，莫之通曉也。○問：每日暇時，略静坐以養心，但覺意自然紛起，要静越不静。曰：程子謂：「心自是活底物事，如何窒定教他不思，只是不可胡亂思。」纔着箇要静底意思，便是添了多少思慮。且不要恁地拘迫他，須自有寧息時。又曰：要静，便是先獲，便是助長，便是正。○問：延平先生静坐之説如何？曰：這事難説。静坐理會道理自不妨，只是討要静坐則不可。理會得道理明透，自然是静。今人都是討静坐以省事，則不可。蓋心下熱鬧，如何看得道理出？須是静方看得出。所謂静坐只是打疊得心下無事，則道理始出，道理既出，則心下愈明静矣。

勉齋黄氏曰：寂然不動，心之體也。事物未接，思慮未萌，湛然純一，如水之止，如衡之平，則其本静矣。蔽交於前，其中則遷，情慾熾而益蕩，感物而動者既失其節，寂然不動者亦且紛紜膠擾而不能以頃刻寧。動静相因，展轉迷亂，天理日微，人欲日肆矣。故主静者所以制乎動，無欲者所以全乎静。此周子之意，而亦有所自來也。「艮其背，不獲其身；行其庭，不見其人」，主乎静也。旦晝之梏亡，則夜氣不足以存，無欲則静也。

問：程子云「静後見萬物皆有春意」如何，此還是指聖賢而言否？潛室陳氏曰：觀物内會，静者能之。固是聖賢如此，吾人胸次豈可不見此境界？静却不分聖賢。

省　察

程子曰：人爲不善於幽隱之中者，謂

人莫己知也。而天理不可欺，何顯如之？或曰：是猶楊震所謂四知者乎？曰：幾矣。雖然，人我知之，猶有分也，天地則無二知也。○尸居却龍見，淵默却雷聲。○妄動由有欲。妄動而得者，其必妄動而失，一失也。其得之，必失之，二失也。況有凶咎隨之乎。是故妄得之福，災亦隨焉；妄得之得，失亦繼焉。苟或知此，亦庶幾乎不由欲而動矣！○學始於不欺闇室。

張子曰：求養之道，心只求是而已。蓋心弘則是，不弘則不是。心大則百物皆通，心小則百物皆病。悟後心常弘，觸理皆在吾術內，覩一物又敲點着此心，臨一事又記着此心，常不爲物所牽引去，視燈燭亦足以警道。大率因一事，長一智，只爲持得術博，凡物常不能出博大之中。○慎喜怒，此只矯其末，而不知治其本，宜矯輕警惰。

廣平游氏曰：曾子云「三省其身」，若夫學者之所省，又不止此。事親有不足於孝，事長有不足於敬歟？行或愧於心，而言或浮於行歟？慾有所未窒，而忿有所未懲歟？推是類而日省之，則曾子之誠身，庶乎可以跂及矣。○人所不睹，可謂隱矣。而心獨見之，不亦見乎？人所不聞，可謂微矣。而心獨聞之，不亦顯乎？知莫見乎隱，莫顯乎微，而不能慎獨，是自欺也，其離道遠矣！

和靖尹氏曰：莫大之禍起於須臾之不忍，不可不謹。

延平李氏曰：凡蹈危者慮深而獲全，居安者患生於所忽，此人之常情也。

朱子曰：要知天之與我者，只如孟子說：「無惻隱之心，非人也。無羞惡之心，非人也。無是非之心，非人也。無辭讓之心，非人也。」今人非無惻隱、羞惡、是非、辭讓發見處，只是不省察了。若於日用間試省察，此四端者分明迸贊出來，就此便操存涵養將去，便是下手處。只爲從前不省察了，此端纔見，又被物欲汩了。所以秉彝不可磨滅處雖在，而終不能光明正大，如其本然。○就日用間實下持敬工夫，求取放心，然後却看自家本性元是善與不善，自家與堯舜元是同與不同。若信得及，意思自然開明，持守亦不費力矣。○道體流行，初無間斷，是以無所不致其戒懼，非謂獨戒懼乎隱微，而忽略其顯著也。○天下之事，非艱難多事之可憂，而宴安酖毒之可畏，政使功成治定，無一事之可爲，尚當朝兢夕惕，居安慮危，而不可以少怠。○審微於未形，御變於將來，非知道者孰能。○人不自知其病者，是未嘗去體察警省也。○古人瞽史誦詩之類，是規戒警誨之意。有時不然，便被他恁地炒，自是使人住不着。大抵學問須是警省。○今說求放心，吾輩却要得此心主宰得定，方賴此做事業。如《中庸》說「天命之謂性」，即此心也；「率性之謂道」，亦此心也；「脩道之謂教」，亦此心也。以至於致中和，贊化育，亦只此心也。致知即心知也，❶格物即心格也，克己即心克也。非禮勿視聽言動，勿與不勿，只争毫髮地爾。所以明道說：「聖賢千言萬語，只是欲人將已放之心收拾入身來，自能尋向上去。」今且須就心上做得主定，方驗得聖賢之言有歸着，自然有契。如《中庸》所謂尊德性，致廣大，極高明，蓋此心本自如此廣大，但爲物欲隔塞，故其廣大有虧。本自高

❶「心知」，重修本作「心致」。

明，但爲物欲係累，故於高明有蔽。若能常自省察警覺，則高明廣大者常自若，非有所增損之也。其道問學、盡精微、道中庸等工夫，皆自此做，儘有商量也。若此心上工夫，則不待商量睹當，即今見得如此，則更無閑時。行時，坐時，讀書時，應事接物時，皆有着力處。大抵只要見得，收之甚易而不難也。○學者須是求放心，然後識得此性之善。人性無不善，只緣自放其心，遂流於惡。天命之謂性，即天命在人，便無不善處。發而中節亦是善，不中節便是惡。人之一性完然具足，二氣五行之所稟賦，何嘗有不善？人自不向善上去，兹其所以爲惡爾。韓愈論孟子之後不得其傳，只爲後世學者不去心上理會。堯舜相傳，不過論人心道心、精一執中而已。天下只是善惡兩端。譬如陰陽在天地間，風和日暖，萬物發生，此是善底意思。及群陰用事，則萬物彫瘁，惡之在人亦然。天地之理固是抑遏陰氣，勿使常勝。學者之於善惡，亦要於兩夾界處攔截分曉，勿使纖惡間絶善端。動静日用，時加體察持養，久之自然成熟。○許多言語雖隨處説得有淺深大小，然而下工夫只一般。如存其心與持其志，亦不甚争。存其心，語雖大却寛；持其志，語雖小却緊。只持其志，便收斂；只持其志，便内外肅然。又曰：持其志，是心之方漲處便持着。○問存心。曰：非是别將事物存心。一云非是活捉一物來存着。孔子曰：「居處恭，執事敬，與人忠」，便是存心之法。如説話覺得不是，便莫説。做事覺得不是，便莫做。亦是存心之法。○静中私意横生，此學者之通患。能自省察至此，甚不易得。此當以敬爲主，而深察私意之萌多爲何事，就其重處痛加懲窒，久之純熟，自當見效。不可計功於旦暮，而多爲説以亂之也。○文字講説得行，而意味未深者，正要本源上加功，須是持敬，持敬以静爲主。此意須要於不做工夫時頻頻體察，久而自熟。但是着實自做工夫，不干別人事。「爲仁由己，而由人乎哉！」此語的當，更看有何病痛。知有此病，必去其病，此便是療之之藥。如覺言語多，便用簡默。意思踈闊，便加細密。覺得輕浮淺易，便須深沉重厚。程先生所謂矯輕警惰，蓋如此。○人有此心，便知有此身。人昏昧不知有此心，便如人困睡，不知有此身。人雖困睡，得人喚覺，則此身自在。心亦如此，方其昏蔽，得人警覺，則此心便在這裏。○學者工夫只在喚醒上。問：人放縱時，自去收斂，便是喚醒否？曰：放縱只爲昏昧之故，能喚醒，則自不昏昧。不昏昧，則自不放縱矣。○心只是一箇心，非是以一箇心治一箇心。所謂存，所謂收，只是喚醒。○人心常炯炯在此，則四體不待羈束而自入規矩。只爲人心有散緩時，故立許多規矩來維持之。但常常提警教身入規矩内，則此心不放逸而炯然在矣。心既常惺惺，又以規矩繩檢之，此内外交相養之道也。○心不專静純一，故思慮不精明。要須養得此心，令虚明專静，使道理從裏面流出便好。問：何以能如此，莫只在静坐否？曰：自去檢點，且一日間試看此幾箇時在内，幾箇時在外。小説中載趙公以黑白豆記善惡念之起，此是古人做工夫處。如此檢點則自見矣。○李先生嘗云人之念慮若是於顯然過惡萌動，此却易見易除。却怕於匹似閑底事爆起來，纏繞思念，將去不能除，此尤害事。某向來亦是如此。

○問：凡人之心不存則亡，而無不存不亡之時。故一息之頃，不加提省之力，則淪於亡而不自覺。天下之事不是則非，而無不是不非之處。故一事之微，不加精察之功，則陷於惡而不自知。近見如此，不知如何？曰：道理固是如此，然初學後亦未能便如此也。○問：進德之方。曰：大率要脩身窮理。若脩身上未有工夫，亦無窮理處。又問：脩身如何？曰：且先收放心。如心不在，無下手處，要去體察你平日用心是爲己爲人。若讀書計較利禄，便是爲人。○問：發於思慮，則有善不善，看來不善之發有二，有自思慮上不知不覺自發出來者，有因外誘然後引動此思慮者。閑邪之道，當無所不用其力，於思慮上發時，便加省察，更不使形於事爲。於物誘之際，又當於視聽言動上理會取，然其要又只在持敬。惟敬則身心内外肅然，交致其功，則自無二者之病。曰：謂發處有兩端固是。然畢竟從思慮上發者，也只是外來底。天理渾是一箇。只不善，便是不從天理出來；不從天理出來，便是出外底了。視聽言動，該貫内外，亦不可謂專是外面功夫。若以爲在内自有一件功夫，在外又有一件功夫，則内外支離，無此道理。須是誠之於思，守之於爲，内外交致其功可也。○問：人之手動足履，須還是都覺得始得。看來不是處，都是心不在後，挫過了。曰：須是見得他合當是恁地。問：立則見其參於前，在輿則見其倚於衡，只是熟後自然見得否？曰：也只是隨處見得那忠信篤敬，是合當如此。又問：舊見《敬齋箴》中云「擇地而蹈，折旋蟻封」。遂欲如行步時，要步步覺得他移動。要之無此道理，只是常常提撕。曰：

這箇病痛，須一一識得方得。且如事父母，方在那奉養時，又自著注脚解説道，這箇是孝。如事兄長，方在那順承時，又自著注脚解説道，這箇是弟，便是兩箇了。問：只是如事父母，當勞苦有倦心之際，却須自省覺説這箇是當然。曰：是如此。○問：居常苦私意紛擾，雖即覺悟而痛抑之，然竟不能得潔静不起。曰：惟其此心無主宰，故爲私意所勝。若常加省察，使良心常在，見破了這私意只是從外面入。縱饒有所發動，只是以主待客，以逸待勞，自家這裏亦容他不得。此事須是平日着工夫，若待他起後方省察，殊不濟事。○問：不敬之念，非出於心。如忿慾之萌，學者固當自克，雖聖賢亦無如之何。至於思慮妄發，欲制之而不能。曰：纔覺恁地，自家便挈起了，但莫先去防他。然此只是自家見理不透，做主不定，所以如此。《大學》曰：「物格而后知至，知至而后意誠。」纔意誠，則自然無此病。○問：横渠先生謂范巽之云：「吾輩不及古人，病源何在？」巽之請問，横渠云：「此非難悟。設此語者，蓋欲學者存意之不妄，庶游心浸熟，有一日脱然如大寐之得醒耳。」曰：横渠先生之意，正要學者將此題目時時省察，使之積久貫熟而自得之耳，非謂只要如此説殺也。○或曰：每常處事，或思慮之發，覺得發之正者心常安，其不正者心常不安。然義理不足以勝私欲之心，少間安者却容忍，不安者却依舊被私欲牽將去。及至事過，又却悔，悔時依舊是本心發處否？曰：然。只那安不安處，便是本心之德。孔子曰：「志士仁人無求生以害仁，有殺身以成仁。」求生如何便害仁，殺身如何便成仁，只是箇安與不安而已。又曰：不待接事時，方流入於私欲；只那未接物時，此心已自流了。須是未接物時，也常剔抉此心，教他分明，少間接事便不至於流。上蔡解「爲人謀而不忠」云：「爲人謀而忠，非特臨事而謀。至於平居静慮，思所以處人者，一有不盡，則非忠矣。」此雖於本文説得來太過，然却如此。今人未到，爲人謀時方不忠。只平居静慮閑思念時，便自懷一箇利便於己，將不好處推與人之心矣。須是於此處常常照管得分明，方得。○

問：於私欲未能無之。但此意萌動時，却知用力克除，覺方寸累省頗勝前日，更當如何？曰：此只是强自降伏。若未得天理純熟，一旦失覺察，病痛出來，不可知也。

問：五峰所謂天理、人欲同行異情，莫須這裏要分別否？曰：同行異情，只如飢食渴飲等事，在聖賢無非天理，在小人無非私慾，所謂同行異情者如此。此事若不曾尋著本領，只是説得他名義而已。説得名義儘分曉，❶畢竟無與我事，須就自家身上實見得私欲萌動時如何，天理發見時如何，其間正有好用功夫處。蓋天理在人，亘古今而不泯，選甚如何蔽錮？而天理常自若，無時不自私意中發出，但人不自覺。正如明珠大貝混雜沙礫中，零零星星逐時出來，但只於這箇道理發見處，當下認取，打合零星，漸成片段。到得自家好底意思，日長月益，則天理自然純固。向之所謂私欲者，自然消靡退散，❷久之不復萌動矣。若專務克治私欲，而不能充長善端，則吾心所謂私欲者日相鬬敵，縱一時按伏得下，又當復作

❶「名」，原作「明」，今據重修本改。
❷「靡」，重修本作「磨」。

矣。初不道隔去私意後，別尋一箇道理主執而行，纔如此，又只是自家私意。只如一件事見得如此爲是，如此爲非，便從是處行將去，不可只恁休。誤了一事，必須知悔，只這知悔處，便是天理。孟子説「牛山之木」，既曰「若此其濯濯也」，又曰「萌蘖生焉」，既曰「旦晝梏亡」，又曰「夜氣所存」。如説「求放心」，心既放了，如何又求得？只爲這些道理根於一性者，渾然至善，故發於日用者，多是善底道理。只要人自識得，雖至惡人亦只患他頑然不知省悟，若心裏稍知不穩，便從這裏改過，亦豈不可做好人？孟子曰：「人之所以異於禽獸者幾希，庶民去之，君子存之。」去只是去著這些子，存只是存得這些子，學者所當深察也。

吴晦叔言省克二字不可廢，南軒張氏曰：然。纔省了便克，既克了又省，當如循環然。

范陽張氏曰：一念之善，則天神地祇，祥風和氣，皆在于此。一念之惡，則妖星癘鬼，凶荒札瘥，皆在于此。是以君子慎其獨。

象山陸氏曰：人之資稟不同，有沉滯者，有輕揚者。古人有韋弦之義，固當自覺，不待人言。但有恣縱而不能自克者，有能自克而用功不深者。○念慮之正不正，在頃刻之間。念慮之不正者，頃刻而知之，即可以正。念慮之正者，頃刻而失之，即是不正。此事皆在其心。《書》曰：「惟聖罔念作狂，惟狂克念作聖。」

勉齋黄氏曰：理義之精微，心術之隱奥，所差甚微。而天理人欲之分，君子小人之判，自此而決，不可不察也。

魯齋許氏曰：凡事一一省察，不要逐

物去了。雖在千萬人中，常知有己。此持敬大略也。○日用間若不自加提策，則怠惰之心生焉。怠惰心生，不止於悠悠無所成，而放僻邪侈隨至矣。○耳目聞見與心之所發，各以類應，如有種焉。今日之所出者，即前日之所入也。同聲相應，同氣相求，未嘗少差，不可不慎也。○庸人之目，見利而不見害，見得而不見失，以縱情極欲爲益己，以存心養性爲桎梏，不喪德殞身而不已。惟君子爲能見微而知著，遏人欲於將萌。

臨川吴氏曰：夫易以溺人污人者，色與貨也。非禮非義之事，雖甚不良之人，往往畏人之知而不敢肆。苟人所不知之地，一時不勝其利欲之私，則於所不當爲，能保其不爲之乎？若顔叔子之達旦秉燭，若楊伯起之暮夜却金，若司馬君實、趙閱道之所爲，無一不可與人言，無一不可與天知，真能慎獨者也。

性理大全書卷之四十七

性理大全書卷之四十八

學六

知行言行附

程子曰：須是識在所行之先。譬如行路，須得光照。○力行先須要知，非特行難，知亦難也。○君子以識爲本，行次之。今有人焉，力能行之，而識不足以知之，則有異端者出，彼將流蕩而不知反。內不知好惡，外不知是非，雖有尾生之信，吾弗貴矣。○如眼前諸人要特立獨行，煞不難得，只是要一箇知見難，人只被這箇知見不通透。人謂要力行，亦只是淺近語。人既能知見，豈有不能行？一切事皆所當爲，不必待着意做。纔着意做，便是有箇私心，這一點意氣能得幾時子？○始於致知，智之事也。行所知而極其至，聖之事也。○古之言知之非艱者，吾謂知之亦未易也。今有人欲之京師，必知所出之門，所由之道，然後可往。未嘗知也，雖有欲往之心，其能進乎？後世非無美材能力行者，然鮮能明道，蓋知之者難也。○未有知之而不能行者。謂知之而未能行，是知之未至也。○能明善，斯可謂明也已。能守善，斯可謂誠也已。○學者識得仁體，實有諸己，只要義理栽培。如求經義，皆栽培之意。○問：學者於聖人之門，非願其有異也，惟其不能知之，是以流於不同，敢問持正之道。曰：知之而後可守，無所知，則何所守也？故學莫先乎致知。窮理格物，則知無不盡，知之既盡，則守無不固。○問：致知力行，其功並進乎？曰：人謂非禮勿爲，則必强勉而從之。至於言穿窬不可爲，不必强勉而後能也。故知有淺深，則行有遠近，此進學之效也。循理而至於樂，則已與理一，殆非勉强之可能也。

張子曰：尊其所聞則高明，行其所知則光大。凡未理會至實處，如空中立，終不曾踏着實地。○盡得天下之物，方要窮理。窮得理，又須要實到。孟子曰：「萬物皆備於我矣，反身而誠，樂莫大焉。」實到其間，方可言知。未知者，方且言識之而已。既知之，又行之惟艱。萬物皆備於我矣，又却要强恕而行，求仁爲近。

和靖尹氏曰：觀理須要通會得一件，便與行一件。

朱子曰：學之之博，未若知之之要。知之之要，未若行之之實。○知行常相須，如目無足不行，足無目不見。論先後，知爲先；論輕重，行爲重。○論知之與行，曰：方其知之，而行未及之，則知尚淺。既親歷其域，則知之益明，非前日之意味。○聖賢説知，便説行，《大學》説「如切如磋，道學也」，便説「如琢如磨，自脩也」。《中庸》説學問思辨，便説篤行。顔子説博我以文，謂致知格物；約我以禮，謂克己復禮。○致知力行，用功不可偏。偏過一邊，則一邊受病。如程子云：「涵養須用敬，進學則在致知。」分明自作兩脚説。○問：須是先知後行否？曰：不成未明理，便都不持守了。且如曾點與曾子便是兩箇樣子，曾點便是理會得底，而行有不掩；曾子便是合下持守，旋旋明理到一唯處。○聖賢千言萬語，只是要知得守得。○學者以玩索踐履爲先。又曰：操存與窮格，不解一上做了。如窮格工夫，亦須銖積寸累，工夫到後，自然貫通。若操存工夫，豈便能常操？其始也操得一霎，旋旋到一食時，或有走作，亦無如之何。能常常警覺，久久自能常存，自然光明矣。○操存涵養，則不可不緊。進學致知，則不可不寬。○涵養中自有窮理工夫，窮其所養之理；窮理中自有涵養工夫，養其所窮之理。兩項都不相離，纔見成兩處便不得。○思索義理，涵養本原。○所謂窮理，大底也窮，小底也窮，少間都成一箇物事。所謂持守者，人不能不牽於物欲，纔覺得便收將來，久之自然成熟，非謂截然今日爲始也。○人之爲學，如今雨下相似。雨既下後到處濕潤，其氣易得蒸鬱，纔略晴，被日頭略照，又蒸得雨來。前日亢旱時，只緣久無雨下，四面乾枯，縱有些少都滋潤不得，故更不能蒸鬱得成。人之於義理，若見得後，又有涵養底工夫，日日在這裏面，便意思自好，理義也容易得見，正如雨蒸鬱得成後底意思。若是都不去用力，日間只恁悠悠，都不曾有涵養工夫。設或理會得些小道理，也滋潤他不得，少間私欲起來，又間斷去，正如亢旱不能得雨相似也。○學者工夫，唯在居敬窮理，此二事互相發。能窮理，則居敬工夫日益進；能居敬，則窮理工夫日益密。譬如人之兩足，左足行則右足止，右足行則左足止。又如一物懸空中，右抑則左昂，左抑則右昂。其實只是一事。○人須做工夫方有礙。初做工夫時，欲做此一事，又礙彼一事。只如居敬窮理兩事，居敬是箇收斂執持底道理，窮理是箇推尋究竟底道理，此二者便是相妨。

若是熟時，則自不相礙矣。○持敬是窮理之本，窮得理明，又是養心之助。○學者若不窮理，又見不得道理。然去窮理，不持敬又不得。不持敬，看道理便都散，不聚在這裏。○致知、敬、克己，此三事以一家譬之，敬是守門户之人，克己則是拒盜，致知却是去推察自家與外來底事。伊川言「涵養須用敬，進學則在致知」，不言克己，蓋敬勝百邪，便自有克。如誠則便不消言閑邪之意，猶善守門户，則與拒盜便是一等事，不消更言別有拒盜底。若以涵養對克己言之，則各作一事亦可。涵養則譬將息，克己則譬如服藥去病。蓋將息不到，然後服藥。將息到，則自無病，何消服藥？能純於敬，則自無邪僻，何用克己？若有邪僻，只是敬心不純，只可責敬，故敬則無己可克，乃敬之效。若初學則須是工夫都到，無所不用其極。○見不可謂之虚見，見無虚實，行有虚實。見只是見，見了後却有行，有不行。若不見後，只要硬做，便所成者窄狹。○士患不知學。知學矣，而知所擇之爲難。能擇矣，而勇足以行之。内不顧於私己，外不牽於俗習，此又難也。○程子言：「學者識得仁體，實有諸己，只要義理栽培。」識得與實有須做兩句看，識得是知之也，實有是得之也。若只識得，只是知有此物。却須實有諸己，方是己物也。○問：大抵學便要踐履，如何？曰：固然是。《易》云：「學以聚之，問以辨之。」既探討得是，當又且放頓寬大田地，待觸類自然有會合處。故曰「寬以居之」，何嘗便説「仁以行之」。○《答吴晦叔書》曰：夫泛論知行之理，而就一事之中以觀之，則知之爲先，行之爲後，無可疑者。如孟子所謂知皆擴而充之，程子所謂譬如行路，須得光照。及《易·文言》所謂「知至至之，知終終之」之類是也。然合夫知之淺深，行之大小而言，則非有以先成乎其小，亦將何以馴致乎其大者哉！如子夏教人以洒掃、應對、進退爲先，程子謂未有致知而不在敬者，又《易·文言》所言知至知終皆在忠信脩辭之後之類是也。蓋古人之教，自其孩幼而教之以孝弟誠敬之實，及其少長而博之以詩書禮樂之文，皆所以使之即夫一事一物之間，各有以知其義理之所在，而致涵養踐履之功也。此小學之事，知之淺而行之小者也。及其十五成童，學於大學，則其洒掃應對之間，禮樂射御之際，所以涵養踐履之者，略已小成矣。於是不離乎此，而教之以格物，以致其知焉。致知云者，因其所已知者推而致之，以及其所未知者而極其至也。是必至於舉天地萬物之理而一以貫之，然後爲知之至。而所謂誠意正心、脩身齊家、治國平天下者，至是而無所不盡其道焉。此大學之道，知之深而行之大者也。今就其一事之中而論之，則先知後行，固各有其序矣。誠欲因夫小學之成以進夫大學之始，則非涵養踐履之有素，亦豈能居然以夫雜亂紛糾之心，而格物以致其知哉？且《易》之所謂忠信脩辭者，聖學之實事，貫始終而言者也。以其淺而小者言之，則自其常視毋誑，男唯女俞之時，固已知而能之矣。知至至之，則由行此而又知其所至也，此知之深者也。知終終之，則由知至而又進以終之也，此行之大者也。故《大學》之書雖以格物致知爲用力之始，然非謂初不涵養履踐而直從事於此也。又非謂物未格，知未至，則意可以不誠，心可以不正，身可以不脩，家可以不齊也。但以爲必知之至，然後所以治己治人者，始有以盡其道耳。若曰必俟知至而後可行，則夫事親從兄，承上接下，乃人生之所不能一日廢者，豈可謂吾知未至而暫輟，以俟其至而後行哉？抑聖賢所謂知者，雖有淺深，然不過如前所論，二端而已。但至於廓然貫通，則内外精粗，自無二致也。○《答程允夫書》曰：窮理之要不必深求，此語有大病，殊駭聞聽。行得即是，固爲至論，然窮理不深，則安知所行之可否哉？宰予以短喪爲安，是以不可爲可也。子路以正名爲迂，是以可爲不可也。彼親見聖人，日聞善誘，猶有是失，況於餘人，恐但不如此而已。窮理既明，則理之所在，動必由之。無論高而不可行之理，但世俗以苟且淺近之見，謂之不可行耳。如行不由徑，固世俗之所謂迂；不行私謁，固世俗之所謂矯。又豈知理之所在？言之雖若甚高，而未嘗不可行哉。理之所在，即是中道，惟窮之不深，則無所準則而有過不及之患，未有窮理既深而反有此患也。《易》曰：「精義入神，以致用也。」蓋惟如此，然後可以應務。未至於此，則凡所作爲，皆出於私意之鑿，冥行而已。○問：致知後須持養，方力行。曰：如是則今日致知，明日持養，後日力行。只持養便是行，正心誠意豈不是行？但行有遠近，治國平天下則行之遠耳。○程子言「涵養須用敬，進學則在致知」，下「須」字、「在」字，便是皆要齊頭著力，不可道知得了方始行。有一般人儘聰明，知得而行不及，是資質弱。又有一般人儘行得，而知不得。○問：南軒云「致知力行互相發」。曰：未須理會相發，且各項做將去。若知有未至，則就知上理會；行有未至，則就行上理會，少間自是互相發。○未能博學，便要約禮，窮理處不曾用功，守約處豈免有差？若差之毫忽，便有不可勝言之弊。

南軒張氏曰：致知力行互相發也。然知常在先，博學審問，慎思明辨，皆致知之道。學者要當據所知便體而行之，由粗而至精，由著而至微也。〇《答吳晦叔書》曰：所謂知之在先，此固不可易之論。但只一箇知字，用處不同，蓋有輕重也。如云知有是事，則用得輕，「匹夫匹婦可以與知」之類是也。如說知底事，則用得重，「知至至之」之知是也。在未識大體者，且當據所與知者爲之，則漸有進步處。工夫若到，則知至；知至矣，當至之；知終矣，當終之，則工夫愈有所施而無窮矣。所示有云「譬如行路，須識路頭」，誠是也。然要識路頭，親去路口尋求方得。若只端坐于室，想象跂而曰「吾識之矣」，則無是理也。元晦所論知字，乃是謂知至之知，要之此非躬行實踐則莫由至。但所謂躬行實踐者，先須隨所見端確爲之。此謂之知常在先，則可也。〇知有精粗，行有淺深，然知常在先。固有知之而不能行者矣，未有不知而能行者也。《語》所謂「知及之，仁不能守之」，是知而不能行者也。所謂「知之者不如好之者，好之者不如樂之者」，是不知則無由能好而樂也。且以孝於親一事論之，自其粗者，知有冬溫夏清，昏定晨省，則當行溫清定省。行之而又知其有進於此者，則又從而行之。知之進，則行愈有所施。行之力，則知愈有所進，以至於聖人。人倫之至，其等級固遠，其曲折固多，然亦必由是而循循可至焉耳。蓋致知力行，此兩者工夫互相發也。尋常與朋友講論，欲其據所知者而行之，行而思之，庶幾所踐之實而思慮之開明。不然，貪高慕遠，莫能有之，果何爲哉？ 然有所謂知之至者，則其行自不能已。 然須致知力行工夫至到，而後及此。 如顔子是也，彼所謂欲罷不能者，知之至而自不能以已也。 若學者以想象臆度，或一知半解爲知道，而曰「知之則無不能行」，是妄而已。 曾皙詠歸之語，亦可謂見道體矣，而孟子猶以其行不掩爲狂，而況下此者哉！ ○問：吕伯恭説近日士人只務聞見，不務踐履，須是去踐履上做工夫。 曰：此言雖好，只是少精神，須是致知力行互相發明始得。 若不致知，將人欲做天理亦不可知，安知所謂私而去之？ 須是知而後能行，行而後有所知，互相發明方可。 ○問：聖門當學誰？ 曰：學顔子爲有準的。 顔子爲人，聖人教之不過博文約禮。 博文，所謂致知也；約禮，所謂力行也。 又問：向上一節如何？ 曰：只恐不能致知力行耳。 果能致知力行，久而不息，當自知之。 譬如登山，只説得從此處去，至此山上，則在人努力耳。 如真箇到山上，則許多景致自見得，不待先説也。 ○致知力行，要須自近步步踏實地，乃有所進。 不然，貪慕高遠，終恐無益。

勉齋黄氏曰：蓋嘗求其所以爲學之綱領者，曰致知，曰力行而已。《大學》曰：「物格而後知至，知至而後意誠，意誠而後心正，心正而後身脩。」物格知至者，知之事也。 意誠心正者，行之事也。《中庸》曰：「博學之，審問之，慎思之，明辨之，篤行之。」學問思辨者，知之事。 篤行者，行之事也。《書》之所謂「惟精惟一」，《易》之所謂「知崇禮卑」，《論語》之所謂「知及仁守」，孟子所謂「始終條理」，無非始之以致知，終之以力行。 蓋始之以致知，則天下之理洞然於吾心而無所蔽。終之以力行，則天下之理渾然於吾身而無所虧。知之不至，則如擿埴索塗，而有可南可北之疑。行之不力，則如弊車羸馬，而有中道而廢之患。然則有志於聖賢之域者，致知力行之外，無他道也。○學問之道，知與行而已。自昔聖人繼天立極，不曰知而曰精，不曰行而曰一。知不精，行不一，猶不知不行也。聖賢相傳，啓悟後學，言知必曰知至，言意必曰意誠，至則事物之理無不通，誠則念慮之發無不實。曰至與誠，其精一之謂歟！知與行者，學之塗轍；至與誠者，學之歸宿。有志於道者，可不孳孳求止於是歟！○聖賢一言一字，皆可師法。從之則吉，違之則凶。緊要一着，只要信得篤，行得力耳。

魯齋許氏曰：二程子以格物致知爲學，朱子亦然，此所以度越諸子。《大學》，孔氏之遺書也，其要在此。凡行之所以不力，只爲知之不真，果能真知，行之安有不力者乎？博學之，審問之，慎思之，明辨之，只是要箇知得真，然後道「篤行之」一句。○聖人教人，只是兩字，從「學而時習」爲始，便只是説知與行兩字。不惑，知命，耳順，是箇知字，只是精粗淺深之別耳。耳順是並無逆於心者，到此則何思何慮，不思而得也。從心不踰矩，則不勉而中。

程子曰：聖人之言，冲一作中。和之氣也，貫徹上下。以下論言行。○聖人之言遠如天，近如地。其遠也，若不可得而及；其近也，亦可得而行。揚子曰：「聖人之言遠如天，賢人之言近如地。」非也。○有有德之言，有造道之言，有述事之言。有德者止言己分事。造道之言，如顔子言孔子，孟子言堯舜，止是造道之深，所見如是。○問：人言語緊急，莫是氣不定否？ 曰：此亦當習。習到言語自然緩時，便是氣質變也。學至氣質變，方是有功。○德盛者言傳，文盛者言亦傳。○凡立言欲涵蓄意思，不使知德者厭，無德者惑。○言愈多，於道未必明，故言以簡爲貴。○言而不行，自欺孰甚焉！ ○言行不足以動人，臨事而倦且怠，皆誠不至也。○行踐其言，而人不信者有矣，未有不踐言而人信之者。○凡諫説於君，論辯於人，理勝則事明，氣忿則招拂。

張子曰：天地之道，要一言而道盡亦可。有終日善言而只在一物者，當識其要，總其大體，一言而乃盡爾。

涑水司馬氏曰：言不可不重也。子不見鍾鼓乎？ 夫鍾鼓叩之，然後鳴鏗訇鏜鞳，人不以爲異也。若不叩自鳴，人孰不謂之妖邪？ 可以言而不言，猶叩之而不鳴也，亦爲廢鍾鼓矣。○言而無益，不若勿言。爲而無益，不若勿爲。余久知之，病未能行也。

五峰胡氏曰：先道而後言，故無不信之言。先義而後行，故無不果之行。○行慎則能堅其志，言慎則能崇其德。

延平李氏曰：古之德人言句皆自胸襟流出，非從頷頰拾來，如人平居談話不慮而發。後之學者，譬如鸚鵡學人語言，所不學者則不能耳。

朱子曰：夫子云「不學《詩》，無以言」，先儒以爲心平氣和則能言。《易·繫辭》曰「易其心然後語」，謂平易其心而後語也。明道先生曰：「凡爲人言者，理勝則事明，氣忿則招拂。」告子云「不得於言，勿求於心」，孟子以爲不可。孟子之意，以言有不順，理不自得處，即是心有不順，理不自得處。故不得於言，須求之於心，就心上理會也。心氣和，則言順理矣，然亦須就言上做工夫始得。伊川曰「發禁躁妄，內斯靜專」是也。內外表裏照管，無少空闕，始得相應。

臨川吴氏曰：言，心聲也。故知言者，觀言以知其心。世亦有巧僞之言，險也而言易，躁也而言澹，貪戀也而言閑適，意其言之可以欺人也。然人觀其易澹閑適之言，而洞照其險躁貪戀之心，則人不可欺也，而言豈可僞哉？

致　知

程子曰：致知則有知，有知則能擇。○知者，吾之所固有，然不致則不能得之，而致之必有道，故曰致知在格物。○問：人之學非原有差，❶只爲不知之，故遂流於不同。不知如何持守？曰：且未説到持守，持守甚事，須先在致知。致知，盡知也，窮理格物便是致知。○問：今有志於學而知識蒙蔽，力不能勝其任，則如之何？曰：致知則明，明則無不勝其任者，在勉强而已。○問：學者多流於釋氏之説，何也？曰：不致知也。知之既至，孰得而移之？知玉之爲寶，則人不能以石亂之矣。知醴之爲甘，則人不能以蘗亂之矣。知聖人之爲大中至正，則釋氏不能以説惑之矣。○無物無理，惟格物可以盡理。○人要明理，若止一物上明之，亦未濟事。須是集衆理，然後脱然自有悟處。○閲天下之事至於無可疑，亦足樂矣。○凡人於事有少自

❶「原」，原作「願」，今據重修本改。

快，則其喜懌之意猶浹洽於心，而發見於外。至於窮理切切焉，而不得其所可悦者，則亦何以養心也？○多識於鳥獸草木之名，所以明理也。○至顯者莫如事，至微者莫如理，而事理一致，微顯一源。古之君子所以善學者，以其能通於此而已。○世之人務窮天地萬物之理，不知反之一身五臟六腑、毛髮筋骨之所存，鮮或知之。善學者取諸身而已，自一身以觀天地。○問：格物是外物，是性分中物。曰：不拘。凡眼前無非是物，物物皆有理。如火之所以熱，水之所以寒，至於君臣父子間皆是理。又問：只窮一物，見此一物，便還見得諸理否？曰：須是徧求，雖顏子亦只能聞一知十。若到後來達理了，雖億萬亦可通。○造道深處，雖聞常人語言淺近事，莫非義理。

張子曰：知德斯知言，己嘗自知其德，然後能識言也。人雖言之，己未嘗知其德，豈識其言？須知己知是德，然後能識是言。猶曰知孝之德，則知孝之言也。○窮理亦當有漸，見物多，窮理多，如此可盡物之性。

上蔡謝氏曰：聞見之知，非真知也。知水火自然不蹈，真知故也。真知，自然行之不難。不真知而行，未免有意，意有盡時。○學者須是且窮理，物物皆有理。窮理則能知天之所爲，知天之所爲，則與天爲一。與天爲一，無往而非理也。窮理則是尋箇是處。○問：天下多少事，如何見得是處？曰：窮理便見得。事不勝窮，理則一也。○所謂有知識，須是窮物理。只如黄金，天下至寶，先須辨認得他體性始得。不然，被人將鍮石來唤作黄金，辨認不過，便生疑惑，便執不定。故經曰：「物格而後知至，知至而後意誠。」

龜山楊氏曰：學者以致知格物爲先。知之未至，雖欲擇善而固執之，未必當於道也。夫鼎鑊陷阱之不可蹈，人皆知之也。世之人未有蹈鼎鑊陷阱者，以其知之審故也。致身下流，天下之惡皆歸焉，固無異於鼎鑊陷阱也，而士或蹈之而莫之避，以其未嘗真知故也。使其真知爲不善，如蹈鼎鑊陷阱，則人孰有爲不善耶？若夫物格而知至，則目無全牛，游刃自有餘地矣。

致堂胡氏曰：君子之知貴乎至。知之至者，如知水之濕，知火之熱，知美色之可愛，知惡臭之可惡，雖不幸瞽而瞶，此知不可亂也。知之不至者，猶士而言學，言善，言道，言中，言誠，言性，言仁，言恕，言鬼神，得其形影之似而已。斷學以記誦，斷善以柔弱，斷道以玄妙，斷中以隨俗，斷誠以椎朴，斷性以静，斷仁以愛，斷恕以寬宥，斷鬼神以幽冥，是皆形影之似，而非其至也。窮理不至，則在我者有蔽而不盡。在我者有蔽而不盡，在人者安能洞達而無惑乎？

朱子曰：爲學先要知得分曉。○致知格物只是一事，非是今日格物，明日又致知。格物以理言，致知以心言。○致知工夫，亦既且據所已知者玩索推廣將去，具於心者本自無不足也。○問：致知涵養先後。曰：須先致知而後涵養。問：伊川言未有致知而不在敬，如何？曰：此是大綱説。要窮理，須是著意；不著意，如何會理會得分曉？○學聚問辯，明善擇善，盡心知性，此皆是知，皆始學之功也。人爲學須是要知箇是處。千定萬定，知得這箇徹底是，那箇徹底不是，方是見得徹，見得是，則這心裏方有所主。且如人學射，若志在紅心上，少間有時只射得那帖上。志在帖上，少間有時只射得那垛上。志在垛上，少間都射在别處去了。○只争箇知與不知，争箇知得切與不切。且如人要做好事，到得見不好事，也似乎可做；方要做好事，又似乎有箇做不好事底心從後面牽轉去，這只是知不切。○學者須常存此心，漸將義理只管去灌溉。若卒乍未有進，即且把見成在底道理將去看認，認來認去，更莫放着，便只是自家底。緣這道理不是外來物事，只是自家本來合有底，只是常常要點檢。○聖賢教人雖以恭敬持守爲先，而於其中又必使之即事即物，考古驗今，體會推尋，内外參合。蓋必如此，然後見得此心之真，此理之正，而於世間萬事一切言語，無不洞然了其黑白。《大學》所謂知至意誠，孟子所謂知言養氣，正謂此也。○問：窮理莫如隨事致察，以求其當然之則。曰：是如此。問：人固有非意於爲過，而終陷於過者，此則不知之失。然當不知之時，正私意物欲方蔽固，切恐雖欲致察而不得其真。曰：却恁地兩相擔閣不得，須是察。問：程子所謂「涵養須用敬，進學則在致知」，不可除一句。曰：如此方始是。又曰：知與敬，是先立底根脚。○問：窮理集義孰先？曰：窮理爲先，然亦不是截然有先後。曰：窮是窮在物之理，集是集處物之義否？曰：是。○萬事皆在窮理後。經不正，理不明，看如何地持守，也只是空。○痛理會一番，如血戰相似，然後涵養將去。因自云：某如今雖便静坐，道理自見得，未能識得，涵養箇甚？○問：或有只教人踐履者。曰：義理不明，如何踐履？曰：他説行得便見得。曰：如人行路，不見便如何行？今人多教人踐履，皆是自立標致去教人，自有一般資質好底人，便不須窮理格物致知。聖人作箇《大學》，便使人齊入於聖賢之域。若講得道理明時，自是事親不得不孝，事兄不得不弟，交朋友不得不信。○心包萬理，萬理具于一心。不能存得心，不能窮得理；不能窮得理，不能盡得心。○窮理以虛心靜慮爲本。而今看道理不見，不是不知，只是爲物塞了。而今粗法，須是打疊了胸中許多惡雜方可。張子云：「義理有疑，則濯去舊見，以來新意。」人多是被那箇舊見戀不肯舍，除是大故聰明見得，不是便翻了。○理不是在面前别爲一物，即在吾心。人須是體察得此物誠實在我，方可。譬如脩養家所謂鉛汞龍虎，皆是我身内之物，非在外也。○問：窮事物之理，還當窮究箇總會處，如何？曰：不消説總會。凡是眼前底都是事物，只管恁地逐段窮教到極至處，漸漸多自貫通。然爲之總會者，心也。○今之學者，自是不知爲學之要。只要窮得這道理，便是天理，雖聖人不作，這天理自在天地間。天高地下，萬物散殊，流而不息，合同而化，天地間只是這箇道理流行周徧。不應説道聖人不言，這道理便不在，這道理自是常在天地間，只借聖人來説一遍過。且如《易》，只是一箇陰陽之理而已。伏羲始畫，只是畫此理，文王、孔子皆是發明此理，吉凶悔吝亦是從此推出。孔子言之則曰：「君子居其室，出其言善，則千里之外應之；出其言不善，則千里之外違之。言行，君子之樞機。樞機之發，榮辱之至也。言行，君子之所以動天地也，可不慎乎！」聖人只要人如此。且如《書》載堯舜禹許多事業，與夫都俞吁咈之言，無非是至理。○這道理若見得到，只是合當如此。如穿牛鼻，絡馬首，這也是天理合當如此。若絡牛首，穿馬鼻，定是不得。如説克己，伊川只説箇敬。今人也知道敬，只是不常如此。常常如此，少間自見得是非道理分明。若心下有些子不安穩，便不做。到得更有一項心下習熟底事，却自以爲安；外來卒未相入底，却有不安。這便着將前聖所説道理做樣子看，教心下是非分明。○心熟後，自然有見理處，熟則心精微。不見理，只緣是心粗。○學者理會道理，當深沉潛思，不可去名上理會，須求其所以然。○義理儘無窮，前人恁地説亦未必盡。須是自把來横看豎看，儘入深，儘有在。○道理既知縫罅，但當窮而又窮，不可安於小成而遽止也。○大凡義理積得多後，貫通了，自然見效。不是今日理會得一件，便要做一件用。譬如富人積財積得多了，自無不如意。又如人學作文，亦須廣看多後，自然成文可觀。不是讀得這一件，却將來排揍做。韓昌黎論爲文，便也要讀書涵味多後，自然好。柳子厚云「本之於六經之意」，便是要將這一件做那一件，便不及韓。○大着心胸，不可因一説相礙，看教平闊，四方八面都見。○理會道理到紛然處，却好定着精神看一看。○看道理須是見得實，方是有功効處。若於上面添些玄妙奇特，便是見他實理未透。今之學者不曾親切見得，而臆度揣摸爲説，皆助長之病也。○看道理止平看，意思自見，不須先立説。○看義理難，又要寬着心，又要緊着心。這心不寬，則不足以見其規模之大，不緊則不足以察其文理一作義。之細密。若拘滯於文義，少間又不見他大規模處。○以聖賢之意觀聖賢之書，以天下之理觀天下之事。人多以私見自去求理，只是你自家所見，去聖賢之心尚遠在。〇自家既有此身，必有主宰。理會得主宰，然後隨自家力量窮理格物，而合做底事不可放過些子。因引程子言「如行兵，當先做活計」。〇思索譬如穿井，不解便得清水，先亦須是濁，漸漸刮將去，却自會清。〇只是見不透，所以千言萬語，費盡心力，終不得聖人之意。《大學》説格物，都只是要人見得透。且如楊氏爲我，墨氏兼愛，他欲以此教人，他豈知道是不是，只是見不透。此學所以貴窮理也。〇務反求者以博觀爲外馳，務博觀者以内省爲狹隘。墮於一偏，此皆學者之大病也。〇窮理者欲知事物之所以然，與其所當然者而已。知其所以然，故志不惑；知其所當然，故行不謬。非謂取彼之理而歸諸此也。程子所謂「物我一理，纔明彼，即曉此」。〇須是事事從心上理會起，舉止動步，事事有箇道理。一豪不然，便是欠闕了他道理。固是天下事無不當理會，只是有先後緩急之序。須先立其本，方以次推及其餘。〇世上萬般皆下品，若見得這道理高，見世間萬般皆低。故這一段緊要處，只在先明諸心上。蓋先明諸心了，方知得聖之可學有下手處，方就這裏做工夫。若不就此，如何地做？〇明諸心知所往，窮理之事也。力行求至，踐履之事也。窮理非是要專明在外之理。如何而爲孝弟，如何而爲忠信，推此類通之，求處至當，即窮理之事也。〇問：所謂窮理不知是反己求之於心，惟復逐物而求於物？曰：不是如此。事事物物皆有箇道理，窮得十分盡，方是格物。不是此心，如何去窮理？不成物自有箇道理，心又有箇道理。枯槁其心，全與物不接，却使此理自見，萬無是事。不用自家心，如何别向物上求一般道理？不知物上道理，誰去窮得？○窮理就事物上看，窮得這箇道理到底了，又却窮那箇道理。如此積之以久，窮理益多，自然貫通。窮理須是窮得到底，方始是。問：莫致知在格物否？曰：固是。《大學》論治國平天下許多事，却歸在格物上。凡事事物物各有一箇道理，若能窮得道理，則施之事物，莫不各當其位。如人君止於仁，人臣止於敬之類，各有一至極道理。又曰：凡萬物莫不各有一道理。若窮理，則萬物之理皆不出此。問：此是萬物皆備於我？曰：極是。○未嘗隨事以觀理，故天下之理多所未察。未嘗即理以應事，故天下之事多所未明。○無事時此理存，有事時此理亡。無他，只是把事作等閑，須是於事上窮理方可。理於事本無二，今見事來，别把做一般看，自然錯了。○凡看道理，須要求箇根源來處。如爲人父，如何便止於慈；爲人子，如何便止於孝；爲人君，爲人臣，如何便止於仁，止於敬。如論孝須窮箇孝根源來處，慈須窮箇慈根源來處，仁敬亦然。凡道理皆從根源來處窮究，方見得確定，不可只道我操守踐履便了。○又曰：道理要見得真，須是表裏首末極其透徹，無有不盡。真見得是如此，決然不可移易，始得。不可只窺見一斑半點，便以爲是。如爲人父，須真知是決然止於慈，而不可易。爲人子，須真知是決然止於孝，而不可易。善須真見得是善，方始決然必做。惡須真見得是惡，方始決然必不做。如看不好底文字，固是不好，須自家真見得是不好。好底文字固是好，須自家真見得是好。

聖賢言語，須是真看得十分透徹，如從他肚裏穿過，一字或輕或重，移易不得，始是。看理徹，則我與理一。然一下未能徹，須是浹洽始得。這道理甚活，其體渾然而其中粲然。上下數千年，真是昭昭在天地間。前聖後聖相傳，所以斷然而不疑。夫子之所教者，教乎此也。顔子之所樂者，樂乎此也。圓轉處儘圓轉，直截處儘直截。先知所以覺後知，先覺所以覺後覺。問：顔子之樂，只是天地間至富至貴底道理樂去，樂可求之否？曰：非也。此一下未可便知，須是窮究萬理，要令極徹。程子謂：「將這身來放在萬物中一例看，大小大快活。」又謂：「人於天地間，須是直窮到底，至纖至悉，十分透徹，無所不盡，則與萬物爲一，無所窒礙，胸中泰然，豈有不樂？」○看道理若只恁地說過一遍，則都不濟事，須是常常把來思量始得。看過了後，無時無候，又把起來思量一遍。十分思量不透，又且放下，待意思好時，又把起來看。恁地將久，自然解透徹。延平先生嘗言：「道理須是日中理會，夜裏却去静處坐地思量，方始有得。」某依此說去做，真箇是不同。○這道理須是見得是如此了，驗之於物又如此，驗之吾身又如此，以至見天下道理皆端的如此了，方得。如某所見所言，又非自會說出來，亦是當初聖賢與二程所說推之，而又驗之於己，見得真實如此。○窮理亦無他法，只日間讀書應事處，每事理會便是。雖若無大頭段增益，然亦只是積累久後，不覺自浹洽貫通，正欲速不得也。○《答王欽之書》曰：所謂窮理不必泥古人言句，固是也。然亦豈可盡捨古人言句哉？程夫子曰：「窮理亦多端，或讀書，講明道理；或論古今人物，別其是非；或應事接物，求其當否，皆窮理也。」夫講道明理，別是非，而察之於應接事物之際，以克去己私，求乎天理，循循而進，無迫切陵節之弊，則亦何患夫與古人背馳也。若欲盡舍古人言句，道理之不明，是非之不別，泛然無所決擇。雖欲惟出處語默之察，譬之適越者不知東西南北之殊，而僕僕然奔走於途，其不北入燕，則東入齊、西入秦耳。○道理無形影，唯因事物言語乃可見得是非。理會極子細，即道理極精微。古人所謂物格知至者，不過是就此下工夫。近日學者説得太高了，意思都不確實，不曾見理會得一書一事徹頭徹尾。東邊綽得幾句，西邊綽得幾句，都不曾貫穿浹洽，此是大病。有志之士，尤不可以不深戒也。○問：以類而推之説。曰：是從己理會得處推將去，如此便不隔越。若遠去尋討，則不切於己。○問：程子言覺悟便是信，如何？曰：未覺悟時，不能無疑，便半信半不信。已覺悟了，別無所疑，即是信。○聖賢所謂博學，無所不學也。自吾身所謂大經大本，以至天下之事事物物，甚而一字半字之義，莫不在所當窮而未始有不消理會者。雖曰不能盡究，然亦只得隨吾聰明力量理會將去，久久須有所至，豈不勝全不理會者乎？若截然不理會者，雖物過乎前，不識其名，彼亦不管，豈窮理之學哉？

象山陸氏曰：凡人之病，患不能知。若真知之，病自去矣，亦不待費力驅除。真知之，却知説得勿忘兩字。所以要講論者，乃是辨明其未知處耳。

勉齋黃氏曰：致知乃入道之方，而致知非易事。要須默認實體，方見端的。不然，則只是講説文字，終日譊譊，而真實體段元不曾識。故其説易差，而其見不實，動静表裏有未能合一，則雖曰爲善，而卒不免於自欺也。

問：伊川謂「致知在所養，養知莫過於寡慾二字」。往往寡慾，則知無不盡，如何？潛室陳氏曰：程子以持敬爲入德之門。蓋欲格物致知，須是心常存在方可。所以有寡慾之説，恐引出心向外去也。○問：伊川言「窮理非必盡窮天下之理」，又謂「非窮得一理便到」，又云「格物者，非必謂欲盡格天下之物。但於一物上窮得盡，其他可以類推」。如何？曰：只格一物，便是致知，雖曾、顔不敢如此道。晦翁云：「日格一物，積久自有豁然貫通處。」此道儘着玩索。日格一物，豈是只格一物？積久貫通，到此境界即明睿洞照，不待物物盡窮矣。

問：窮理至於天下之物，必有所以然之故，與其所當然之則，所謂理也。魯齋許氏曰：博學審問，慎思明辨，此解説箇窮字。其所以然與其所當然，此説箇理字。所以然者是本原也，所當然者是末流也。所以然者是命也，所當然者是義也。每一事每一物，須有所以然與所當然。

臨川吴氏曰：夫見聞者，所以致其知也。夫子曰：「多聞闕疑，多見闕殆。」又曰：「多聞，擇其善者而從之，多見而識之。」蓋聞見雖得於外，而所聞所見之理則具於心。故外之物格，則内之知至。此儒者内外合一之學，故非如記誦之徒博覽於外而無得於内，亦非如釋氏之徒專求於内而無事於外也。

性理大全書卷之四十八

性理大全書卷之四十九

學　七

力　行克己　改過　雜論處心立事附

程子曰：居之以正，行之以和。○言而不行，是欺也。君子欺乎哉？不欺也。○知過而能改，聞善而能用，克己以從義，其剛明者乎？

上蔡謝氏曰：人須識其真心，見孺子將入井時，是真心也。非思而得也，非勉而中也。予嘗學射到一把處難去，半把處尤難去，則恁地放了底多。昔有一人學射，摸得鏃與把齊，然後放。學者纔有些所得便住，人多易住。唯顏子善學，故孔子有見其進、未見其止之歎。須是百尺竿頭更進，始得。

和靖尹氏曰：學貴力行，不貴空言。

東平馬氏曰：吾志在行道，使吾以富貴爲心，則爲富貴所累；使吾以妻子爲念，則爲妻子所累，是道不可行也。

朱子曰：善在那裏，自家却去行他。行之久，則與自家爲一。爲一，則得之在我。未能行，善自善，我自我。○凡日用之間，動止語默，皆是行處。且須於行處警省，須是戰戰兢兢方可。若悠悠泛泛地過，則又不可。○若不用躬行，只是説得便了，則七十子之從孔子，只用兩日説便盡，何用許多年隨著孔子不去。不然，則孔門諸子皆是獃無能底人矣，恐不然也。古人只是日夜皇皇汲汲去理會這箇身心，到得做事業時，只隨自家分量以應之。如由之果，賜之達，冉求之藝，只此便可以從政，不用他求。若是大底功業，便用大聖賢做；小底功業，便用小底賢人做。各隨他分量做出來，如何强得？○人於道理不能行，只是在我之道理有未盡耳。不當咎其不可行，當反而求盡其道。○爲學就其偏處著工夫亦是。其平正道理自在，若一向矯枉過直，又成偏去。如人偏於柔自可見，只就這裏用工，須存平正底道理。雖要致知，然不可恃。《書》曰：「知之非艱，行之惟艱。」工夫全在行上。○嘗誨學者曰：某此間講説時少，踐履時多。事事都用人自去理會，自去體察，自去涵養。書用自去讀，道理用自去究索。某只是做得箇引路底人，做得箇證明底人，有疑難處同商量而已。○人所以易得流轉立不定者，只是脚跟不點地。點，平聲。○問學如登塔，逐一層登將去，上面一層，雖不問人，亦自見得。若不去實踏過，却懸空妄想，便和最下底層不曾理會得。○學問亦無箇一超直入之理，直是銖積寸累做將去。某是如此喫辛苦，從漸做來。若要得知，亦須是喫辛苦了做，不是可以坐談僥倖而得。○問：向因子夏大德小德之説，遂只知於事之大者致察，而於小者苟且放過。德之不脩，實此爲病。張子云：「纖惡必除，善斯成性矣。察惡未盡，雖善必粗矣。」學者須是豪髮不得放過，德乃可進。曰：若能如此，善莫大焉。以小惡爲無傷，是誠不可。○而今只理會下手做工夫處，❶莫問他氣稟與習，只是是底便做，不是底莫

❶「下手」，四庫本作「得于」。

做。一直做將去，任你氣稟物欲，我只是不恁地。如此則雖愚必明，雖柔必强，氣習不期變而變矣。○人之一身，應事接物，無非義理之所在。人雖不能盡知，然要在力行其所已知，而勉求其所未至。則自近及遠，由粗至精，循循有序而日有可見之功矣。○問：力行如何説是淺近語？曰：不明道理，只是硬行。又問：何以爲淺近？曰：他只是見聖賢所爲，心下愛，硬依他行。這是私意，不是當行。若見得道理時，皆是當恁地行。○學者實下工夫，須是日日爲之，就事親從兄、接物處事理會，取其有未能，益加勉行。如此之久，則日化而不自知，遂只如常事做將去。○務實一事，觀今日學者不能進步，病痛全在此處。但就實做工夫，自然有得，未須遽責效驗也。

東萊吕氏曰：賢士大夫，蓋有學甚正，識甚明，而其道終不能孚格遠近者，只爲實地欠工夫耳。

南軒張氏曰：學貴力行。然所謂力行者，煞有事。聖門教人，循循有序，始終條理，一毫潦草不得，❶工夫蓋無窮也。○學者若能務實，便有所得。或問務實之説。曰：於踐履中求之。仁之實，事親是也；義之實，從兄是也。日用常行之際，無非實用。

象山陸氏曰：聖人教人，只是就人日用處開端。如孟子言「徐行後長者可爲堯舜」，不成在長者後行，便是堯舜。怎生做得堯舜樣事，須是就上面著工夫。

程子曰：難勝莫如己私，學者能克之，非大勇乎？以下論克己。○多驚多怒多憂，

❶「潦」，原作「老」，今據重修本改。

只去一事所偏處自克。克得一件，其餘自正。○目畏尖物，此事不得放過，便與克下。室中率置尖物，須以理勝他，尖必不刺人也，何畏之有？

張子曰：凡所當爲，一事意得過，以爲且休，則百事廢，其病常在。謂之病者，爲其不虚心也。病根不去，隨所居所接而長。人須一事事消了病，則常勝，故要克己。克己，下學也。下學上達交相養，蓋不行，則成何德行哉！○人當平物我，合内外，如是以身鑑物便偏見；以天理中鑑，則人與己皆見。猶持鏡在此，但可鑑彼，於己莫能見也。以鏡居中則盡照，只爲天理常在，身與物均見，則自不私，己亦是一物。人常脱去己身則自明，然身與心常相隨，不奈何有此身假以接物，則舉措須要是。今見人意、我、固、必以爲當絶，於己乃不能絶，即是私己。是以大人正己而物正，須待自己者皆是著見，於人物自然而正。以誠而明者，既實而行之明也，明則民斯信矣。己未正而正人，便是有意、我、固、必。鑑己與物皆見，則自然心洪而公平。意、我、固、必，只爲有身便有此。

上蔡謝氏曰：某與伊川别一年，往見之，伊川曰：「别又一年，做得甚工夫？」曰：「也只是去箇矜字。」曰：「何故？」曰：「子細點檢得來，病痛盡在這裏。若按伏得這箇罪過，方有向進處。」伊川點頭，因語在坐同志者曰：「此人爲學，切問近思者也。」或問：矜字罪過，何故恁地大？曰：今人做事，只管要誇燿别人耳目，渾不關自家受用事。有底人食前方丈，便向人前喫；只蔬食菜羹，却去房裏喫。爲甚恁地？

和靖尹氏曰：克己唯在克其所好，便是下手處。然人未有不自知所好處，而能克之者。若不自知，却克箇甚？如好財即於財上克，好酒即於酒上克。今人只爲事事皆好，便没下手處，然須擇其偏好甚處先克。

五峰胡氏曰：自反則裕，責人則蔽，君子不臨事而恕己，然後有自反之功。自反者，脩身之本也，本得則用無不利。

朱子曰：克己亦別無巧法。譬如孤軍猝遇彊敵，只得盡力舍死向前而已，尚何問哉？○克己固學者之急務，亦須見得一切道理了了分明，方見日用之間，一言一動，何者是正，何者是邪，便於此處立定脚跟。凡是己私，不是天理者，便克將去。○問：明道曰「目畏尖物」，某未曉其說。曰：人有目畏尖物者，明道先生教以室中率置尖物，便見之熟，而知尖之不刺人也，則知畏者妄而不復畏矣。○問：前輩説治懼，室中率置尖物。曰：那箇本不能害人，心下要恁地懼。且習教，不如此妄怕。問：習在危堦上行底，亦此意否？曰：那箇却分明是危，只教習教不怕著。問：習得不怕，少間到危疑之際，心亦不動否？曰：是如此。○問：克己功夫要當自日月至焉，推而上之，至終食之間，以至造次，以至顛沛，一節密一節去，庶幾持養純熟，而三月不違，可學而至。不學則已，欲學聖人，則純亦不已。如此做功夫可否？曰：下學之功，誠當如此。其資質之高明者，自應不在此限，但我未之見耳。○問：某欲克己而患未能。曰：此更無商量。人患不知耳，既已知之，便合下手做，更有甚商量。爲仁由己，而由人乎哉？○問：每常遇事時也分明，知得理之是非，這是天理，那是人欲。然到做處，又却爲人欲引去，及至做了又却悔。此是如何？曰：此便是無克己工夫，這樣處極要與他掃除打疊。如一條大路，又有一條小路，自家也知得合行大路，然被小路有箇物事引著，不知不覺走從小路去。及至前面荆棘蕪穢，又却生悔，此便是天理人欲交戰之機。須是遇事時便與克下，❶不得苟且放過。明理以先之，勇猛以行之。若是上智聖人底資質，他不用著力，自然循天理而行，不流於人欲。若賢人之資，次於聖人者，到得遇事時固不會錯，只是先也用分別，教是而後行之。若是中人之資，須大段著力，無一時一刻不照管克治始得。曾子曰：「仁以爲己任，不亦重乎？死而後已，不亦遠乎？」須是如此做工夫。其言曰：「戰戰兢兢，如臨深淵，如履薄冰，而今而後，吾知免夫。小子！」直是恁地用功方得。○問：張子云：❷「以心克己即是復性，復性便是行仁義。」竊謂克己便是克去私心，却云以心克己，莫剩却「以心」兩字否？曰：克己便是此心克之。公但看「爲仁由己，而由人乎哉」，非心而何？「言忠信，行篤敬，立則見其參於前，在輿則見其倚於衡。」這不是心是甚麽？凡此等皆心所爲，但不必更著心字，所以夫子不言心，但只説在這裏教人做。又問：復性便是行仁義，復是方復得此性，如何便説行得？曰：既復得此性，便恁地行。纔去得不仁不義，則所行便是仁義。那得一箇在不仁

❶「與」，四庫本作「慾」。

❷「張子」，原作「子張」，今據明成化本《朱子語類》卷一百改。

不義與仁義之中底物事。不是人欲，便是天理；不是天理，便是人欲。所以謂欲知舜與跖之分者，無他，利與善之間也。所隔甚不多，但聖賢把得這界定爾。

南軒張氏曰：克己之偏之難，當用大壯之力，然而力貴於壯，而工夫貴於密。若工夫不密，雖勝於暫而終不能持於久，而銷其端。觀諸顏子沈潛積習之功爲如何哉？有不善未嘗不知，知之未嘗復行，非工夫篤至久且熟也，其能若是乎？

魯齋許氏曰：責得人深者必自恕，責得己深者必薄責於人，蓋亦不暇責人也。自責以至於聖賢地面，何暇有工夫責人？見人有片善，早去倣學他，蓋不見其人之可責，惟責己也，顏子有之。以衆人望人則皆可，以聖賢望人則無完人矣。子曰：「賜也，賢乎哉！夫我則不暇。」○責己者可以成人之善，責人者適以長己之惡。○喜怒哀樂愛惡欲，一有動於心，則氣便不平。氣既不平，則發言多失。七者之中惟怒爲難治，又偏招患難。須於盛怒時堅忍不動，俟心氣平時，審而應之，庶幾無失。忿氣劇炎火，焚如徒自傷。觸來勿與競，事過心清涼。

程子曰：凡夫之過多矣，能改之者猶無過也。惟格趣汙下之人，其改之爲最難，故其過最甚。以下論改過。○行之失莫甚於惡，則亦改之而已矣。事之失莫甚於亂，則亦治之而已矣。苟非自暴自棄者，孰不可與爲君子？○有過必改，罪己是也。改而已矣，常有歉悔之意，則反爲心害。○罪己責躬不可無，然亦不當長留在心胸爲悔。

涑水司馬氏曰：去惡而從善，捨非而從是，人或知之而不能徙，以爲如制駻馬，如斡磻石之難也。静而思之，在我而已，如轉户樞，何難之有？

朱子曰：知得如此是病，即便不如此是藥，若更問何由得如此，則是騎驢覓驢，只成一場閒説話矣。○《答蔡季通書》曰：所謂一劍兩段者，改過之勇，固當如此。改過貴勇而防患貴怯，二者相須，然後真可以脩慝辨惑，而成徙義崇德之功。自今以往，設使真能一劍兩段，亦不可以此自恃。而平居無事，常存祗畏警懼之心，以防其源，則庶乎其可耳。○問：氣質昏蒙，作事多悔。有當下便悔時，有過後思量得不是方悔時，或經久所爲，因事機觸得悔時。方悔之際，惘然自失，此身若無所容，有時恚恨至於成疾，不知何由可以免此？曰：既知悔時，第二次莫恁地便了，不消得常常地放在心下。那未見能見其過而内自訟底，便是不悔底。今若信意做去，後蕩然不知悔固不得。若既知悔，後次改便了，❶何必常常恁地悔。又曰：悔字難説，既不可常存在胸中以爲悔，又不可不悔。若只説不悔，則今番做錯且休，明番做錯又休，不成説話。問：如何是著中底道理？曰：不得不悔，但不可留滯。既做錯此事，他時更遇此事，或與此事相類，便須懲戒，不可再做錯了。

南軒張氏曰：著是去非，改過遷善，此經語也。非不去，安能著是？過不改，安能遷善？不知其非，安能去非？不知其過，安能改過？自謂知非而不能去非，是不知非也。自謂知過而不能改過，是不知過也。真知非，則無不能去。真知過，則無

❶「改便」，重修本作「便改」。

不能改。人之患在不知其非，不知其過而已。所貴乎學者，在致其知，改其過也。

象山陸氏曰：學者不長進，只是好己勝。出一言，做一事，便道全是，豈有此理？古人惟貴知過則改，見善則遷。今各自執己是，被人點破，便愕然，所以不如古人。

西山真氏曰：過雖聖賢不能無。蓋過者，過誤之謂也。知其爲過而速改，則無過矣。故《論語》曰：「過而不改，是謂過矣。」《左傳》曰：「人誰無過，過而能改，善孰大焉！」❶子貢曰：「君子之過，如日月之食焉，過也人皆見之，更也人皆仰之。」孟子曰：「古之君子，過則改之；今之君子，過則順之。」成湯之聖，猶且改過不吝；顔子之賢，猶曰不貳過。以此可見，雖聖賢必以改過爲貴。若知其爲過，不肯速改，則是文過遂非，而流於惡矣。蓋無心而誤則謂之過，有心而爲則謂之惡。不待別爲不善，方謂之惡；只知過不改是有心，便謂之惡。《易》曰：「風雷益，君子以見善則遷，有過則改。」天下之至迅疾者莫如風雷，故聖人以此爲遷善改過之象，此即過勿憚改之意也。

程子曰：欲當大任，須是篤實。以下雜論處心立事。○有志之士，不以天下萬物撓己。己立矣，則運天下濟萬物，必有餘裕。○厚責於吾所感，薄責於人所應，惟君子能之。○天下之事，苟善處之，雖悔可以成功。不善處之，雖利反以爲害。○人當審己如何，不必恤浮議。志在浮議，則心不在內，不可應卒處事。○大凡利害禍福，亦須致命始

❶「孰」，重修本作「莫」。

得。致之爲言，直如人以力自致之謂也。得之不得，命固已定，君子須知他命方得。不知命無以爲君子，蓋命苟不知，無所不至。故君子於困窮之時，須致命便遂得志。其得禍得福，皆以自致，只要申其志而已。○人之於患難，只有一箇處置，盡人謀之後，却須泰然處之。有人遇一事，則心心念念不肯捨，畢竟何益？若不會處置了放下，便是無義無命也。○人莫不知命之不可遷也。臨患難而能不懼，處貧賤而能不變，視富貴而能不慕者，吾未見其人也。○處患難，知其無可奈何，遂放意而不反，非安於義命者。○當爲國之時，既盡其防慮之道矣，而猶不免，則命也。苟惟致其命，安其然，則危塞險難無足以動其心者，行吾義而已，斯可謂之君子。○儒者只合言人事，不得言有數。直到不得已處，然後歸之於命可也。○或謂：人莫不知和柔寬緩，然臨事則反至於暴厲。曰：只是志不勝氣，氣反動其心也。又曰：事以急而敗者十常七八。○君子不欲才過德，不欲名過實，不欲文過質。才過德者不祥，名過實者有殃，文過質者莫之與長。○有實則有名，名實一物也。若夫好名者，則徇名爲虚矣。如君子疾没世而名不稱，謂無善可稱耳，非徇名也。

張子曰：天下事大患只是畏人非笑。不養車馬，食粗衣惡，居貧賤，皆恐人非笑。不知當生則生，當死即死；今日萬鍾，明日棄之；今日富貴，明日饑餓；亦不卹，惟義所在。○欲事立須是心立，心不敬則怠惰，事無由立。況聖人誠立，故事無不立也。道義之功甚大，又極是尊貴之事。○某平生於公勇，於私怯，於公道有義，真是無所懼。大凡事不惟於法有不得，更有義之不可，尤所當避。

上蔡謝氏曰：懷固蔽自欺之心，長虚驕自大之氣，皆好名之故。

龜山楊氏曰：物有圭角，多刺人眼目，亦易玷缺。故君子處世當渾然天成，則人不厭棄矣。○士不患無名，患實之不至。

和靖尹氏曰：後世人臨事多錯，只爲不知道。若知道了，臨事安得錯？○人有避事欲不爲者。曰：事當爲者，豈可不爲？廢事便是廢人道。莊子猶曰：「匿而不可不爲者，事也。」

五峰胡氏曰：一身之利無謀也，而利天下者則謀之。一時之利無謀也，而利萬世者則謀之。○處己有道，則行艱難險危之中，無所不利。失其道，則有不能堪而忿慾興矣。是以君子貴有德也。

延平李氏曰：受形天地，各有定數。治亂窮通，斷非人力。惟當守吾之正而已。然而愛身明道，修己俟時，則不可一日忘於心，此聖賢傳心之要法。或者放肆自佚，惟責之人，不責之己，非也。

朱子曰：耳目口鼻之在人，尚各有攸司。況人在天地間，自農商工賈等而上之，不知其幾階。其所當盡者，小大雖異，界限截然。本分當爲者，一事有闕，便廢天職。居處恭，執事敬，與人忠，推是心以盡其職者。此固爲不易之論，但必知夫所處之職乃天職之自然，而非出於人爲，則各司其職，以辦其事，不出於勉强不得已之意矣。○有是理，方有這物事。如草木有箇種子，方生出草木。如人有此心去做這事，方始成這事。若無此心，如何會成這事？○世事無緊要底不要做，先去其粗，却去其精，磨去一重，又磨一重，天下事都是如此。且如《中庸》説「戒慎乎其所不睹，恐懼乎其所不聞」，先且就睹處與聞處做了，然後就不睹不聞處用工，方能細密。而今人每每跳過一重做事，睹處與聞處元不曾有工夫，却便去不睹不聞處做，可知是做不成。下梢一齊擔閣，且如屋漏暗室中工夫，如何便做得？須從十目所視，十手所指處做起，方得。○且須立箇粗底根脚，却正好著細處工夫。今人於無義理底言語儘説了，無義理底事儘做了，是於粗底根脚猶未立，却求深微，縱理會得，干己甚事？○人多是要求濟事，而不知自身已不立，事決不能成。人自心若一毫私意未盡，皆足以敗事。如上有一毫差，下便有尋丈差。今若見得十分透徹，待下梢遇事轉移，也只做得五六分。若今便只就第四五著理會，下梢如何？○常先難而後易，不然則難將至矣。如樂毅用兵，始常懼難，乃心謹畏不敢忽易，故戰則雖大國堅城，無不破者。及至勝則自驕膽大而恃兵强，因去攻二城，亦攻不下。○作事若顧利害，其終未有不陷於害也。○古人臨事，所以要回互時是一般。國家大事係死生存亡之際，有不可直情徑行處，便要權其輕重而行之。今則事事用此，一向回互，至於枉尋直尺而利，亦可爲歟？是甚意思。○問：學者講明義理之外，亦須理會時政。凡事要一一講明，使先有一定之説，庶他日臨事不至牆面。曰：學者若得胸中義理明，從此去量度事物，自然泛應曲當。人若有堯舜許多聰明，自做得堯舜許多事業。若要一一理會，則事變無窮，難以逆料，隨機應變，不可預定。今世文人才士開口便説國家利害，把筆便述時政得失，終濟得甚事？只是講明義理，以淑人心，使世間識義理之人多，則何患政治之不舉耶？○某看人也須是剛，雖則是偏，然較之柔不同。《易》以陽剛爲君子，陰柔爲小人。若是柔弱不剛之質，少間都不會振奮，只困倒了。○天下事亦要得危言者，亦要得寬緩者，皆不可少。隨其人所見，看其人議論。如狄梁公辭雖緩，意甚懇切。如中邊皆緩，則不可。翕受敷施，九德咸事，聖人便如此做。○今人大抵皆先自立一箇意見。若其性寬大，便只管一向見得一箇寬大底路。若性嚴毅底人，便只管見得一箇廉介底路，更不平其心看事物自有箇合寬大處，合嚴毅處。○人最不可曉。有人奉身儉嗇之甚，充其操，上食槁壤，下飲黄泉底，却只愛官職。有人奉身清苦而好色，他只緣私欲不能克，臨事只見這箇重，都不見别箇了。或云：似此等人，分數勝已下底。曰：不得如此説。纔有病，便不好，更不可以分數論。他只愛官職，便弑父與君也敢。○古人尊貴，奉之者愈備，則其養德也愈善。後之奉養備者，賊之而已矣。○爲血氣所使者，只是客氣。惟於性理説話涵泳，自然臨事有别處。○須是慈祥和厚爲本。如勇決剛果，雖不可無，然用之有處所。○事至於過當，便是僞。○學常要親細務，莫令心麤。○問：避嫌是否？曰：合避豈可不避？如瓜田不納履，李下不整冠，豈可不避？如君不與同姓同車，與異姓同車不同服，皆是合避處。○問：程子説：「避嫌之事，賢者且不爲，況聖人乎？」若是有一項合委曲而不可以直遂者，這不可以爲避嫌。曰：自是道理合如此。如避嫌者，却是又怕人道如何，這却是私意。如十起與不起，便是私，這便是避嫌。只是他見得這意思，已是大段做工夫，大段會省察了。又如人遺之千里馬，雖不受，後來薦人未嘗忘之，後亦竟不薦。不薦自是好，然於心終不忘，便是喫他取奉意思不過，這便是私意。又如如今立朝，明知這箇是好人，當薦舉之，却緣平日與自家有恩意往來，遂避嫌不舉他。又如有某人平日與自家有怨，到得當官，彼却有事當治，却怕人說道因前怨治他，遂休了。如此等皆蹉過多了。○問：人心不可狹小，其待人接物，胸中不可先分厚薄，有所別異否？曰：惟君子爲能通天下之志，放令規模寬闊，使人人各得盡其情，多少快活。問：待人接物，隨其情之厚薄輕重而爲酬酢邪？一切不問而待之以厚邪？曰：知所以處心持己之道，則所以接人待物自有準則。

○事有不當耐者，豈可全學耐事？學耐事，其弊至於苟賤不廉。○學者須要有廉隅牆壁，便可擔負得大事去。如子路世間病痛都没了，親於其身爲不善，直是不入，此大者立也。○恥有當忍者，有不當忍者。○人須有廉恥。孟子曰：「恥之於人大矣。」恥便是羞惡之心，人有恥，則能有所不爲。今有一樣人不能安貧，其氣銷屈以至立脚不住，不知廉恥，亦何所不至？因舉吕舍人詩云：「逢人即有求，所以百事非。」如《論語》必先說：「富與貴是人之所欲也，不以其道得之，不處也。貧與賤是人之所惡也，不以其道得之，不去也。」然後說：「君子去仁，惡乎成名？」必先教取舍之際界限分明，然後可做工夫。不然，則立脚不定，安能有進？又云：學者不於富貴貧賤上立定，則是入門便差了也。人之所以戚戚於貧賤，汲汲於富貴，只緣不見這箇道理。若見得這箇道理，貧賤不能損得，富貴不曾添得，只要知這道理。○學者當常以志士不忘在溝壑爲念，則道義重而計較死生之心輕矣。況衣食至微末事，不得未必死，亦何用犯義犯分，役心役志，營營以求之邪？某觀今人因不能咬菜根，而至於違其本心者衆矣，可不戒哉！○困厄有輕重，力量有小大。若能一日十二辰點檢自己念慮動作都是合宜，仰不愧，俯不怍，如此而不幸填溝壑，喪軀殞命，有不暇恤，只得成就一箇是處。如此則方寸之間全是天理，雖遇大困厄，有致命遂志而已。亦不知有人之是非向背，惟其是而已。○問：死生是大關節處，須是日用間雖小事亦不放過。一一如此用工夫，當死之時，方打得透。曰：然。○以利害禍福言之，此是至粗底，此處人都信不及，便講學得待如何，亦没安頓處。今人開口亦解説「一飲一啄自有定分」，及遇小小利害，便生趨避計較之心。古人刀鋸在前，鼎鑊在後，視之如無物者，蓋緣只見得這道理，不見那刀鋸鼎鑊。○身勞而心安者爲之，利少而義多者爲之。○惟君子，然後知義理之所必當爲，與義理之必可恃。利害得失既無所入於其心，而其學又足以應事物之變，是以氣勇謀明，無所懾憚，不幸蹉跌，死生以之。小人之心，一切反是。○人有此身，便有所以爲人之理與生俱生，乃天之所付，而非人力所能爲也。所以凡爲人者，只合講明此理而謹守之，不可昏棄。若乃身外之事，榮悴休戚，即當一切聽天所爲而無容心焉。○問：事有最難底奈何？曰：亦有數等，或是外面阻遏做不得，或是裏面紛亂處不去。

亦有一種紛拏時，及纖毫委曲微細處難處，全只在人自去理會。大概只是要見得道理分明，逐事上自有一箇道理。《易》曰：「探賾索隱。」賾處不是奧，是紛亂時；隱是隱奧也，全在探索上。紛亂是他自紛亂，我若有一定之見，安能紛亂得我？○問：事來斷制不下，當何以處之？曰：也只得隨力量做去。又問：事有至理，理有至當，十分處今已看得七八分，待窮來窮去，熟後自解到那分數足處。曰：雖未能從容，只是熟後便自會，只是熟，只是熟。○問：貧者舉事有費財之浩瀚者，不能不計度繁約而爲之裁處，此與正義不謀利意相妨否？竊恐謀利者是作這一事，更不看道理合當如何，只論利便於己與不利便於己，得利便則爲之，不得則不爲。若貧而費財者只是目下恐口足不相應，因斟酌裁處而歸之中，其意自不同否？曰：當爲而力不及者量宜處，乃是義也。力可爲而計費吝惜，則是謀利而非義矣。○問：欲窮理而事物紛紜，未能有灑落處。近惟見得富貴果不可求，貧賤果不可逃耳。曰：此是就命上理會，須更就義上看當求與不當求，當避與不當避。更看自家分上所以求之避之之心是欲如何，且其得喪榮辱，與自家義理之得失利害，孰爲輕重，則當有以處此矣。○大抵事只有一箇是非，是非既定，却揀一箇是處行將去。必欲回互得人人道好，豈有此理？然事之是非，久却自定，時下須是在我者無慊，仰不愧，俯不怍，別人道好道惡管他。○讀書則實究其理，行己則實踐其迹，念念鄉前，不輕自恕，則在我者雖甚孤高，然與他人元無干預，亦何必私憂過計，而陷於同流合汙之地乎？

南軒張氏曰：義之所在，君子蹈之，如飢之必食，渴之必飲，不可改也。若一毫私意亂之，則顧藉牽滯，而卒失其正矣。〇論伊川説子貢貨殖，便生計較，纔計較便是不受命，只計較便不是。因言人逐日自思量如何是計較處，纔有計較作爲便不是。若都不計較，則是無所爲。如何應事接物，要得不計較，又要得應事接物，於此可以涵泳本心。

東萊吕氏曰：大凡人資質各有利鈍，規模各有大小，此難以一律齊。要須常不失故家氣味，所向者正，凡聖賢前輩學問操履，我力雖未能爲，而心向慕之，是謂所向者正。若隨俗輕笑，以爲世法不須如此，不當如此，則所向者不正矣。所存者實。如己雖未免有過，而不敢文飾遮藏，又如處親戚朋友間，不敢不用情之類。信其所當信，謂以聖賢語言、前輩教戒爲必可信，而以世俗苟且、便私之論爲不可信。恥其所當恥。謂以學問操履不如前輩爲恥，而不以官職不如人，服飾資用不如人，巧詐小數不如人爲恥。持身謙遜而不敢虚驕，遇事審細而不敢容易。如此，則雖所到或遠或近，要是君子路上人也。

西山真氏曰：一事有一事之理，人能安定其心，順其理以應之，則事既得所，心亦不勞苦。擾擾焉以私心處之，則事必不得其當，而其心亦無須臾之寧。人徒知爲事之累心，不知乃心之累事也。

魯齋許氏曰：天地間當大著心，不可拘於氣質，局於一己貧賤憂戚，不可過爲隕穫。貴爲公相不可驕，當知有天地國家以來多少聖賢在此位。賤爲匹夫不必恥，當知古昔志士仁人多少屈伏、甘於貧賤者。無入而不自得也，何忻戚之有？〇凡事物之際有兩件，有由自己的，有不由自己的。

由自己的有義在，不由自己的有命在，歸於義命而已。○世人懷智挾詐而欲事之善，豈有此理？必盡去人僞，忠厚純一，然後可善其事。至於死生福禍，則一歸之天命而已。人謀孔臧，亦可以保天命。人能攝生，亦可以保神氣。自暴自棄而有凶禍，皆自取之也。○巧言令色，人欲勝，天理滅矣。人但當脩心自理，不問與他人合與不合。果能自脩，天下人皆能合。若只以巧言令色求合，則其所合者可知矣。○汲汲焉毋欲速也，循循焉毋敢惰也。非止學問如此，日用事爲之間，皆當如此，乃能有成。○禍福榮辱，死生貴賤，如寒暑晝夜相代之理，若以私意小智妄爲迎避，大不可也。○不聽父母命者，則爲不孝；不聽君命者，則爲不敬；其或不聽天命者，獨無責耶？君父之命或時可否之間，設教者猶曰「勿逆勿怠」。況乎天命大公至正，無有不善，何苦而不受命乎？○毁不可遽，譽亦不可遽。喜不可遽，怒亦不可遽。處人須要重厚，待人須要久遠，顧歲晏如何耳。一時一暫，便動摇去從他做毁譽，後段便難收拾。○有不虞之譽，有求全之毁。不虞之譽，無故而致譽也。無實而得譽可乎？大譽則大毁至，小譽則小毁至，必然之理也。惟聖賢得譽，則無所可毁。大名之下難處，在聖賢則異於是，無難處者。無實而得名，故難處。名，美器也。造物者忌多取，非忌多取，忌夫無實而得名者。

性理大全書卷之四十九

性理大全書卷之五十

學八

力行 理欲義利君子小人之辨 論出處附

程子曰：人心莫不有知，惟蔽於人欲，則亡天理也。以下理欲、義利、君子小人之辨。○欲利己者必損人，欲利財者必斂怨。○人於天理昏者，是只爲嗜欲亂著他。莊子言：「其嗜欲深者，其天機淺。」此言却最是。○利者，衆人之所同欲也。專欲益己，其害大矣。貪之甚，則昏蔽而忘理義。求之極，則爭奪而致怨仇。○大凡出義則入利，出利則入義。天下之事，惟義利而已。○孟子辯舜跖之分，只在義利之間。言間者，謂相去不甚遠，所爭豪末耳。義與利，只是箇公與私也。出義，便以利言也。只那計較，便是爲有利害。若無利害，何用計較？利害者，天下之常情也。人皆知趨利而避害，聖人則更不論利害，惟看義當爲不當爲，便是命在其中也。○所謂利者，不獨財利之利，凡有利心便不可。如作一事，須尋自家穩便處，皆利心也。聖人以義爲利，義安處便爲利。○守道當確然而不變，得正則遠邪，就非則違是，無兩從之理。○雖公天下事，若用私意爲之便是私。○人能放這一箇身，公共放在天地萬物中一般看，則有甚妨礙？雖萬身曾何傷？○公則同，私則異，同者天心也。○公則一，私則萬殊。至當歸一，精義無二。人心不同如面，只是私心。○可欲莫如善，以有諸己爲貴。若存若亡焉，而不爲物所誘、俗所移者，吾未之見也。○堯舜之爲善，與桀跖之爲惡，其自信一也。○天下善惡皆天理，謂之惡者本非惡，但或過或不及便如此，如楊墨之類。又曰：天理中物須有美惡。蓋物之不齊，物之情也。但當察之，不可自入於惡，流於一物。○何以謂之君子？何以謂之小人？君子則所見者大且遠，小人則所見者小且近。君子之志，所慮者豈止其一身，直慮及天下千萬世。小人之慮，一朝之忿，曾不遑恤其身。○天地之間皆有對，有陰則有陽，有善則有惡。君子小人之氣常相停，但六分君子則治，六分小人則亂；七分君子則大治，七分小人則大亂。如是則一無此三字，作「雖」字。堯舜之世不能無小人。蓋堯舜之世只是以禮樂法度驅而之善，盡其道而已。然言比屋可封者，以其有教，雖欲爲惡不能成其惡。○君子好成物故吉，小人好敗物故凶。○義理與客氣常相勝，只看消長分數多少，爲君子小人之别。義理所得漸多，則自然知得客氣消散得漸少。消盡客氣者是大賢。○問：君子之與小人處也，必有侵陵困辱之患，則如之何？曰：於是而能反己兢謹，以遠其禍，則德益進矣。《詩》不曰：「他山之石，可以攻玉。」

張子曰：人多言安於貧賤，其實只是計窮、力屈、才短，不能營畫耳。若稍動得，恐未肯安之。須是誠知義理之樂於利欲也，乃能。○天下之富貴假外者，皆有窮已，蓋人欲無饜而外物有限。惟道義則無爵而貴，取之無窮矣。○利，利於民則可謂利，利於身，利於國，皆非利也。利之言利，猶言美之爲美。利誠難言，不可以概而言。

藍田呂氏曰：辭受有義，得不得有命，皆理之所必然。有命有義，是有可得可受之理，故舜可以受堯之天下。無命無義，是無可得可受之理，故孔子不主彌子以受衛卿。二者義命有自合之理，無從而間焉。有義無命，雖有可受之義，而無可得之命，究其理安得而受之？是謂義合於命，故益避啓而不受禹之天下。有命無義，雖有可得之命，而無可受之義，亦安得而受之？是謂命合於義，故中國受室養弟子以萬鍾，爲孟子之所辭。二者義命有正合之理，時中而已焉。

上蔡謝氏曰：格物窮理，須是識得天理始得。所謂天理者，自然底道理。今人乍見孺子將入井，皆有怵惕惻隱之心，方乍見時，其心怵惕，所謂天理也。要譽於鄉黨朋友，内交於孺子父母，惡其聲而然，即人欲耳。天理與人欲相對，有一分人欲，即滅却一分天理。存一分天理，即勝得一分人欲。

和靖尹氏曰：君子之心不係於利害，惟其是而已。

五峰胡氏曰：人欲盛，則天理昏。天理素明，則無欲矣。處富貴，與天地同其通；處貧賤，與天地同其否；安死順生，與天地同其變化。又何宫室妻妾，衣服飲食，存亡得喪，而以介意乎？○君子畏天命、順天時，故不行驚衆駭俗之事，而常中。小人不知天命，以利而動，肆情妄作，故行驚衆駭俗之事，必其無忌憚而然也。○知人之道，驗之以事，而觀其辭氣，從人反躬者，鮮不爲君子；任己蓋非者，鮮不爲小人。

朱子曰：有箇天理，便有箇人欲。蓋緣這箇天理，須有箇安頓處。纔安頓得不恰好，便有人欲出來。○天理人欲分數有多少。天理本多，人欲也便是天理裏面做出來。雖是人欲，人欲中自有天理。問：莫是本來全是天理否？曰：人生都是天理，人欲却是後來没巴鼻生底。○人之一心，天理存則人欲亡，人欲勝則天理滅，未有天理人欲夾雜者。學者須要於此體認省察之。○大抵人能於天理人欲界分上立得脚住，則儘長進在。○天理人欲之分只争些子，故周先生只管説幾字。然辯之又不可不早，故横渠每説豫字。○天理人欲，幾微之間。○問：飲食之間，孰爲天理？孰爲人欲？曰：飲食者，天理也。要求美味，人欲也。○不爲物欲所昏，則渾然天理矣。○天理人欲無硬定底界，此是兩界上工夫。❶這邊工夫多，那邊不到占過來。若這邊工夫少，那邊必侵過來。○人只有箇天理人欲，此勝則彼退，彼勝則此退，無中立不進退之理。凡人不進便退也。譬如劉項相拒於滎陽成皋間，彼進得一步，則此退一步；此進一步，則彼退一步。初學者則要牢劄定脚與他捱，捱得一豪去，則逐旋捱將去。此心莫退，終須有勝時，勝時甚氣象。○人只是此一心。今日是明日非，不是將不是底換了是底；今日不好明日好，不是將好底換了不好底。只此一心，但看天理私欲之消長如何爾。以至千載之前，千載之後，與天地相爲始終，只此一心。○學者須是革盡人欲，復盡天理，方始是學。又曰：人欲與天理，此長彼必短，此短彼必長。○未知學問，此心渾爲人欲。既知學問，天理自然發見，而人欲漸漸消去者固是

❶「此」，原作「至」，今據重修本改。

好矣，然克得一層又有一層，大者固不可有，而纖微尤要密察。○凡一事便有兩端，是底即天理之公，非底乃人欲之私。須事事與剖判極處，即克治擴充工夫，隨事著見。然人之氣稟有偏，所見亦往往不同。如氣稟剛底人則見剛處多，而處事必失之太剛；柔底人則見柔處多，而處事必失之太柔。須先就氣稟偏處克治。○義理，身心所自有，失而不知所以復之。富貴，身外之物，求之惟恐不得。縱使得之，於身心無分豪之益，況不可必得乎！若義理求則得之，能不喪其所有，可以爲聖爲賢，利害甚明。人心之公每爲私欲所蔽，所以更放不下。但常常以此兩端體察，若見得時，自須猛省，急擺脱出來。○問：水火，明知其可畏，自然畏之，不待勉强。若是人欲，只緣有愛之之意，雖知之而不能不好之，奈何？曰：此亦未能真知而已。又問：真知者還當真知人欲是不好物事否？曰：如克伐怨欲，却不是要去就克伐怨欲上面要知得到，只是自就道理這邊看得透，則那許多不待除而自去。若實是看得大底道理，要去求勝做甚麽？要去矜誇他人做甚麽？求仁而得仁，又何怨？怨箇甚麽？耳目口鼻四肢之欲，惟分是安，欲箇甚麽？見得大處分明，這許多小小病痛，都如冰消凍解，無有痕迹矣。○今人日中所爲，皆苟而已。其實只將講學做一件好事，求異於人，然其設心依舊只是爲利。其視不講者，又何以大相遠？天下只是善惡兩言而已。於二者始分之中，須著意看教分明。及其流出去，則善者一向善，但有淺深爾。如水清泠，便有極清處，有稍清處。惡者一向惡，惡有淺深。如水渾濁，亦有極渾處，有稍渾處。問：此善惡分處，只是天理之公、人欲之私耳。曰：此却是已有説後，方有此名。只執此爲説不濟事，須要驗之此心，真知得如何是天理，如何是人欲。幾微間極索理會，此心常常要惺覺，莫令頃刻悠悠憒憒。問：此只是持敬爲要。曰：敬不是閉眼默坐便爲敬，須是隨事致敬。方其當格物時，便敬以格之。當誠意時，便敬以誠之。以至正心脩身以後，節節常要惺覺執持，令此心常在，方是能持敬。今之言持敬者只是説敬，非是持敬。若此心常在軀殼中爲主，便須常如烈火在身，有不可犯之色。事物之來便成兩畔去，又何至如是纏繞。○氣不從志處，乃是天理人欲交戰處也。○天理人欲並行。論其本然之妙，則唯有天理而無人欲。是以聖人之教，必欲其盡去人欲而復全天理，所謂「人心惟危，道心惟微，惟精惟一，允執厥中」者，堯舜禹相傳之密旨也。夫人自有生而梏於形體之私，則固不能無人心矣。然而必有得乎天地之正，則又不能無道心矣。日用之間，二者並行，迭爲勝負，而一身之是非得失，天下之治亂安危，莫不係焉。是以欲其擇之精，而不使人心得以雜乎道心；欲其守之一，而不使天理得以流於人欲。則凡其所行，無一事之不得其中，而於天下國家無所處而不當。夫豈任人心之自危，而以有時而泯者爲當然；任道心之自微，而幸其須臾之不泯也哉？○聖賢千言萬語，只是明天理，滅人欲。天理明，自不消講學。人性本明，如寶珠沉溷水中，明不可見，去了溷水，則寶珠依舊自明。自家若得知是人欲蔽了，便是明珠，只從這上便緊緊著力主定一面格物。今日格一物，明日格一物，正如遊兵攻圍拔守，人欲自消鑠將去。所以程子説敬字，只是謂我身有一箇明底物事在這裏。把箇敬字抵敵，常常存箇敬在這裏，則人欲自然來不得。夫子曰：「爲仁由己，而由人乎哉？」緊要處正在這裏。○問：五峰言「天理人欲同行而異情，同體而異用」兩句，頗疑同體異用之説，然猶未見真有未安處。今者得之，天理乃自然之理，人欲乃自欺之情。不順自然，即是私僞。不是天理，即是人欲。二者面目自别，發於人心自不同，常驗之舉動間。苟出於天理之所當爲，胸中自是平正，無有慊愧；自是寬泰，無有不足；接人待物，自是無乖迕。學者雖不常會如此，要是此心存時便如此。此心不存，則不如此。須是讀書講義理，常令此心不間斷，則天理常存矣。若有放慢時節，任人欲發去，則胸中自是急迫麤率，自是不公不正。爲不善事，雖不欲人之知，胸中自是有愧赧，然亦自不可揜。如何要去天理中見得人欲，人欲中見得天理。二者夐然判别，恐説同體不可，亦恐無同行之理。若曰心本爲利，却假以行，與那真於爲義者其迹相似。如此説同行猶可，今下天理人欲字似少分别，未審是然否？曰：頃與敬夫商量此兩句，謂同行異情者是，同體異用者非。○學無淺深，並要辨義利。○看道理須要就那箇大處看，須要前面開闊，不要就那箇壁角裏去。如今須要天理人欲、義利公私分别得明白，將自家日用底與他勘驗，須是漸漸有見處。若不去那大壇場上行，理會得一句透，只是一句，道理小了。○人貴剖判心下，令其分明，善理明之，惡念去之。若義理，若善惡，若是非，毋使混淆不别於其心。譬如處一家之事，取善舍惡。又如處一國之事，取得舍失。處天下之事，進賢退不肖。蓄疑而不決者，其終不成。○或問義利之別。曰：只是爲己爲人之分。纔爲己，這許多便自做一邊去，義也是爲己，天理也是爲己。若爲人，那許多便自做一邊去。○須於日用間，令所謂義了然明白。或言心安處便是義，亦有人安其所不當安，豈可以安爲義也？○義利之辨，初時尚相對在，若少間主義功深後，那利如何著得？如小小竊盜，不勞而却矣。○事無大小，皆有義利。今做好底事了，其間更包得有多少利私在。所謂以善爲之而不知其道，皆是也。○纔有欲順適底意思，即是利。○以敬義二字隨處加功，久久自當得力。義利之間只得著力分別，不當預以難辨爲憂。聖門只此便是終身事業。○利是那義裏面生出來底，凡事處制得合宜，利便隨之。所以云「利者，義之和」，蓋是義便兼得利。若只理會利，却是從中間半截做下去，遺了上面一截義底。小人只理會後面半截，君子從頭來。○問：程子言「義安處便爲利」，只是當然而然便安否？曰：是。也只萬物各得其分便是利。君得其爲君，臣得其爲臣，父得其爲父，子得其爲子，何利如之？此利字即《易》所謂「利者，義之和」。利便是義之和處。義初似不和而却和，截然不可犯似不和，分別後萬物各得其所便是和。不和生於不義，義則和而無不利矣。一云義則無不和，和則無不利矣。○學者做切己工夫要得不差，先須辨義利所在。如思一事，非特財利利欲，只每事求自家安利處便是，推此便不可入堯舜之道。切須勤勤提省，察之於纖微豪忽之間，不得放過，如此便不會錯用工夫。○人只有一箇公私，天下只有一箇邪正。○將天下正大底道理去處置事，便公，以自家私意去處之，便私。○凡事只去看箇是非。假如今日做得一件事，自心安而無疑，便是是處。一事自不信，便是非處。○閑居無事，且試自思之，其行事有於所當是而非，當非而是，當好而惡，當惡而好，自察而知之，亦是工夫。○講學固不可無，須是更去自己分上做工夫。若只管説，不過一兩日都説盡了，只是工夫難。且如人雖知此事不是不可爲，忽然無事，又自起此念。又如臨事時，雖知其不義，不要做，又却不知不覺自去做了，是如何？又如好事初心本自要做，又却終不肯做，是如何？蓋人心本善，方其見善欲爲之時，此是真心發見之端，然纔發，便被氣稟物欲隨即蔽固之，不教他發。此須自去體察存養看得，此最是一件大工夫。○學者工夫只求一箇是，天下之理不過是與非兩端而已。從其是則爲善，徇其非則爲惡。事親須是孝，不然則非事親之道。事君須是忠，不然則非事君之道。凡事皆用審箇是非，擇其是而行之。聖人教人諄諄不已，只是發明此理。○事事物物上都有箇道理，都有是有非，所以舜好問而好察邇言，雖淺近閑言語中，莫不有理，都要見得破。隱惡而揚善，自家這裏善惡便分明。然以聖明昭鑑，纔見人不好，便説出來也不得，只是揚善，那惡底自有不得掩之理。纔説揚善，自家已自分明，這亦聖人與人爲善之意。又云：一件事走過眼前，譬似閑也有箇道理，有箇是非，緣天地之間，上蟠下際，都無別事，都只是這道理。○天下事只有一箇是，一箇非，是底便是，非底便非。問：是非自有公論。曰：

如此説便不是了。是非只是是非，如何是非之外更有一箇公論？纔説有箇公論，便又有箇私論也，此却不可不察。○天下只有一理，此是即彼非，此非即彼是，不容並立。故古之聖賢心存目見，只有義理，都不見有利害可計較。日用之間，應事接物，直是判斷得直截分明，而推以及人，吐心吐膽，亦只如此，更無回互。若信得及，即相與俱入聖賢之域；若信不及，即在我亦無爲人謀而不盡底心，而此理是非昭著明白。○凡事都分做兩邊，是底放一邊，非底放一邊。是底是天理，非底是人欲。是即守而勿失，非即去而勿留。此治一身之法也。治一家則分別一家之是非，治一邑則分別一邑之邪正，推而一州一路，以至天下，莫不皆然。此直上直下之道。若其不分黑白，不辨是非，而猥曰無黨，是大亂之道也。

○學大抵只是分別箇善惡，而去就之爾。○論陰陽，則有陰必有陽。論善惡，則一豪著不得。○凡事莫非心之所爲，雖放僻邪侈，亦是此心。善惡但如反覆手，翻一轉便是惡，只安頓不著，亦便是不善。○好惡是情，好善惡惡是性。性中當好善，當惡惡。泛然好惡，乃是私也。○天理有未純，是以爲善常不能充其量。人欲有未盡，是以除惡常不能去其根。爲善而不能充其量，除惡而不能去其根，是以雖以一念之頃，而公私邪正、是非得失之幾，未嘗不朋分角立，而交戰於其中。○《答何叔京書》曰：人欲云者，正天理之反耳。謂因天理而有人欲則可，謂人欲亦是天理則不可。蓋天理中本無人欲，惟其流之有差，遂生出人欲來。程子謂：「善惡皆天理，此句若甚可駭。謂之惡者本非惡，此句便都轉了。但過與不及便如此。」所引惡亦不可不謂之性，意亦如此。○問：程子云「天下善惡皆天理」，何也？曰：惻隱是善，於不當惻隱處惻隱即是惡。剛斷是善，於不當剛斷處剛斷即是惡。雖是惡，然原頭若無這物事，却如何做得？本皆天理，只是被人欲翻了，故用之不善而爲惡耳。○問：天下善惡皆天理，楊墨之類只是過不及，皆出於仁義。謂之天理則可，如世之大惡謂之天理可乎？曰：本是天理，只是翻了便如此。如人之殘忍便是翻了惻隱，如放火殺人可謂至惡，若把那火去炊飯，殺其人之所當殺，豈不是天理？只緣翻了，道理有背有面，順之則是，背之則非。緣有此理，方有此惡。如溝渠至濁，當初若無清泠底水，緣何有此？○問：既是翻了天理，如何又説皆天理也？莫是殘賊底惡初從羞惡上發，淫溺貪慾底惡初從惻隱上發，後來多過差了，原其初發都是天理。曰：如此説亦好。但所謂翻者，亦是四端中自有相反處。如羞惡自與惻隱相反，是非自與辭讓相反。如公説也是好意思，因而看得舊一句不通處出。如用人之智去其詐，用人之勇去其暴，這兩句意分曉，惟是「用人之仁去其貪」一句没分曉。今公説貪是愛上發來，也是。思之是淳善底人易得含胡苟且，姑息貪戀。○善只是當恁地底，惡只是不當恁地底。善惡皆是理，但善是那順底，惡是翻轉來底。然以其反而不善，則知那善底自在。故善惡皆理也，然却不可道有惡底理。○知人之難，堯舜以爲病，而孔子亦有聽言觀行之戒。然以予觀之，此特爲小人設耳。若皆君子，則何難知之有哉？蓋天地之間，有自然之理。凡陽必剛，剛必明，明則易知。凡陰必柔，柔必暗，暗則難測。故聖人作《易》遂以陽爲君子，陰爲小人。其所以通幽明之故，類萬物之情者，雖百世不能易也。予嘗竊推易説以觀天下之人，凡其光明正大，踈暢洞達，如青天白日，如高山大川，如雷霆之爲威，而雨露之爲澤，如龍虎之爲猛，而麟鳳之爲祥，磊磊落落，無纖芥可疑者，必君子也。而其依阿淟涊，回互隱伏，糾結如蛇蚓，瑣細如蟣虱，如鬼蜮狐蠱，如盜賊詛呪，閃倏狡獪，不可方物者，必小人也。君子小人之極既定於内，則其形於外者，雖言談舉止之微，無不發見。而況於事業文章之際，尤所謂粲然者。彼小人者雖曰難知，而亦豈得而逃哉？

南軒張氏曰：人欲横流，强止遏之，未有不奔潰湍決者。此鯀治水也，水之性無有不下。禹能順而治之，行其所無事也，自然平治。人之良心，豈無發見之時？引而伸之，涵養而擴充之，天理明，人欲自消。伊川所謂「明得一分天理，滅却一分人欲」。○問：程子謂：「視聽思慮動作皆天也，但其中要識得真與妄耳。」胡伯逢疑云：「既是天，安得妄？」某以謂此六者，人生皆備，故知均稟於天。但順其理則是真，違其理則是妄，妄即人爲之私耳。如此言之，知不謬否？曰：有物必有則，此天也。若非其則，則是人爲亂之，妄而已矣。○道二，義與利而已矣。義者，亘古今，通天下之正逵；而利者，犯荆棘，入險阻之私徑也。人之秉彝，固有坦然正逵之可遵，而乃不由之，而反犯荆棘，冒險阻，顛冥終身而不悔，獨何歟？血氣之動於欲也，動於聲色，動於貨財；以至於爵禄之可慕，則進以求達；知名之可利，則鋭於求名。不寧惟是，凡一日夕之間，起居飲食，遇事接物，苟私己自便之事，意之所向無不趨之，則天理滅而人道或幾乎息矣。其胸次營營，豈得須臾寧處於斯世？亦僥倖以苟免耳。徒知有六尺血氣之軀，而不知其體元與天地相周流也，豈不可惜乎？雖然，義内也，本其良心之不可以自已者，反而求之，夫豈遠哉？

○學者潛心孔孟，必得其門而入，愚以爲莫先於義利之辨。蓋聖學無所爲而然也。無所爲而然者，命之所以不已，性之所以不偏，而教之所以無窮也。凡有所爲而然者，皆人欲之私，而非天理之所存。此義利之分也。自未嘗省察者言之，終日之間，鮮不爲利矣，非特名位貨殖而後爲利也。斯須之頃，意之所向，一涉於有所爲，雖有淺深之不同，而其徇己自私，則一而已，如孟子所謂内交、要譽、惡其聲之類是也。是心日滋，則善端遏塞，欲邇聖賢之門牆以求自得，豈非却行以望及前人乎？使談高説妙，不過渺茫臆度，譬猶無根之木，無本之水，其何益乎？學者當立志以爲先，持敬以爲本，而精察於動静之間，豪釐之差，審其爲霄壤之判，則有以用吾力矣。學然後知不足，平時未覺吾利欲之多也，灼然有見於義理之辨，將日救過不暇，由是而不舍，則趣益深，理益明，而不可已也。孔子曰：「古之學者爲己，今之學者爲人。」爲人者，無適而非利；爲己者，無適而非義。嗟乎！義利之辨大矣。豈特學者治己之所當先，施之天下國家一也。王者所以建立邦本，垂裕無疆，以義故也。而伯者所以陷溺人心，貽毒後世，以利故也。孟子當戰國横流之時，發揮天理，遏止人欲，深切著明，撥亂反正之大綱也。○人之所以不正大者，果何由哉？有所偏黨，則不正矣；有所係吝，則不大矣。是二者皆私也。纖豪之萌，則正大之體亡矣。是當涵泳乎義理之中，敬恭乎動静之際，察夫偏黨係吝而克去之，則所謂正大者，蓋可存其體而得其用矣。

勉齋黄氏曰：人稟陰陽五行之秀氣以生，而太極之理已具。其根於心也，未發則爲仁義禮智之性，已發則爲惻隱羞惡辭讓是非之情。其施於身也，則爲貌之恭，言之從，視之明，聽之聰，思之睿。其見於事也，則爲君臣之義，父子之恩，夫婦之别，長幼之序，朋友之信，與凡百行之當然者。是其稟賦之初，内外之分，固莫非天理之所具，然少有不謹則人欲得以間之，合乎天理則順直端方而無邪曲偏詖之累。人欲間之，則反是矣。是故存養省察於幾微之間，其惟敬義乎？主一之謂敬，合宜之謂義。主於一，則思慮不雜，天理常存而内直矣。合於宜，則品節不差，天理常行而外方矣。内直外方，則所謂具衆理，宰萬事，有以全吾心本然之妙矣。

潛室陳氏曰：五峰云：「天理人欲，同行異情。」此語儘當玩味。如飲食男女之欲，堯舜與桀紂同，但中理中節即爲天理，無理無節即爲人欲。

西山真氏曰：義者，天理之公也；利者，人欲之私也。二者如冰炭之相反，然一於義，則利自在其中。蓋義者宜也，利亦宜也。苟以義爲心，則事無不宜矣。不惟宜於己，亦且宜於人。人己兩得其宜，何利如之？若以徇利爲心，則利於己必害於人，争鬭奪攘於是乎興，己亦豈能享其利哉！○《大學》所謂利，專指財利而言。伊川先生云：「利不獨財利之利，凡有一豪自便之心即是利。」此論尤有補於心術之微。至南軒先生又謂：「無爲而爲皆義也，有所爲而爲即利也。」其言愈精且微，學者不可不知也。且如見赤子入井，有惻隱之心，此乃天理自然形見，非有所爲而然，此即義也。若有一豪納交要譽之心，即是有所爲而爲，即利心也。二者相去豪釐之間，而公私邪正之分則天淵矣。故朱子謂：「南軒此語，乃發先賢所未發，有功於聖門，學者所宜深味也。」○學者存心行事，只當以義理爲主。義所當然，雖害不卹；義所不當然，雖利不計。如此，方合乎天理之正。若此心一出一入於義利之間，終是爲利所勝。正如白黑相和，黑必揜白；薰蕕共器，蕕必揜薰。立志之初，不可不察也。

程子曰：賢者在下，豈可自進以求於君？苟自求之，必無能信用之理。以下論出處。○擇才而用雖在君，以身許國則在己。道合而後進，得正則吉矣。汲汲以求遇者，終必自失，非君子自重之道也。故伊尹、武侯救世之心非不切，必待禮至而後出者，以此。○賢聖於亂世，雖知道之將廢，不忍坐視而不救也，必區區致力於未極之間，强此之衰，艱彼之進，圖其暫安，而冀其引久。苟得爲之，孔孟之屑爲也。王允之於漢，謝安之於晉，亦其庶矣。○問：家貧親老，應舉求仕，不免有得失之累，何脩而可以免此？曰：此只是志不勝氣，若志勝，自無此累。家貧親老，須爲禄仕，然得之不得爲有命。曰：在己固可，爲親奈何？曰：爲己爲親，止是一事。若不得，其如命何？孔子曰：「不知命，無以爲君子。」人苟不知命，見患難必避，遇得喪必動，見利必趨，其何以爲君子？○古之仕者爲人，今之仕者爲己。○士之處高位，則有拯而無隨。在下位，則有當拯有當隨，拯之不得而後隨。○問：聖人有爲貧之仕乎？曰：爲委吏乘田是也。或曰：抑爲之兆乎？曰：非也。爲魯司寇，則爲之兆也。或人因以是勉程子從仕，曰：至於飢餓不能出門户之時，又徐爲之謀耳。

龜山楊氏曰：方太公釣於渭，不遇文王，特一老漁父耳。及一朝用之，乃有鷹揚之勇，非文王有獨見之明，誰能知之。學者須體此意，然後進退隱顯，各得其當。○正叔云：「古之學者四十而仕，未仕以前二十餘年，得盡力於學問，無他營也，故人之成材可用。」今之士十四五以上，便學綴文覔官，豈嘗有意爲己之學？夫以不學之人，一旦授之官，而使之事君、長民、治事，宜其效不如古也。故今之在仕路者，人物多凡下不足道，以此。○仕道與禄仕不同。常夷甫家貧，既召入朝，神宗欲優厚之，令兼數局，如登聞鼓染院之類，庶幾俸給可贍其家，夷甫一切受之不辭。及正叔以白衣擢爲勸講之官，朝廷亦使之兼他職，則固辭。蓋前日所以不仕者，爲道也；則今日之仕，須其官足以行道，乃可受，不然是苟禄也。然後世道學不明，君子之辭受取舍，人鮮能知之。故常公之不辭，人不以爲非；而程公之辭，人亦不以爲是。

和靖尹氏曰：君子或出或處，歸潔其身而已矣。人之行己各有其志，出處去就雖有不同，要看所存如何耳。

東平馬氏曰：人之利鈍自有時，但當行直道，無用于人也。

致堂胡氏曰：古之君子不苟就，不俯

從。使去就從違之重，在我而不在人，在義而不在利。庶乎招不來，麾不去，足以取信於其上也。

朱子曰：士大夫之辭受出處，又非獨其身之事而已。其所處之得失，乃關風俗之盛衰，故尤不可以不審也。○聖賢固不能自爲時，然其仕止久速皆當其可，則其所以自爲時者，亦非他人之所能奪矣。豈以時之不合而變吾所守以徇之哉！○今人皆不能脩身。方其爲士，則役役求仕。既仕則復患祿之不加，趨走奔馳無一日閑，何如山林布衣之士？道義足於身，道義既足於身，則何物能嬰之哉！○諸葛武侯未遇先主，只得退藏，一向休了也没奈何。孔子弟子不免事季氏，亦事勢不得不然，捨此則無以自活。如今世之科舉亦然。如顏閔之徒自把得住，自是好，不可以一律看。人之出處最可畏。如漢魏之末，漢末則所事者止有箇曹氏，魏末所事者止有箇司馬氏耳。○名義不正，則事不可行，無可爲者有去而已。然使聖人當之，又不知如何，恐於義未精也。○今人只爲不見天理本原，而有汲汲以就功名之心。故其議論見識往往卑陋，多方遷就，下梢頭只是成就一箇私意，更有甚好事！○當官勿避事，亦勿侵事。

南軒張氏曰：廷對最是直言，蓋士人初見君父，此是第一步。此時可欺，則無往而非欺，須是立得脚教是。

勉齋黄氏曰：古之君子非仁不存，非禮不立，非義不行，所貴者良貴，所樂者真樂。人之知不知，世之用不用，於我何與焉？貧富貴賤，生死禍福，日交乎前，不暇顧也。後之君子心之所固有，事之所當行，何者爲禮，何者爲義，何者爲智，懵然莫覺也，功名而已耳，利禄而已耳。以區區之私意小智，汲汲然求售於人，慮人之不己用也，委曲遷就，以求順於人。幸而得志，哆然以爲莫己若也。小不如意，則戚戚然，幾不能以終日矣。

魯齋許氏曰：志伊尹之所志，學顔子之所學。出則有爲，處則有守，丈夫當如此。出無所爲，處無所守，所志所學將何爲？

性理大全書卷之五十

性理大全書卷之五十一

學 九

教 人

程子曰：君子之教人，或引之，或拒之，各因其所虧者成之而已。孟子之不受曹交，以交未嘗知道固在我而不在人也，故使歸而求之。○語學者以所見未到之理，不惟所聞不深徹，久將理低看了。○人之知識未嘗不全，其蒙者猶寐也，呼而覺之，斯不蒙矣。○射中鵠，舞中節，御中度，皆誠也。古人教人以射、御、《象》、《勺》，所養之意如此。○以書傳道，與口相傳煞不相干。相見而言，因事發明，則并意思一時傳了。書雖言多，其實不盡。○禁人之惡者，獨治其惡而不絶其爲惡之原，則終不得止。《易》曰「豶豕之牙吉」，見聖人處機會之際也。○聖人責人緩而不迫，事正則已矣。○胡安定在湖州置治道齋，學者有欲明治道者講之於中，如治兵、治民、水利、算數之類。嘗言劉彝善治水利，後累爲政，皆興水利有功。○問：人之於善也，必其誠心欲爲，然後有所得。其不欲，不可以强人也。曰：是不然。任其自爲，聽其不爲，則中人以下自棄自暴者衆矣。聖人所以貴於立教也。○賢人君子未得其位，❶無所發施其素蘊，則推其道以淑諸人。講明聖人之學，開

❶「未」，原作「木」，今據重修本改。

道後進，使其教益明，其傳益廣。故身雖隱而道光，跡雖處而教行。出處雖異，推己及人之心則一也。

張子曰：聖人設教，便是人人可以至此，人人可以爲堯舜。若是言且要設教，在人有所不可到，則聖人之語虚設耳。○教之而不受，則雖强告之無益。莊子謂「内無受者不入，外無正者不行」。○常人教小童，亦可取益。絆己不出入，一益也；授人數次，己亦了此文義，二益也；對之必正衣冠，尊瞻視，三益也；嘗以因己而壞人之才爲憂，則不敢惰，四益也。

藍田吕氏曰：自洒掃應對上達乎天道性命，聖人未嘗不竭以教人，但人所造自有淺深，故所得亦有小大也。仲尼曰：「吾無隱乎爾。」又曰：「有鄙夫問於我，我叩其兩端而竭焉。」然子貢高第猶未聞乎性與天道，非聖人之有隱，而人自不能盡爾。如天降時雨，百果草木皆甲拆，其盛衰小大之不齊，膏澤豈私於物哉？○横渠張子教學者，多告以知禮成性、變化氣質之道，學必如聖人而後已。聞者莫不動心，有自得之者。

上蔡謝氏曰：横渠教人以禮爲先，大要欲得正容謹節，其意謂世人汗漫無守，便當以禮爲地，教他就上面做工夫。然其門人下梢頭溺於刑名度數之間，故其學無傳之者。明道先生則不然，先使學者有知識，却從敬入。○或問：横渠教人以禮爲先，與明道使學者從敬入，何故不同？曰：既有知識，窮得物理，却從敬上涵養出來，自然是别。正容謹節，外面威儀，非禮之本。又曰：横渠以禮教人，明道以忠信爲先。

廣平游氏曰：張子厚學成德尊，然猶

秘其學，不多爲人講之。其意若曰：「雖復多聞，不務蓄德，徒善口耳而已。」故不屑與之言。明道先生謂之曰：「道之不明於天下久矣，人善其所習，自謂至足，必欲如孔門不憤不啓、不悱不發，則師資勢隔而先王之道或幾乎熄矣。趨今之時，且當隨其資而誘之，雖識有明暗，志有淺深，亦各有得焉，而堯舜之道庶可馴致。」子厚用其言，故關中學者躬行之多與洛人並。推其所自，先生發之也。

問：昔人教人必因其才之所可而教之，不以其所不可而强之，如陳圖南之教錢若水是也。近時師匠不論人材所可，❶只一律以其所見教之，是以有不得盡其材者。和靖尹氏曰：固是初學之人，豈可便説與十分話，然亦不可以逆料其才之不可而不以盡告，只看他志趣所向，氣質如何，隨量而得也。如陳希夷之於錢，是因其氣質志趣以教之，非謂其才不可也。如公孫丑、萬章之徒，不是不信孟子，豈不願爲聖人，亦豈其才之不可？只爲他見得未如孟子，又志趣不同，氣質或異，所見膚淺，便差七差八。謂告之者其言太高，若不可及，大率人未有箇入處，便語以高者、大者，徒令驚疑以止其進學之心，固非善教者。然謂其才不可而不以告之，得爲善教歟？如公孫丑曰：「道則高矣、美矣，宜若登天然，似不可及，何不使彼爲可幾及而日孳孳也。」又豈是才不迨者，是未見得，便知才不堪，可乎？孟子只曰：「大匠不爲拙工改廢繩墨，羿不爲拙射變其彀率。君子引而不發，躍如也。中道而立，能者從之。」又曰：聖

❶「時」，四庫本作「世」。

人只是引得他，只顔子便會此意，謂夫子循循然善誘人也。

東萊呂氏曰：前輩嘗教少年毋輕議人，毋輕説事，惟退而自脩可也。《學記》曰：「幼者聽而弗問。」皆使人自脩，不敢輕發，養成德器也。〇衣服之制，飲食之度，字畫之别，以至音聲笑語之高下，行步進趨之遲速，當一以古人爲法。古之善教人者，必以此爲本，所以養誠閑邪而反人道之正也。若於此數事少有舛異，若不能自克，久久之間必至喪志失身。

朱子曰：聖人教人，大概只是説孝弟忠信，日用常行底話。人能就上面做將去，則心之放者自收，性之昏者自著。如心性等字，到子思、孟子方説得詳。〇聖人教人有定本。舜使契爲司徒，教以人倫，父子有親，君臣有義，夫婦有别，長幼有序，朋友有信。夫子對顔淵曰：「克己復禮爲仁，非禮勿視，非禮勿聽，非禮勿言，非禮勿動。」皆是定本。〇自昔聖賢教人之法，莫不使之以孝弟、忠信、莊敬、持養爲下學之本，❶而後博觀衆理，近思密察，因踐履之實以致其知。其發端啓要又皆簡易明白，初若無難解者，而及其至也，則有學者終身思勉而不能至焉。蓋非思慮揣度之難，而躬行默契之不易，故曰「夫子之文章可得而聞也，夫子之言性與天道不可得而聞也」。夫聖門之學所以從容積累，涵養成就，隨其淺深，無非實學者，其以此與？〇聖賢教人下學上達，循循有序，故從事其間者博而有要，約而不孤，無妄意凌躐之弊。今之言學者類多反此，故其高者淪於空幻，卑者溺於見

❶「持」，四庫本作「存」。

聞，倀倀然未知其將安所歸宿也。〇聖門教學循循有序，無有先求頓悟之理，但要持守省察，漸久漸熟，自然貫通。〇《周禮》師氏之官以三德教國子，一曰至德，以爲道本；二曰敏德，以爲行本；三曰孝德，以知逆惡。至德云者，誠意正心、端本清源之事。道則天人性命之理，事物當然之則，脩身齊家治國平天下之術也。敏德云者，彊志力行、崇德廣業之事。行則理之所當爲，日可見之跡也。孝德云者，尊祖愛親，不忘其所由生之事。知逆惡，則以得於己者篤實深固，有以真知彼之逆惡而自不忍爲也。凡此三者，雖曰各以其才品之高下、資質之所宜而教之，然亦未有專務其一而可以爲成人者也。是以別而言之，以見其相須爲用而不可偏廢之意。蓋不知至德，則敏德者散漫無統，固不免乎篤學力行而不知道之譏。然不務敏德而一於至，則又無以廣業而有空虚之弊。不知敏德，則孝德者僅爲匹夫之行，而不足以通乎神明。然不務孝德而一於敏，則又無以立本而有悖德之累。是以兼陳備舉而無所遺，此先王之教所以本末相資，精粗兩盡，而不倚於一偏也。其又曰教三行。一曰孝行，以親父母；二曰友行，以尊賢良；三曰順行，以事師長。蓋德也者，得於心而無所勉者也，行則其所行之法而已。蓋不本之以其德，則無所自得，而行不能以自修。不實之以其行，則無所持循，而德不能以自進。是以既教之以三德，而必以三行繼之，則雖其至末至粗亦無不盡，而德之修也不自覺矣。然是三者，似皆孝德之行而已，至於至德、敏德則無與焉。蓋二者之行，本無常師，必協于一，然後有以獨見而自得之，固非教者所得而預言也。唯孝德則其事爲可指，故又推其類而兼爲友順之目以詳教之。以爲學者雖或未得於心，而事亦可得而勉，使其行之不已而得於心焉，則進乎德而無待於勉矣。況其又能即是而充之，以周於事而泝其源，則孰謂至德、敏德之不可至哉！或曰三德之教，大學之學也；三行之教，小學之學也。鄉三物之爲教也，亦然。○周人以鄉三物教萬民，而賓興之。其德六，曰智、仁、聖、義、中、和。其行六，曰孝、友、睦、婣、任、恤。其藝六，曰禮、樂、射、御、書、數。是於學者日用起居飲食之間，既無事而非學；於其群居藏脩游息之地，亦無學而非事。至於所以開發其聰明，成就其德業者，又皆交相爲用而無所偏廢。○孟子教人，多言理義大體，孔子則就切實做工夫處教人。○學者議論工夫，當因其人而示以用功之實，不必費辭，使人知所適從，以入於坦易明白之域可也。若泛爲端緒，使人迫切而自求之，適恐資學者之病。○博文約禮，博文功夫雖頭項多，然於其中尋將去，自將有箇約處。聖人教人有序，未有不先於博者。孔門三千人，顔子固不須說，只曾子、子貢得聞一貫之誨，謂其餘人不善學，固可罪。然夫子亦不叫來罵一頓，教便省悟，則夫子於其門人告之亦不忠矣。是夫子亦不善教人，致使宰我、冉求之徒後來狼狽也。要之無此理。只得且待他事事理會得了，方可就其上欠闕處告語之。如子貢事，亦不是許多時只教他多學，使他枉做功夫，直到後來方傳以此秘妙，正是待他多學之功到了，方可以言此耳。○教道後進，須是嚴毅，然亦須有以興起開發之方得。只恁嚴，徒拘束之，亦不濟事。○某嘗喜那鈍底人，他若是做得工夫透徹時極好。却煩惱那敏底，只是略綽看過，不曾深去思量，當下說也理會得，只是無滋味，工夫不耐久。敏底人又却用做那鈍底工夫方得。○南軒之教人，必使之先有以察乎義利之間，而後明理居敬以造其極。其剖析精明，傾倒切至，必竭兩端而後已。○籍溪教諸生於功課餘暇，以片紙書古人懿行，或詩文銘贊之有補於人者，粘置壁間，俾往來誦之，咸令精熟。○學者之志，固不可不以遠大自期，然觀孔門之教，則其所從言之者至爲卑近，不過孝弟忠信持守誦習之間，而於所謂學問之全體，初不察察言之也。若其高第弟子，多亦僅得其一體。夫以夫子之聖、諸子之賢，其於道之全體，豈不能一言盡之以相授納，而顧爲是拘拘者以狹道之傳、畫人之志，何哉？蓋所謂道之全體雖高且大，而其實未嘗不貫乎日用細微切近之間。苟悅其高而忽於近，慕其大而略於細，則無漸次經由之實，而徒有懸想跂望之勞，❶亦終不能以自達矣。故聖人之教循循有序，不過使人反而求之至近至小之中。博之以文，以開其講學之端；約之以禮，以嚴其踐履之實。使之得寸則守其寸，得尺則守其尺。如是久之，日滋月益，然後道之全體乃有所鄉望而漸可識，有所循習而漸可能。自是而往，俛焉孳孳，斃而後已，而其所造之淺深，所就之廣狹，亦非可以必詣而預期也。故夫子嘗謂先難後獲爲仁，又以先事後得爲崇德。蓋於此小差，則心失其正，雖有鑽堅仰高之志，而反爲謀利計功之私矣。仁何自而得，德何自而崇哉？○因學者少

❶「想」，重修本作「相」。

寬舒意，曰：公讀書恁地縝密固是好，但恁地逼截成一團，此氣象最不好，這是偏處。如一項人恁地不子細，固是不成道理；若一向蹙密，下梢却展拓不去。明道一見謝顯道，曰「此秀才展拓得開，下梢可望」。又曰：於詞氣間亦見得人氣象。如明道語言固無甚激昂，看來便見寬舒意思。龜山，人只道恁地寬，看來不是寬，只是不解理會得，不能理會得。范純夫語解比諸公説理最平淺，但自有寬舒氣象儘好。○賢輩但知有營營逐物之心，不知有真心，故識慮皆昏。觀書察理皆草草不精，眼前易曉者亦看不見，皆由此心雜而不一故也。所以前輩語初學者必以敬，曰未有致知而不在敬者。今未知反求諸心，而胸中方且叢雜錯亂，未知所守，持此雜亂之心以觀書察理，故凡工夫皆從一偏一角做去，何緣會見得全理？某以爲諸公莫且收斂身心，盡掃雜慮，令其光明洞達，方能作得主宰，方能見理。不然，亦終歲而無成耳。○天下道理自平易簡直，人於其間，只是爲剖析人欲以復天理，教明白洞達，如此而已。今不於明白處求，却求之於偏旁處，縱得些理，其能幾何？○某煞有話要與諸公説，只是覺次序未到。而今只是面前小小文義，尚如此理會不透，如何説得到其他事？這箇事須是四方上下、小大本末一齊貫穿在這裏，一齊理會過。其操存踐履處固是緊要，不可間斷。至於道理之大原固要理會，纖悉委曲處也要理會，制度文爲處也要理會，古今治亂處也要理會，精粗大小無不當理會。四邊一切合起，工夫無些罅漏。東邊見不得，西邊須見得；這下見不得，那下須見得。既見得一處，則其他處亦可類推。而今只從一處去攻擊他，又不曾著力，濟得甚事？這箇須是勇猛奮厲、直前不顧做去，四方上下一齊著到，方有箇入頭。孔子曰：「仁遠乎哉？我欲仁，斯仁至矣。」這箇全要人自去做。孟子所謂弈秋只是争些子，一箇進前要做，一箇不把當事。某八九歲時讀《孟子》到此，未嘗不慨然奮發，以爲爲學須如此做工夫。當初便有這箇意思如此，只是未知得那棋是如何著，是如何做工夫。自後更不肯休，❶一向要去做工夫。今學者不見有奮發底意思，只是如此悠悠地過，今日見他是如此，明日見他亦是如此。○學者悠悠是大病，今覺諸公都是進寸退尺，每日理會些小文義，都輕輕地拂過，不曾動得皮毛上。這箇道理規模大，體面闊，須是四面去包括，方無走處。今只從一面去，又不曾著力，如何可得？且如曾點、漆雕開兩處，漆雕開事言語少，難理會。曾點底須子細看他是樂箇甚底，是如何地樂？不只是聖人説這箇事可樂，便信著他。須是自見得箇可樂底，依人口説不得。又曰：而今持守便打疊教浄潔，看文字須著意思索，應接事物都要是當，四面去討他，自有一面通處。○聖門之教，下學上達，自平易處講究討論，積慮潛心，優柔饜飫，久而漸有得焉，則日見其高深遠大而不可窮矣。程夫子所謂「善學者求言必自近，易於近者，非知言者也」，亦謂此耳。○《答葉賀孫書》曰：學者須是理會到十分是始得，是底直是是，非底直是非，少間做出便會是。若依希底也唤作是便了，下梢只是非。須是要做第一等人。若決是要做第一等人，

❶「更」，重修本作「便」。

若才力不逮，也只做得第四、五等人。今合下便要做第四、五等人，説道就他才地如此，下梢成甚麽物事？又曰：須是先理會本領端正，其餘事物漸漸理會到上面。若不理會本領了，假饒你百靈百會，若有些子私意便粉碎了。只是這私意如何卒急除得？如顔子天資如此，孔子也只教他克己復禮，其餘弟子告之雖不同，❶莫不以此意望之。公書所説冉求、仲由，當初他是只要做到如此。聖人教由、求之徒，莫不以曾、顔望之，無奈何他才質只做到這裏。如可使治其賦，可使爲之宰，他當初也不止是要恁地。又曰：胡氏開治道齊，亦非獨只理會這些，如所謂頭容直，足容重，手容恭，許多説話都是本原。又曰：人須是理會身心如一片地相似，須是用力子細開墾。未能如此，只管説種東種西，其實種得甚麽物事？又曰：公今且收拾這心下，勿爲事物所勝。且如一日全不得去講明道理，不得讀書，只去應事也，須使這心常常在這裏。若不先去理會得這本領，只要去就事上理會，雖是理會得許多骨董，只是添得許多雜亂，只是添得許多驕吝。某這説的定是恁地，雖孔子復生不能易其説，這道理只一而已。○問：學者理會文字，又却昏了，若不去看，恐又無路可入。曰：便是難，且去看聖賢氣象，識他一箇規模。若欲盡窮天下之理，亦甚難。且隨自家規模大小做去，若是迫切求益，亦害事，豈不是私意？○今人所以懶，未必是真箇怯弱，自是先有畏事之心。纔見一事，便料其難而不爲，緣先有箇畏縮之心，所以習成怯弱而不能有所爲

❶「告之雖」，四庫本作「雖告之」。

也。問：某平生自覺血氣弱，日用功夫多只揀易底事做。或尚論人物，亦只取其與己力量相近者學之，自覺難處進步不得也。曰：便當因這易處而益求其所謂難，因這近處而益求其所謂遠，不可只守這箇而不求進步。縱自家力量到那難處不得，然不可不勉慕而求之。今人都是未到那做不得處，便先自懶怯了。雖是怯弱，然豈可不向前求其難者、遠者？但求之，無有不得，若真箇著力求而不得，則無如之何也。○今人做一件没緊要底事，也著心去做，方始會成，如何悠悠會做得事？且如好寫字底人，念念在此，則所見之物無非是寫字底道理。又如賈島學作詩，只思「推敲」兩字，在驢上坐，把手作推敲勢，大尹出有許多車馬人從，渠更不見，不覺犯了節。只此「推敲」二字計甚利害，他直得恁地用力，所以後來做得詩來，極是精高。今吾人學問是大小大事却全悠悠，若存若亡，更不著緊用力，反不如他人做没要緊底事，可謂倒置。○「學如不及，猶恐失之。」此君子所以孜孜焉愛日不倦，而競尺寸之陰也。今或聞諸生晨起入學，未及日中而已散去，此豈愛日之意也哉？夫學者所以爲己，而士者或患貧賤，勢不得學，與無所於學而已。勢得學，又不爲無所於學，而猶不勉，是亦未嘗有志於學而已矣。然此非士之罪也，教不素明而學不素講也。今之世父所以詔其子，兄所以勉其弟，師所以教其弟子，弟子之所以學，舍科舉之業則無爲也。使古人之學止於如此，則凡可以得志於科舉斯已爾。所以孜孜焉愛日不倦，以至乎死而後已，果何爲而然哉？今之士唯不知此，以爲苟足以應有司之求矣，則無事乎汲汲爲也。是以至於惰遊而不知反，終身不能有志於學，而君子以爲非士之罪也。使教素明於上，而學素講於下，則士者固將有以用其力，而豈有不勉之患哉？ ○古之學者八歲而入小學，學六甲五方書記之事。十五而入大學，學先聖之禮樂焉。非獨教之，固將有以養之也。蓋理義以養其心，聲音以養其耳，采色以養其目，舞蹈、降登、疾徐、俯仰以養其血脉，以至於左右起居，盤盂几杖，有銘有戒，其所以養之之具可謂備至爾矣！夫如是，故學者有成材，而庠序有實用，此先王之教所以爲盛也。自學絶而道喪，至今千有餘年，學校之官有教養之名，而無教之養之之實。學者挾策而相與嬉其間，其傑然者乃知以干禄蹈利爲事，至於語聖賢之餘旨，究學問之本原，則罔乎莫知所以用其心者。其規、爲、動、息、舉，無以異於凡民而有甚者焉。嗚呼！此教者過也，而豈學者之罪哉！然君子以爲是亦有罪焉爾，何則？今所以異於古者，特聲音、采色之盛，舞蹈、降登、疾徐、俯仰之容，左右起居、盤盂几杖之戒，有所不及爲。至推其本，則理義之所以養其心者固在也，諸君日相與誦而傳之，顧不察耳。然則此之不爲，而彼之久爲，又豈非學者之罪哉？ ○君子之學以誠其身，非直爲觀聽之美而已。古之君子以是行之其身，而推之以教其子弟，莫不由此，此其風俗所以淳厚而德業所以崇高也。近世之俗不然，自父母所以教其子弟，固已使之假手程文以欺罔有司矣。新學小生自爲兒童時，習見其父兄之誨如此，因恬不以爲愧，而安受其空虛無實之名。内以傲其父兄，外以驕其閭里，終身不知自力，以至卒就小人之歸者，未必不由此也。故爲今之父兄有愛其子弟之心者，當爲求明師良友，使之究義理之指歸，而習爲孝弟馴謹之行，以誠其身而已。禄爵之不至，❶名譽之不聞，非所憂也。何必汲汲使之俯心下首，務欲因人成事，以幸一朝之得而貽終己之羞哉？○《與長子受之書》曰：早晚受業請益隨衆例，不得怠慢。日間思索有疑，用册子隨手劄記，候見質問，不得放過。所聞誨語，歸安下處思省。要切之言，逐日劄記，歸日要看。見好文字，亦録取歸來。不得自擅出入，與人往還。初到，問先生有合見者見之，不令見則不必往。人來相見，亦啓稟，然後往報之，此外不得出入一步。居處須是恭敬，不得倨肆惰慢。言語須要諦當，不得戲笑諠譁。凡事謙恭，不得尚氣凌人，自取恥辱。不得飲酒，荒思廢業，亦恐言語差錯，失己忤人，尤當深戒。不可言人過惡，及説人家長短是非，有來告者亦勿酬答。於先生之前，尤不可説同學之短。交游之間，尤當審擇，雖是同學，亦不可無親疎之辨。此皆當請於先生，聽其所教。大凡敦厚忠信、能攻吾過者，益友也。其諂諛輕薄、傲慢褻狎、導人爲惡者，損友也。推此求之，亦自合見得五七分，更問以審之，百無所失矣。但恐志趣卑凡，不能克己從善，則益者不期疏而日遠，損者不期近而日親。此須痛加檢點而矯革之，不可荏苒漸習，自趨小人之域。如此，則雖有賢師長，亦無救拔自家處矣。見人嘉言善行，則敬慕而紀録之。見人好文字勝己者，則借來熟看，或傳録之而咨問之，思與之齊而後已。不拘長少，惟善是

❶「禄爵」，四庫本作「爵禄」。

取。以上數條切宜謹守，其所未及，亦可據此推廣。大抵只是勤謹二字，循之而上，有無限好事，吾雖未敢言，而竊爲汝願之。反之而下，有無限不好事，吾雖不欲言，而未免爲汝憂之也。蓋汝若好學，在家足可讀書作文，講明義理，不待遠離膝下，千里從師。汝既不能如此，即是自不好學，已無可望之理。然今遣汝者，恐汝在家汩於俗務，不得專意。又父子之間不欲晝夜督責及無朋友聞見，故令汝一行。汝若到彼，能奮然勇爲力改故習，一味勤謹，則吾猶有望。不然，則徒勞費，只與在家一般。他日歸來，又只是舊時伎倆人物，不知汝將何面目歸見父母、親戚、鄉黨、故舊耶？ 念之念之，夙興夜寐，無忝爾所生，在此一行，千萬努力。○《白鹿洞規》：父子有親，君臣有義，夫婦有別，長幼有序，朋友有信。右五教之目，堯舜使契爲司徒，敬敷五教，即此是也。學者學此而已。而其所以學之之序亦有五焉，其別如左。博學之，審問之，慎思之，明辨之，篤行之。右爲學之序，學、問、思、辨四者，所以窮理也。若夫篤行之事，則自脩身以至于處事接物，亦各有要，其別如左。言忠信，行篤敬，懲忿窒慾，遷善改過。右脩身之要。正其義不謀其利，明其道不計其功。右處事之要。己所不欲，勿施於人。行有不得，反求諸己。右接物之要。熹竊觀古昔聖賢所以教人爲學之意，莫非使之講明義理以脩其身，然後推以及人，非徒欲其務記覽爲詞章，以釣聲名取利祿而已也。今人之爲學者，則既反是矣。然聖賢所以教人之法，具存於經，有志之士固當熟讀深思而問辯之。苟知其理之當然，而責其身以必然，則夫規矩禁防之具，豈待他人設之而後有所持循哉？ 近世於學有規，其待學者爲己淺矣，而其爲法又未必古人之意也，故今不復以施於此堂。而特取凡聖賢所以教人爲學之大端，條列如右，而揭之楣間，諸君其相與講明遵守而責之於身焉。則夫思慮云爲之際，其所以戒謹而恐懼者，必有嚴於彼者矣。其有不然而或出於此言之所棄，則彼所謂規者必將取之，固不得而略也。諸君其亦念之哉！○《增損呂氏鄉約》：凡鄉之約四，一曰德業相勸，二曰過失相規，三曰禮俗相交，四曰患難相恤。衆推一人有齒德者爲都約正，有學行者二人副之，約中月輪一人爲直月。都副正不與之。置三籍，凡願入約者書于一籍，德業可觀者書于一籍，過失可規者書于一籍。直月掌之，月終則以告于約正而授于其次。○德業相勸。德謂見善必行，聞過必改，能治其身，能治其家，能事父兄，能教子弟，能御僮僕，能肅政教，能事長上，能睦親故，能擇交遊，能守廉介，能廣施惠，能受寄託，能救患難，能導人爲善，能規人過失，能爲人謀事，能爲衆集事，能解鬬争，能決是非，能興利除害，能居官舉職。業謂居家則事父兄，教子弟，待妻妾；在外則事長上，接朋友，教後生，御僮僕。至於讀書治田，營家濟物，畏法令，謹租賦，好禮樂射御書數之類，皆可爲之。非此之類，皆爲無益。右件德業，同約之人各自進脩，互相勸勉。會集之日，相與推舉其能者書于籍，以警其不能者。○過失相規。過失謂犯義之過六，犯約之過四，不脩之過五。犯義之過，一曰酗博鬬訟，酗謂縱酒喧競，博謂賭博財物，鬬謂鬬毆駡詈，訟謂告人罪惡，意在害人，誣賴争訴，得已不已。若事干負累，及爲人侵損而訴之者非。二曰行止踰違，踰禮違法，衆惡皆是。三曰行不恭遜，侮慢齒德者，持人短長者，恃强凌人者，知過不改、聞諫愈甚者。四曰言不忠信，或爲人謀事，陷人於惡。或與人要約，退即背之。或妄說事端，熒惑衆聽者。五曰造言誣毁，誣人過惡，以無爲有，以小爲大，面是背非。或作嘲咏匿名文書，及發揚人之私隱，無狀可求，及喜談人之舊過者。六曰營私太甚。與人交易傷於掊克者，專務進取不恤餘事者，無故而好干求假貸者，受人寄託而有所欺者。犯約之過，一曰德業不相勸，二曰過失不相規，三曰禮俗不相成，四曰患難不相恤。不脩之過，一曰交非其人，所交不限士庶，但凶惡及游惰無行、衆所不齒者。而已朝夕與之游處，則爲交非其人。若不得已而暫往還者非。二曰游戲怠惰，游謂無故出入，及謁見人止務閑適者。戲謂游笑無度，及意在侵侮，或馳馬擊鞠而不賭財物者。怠惰謂不脩事業，及家事不治，門庭不潔者。三曰動作無儀，謂進退太踈野，及不恭者。不當言而言，及當言而不言者。衣冠太華飾，及全不完整者。不衣冠而入街市者。四曰臨事不恪，主事廢忘，期會後時，臨事怠慢者。五曰用度不節，謂不計有無，過爲多費者。不能安貧，非道營求者。右件過失，同約之人各自省察，互相規戒，小則密規之，大則衆戒之。不聽則會集之日，直月以告于約正，約正以義理誨諭之，謝過請改，則書于籍以俟。其爭辯不服，與終不能改者，皆聽其出約。○禮俗相交。禮俗之交，一曰尊幼輩行，二曰造請拜揖，三曰請召送迎，四曰慶弔贈遺。尊幼輩行凡五等，曰尊者，謂長於己三十歲以上在父行者。曰長者，謂長於己十歲以上在兄行者。曰敵者，謂年上下不滿十歲者，長者爲稍長，少者爲稍少。曰少者，謂少於己十歲以下者。曰幼者。謂少於己二十歲以下者。造請拜揖凡三條，曰凡少者、幼者於尊者、長者，歲首、冬至、四孟月朔辭見賀謝皆爲禮見。皆具門狀，用幞頭、公服、腰帶、靴笏。無官具名紙，用幞頭、襴衫、腰帶、繫鞋。唯四孟通用帽子、皂衫、腰帶。凡當行禮而有恙故，皆先使人白之，或遇雨雪，則尊長先使人喻止來者。

此外候問起居，質疑白事，及赴請召，皆爲燕見。深衣、涼衫皆可，尊長令免，即去之。尊者受謁不報。歲首冬至，具己名榜子，令子弟報之，如其服。長者歲首冬至具榜子報之，如其服，餘令子弟以己名榜子代行。凡敵者，歲首、冬至辭見賀謝，相往還。門狀名紙同上，唯止服帽子。凡尊者、長者無事而至少者、幼者之家，唯所服。深衣、涼衫、道服、背子可也，敵者燕見亦然。曰凡見尊者、長者，門外下馬，俟於外次，乃通名。凡往見人，入門必問主人食否？有他客否？有他幹否？度無所妨，乃命展刺。有妨則少俟，或且退，後皆放此。主人使將命者先出迎客，客趨入至廡間，主人出降階，客趨進，主人揖之升堂，禮見四拜而後坐，燕見不拜。旅見則旅拜，少者、幼者自爲一列。幼者拜，則跪而扶之。少者拜，則跪扶而答其半。若尊者、長者齒德殊絶，則少者、幼者堅請納拜，尊者許，則立而受之。長者許，則跪而扶之。拜訖，則揖而退。主人命之坐，則致謝訖，揖而坐。退凡相見，主人語終不更端，則告退。或主人有倦色，或方幹事而有所俟者，皆告退可也。後皆放此。則主人送于廡下，若命之上馬，則三辭。許，則揖而退，出大門乃上馬。不許，則從其命。凡見敵者，門外下馬，使人通名，俟于廡下或廳側，禮見則再拜。稍少者先拜，旅見則特拜。退則主人請就階上馬。徒行則主人送于門外。凡少者以下，則先遣人通名，主人具衣冠以俟，客入門下馬，則趨出迎揖升堂，來報禮，則再拜謝。客止之則止。退則就階上馬。客徒行，則迎于大門之外，送亦如之。仍隨其行數步，揖之則止，望其行遠乃入。曰凡遇尊長於道皆徒行，則趨進揖。尊長與之言則對，不則立於道側以俟。尊長已過，乃揖而行。或皆乘馬，於尊者則回避之，於長者則立馬道側揖之，俟過，乃揖而行。若己徒行而尊長乘馬，則回避之。凡徒行遇所識乘馬皆放此。若己乘馬而尊長徒行，望見則下馬前揖，己避亦然。過既遠，乃上馬。若尊長令上馬，則固辭。遇敵者皆乘馬，則分道相揖而過。彼徒行而不及避，則下馬揖之，過則上馬。遇少者以下皆乘馬，彼不及避，則揖之而過。彼徒行不及避，則下馬揖之。於幼者則不必下可也。請召迎送凡四條。曰凡請尊長飲食，親往投書。禮薄則不必書。專召他客，則不可兼召尊長。既來赴，明日親往謝之。召敵者以書簡，明日交使相謝。召少者用客目，明日客親往謝。曰凡聚會皆鄉人，則坐以齒。非士類則不。若有親則別序，若有他客有爵者，則坐以爵。不相妨者猶以齒。若有異爵者，雖鄉人亦不以齒。異爵謂命士大夫以上，今陞朝官是。若特請召或迎勞出餞，皆以專召者爲上客。如昏禮則姻家爲上客，皆不以齒爵爲序。曰凡燕集，初坐，別設卓子於兩楹間，置大盃於其上，主人降席立於卓東西向，上客亦降席立於卓西東向。主人取盃親洗，上客辭。主人置盃卓子上，親執酒斟之，以器授執事者，遂執盃以獻上客，上客受之，❶復置卓子上。主人西向再拜，上客東向再拜。興取酒東向跪祭遂飲，以盃授贊者，遂拜，主人答拜。若少者以下爲客，飲畢而拜，則主人跪受如常。上客酢主人，如前儀。主人乃獻衆賓，如前儀。唯獻酒不拜。若衆賓中有齒爵者，則特獻如上客之儀，不酢。若婚會，姻家爲上客，則雖少亦答其拜。曰凡有遠出遠歸者，則送迎之。少者、幼者不過五里，敵者不過三里。各期會於一處，拜揖如禮，有飲食，則就飲食之。少者以下，俟其既歸，又至其家省之。慶弔贈遺凡

❶「受」，四庫本作「辭」。

四條，曰凡同約有吉事則慶之，冠子、生子、預薦、登第、進官之屬皆可賀。婚禮雖曰不賀，然禮有曰賀娶妻者，蓋但以物助其賓客之費而已。有凶事則弔之。喪葬水火之類。每家只家長一人與同約者俱往，其書問亦如之。若家長有故，或與所慶弔者不相接，則其次者當之。曰凡慶禮如常儀，有贈物。用幣帛酒食果實之屬，衆議量力定數，多不過三五千，少至一二百。如情分厚薄不同，則從其厚薄。或其家力有不足，則同約爲之借助器用及爲營幹。曰凡弔禮，聞其初喪，聞喪同。未易服，則率同約者深衣而往哭弔之，凡弔尊者，則爲首者致辭而旅拜，敵以下則不拜。主人拜則答之，少者以下則扶之。不識生者則不弔，不識死者則不哭。且助其凡百經營之事。主人既成服，則相率素幞頭、素襴衫、素帶，皆以白生紗絹爲之。具酒果食物而往奠之。死者是敵以上則拜而奠，以下則奠而不拜。主人不易服，則亦不易服。主人不哭，則亦不哭。情重，則雖主人不變不哭，亦變而哭之。賻禮用錢帛，衆議其數如慶禮。及葬，又相率致賵。俟發引，則素服而送之。賵如賻禮，或以酒食犒其役夫及爲之幹事。及卒哭，及小祥，及大祥，皆常服弔之。曰凡喪家不可具酒食衣服以待弔客，弔客亦不可受。曰凡聞所知之喪，或遠不能往，則遣使致奠。就外次，衣弔服再拜，哭而送之。唯至親篤友爲然。過朞年則不哭，情重則哭其墓。右禮俗相交之事，直月主之。有期日者爲之期日，當糾集者督其違慢，凡不如約者以告于約正而詰之，且書于籍。〇患難相恤。患難之事七，一曰水火，小則遣人救之，甚則親往，多率人救且弔之。二曰盜賊，近者同力追捕，有力者爲告之官司。其家貧，則爲之助出募賞。三曰疾病，小則遣人問之，甚則爲訪醫藥，貧則助其養疾之費。四曰死喪，闕人則助其幹辦，乏財則賻贈借貸。五曰孤弱，孤遺無依者，若能自贍，則爲之區處，稽其出内。或聞于官司，或擇人教之，及爲求婚姻。貧者協力濟之，無令失所。若有侵欺之者，衆人力爲之辨理。若稍長而放逸不檢，亦防察約束之，無令陷之於不義。六曰誣枉，有爲人誣枉過惡不能自伸者，勢可以聞於官府，則爲言之。有方略可以救解，則爲解之。或其家因而失所者，衆共以財濟之。七曰貧乏。有安貧守分而生計大不足者，衆以財濟之。或爲之假貸置産，以歲月償之。右患難相恤之事，凡有當救恤者，其家告于約長，急則同約之近者爲之告，約正命直月徧告之，且爲之糾集而程督之。凡同約者財物、器用、車馬、人僕皆有無相假。若不急之用及有所妨者，則不必借。可借而不借，及踰期不還，及損壞借物者，論如犯約之過，書于籍。隣里或有緩急，雖非同約，而先聞知者亦當救助。或不能救助，則爲之告于同約而謀之。有能如此者，則亦書其善於籍，以告鄉人。以上鄉約四條本出藍田吕氏，今取其他書及附己意稍增損之，以通于今，而又爲月旦集會、讀約之禮如左方。曰凡預約者月朔皆會，朔日有故，則前期三日别定一日，直月報會者。所居遠者唯赴孟朔，又遠者歲一再至可也。直月率錢具食。每人不過一二百，孟朔具果酒三行，麵飯一會，餘月則去酒果，或直設飯可也。會日夙興，約正、副正、直月、本家行禮。若會族罷，皆深衣俟于鄉校，設先聖先師之像于北壁下。無鄉校，則别擇一寬閑處。先以長少序拜于東序。凡拜，尊者跪而扶之，長者跪而答其半，稍長者俟其俯伏而答之。同約者如其服而至。有故，則先一日使人告于直月。同約之家子弟雖未能入籍，亦許隨衆序拜。未能序拜，亦許侍立觀禮，但不與飲食之會，或别率錢略設點心於他處。俟於外次。既集，以齒爲序，立於門外東向北上，約正以下出門西向南上，約正與齒最尊者正相向。揖迎入門，至庭中，北面皆再拜。約正升堂上香，降，與在位者皆再拜。約正升降皆自阼階。揖分東西向立，如門外之立。約正三揖，客三讓，約正先升，客從之，約正以下升自阼階，餘人升自西階。皆北面立。約正以下西上，餘人東上。約正少進西向立，副正、直月次其右少退，直月引尊者東向南上，長者西向南上。皆以約正之年推之，後放此。西向者其位在約正之右少進，餘人如故。約正再拜，凡在位者皆再拜。此拜尊者。尊者受禮如儀，唯以約正之年爲受禮之節。退北壁下南向東上立。直月引長者東面如初禮，退則立於尊者之西東上。此拜長者，拜時唯尊者不拜。直月又引稍長者東向南上，約正與在位者皆再拜，稍長者答拜，退立于西序東向北上。此拜稍長者，拜時尊者、長者不拜。直月又引稍少者東面北上，拜約正，約正答之，稍少者退立于稍長者之南。直月以次引少者東北向西北上，拜約正，約正受禮如儀，拜者復位。又引幼者亦如之。既畢，揖各就次。同列未講禮者，拜於西序如初。頃之，約正揖就坐。約正坐堂東南向，約中、年最尊者坐堂西南向，副正、直月次約正之東南向西上，餘人以齒爲序，東西相向，以北爲上。若有異爵者，則坐於尊者之西南向東上。直月抗聲讀約一過，副正推說其意，未達者許其質問。於是約中有善者衆推之，有過者直月糾之。約正詢其實狀于衆，無異辭，乃命直月書之。直月遂讀記善籍一過，命執事以記過籍徧呈在坐，各默觀一過。既畢乃食，食畢少休，復會于堂上，或說書，或習射，講論從容，講論須有益之事，不得輒道神怪邪僻悖亂之言，及私議朝廷州縣政事得失，及揚人過惡，違者直月糾而書之。至晡乃退。

南軒張氏曰：二程先生所以教學者，不越於居敬、窮理二事，取其書反覆讀之，則可以見。蓋居敬有力，則其所窮者愈精。

窮理浸明，則其所居者益有地。二者實互相發也。〇謂學者曰：謹飭則有餘，且放教胸襟開闊。又曰：不要强自開闊，只涵泳義理，便自然開闊去。

勉齋黄氏曰：孔孟之教人，曰守死善道，曰舍生取義。夫死生亦大矣！至於道義之可樂，則生不足戀而死不足顧。生不足戀而死不足顧，則於聖賢之道，如飢者不忘食，渴者不忘飲，行者不忘歸，病者不忘起，猶未足以諭其切也。〇讀書且摸得心路直，方有商量。每學者來，且教他磨勵了箇心歸去。譬如人持一箇鑿石錐來，如何鑽得？入且寄他兩面磨得恁地十分尖利，看去甚處都破開了，他便自會去尋揣得。不恁地，見聞儘多也不濟事。〇學者初且令識得性情部伍，認得虛靈體面，庶幾於讀書存養不至全無著落。然學者之患在於志卑氣弱，度量淺狹，規模褊陋，則雖與之細講，恐終無任道之意。故須是有大規模，又有細工夫，方且成箇人物。故常以此提撕之，恐《中庸》所謂高明、中庸、廣大、精微亦此意也。

問：明道以記誦博識爲玩物喪志，謝顯道聞之不服，是邪非邪？潛室陳氏曰：明道是明睿内照，故書無不記，却不是記問上做工夫。此語正欲點化顯道，惜其爲記問所障，領會不去。

西山真氏曰：孔子答門人問仁孝，皆是隨其資質而成就之。聖人之教人，猶化工之生物，因材而篤，於此可見。

魯齋許氏曰：聖人是因人心固有良知、良能上扶接將去，他人心本有如此意思。愛親敬兄，藹然四端，隨感而見，聖人只是與發達推擴，就他元有的本領上進將去，不是將人心上元無的强安排與他。後世却將良知、良能去斲喪了，却將人性上元無的强去安排裁接，如雕蟲小技。以此學校廢壞，壞却天下人才。及去做官，於世事人情殊不知遠近，不知何者爲天理民彝。似此，民何由嚮方？如何養得成風俗？他於風化人倫本不曾學，他家本性已自壞了，如何化得人？○稱人之善，宜就迹上言。議人之失，宜就心上言。蓋人之初心本自無惡，特以利欲驅之，故失正理。其始甚微，其終至於不可救。仁人雖惡其去道之遠，然亦未嘗不愍其昏暗無知、誤至此極也。故議之必從始失之地言之，使其人聞之足以自新而無怨，而吾之言亦自爲長厚切要之言。善迹既著，即從而美之，不必更求隱微主爲一定之論。在人聞則樂於自勉，在我則爲有實驗而又無他日之弊也。○善惡消長，善少惡多，則長其善而不敢攻其惡；善多惡少，然後敢攻。治病亦然，痼病之人且當扶護元氣。至如聖人於門弟子教養之際，亦如此。○教人，使人必先使有耻，無耻則無所不爲。既知此，又須養護其知耻之心，督責之使有所畏，榮耀之使有所慕。督責、榮耀皆非所以爲教也，到無所畏、不知慕時，都行不將去。❶

性理大全書卷之五十一

❶「不將」，四庫本作「將不」。

性理大全書卷之五十二

學十

人倫師友附

問：盡其道謂之孝弟。夫以一身推之，則身者，資父母血氣以生者也。盡其道者，則能敬其身。敬其身者，則能敬其父母矣。不盡其道，則不敬其身。不敬其身，則不敬父母。其斯之謂歟？程子曰：今士大夫受職於君，期盡其職。受身於父母，安可不盡其道？○問：第五倫視其子之疾與兄子之疾不同，自謂之私，如何？曰：不特安寢與不安寢，只不起與十起，便是私也。父子之愛本是公，纔著些心做便是私也。又問：視己子與兄子有間否？曰：聖人立法曰「兄弟之子猶子也」，是欲視之猶子也。又問：天性自有輕重，疑若有間然？曰：只爲今人以私心看了。孔子曰：「父子之道，天性也。」此只就孝上説，故言父子天性。若君臣、兄弟、賓主、朋友之類，亦豈不是天性？只爲今人小看，却不推其本所由來故爾。己之子與兄之子所爭幾何？是同出於父者也。只爲兄弟異形，故以兄弟爲手足。人多以異形，故親己之子異於兄弟之子，甚不是也。○問：人子事親學醫如何？曰：最是大事。今有璞玉於此，必使玉人彫琢之。蓋百工之事，不可使一人兼之，故使玉人彫琢之也。若更有珍寶物，須是自看，却必不肯任其自爲也。今人視父母疾，乃一任醫者之手，豈不害事？必須識醫藥之道理，别病是如何，藥當如何，故可任醫者也。或曰：己未能盡醫者之術，或偏見不到，適足害事，奈何？曰：且如識圖畫人，未必畫得如畫工，然他却識别得工拙。如自己曾學，令醫者説道理，便自見得。或己有所見，亦要説與他商量。○君臣朋友之際，其合不正，未有久而不離者。故賢者順理而安行，智者知幾而固守。○問：妻可出乎？曰：妻不賢，出之何害？如子思亦嘗出妻。今世俗乃以出妻爲醜行，遂不敢爲。古人不如此。妻有不善，便當出也。只爲今人將此作一件大事，隱忍不敢發。或有隱惡，爲其陰持之。以至縱恣養成不善，豈不害事？人脩身、刑家最急，纔脩身，便到刑家上也。又問：古人出妻，有以對姑叱狗、藜蒸不熟者，亦無甚惡而遽出之，何也？曰：此古人忠厚之道也。古之人交絶不出惡聲，君子不忍以大惡出其妻，而以微罪去之，以此見其忠厚之至也。且如叱狗於親前者，亦有甚大故不是處，只爲他平日有故，因此一事出之爾。或曰：彼以此細故見逐，安能無辭？兼他人不知是與不是，則如之何？曰：彼必自知其罪，但自己理直可矣，何必教他人知？然有識者當自知之也。如必待彰暴其妻之不善，使他人知之，是亦淺丈夫而已，君子不如此。大凡人説話，多欲令彼曲我直，若君子自有一箇含容意思。或曰：古語有之：「出妻令其可嫁，絶友令其可交。」乃此意否？曰：是也。○問：再娶皆不合禮否？曰：大夫以上無再娶禮。凡人爲夫婦時，豈有一人先死，一人再娶、一人再嫁之約？只約終身夫婦也。但自大夫以下，有不得已再娶者，蓋緣奉公姑或主内事爾。如大夫以上至諸侯、天子，自有嬪妃可以供祀，禮所以不許再娶也。○世人多慎於擇壻而忽於擇婦，其實壻易見，婦難知，所繫甚重，可忽哉？○問：事兄盡禮，不得兄之歡心奈何？曰：但當起敬起孝，盡至誠不求伸己，可也。曰：接弟之道如何？曰：盡友愛之道而已。○周公之於兄，舜之於弟，皆一類。觀其用心爲何如哉？推此心以待人，亦只如此，然有差等耳。

涑水司馬氏曰：某事親無以踰於人，能不欺而已矣，其事君亦然。○受人恩而不忍負者，其爲子必孝，爲臣必忠。

滎陽吕氏曰：孝子事親須事事躬親，不可委之使令也。嘗觀《穀梁》言：「天子親耕以供粢盛，王后親蠶以供祭服。」國非無良農工女也，以爲人之所盡事其祖禰，不若以己所自親者也。此説最盡事親之道。又説「爲人子者視於無形，聽於無聲，未嘗頃刻離親也」。事親如天，頃刻離親，則有時而違天，天不可得而違也。

藍田吕氏曰：君子之道莫大乎孝，孝之本莫大乎順親。故仁人孝子欲順乎親，必先乎妻子不失其好，兄弟不失其和，室家宜之，妻孥樂之，致家道成，然後可以養父母之志而無違也。故身不行道，不行於妻子。文王刑于寡妻，至于兄弟，則治家之道必自妻子始。

豫章羅氏曰：君明，君之福。臣忠，臣之福。君明臣忠，則朝廷治安，得不謂之福乎？父慈，父之福。子孝，子之福。父慈子孝，則家道隆盛，得不謂之福乎？俗人以富貴爲福，陋哉！

韋齋朱氏曰：父子主恩，君臣主義，是爲天下之大戒，無所逃於天地之間。如人食息呼吸於元氣之中，一息之不屬理，必至於斃。是以自昔聖賢立法垂訓，所以維持防範於其間者，未嘗一日而少忘。

朱子曰：聖人之於天地，猶子之於父母。○人之所以有此身者，受形於母而資始於父。雖有强暴之人，見子則憐。至於襁褓之兒，見父則笑。果何爲而然哉？初無所爲而然，此父子之道所以爲天性而不可解也。然父子之間或有不盡其道者，是豈爲父而天性有不足於慈，亦豈爲子而天性有不足於孝者哉？人心本明，天理素具，但爲物欲所昏，利害所蔽，故小則傷恩害義而不可開，大則滅天亂倫而不可救也。○君臣父子之大倫，天之經，地之義，而所謂民彝也。故臣之於君，子之於父，生則敬養之，歿則哀送之。所以致其忠孝之誠者，無所不用其極而非虛加之也。以爲不如是，則無以盡吾心云爾。○父子欲其親，君臣欲其敬，非是欲其如此。蓋有父子則便自然有親，有君臣則便自然有敬。○問：父母之於子，有無窮憐愛，欲其聰明，欲其成立，此之謂誠心邪？曰：父母愛其子，正也。愛之無窮而必欲其如此，則邪矣。此天理人欲之間，正當審決。○問：人不幸處繼母、異兄弟不相容，當如何？曰：從古來自有這樣子，只看舜如何。後來此樣事多有，只是爲人子止於孝。○問：妻有七出，此却是正當道理，非權也。曰：然。○葉賀孫問：朋友之義，自天子至於庶人皆須友以成，而陳安卿只説以類聚，莫未該朋友之義否？曰：此亦只説本來如此。自天子至于庶人未有不須友以成，乃是後來事，説朋友功效如此。人自與人同類相求，牛羊亦各以類相從。朋友乃彝倫之一，今人不知有朋友之義者，只緣但知有四箇要緊，而不知朋友亦不可闕。又曰：朋友之於人倫，所關至重。○問：與朋友交，後知其不善，欲絶則傷恩，不與之絶，則又似匿怨而友其人。曰：此非匿怨之謂也。心有怨於人而外與之交，則爲匿怨。若朋友之不善，情意自是當疏，但疏之以漸，若無大故，則不必峻絶之。所謂親者毋失其爲親，故者毋失其爲故者也。○人之大倫，其别有五，自昔聖賢皆以爲天之所敘，而非人之所能爲也。然以今考之，則惟父子、兄弟爲天屬，而以人合者居其三焉，是則若有可疑者。然夫婦者，天屬之所由以續者也。君臣者，天屬之所賴以全者也。朋友者，天屬之所賴以正者也。是則所以紀綱人道，建立人極，不可一日而偏廢。雖或以人而合，其實皆天理之自然，有不得不合者，此其所以爲天之所敘，而非人之所能爲者也。然是三者之於人，或能具其形矣，而不能保其生；或能保其生矣，而不能存其理。必欲君臣、父子、兄弟、夫婦之間，交盡其道而無悖焉，非有朋友以責其善，輔其仁，其孰能使之然哉？故朋友之於人倫，其勢若輕而所繫爲甚重，其分若踈而所關爲至親，其名若小而所職爲甚大，此古之聖人脩道立教，所以必重乎此而不敢忽也。然自世教不明，君臣、父子、兄弟、夫婦之間既皆莫有盡其道者，而朋友之倫廢闕爲尤甚。世之君子雖或深病其然，未必深知其所以然也。予嘗思之，父子也，兄弟也，天屬之親也，非其乖離之極，固不能輕以相棄。而夫婦、君臣之際，又有雜出于物情、事勢而不能自已者，以故雖或不盡其道，猶得以相牽聯比合而不至於盡壞。至於朋友，則其親不足以相維，其情不足以相固，其勢不足以相攝，而爲之者，初未嘗知其理之所從，職之所任，其重有如此也。且其於君臣、父子、兄弟、夫婦之間，猶或未嘗求盡其道，則固無所藉於責善輔仁之益。此其所以恩疏而義薄，輕合而易離，亦無怪其相視漠然，如行路之人也。夫人倫有五，而其理則一。朋友者，又所藉以維持是理而不使悖焉者也。由夫四者之不求盡道，而朋友以無用廢。然則朋友之道盡廢，而責善輔仁之職不舉，彼夫四者又安得獨立而久存哉？

南軒張氏曰：天地位而人生乎其中，其所以爲人之道者，以其有父子之親，長幼之序，夫婦之别，而又有君臣之義，朋友之交也。是五者，天之所命而非人之所能爲，有是性則具是道，初不爲聖愚而加損也。聖人能盡其性，故爲人倫之至，衆人則有所蔽奪而淪失之耳。然聖人有教焉，所以化其欲而反其初也。舜之命契曰：「敬敷五教在寬。」「寬」云者，漸濡涵養之，使其所固有者自發也。而《咎繇》亦曰：「天敘有典，勑我五典五惇哉。」「勑」云者，所以正其綱；而「惇」云者，所以厚其性也。降及三代，庠序之教尤詳。故孟子曰：「學則三代共之，皆所以明人倫也。」「明」云者，講明之而使之識其性之所以然也。然則人之所以爲聖賢，與夫聖賢之教人，舍是五者，其何以哉？

勉齋黄氏曰：五典者，天敘之常理，人道之大端也。析而言之，則君臣、夫婦、朋友者，人之屬。而天屬之親惟父子、兄弟爲然，其四肢百體皆一氣之所生，其入孝出弟爲萬善之根本，則兄弟之義可不謂重乎！○朋友者，人類之中志同而道合者也，故曰「天敘有典」，豈人力也哉？君臣、父子、夫婦、長幼一失其序，則天典不立，人道化爲夷狄矣。朋友道絶，則此四者雖欲各居其分，不可得也。善而莫予告也，過而莫予規也。觀感廢而怠心生，講習踈而實理晦，則五常百行顛倒錯繆而不可勝救矣。然則朋友者，列於人倫而又所以紀綱人倫者也。所可重者若此，而世莫之重焉，可不爲之屢歎也邪！

西山真氏曰：夫之道在敬身以帥其婦，婦之道在敬身以承其夫。故父之醮子，必曰勉帥以敬。親之送女，必曰敬之戒之。夫婦之道盡於此矣。

魯齋許氏曰：學則三代共之，皆所以明人倫也。人倫明於上，則小民親於下。舜明於庶物，察於人倫。後世君臣、父子、兄弟、夫婦、朋友，此五者禍亂相尋，只是人倫不明，故致如此。且如大舜處頑、嚚、傲三者之間，孜孜如此，只是人之大倫合如此，故無怨尤。愛之則喜而弗忘，惡之則勞而弗怨，人只於此處明得，然後盡得人道。○事親大節目是養體、養志、致愛、致敬，四事中致愛、敬尤急，所以孝只是愛親、敬親兩事耳。天子之孝推愛敬之心以及天下，亦惟此二事爲能刑於四海，固結人心。舍此則法術矣，其效與聖人不相似。父母在，不遠遊。爲子者恃血氣何所不往，但父母思念之心宜深體，當以父母之心爲心。○父子之親，君臣之義，與夫夫婦、長幼、朋友亦莫不各有當然之則，此天倫也。苟無學問以明之，則違遠人道，與禽獸殆無少異。

○自古及今，天下國家唯有箇三綱五常。君知君道，臣知臣道，則君臣各得其所矣。父知父道，子知子道，則父子各得其所矣。夫知夫道，婦知婦道，則夫婦各得其所矣。三者既正，則他事皆可爲之。此或未正，則其變故不可測知者，又奚暇他爲也？○正倫理，篤恩義，家人之道也。人之處家，在骨肉父子之間，大抵以情勝理，以恩奪義。惟剛立之人，則能不以私愛失其正理，故家人卦大要以剛爲善。○兄弟同受父母一氣所生，骨肉之至親者也。今人不明理義，悖逆天性。生雖同胞，情同吴越。居雖同室，迹如路人。以至計分毫之利而棄絶至恩，信妻子之言而結爲死怨。豈知兄弟之義哉！

程子曰：學者必求其師。記問文章不足以爲人師，以所學者外也，故求師不可不慎。所謂師者，何也？曰理也，義也。以下兼論師友。○古之人得其師傳，故因經以明道。後世失其師傳，故非明道不能以知經。○朋友講習，更莫如相觀而善工夫多。○人之於朋友，脩身誠意以待之，踈戚在人而已。不巧言令色，曲從苟合，以求人之與己也，雖鄉黨親戚亦然。○孔子弟子自孔子没後，各自離散，只有曾子便别。如子夏、子張欲以所事孔子事有若，獨曾子便道不可，自子貢以上必皆不肯。某自涪陵歸，見門人皆已支離，不知他日身後又如何也。但得箇信時，便自有長進處。孔子弟子甚多，亦不能皆合於孔子。如子路言「子之迂也」，又曰「末之也已」，及其退思，終合於孔子。只爲他信，便自然思量到也。○問：某與人居，視其有過而不告，則於心有所不安，告之而人不受，則奈何？曰：與之處而不告其過，非忠也。要使誠意之交通在於未言之前，則言出而人信矣。不信，誠不至也。

張子曰：師不立服，不可立也。當以情之厚薄，事之大小處之。如顔、閔於孔子，雖斬衰三年可也，其成己之功與君父並。其次各有淺深，稱其情而已。下至曲藝，莫不有師，豈可一概制服？○聖人不制師之服，師無定體。如何是師？見彼之善而己效之，便是師也。故有得其一言一義如朋友者，有相親炙而如兄弟者，有成就己身而恩如天地父母者，豈可一概服之？故聖人不制其服，心喪之可也。孔子死，弔服加麻，亦是服也，却不得謂無服也。

華陽范氏曰：與賢於己者處，則自以爲不足。與不如己者處，則自以爲有餘。自以爲不足則日益，自以爲有餘則日損。

藍田呂氏曰：古者憲老而不乞言。憲者，儀刑其德而已，無所事於問也。其次則有問有答，問答之間，然猶不憤則不啓，不悱則不發。又其次則有講有聽，講者不待問也，聽者不致問也。學至於有講有聽，則師益勤而道益輕，學者之功益不進矣。又其次則有講而未必聽，學至於有講而未必聽，則無講可矣。○人之患在好爲人師，故舍我而去者不追呼之使來。有教無類，故從我而來者不拒逆之使去。但能以此求道之心至，則受而教之。《論語》稱「互鄉難與言，童子見，門人惑。子曰『與其進也，不與其退也。人潔己以進，與其潔也，不保其往也』」。故聖賢在下，其所以取人，苟有向善之心皆取之，亦以進人爲善，不爲異日之不保，而廢其今日與人爲善之意。

上蔡謝氏曰：申顔自謂不可一日無侯

無可，或問其故，曰：無可能攻人之過，一日不見，則吾不得聞吾過矣。

廣平游氏曰：孟子之論尚友也，以一鄉之善士爲未足而求之一國，以一國之善士爲未足而求之天下，以天下之善士爲未足而求之古人。無友不如己者，尚友之道也。求得賢者尚而友之，則聞其所不聞，見其所不見，而德日起矣，此仲尼所以期子夏之日進也。

龜山楊氏曰：古之人，其道足以師世範俗，惟孔孟足以當之。東漢而下，師道益嚴，然稽其所知所行，皆不足以勝其任也。唐之韓愈固嘗欲以師道自居矣，其視李翱、張籍輩，皆謂從吾游。今翱、籍之文具在，考其言，未嘗以弟子自列，則師果可好爲乎？苟其道未足以成德達財，雖欲爲之，而人不與也。愈且如是，況其下者乎！

和靖尹氏曰：學問雖是要從師，然賴朋友相成處甚多。師只是開其大端，又體貌嚴重。若於從容閑暇之際，委曲論難，須是朋友便發明得子細。

河東侯氏曰：朱公掞來見明道于汝，歸謂人曰：「光庭在春風中坐了一箇月。」游、楊初見伊川，伊川瞑目而坐，二子侍立，既覺，顧謂曰：「賢輩尚在此乎？今既晚，且休矣。」及出門，門外之雪深一尺。

五峰胡氏曰：能攻人實病者，至難也。能受人實攻者，爲尤難。人能攻我實病，我能受人實攻，朋友之義其庶幾乎？不然，其不相陷而爲小人者幾希矣。

延平李氏曰：某聞之天下有三本焉。父生之，師教之，君治之，闕其一則本不立。古之聖賢莫不有師，其肄業之勤惰，涉道之淺深，求益之先後，若存若亡，其詳不可得而考。惟洙泗之間，七十二弟子之徒議論問答，具在方册，有足稽焉，是得夫子而益明也。孟子之後，道失所傳，枝分派别，自立門户，天下真儒不復見於世。其聚徒成群，所以相傳授者，句讀文義而已耳，謂之熄焉可也。夫巫醫樂師百工之人，其術淺，其能小，猶且莫不有師。儒者之道可以善一身，可以理天下，可以配神明而參造化，一失其傳而無所師，可不爲之大哀邪！❶○大率今人與古人學殊不同，如孔門弟子群居終日相切磨，又有夫子爲之依歸，日用間相觀感而化者甚多，恐於融釋而脱落處，非言説可及也。不然，子貢何以謂「夫子之言性與天道，不可得而聞」邪？

朱子曰：夫道雖若大路，然非上智生知之質，亦豈能不藉師友而獨得之哉？要當有以發其端倪，然後有餘師者可得而求耳。○朋友之交，責善所以盡吾誠，取善所以益吾德，非以相爲賜也。然各盡其道而無所苟焉，則麗澤之益自有不能已者。○問：人倫不及師。曰：師與朋友同類，而勢分等於君父，唯其所在則致死焉。或云：如在君旁則爲君死，在父旁則爲父死。曰：也是如此。如在君，雖父有罪不能爲父死。又曰：人倫不及師者，朋友多而師少，以其多者言之。問：服中不及師，何也？曰：正是難處。若論其服，則當與君父等，故《禮》謂「若喪父而無服」。又曰：「平居則絰。」

東萊吕氏曰：歐陽脩有云：「古之學者必嚴其師，師嚴然後道尊，道尊然後篤敬，篤敬然後能自守，能自守然後果於用，果於

❶「爲」，四庫本作「謂」。

用然後不畏而不遷。三代之衰，學校廢。至兩漢，師道尚存，故其學者各守其經以自用。是以漢之政理文章與其當時之事，後世莫及者，其所從來深矣。後世師法漸壞，而今世無師，學者不尊嚴，故自輕其道。輕之則不能至，不至則不能篤信，信不篤則不知所守，守不固則有所畏而物可移。是故學者惟俯仰徇時，以希祿利爲急，至於忘本趨末，流而不返。夫以不信不固之心，守不至之學，雖欲果於自用，莫知其所以用之之道，又況有祿利之誘，刑禍之懼以遷之哉！」

象山陸氏曰：人生而不知學，學而不求師，其可乎哉？秦漢以來，學絶道喪，世不復有師，以至于唐曰師曰弟子云者，反以爲笑，韓退之、柳子厚猶爲之屢歎。惟本朝理學遠過漢唐，始復有師道。雖然，學者不求師，與求而不能虛心，不能退聽，此固學者之罪。學者知求師矣，能退聽矣，所以導之者乃非其道，此則師之罪也。○吾嘗謂揚子雲、韓退之雖未知道，而識度非常人所及，其言時有所到而不可易者。揚子雲謂：「務學不如務求師。師者，人之模範也。模不模，範不範，爲不少矣。」韓退之謂：「古之學者必有師。師者，所以傳道、授業、解惑也。人非生而知之，孰能無惑？惑而不求師，其爲惑也終不解矣。」近世諸儒反不及此，然後知二公之識不易及也。吾亦謂論學不如論師，得師而不能虛心委己，則又不可以罪師。○天下若無著實師友，不是各執己見，便是恣情縱欲。○道廣大，學之無窮，古人親師求友之心亦無有窮已。以夫子之聖猶曰「學不厭」，況在常人，其求師友之心豈可不汲汲也？然師友會聚不可必得，有如未得會聚，則隨己知識，隨己力量，親書册，就事物，豈皆蒙然懵然略無毫髮開明處？曾子曰：「尊其所聞則高明，行其所知則光大。」非欺人也。

勉齋黄氏曰：斯道之顯晦，係於人物之盛衰。蓋義理以講習而明，德性以相觀而善。孑然獨立而無與爲侣，則學問廢而識見淺，繩約弛而怠慢生。古之人所以重朋來之樂者，豈不以此歟？

雙峰饒氏曰：師道立，則天下之不善者皆可變而爲善，天下之不中者皆可化而爲中，而善人豈不衆哉？善人衆，則國家之用隨取隨足，上焉可以格君心，中焉可以立政事，下焉可以移風俗，而朝廷豈有不正，天下豈有不治者哉？若昔唐虞，五典之敷掌之於契，寬栗直温之教典之於夔。至于成周，順先王詩書禮樂以造士，而教之中和者，亦惟擇有道有德者主之。皆所以立師道也。是以天下後世稱人才之盛，美治功之盛者，必曰唐虞、成周。及周之衰，則學校之政不脩而師道闕矣。於是洙泗之間，有吾夫子者出而任其責焉。一時及門之士，如顔、曾、冉、閔之流，固已如時雨之化矣，故其德行、政事、言語、文學莫不卓然皆有可稱。使夫子而得時行道，引其類而進之，則唐虞、成周之治有不難致者。夫子既没，而得其道者或以傳授於來嗣，或以友教於諸侯，隨其大小，亦皆於世道有所補焉。後世師道不立，學者無復講明道義、磨礲氣質之益矣。至本朝安定胡公首倡體用之學，以淑其徒，使學者明於經義，講於時務，篤於踐履，而不爲口耳之習，故一時賢士大夫多出其門，而散在四方者亦皆循循雅飭，師道之立蓋昉乎此。是後周子復得孔孟不傳之道於遺經，建圖屬書，以覺來學。而程子兄弟實紹其傳，於是益推古者《大學》教人之法，以淑諸人，以傳諸後。而我文公先生又從而光大之。淵源所漸，徧及海内，有志之士探討服行。而推其所得以正主庇民者不絶于時，能使大義既乖而復正，公道久屈而復伸者，皆夫人之力也。師道之立，於是爲盛。

魯齋許氏曰：凡取友必須趨向正當，切磋琢磨有益於己者。若乃邪僻卑汙，與夫柔佞不情，相誘爲非者，謹勿近之。○凡在朋儕中，切戒自滿，惟虚故能受，滿則無所容。人不我告，則止於此爾，不能日益也。故一人之見不足以兼十人，我能取之十人，是兼十人之能矣。取之不已，至於百人千人，則在我者可量也哉！○凡求益之道在於能受盡言。或議論經旨有見不到，或撰文字有所未工，以至凡在己者或有未善，人能爲我盡言之，我則致恭盡禮虚心而納之。果有可從，則終身服膺而不失。其或不可從，則退而自省也。

性理大全書卷之五十二

性理大全書卷之五十三

學十一

讀書法一

程子曰：讀書將以窮理，將以致用也。今或滯心於章句之末，則無所用也，此學者之大患。○凡觀書不可以相類泥其義，不爾則字字相梗。當觀其文勢上下之意，如充實之謂美，與詩之美不同。○嘗覺讀書有令人喜時，❶有令人手舞足蹈時。或問：莫是古人之意與先生之意相合後如此否？曰：是也。○《論語》、《孟子》只剩讀著，便自意足。學者須是玩味，若以語言解著，意便不足。○問世有以讀書爲文爲藝者。曰：爲文謂之藝，猶之可也。讀書謂之藝，則求諸書者淺矣。

張子曰：觀書必總其言而求作者之意。○讀書少，則無由考校得義精。蓋書以維持此心，一時放下，則一時德性有懈。讀書則此心常在，不讀書則終看義理不見。書須成誦，精思多在夜中，或静坐得之，不記則思不起。但通貫得大原後，書亦易記。所以觀書者釋己之疑，明己之未達。每見每加新益，則學進矣。於不疑處有疑，方是進。

上蔡謝氏曰：學者先學文，鮮有能至道。至如博觀泛覽，亦自爲害。故明道先

❶「覺」，四庫本作「觀」。

生教余嘗曰：「賢讀書，慎不要尋行數墨。」

龜山楊氏語羅仲素曰：某嘗有數句教學者讀書之法云：「以身體之，以心驗之，從容默會於幽閒静一之中，超然自得於書言象意之表。」此蓋某所自爲者如此。

和靖尹氏曰：吕獻可嘗言：「讀書不須多，讀得一字，行取一字。」伊川亦嘗言：「讀得一尺，不如行得一寸，行得便是會讀書。」二公之意正同。○讀書須是看聖人用心處，自家臨事時一一要使。

延平李氏曰：讀書者知其所言莫非吾事，而即吾身以求之，則凡聖賢所至而吾所未至者，皆可勉而進矣。若直以文字求之，説其詞義以資誦説，其不爲玩物喪志者幾希。

朱子曰：讀書須是虛心切己，虛心方能得聖賢意，切己則聖賢之言不爲虛説。○讀書須且虛心静慮，依傍文義，推尋句脉，看定此句指意是説何事，略用今人言語襯貼替换一兩字，説得古人意思出來。先教自家心裹分明歷落，如與古人對面説話，彼此對答，無一言一字不相肯可。此外都無閒雜説話，方是得箇入處。○讀書先要虛心平氣，熟讀精思，令一字一句皆有下落，諸家注解一一通貫，然後可以較其是非，以求聖賢立言之本意。雖已得之，亦且更如此反復玩味，令其義理浹洽於中，淪肌浹髓，然後乃可言學耳。○觀書但當虛心平氣，以徐觀義理之所在。如其可取，雖世俗庸人之言有所不廢。如有可疑，雖或傳以爲聖賢之言，亦須更加審擇。自然意味平和，道理明白，脚踏實地，動有據依，無籠罩自欺之患矣。○讀書須是優游玩味，徐觀聖賢立言本意所向如何，然後隨其遠近、淺深、輕重、緩急而爲之説，如孟子所謂以意逆志者，庶乎可以得之。若便以吾先入之説横於胸次，而驅率聖賢之言以從己意，設使義理可通，已涉私意穿鑿而不免於郢書燕説之誚，況又義理窒礙亦有所不可行者乎？○嘗見人云，大凡不公底人讀書不得，今看來是如此。如解説聖經，一向都不有自家身己，全然虚心，只把他道理自看其是非。恁地看文字，猶更自有牽於舊習失點檢處。全然把一己私意去看聖賢之書，如何看得出？○讀書有箇法，只是刷刮净了那心後去看。若不曉得，又且放下，待他意思好時又將來看。而今却説要虚心，心如何解虚得？而今正要將心在那上面。○讀書須是要身心都入在這一段裏面，更不問外面有何事，方見得一段道理出。如博學而篤志，切問而近思，如何却説箇仁在其中？蓋自家能常常存得此心，莫教走作，則理自然在其中。今人却一邊去看文字，一邊去思量外事，只是枉費了工夫。不如放下了文字，待打疊教意思静了，却去看。○觀書當平心以觀之，不可穿鑿。看從分明處，不可尋從隱僻處去。聖賢之言多是與人説話，若是嶢崎，却教當時人如何曉？○聖賢立言本自平易，而平易之中其旨無窮。今必推之使高，鑿之使深，是未必真能高深，而固已離其本指，喪其平易無窮之味矣。○問：方讀書時，覺得無静底工夫。須有讀書之時，有静虚之時。曰：某舊見李先生嘗教令静坐，後來看得不然，只是一箇敬字好。方無事時敬於自持，及應事時敬於應事，讀書時敬於讀書，便自然該貫動静，心無時不存。○初學於敬不能無間斷，只是纔覺間斷，便提起此心，只是覺處，便是接續。某要得人只就讀書上體認義理，日間常讀書，則此心不走作。或只去事物中袞，則此心易得汩沒。知得如此，便就讀書上體認義理，便可喚轉來。○本心陷溺之久，義理浸灌未透，且宜讀書窮理。常不間斷，則物欲之心自不能勝，而本心之義理自安且固矣。○學者觀書多走作者，亦恐是根本上工夫未齊整，只是以紛擾雜亂心去看，不曾以湛然凝定心去看。不若先涵養本原，且將已熟底義理玩味，待其浹洽，然後去看書，便自知只是如此。老蘇自述其學爲文處，有云：「取古人之文而讀之，始覺其出言用意與己大異，及其久也，讀之益精，胸中豁然以明，若人之言固當然者。」此是他於學文上工夫有見處，可取以喻今日讀書，其工夫亦合如此。又曰：看得一兩段，却且放心胸寬閒，不可貪多。○放寬心，以他說看他說，以物觀物，無以己觀物。○張子云：「書所以維持此心，一時放下，則一時德性有懈也。」是說得「維持」字好。蓋不讀書，則此心便無用處。今但見得些子，便更不肯去窮究那許多道理，陷溺其心於清虛曠蕩之地，却都不知，豈可如此？○昔陳烈先生苦無記性，一日讀《孟子》「學問之道無他，求其放心而已矣」。忽悟曰：「我心不曾收得，如何記得書？」遂閉門靜坐，不讀書百餘日，以收放心。却去讀書，遂一覽無遺。○讀書固收心之一助，然今只讀書時收得心，而不讀書時便爲事所奪，則是心之存也常少，而其放也常多矣。且胡爲而不移此讀書工夫向不讀書處用力，使動靜兩得，而此心無時不存乎！○學問就自家身己上切要處理會方是，那讀書底已是第二義。自家身上道理都具，不曾外面添得來。然聖人教人須要讀這書時，蓋爲自家雖有這道理，須是經歷過方得，聖人説底是他曾經歷過來。○讀書以觀聖賢之意，因聖賢之意以觀自然之理。○人之爲學，固是欲得之於心，體之於身。但不讀書，則不知心之所得者何事。○讀書窮理，當體之於身。凡平日所講貫窮究者，不知逐日常見得在心目間否？不然，則隨文逐義趕趁期限，不見悦處，恐終無益。○讀書不可只專就紙上求義理，須反來就自家身上推究。秦漢以後無人説到此，亦只是一向去書册上求，不就自家身上理會。自家見未到，聖人先説在那裏，自家只借他言語來就身上推究始得。如説仁義禮智，曾認得自家如何是仁，自家如何是義，如何是禮，如何是智，須是著己體認方得。如讀「學而時習之」，自家曾如何學？自家曾如何習？「不亦説乎」，曾見得如何是説？須恁地認始得。若只逐段解過去，解得了便休，也不濟事。○讀聖人書，當反身而求。亦須是講學，不講學遇事便有嵲屼不自安處。講學明，則坦坦地行將去。此道理無出聖人之言，但當熟讀深思。且如人看生文字與熟文字，自是兩般。既熟時，他人説底便是我底。讀其他書，不如讀《論語》最要，蓋其中無所不有。若只躬行而不講學，只是箇鶻突底好人。○問：平日讀書時似亦有所見，既釋書則别是一般。又每苦思慮紛擾，雖持敬亦未免弛慢，不知病根安在？曰：此乃不求之於身而專求之於書，固應如此。古人曰：「爲仁由己，而由人乎哉？」凡吾身日用之間無非道，書則所以接湊此心耳。故必先求之於身，而後求之於書，則讀書方有味。○大凡讀書，且要讀，不可只管思。口中讀，則心中閒而義理自出。某之始學亦如是爾，更無別法。○或問讀書未知統要。曰：統要如何便會知得？近來學者有一種則舍去册子，却欲於一言半句上便要見道理；又有一種則一向汎濫不知歸著處。此皆非知學者。須要熟看熟思，久久之間自然見箇道理四停八當，而所謂統要者自在其中矣。○書只貴讀，讀多自然曉。今只思量得寫在紙上底，也不濟事，終非我有。只貴乎讀，這箇不知如何自然心與氣合，舒暢發越，自是記得牢。縱饒熟看過，心裏思量過，也不如讀。讀來讀去，少間曉不得底自然曉得，已曉得者越有滋味。若是讀不熟，都没這般滋味。而今未説讀得注，且只熟讀正經，行住坐卧，心常在此，自然曉得。嘗思之，讀便是學，夫子説：「學而不思則罔，思而不學則殆。」學便是讀。讀了又思，思了又讀，自然有意。若讀而不思，又不知其意味。思而不讀，縱使曉得，終是觗觤不安。一似倩得人來守屋相似，不是自家人，終不屬自家使唤。若讀得熟而又思得精，自然心與理一，永遠不忘。某舊苦記文字不得，後來只是讀，今之記得者皆讀之功也。老蘇只取《孟子》、《論語》、《韓子》與諸聖人之書，安坐而讀之者七八年，後來做出許多文字如此好。他資質固不可及，然亦須著如此讀。只是他讀時便只要摸寫他言語做文章，若移此心與這樣資質去講究義理，那裏得來？是知書只貴讀，别無方法。○讀書須是成誦，方精熟。今所以記不得，説不去，心下若存若亡，皆是不精不熟之患。若曉得義理，又皆記得，固是好。若曉文義不得，只背得，少間不知不覺自然相觸發，曉得這義理。

蓋這一段文義橫在心下，自是放不得，必曉而後已。若曉不得，又記不得，更不消讀書矣。橫渠云「讀書須是成誦」，今人所以不如古人處，只争這些子。古人記得，故曉得。今人鹵莽記不得，故曉不得。緊要處、慢處皆須成誦，自然曉得也。○韓退之謂：「沈潛乎訓義，反復乎句讀。」須有沈潛反復之功方得。所謂「審問之」，須是表裏内外無一豪之不盡，方謂之審。恁地竭盡心力猶有見未到處，却不奈何。如今人不曾竭盡心力，只見得三兩分了，便草草揭過，少間只是鶻突無理會，枉著日月，依舊似不曾讀相似。只如退之、老蘇作文章，本自没要緊事，然他大段用功，少間方會漸漸掃去那許多鄙俗底言語，換了箇心胸，説這許多言語出來。如今讀書須是加沉潛之功，將義理去澆灌胸腹，漸漸盪滌去那許多淺近鄙陋之見，方會見識高明。因説如今讀書，多是不曾理會得一處通透了，少間却多牽引前面疑難來説，此最學者大病。○講論一篇書，須是理會得透，把這一篇書與自家衮作一片方是。去了本子時，許多節目次第都歷歷落落在心中，皆説得去方好。○爲學雖是立志，然書亦不可不讀，須將經傳本文熟復。若專一靜坐，如浮屠氏塊然獨處，更無酬酢，然後爲得，吾徒之學正不如此。遇無事則靜坐，有書則讀書，以至接物處事，常教此心光唵唵地，便是存心。豈可凡百放下，秪是靜坐？○古人讀書與今人異。如孔門學者於聖人纔問仁問知，終身事業已在此。今人讀書，仁義禮智總識，而却無落泊處，此不熟之故也。昔五峰於京師問龜山讀書法，龜山云先讀《論語》，五峰問《論語》二十篇以何爲緊要，龜山曰事事緊要，看此可見。○讀書工夫莫草略，近日學者多緣草略過了，故下梢頭儹無去處，一齊棄了。大凡看書粗則心粗，看書細則心細。若研窮不熟，得些義理，以爲是亦得，以爲非亦得。須是見得差之豪釐，繆以千里，方可。○聖人千言萬語，只是說箇當然之理。恐人不曉，又筆之於書。自書契以來，二典、三謨，伊尹、武王、箕子、周公、孔、孟都只是如此，可謂盡矣。只就文字間求之，句句皆是。做得一分，便是一分工夫，非茫然不可測也，但患人不子細求索之耳。須要思量聖人之言是說箇甚麽，要將何用，若只讀過便休，又何必讀？○問讀書之法。如今看來聖賢言行本無相違，其間所以有可疑者，只是不逐處研究得通透，所以見得牴牾。若真箇逐處逐節逐段見得精切，少間却自到貫通地位。曰：固是。

如今若苟簡看過，只一處便自未曾理會得了，却要別生疑義，徒勞無益。○讀書須是子細，逐句逐字要見去著。若用工麤鹵，不務精思，只道無可疑處，非無可疑，理會未到，不知有疑爾。○觀書須静著心，寬著意思，沉潛反覆，將久自會曉得去。○聖賢之言須常將來眼頭過，口頭轉，心頭運。○讀書之法，先要熟讀，須是正看背看，左看右看，看得是了，未可便説道是，更須反覆玩味。○讀書當擇先儒舊說之當於理者，反覆玩味，朝夕涵泳，便與本經正言之要通貫浹洽於胸中，然後有益。不必段段立說，徒爲觀美，而實未必深有得於心也。講學正要反復研窮，方見義理歸宿處，不可只略說過便休也。○讀書玩味其意，理會未得處且記著，時時拈起看，久之須有得力處。○爲學讀書，須是耐煩細意去理會，切不可麤心。若曰何必讀書，自有箇捷徑法，便是悞人底深坑也。未見道理時，恰如數重物色包裹在裏許，無緣可以便見得。須是今日去了一重，又見得一重；明日又去了一重，又見得一重。去盡皮方見肉，去盡肉方見骨，去盡骨方見髓，使麤心大氣不得。○聖人言語一重又一重，須入深去看。若只要皮膚，便有差錯，須深沉方有得。○讀書理會一件了又一件。不止是讀書，如遇一件事，且就這事上思量合當如何做，處得來當，方理會别一件。書不可只就皮膚上看，事亦不可只就皮膚上理會。天下無書不是合讀底，無事不是合做底。若一箇書不讀，這裏便闕此一書之理；一件事不做，這裏便闕此一事之理。大而天地陰陽，細而昆蟲草木，皆當理會。一物不理會，這裏便闕此一物之理。○讀書是格物一事，今且須逐段子細玩味，反來覆去，逐旋捱得多後，却見頭頭道理都到。這工夫須用行思坐想，或將已曉得者再三思省，却自有一箇曉悟處出，不容安排。書之句法義理雖只是如此解説，但一次看有一次見識，所以某書一番看有一番改。亦有已説定，一番看一番見得穩當，愈加分曉。○或問：先生謂講論固不可無，須是自去體認，如何是體認？曰：體認是把那聽得底自去心裏重復思繹過。伊川曰：「時復思繹，浹洽於中，則説矣。」某向來從師，日間所聞説話，夜間如温書一般，一一子細思量過。纔有疑，明日又問。○學者當以聖賢之言反求諸身，一一體察，須是曉然無疑，積日既久，當自有見。但恐用意不精，或貪多務廣，或得少爲足，則無由明耳。○讀書須要切己體驗，不可只作文字看，又不可助長。○學者讀書，須要斂身正坐，緩視微吟，虛心涵泳，切己省察。讀一句書，須體察這一句，我將來甚處用得。○觀書以己體驗固爲親切，然亦須遍觀衆理而合其歸趣乃佳。若只據己見，却恐於事理有所不周，欲徑急而反疎緩也。○讀書須是以自家之心體驗聖人之心，少間體驗得熟，自家之心便是聖人之心。某自二十時看道理，便要看那裏面。嘗看《上蔡語録》，其初將紅筆抹出，後又用青筆抹出，又要黄筆抹出。三四番後，又用黑筆抹出，是要尋那精底看。道理須是漸漸向裏尋到那精英處方是。○山谷《與李幾仲帖》云：「大率學者喜博而常病不精，汎濫百書，不若精於一也。有餘力然後及諸書，則涉獵諸篇亦得其精。蓋以我觀書，則處處得益；以書博我，則釋卷而茫然。」某深喜之，以爲有補於學者。○學者只知觀書，都不知有四邊，方始有味。○嘗看横渠成誦之説，最爲捷徑。蓋未論看得義理如何，且是收得此心有歸著處，不至走作。然亦須是專一精研，使一書通透爛熟，都無記不起處，方可別换一書，乃爲有益。若但輪流通念而覈之不精，則亦未免枉費工夫也。須是都通透後，又却如此温習，乃爲佳耳。○讀書須讀到不忍舍處，方是見得真味。若讀之數過，略曉其義即厭之，欲別求書看，則是於此一卷書猶未得趣也。蓋人心之靈，天理所在，用之則愈明。只提醒精神，終日著意看得多少文字，窮得多少義理，徒爲懶倦，則精神自是憒憒，只恁昏塞不通，可惜。舊見李先生説：「理會文字須令一件融釋了後，方更理會一件。」「融釋」二字下得極好。此亦伊川所謂「今日格一件，明日又格一件，格得多後自脱然有貫通處」。此亦是他真曾經歷來，便説得如此分明。今若一件未能融釋，而又欲理會一件，則第二件又不了。推之萬事，事事不了，何益？○讀書之法，須是從頭至尾逐句玩味，看上字時如不知有下字，看上句時如不知有後句。看得都通透了，又却從頭看此一段，令其首尾通貫，然方其看此段時，亦不知有後段也。如此漸進，庶幾心與理會，自然浹洽，非惟會得聖賢言語意脉不差，且是自己分上身心義理日見純熟。若只如此匆匆，檢閲一過，便可隨意穿鑿，排布硬説，則不唯錯會了經意，於己分上亦有何干涉？○讀書之法，當循序而有常，致一而不懈，從容乎句讀文義之間，而體驗乎操存踐履之實，然後心静理明，漸見意味。不然，則雖廣求博取，日誦五車，亦奚益於學哉？故程子曰：「善學者求言必自近，易於近者非知言者也。」此言殊有味。○大學非讀書之謂，然不讀書，又無以知爲學之方，故讀之者貴專而不貴博。蓋唯專爲能知其意而得其用，徒博則反苦於雜亂淺略而無所得。必也致精一書，優柔厭飫，以求聖學工夫次第之實。俟其心通意解，書册之外别有實下工夫處，然後更易而少進焉，則得尺得寸雖少，而皆爲吾有矣。○學者且將一件書讀，聖人之言即聖人之心，聖人之心即天下之理。且逐段看，令分曉，一段分曉又看一段，如此至一二十段亦未解，便見箇道理。但如此心平氣定，不東馳西騖，則道理自逐段分明。去得自家心上一病，便是一箇道理明也。道理固是自家本有，但如今隔一隔了，須逐旋揩磨呼唤得歸，然無一唤便見之理。如金溪只要自得，若自得底是固善，若自得底非却如何？不若且虛心讀書，切不可自謂理會得了。便理會得，且只做理會不得，方有長進。○學者理會文義，只是要先理會難底，遂至於易者亦不能曉。《學記》曰：「善問者如攻堅木，先其易者，後其節目。」所謂攻瑕則堅者瑕，攻堅則瑕者堅，不知道理好處又却多在平易處。○觀書須從頭循序而進，不以淺深難易有所取舍，自然意味詳密。至於浹洽貫通，則無緊要處所下工夫亦不落空矣。今人多是揀難底好底看，非惟聖賢之言不可如此間別，且是只此心意便不定疊。縱然用心探索得到，亦與自家這裏不相干。突兀聱牙，無田地可安頓，此病不可不知也。○讀書且就那一段本文意上看，不必又生枝節，看一段須反復看來看去，要十分爛熟，方見意味，方快活，令人都不愛去看別段始得。人多是向前趲去，不曾向後反復，只要去看明日未讀底，不曾去紬繹前日已讀底，須玩味反復始得。用力深便見意味長，意味長便受用牢固，亦不可信口依希略綽說過，須是心曉。❶○讀書不可貪多，常使自家力量有餘。萬正淳云：「欲將諸書循環看。」曰：不可如此，須看得一書徹了，方再看一書。若雜然並進，却反爲所困。如射弓有五斗力，且用四斗弓，便可拽滿，己力欺得他過。今學者不忖自己力量去觀書，恐自家照管他不過。○讀書只恁逐段子細看，積累去，則一生讀多少書。若務貪多，則反不曾讀得。須是緊著工夫，不可悠悠，又不須忙，只常抖擻得此心醒，則看愈有力。○讀書小作課程，大施功力。如會讀得二百字，只讀得一百字，却於百字中猛

❶「須」，四庫本作「便」。

施工夫理會，子細讀誦教熟。如此，不會記性人自記得，無識性人亦理會得。若泛泛然念多，只是皆無益耳。○書宜少看，要極熟。小兒讀書記得，大人多記不得者，只爲小兒心專。一日授一百字則只是一百字，二百字則只是二百字。大人一日或看百板，不恁精專。人多看一分之十，今宜看十分之一。寬著期限，緊著課程。○今人讀書，看未到這裏，心已在後面；纔看到這裏，便欲舍去了。如此，只是不求自家曉解，須是徘徊顧戀如不欲去，方會認得。○讀書須是徧布周滿。某嘗以爲寧詳毋略，寧下毋高，寧拙毋巧，寧近毋遠。○書雖是古人書，今日讀之，所以蓄自家之德。却不是欲這邊讀得些子，便搬出做那邊用。○讀書將以求道，不然讀作何用？今人不去這上理會道理，皆以涉獵該博爲能，所以有道學、俗學之別。○學者讀書，須是於無味處當致思焉。至於群疑並興，寢食俱廢，乃能驟進。因歎「驟進」二字最下得好，須是如此。若進得些子，或進或退，若存若亡，不濟事。如用兵相殺，争得些兒小可一二十里地，也不濟事。須大殺一番，方是善勝。爲學之要亦是如此。○讀書須見得有曉不得處，方是長進。又更就此闕其所疑而反復其餘，則庶幾得聖人之意，識事理之真，而其不可曉者不足爲病矣。○某向時與朋友説讀書，也教他去思索，求所疑。近方見得讀書只是且恁地虚心，就上面熟讀，久之自有所得，亦自有疑處。蓋熟讀後自有窒礙不通處，是自然有疑，方好較量。今若先去尋箇疑，便不得，這般也有時候。舊日看《論語》，合下便有疑。蓋自有一樣事，被諸先生説成數樣，所以便著疑。今却有

《集注》了，且可傍本看，教心熟，少間或有說不通處，自見得疑，只是今未可先去疑著。又曰：讀書無疑者須教有疑，有疑者却要無疑，到這裏方是長進。○讀書若有所見，未必便是。不可便執著，且放在一邊，益更讀書以來新見。若執著一見，則此心便被此見遮蔽了。譬如一片浄潔田地，若上面纔安一物，便須有遮蔽了處。聖人七通八達，事事說到極致處。學者須是多讀書，使互相發明，事事窮到極致處。所謂「本諸身，徵諸庶民，考諸三王而不謬，建諸天地而不悖，質諸鬼神而無疑，百世以俟聖人而不惑」。直到這箇田地方是。《語》云：「執德不弘。」《易》云：「寬以居之。」聖人多說箇廣大寬弘之意，學者要須體之。○讀書之法無他，唯是篤志虚心、反復詳玩爲有功耳。近見學者多是卒然穿鑿，便爲定論。或即信所傳聞，不復稽考，所以日誦聖賢之書而不識聖賢之意。其所誦說，只是據自家見識杜撰成耳。如此，豈復能有長進？前輩蓋有親見有道而其所論終不免背馳處者，想亦正坐此耳。○近日讀書人少，也緣科舉時文之弊也。纔把書來讀，便先立箇意思要討新奇，都不理會他本意著實。纔討得新奇，便準擬作時文使，下梢弄得熟，只是這箇將來使。雖是朝廷甚麽大典禮，也胡亂信手捻合出來使，不知一撞百碎。○某嘗謂爲學老少不同。年少精力有餘，須用無書不讀，無不究竟其義。若年齒向晚，却須擇要用功，讀一書便覺後來難得工夫再去理會，須沉潛玩索，究極至處可也。蓋天下義理，只有一箇是與非而已。是便是是，非便是非。既有著落，雖不再讀，自然道理浹洽，省記不忘。譬如飲食，從容咀嚼，其味必長，大嚼大咽，終不知味也。○精神長者，博取之，所得多。精神短者，但以詞義簡易者涵養。中年以後之人，讀書不要多，只少少玩索，自見道理。○温公答一學者書説爲學之法，舉荀子四句云：「誦數以貫之，思索以通之，爲其人以處之，除其害以持養之。」荀子此説亦好。誦數云者，想是古人誦書亦記遍數。貫字訓熟，如習貫，如自然，又訓通。誦得熟，方能通曉，若誦不熟，亦無可得思索。○讀書不可不先立程限，政如農功，如農之有畔，爲學亦然。今之始學者不知此理，初時甚鋭，漸漸懶去，終至都不理會了，此只是當初不立程限之故。○問：嘗聞先生爲學者言「讀書須有箇悦處方進」。又嘗自言「某雖如此，屢覺有所悦」。因請曰：此先生進德日新工夫，不知學者如何到得悦處？曰：亦只是時習，時習故悦。○讀書之道，用力愈多，收功愈遠，先難而後獲，先事而後得，皆是此理。○讀書看義理，須是胸次放開，磊落明快恁地去。第一不可先責效，纔責效便有憂愁底意。只管如此，胸中便結聚一餅子不散。今且放置閑事，不要閑思量，只專心去玩味義理，便會心精，心精便會熟。○人言讀書當從容玩味，此乃自怠之一説。若是讀此書未曉道理，雖不可急迫，亦不放下，猶可也。若徜徉終日，謂之從容，却無做工夫處。譬之煎藥，須是以大火煮滚，然後以慢火養之却不妨。○讀書不可有欲了底心，纔有此心，便心只在背後白紙處了，無益。○讀書須是看著他那縫罅處，方尋得道理透徹。若不見得縫罅，無由入得。看見縫罅時，脉絡自開。○讀書閑暇且静坐，教他心平氣定，見得道理漸次分曉，這箇却是一身總會處。且如看《大學》「在明明德」一句，須常常提醒在這裏，他日長進亦只在這裏。人只是一箇心做本，須存得在這裏，識得他條理脉絡，自有貫通處。○讀書須是有精力。楊至之曰：亦須是聰明。曰：雖是聰明，亦須是静，方運得精神。昔見延平説：「羅先生解《春秋》也淺，不似胡文定。後來隨人入廣，在羅浮山住三兩年，去那裏心静，須看得較透。」某初疑解《春秋》干心静甚事？後來方曉，蓋静則心虚，道理方看得出。○看書與日用工夫皆要放開心胸，令其平易廣闊，方可徐徐旋看道理，浸灌培養。切忌合下便立己意，把捉得太緊了，即氣象急迫，田地陿隘，無處著工夫也。○凡讀書處事，當煩亂疑惑之際，正當虚心博采以求至當。或未有得，亦當且以闕疑闕殆之意處之。若遽以己所粗通之一説，而盡廢己所未究之衆論，則非惟所處之得失或未可知，而此心之量亦不宏矣。○讀書且當隨文熟看，俟其詞旨曉析貫通，然後自有發明。未可遽捨本文，别立議論，徒長虚見，無益於實也。○讀書先且虚心，考其文詞指意所歸，然後可以要其義理之所在。近見學者多是先立己見，不問經文向背之勢，而横以義理加之，其説雖不背理，然非經文本意也。如此，則但據己見自爲一書亦可，何必讀古聖賢之書哉？所以讀書政恐吾之所見未必是，而求正於彼耳。惟其闕文斷簡、名器物色有不可考者，則無可奈何。其他在義理中可推而得者，切須字字句句反復精詳，❶不可草草説過也。○今人觀書，先自立了

❶「精」，原作「消」，今據重修本改。

意後方觀，盡率古人語言入做自家意思中來。如此，只是推廣得自家意思，如何見得古人意思？須是虛此心，將古人語言放前面，看他意思倒殺向何處去。如此玩心，方可得古人意，有長進處。且如孟子説詩，要以意逆志，是爲得之。逆者，等待之謂也。如前途等待一人，未來時且須耐心等待，將來自有來時。候他未來，其心急切，又要進前尋求，却不是以意逆志，是以意捉志也。如此，只是牽率古人言語入做自家意中來，終無進益。◯讀書理會道理，只是將勤苦睚將去，不解得不成，文王猶勤，而況寡德乎？今世上有一般議論，成就後生懶惰。如云不敢輕議前輩，不敢妄立論之類，皆中怠惰者之意。前輩固不敢妄議，然論其行事之是非何害？固不可鑿空立論，然讀書有疑、有所見，自不容不立論。其不立論者，只是讀書不到疑處耳。將諸家説相比並以求其是，便自有合辨處。◯學者觀書，病在只要向前，不肯退步看。愈向前，愈看得不分曉，不若退步却看得審。大概病在執著，不肯放下。正如聽訟，心先有主張乙底意思，便只尋甲底不是；先有主張甲底意思，便只見乙底不是。不若姑置甲乙之説，徐徐觀之，方能辨其曲直。橫渠云：「濯去舊見，以來新意。」此説甚當。若不濯去舊見，何處得新意來？今學者有二種病，一是主私意，一是舊有先入之説。雖欲擺脱，亦被他自來相尋。◯讀書須是知貫通處，東邊西邊都觸著這關捩子方得。而今説已前不曾做得，又怕遲晚，又怕做不及，又怕那箇難，又怕性格遲鈍，又怕記不起，都是閑説。只認下著頭去做，莫問遲速，少間自有至處。既是已前不曾做得，今便用工夫去補填，莫要瞻前顧後，思量東西，少間檐閣一生，不知年歲之老。○如今看一件書，須是著力至誠去看一番，將聖賢説底一句一字都理會過，直要見聖賢語脉所在。這一句一字是如何道理，及看聖賢因何如此説，直是用力理會教分曉，然後將來玩味，方盡見得意思出來。若是泛濫看過，今次又見是好，明次又見是好，終是無工夫，不得力。○東坡教人讀書小簡，某取以示學者，曰讀書要當如是。東坡與王郎書云：少年爲學者，每一書皆作數次讀之。當如入海，百貨皆有，人之精力不能兼收盡取，但得其所欲求者爾。故願學者每次作一意求之。如欲求古今興亡治亂聖賢作用，且只作此意求之，勿生餘念。又別作一次求事迹文物之類，亦如之，他皆放此。若學成，八面受敵，與涉獵者不可同日而語。○問：伊川説「讀書當觀聖人所以作經之意與聖人所以用心」一條。曰：此條程先生説讀書最爲親切。今人不會讀書是如何，只緣不曾求聖人之意。纔拈得些小，便把己意硬入放裏面，胡説亂説，故教他就聖人意上求看如何。○講習孔孟書，孔孟往矣。口不能言，須以此心比孔孟之心，將孔孟心作自己心。要須自家説時，孔孟點頭道是方得。不可謂孔孟不會説話，一向任己見説將去。○今人所以讀書苟簡者，緣書皆有印本多了。如古人皆用竹簡，除非大段有力底人方做得，若一介之士如何置？所以後漢吴恢欲殺青以寫《漢書》，其子吴祐諫曰：「此書若成，則載之兼兩。昔馬援以薏苡興謗，王陽以衣囊徼名，正此謂也。」如黃霸在獄中從夏侯勝受書，凡再踰冬而後傳。蓋古人無本，除非首尾熟背得方得。至於講誦者也是都背得，然後從師受學。如東坡作《李氏山房藏書記》，那時書猶自難得。晁以道嘗欲得《公穀傳》，遍求無之，後得一本，方傳寫得。今人連寫也自厭煩了，所以讀書苟簡。○讀書便是做事，凡做事有是有非，有得有失，善處事者不過稱量其輕重耳。讀書而講究其義理，判別其是非，臨事即此理。○學得此事了，不可自以爲了，恐怠意生。如讀得此書，須終身記之。○讀書推類反求，固不害爲切己，但却又添了一重事。不若且依文看，逐處各自見箇道理，久之自然貫通，不須如此費力也。

性理大全書卷之五十三

性理大全書卷之五十四

學十二

讀書法二

朱子曰：讀書先讀《大學》，以定其規模；次讀《論語》，以立其根本；次讀《孟子》，以觀其發越；次讀《中庸》，以求古人之微妙處。《大學》一篇有等級次第，總作一處，易曉，宜先看。《論語》却實，但言語散見，初看亦難。《孟子》有感激興發人心處。《中庸》亦難讀，看三書後，方宜讀之。又曰：《中庸》工夫密，規模大，讀書且從易曉、易解處去讀。四書道理粲然，人只是不去看。若理會得此四書，何書不可讀？何理不可究？何事不可處？〇學者於《庸》、《學》、《論》、《孟》四書果然下工夫，句句字字涵泳切己，看得透徹，一生受用不盡。只怕人不下工，雖多讀古人書無益。書只是明得道理，却要人做出書中所説聖賢工夫來。若果看此數書，他書可一見而決矣。〇《大學》一篇乃入德之門户，學者當先講習，知得爲學次第規模，乃可讀《語》、《孟》、《中庸》。先見義理根原體用之大略，然後徐攷諸經，以極其趣，庶幾有得。蓋諸經條制不同，工夫浩博，若不先讀《大學》、《論》、《孟》、《中庸》，令胸中開明，自有主宰，未易可遽求也。爲學之初，尤當深以貪多躐等、好高尚異爲戒耳。然此猶是知見邊事，若但入耳出口，以資談説，則亦何所用之？既已知得，便當謹守力行，乃爲學問之實耳。○《論》、《孟》、《中庸》待《大學》通貫浹洽無可得看後，方看乃佳。道學不明，元來不是上面欠却工夫，乃是下面元無根脚。若信得及脚踏實地，如此做去，良心自然不放，踐履自然純熟，非但讀書一事也。○問：初學當讀何書？曰：六經、《語》、《孟》皆聖賢遺書，皆當讀，但初學且須知緩急。《大學》、《語》、《孟》最是聖賢爲人切要處，然《語》、《孟》却是隨事答問，難見要領，唯《大學》是曾子述孔子説古人爲學之大方，門人又傳述以明其旨，體統都具，玩味此書，知得古人爲學所鄉，讀《語》、《孟》便易入。後面工夫雖多，而大體已立矣。○爲學須是先立大本，其初甚約，中間一節甚廣，大到末梢又約。孟子曰：「博學而詳説之，將以反説約也。」故必先觀《論》、《孟》、《大學》、《中庸》以考聖賢之意，讀史以考存亡治亂之迹，讀諸子百家以見其駁雜之病，其節目自有次序，不可踰越。近日學者多喜從約而不於博求之，不知不求於博，何以考驗其約？○《論》、《孟》、《中庸》、《大學》乃學問根本，尤當專一致思，以求其指意之所在。今乃或此或彼，泛然讀之，此則尤非所以審思明辨而究聖學之淵源也。此四書者，當以序進，每畢一書，首尾通貫，意味浹洽，然後又易一書，乃能有益。其餘亦損其半，然後可以研味從容，深探其立言之旨，而無迫切泛濫之累矣。○某嘗説讀書之序，須是且著力去看《大學》，又著力去看《論語》，又著力去看《孟子》。看得三書了，這《中庸》半截都了，不用問人，只略略恁看過。不可掉了易底，却先去攻那難底。《中庸》多説無形影，如鬼神、如天地參等類説得高，説下學處少，説上達處多，若且理會文義則可矣。○程氏教人以《論》、《孟》、《大學》、《中庸》爲本，學者須於此數書熟讀詳味，有會心處方自見得。如其未然，讀之不厭熟，講之不厭煩。非如指理爲障，而兀然坐守無義之語，以俟其僥倖而一得也。○看《孟子》與《論語》不同，《論語》要冷看，孟子要熟讀。《論語》逐文逐意各是一義，故用子細静觀。《孟子》成大段，首尾通貫，熟讀文義自見，不可逐一句一字上理會也。○講學莫先於《語》、《孟》，而讀《論》、《孟》者，又須逐章熟讀，切己深思。不通，然後考諸先儒之説，以發明之。如二程先生説得親切處，直須看得爛熟，與經文一般成誦在心，乃可加省察之功。蓋與講學互相發明，但日用應接思慮隱微之間，每每加察。其善端之發慊於吾心而合於聖賢之言，則勉勵而力行之。其邪志之萌愧於吾心而戾於聖賢之訓，則果決而速去之。大抵見善必爲，聞惡必去，不使有頃刻悠悠意態，則爲學之本立矣。異時漸有餘力，然後以次漸讀諸書，旁通當世之務，蓋亦未晚。○或問：讀書之法，其用力也奈何？曰：循序而漸進，熟讀而精思可也。曰：然則敢問循序漸進之説？曰：以《論》、《孟》二書言之，則先《論》而後《孟》，通一書而後及一書。以一書言之，其篇章文句、首尾次第亦各有序而不可亂也，量力所至，約其程課而謹守之。字求其訓，句索其旨。未得乎前，則不敢求其後；未通乎此，則不敢志乎彼。如是循序而漸進焉，則意定理明而無疎易凌躐之患矣。不惟讀書之法，是乃操心之要，尤學者不可不知。曰：其熟讀精思者何耶？曰：《論語》一章不過數句，易以成誦，成誦之後，反復玩味於燕閒静一之中，以須其浹洽可也。《孟子》每章或千百言，反復論辨，雖若不可涯者，然其條理踈通，語意明潔，徐讀而以意隨之，出入往來以十百數，則其不可涯者，將可以得於指掌間矣。大抵觀書先須熟讀，使其言皆若出於吾之口，繼以精思，使其意皆若出於吾之心，然後可以有得。至於文義有疑，衆説分錯，則亦虚心静慮，勿遽取舍於其間，先使一説自爲一説，而隨其意之所之以驗其通塞，則其尤無義理者，不待觀於他説而先自屈矣。復以衆説互相詰難，而求其理之所安，以考其是非，則似是而非者，亦將奪於公論而無以立矣。大抵徐行却立，處静觀動。如攻堅木，先其易者而後其節目。如解亂繩，有所不通則姑置而徐理之。此讀書之法也。○爲學之序，爲己而後可以及人，達理然後可以制事，故程夫子教人先讀《論》、《孟》，次及諸經，然後看史，其序不可亂也。若恐其徒務空言，但當就《論》、《孟》、經書中教以躬行之意，庶不相遠。至於左氏奏疏之言，則皆時事利害，而非學者切身之急務也。○凡讀書，須看上下文意是如何，不可泥著一字。如揚子「於仁也柔，於義也剛」，到《易》中又將剛來配仁，柔來配義。如《論語》「學不厭智也，教不倦仁也」，到《中庸》又謂「成己仁也，成物智也」。此等須是各隨本文意看，便自不相礙。○凡看文字，少看熟讀，一也。不要鑽研立説，但要反復體驗，二也。埋頭理會，不要求效，三也。三者，學者所當守。○看文字傷太快，恐不子細，須是理會得底，更須將來看，此不厭熟，熟後更看，方始滋味出。○看文字須是如猛將用兵，直是鏖戰一陣；如酷吏治獄，直是推勘到底，決是不恕他方得。○大凡文字有未曉處，須下死工夫，直要見得道理是自家底方住。○看文字當如高艤大艑，順風張帆，一日千里方得。如今只纔離小港，便著淺了，濟甚事？文字不當如此看。❶○問：看文字爲衆説雜亂如何？曰：且要虚心逐一説看去，看得一説，却又看一説，看來看去，是非長短皆自分明。譬如人欲知一箇人是好人、是惡人，且隨他去看，隨來隨去，見他言語動作，便自知他好惡。○凡人看文字，初看時心尚要走作，道理尚見得未定，猶没奈他何。到看得定時，方入規矩，又只是在印板上面説相似，都不活，不活則受用不得。須是玩味反復，到得熟後，方始會活，方始會動，方有得受用處。若只恁生記去，這道理便死了。○看文字若便以爲曉得，則便住了。須是曉得後，更思量後面尚有也無。且如今有人把一篇文字來看，也未解盡知得他義。況於義理，前輩説得恁地雖是易曉，但亦未解便得其意，須是看了又看，只管看，只管有。○看文字有兩般病。有一等性鈍底人，向來未曾看，看得生，卒急看不出，固是病。又有一等敏鋭底人，多不肯子細，易得有忽略之意，不可不戒。○看文字須子細，雖是舊曾看過，重温亦須子細。每日可看三兩段，不是於那疑處看，正須於那無疑處看，蓋工夫都在那上。○看文字要急迫不得，有疑處且漸漸思量。若一下便要理會得，也無此理。○看文字須是退步看，方可見得。若一向近前迫看，反爲所遮蔽，轉不見矣。○看文字先有意見，恐只

❶「當」，原作「通」，今據重修本改。

是私意。謂如粗厲者觀書，必以勇果强毅爲主；柔善者觀書，必以慈祥寬厚爲主。書中何所不有？○看文字不可過於疎，亦不可過於密。蓋太謹密，則少間看道理從那窮處去，更插不入，不若且放下，放開闊看。○看文字須逐字看得無去處，譬如前後門塞定，更去不得，方始是。○文字大節目痛理會三五處，後當迎刃而解。學者所患在於輕浮，不沈著痛快。○學者初看文字，只見得箇渾淪物事，久久看作三兩片，以至於十數片，方是長進，如庖丁解牛，目視無全牛是也。○看文字且自用工夫，先已切至，方可舉所疑與朋友講論。假無朋友，久之能自見得，蓋蓄積多者忽然爆開，便自然通，此所謂「何天之衢亨」也。蓋蓄極則通，須是蓄之極則通。○問：看文字只就本句，固是見得古人本意，然不推廣之，則用處又易得不相浹，如何？曰：須是本句透熟，方可推。若本句不透熟，不惟推便錯，於未推時已錯了。○凡看文字，諸家説異同處最可觀。某舊日看文字，專看異同處。如謝上蔡之説如彼，楊龜山之説如此，何者爲得？何者爲失？所以爲得者是如何？所以爲失者是如何？○看文字須大段著精彩看，聳起精神，豎起筋骨，不要困，如有刀劍在後一般。就一段中須要透，擊其首則尾應，擊其尾則首應，方始是。不可按册子便在，掩了册子便忘却。○凡看文字，專看細密處而遺却緩急之間者，固不可；專看緩急之間而遺却細密者，亦不可。今日之看，所以爲他日之用。須思量所以看者何爲，非只是空就言語上理會得多而已也。須是切己用功，使將來自得之於心，則視言語誠如糟粕，然今不可便視爲糟粕也，但當自期向到彼田地爾。○看文字不可落於偏僻，須是周匝看得四通八達，無些窒礙，方有進益。某解《語》、《孟》，訓詁皆存。學者觀書不可只看緊要處，閑慢處要都周匝。今説求放心，未問其他，只此便是博學而篤志，切問而近思，仁在其中矣。博學而篤志，切問而近思，方是讀書，却説仁在其中，蓋此便是求放心也。○看文字且依本句，不要添字，那裏元有縫罅，如合子相似，自家只去抉開，不是渾淪底物硬去鑿。亦不可先立説，牽古人意來湊。○看文字專要看做裹面去如何，裹面也更無去處，不著得許多言語，這裏只主一無適，敬以直内涵養去。嘗謂文字寧是看得淺，不可太深；寧是低看，不可太高。蓋淺近雖未能到那切近處，更就上面推尋，却有見時節。若太深遠，更無回頭時。○凡看文字，先須曉其文義，然後可求其意，未有文義不曉而見意者也。○某嘗説文字不難看，只是讀者心自嶢崎了，看不出。若大著意思，反復熟看，那正當道理自湧出來。不要將那小意智私見識去間亂他，如此無緣看得出。如千軍萬馬從這一條大路去，行伍紀律自是不亂。若撥數千人從一小路去，空攪亂了正當底行陣，無益於事。○凡看文字，須看古人下字意思是如何。且如前輩作文，一篇中須看他用意在那裏，如杜子美詩云「更覺良工用心苦」。一般人看畫，只見得是畫。一般識底人看，便見得他精神妙處，知得他用心苦也。○看注解時，不可遺了緊要字。蓋解中有極散緩者，有緩急之間者，有極緊要者。某下一字時，直是稱輕等重方敢寫出。○讀書須是將本文熟讀，字字咀嚼教有味。若有理會不得處，深思之，又不得，然後却將註脚看，方有意味。如人飢而後食，渴而後飲，方有味。不飢不渴而强飲食之，終無益也。又曰：某所集註《論語》，至於訓詁，皆子細者。蓋要人字字與某著意看，字字思索到，莫要只作等閑看過了。○凡人讀書，若窮得到道理透處，心中也替他一本作「潛地」。快活。若有疑處，須是參諸家解熟看，看得有差互時，此一段終是不穩在心頭，不要放過。○前輩解說，恐後學難曉，故《集註》盡撮其要，已說盡了，不須更去註脚外又添一段說話，只把這箇熟看，自然曉得，莫枉費心去外面思量。○看講解不可專徇他說，不求是非，便道前賢言語皆的當，如《遺書》中語，豈無過當失實處？亦有說不及處。又云：初看時便先斷以己意，前聖之說皆不可入，此正當今學者之病，不可不知。○聖人言語本自明白，不須解說，只爲學者看不見，所以做出註解，與學者省一半力。若註解上更看不出，却如何看得聖人意出？又曰：凡看文字，端坐熟讀，久久於正文邊自有細字註解迸出來，方是自家見得。只於外面捉摸箇影子說，終不濟事。○問：明道說話。曰：最難看，須是輕輕地挨傍他，描摸他意思方得。若將來解，解不得，須是看得道理大段熟，方可看。

東萊呂氏曰：讀書有思索，人往往不苟。不曾讀書與曾讀書識理趣者，觀其所爲便可見。○凡讀書必務精熟，若或記性遲鈍，則多誦遍數，自然精熟，記得堅固。若是遍數不多，只務强記，今日成誦，來日便忘，其與不曾讀誦何異？○凡爲學之道，必先至誠，不誠未有能至焉者也。何以見其誠？居處齊莊，志意凝定，不妄言，不苟笑，開卷伏讀必起恭敬如對聖賢，掩卷沉思必根義理以閑邪僻，行之悠久，習與性成，便有聖賢前輩氣象。○爲學之本，莫先於讀書。讀書之法，須令日有課程。句讀有未曉，大義有未通，不惜與人商確，不惜就人授讀，凡人多以此爲耻，曾不知不如是，則有終身之耻也。○後學讀書未曾識得目前大略，便要説性命，此極是害事，爲學自有等級。○後生學問聰明，强記不足畏，惟思索尋究者爲可畏耳。

象山陸氏曰：大抵讀書，訓詁既通之後，但平心讀之，不必勉加揣量，則無非浸灌培益、鞭策磨勵之功。或有未通曉處，姑缺之無害。且以其明白昭晰者日加涵泳，則自然日充日明。後日本原深厚，則向來未曉者將亦有涣然冰釋者矣。○讀書作文亦是吾人事，但讀書本不爲作文，作文其末也。有其本必有其末，未聞有本盛而末不茂者。若本末倒置，則所謂文者亦可知矣。

勉齋黄氏曰：平居當以敬自持，令心慮寧静。至於讀書，則平心定氣，端莊儼肅。須以吾心默觀聖賢之語，常使聖賢之意自入於吾心。如以鏡照物，妍醜自見，鏡何心哉？今人所以不善讀書，非是聖賢之意難明，乃是吾心紛擾，反以汨亂聖賢之意。讀書只是沉静精密，則自然見得分明，切不可萌輕易自喜之心。便解得六經通徹，亦何足自喜，亦豈敢輕易？纔如此，便不足以任重。後生且收斂静退，慊然常若不足，方能有進。○觀書者最怕氣不平。且如「公冶長」一章，謝上蔡則謂「聖人擇壻，驚人如此」。楊龜山則謂「聖人所以求於人者薄，可免於刑戮而不累其家，皆可妻也」。上蔡氣高者也，龜山氣弱者也，故所見各別如此。要之當隨文平看，方見得聖人之本意，此觀書之大法。

北溪陳氏曰：讀四書之法，毋過求，毋巧鑿，毋旁搜，毋曲引，亦惟平心以玩其旨歸，而切己以察其實用而已爾。果能於是四者融會貫通，而義理昭明，胸襟灑落，則在我有權衡尺度。由是而稽諸經，與凡讀天下之書，論天下之事，皆莫不冰融凍釋，而輕重長短截然一定，自不復有錙銖分寸之或紊矣。

范陽張氏曰：朋友講習，固天下樂事，不幸獨學，則當尚友古人可也。故讀《論語》，如對孔門聖賢；讀《孟子》，如對孟子；讀杜子美詩、蘇文，則又凝神靜慮，如目擊二公。如此用心，雖生千載之下，可以見千載人矣。

程子曰：凡看書各有門庭，《詩》、《易》、《春秋》不可逐句看，《尚書》、《論語》可以逐句看。以下讀諸經法。○六經之言在涵滀中默識，心通精義爲本。○讀書者當觀聖人所以作經之意，與聖人所以爲聖人而吾之所以未至者，求聖人之心而吾之所以未得焉者。晝誦而味之，中夜而思之，平其心，易其氣，闕其疑，其必有見矣。○古之學者皆有傳授，如聖人作經，本欲明道，今人若不先明義理，不可治經，蓋不得傳授之意云爾。如《繫辭》本欲明《易》，若不先求卦義，則看《繫辭》不得。○聖人之道，如河圖、洛書，其始止於畫上便出義，後之人既重卦，又繫辭，求之未必得其理。至如《春秋》是其所是，非其所非，不過只是當年數人而已。學者不觀他書，只觀《春秋》，亦可盡道。○卦爻始立，義既具，即聖人別起義以錯綜之。如《春秋》已前既已立例，到近後來書得全别。一般事便書得别有意思，若依前例觀之，殊失之也。○蘇季明嘗以治經爲傳道居業之實，居常講習，只是空言無益，質之兩先生。伯淳先生曰：脩辭立其誠，不可不子細理會。言能脩省言辭，便是要立誠。若只是脩飾言辭爲心，只是爲僞也。若脩其言辭，正爲立己之誠意，乃是體，當自家敬以直内、義以方外之實事。道之浩浩，何處下手？惟立誠纔有可居之處，有可居之處則可以脩業也。終日乾乾，大小大事，却只是忠信所以進德爲實下手處，脩辭立其誠爲實脩業處。正叔先生曰：治經，實學也。譬諸草木，區以别矣。道之在經，大小遠近，高下精粗，森列於其中。譬如日月在上，有人不見者，一人指之，不如衆人指之自見也。如《中庸》一卷書，自至理便推之於事，如國家有九經及歷代聖人之迹，莫非實學也，如登九層之臺自下而上者爲是。人患居常講習、空言無實者，蓋不自得也。爲學治經最好，苟不自得，則盡治五經亦是空也。今有人心得識達，所得多矣，雖亦好讀書，却患在空虚者，未免此弊。

張子曰：經籍亦須記得。雖有舜禹之智，吟而不言，不如聾盲之指麾，故記得便説得，便行得，故始學亦不可無誦數。

龜山楊氏因言秦漢以下事，曰：亦須是一一識别得過，欲識别得過，須用著意六經，六經不可容易看了。今人多言要作事須看史，史固不可不看，然六經先王經世之迹在焉，是亦足用矣。必待觀史，未有史書以前，人以何爲據？蓋孔子不存史而作《春秋》，《春秋》所以正史之失得也。今人自是不留意六經，故就史求道理，是以學愈博而道愈遠。若經術明，自無工夫及之。使有工夫及之，則取次提起一事，便須斷遣處置得行，何患不能識別？

朱子曰：讀六經時，只如未有六經，只就自家身上討道理，其理便易曉。○人惟有私意，聖賢所以留千言萬語以掃滌人私意，使人人全得惻隱羞惡之心。六經不作可也，裏面著一點私意不得。○看經書與看史書不同。史是皮外物事，沒緊要，可以劄記問人。若是經書有疑，這箇是切己病痛，如人負痛在身，欲斯須忘去而不可得，豈可比之看史，遇有疑則記之紙邪？○問：爲學只是看六經、《語》、《孟》，其他史書雜學皆不必看，如何？曰：如此即不見古今成敗，便是荆公之學。書那有不可讀者？只怕無許多心力讀得。六經是三代以上之書，曾經聖人手，全是天理。三代以下文字有得失，然而天理却在這邊自若也。要有主，覷得破，皆是學。○看經傳有不可曉處，且要旁通，待其浹洽，則當觸類而可通矣。○治經者必因先儒已成之說而推之，借曰未必盡是，亦當究其所以得失之故，而後可以反求諸心而正其繆，此漢之諸儒所以專門名家，各守師說，而不敢輕有變焉者也。但其守之太拘，而不能精思明辨以求真是，則爲病耳。然以此之故，當時風俗終是淳厚。近年以來，習俗苟偷，學無宗主，治經者不復讀其經之本文與夫先儒之傳註，但取近時科舉中選之文，諷誦摹倣，擇取經中可爲題目之句，以意扭捏，妄作主張，明知不是經意，但取便於行文，不暇恤也。○大抵所讀經史，切要反復精詳，方能漸見旨趣。誦之宜舒緩不迫，令字字分明，更須端莊正坐如對聖賢，則心定而義理易究。不可貪多務廣，涉獵鹵莽，纔看過了，便爲已通。小有疑處，即便思索。思索不通，即置小册子逐日抄記，以時省閱，俟後日逐一理會。切不可含糊護短，恥於資問，而終身受此黯暗以自欺也。今之談經者往往有四者之病，本卑也而抗之使高，本淺也而鑿之使深，本近也而推之使遠，本明也而必使至於晦。此今日談經之大患也。○六經浩渺，乍難盡曉，且見得路逕後，各自立得一箇門庭。問：如何是門庭？曰：是讀書之法。如讀此一書，須知此書當如何讀。伊川教人看《易》，以王輔嗣、胡翼之、王介父三人《易》解看，此便是讀書之門庭。緣當時諸經都未有成説，學者乍難捉摸，故教人如此。或問：如詩是吟詠情性，讀詩者便當以此求之否？曰：然。○讀書只就一直道理看，剖析自分曉，不必去偏曲處看。《易》有箇陰陽，《詩》有箇邪正，《書》有箇治亂，皆是一直路逕可見，别無嶢崎。○學者只是要熟，工夫純一而已。讀時熟，看時熟，玩味時熟。如《孟子》、《詩》、《書》全在讀時工夫。孟子每章説了，又自解了，蓋他直要説得盡方住。其言一大片，故後來老蘇亦拖他來做文章説。須熟讀之，便得其味。今觀《詩》，既未寫得傳，且除了小序而讀之，亦不要將做好底看，亦不要將做惡底看，只認本文語意，亦須得八九。○聖人作經以詔後世，將使讀者誦其文，思其義，有以知事理之當然，見道義之全體，而身力行之，以入聖賢之域也。其言雖約，而天下之故，幽明巨細，靡不該焉。欲求道以入德者，舍此爲無所用其心矣。然去聖既遠，講誦失傳，自其象數、名物、訓詁、凡例之間，老師宿儒尚有不能知者，況於新學小生驟而讀之，是亦安能遽有以得其大指要歸也哉？故河南程夫子之教人，必先使之用力乎《大學》、《論語》、《中庸》、《孟子》之書，然後及乎六經。蓋其難易遠近大小之序，固如此而不可亂也。○問看《易》。曰：未好看，《易》自難看。《易》本因卜筮而設，推原陰陽消長之理，吉凶悔吝之道。先儒講解，失聖人意處多。待用心力去求，是費多少時光，不如且先讀《論語》。又問讀《詩》。曰：《詩》固可以興，然亦自難，先儒之説亦多失之。某枉費許多年工夫，近來於《詩》、《易》，略得聖人之意。今學者不如且看《大學》、《語》、《孟》、《中庸》四書，且就見成道理精心細求，自應有得。待讀此四書精透，然後去讀他經，却易爲力。○問：近看胡氏《春秋》，初無定例，止説歸忠孝處便爲經義，不知果得孔子意否？曰：某嘗説《詩》、《書》是隔一重兩重説，《易》、《春秋》是隔三重四重説。《春秋》義例、《易》爻象雖是聖人立下，今説者用之，各信己見。然於人倫大綱皆通，但未知曾得聖人當初本意否。且不如讓渠如此説，且存取大意，得三綱五常不至廢墜足矣。今欲直得聖人本意不差，未須理會經，先須於《論語》、《孟子》中專意看他，切不可忙。虚心觀之，不須先自立見識，徐徐以俟之，莫立課程。○問《左傳》疑義。曰：公不求之於六經、《語》、《孟》之中，而用功於《左傳》，且《左傳》有甚麽道理？只看聖人所説，無不是這箇大本，如云「天高地下，萬物散殊，而禮制行矣。流而不息，合同而化，而樂興焉」。不然子思何故説箇「天命之謂性，率性之謂道，脩道之謂教」。此三句是怎如此説？是乃天地萬物之大本大根，萬化皆從此出。

人若能體察得，方見得聖賢所説道理皆從自己胸襟流出，不假他求。又曰：人須是於大原本上看得透，自然心胸開闊，見世間事皆瑣瑣不足道矣。又曰：每日開眼便見這四箇字在面前，仁義禮智這四箇字若看得熟，於世間道理沛然若決江河而下，莫之能禦矣。若看得道理透，方見得每日所看經書無一句一字、一點一畫不是此理之流行，見天下事無大無小、無一名一件不是此理之發見。如此方見得這箇道理渾淪周遍，不偏枯，方見得所謂天命之謂性底全體。今人只是隨所見而言，或見得一二分，或見得二三分，都不曾見那全體，不曾到那極處，所以不濟事。○學者觀書，先須讀得正文，記得註解，成誦精熟，註中訓釋文意事物名義、發明經指相穿紐處，一一認得，如自己做出來底一般，方能玩味反復，向上有透處。若不如此，只是虚設議論，如舉業一般，非爲己之學也。曾見汪端明説沈元用問和靖「伊川《易傳》何處是切要」？尹云：「『體用一源，顯微無間。』此是切要處。」後舉似李先生，先生曰：「尹説固好，然須是看得六十四卦三百八十四爻都有下落，方始説得此話。若學者未曾子細理會，便與他如此説，豈不誤他？」某聞之悚然，始知前日空言無實不濟事，自此讀書益加詳細云。

魯齋許氏曰：講究經旨，須是且將正本反復誦讀，求聖人立言指意務於經内，自有所得。若反復讀誦至於二三十遍，以至五六十遍，求其意義不得，然後以古註證之。古註訓釋不明，未可通曉，方攷諸家解義，擇其當者，取一家之説以爲定論，不可汎汎莫知所適從也。○誦經習史，須是專志屏棄外物，非有父母師長之命，不得因他而輟。

程子曰：凡解文字，但易其心自見理，理只是義。理甚分明，如一條平坦底道路。且如隨卦言「君子向晦入宴息」，解者多作遵養時晦之晦。或問作甚晦字？曰：此只是隨時之大者，向晦則宴息也，更別無甚義。或曰：聖人之言恐不可以淺近看他。曰：聖人之言自有近處，自有深處，如近處怎生强要鑿教深遠得。以下論解經。○漢儒之談經也，以三萬餘言明「堯典」二字，可謂知要乎？惟毛公、董相有儒者氣象，東京士人尚名節，加之以明禮義，則皆賢人之德業矣。

朱子曰：經之有解，所以通經。經既通，自無事於解。借經以通乎理耳，理得則無俟乎經。今意思只滯在此，則何時得脱然會通也？且所貴乎簡者，非謂欲語言之少也，乃在中與不中爾。若句句親切，雖多何害？若不親切，愈少愈不達矣。某嘗説讀書須細看得意思通融後，都不見註解，但見有正經幾箇字在方好。○聖經字若箇主人，解者猶若奴僕。今人不識主人，且因奴僕通名，方識得主人，畢竟不如經字也。○解經當如破的。○經書有不可解處，只得闕。若一向去解，便有不通而謬處。○後世之解經者有三：一儒者之經；一文人之經，東坡、陳少南輩是也；一禪者之經，張子韶輩是也。○解經須先還他成句，次還他文義，添無緊要字却不妨。添重字不得，今人新添者恰是重字。○某解書如訓詁一二字等處，多有不必解處，只是解書之法如此，亦要教人知得看文字不可忽略。○問：解經有異於程子説者如何？曰：程子説或一句自有兩三説，其間必有一説是，兩説不是。理一而已，安有兩三説皆是之理？蓋其説或後嘗改之，今所以與之異者，安知不曾經他改來？蓋一章而衆説叢然，若不平心明目，自有主張，斷入一説，則必無衆説皆是之理。○程先生經解，理皆在解語内。某集註《論語》，只是發明其辭，使人玩味經文，理皆在經文内。《易傳》不看本文，亦自成一書。杜預《左傳》解，不看傳、經文，亦自成一書。鄭箋不識經大旨，故多隨句解。○解經不必做文字，止合解釋得文義通，則理自明，意自足。今多去上做文字，少間説來説去，只説得他自一片道理，經意却蹉過了。要之經之於理，亦猶傳之於經。傳所以解經也，既通其經，則傳亦可無。經所以明理也，若曉得理，則經雖無亦可。○解經已是不得已，若只就註解上説將來何濟？如畫那人一般，畫底却識那人，别人不識。須因這畫去求那人始得，今便以畫唤做那人不得。○凡學者解書切不可與他看本，看本則心死在本子上。只教他恁地説，則他心便活，亦且不解失忘了。

程子曰：某每讀史到一半，便掩卷思量，料其成敗，然後却看，有不合處又更精思，其間多有幸而成，不幸而敗。今人只見成者便以爲是，敗者便以爲非，不知成者煞有不是，敗者煞有是底。以下讀史。○讀史須見聖賢所存治亂之機，賢人君子出處進退便是格物。今人只將他見成底事便做是使，不知煞有誤人處。○凡讀史，不徒要記事跡，須要識治亂安危興廢存亡之理。且如讀高帝一紀，便須識得漢家四百年終始治亂當如何，是亦學也。

朱子曰：今人讀書未多，義理未至融

會處，若便去看史書，攷古今治亂，理會制度典章，譬如作陂塘以溉田，須是陂塘中水已滿，然後決之，則可以流注滋殖田中禾稼。若是陂塘中水方有一勺之多，遽決之以溉田，則非徒無益於田，而一勺之水亦復無有矣。讀書既多，義理已融會，胸中尺度一一已分明，而不看史書，攷治亂，理會制度典章，則是猶陂塘之水已滿而不決以溉田。若是讀書未多，義理未有融會處，而汲汲焉以看史爲先務，是猶決陂塘一勺之水以溉田也，其涸也可立而待也。○讀史當觀大倫理、大機會、大治亂得失。○凡觀書史，只有箇是與不是。觀其是求其不是，觀其不是求其是，然後便見得義理。○史且如此看讀去，待知首尾稍熟後，却下手理會，讀書皆然。○讀史有不可曉處，❶劄出待去問人，便且讀過。有時讀别處撞著，有文義與此相關，便自曉得。○先看《語》、《孟》、《中庸》，更看一經，却看史，方易看。先讀《史記》，《史記》與《左傳》相包，次看《左傳》，次看《通鑑》，有餘力則看全史。只是看史不如今之看，史有許多蹺崎，看治亂如此，成敗如此，與治同道罔不興，與亂同事罔不亡，知得次第。○凡讀書先讀《語》、《孟》，然後觀史，則如明鑑在此而妍醜不可逃。若未讀徹《語》、《孟》、《中庸》、《大學》，便去看史，胸中無一箇權衡，多爲所惑。○讀史之法，先讀《史記》及左氏，却看《西漢》、《東漢》及《三國志》，次看《通鑑》。温公初作編年起於威烈王，後又添至共和，後又作《稽古録》，始自上古，然共和以上之年已不能推矣。獨邵康節却推至堯元年，《皇

❶ 「史」，四庫本作「書」。

極經世書》中可見。温公又作《大事記》，若欲看本朝事，當看《長編》。若精力不及，其次則當看《國紀》，《國紀》只有長編十分之二耳。○史亦不可不看，看《通鑑》固好，然須看正史一部，却看《通鑑》。一代帝紀，更逐件大事立箇綱目，其間節目疏之于下，恐可記得。○《通鑑》難看，不如看《史記》、《漢書》，《史記》、《漢書》事多貫穿，《紀》裏也有，《傳》裏也有，《表》裏也有，《志》裏也有。《通鑑》是逐年事，逐年過了更無討頭處。一云更無蹤跡。問：《通鑑》歷代具備，看得大概，且未免求速耳？曰：求速却依舊不曾看得，須用大段有記性者方可。且如東晉以後有許多小國夷狄姓名，頭項最多。若是看正史後却看《通鑑》，見他姓名，却便知得他是某國人。某舊讀《通鑑》，亦是如此。且草草看正史一上，❶然後却來看他。

○觀史只是以自家義理斷之，大概自漢以來只是私意，其間有偶合處爾。只如此看他，已得大概。范《唐鑑》亦是此法，然稍踈，更看得密如他尤好，然得似他亦得了。○問陳芝史書記得熟否？蘇丞相頌看史都在手上輪得，他那資性直是會記。芝曰：亦緣多忘。曰：正緣如此，也須大約記得某年有甚麼事，某年有甚麼事纔記不起，無緣會得浹洽。芝曰：正緣是不浹洽。曰：合看兩件，且看一件。若兩件是四百字，且看二百字，有何不可？○人讀史書，節目處須要背得始得。如讀《漢書》高祖辭沛公處，義帝遣沛公入關處，韓信初說漢王處，與《史贊》、《過秦論》之類，皆用背得方是。若只是略踔看過，心下似有似無，濟得

❶「上」，重修本作「遍」。

甚事？讀一件書，須心心念念只在這書上，令徹頭徹尾讀教精熟，這説是如何，那説是如何，這説同處是如何，不同處是如何，安有不長進？○楊至之患讀史無記性，須三五遍方記得，而後又忘了。曰：只是一遍讀時須用功作相別計，止此更不再讀，便記得。有一士人讀《周禮疏》，讀第一板訖則焚了，讀第二板則又焚了，便作焚舟計。若初且草讀一遍，準擬三四遍，讀便記不牢。○士居平世，處下位，視天下之事意若無足爲者。及居大位，遭事會，便覺無下手處。信乎義理之難窮，而學問之不可已也。病中信手亂抽得《通鑑》一兩卷看，正值難處置處，不覺骨寒毛聳，心膽墮地，向來只作文字看過，却全不自覺，真是枉讀了他古人書也。○《匡衡傳》、司馬温公《史論》、《稽古録》、范《唐鑑》不可不讀。

南軒張氏曰：觀史工夫要當考其治亂興壞之所以然，察其人之是非邪正。至於幾微節目，與夫疑似取舍之間，尤當三復也。若以博聞見，助文辭，抑末矣！○于定國爲廷尉，天下無冤民，史氏將誰欺？趙蓋、韓楊之死皆在定國之手，冤莫大焉！大凡看史不可被史官謾過。張釋之爲廷尉，有驚乘輿馬者，上欲誅之，釋之以爲當罰金。且曰：「法者，天下之公共也。且方其時，上使誅之則已。今已下廷尉，廷尉天下之平也。釋之知廷尉爲天下之平，而不知人君爲天下之平。」○問：讀《通鑑》之法。曰：治亂得失源流，人才邪正是非，財賦本末用兵，法制嘉言善行，皆當熟究之。

東萊吕氏曰：觀史先自《書》始，然後次及《左氏》、《通鑑》，欲其體統源流相承接耳。

范陽張氏曰：如看唐朝事，則若身預其中。人主情性如何？所命相如何？當時在朝士大夫孰爲君子？孰爲小人？其處事孰爲當？孰爲否？皆令胸次曉然，可以口講而指畫，則機會圓熟，他日臨事必過人矣。凡前古可喜可愕之事，皆當蓄之於心，以此發之筆下，則文章不爲空言矣。

魯齋許氏曰：閱子、史必須有所折衷，六經、《語》、《孟》乃子、史之折衷也。譬如法家之有律令格式，賞功罰罪合於律令格式者爲當，不合於律令格式者爲不當。諸子百家之言合於六經、《語》、《孟》者爲是，不合於六經、《語》、《孟》者爲非。以此衷考古之人而去取之，鮮有失矣。○閱史必且專意於一家，其餘悉屏去。候閱一史畢，歷歷默記，然後別取一史而閱之。如此有常，不數年諸史可以備記。苟閱一史未了，雜以他史，紛然交錯於前，則皓首不能通一史矣。惟是讀《三傳》，當參以《史記》，讀《史記》當參以《前漢》。文辭繁要，亦各有法，不可不知。○看史書當先看其人之大節，然後看其細行。善則效之，惡則以爲戒焉，所以爲吾躬行之益。徒記其事而誦其書，非所謂學也。

性理大全書卷之五十四

性理大全書卷之五十五

學十三

史學

程子曰：古者諸侯之國各有史記，故其善惡皆見於後世。自秦罷侯置守令，則史亦從而廢矣。其後自非傑然有功德者或記之循吏，與夫凶忍殘殺之極者以酷見傳，其餘則泯然無聞矣。如漢唐之有天下皆數百年，其間郡縣之政可書者宜亦多矣，然其見書者率纔數十人。使賢者之政不幸而無傳，其不肖者復幸而得蓋其惡，斯與古史之意異矣。○司馬遷爲近古，書中多有前人格言。如作紀本《尚書》，但其間有曉不得書意，有錯用却處。李嘉仲問：項籍作紀如何？曰：紀只是有天下方可作。又問：班固嘗議遷之失如何？曰：後人議前人固甚易。○史遷云：「天與善人，伯夷善人非也。」此以私意度天道也。必曰顔何爲而夭，跖何爲而壽，指一人而較之，非知天者也。○君實脩《資治通鑑》至唐事，正叔問曰：「敢與太宗、肅宗正簒名乎？」曰：「然。」又曰：「敢辨魏徵之罪乎？」曰：「何罪？」魏徵事皇太子，太子死，遂忘戴天之讎而反事之，此王法所當誅，後世特以其後來立朝風節而掩其罪。有善有惡，安得相掩？」曰：「管仲不死子糾之難而事桓公，孔子稱其能不死，曰『豈若匹夫匹婦之爲諒也，自經於溝瀆而莫之知也』。與徵何異？」曰：「管仲之事與徵異。齊侯死，公子皆出，小白長而當立，子糾少亦欲立，管仲奉子糾奔魯，小白入齊既立。仲納子糾以抗小白，以少犯長，又所不當立，義已不順。既而小白殺子糾，管仲以所事言之則可死，以義言之則未可死。故《春秋》書齊小白入于齊，以國繫齊，明當立也。又書公伐齊納糾，糾去子，明不當立也。至齊人取子糾殺之，此復係子者，罪齊大夫既盟而殺之也，與徵之事全異。」○客有見伊川者，几案間無他書，惟印行《唐鑑》一部。曰：近方見此書，三代以後無此議論。

涑水司馬氏曰：李延壽之書，亦近世之佳史也。雖於禨祥詼嘲小事無所不載，然敘事簡徑，比於南北正史，無煩冗蕪穢之辭。竊謂陳壽之後，唯延壽可以亞之。但恨延壽不作志，使數代制度沿革皆没不見耳。

和靖尹氏曰：太史公不明理，只是多聞，如《伯夷序傳》引盜跖是也。若孔子雖顔子之夭，只説不幸短命死，則知盜跖乃罔之生也，幸而免者也。

元城劉氏問馬永卿近讀何書？對曰：讀《西漢》到《酷吏傳》。曰：班氏特恕杜、張，何也？曰：太史公時，湯、周之後未顯，至班氏獨以爲有子孫以贖父罪，故入列傳。曰：孟子云「名之曰幽厲，雖孝子慈孫百世不能改也」。而班氏固輒没其酷吏之名，何也？曰：世之論者以謂二人皆有意，太史公之意欲以教後世人臣之忠，班氏之意欲以教後世人子之孝。曰：此固然也，然班固於此極有深意。張湯之後，至後漢猶盛。有恭侯純者，雖王莽時亦不失爵，至建武中歷位至大司空。故班固不使入

《酷吏傳》，以張純之故也。曰：是時杜氏之絶已久，而亦不入《酷吏傳》，何也？曰：杜、張，一等人也。若獨令張湯入列傳，則世得以議己，故并貸杜周，此子産立公孫洩之義也。永卿退而檢《左氏》，鄭卿良霄字伯有，既死爲厲，國人大懼。子産以謂鬼有所歸，乃不爲厲，乃立公孫洩、良止以止之。公孫洩，子孔之子也。良止，良霄之子也。鄭殺子孔，子孔雖不爲厲，故亦立之。且伯有以罪死，立後非義也，恐惑民，故立洩，使若自以大義存誅絶之後，不因其爲厲也。○《新唐書》敘事好簡略其辭，故其事多鬱而不明，此作史之弊也。且文章豈有繁簡也？意必欲多，則冗長而不足讀。必欲其簡，則僻澀令人不喜讀。假令《新唐書》載卓文君事，不過止曰少嘗竊卓氏以逃，如此而已。班固載此事乃近五百字，讀之不覺其繁也。且文君之事亦何補於天下後世哉？然作史之法不得不如是，故可謂之文如風行水上，出於自然也。若不出於自然而有意於繁簡，則失之矣。《唐書》進表云：「其事則增於前，其文則省於舊。」且《新唐書》所以不及兩漢文章者，其病正在此兩句也。又反以爲工，何哉？然新舊《唐史》各有長短，❶未易優劣也。

朱子曰：司馬遷才高，識亦高，但粗率。○太史公書疎爽，班固書密塞。○或謂《五帝紀》所取多古文《尚書》及《大戴禮》爲主，爲知所考信者。然伏羲、神農見《易大傳》，乃孔聖之言，而八卦列於六經，爲萬世文字之祖。不知史遷何故乃獨遺而不録，遂使《史記》一書如人有身而無首。此

❶「史」，四庫本作「書」。

尚爲知所考信耶？○司馬子長動以孔子爲證，不知是見得，亦且是如此説？所以吕伯恭發明得非細，只恐子長不敢承領爾。○《史記》亦疑當時不曾得删改脱藁，《高祖紀》記迎太公處稱高祖，此樣處甚多。高帝未崩，安得高祖之號？《漢書》盡改之矣。《左傳》只有一處云陳桓公有寵於王。○或謂史遷不可謂不知孔子，然亦知孔子之粗耳。歷代世變，即《六國表序》是其極致，乃是俗人之論，知孔子者固如是耶？正朔服色乃當時論者所共言，如賈生、公孫臣、新垣平之徒皆言之，豈獨遷也？○問：《伯夷傳》得孔子而名益彰。曰：伯夷當初何嘗指望孔子出來發揮他？又問：「黄屋左纛，朝以十月，葬長陵。」此是大事，所以書在後。曰：某嘗謂《史記》恐是箇未成底文字，故記載無次序，有踈闊不接續處，如此等是也。○《伯夷傳》辨許由事固善，然其論伯夷之心，正與求仁得仁者相反。其視蘇氏之古史，孰爲能考信於孔子之言耶？○或以史遷能貶卜式，與桑弘羊爲伍。又能不與管仲、李克，爲深知功利之爲害。不知《六國表》所謂世異變，成功大，議卑易行，不必上古，《貨殖傳》譏長貧賤而好語仁義爲可羞者，又何謂耶？○或謂遷言公孫弘以儒顯，爲譏弘之不足爲儒，不知果有此意否？彼固謂儒者博而寡要，勞而少功，是以其事難盡從。然則彼所謂儒者，其意果何如耶？○班固作《漢書》不合要添改《史記》字，行文亦有不識當時意思處。如七國之反，《史記》所載甚踈略，却都是漢道理。班固所載雖詳，便却不見此意思。吕東萊甚不取班固。如載文帝建儲詔云：「楚王，季父也，春秋高，閲天下之義理多矣，明於國家之大體。吴王於朕兄也，惠仁以好德。淮南王，弟也，秉德以陪朕。豈不爲豫哉？」固遂節了吴王一段，只於淮南王下添「皆」字，云「皆秉德以陪朕」。蓋「陪」字訓「貳」，以此言弟則可，言兄可乎？今《史記》中却載全文。又曰：屏山却云固作《漢紀》，有學《春秋》之意，其《敘傳》云爲《春秋》考紀。又曰：遷史所載，皆是隨所得者載入，正如今人草藳。如酈食其踞洗，前面已載一段，末後又載與前説不同。蓋是兩處説，已寫入了，又據所得寫入一段耳。○《漢書》有秀才做底文章，有婦人做底文字，亦有載當時獄辭者。秀才文章便易曉，當時文字多碎句難讀，《尚書》便有如此底。《周官》只如今文字，太齊整了。○孔明治蜀，不曾立史官。陳壽檢拾而爲《蜀志》，故甚略。孔明極是子細者，亦恐是當時經理王業之急，有不暇及此。○《晉書》皆爲許敬宗胡寫入小説，又多改壞了。東坡言《孟嘉傳》陶淵明之「自然」，今改云「使然」，更有一二處。一作此類甚多。東坡此文亦不曾見。包揚因問：《晉書》説得晉人風流處好。曰：《世説》所載説得較好，今皆改之矣。○《載記》所紀夷狄祖先之類特甚，此恐其故臣追記而過譽之。○問：《班史》、《通鑑》，二氏之學如何？曰：讀其書自可見。又曰：温公不取孟子取揚子，至謂王伯無異道。夫王伯之不侔，猶碔砆之於美玉，故荀卿謂粹而王，駁而伯。孟子與齊梁之君力判其是非者，以其有異也。○《史記》功臣表與《漢史》功臣表，其户數先後及姓名多有不同，二史各有是非，當以傳實證之，不當全以《史記》所傳爲非真也。如淮陰爲連敖典客，《漢史》作票客，顔師古謂其票疾而以賓客之禮禮之。夫淮陰之亡，以其不見禮於漢也。蕭何追之而薦於漢王，始爲大將。若已以賓禮禮之，淮陰何爲而亡哉？此則《史記》之所載爲是。三代表是其疎謬處，無可疑者，蓋他説行不得。若以爲堯舜俱出黄帝，是爲同姓之人，堯固不當以二女嬪于虞，舜亦豈容受堯二女而安於同姓之無别？又以爲湯與王季同世，由湯至紂凡十六傳，王季至武王纔再世爾，是文王以十五世之祖事十五世孫紂，武王以十四世祖而伐之，豈不甚謬戾耶？《通鑑》先後之不同者，却不必疑。史家敘事或因時而記之，或因事而見之。田和遷康公，《通鑑》載於安王十一年，是因時而紀之也。《史記》載於安王十六年，是因事而見之也。何疑之有？只有伐燕一節，《史記》以爲湣王，《通鑑》以爲宣王。《史記》却是攷他源流來，《通鑑》只是憑信孟子。温公平生不喜孟子，到此又却信之，不知其意如何？張敬夫説《通鑑》有未盡處，似此一節亦是可疑。○遷、固之史大概只是計較利害，范曄更低，只主張做賊底，後來他自做却敗。温公《通鑑》凡涉智數險詐底事，往往不載，却不見得當時風俗。如陳平説高祖間楚事亦不載上一段，不若全載了，可以見當時事情，却於其下論破乃佳。又如亞夫得劇孟事，《通鑑》亦節去，意謂得劇孟不足道。不知當時風俗事勢，劇孟輩亦係輕重。如周休且能一夜得三萬人，只緣吴王敗後各自散去，其事無成。温公於此事却不知不覺載之，蓋以周休名不甚顯，不若劇孟耳。想温公平日叵耐劇孟，不知温公爲將，設遇此人，奈得他何否？又如論唐太宗事，亦殊未是。吕氏《大事記》周赧後添繫秦，亦未當。當如記楚漢事並書之，項籍死後，方可專書漢也。○《通鑑》文字有自改易者，仍皆不用《漢書》上古字，皆以今字代之。《南》、《北史》除了《通鑑》所取者，其餘只是一部好笑底小說。○胡明仲看節《通鑑》，文定問：當是温公節否？明仲云：豫讓好處是不以死生二其心，故簡子云真義士也。今節去之，是無見識，必非温公節也。○《通鑑》例，每一年或數次改年號者，只取後一號，故石晉冬始簒而以此年繫之。曾問吕丈，吕丈曰：到此亦須悔，然多了不能改得，某只以甲子繫年，下面注所改年號。○或謂温公舊例，年號皆以後改者爲正，此殊未安。如漢建安二十五年之初，漢尚未亡，今便作魏。黄初元年，奪漢太速，與魏太遽，大非《春秋》存陳之意，恐不可以爲法。此類尚一二條，不知前賢之意果如何爾？○問：温公論才德如何？曰：他便專把朴者爲德，殊不知聰明果敢、正直中和，亦是才，亦是德。○才有好底，有不好底。德有好底，有不好底。德者，得之於己。才者，能有所爲。如温公所言，才是不好底。既才是不好底，又言才德兼全謂之聖人，則聖人一半是不好底。温公之言多說得偏，謂之不是則不可。○問：温公言聰察彊毅之謂才，聰明恐只是才，不是德。曰：温公之言便是有病。堯舜皆曰聰明，又曰欽明，又曰文明，豈可只謂之才？如今人不聰明，更將何者唤作德也？○問：温公以正直中和爲德，聰明彊毅爲才。曰：皆是德也。聖人以仁智勇爲德，聰察便是智，彊毅便是勇。○問諸儒才德之說。曰：合下語自不同。如說才難，須是那有德底才。高陽氏才子八人，這須是有德而有才底。若是將才對德說，則如周公之才之美樣，便有是才更要德。這箇合下說得自不同。又問智伯五賢。曰：如說射御足力之類，也可謂之才。○《通鑑》告姦者與斬敵首同賞，不告姦者與降敵同罰。《史記》商君議更法，首便有斬敵首、降敵兩條賞罰，後面方有此兩句比類之法。其實秦人上戰功，故以此二條爲更法之首，温公却節去之，只存後兩句比類之法，遂使讀之者不見來歷。温公脩書，凡與己意不合者即節去之，不知他人之意不如此，《通鑑》此類多矣。○問：温公《通鑑》不信四皓輔太子事，謂只是叔孫通諫得行，意謂子房如此則是脅其父。曰：子房平生之術只是如此。唐太宗從諫亦只是識利害，非誠實。高祖只是識事機，明利害，故見四人者輔太子，便知是得人心，可以爲之矣。叔孫通嫡庶之說如何動得他？又謂高祖平生立大功業過人，只是不殺人，温公乃謂高祖殺四人甚異，事見《攷異》。其後一處所在，又却載四人。又不信劇孟事，意謂劇孟何以爲輕重。然又載周休，其人極無行，自請於吴，去呼召得數萬人助吴。如子房、劇孟皆温公好惡所在，然著其事而立論以明之可也，豈可以有無其事爲褒貶？温公此樣處議論極純。因論章惇言温公義理不透。曰：温公大處占得多，章小黠何足以知大處。○胡致堂云《通鑑》久未成書，或言温公利餐錢，故遲遲，温公遂急結末了，故唐五代多繁冗。見《管見》後唐莊宗六月甲午條下。○温公之言如桑麻穀粟，且如《稽古録》極好看。常思量教太子諸王，恐《通鑑》難看，且看一部《稽古録》。人家子弟若先看得此，便是一部古今在肚裏了。○《稽古録》有不備者，當以《通鑑》補之。温公作此書，想在忙裏做成，原無義例。○《稽古録》一書可備講筵宫僚進讀，小兒讀六經了，令接續讀去亦好。末後一表，其言如著龜，一一皆驗。宋莒公《歷年通譜》與此書相似，但不如温公之有法也。○《唐鑑》欠處多，看底辨得出時好。○《唐鑑》多説得散開無收殺，如姚崇論擇十道使患未得人，他自説得意好，不知范氏何故却貶其説？○或謂史贊唐太宗，止言其功烈之盛，至於功德兼隆，則傷夫自古未之有。曰：恐不然。史臣正贊其功德之美，無貶他意，其意亦謂除隋之亂是功，致治之美是德。自道學不明，故言功德者如此分別。以聖門言之，則此兩事不過是功，未可謂之德。○范《唐鑑》首一段專是論太宗本原，然亦未盡。太宗後來做處儘好，只爲本領不是，與三代便别。問：歐陽以除隋之亂比迹湯武，致治之美庶幾成康，贊之無乃太過？曰：只爲歐公一輩人，尋常亦不曾理會本領處，故其言如此。○范氏以武王釋箕子封比干事比太宗誅高德儒，此亦據他眼前好處恁地比並，也未論到他本原處。似此樣且寬看，若一一責以全，則後世之君不復有一事可言。○范《唐鑑》第一段論守臣節處不圓，要做一書補之，不曾做得。范此文草草之甚，其人資質渾厚，説得都如此平正，只是疎多不入理。終守臣節處，於此亦須有些處置，豈可便如此休了？如此議論，豈不爲英雄所笑。○《唐鑑》白馬之禍，歐公論不及此。○《唐鑑》意正有疎處，孫之翰《唐論》精練，説利害如身處親歷之，但理不及《唐鑑》耳。○吕伯恭晚年謂人曰「孫之翰《唐論》勝《唐鑑》」，要之也是切於事情，只是大綱却不正了。《唐鑑》也有緩而不精確處，如言租庸調及楊炎二税之法，説得都無收殺，只云在於得人不在乎法。有這般苟且處，審如是，則古之聖賢徒法云爾。他也是見熙寧間詳於制度，故有激而言，要之只那有激便不平正。○五代舊史，温公《通鑑》用之，歐公蓋以此作文。因有失實處，如宦者張居翰當時但言緩取一日則一日固，二日則二日固，歐公直將作大忠，説得太好了。○致堂《管見》方是議論，《唐鑑》議論弱，又有不相應處。前面説一項事，末又説别處去。○子由《古史》舜紀所論三事，其一許由者是已然，當全載史遷本語，以該卞隨、務光之流，不當但斥一許由而已也。然太史公又言箕山之上有許由冢，則又明其實有是人，亦當世之高士，但無堯讓之事耳。此其曲折之意，蘇子亦有所未及也。其一瞽象殺舜，蓋不知其有無。今但當知舜之負罪引慝，號泣怨慕，象憂亦憂，象喜亦喜，與夫小杖則受，大杖則走，父母欲使之，未嘗不在側，欲求殺之，則不可得而已爾，不必深辨瞽象殺舜之有無也。其一舜禹避丹朱、商均而天下歸之，則蘇子慮其避之足以致天下之逆。至益避啓而天下歸啓，則蘇子又譏其避之爲不度而無耻。於是凡孟子、史遷之所傳者，皆以爲誕妄而不之信。今固未暇質其有無，然蘇子之所以爲説者，類皆以世俗不誠之心度聖賢，則不可以不之辨也。聖賢之心淡然無欲，豈有取天下之意哉？顧辭讓之發，則有根於所性而不能已者。苟非所據，則雖卮酒豆肉猶知避之，况乎秉權據重而天下有歸己之勢，則亦安能無所惕然於中，而不遠引以避之哉？避之而彼不吾釋，則不獲已而受之，何病於逆？避之而幸其見舍，則固得吾本心之所欲，而又何耻焉？唯不避而强取之，乃爲逆。偃然當之而彼不吾歸，乃可耻耳。如蘇子之言，則是凡世之爲辭讓者，皆陰欲取之而陽爲遜避，是以其言反於事實至於如此，則不自知其非也。舜禹之事，世固不以爲疑，今不復論。至益之事，則亦有不能無惑於其説者。殊不知若太甲賢而伊尹告歸，成王冠而周公還政，宣王有志而共和罷，此類多矣。當行而行，當止而止，而又何耻焉？蘇子蓋賢共和，而尚何疑於益哉？若曰受人之寄，則當遂有之而不可歸，歸之則爲不度而無耻，則是王莽、曹操、司馬懿父子之心，而楊堅夫婦所謂騎虎之勢也。乃欲以是而語聖賢之事，其亦誤矣。○《古史》言馬遷淺陋而不學，疎略而輕信，此二句最中馬遷之失，吕伯恭極惡之。《古史》序云：「古之帝王其必爲善，如火之必熱，水之必寒。其不爲不善，如騶虞之不殺，竊脂之不穀。」此語最好。某嘗問伯恭：「此豈馬遷所能及？」然子由此語雖好，又自有病處，如云帝王之道以無爲爲宗之類。他只説得箇頭勢大，下面工夫又皆空踈，亦猶馬遷《禮書》云：「大哉禮樂之道，洋洋乎鼓舞萬物，役使群動。」説得頭勢甚大，然下面亦空踈，却引荀子諸説以足之。又如諸侯年表，盛言形勢之利，有國者不可無，末却云形勢雖强，要以仁義爲本。他上文本意主張形勢，而其末却如此説者，蓋他也知仁義是箇好底物事，不得不説，且説教好看。如《禮書》所云，亦此意也。伯恭極喜渠此等説，以爲遷知行夏之時，乘殷之輅，服周之冕，爲得聖人爲邦之法，非漢儒所及。此亦衆所共知，何必馬遷？然遷嘗從董仲舒游，《史記》中有「余聞之董生」云。此等語言，亦有所自來也。遷之學也説仁義，也説詐力，也用權謀，也用功利，然其本意却只在於權謀功利。孔子説伯夷求仁得仁又何怨，他一傳中首尾皆是怨辭，盡説壞了伯夷。子由《古史》皆刪去之，盡用孔子之語作傳。豈可以子由爲非，馬遷爲是？聖賢以六經垂訓，炳若丹青，無非仁義道德之説。今求義理，不於六經，而反取踈略淺陋之子長，亦惑之甚矣。○温公《通鑑》以魏爲主，故書蜀丞相亮寇何地，從《魏志》也，其理都錯。某所作《綱目》以蜀爲主，後劉聰、石勒諸人皆晉之故臣，故東晉以君臨之。至宋、後魏諸國，則兩朝平書之，不主一邊年號，只書甲子。○問正統之説。自三代以下，如漢唐亦未純乎正統，乃變中之正者。如秦、西晉、隋則統而不正者，如蜀、東晉則正而不統者。曰：何必恁地論？只天下爲一，諸侯朝覲，獄訟皆歸，便是得正統。其有正不正，又是隨他做，如何恁地論？有始不得正統而後方得者，是正統之始。有始得正統而後不得者，是正統之餘。如秦初猶未得正統，及始皇并天下，方始得正統。晉初亦未得正統，自泰康以後，方始得正統。隋初亦未得正統，自滅陳後，方得正統。如本朝至太宗并了太原，方是得正統。又有無統時，如三國、南北、五代皆天下分裂，不能相君臣，皆不得正統。（一作此時便是無統。）某嘗作《通鑑綱目》，有無統之説。此書今未及脩，後之君子必有取焉。温公只要編年號相續，此等處須把一箇書帝書崩，而餘書主書殂，既不是他臣子，又不是他史官，只如旁人立看一般，何故作此尊奉之態？此等處合只書甲子，而附註年號於其下，如魏黄初幾年，蜀章武幾年，吳青龍幾年之類，方爲是。又問：南軒謂漢後當以蜀漢年號繼之，此説如何？曰：如此亦得。他亦以蜀漢是正統之餘，如東晉亦是正統之餘也。又問東周如何？曰：畢竟周是天子。又問唐後來多藩鎮割據，一云唐末天子不能有其土地，亦可謂正統之餘否？則如何？曰唐之天下甚闊，所不服者只河北數鎮之地而已。一云安得謂不能有其土地？○問：宋齊梁陳正統如何書？曰：自古亦有無統時，如周亡之後，秦未帝之前，自是無所統屬底道理，南北亦只是並書。又問：東晉如何書？曰：宋齊如何比得東晉。又問：三國如何書？曰：以蜀爲正，蜀亡之後無多年便是西晉，中國亦權以魏爲正。又問：後唐亦可以繼唐否？曰：如何繼得。○問：《綱目》主意。曰：主在正統。問：何以主在正統？曰：三國當以蜀漢爲正，而温公乃云「某年某月諸葛亮入寇」，是冠屨倒置，何以示訓？緣此，遂欲起意成書，推此意脩正處極多。若成書當亦不下《通鑑》許多文字，但恐精力不逮，未必能成耳。若度不能成，則須焚之。○《綱目》於無正統處，並書之，不相主客。《通鑑》於無統處，須立一箇爲主。某又參取史法之善者，如權臣擅命，多書以某人爲某王某公。范曄却書曹操自立爲魏公，《綱目》亦用此例。○揚雄、荀彧二事，按温公舊例，凡莽臣皆書死，如太師王舜之類。獨於揚雄匿其所受莽朝官稱，而以卒書，似涉曲筆不免。却按本例書之曰「莽大夫揚雄死」，以爲足以警夫畏死失節之流，而初亦未改温公直筆之正例也。荀彧却是漢侍中光禄大夫而參丞相軍事，其死乃是自殺，故但據實書之曰「某官某人自殺」，而系於「曹操擊孫權至濡須」之下，非故以彧爲漢臣也。然悉書其官，亦見其實漢天子近臣，而附賊不忠之罪，非與其爲漢臣也。此等處當時極費區處，不審竟得免於後世之公論否？胡氏論彧爲操謀臣，而劫遷、九錫二事皆爲董昭先發，故欲少緩九錫之議，以俟他日徐自發之，其不遂而自殺，乃劉穆之之類，而宋齊丘於南唐事亦相似。此論竊謂得彧之情。○因説《通鑑》提綱例，凡逆臣之死皆書曰死，至狄仁傑則甚疑之。李氏之復雖出於仁傑，然畢竟是死於周之大臣，不奈何也教相隨入死例，書云「某年月日狄仁傑死也」。○伯恭《大事記》辨司馬遷、班固異同處最好。渠一日記一年，渠大抵謙退，不敢任作書之意，故《通鑑》、《左傳》已載者皆不載，其載者皆《左傳》、《通鑑》所無者耳。有太纖巧處，如指出公孫弘、張湯姦狡處，皆説得羞愧人。伯恭少時被人説他不曉事，故其論事多指出人之情僞，云我亦知得有此意思不好。

東萊吕氏曰：史官者，萬世是非之權衡也。禹不能褒鯀，管蔡不能貶周公，趙盾不能改董狐之書，崔氏不能奪南史之簡。公是公非，舉天下莫之能移焉。自古有國家者皆設史官，典司言動，凡出入起居，發號施令，必九思三省，奠而後發，兢兢慄慄，恐播於汗簡，貽萬世之譏。是豈以王者之利勢而下制於一臣哉？亦以公議所在，不得不畏耳。漢紹堯運，置太史令以紀信書，而司馬氏仍父子纂其職，軼材博識，爲史臣首。遷述黄帝以來至于麟止，勒成一家，世號實録。武帝乃惡其直筆，刊落其書。嗚呼，亦惑矣！公議之在天下，抑則揚，塞則決，窮則通，縱能削一史官之書，安能盡梶天下之筆乎？

問：馬遷既漢武時人，必能詳記武帝故實。及觀《武紀》，止言封禪、禱祠、神仙、方士等事，他全不及。至《八書》中固有略及武帝者，然《封禪書》不過又述武紀所言，《平準書》又何獨詳述武帝生財法，至《律書》言兵，又言文帝而不及武帝。遷謂夫子《春秋》於定、哀也則微，亦須略舉宏綱，而或詳載，或不載，既自不同若《武紀》猶可疑者。潛室陳氏曰：《史記》不專爲漢史，乃歷代之史，故其紀漢事略於《漢書》，而紀武帝事獨詳。若《封禪》、《平準》二書，雖謂之南史家風可也。○問：《漢史》上自天文地理，下至溝洫刑法，皆爲立《志》，而選士之法最爲近古，何乃不爲立《志》？曰：《漢書》缺典處，兵無志，選舉無志，爲太史公未作得此書，故孟堅因陋就簡。○問：太史公作《史記》，上自唐虞，而《八書》之作止言漢事。班孟堅作《漢史》，合紀漢一代事，而乃作《古今人表》，何耶？曰：《八書》未必皆言漢事，獨《平準書》專言武帝，其贊却説古今，《漢志》雖爲一代作，然皆自古初述起，獨《古今人表》專説古而不説今，自悖其名，先輩嘗譏之。中間科等分别人物，又煞有可議，此却班史之贅畫蛇添足。

字學

程子曰：某寫字時甚敬，非是要字好，只此是學。○問：張旭學草書，見檐夫與公主争道，及公孫大娘舞劍，而後悟筆法。莫是心常思念，至此而感發否？曰：然。須是思，方有感悟處。若不思，怎生得如此？然可惜張旭留心於書，若移此心於道，何所不至？

張子曰：草書不必近代有之，必自筆劄已來便有之。但寫得不謹，便成草書。其傳已久，只是法備於右軍，附以己書爲説。既有草書，則經中之字傳寫失其真者多矣。以此詩書之中，字儘有不可通者。

問：蒼頡作字，亦非細人。朱子曰：此亦非自撰出，自是理如此。如心性等字，未有時如何撰得？只是有此理自流出。○二王書，某曉不得，看著只見俗了。今有箇人書得如此，好俗。法帖上王帖中亦有寫唐人文字底，亦有一釋名底，此皆僞者。○字被蘇、黄胡亂寫壞了。近見蔡君謨一帖，字字有法度，如端人正士，方是字。○山谷不甚理會得字，故所論皆虚。米老理會得，故所論皆實。嘉祐前，前輩如此厚重。胡安定於義理不分明，然是甚氣象。○南海諸蕃書煞有好者，字畫遒勁，如古鐘鼎欵。識諸國各不同，風氣初開時，此等事到處，皆有開其先者，不獨中國也。或問古今字畫多寡之異。曰：古人篆籀筆畫雖多，然無一筆可減。今字如此簡約，然亦不可多添一筆。便是世變自然如此。○問：何謂書窮八法？曰：只一點一畫皆有法度，人言永字體具八法。蔡行夫問：張于湖字何故人皆重之？曰：也是好，但是不把持，愛放縱。本朝如蔡忠惠以前皆有典則，及至米元章、黄魯直諸人出來，便不肯恁地，要之這便是世態衰下，其爲人亦然。○問：明道先生云「某寫字時甚敬，非是要字好，只此是學」。意謂此正在勿忘勿助之間也。今作字忽忽，則不復成字，是忘也。或作意令好，則愈不能好，是助也。以此知持敬者正勿忘勿助之間也。曰：若如此説，則只是要字好矣，非明道先生之意也。○問：禮樂射御書數，書莫只是字法否？曰：此類有數法，如日月字是象其形也，江河字是諧其聲也，考老字是假其類也。如此數法若理會得，則天下之字皆可通矣。

臨川吳氏曰：聲音用三十六字母尚矣，俗本傳訛而莫或正也。群當易以芹，非當易以威。知徹牀娘四字宜廢，圭缺群危四字宜增。樂安陳晉翁以《指掌圖》爲之節要，卷首有《切韻須知》。於「照穿牀娘」下註曰「已見某字母下」；於「經堅輕牽檠虔」外，別出「扃涓傾圈瓊拳」，則宜廢宜增，蓋已瞭然矣。○倉頡字，世謂之古文，其別出者謂之古文奇字。自黄帝以來至于周宣王二千年間，中國所通行之字惟此而已。史籀始略變古法，謂之大篆。李斯又略變籀法，謂之小篆。小篆、大篆、古文，名則三，實則小異而大同。今世字書惟許氏《説文》最先，然所纂皆秦小篆爾，古文大篆僅存一二。宋薛氏集古鐘鼎之文爲《五聲韻》，雖其所據有可信者，有不可信者，然使學者因是頗見三代以前之遺文，其功實多。○秦丞相斯燔滅聖經，負罪萬世，而能損益倉史二家文字爲篆書，至今與日月相昺焕，是固不可以罪掩其功也。斯誅之後，工其書以名世者誰歟？七八百年廑見唐李陽冰，又二百年僅見宋初徐鉉而已。宋人能者多於唐，而表表者不一二。噫，何其孤也哉！蓋亦有其故矣。秦人苟簡煩碎，峻迫以爲治，壹惟刀筆吏是任。至以衡石程其書，厭篆書繁難，省徑爲隸，以便官府。人惟便之趨，則孰肯背時所向而甘心繁難者哉！篆學之孤，殆其勢之所必至。噫，篆之興繇於秦，而篆之廢實亦繇於秦。推所從來，任吏之過也。○自隸興於秦，而篆廢於漢，其初不過圖簡便以適己而已。漢隸之流爲晉隸，則又專務姿媚以悦人，妍巧千狀，見者無不愛，學者竭其精力以模擬之，而患不似也。夫字者，所以傳經載道，述史記事，治百官，察萬民，貫通三才，其爲用大矣！縮之以簡便，華之以姿媚，偏旁點畫，浸浸失真，弗省弗顧，惟以悦目爲姝，何其小用之哉！漢晉而後，若唐若宋，聲明文物之盛各三百年，頗有肯尋斯籀之緒，上追科斗鳥迹之遺者，視漢晉爲優，然亦間見爾，不易得也。就二代而論，唐之能者超於宋，宋之能者多於唐。

科舉之學

程子曰：漢策賢良猶是人舉之，如公孫弘者，猶强起之乃就對。至如後世賢良，乃自求舉耳。若果有曰我心只望廷對，欲直言天下事，則亦可尚矣。若志在富貴，則得志便驕縱，失志則便放曠與悲愁而已。○人有習他經，既而舍之習《戴記》，問其故，曰「決科之利也」。某曰：汝之是心，已不可入於堯舜之道矣。夫子貢之高識，曷嘗規規於貨利哉？❶特於豐約之間，不能無留情耳。且貧富有命，彼乃留情於其間，多見其不信道也，故聖人謂之不受命。有志於道者，要當去此心，而後可語也。(一云：明道知扶溝縣事，伊川侍行。謝顯道將歸應舉，伊川曰：何不止試於太學？顯道對曰：蔡人尠習《禮記》，決科之利也。先生因云，顯道乃止。)○人多説某不教人習舉業，某何嘗不教人習舉業也。人若不

❶「曷」，四庫本作「何」。

習舉業而望及第，却是責天理而不脩人事。但舉業既可以及第即已，若更去上面盡力求必得之道，是惑也。○或謂科舉事業奪人之功，是不然。且一月之中，十日爲舉業，餘日即可爲學。然人不志於此，必志於彼，故科舉之事，不患妨功，惟患奪志。

龜山楊氏曰：試教授宏辭科，乃是以文字自售，古人行己似不如此。今之進士，使豪傑者出，必不肯就。然以謂舍此則仕進無路，故爲不得已之計，或是爲貧，或欲緣是少試其才。既得官矣，又以僥求榮達，此何義哉？

朱子曰：今來專去理會時文，少間身已全做不是，這是一項人。又有一項人，不理會時文，去理會道理，少間所做底事却與所學不相關。又有依本分，就所見，定是要躬行，也不須去講學，這箇少間只是做得會差，亦不至大狼狽，只是如今這般人已是大段好了。○義理，人心之所同然，人去講求，却易爲力。舉業乃分外事，倒是難做，可惜舉業壞了多少人。○士人先要分別科舉與讀書兩件孰輕孰重。若讀書上有七分志，科舉上有三分，猶自可。若科舉七分，讀書三分，將來必被他勝却。況此志全是科舉，所以到老全使不著，蓋不關爲己也。聖人教人，只是爲己。○或以不安科舉之業請教。曰：道二，仁與不仁而已，二者不能兩立。知其所不安，則反其所不安以就吾安爾。聖賢千言萬語，只是教人做人而已。前日科舉之習，蓋未嘗不談孝弟忠信，但用之非爾。若舉而反之於身，見於日用，則安矣。○專做時文底人，他説底都是聖賢説話。且如説廉，他且會説得好。説義，他也會説得好。待他身做處，只自不廉，只自不義。緣他將許多話只是就紙上説，廉是題目上合説廉，義是題目上合説義，都不關自家身己些子事。○告或人曰：看今人心下自成兩樣，如何却專向功名利禄底心去，却全背了這箇心，不向道理邊來。公今赴科舉是幾年？公文字想不爲不精，以公之專一理會做時文，宜若一舉便中高科、登顯仕都了，到今又却不得，亦可自見得失，不可必如此。若只管没溺在裹面，都出頭不得，下梢只管衰塌。若將這箇自在一邊，須要去理會道理是要緊，待去取功名，却未必不得。○專一做舉業工夫，不待不得後枉了氣力，便使能竭力去做，又得到狀元時，亦自輸却這邊工夫了。人於此事從來只是强勉，不能捨命去做，正似今人强勉來學義理然。某平生窮理，惟不敢自以爲是。士人亦有略知向者，然那下重掉不得，如何知此下事？如今凝神静慮，積日累月，如此尚只今日見得一件，明日見得一件，未有廓然貫通處。況彼千頭萬緒，支離其心，未嘗一日用其力於此者耶。○科舉累人不淺，人多爲此所奪。但有父母在，仰事俯育，不得不資於此，故不可不勉爾，其實甚奪人志。○以科舉爲爲親而不爲爲己之學，只是無志。以舉業爲妨實學，不知曾妨飲食否，只是無志也。○或以科舉作館廢學自咎者。曰：不然，只是志不立，不曾做工夫爾。孔子曰：「不怨天，不尤人。」自是不當怨尤，要你做甚耶？伊川曰：「學者爲氣所勝，習所奪，只可責志。」正爲此也。若志立則無處無工夫，而何貧賤患難與夫夷狄之間哉？○舉業亦不害爲學，前輩何嘗不應舉？只緣今人把心不定，所以有害。纔以得失爲心理會文字，意思都别了。

○嘗論科舉云：非是科舉累人，自是人累科舉。若高見遠識之士讀聖賢之書，據吾所見而爲文以應之，得失利害置之度外，雖日日應舉，亦不累也。居今之世，使孔子復生，也不免應舉，然豈能累孔子耶？自有天資不累於物，不須多用力以治之者。某於科舉，自小便見得輕，初亦非有所見而輕之也。正如人天資有不好啖酒者，見酒自惡，非知酒之爲害如何也。又有人天資不好色者，亦非是有見如何，自是他天資上看見那物事無緊要。若此者省得工夫去治此一項。今或未能如此，須用力勝治方可。○問：許叔重太貪作科舉文字。曰：既是家貧親老，未免應舉，亦當好與他做舉業。舉業做不妨，只是先以得失橫置胸中，却害道。○或問科舉之學。曰：做舉業不妨，只是把格式檃括自家道理，都無那追逐時好，回避忌諱底意思便好。

北溪陳氏曰：聖賢學問未嘗有妨於科舉之文，理義明則文字議論益有精神光采。躬行心得者有素，則形之商訂時事，敷陳治體，莫非溢中肆外之餘，自有以當人情中物理，藹然仁義道德之言，一一皆可用之實也。

潛室陳氏曰：應舉求合程度，此乃道理當爾。乃若不合程度而萌僥倖之心，不守尺寸而起冒爲之念，此則妄矣。應舉何害義理？但克去此等妄念，方是真實舉子。

雙峰饒氏曰：義理與舉業初無相妨。若一日之間，上半日將經傳討論義理，下半日理會舉業，亦何不可？況舉業之文，未有不自義理中出者。若講明得義理通透，則識見高人，行文條暢，舉業當益精。若不通義理，則識見凡下，議論淺近，言語鄙俗，❶文字中十病九痛，不自知覺，何緣做得好舉業？雖没世窮年從事於此，亦無益也。

性理大全書卷之五十五

❶「鄙」，四庫本作「陋」。

性理大全書卷之五十六

學十四

論詩

問：詩可學否？程子曰：既學時，須是用功，方合詩人格。既用功，甚妨事。古人詩云「吟成五箇字，用破一生心」。又謂「可惜一生心，用在五字上」。此言甚當。某素不作詩，亦非是禁止不作，但不欲爲此閑言語。○邵堯夫詩云：「梧桐月向懷中照，楊柳風來面上吹。」真風流人豪也。○石曼卿詩云：「樂意相關禽對語，生香不斷樹交花。」此語形容得浩然之氣。

龜山楊氏曰：作詩不知風雅之意，不可以作詩。詩尚譎諫，唯言之者無罪，聞之者足以戒，乃爲有補。若諫而涉於毀謗，聞者怒之，何補之有？觀蘇東坡詩，只是譏誚朝廷，殊無温柔敦厚之氣。以此，人故得而罪之。若是伯淳詩，則聞者自然感動矣。因舉伯淳《和温公諸人禊飲詩》云：「未須愁日暮，天際是輕陰。」又《泛舟詩》云「只恐風花一片飛」，何其温柔敦厚也！○君子之所養，要令暴慢邪僻之氣不設於身體。陶淵明詩所不可及者，冲澹深粹出於自然。若曾用力學詩，然後知淵明詩非著力之所能成。私意去盡，然後可以應世。

朱子曰：詩者，志之所之，在心爲志，發言爲詩。然則詩者豈復有工拙哉？亦視其志之所向者高下如何耳。是以古之君子德足以求其志，必出於高明純一之地，其於詩固不學而能之。至於格律之精粗，用韻屬對、比事遣辭之善否，今以魏晉以前諸賢之作考之，蓋未有用意於其間者，而況於古詩之流乎！近世作者乃始留情於此，故詩有工拙之論，而葩藻之詞勝，言志之功隱矣！○或言今人作詩多要有出處。曰：「關關雎鳩」，出在何處？○古樂府只是詩，中間却添許多泛聲，後來人怕失了那泛聲，逐一聲添箇實字，遂成長短句，今曲子便是。○作詩間以數句適懷亦不妨，但不用多作，蓋便是陷溺爾。當其不應事時，平淡自攝，豈不勝如思量詩句？至其真味發溢，又却與尋常好吟者不同。○古詩須看西晉以前，如樂府諸作皆佳。杜甫夔州以前詩佳，夔州以後自出規模，不可學。蘇、黄只是今人詩，蘇才豪，然一衮説盡無餘意，黄費安排。○《選》中劉琨詩高，東晉詩已不逮前人，齊梁益浮薄。鮑明遠才健，其詩乃《選》之變體，李太白專學之。如「腰鎌刈葵藿，倚杖牧鷄豚」。分明説出箇倔强不肯甘心之意。如「疾風衝塞起，砂礫自飄揚。馬毛縮如蝟，角弓不可張」。分明説出邊塞之狀，語又俊健。○陶淵明詩平淡，出於自然，後人學他平淡，便相去遠矣。某後生見人做得詩好，鋭意要學，遂將淵明詩平側用字一一依他做。到一月後，便解自做，不要他本子，方得作詩之法。○蘇子由愛《選》詩「亭皋木葉下，隴首秋雲飛」。此正是子由慢底句法。某却愛「寒城一以眺，平楚正蒼然」。十字却有力。○齊梁間人詩，讀之使人四肢皆懶慢不收拾。○晉人詩惟謝靈運用古韻，如「祐」字協「燭」字之類。唐人惟韓退之、柳子厚、白居易用古韻，如

《毛穎傳》「牙」字、「資」字、「毛」字皆協「魚」字韻是也。○唐明皇資稟英邁，只看他做詩出來是什麽氣魄。今唐百家詩首載明皇一篇《早渡蒲津關》，多少飄逸氣概，便有帝王底氣燄。越州有石刻唐朝臣送賀知章詩，亦只有明皇一首好，有曰「豈不惜賢達，其如高尚何」。❶○李太白詩不專是豪放，亦有雍容和緩底，如首篇《大雅久不作》，多少和緩。陶淵明詩，人皆説是平淡。據某看他自豪放，但豪放得來不覺耳。其露出本相者，是《詠荆軻》一篇，平淡底人如何説得這樣言語出來？○杜詩初年甚精細，晚年横逆不可當，只意到處便押一箇韻。如《自秦州入蜀》諸詩，分明如畫，乃其少作也。李太白詩非無法度，乃從容於法度之中，蓋聖於詩者也。《古風》兩卷多効陳子昂，亦有全用其句處。太白去子昂不遠，其尊慕之如此。然多爲人所亂，有一篇分爲三篇者，有二篇合爲一篇者。○李太白終始學《選》詩，所以好。杜子美詩好者，亦多是傚《選》詩。漸放手，《夔州》諸詩則不然也。○問：李白「清水出芙蓉，天然去雕飾」。前輩多稱此語，如何？曰：自然之好，又不如「芙蓉露下落，楊柳月中疎」。則尤佳。○人多説杜子美《夔州》詩好，此不可曉。魯直一時固自有所見，今人只見魯直説好，便却説好，如矮人看場耳。問：韓退之《潮州》詩，東坡《海外》詩，如何？曰：却好。東坡晚年詩固好，只文字也多是信筆胡説，全不看道理。○文字好用經語亦一病。老杜詩「致遠思恐泥」，東坡寫此詩到此句云：「此詩不足爲法。」○杜子

❶「何」，據明津逮秘書本《全唐詩話》卷一，當作「心」。

美「暗飛螢自照」，語只是巧。韋蘇州云「寒雨暗深更，流螢度高閣」。此景色可想，但則是自在説了。因言《國史補》稱韋爲人高潔，鮮食寡欲，所至之處，掃地焚香，閉閤而坐。其詩無一字做作，直是自在，其氣象近道，意常愛之。問：比陶如何？曰：陶却是有力，但語健而意閑，隱者多是帶性負氣之人爲之。陶欲有爲而不能者也，又好名。韋則自在，其詩則有做不著處便倒塌了底。晉宋間詩多閑淡，杜工部等詩常忙了。陶云：「身有餘勞，心有常閑。」乃《禮記》「身勞而心閑則爲之也」。○韋蘇州詩高於王維、孟浩然諸人，以其無聲色臭味也。○韓詩平易，孟郊喫了飽飯，思量到人不到處，《聯句》中被他牽得亦著如此做。○人不可無戒謹恐懼底心，莊子説庖丁解牛神妙，然纔到那族，必心怵然爲之一動，然後解去，心動便是懼處。韓文《鬭鷄聯句》云：「一噴一醒然，再接再礪乃。」謂雖困了，一以水噴之便醒，一噴一醒即所謂懼也。此是孟郊語也，説得好。又曰：「争觀雲填道，助叫波翻海。」此乃退之之豪。「一噴一醒然，再接再礪乃。」此是東野之工。○李賀較怪得些子，不如太白自在。又曰：賀詩巧。○詩須是平易不費力，句法混成。如唐人玉川子輩，句語雖險怪，意思亦自有混成氣象。因舉陸務觀詩「春寒催喚客嘗酒，夜静卧聽兒讀書」。不費力好。○白樂天《琵琶行》云：「嘈嘈切切錯雜彈，大珠小珠落玉盤。」這是和而淫。至「凄凄不似向前聲，滿座重聞皆掩泣」。這是淡而傷。○「行年三十九，歲暮日斜時。孟子心不動，吾今其庶幾。」此樂天以文滑稽也，然猶雅馴，非若今之作者村裏雜劇也。○唐文人皆不可曉，如劉禹錫作詩説張曲江無後，及武元衡被刺，亦作詩快之。白樂天亦有一詩暢快李德裕，樂天人多説其清高，其實愛官職，詩中凡及富貴處，皆説得口津津底涎出。杜子美以稷、契自許，未知做得與否。然子美却高，其救房琯亦正。○偶誦寒山數詩，其一云：「城中蛾眉女，珠佩何珊珊。鸚鵡花間弄，琵琶月下彈。長歌三日響，短舞萬人看。未必長如此，芙蓉不耐寒。」云如此類，煞有好處，詩人未易到此。○石曼卿詩極有好處，如「仁者雖無敵，王師固有征。無私乃時雨，不殺是天聲」。○曼卿詩極雄豪，而縝密方嚴極好。如《籌筆驛》詩「意中流水遠，愁外舊山青」之句極佳，可惜不見其《全集》，多於小説、詩話中略見一二爾。曼卿胸次極高，非諸公所及，其爲人豪放，而詩詞乃方嚴縝密，此便是他好處，可惜不曾得用。○山谷詩精絶，知他是用多少工夫。今人卒乍如何及得，可謂巧好無餘，自成一家矣。但只是古詩較自在，山谷則刻意爲之。又曰：山谷詩忒巧了。○陳後山初見東坡時，詩不甚好，到得爲正字時，筆力高妙。如《題趙大年所畫高軒過圖》云：「晚知書畫真有益，却悔歲月來無多。」極其筆力。○張文潛詩有好底多，但頗率爾多重用字。如《梁甫吟》一篇筆力極健，如云「永安受命堪垂涕，手挈庸兒是天意」等處説得好，但結末差弱耳。又曰：張文潛大詩好，崔德符小詩好。○古人詩中有句，今人詩更無句，只是一直説將去，這般詩一日作百首也得。如陳簡齋詩「亂雲交翠壁，細雨濕青林」。「暖日薰楊柳，濃陰醉海棠。」他是甚麽句法！○今時婦人能文，只有李易安與魏夫人。李有詩大略云：「兩漢本繼紹，新室如贅疣。所以嵇中散，至死薄殷周。」中散非湯武得國，引之以比王莽。如此等語，豈女子所能？○近世諸公作詩，費工夫要何用？元祐時有無限事合理會，諸公却盡日唱和而已。今言詩不必作，且道恐分了爲學工夫，然到極處，當自知作詩果無益。○今人所以事事做得不好者，緣不識之故。只如箇詩，舉世之人盡命去奔去聲。做，只是無一箇人做得成詩。他是不識，好底將做不好底，不好底將做好底，這箇只是心裏鬧，不虛静之故。不虛不静故不明，不明故不識。若虛静而明，便識好物事。雖百工技藝做得精者，也是他心虛理明，所以做得來精，心裏鬧如何見得？○詩社中人言詩皆原於賡歌，今觀其詩，如何有此意？○作詩先用看李、杜，如士人治本經。本既立，次第方可看蘇、黄，以次諸家詩。○今人不去講義理，只去學詩文，已落第二義，況又不去學好底，却只學去做那不好底。作詩不學六朝，又不學李、杜，只學那嶢崎底，今便學得十分好，後把作甚麽用？莫道更不好，如近時人學山谷詩，然又不學山谷好底，只學得那山谷不好處。○林擇之云：後山詩恁地深，他資質儘高，不知如何肯去學山谷？曰：後山雅健，强似山谷，然氣力不似山谷較大，但却無山谷許多輕浮底意思。然若論序事，又却不及山谷。山谷善敘事，情敘得盡，後山敘得較有踈處。若散文，則山谷大不及後山。○或謂梅聖俞長於詩。曰：詩亦不得謂之好。○或曰：其詩亦平淡。曰：他不是平淡，乃是枯槁。○江西之詩自山谷一變，至楊庭秀又再變。楊大年雖巧，然巧之中猶有混成底意思，便巧得來不覺。及至歐公，早漸漸要說出來。然歐公詩自好，所以他喜梅聖俞詩，蓋枯淡中有意思。歐公最喜一人送別詩兩句，云「曉日都門道，微涼草樹秋」。又喜王建詩「曲徑通幽處，禪房花木深」。歐公自言平生要道此語不得。今人都不識這意思，只要嵌事使難字便云好。◯明道詩「旁人不識余心樂，將謂偷閑學少年」。此是後生時氣象，眩露無含蓄。

南軒張氏曰：作詩不可直說破，須如詩人婉而成章。楚詞最得詩人之意，如言「沅有芷兮澧有蘭，思公子兮未敢言」。思是人也而不言，則思之之意深，而不可以言語形容也。若說破如何思如何思，則意味淺矣！

象山陸氏曰：詩之學尚矣，原於賡歌，委於《風》、《雅》。《風》、《雅》之變，壅而溢焉者也。湘纍之《騷》，又其流也。《子虛》、《長楊》之賦作，而《騷》幾亡矣。黄初而降，日以澌薄，惟彭澤一源來自天稷，與衆殊趣，而淡薄平夷，玩嗜者少。隋唐之間，否亦極矣。杜陵之出，愛君悼時，追躡《騷》、《雅》，而才力宏厚，偉然足以鎮浮靡，詩家爲之中興。

西山真氏曰：古者《雅》《頌》陳於閒燕，二《南》用之房中，所以閑邪僻而養中正也。衛武公作《抑》，戒以自警，卒爲時賢相。以楚靈王之無道，一聞《祈招》愔愔之語，凜焉爲之弗寧，詩之感人也如此。于後斯義浸亡，凡日接其君之耳者，樂府之新聲，梨園之法曲而已，其不蕩心而溺志者幾希。◯古今詩人吟諷弔古多矣，斷煙平蕪、淒風澹月、荒寒蕭瑟之狀，讀者往往慨然以悲。工則工矣，而於世道未有云補也。惟杜牧之、王介甫高才遠韻，超邁絶出，其賦息嫣、留侯等作，足以訂千古是非。

臨川吴氏曰：詩之變不一也。虞廷之歌，邈矣弗論。余觀三百五篇，南自南，雅自雅，頌自頌，變風自變風，以至於變雅亦然，各不同也。詩亡而楚騷作，騷亡而漢五言作。訖于魏晉顔、謝以下，雖曰五言，而魏晉之體已變。變而極于陳隋，漢五言至是幾亡。唐陳子昂變顔、謝以下，上復晉魏漢。而沈、宋之體别出，李、杜繼之，因子昂而變，柳、韓因李、杜又變，變之中有古體，有近體，體之中有五言，有七言，有雜言。❶詩之體不一，人之才亦不一。各以其體，各以其才，各成一家言。如造化生物，洪纖曲直，青黄赤白，均爲大巧之一巧。自三百五篇已不可一概齊，而况後之作者乎？宋時王、蘇、黄三家各得杜之一體。❷涪翁於蘇迥不相同，蘇門諸人其初略不之許，坡翁獨深器重以爲絶倫，眼高一世，而不必人之同乎己者如此。近年乃或清圓倜儻之爲尚，而極詆涪翁。噫，群兒之愚爾。不會詩之全，而該夫不一之變，偏守一是而悉非其餘，不合不公，何以異漢世專門之經師也哉？○詩《雅》、《頌》、《風》、《騷》尚矣。漢魏晉五言迄于陶，其適也。顔、謝而下弗論，浸微浸滅。至唐陳子昂而中興，李、韋、柳因而因，杜、韓因而革。律雖始於唐，然深遠蕭散，不離於古爲得，非但句工語工字工而可。○詩以道情性之真。十五《國風》有田夫閨婦之辭，而後世文士不能及者，何也？發乎自然，而非造作也。漢魏迨今，詩凡幾變。其間宏才實學之士縱横放肆，

❶「言」，四庫本作「詩」。
❷「時」，原作「氏」，今據四庫本改。

千彙萬狀，字以鍊而精，句以琢而巧，用事取其切，模擬取其似，功力極矣。而識者乃或舍旃而尚陶、韋，則亦以其不鍊字，不琢句，不用事，而情性之真近乎古也。今之詩人隨其能而有所尚，各是其是，孰有能知真是之歸者哉！

論文

程子曰：聖賢之言不得已也。蓋有是言，則是理明；無是言，則天下之理有闕焉。如彼耒耜陶冶之器一不制，則生人之道有不足矣。聖賢之言雖欲已得乎，然其包涵盡天下之理，亦甚約也。後之人始執卷，則以文章爲先，平生所爲動多於聖人，然有之無所補，無之靡所闕，乃無用之贅言也。不止贅而已，既不得其要，則離真失正，反害於道必矣。〇問：作文害道否？曰：害也。凡爲文，不專意則不工，若專意則志局於此，又安能與天地同其大也？《書》曰「玩物喪志」，爲文亦玩物也。吕與叔有詩云：「學如元凱方成癖，文似相如殆類俳。獨立孔門無一事，只輸一作「惟傳」。顔氏得心齋。」此詩甚好。古之學者惟務養情性，其他則不學。今爲文者專務章句，悦人耳目，既務悦人，非俳優而何？曰：古者學爲文否？曰：人見六經，便以爲聖人亦作文，不知聖人亦一作只。攄發胸中所藴，自成文耳。一作章。所謂有德者必有言也。曰：游、夏稱「文學」，何也？曰：游、夏亦何嘗秉筆學爲詞章也？且如「觀乎天文，以察時變。觀乎人文，以化成天下」。此豈詞章之文也？〇聖人文章自然與學爲文者不同。如《繫辭》之文，後人決學不得。

譬之化工生物，且如生出一枝花，或有剪裁爲之者，或有繪畫爲之者，看時雖似相類，然終不若化工所生，自有一般生意。○孟子論王道便實。徒善不足爲政，徒法不能自行，便先從養生上説將去。既庶既富，然後以飽食暖衣而無教爲不可，故教之也。孟子而後，却只有《原道》一篇，其間語固多病，然要之大意儘近理。若《西銘》，則是《原道》之宗祖也。《原道》却只説到道，元未到得《西銘》意思。據子厚之文醇，然無出此文也。自孟子後，蓋未見此書。○韓退之文不可漫觀，晚年所見尤高。○退之晚年爲文，所得處甚多。學本是脩德，有德然後有言，退之却倒學了。因學文日求所未至，遂有所得。如曰「軻之死不得其傳」，似此言語，非是蹈襲前人，又非鑿空撰得出，必有所見。若無所見，不知言所傳者何事。《原性》等文皆少時作。○退之作《琴操》有曰：「臣罪當誅兮，天王聖明。」此善道文王意中事者，前後文人道不到也。

龜山楊氏曰：作文字要只説目前話，令自然分明，不驚恒人。不能得，然後知孟子所謂言近，非聖賢不能也。○爲文要有温柔敦厚之氣，對人主語言及章疏文字，温柔敦厚尤不可無。如子瞻詩多所譏玩，殊無惻怛愛君之意。荆公在朝論事多不循理，惟是争氣而已，何以事君？○六經，先聖所以明天道，正人倫，致治之成法也。其文自堯舜歷夏商周之季，興衰治亂成敗之跡，救敝通變、因時損益之理，皆焕然可考。網羅天地之大，文理象器幽明之故，死生終始之變，莫不詳諭曲譬，較然如數一二。宜乎後世高明超卓之士，一撫卷而盡得之也。予竊怪唐虞之世，六籍未具，士於斯時，非有誦記操筆綴文，然後爲學也。而其蘊道懷德，優入聖賢之域者何多耶？其達而位乎上，則昌言嘉謨足以亮天工而成大業。雖困窮在下，而潛德隱行猶足以經世勵俗，其芳猷美績又何其章章也？自秦焚詩書，坑術士，六藝殘缺。漢儒收拾補綴，至建元、元狩之間，文辭粲如也。若賈誼、董仲舒、司馬遷、相如、揚雄之徒，繼武而出，雄文大筆馳騁古今，沛然如決江漢，浩無津涯，後雖有作者，未有能涉其波流也。然賈誼明申、韓，仲舒陳灾異，馬遷之多愛，相如之浮侈，皆未足與議。惟揚雄爲庶幾於道，然尚恨其有未盡者。積至於唐，文籍之備，蓋十百前古。元和之間，韓、柳輩出，咸以古文名天下。然其論著，不詭於聖人蓋寡矣。自漢訖唐千餘歲，而士之名能文者，無過是數人。及考其所至，卒未有能唱明道學，窺聖人閫奥如古人者。然則古之時，六籍未具，不害其善學，後世文籍雖多，亡益於得也。

人有語及爲文者。和靖尹氏曰：嘗聞程先生云「聖人文章載爲六經，自左丘明作傳，文章始壞，文勝質也」。

朱子曰：有治世之文，有衰世之文，有亂世之文。六經，治世之文也。如《國語》委靡繁絮，真衰世之文耳。是時語言議論如此，宜乎周之不能振起也。至於亂世之文，則《戰國》是也。然有英偉氣，非衰世《國語》之文之比也。楚漢間文字真是奇偉，豈易及也！○楚詞不甚怨君，今被諸家解得都成怨君，不成模樣。《九歌》是托神以爲君，言人間隔不可企及，如已不得親近於君之意。以此觀之，他便不是怨君。至《山鬼》篇，不可以君爲山鬼，又倒説山鬼欲親人而不可得之意。今人解文字不看大意，只逐句解，意却不貫。○問《離騷》、《卜居》篇内字。曰：字義從來曉不得，但以意看可見。如突梯滑稽，只是軟熟迎逢，隨人倒隨人起底意思。如這般文字更無些小窒礙，想只是信口恁地說，皆自成文。林艾軒嘗云：「班固、揚雄以下，皆是做文字。已前如司馬遷、司馬相如等，只是恁地說出。」今看來是如此。古人有取於登高能賦，這也須是敏，須是會說得通暢。如古者或以言揚，說得也是一件事。後世只就紙上做。如就紙上做，則班、揚便不如已前文字。當時如蘇秦、張儀都是會說，《史記》所載，想皆是當時說出。又云：漢末以後，只做屬對文字。直至後來，只管弱。如蘇頲著力要變，變不得。直至韓文公出來，盡掃去了，方做成古文。然亦止做得未屬對合偶以前體格，❶然當時亦無人信他。故其文亦變不盡，纔有一二大儒略相效，以下並只依舊。到得陸宣公奏議，只是雙關做去。又如子厚亦自有雙關之文，向來道是他初年文字。後將年譜看，乃是晚年文字。蓋是他効世間模樣做，則劇耳。文氣衰弱，直至五代，竟無能變。到尹師魯、歐公幾人出來，一向變了。其間亦有欲變而不能者，然大概都要變。所以做古文自是古文，四六自是四六，却不衮雜。○「楚些」，沈存中以「些」爲咒語，如今釋子念「娑婆訶」三合聲，而巫人之禱亦有此聲。此却說得好。蓋今人只求之於雅，而不求之於俗，故下一半都曉不得。《離騷》叶韻到篇終，前面只發兩例。後人不曉，却謂只此兩韻如此。○古人文章，大率只是

❶「未」，重修本作「來」。

平説而意自長。後人文章，務意多而酸澁。如《離騷》初無奇字，只恁説將去，自是好。後來如魯直恁地著力做，却自是不好。○古賦須熟看屈、宋、韓、柳所作，乃有進步處。○楚詞平易，後人學做者反艱深了，都不可曉。○漢初，賈誼之文質實，晁錯説利害處好，荅制策便亂道。董仲舒之文緩弱，其荅賢良策，不荅所問切處，至無緊要處，又累數百言。東漢文章尤更不如，漸漸趨於對偶。如楊震輩皆尚讖緯，張平子非之。然平子之意，又却理會風角鳥占，何愈於讖緯？陵夷至於三國兩晉，則文氣日卑矣。古人作文作詩，多是模倣前人而作之。蓋學之既久，自然純熟。如相如《封禪書》，模倣極多。柳子厚見其如此，却作《貞符》以反之，然其文體亦不免乎蹈襲也。○司馬遷文雄健，意思不帖帖，有戰國文氣象。賈誼文亦然。老蘇文亦雄健，似此皆有不帖帖意。仲舒文實，劉向文又較實亦好，無些虚氣象。比之仲舒，仲舒較滋潤發揮。大抵武帝以前文雄健，武帝以後便實。到杜欽、谷永書又太弱，無歸宿了。匡衡書多有好處，漢明經中皆不似此。○司馬遷《史記》，用字也有下得不是處。賈誼亦然，如《治安策》説教太子處，云「太子少長知妃色，則入于學」。這下面承接便用解説此義，忽然掉了，却説上學去，云「學者，所學之官也」。又説「帝入東學，上親而貴仁」一段了，却方説上太子事。云「及太子既冠成人，免於保傅之嚴」。都不成文義，更無段落，他只是乘才快胡亂寫去。這般文字也不可學。董仲舒文字却平正，只是又困善。仲舒、匡衡、劉向諸人文字皆善弱無氣燄。司馬遷、賈生文字雄豪可愛，只是逞快，下字時有不穩處，段落不分明。匡衡文字却細密，他看得經書極子細，能向裏做工夫，只是做人不好，無氣節。仲舒讀書不如衡子細，疏略甚多，然其人純正開闊，衡不及也。荀子云：「誦數以貫之，思索以通之。」誦數，即今人讀書記遍數也。古人讀書亦如此，只是荀卿做得那文字不帖律處也多。○仲舒文大概好，然也無精彩。○孔氏《書序》不類漢文，❶似李陵答蘇武書。問：董仲舒三策文氣亦弱，與鼂賈諸人文章殊不同，何也？曰：仲舒爲人寬緩，其文亦如其人。大抵漢自武帝後，文字要入細，皆與漢初不同。○林艾軒云：司馬相如賦之聖者，揚子雲、班孟堅只填得他腔子，一作「腔子滿」。如何得似他自在流出？左太沖、張平子竭盡氣力，又更不及。○問：吕舍人言古文衰自谷永。曰：何止谷永，鄒陽獄中書已自皆作對子了。又問：司馬相如賦似作之甚易。曰：然。又問：高適焚舟決勝賦甚淺陋。曰：《文選》齊梁間江揔之徒，賦皆不好了。○問：西漢文章與韓退之諸公文章如何？曰：而今難説。便説某人優，某人劣，亦未必信得及。須是自看得這一人文字某處好，某處有病。識得破了，却看那一人文字，便見優劣如何。若看這一人文字未破，如何定得優劣？便説與公優劣，公亦如何便見其優劣處？但子細自看，自識得破。而今人所以識古人文字不破，只是不曾子細看。又兼是先將自家意思横在胸次，所以見從那偏處去，説出來也都是横説。又曰：人做文章，若是子細看得一般文字熟，少間做出文字意思語脉自

❶「氏」，重修本作「子」。

是相似。讀韓文熟，便做出韓文底文字。讀得蘇文熟，便做出蘇文底文字。若不曾子細看，少間却不得用。大率古人文章皆是行正路，後來杜撰底皆是行狹隘邪路去了。而今只是依正底路脉做將去，少間文章自會高人。又云：蘇子由有一段論人做文章，自有合用底字，只是下不著。又如鄭齊叔云：「做文字自有穩底字，只是人思量不著。」橫渠云：「發明道理，惟命字難。」要之做文字，下字實是難。不知聖人說出來底，也只是這幾字，如何鋪排得恁地安穩？或曰：子瞻云「都來這幾字，只要會安排」。然而人之文章，也只是三十歲以前氣格都定，但有精與未精耳。然而掉了底便荒疏，只管用功底又較精。向見韓無咎說他晚年做底文字，與他二十歲以前做底文字不甚相遠，此是自驗得如此。人到五十歲，不是理會文章時節，前面事多，日子少了。若後生時，每日便偷一兩時閑做這般工夫。若晚年，如何有工夫及此。或曰：人之晚年知識却會長進。曰：也是後生時都定，便長進也不會多。然而能用心於學問底，便會長進。若不學問，只縱其客氣底，亦如何會長進？日見昏了。有人後生氣盛時，說盡萬千道理，晚年只恁地闒靸底。或引程先生曰：人不學便老而衰。曰：只這一句說盡了。又云：某人晚年日夜去讀書，某人戲之曰「吾丈老年讀書也須還讀得入，不知得入，如何得出」？謂其不能發揮出來，爲做文章之用也。其說雖麤，似有理。又云：人晚年做文章，如禿筆寫字，全無鋒鋭可觀。又云：某四十以前，尚要學人做文章，後來亦不暇及此矣。然而後來做底文字，便只是二十左右歲做底文字。又曰：劉季章近有書云，他近來看文字覺得心平正。某答他，令更掉了這箇虛心看文字。蓋他向來便是硬自執他説，而今又是將這一説來罩，正是未理會得。大率江西人都是硬執他底横説，如王介甫、陸子静都只是横説。且如陸子静説文帝不如武帝，豈不是横説？又云：介甫諸公取人，如資質淳厚底，他便不取。看文字穩底，他便不取。如那決裂底，他便取。説他轉時易，大率都是硬執他底。○韓文力量不如漢文，漢文不如先秦戰國。○某方脩《韓文考異》而學者至，因曰：韓退之議論正，規模闊大，然不如柳子厚較精密。如辨《鶡冠子》，及説《列子》在《莊子》前，及非《國語》之類，辨得皆是。黄達才言柳文較古。曰：柳文是較古，但却易學，學便似他，不似韓文規模闊。學柳文也得，但會衰了人文字。○因論韓文公謂如何用功了，方能辨古書之真僞。曰：《鶡冠子》亦不曾辨得。柳子厚謂其書乃寫賈誼鵩賦之類，故只有此處好，其他皆不好。柳子厚看得文字精，❶以其人刻深，故如此。韓較有些王道意思，每事較含洪，❷便不能如此。○退之要説道理，又要則劇，有平易處極平易，有險奇處極險奇。且教他在潮州時好，止住得一年。柳子厚却得永州力也。○柳學人處便絶似，《平淮西雅》之類甚似詩，詩學陶者便似陶。韓亦不必如此，自有好處，如《平淮西碑》好。○問：韓柳二家文體孰正？曰：柳文亦自高古，但不甚醇正。又問：子厚論封建是否？曰：子厚説封建非聖人意也，勢也，亦是。但説到後面有偏

❶「得」，四庫本作「他」。
❷「洪」，四庫本作「宏」。

處，後人辨之者亦失之太過。如廖氏所論封建，排子厚太過。且封建自古便有，聖人但因自然之理勢而封之，乃見聖人之公心。且如周封康叔之類，亦是古有此制，因其有功有德有親，當封而封之，却不是聖人有不得已處。若如子厚所説，乃是聖人欲吞之而不可得，❶乃無可奈何而爲此。不知所謂勢者，乃自然之理勢，非不得已之勢也。○有一等人專於爲文，不去讀聖賢書。又有一等人知讀聖賢書，亦自會作文，到得説聖賢書却别做一箇詫異模樣説。不知古人爲文，大抵只如此，那得許多詫異？韓文公詩文冠當時，後世未易及。到他上宰相書，用《菁菁者莪》詩注一齊都寫在裏面。若是他自作文，豈肯如此作？最是説「載沈載浮，沈浮皆載也」可笑，載是助語分明。彼如此説了，他又如此用。○問：韓文李漢序頭一句甚好。曰：公道好，某看來有病。曰：文者，貫道之器。且如六經是文，其中所説皆是這道理。如何有病？曰：不然。這文皆是從道中流出，豈有文反能貫道之理？文是文，道是道，文只如喫飯時下飯耳。若以文貫道，却是把本爲末，以末爲本，可乎？其後作文者皆是如此。因説蘇文害正道甚於老佛。且如《易》所謂「利者，義之和」，却解爲：「義無利則不和，故必以利濟義，然後合於人情。」若如此，非惟失聖言之本指，又且陷溺其心。○柳子厚文有所模倣者極精，如《自解》諸書是倣司馬遷《與任安書》。劉原父作文便有所倣。○韓千變萬化，無心變，歐有心變。《杜祁公墓誌》説一件未了，又説一件。韓《董晉行狀》

---

❶「吞」，重修本作「貪」。

尚稍長，權德輿作《宰相神道碑》只一板許，歐、蘇便長了。蘇體只是一類。柳《伐原議》極局促不好，東萊不知如何喜之？陳後山文，如《仁宗飛白書記》大段好，曲折亦好。墓誌亦好，有典有則方是文章。其他文亦有太局促不好者。○東坡文字明快，老蘇文雄渾，儘有好處。如歐公、曾南豐、韓昌黎之文，豈可不看？柳文雖不全好，亦當擇。合數家之文，擇之無二百篇，下此則不須看，恐低了人手段。但採他好處，以爲議論足矣。若班、馬、孟子，則是大底文字。○韓文高，歐陽文可學。曾文一字挨一字謹嚴，然太迫。又云：今人學文者，何曾作得一篇？枉費了許多氣力。大意主乎學問以明理，則自然發爲好文章。詩亦然。○國初文章皆嚴重老成，嘗觀嘉祐以前，誥詞等言語有甚拙者，而其人才皆是當世有名之士。蓋其文雖拙，而其辭謹重，有欲工而不能之意，所以風俗渾厚。至歐公文字，好底便十分好，然猶有甚拙底，未散得他和氣。到東坡文字，便馳騁忒巧了。及宣政間，則窮極華麗，都散了和氣。所以聖人取先進於禮樂，意思自是如此。○劉子澄言本朝只有四篇文字好，《太極圖》、《西銘》、《易傳序》、《春秋傳序》。因傷時文之弊，謂張才叔書義好，《自靖人自獻于先王義》，胡明仲醉後每誦之。又謂劉棠舜《不窮其民論》好，歐公甚喜之。其後姚孝寧《易義》亦好。一云：或問《太極》、《西銘》。曰：自孟子已後，方見有此兩篇文章。○嘗以伊川《答方道輔書》示學者，曰：他只恁平鋪無緊要説出來，只是要移易他一兩字也不得，要改動他一句也不得。○李泰伯文實得之經中，雖淺然皆自大處起議論。首卷《潛書》、《民言》好，如《古潛夫論》之類。《周禮論》好，如宰相掌人主飲食男女事。某意如此，今其論皆然。文字氣象大段好，甚使人愛之，亦可見其時節方興如此好。老蘇父子自史中《戰國策》得之，故皆自小處起議論，歐公喜之，李不軟貼不爲所喜。范文正公好處，歐不及。○嘗讀宋景文《張巡贊》曰：其文自成一家，景文亦服人。嘗見其寫《六一瀧岡阡表》二句云：「求其生而不得，則死者與我皆無恨也。」○六一文一唱三嘆，今人是如何作文？○六一文有斷續不接處，如少了字模樣。如《祕演詩集序》「喜爲歌詩，以自娱十年間」兩節不接。六一居士傳意凡文弱，《仁宗飛白書記》文不佳，制誥首尾四六皆治平間所作，非其得意者。恐當時亦被人催促，加以文思緩不及子細，不知如何。然有紆餘曲折辭少意多玩味不能已者，又非辭意一直者比。《黄夢升墓誌》極好，某所喜者《豐樂亭記》。○歐公文字鋒刃利，文字好，議論亦好。嘗有詩云：「玉顔自古爲身累，肉食何人爲國謀。」以詩言之，是第一等好詩；以議論言之，是第一等議論。○問：歐公文字愈改愈好。曰：亦有改不盡處。如《五代史·宦者傳》末句云「然不可不戒」，當時必是載張承業等事在此，故曰「然不可不戒」，後既不欲載之於此而移之於後，則此句當改，偶忘削去故也。○歐公爲蔣穎叔輩所誣，既得辨明，謝表中自敘一段，只是自胸中流出，更無些窒礙，此文章之妙也。又曰：歐公文亦多是脩改到妙處。頃有人買一作見。得他《醉翁亭記》藁，初説「滁州四面有山」，凡數十字，末後改定，只曰「環滁皆山也」，五字而已。如尋常不經思慮，信意所作言語。亦有絶不成文理者，不知如何。○歐公文章及三蘇文好處，只是平易説道理。初不曾使差異底字换却那尋常底字。○文章到歐、曾、蘇，道理到二程，方是暢。荆公文暗。○歐公文字敷腴温潤，曾南豐文字又更峻潔。雖議論有淺近處，然却平正好。到得東坡，便傷於巧，議論有不正當處。後來到中原見歐公諸人了，文字方稍平。老蘇尤甚。大抵已前文字都平正，人亦不會大段巧説。自三蘇文出，學者始日趨於巧。如李泰伯文尚平正明白，然亦已自有些巧了。輔廣問：荆公之文如何？曰：他却似南豐文，但比南豐文亦巧。荆公曾作《許氏世譜》，寫與歐公看，歐公一日因曝書見了，將看不記是誰作，意中以爲荆公作。又云：介甫不解做得恁地，恐是曾子固所作。廣又問：後山文如何？曰：後山煞有好文字，如《黄樓銘》、《館職策》皆好。廣又問：後山是宗南豐文否？曰：他自説曾見南豐于襄漢間，後見一文字説南豐過荆襄，後山携所作以謁之，南豐一見愛之，因留欵語。適欲作一文字，事多因托後山爲之，且授以意。後山文思亦澁，窮日之力方成，僅數百言。明日以呈南豐，南豐云大略也好，只是冗字多，不知可爲略删動否？後山因請改竄，但見南豐就坐取筆抹數處，每抹處連一兩行，便以授後山，凡削去一二百字。後山讀之，則其意尤完。因嘆服，遂以爲法。所以後山文字簡潔如此。○歐公文字大綱好處多，晚年筆力亦衰。曾南豐議論平正耐點檢，李泰伯文亦明白好看。錢木之問：老蘇文議論不正當。曰：議論雖不是，然文字亦自明白洞達。○歐陽子云：「三代而上，治出於一而禮樂達於天下。三代而下，治出於二而禮樂爲虚名。」此古今不易之至論也。然彼知政事禮樂之不可不出於一，而未知道德文章之尤不可使出於二也。夫古之聖賢其文可謂盛矣，然初豈有意學爲如是之文哉！有是實於中，則必有是文於外。如天有是氣，則必有日月星辰之光耀。地有是形，則必有山川草木之行列。聖賢之心既有是精明純粹之實以旁薄充塞乎其内，則其著見於外者，亦必自然條理分明，光輝發越而不可揜。蓋不必託於言語，著於簡册，而後謂之文。但自一身接於萬事，凡其語默動静，人所可得而見者，無所適而非文也。姑舉其最而言，則《易》之卦畫，《詩》之詠歌，《書》之記言，《春秋》之述事，與夫《禮》之威儀，《樂》之節奏，皆已列爲六經而垂萬世。其文之盛，後世固莫能及。然其所以盛而不可及者，豈無所自來，而世亦莫之識也。故夫子之言曰：「文王既没，文不在兹乎？」蓋雖已決知不得辭其責矣，然猶若逡巡顧望而不能無所疑也。至於推其所以興衰，則又以爲是皆出於天命之所爲，而非人力之所及。此其體之甚重，夫豈世俗所謂文者所能當哉？孟軻氏没，聖學失傳，天下之士背本趨末，不求知道養德以充其内，而汲汲乎徒以文章爲事業。然在戰國之時，若申、商、孫、吴之術，蘇、張、范、蔡之辨，列禦寇、莊周、荀況之言，屈平之賦，以至秦漢之間，韓非、李斯、陸生、賈傅、董相、史遷、劉向、班固，下至嚴安、徐樂之流，猶皆先有其實，而後託之於言。唯其無本，而不能一出於道，是以君子猶或羞之。及至宋玉、相如、王褒、揚雄之徒，則一以浮華爲尚，而無實之可言矣。雄之《太玄》、《法言》，蓋亦長楊較獵之流，而粗變其音節，初非實爲明道講學而作也。東京以降，訖于隋唐，數百年間，愈下愈衰，則其去道益遠，而無實之文亦無足論。韓愈氏出，始覺其陋，慨然號於一世，欲去陳言，以追《詩》、《書》六藝之作，而其弊精神，糜歲月，又有甚於前世諸人之所爲者。然猶幸其略知不根無實之不足恃，因是頗泝其原而適有會焉。於是《原道》諸篇始作，而其言曰：「根之茂者其實遂，膏之沃者其光燁，仁義之人其言藹如也。」其徒和之，亦曰：「未有不深於道而能文者，則亦庶幾其賢矣。」然今讀其書，則其出於謟諛戲豫放浪而無實者，自不爲少。若夫所原之道，則亦徒能言其大體，而未見有探討服行之效。使其言之爲文者，皆必由是以出也。故其論議古人，則又直以屈原、孟軻、馬遷、相如、揚雄爲一等，而猶不及於董、賈。其論當世之弊，則但以詞不已出，而遂有神徂聖伏之嘆。至於其徒之論，亦但以剽掠潛竊爲文之病，大振頽風，教人自爲爲韓之功。則其師生之間，傳受之際，蓋未免裂道與文以爲兩物，而於其輕重緩急本末賓主之分，又未免於倒懸而逆置之也。自是以來，又復衰歇，數十百年而後，歐陽子出，其文之妙，蓋已不愧於韓氏。而其曰「治出於一」云者，則自荀揚以下皆不能及，而韓亦未有聞焉，是則疑若幾於道矣。然考其終身之言，與其行事之實，則恐其亦未免於韓氏之病也。抑又嘗以其徒之說考之，則誦其言者既曰「吾老將休，付子斯文矣」，而又必曰「我所謂文，必與道俱」，其推尊之也。既曰「今之韓愈矣」，而又必引夫「文不在茲者」，以張其說。由前之說，則道之與文，吾不知其果爲一耶？爲二耶？由後之說，則文王孔子之文，吾又不知其與韓歐之文果若是其班乎否也？ 嗚呼，學之不講久矣！ 習俗之謬，其可勝言也哉！ 吾讀唐書而有感，因書其説以訂之。○因言文士之失，曰：今曉得義理底人少，間被物慾激搏，猶自一强一弱，一勝一負。如文章之士，下梢頭都靠不得。且如歐陽公初間做本論，其説已自大段拙了，然猶是一片好文章，有頭尾。他不過欲封建井田，與冠婚喪祭蒐田燕饗之禮，使民朝夕從事於此。少間無工夫，被佛氏引去，自然可變。其計可謂拙矣，然猶是正當議論也。到得晚年，自做《六一居士傳》，宜其所得如何，却只説有書一千卷，集古録一千卷，琴一張，酒一壺，棋一局，與一老人爲六，更不成説話，分明是自納敗闕。如東坡一生讀盡天下書，説無限道理，到得晚年過海，做昌化《峻靈王廟碑》，引唐肅宗時，一尼恍惚升天見上帝，以寶玉十三枚賜之，云中國有大灾，以此鎮之。今此山如此，意其必有寶。更不成議論，似喪心人説話。其他人無知，如此説尚不妨，你平日自視爲如何，説盡道理，却説出這般話，是可怪否？ 觀於海者難爲水，游於聖人之門者難爲言，分明是如此了，便看他門這般文字不入。○問：東坡文不可以道理并全篇看，但當看其大者。曰：東坡文説得透，南豐亦説得透。如人會相論底，一齊指摘説盡了。歐公不説盡，含蓄無盡意又好。因謂張定夫言南豐《秘閣諸序》好。曰：那文字正是好。《峻靈王廟碑》無見識，《伏波廟碑》亦無意思。伏波當時蹤跡在廣西，不在彼中，記中全無發明。或曰：不可以道理看他，然二碑筆健。曰：然。又問：《潛真閣銘》好。曰：這般閑戲文字便好，雅正底文字便不好。如韓文公廟碑之類，初看甚好讀，子細點檢，疎漏甚多。○人老氣衰，文亦衰。歐陽公作古文，力變舊習，老來照管不到。爲某詩序，又四六對偶，依舊是五代文習。東坡晚年文雖健不衰，然亦疏魯。如《南安軍學記》，海外歸作，而有「弟子揚觶序點者三」之語，序點是人姓名，其疏如此。○老蘇之文高，只議論乖角。○老蘇文字初亦喜看，看後覺得自家意思都不正，當以此知人不可看。此等文字，固宜以歐曾文字爲正。○坡文雄健有餘，只下字亦有不貼實處。○東坡《墨君堂記》，只起頭不合說破「竹」字，不然便似《毛穎傳》。○東坡《歐陽公文集序》，只恁地文章儘好，但要說道理便看不得。首尾皆不相應，起頭甚麽樣大，末後却說詩賦似李白，記事似司馬遷。○統領商榮以温公神道碑爲餉，因命吏約楊道夫同視。且曰：「坡公此文，說得來恰似山摧石裂。」道夫問：不知既說誠，何故又說一？曰：這便是他看道理不破處。頃之，黄直卿至，復問：若說誠之，則說一亦不妨否？曰：不用恁地說，蓋誠則自能一。問：大凡作這般文字，不知還有布置否？曰：看他也只是據他一直恁地說將去，初無布置。如此等文字，方其說起頭時，自未知後面說甚麽在。以手指中間曰：到這裏自說盡，無可說了，却忽然說起來。如退之、南豐之文，却是布置。某舊看二家之文，復看坡文，覺得一段中欠了句，一句中欠了字。又曰：向嘗聞東坡作《韓文公廟碑》，一日思得頗久，一云不能得一起頭，起行百十遭。忽得兩句云：「匹夫而爲百世師，一言而爲天下法。」遂掃將去。道夫問：看老蘇文似勝坡公，黃門之文又不及東坡。曰：黃門之文衰，遠不及也，只有《黃樓賦》一篇爾。道夫因言歐陽公文平淡，曰：雖平淡，其中却自美麗有好處，有不可及處，却不是闒茸無意思。又曰：歐文如賓主相見，平心定氣説好話相似。坡公文如説不辨後對人鬧相似，都無恁地安詳。童蜚卿問范太史文，曰：他只是據見定説將去，也無甚做作。如《唐鑑》雖是好文字，然多照管不及，評論總意不盡。只是文字本體好，然無精神。所以有照管不到處，無氣力，到後面多脱了。道夫因問黃門《古史》一書，曰：此書儘有好處。道夫曰：如他論西門豹投巫事，以爲他本循良之吏，馬遷列之於滑稽不當，似此議論甚合人情。曰：然。《古史》中多有好處，如論《莊子》三四篇譏議夫子處，以爲決非《莊子》之書，乃是後人截斷《莊子》本文攙入。此其考據甚精密。但今觀之，《莊子》此數篇，亦甚鄙俚。○問：蘇子由之文比東坡稍近理否？曰：亦有甚道理？但其説利害處，東坡文字較明白，子由文字不甚分曉。要之，學術只一般。○看子由《古史序》説聖人，「其爲善也，如水之必寒，火之必熱。其不爲不善也，如騶虞之不殺，竊脂之不穀」。此等議論極好，程張以後文人無有及之者。○因説《欒城集》，曰：舊時看他議論亦好，近日看他文字煞有害處。如劉原父高才傲物，子由與他書，勸之謙遜下人，此意甚好。其間却云「天下以吾辯而以辯乘我，以吾巧而以巧困我。不如以拙養巧，以訥養辯」。如此，則是怕人來困我，故卑以下之。此大段害事。如東坡作《刑賞忠厚之至論》，却説「懼刑賞不足以勝天下之善惡，故舉而歸之仁」。如此，則仁只是箇鶻突無理會底物事。故又謂「仁可過，義不可過」。大抵今人讀書不子細，此兩句却緣疑字上面生許多道理。若是無疑，罪須是罰，功須是賞，何須更如此？或曰：此病原起於老蘇。曰：看老蘇《六經論》，則是聖人全是以術欺天下也。子由晚年作《待月軒記》，想他大段自説見得道理高，而今看得甚可笑。如説軒是人身，月是人性，則是先生下一箇人身，却外面尋箇性來合湊。○范淳夫文字純粹，下一箇字便是合當下一箇字，東坡所以伏他。東坡輕文字不將爲事，若做文字時，只是胡亂寫去，如後面恰似少後添。○劉原父才思極多，湧將出來，每作文多法古，絶相似，有幾件文字學《禮記》、《春秋》，説學公穀。文勝貢父，貢父文字工於摹倣。○問：南豐文如何？曰：南豐文却近質，他初亦只是學爲文，却因學文，漸見些子道理。故文字依傍道理做，不爲空言。只是關鍵緊要處，也説得寬緩不分明。緣他見處不徹，本無根本工夫，所以如此。但比之東坡，則較質而近理，東坡則華豔處多。○曾所以不及歐處，是紆徐曲折處。曾喜模擬人文字，《擬峴臺記》是放《醉翁亭記》，不甚似。○南豐擬制内有數篇，雖雜之三代誥命中，亦無愧。○南豐作宜黄筠州二學記好，説得古人教學意出。○南豐《列女傳序》説二南處好。○南豐《范貫之奏議序》，氣脉渾厚，説得仁宗好。東坡《趙清獻神道碑》説仁宗處，其文氣象不好。第一流人等句，南豐不説。子由挽南豐詩甚服之。○問：嘗聞南豐令後山一年看《伯夷傳》，後悟文法如何？曰：只是令他看一年，則自然有自得處。○江西歐陽永叔、王介甫、曾子固文章如此好，至黃魯直一向求巧，反累正氣。○陳後山之文有法度，如《黃樓銘》，當時諸公都斂衽。一云：便是今人文字，都無他抑揚頓挫。因論當時人物有以文章記問爲能，而好點檢他人不自點檢者，曰：所以聖人説益者三樂，樂節禮樂，樂道人之善，樂多賢友。○李清臣文比東坡較實。○論胡文定公文，字字皆實，但奏議每件引《春秋》，亦有無其事而遷就之者。大抵朝廷文字，且要論事情利害是非令分曉，今人多先引故事。如論青苗，只是東坡兄弟説得有精神，他人皆説從別處去。○張子韶文字沛然猶有氣，開口見心，索性説出，使人皆知。近來文字開了又闔，闔了又開，開闔七八番，到結末處又不説，只恁地休了。○諸公文章馳騁好異，止緣好異，所以見異端新奇之説從而好之。這也只是見不分曉，所以如此。看仁宗時制詔之文極朴，固是不好看，只是他意思氣象自恁地深厚久長。固是拙，只是他所見皆實。看他下字都不甚恰好，有合當下底字却不下，也不是他識了不下，只是他當初自思量不到。然氣象儘好，非如後來之文一味纖巧不實。且如進卷，方是二蘇做出恁地壯偉發越，已前不曾如此。看張方平進策，更不作文，只如説鹽鐵一事，他便從鹽鐵原頭直説到如今，中間却載着甚麽年、甚麽月，後面更不説措置。如今只是將虛文漫演，前面説了，後面又將這一段翻轉。這只是不曾見得，所以不曾見得，只是不曾虛心看聖賢之書。固有不曾虛心看聖賢書底人，到得要去看聖賢書底，又先把他自一副當排在這裏，不曾見得聖人意。待做出，又只是自底。○今人作文，皆不足爲文。大抵專務節字，更易新好生面辭語。

至説義理處，又不肯分曉。觀前輩歐蘇諸公作文，何嘗如此？聖人之言坦易明白，因言以明道，正欲使天下後世由此求之。使聖人立言要教人難曉，聖人之經定不作矣。若其義理精奧處，人所未曉，自是其所見未到耳。學者須玩味深思，久之自可見，何嘗如今人欲説又不敢分曉説，不知是甚所見。畢竟是自家所見不明，所以不敢深言，且鶻突説在裏。○前輩文字有氣骨，故其文壯浪。歐公、東坡亦皆於經術本領上用功，今人只是於枝葉上粉澤爾。如舞訝鼓然，其間男子婦人僧道雜色無所不有，但都是假底。舊見徐端立言，石林嘗云今世安得文章，只有箇減字換字法爾。如言湖州，必須去州字，只稱湖，此減字法也。不然則稱霅上，此換字法也。一云：今來文字，至無氣骨。向來前輩雖是作時文，亦是朴實頭鋪字，朴實頭引援，朴實頭道理。看著雖不入眼，却有骨氣。今人文字全無骨氣，便似舞訝鼓者，塗眉畫眼，只不是本樣人。然皆足以惑衆，真好笑也。或云：此是禁懷挾所致。曰：不然，自是時節所尚如此。只是人不知學，全無本柄，被人引動，尤而效之。且如而今作件物事，一箇做起，一人學起，有不崇朝而徧天下者。本來合當理會底事，全不理會，直是可惜。○貫穿百氏及經史，乃所以辨驗是非，明此義理，豈特欲使文詞不陋而已？義理既明，又能力行不倦，則其存諸中者必也光明四達，何施不可？發而爲言以宣其心志，當自發越不凡，可愛可傳矣。今執筆以習研鑽華采之文，務悦人者外而已，可耻也已。○道者，文之根本。文者，道之枝葉。惟其根本乎道，所以發之於文，皆道也。三代聖賢文章皆從此心寫出，文便是道。今東坡之言曰「吾所謂文必與道俱」，則是文自文，而道自道。待作文時旋去討箇道來入放裏面，此是他大病處。只是他每常文字華妙包籠將去，到此不覺漏逗，説出他本根病痛所以然處，緣他都是因作文却漸漸説上道理來。不是先理會得道理了方作文，所以大本都差。歐公之文則稍近於道，不爲空言。如唐《禮樂志》云：「三代而上，治出於一。三代而下，治出於二。」此等議論極好，蓋猶知得只是一本。如東坡之説，則是二本，非一本矣。○纔要作文章，便是枝葉害著，學問反兩失也。○問：要看文以資筆勢，言語須要助發義理。曰：可看《孟子》、韓文。韓不用科段，直便説起去，至終篇自然純粹成體無破綻。如歐、曾却各有一箇科段。舊曾學爲其節次定了，今覺得要説一意，須待節次了了，方説得到。及這一路定了，左右更去不得。因言陳阜卿教人看柳文了，却看韓文，不知看了柳文便自壞了，如何更看韓文？○作文字須是靠實説得有條理乃好，不可駕空細巧。大率要七分實，只二三分文。如歐公文字好者，只是靠實而有條理。如張承業及宦者等傳自然好，東坡如《靈壁張氏園亭記》最好，亦是靠實。秦少游《龍井記》之類，全是架空説去，殊不起發人意思。○文章要理會本領，謂理。前輩作者多讀書，亦隨所見理會。○每論著述文章，皆要有綱領。文定文字有綱領，龜山無綱領，如《字説》、《三經辨》之類。○前輩用言語，古人有説底固是好，如世俗常説底亦用。後來人都要別撰一般新奇言語，下梢與文章都差異了。○要做好文字，須是理會道理，更可以去韓文上一截，如西漢文字用工。問：《史記》如何？曰：《史記》不可學，學不成却顛了，不如且理會法度文字。問：後山學《史記》。曰：後山文字極有法度，幾於太法度了，然做許多碎句子，是學《史記》。又曰：後世人資稟與古人不同，今人去學《左傳》、《國語》，皆一切踏踏地説去，没收煞。○文字奇而穩方好，不奇而穩，只是闒靸。○作文何必苦留意，又不可太頹塌，只略教整齊足矣。○前輩作文者，古人有名文字皆模擬作一篇，故後有所作時，左右逢原。○嘗見傅安道説爲文字之法，有所謂筆力，有所謂筆路。筆力到二十歲許便定了，便後來長進也只就上面添得些子。筆路則常拈弄時轉開拓，不拈弄便荒廢。此説本出於李漢老，看來作詩亦然。○因説呂伯恭所批文，曰：文章流轉變化無窮，豈可限以如此？某因説陸教授謂伯恭有箇文字腔子，纔作文字時，便將來入箇腔子，故文字氣脉不長。曰：他便是眼高見得破。○東萊教人作文，當看《獲麟解》，也是其間多曲折。又曰：某舊最愛看陳無己文，他文字也多曲折。謂諸生曰：韓柳文好者，不可不看。○嘗與後生説，若會將《漢書》及韓柳文熟讀，不到不會做文章。舊見某人作《馬政策》云：「觀戰奇也，觀戰勝又奇也，觀騎戰勝又大奇也。」這雖是麤，中間却有好意思。如今時文一兩行便做萬千屈曲，若一句題也要立兩脚，三句題也要立兩脚，這是多少衰氣。○人有才性者，不可令讀東坡等文。有才性人，便須收入規矩，不然蕩將去。○凡人做文字不可太長，照管不到，寧可説不盡。歐蘇文皆説不曾盡，東坡雖是宏闊瀾翻，成大片衮將去，他裏面自有法。今人不見得他裏面藏得法，但只管學他一衮做將去。○前輩云文字自有穩當底字，只是始者思之不精。又曰：文字自有一箇天生成腔子，古人文字自貼這天生成腔子。○今世士大夫好作文字，論古今利害，比並爲說。曰：不必如此，只要明義理，義理明，則利害自明。古今天下只是此理，所以今人做事多暗與古人合者，只爲理一故也。○人做文字不著，只是說不著，說不到，說自家意思不盡。○文章須正大，須教天下後世見之明白無疑。○看前人文字，未得其意，便容易立說，殊害事。蓋既不得正理，又枉費心力，不若虛心靜看，即涵養究索之功，一舉而兩得之也。

或誦退之《聖德頌》至「婉婉弱子，赤立傴僂，牽頭曳足，先斷腰膂」處，梁世榮舉子由之說，曰：「此李斯誦秦所不忍言，而退之自謂無媿於風雅，何其陋也？」此說如何？南軒張氏曰：退之筆力高，得斬截處即斬截。他豈不知此，所以爲此言者必有說。蓋欲使藩鎮聞之，畏罪懼禍不敢叛耳。今人讀之至此，猶且寒心，況當時藩鎮乎？此正是合於《風》、《雅》處。只如《牆有茨》、《桑中》諸詩。或以爲不必載，而龜山乃曰：「此衛爲夷狄所滅之由。」退之之言，亦此意也。退之之意過於子由遠矣，大抵前輩不可輕議。

象山陸氏曰：文以理爲主，荀子於理有蔽，所以文不馴雅。

慈湖楊氏曰：孔子謂巧言鮮仁，又謂辭達而已矣，而後世文士之爲文也，異哉。琢切雕鏤，無所不用其巧，曰語不驚人死不休，又曰惟陳言之務去。夫言惟其當而已矣，繆用其心，陷溺其意至此，欲其近道，豈不大難？雖曰無斧鑿痕，如太羹玄酒，乃巧之極工，心外起意益深益苦，去道愈遠。❶如堯之文章，孔子之文章，由道心而達，始

❶「愈」，四庫本作「益」。

可以言文章。若文士之言，止可謂之巧言，非文章。

魯齋許氏曰：凡立論必求事之所在，理果如何，不當馳騁文筆，如程試文字捏合抑揚。且如論性説孟子，却繳得荀子道性惡，又繳得揚子道善惡混，又繳出性分三等之説。如此等文字，皆文士馳騁筆端，如策士説客不求真是，只要以利害惑人。若果真見是非之所在，只當主張孟子，不當説許多相繳之語。○宋文章近理者多，然得實理者亦少。世所謂彌近理而大亂真，宋文章多有之，讀者直須明著眼目。○論古今文字，曰：二程、朱子不説作文，但説明德新民，明明德是學問中大節目。此處明得，三綱五常九法立，君臣父子井井有條，此文之大者。細而至於衣服飲食起居，洒掃應對，亦皆當於文理。今將一世精力專意於文，鋪敘轉換，極其工巧，則其於所當文者闕漏多矣。今者能文之士，道堯、舜、周、孔、曾、孟之言，如出諸其口，由之以責其實，則霄壤矣。使其無意於文，由聖人之言求聖人之心，則其所得亦必有可觀者。文章之爲害，害於道。優孟學孫叔敖，楚王以爲真叔敖也，是寧可責以叔敖之事，文士與優孟何異？上世聖人何嘗有意於文，彼其德性聰明，聲自爲律，身自爲度，豈後世小人筆端所能模放？德性中發出，不期文而自文，所謂出言有章者也。在事物之間，其節文詳備，後人極力爲之，有所不及，何者？無聖人之心，爲聖人之事，不能也。○讀魏晉唐以來諸人文字，其放曠不羈誠可喜，身心即時便得快活，但須思慮究竟是如何，果能終身爲樂乎？果能不隳先業而澤及子孫乎？天地間人各有職分、性分之所固有者，不可自泯也。職分之所當爲者，不可荒慢也。人而慢人之職，雖曰飽食煖衣，安樂終身，亦志士仁人所不取也，故昔人謂之幸民。凡無檢束、無法度、豔麗不羈諸文字，皆不可讀，大能移人性情。聖人以義理誨人，力挽之不能迴，而此等語一見之入骨髓，使人情志不可收拾。從善如登，從惡如崩，古語有之，可不慎乎！○或論凡人爲詩文出於何而能若是？曰：出於性。詩文只是禮部韻中字，已能排得成章，蓋心之明德使然也。不獨詩文，凡事排得着次第，大而君臣父子，小而鹽米細事，總謂之文，以其合宜又謂之義，以其可以日用常行又謂之道。文也，義也，道也，只是一般。

性理大全書卷之五十六

性理大全書卷之五十七

諸子一

老子

程子曰：老氏之言雜權詐，秦愚黔首，其術蓋有所自。○老子語道德而雜權詐，本末舛矣，申、韓、蘇、張皆其流之弊也。申、韓原道德之意而爲刑名，後世猶或師之。蘇、張得權詐之説而爲縱橫，其失益遠矣，是以無傳焉。○老子言甚雜，如《陰符經》却不雜，然皆窺測天道之未盡者也。○老子曰無爲，又曰無爲而無不爲，當有爲而以無爲爲之，是乃有爲爲也。聖人作《易》，未嘗言無爲，惟「無思也，無爲也」。此戒夫作爲也。然下即曰：「寂然不動，感而遂通天下之故。」是動静之理，未嘗爲一偏之説矣。○老氏言虚能生氣，非也。陰陽之開闔相因，無有先也，無有後也。可謂今日有陽而後明日有陰，則亦可謂今日有形而後明日有影也。○予奪翕張，理所有也，而老子之言非也。與之之意乃在乎取之，張之之意乃在乎翕之，權詐之術也。○老子曰：「失道而後德，失德而後仁，失仁而後義，失義而後禮。」則道德仁義禮分而爲五也。○君子之學也，使先知覺後知，使先覺覺後覺，而老子以爲「非以明民，將以愚之」。其亦自賊其性歟？○問：老子言「天地不仁，聖人不仁」如何？曰：謂「天地不仁，以萬物爲芻狗」是也，謂「聖人不仁，以百姓爲芻狗」非也。聖人豈有不仁？所患者不仁也。天地何意於仁？鼓舞萬物而不與聖人同憂。聖人則仁，此其爲能弘道也。○老子書，其言自不相入處如冰炭，其初意欲談道之極玄妙處，後來却入做權詐者上去。如「將欲取之，必固與之」之類。然老子之後有申、韓，看申、韓與老子道甚懸絶，然其原乃自老子來。蘇秦、張儀則更是取道遠。

朱子曰：老子之術謙沖儉嗇，全不肯役精神。須自家占得十分穩便方肯做，纔有一毫於己不便，便不肯做。○老子之學，只要退步柔伏，不與你争。纔有一毫主張計較思慮之心，這氣便麤了。故曰「致虚極，守静篤」。又曰「專氣致柔，能如嬰兒乎」？又曰「知其雄，守其雌，爲天下谿。知其白，守其黑，爲天下谷」。所謂谿，所謂谷，只是低下處。讓你在高處，他只要在卑下處，全不與你争。他這工夫極難。常見畫本老子，便是這般氣象，笑嘻嘻地，便是箇退步占便宜底人。雖未必肖他，然亦是他氣象也。只是他放出無狀來，便不可當。如曰「以正治國，以奇用兵，以無事取天下」。他取天下便是用此道。○老子之學，大抵以虚静無爲、沖退自守爲事。故其爲説，常以懦弱謙下爲表，以空虚不毁萬物爲實。其爲治，雖曰「我無爲而民自化」，然不化者則亦不之問也。其爲道，每每如此，非特「載營魄」一章之指爲然也。若曰「旁日月，挾宇宙，揮斥八極，神氣不變」者，是乃莊生之荒唐。其曰「光明寂照，無所不通，不動道場，徧周沙界」者，則又瞿曇之幻語。老子則初曷嘗有是哉？今世人論老子者，必欲合二家之似而一之，以爲神常載魄而無所不之，則是莊、釋之所談，而非老子之意矣。○問：老子與鄉原如何。曰：老子是出人理之外，不好聲，不好色，又不做官，然害倫理。鄉原猶在人倫中，只是箇無見識底好人。○人皆言孟子不排老子，老子便是楊氏。問：楊氏愛身，其學亦淺近，而舉世崇尚之，何也？曰：其學也不淺近，自有好處，便是老子之學。今觀老子書，自有許多説話，人如何不愛？其學也要出來治天下，清虛無爲，所謂「因者君之綱」，事事只是因而爲之。如漢文帝、曹參，便是用老氏之效，然又只用得老子皮膚，凡事只是包容因循將去。老氏之學最忍，他閒時似箇虛無卑弱底人，莫教緊要處發出來，更教你支梧不住，如張子房是也。子房皆老氏之學。○問：楊朱似老子，頃見先生如此説，看來楊朱較放退，老子又要以此治國，以此取天下。曰：大概氣象相似，如云「致虛極，守静篤」之類。老子初間亦只是要放退，未要放出那無狀來。及至反一反，方説以無事取天下，如云「反者道之動，弱者道之用」之類。○問：程子云老子之言竊弄闔闢者，何也？曰：如「將欲取之，必固與之」之類，是他亦窺得些道理將來竊弄。如所謂代大匠斲則傷手者，謂如人之惡者不必自去治他，自有別人與他理會，只是占便宜，不肯自犯手做。○程子論《老子》、《陰符經》，可謂言約而理盡，括盡二書曲折。○康節嘗言「老氏得易之體，孟子得易之用」，非也。老子自有老子之體用，孟子自有孟子之體用。「將欲取之，必固與之」，此老子之體用也。存心養性，充廣其四端，此孟子之體用也。○問：横渠云「言有無，諸子之陋也」。曰：無者無物，却有此理，有此理則有矣。老氏乃云「物生於有，有生於無」。和理也無，便錯了。○老子之術，自有退後一著事也，不攙前去做，說也不曾說將出，但任你做得狼狽了，自家徐出以應之。如人當紛爭之際，自出僻靜處坐，任其如何，彼之利害長短，一一都冷看破了，從旁下一著，定是的當。此固是不好底術數，然較之今者浮躁胡說亂道底人，彼又較勝。因舉老子語「豫兮若冬涉川，猶兮若畏四鄰，儼若客，渙若冰將釋」。子房深於老子之學，曹參學之有體而無用。○問：老子「道可道」章，或欲以常無、常有爲句讀，而「欲」字屬下句者，如何？曰：先儒亦有如此做句者，不妥貼。不若只作常有欲、無欲點。○問：「道可道」如何解？曰：道而可道，則非常道。名而可名，則非常名。又問玄之義。曰：玄只是深遠而至於黑窣窣地處，那便是衆妙所在。又問「寵辱若驚，貴大患若身」。曰：從前理會此章不得。○「常有欲以觀其徼」，徼之義是那邊徼，如邊界相似，說那應接處。谷神，谷只是虛而能受，神謂無所不應。他又云「虛而不屈，動而愈出」，有一物之不受，則虛而屈矣。有一物之不應，是動而不能出矣。玄牝，或云玄是衆妙之門，牝是萬物之祖，不是。牝只是木孔承筍能受底物事，如今門櫰謂之牡，鐶則謂之牝，鎖管便是牝，鎖鬚便是牡，雌雄謂之牝牡。可見玄者謂是至妙底牝，不是那一樣底牝。問谷神不死。曰：谷之虛也，聲達焉則響應之，乃神化之自然也。「是謂玄牝」，玄，妙也。牝是有所受而能生物者也，「至妙之理，有生生之意焉」。程子所以取老氏之說也。又曰：玄牝蓋言萬物之感而應之不窮，又言受而不先。如言「聖人執左契而不責於人」，契有左右，左所以銜右。言左契，受之義也。○問：「三十輻共一轂，當其無，有車之用。」無是車之坐處否？曰：恐不然。若以坐處爲無，則上文自是就輻轂而言，與下文户牖埏埴是一例語。某嘗思之，無是轂中空處，惟其中空，故能受軸而運轉不窮，猶傘柄上木管子。衆骨所會者不知名何，緣管子中空，又可受傘柄而開闔下上，車之轂亦猶是也。莊子所謂「樞始得其環中，以應無窮」，亦此意也。○「載營魄抱一，能無離乎？」一便是魄，抱便是載，蓋以火養水也。魄是水，以火載之。營字恐是熒字，光也。古字或通用不可知。蘇潁濱解云「神載魄而行」。言魄是箇沈滯之物，須以神去載他，令他升舉。其說云「聖人則以魄隨神而動，衆人則神役於魄」。他全不曉得老子大意。他解神載魄而行，便是箇剛强升舉底意思。老子之意正不如此，只是要柔伏退步耳。觀他這一章盡説柔底意思，云「載營魄抱一，能無離乎？專氣致柔，能無嬰兒乎？❶天門開闔，能無雌乎」？《老子》一書意思都是如此，他只要退步不與你争。如一箇人叫哮跳躑，我這裏只是不做聲，只管退步，少間叫哮跳躑者自然而屈，而我之柔伏應自有餘。老子心最毒，其所以不與人争者，乃所以深争之也，其設心措意都是如此。閒時他只是如此柔伏，遇著那剛强底人，他便是如此待你。如云「惟天下之至柔，馳騁天下之至堅」。又云「以無爲取天下」，便是他柔之發用功效處。又曰：魄是一，魂是二。一是水，二是火。二抱一，火守水，魂載魄，

❶「無」，據《老子》，疑當作「如」。

動守静也。「專氣致柔」，只看他這箇甚麽様工夫。專非守之謂也，只是專一無間斷。致柔是到那柔之極處，纔有一毫發露便是剛，這氣便粗了。○「豫兮若冬涉川，猶兮若畏四隣，儼若客。」老子説話大抵如此，只是欲得退步占姦，❶不要與事物接。如「治人事天莫若嗇」，迫之而後動，不得已而後起，皆是這樣意思。故爲其學者多流於術數，如申韓之徒皆是也。其後兵家亦祖其説，如《陰符經》之類是也。○問：柔能勝剛，弱能勝强之説。曰：他便揀便宜底先占了，若這下則剛柔寬猛各有用時。○問：他云「禮，忠信之薄而亂之首」，孔子又却問禮於他，不知何故？曰：他曉得禮之曲折，只是他説這是箇無緊要底物事，不將爲事。某初間疑有兩箇老聃，横渠亦意其如此，今看來不是如此。他曾爲柱下史，故禮自是理會得，所以與孔子説得如此好。只是他又説這箇物事不用得亦可，一似聖人用禮時反若多事，所以如此説。○問「反者，道之動。弱者，道之用」。曰：老子説話都是這樣意思，緣他看得天下事變熟了，都於反處做起。且如人剛强咆哮跳躑之不已，其勢必有時而屈，故他只務爲弱。人纔弱時，却蓄得那精剛完全，及其發也，自然不可當。故張文潛説老子惟静，故能知變。然其勢必至於忍心無情，視天下之人皆如土偶，爾其心都冷冰冰地了，便是殺人也不恤，故其流多入於變詐刑名。太史公將他與申韓同傳，非是强安排，其源流實是如此。○一便生二，二便生四，老子却説二生三，便是不理會得。○多藏必厚亡，老子也

❶「姦」，四庫本作「强」。

是説得好。○儉德極好，凡事儉則鮮失。老子言「治人事天莫若嗇。夫惟嗇，是謂早服，早服是謂重積德」。被他説得曲盡。早服者，言能嗇，則不遠而復便在此也。嗇只是吝嗇之意，是要收斂，不要放出。重積德者，言先已有所積，復養以嗇，是又加積之也。如脩養者，此身未有所損失，而又加以嗇養，是謂早服而重積。若待其已損而後養，則養之方足以補其所損，不得謂之重積矣，所以貴早服。早服者，早覺未損而嗇之也。○敬夫言：老子云「不善人，善人之資。善人，不善人之師」，與孔子見賢思齊、見不賢内省之意不同，爲老子不合有資之之意，不善也。

或問：如何是天得一以清？樂庵李氏曰：夫物不一，而各有其一。如日月之照臨，星辰之輝粲，風雷之鼓舞，雨露之滲漉，各有其一而不相亂。天惟得此不一之一，是以清浄無爲而化。推此言之，地得一以寧，神得一以靈，谷得一以盈，萬物得一以生，侯王得一以爲天下正，亦只是這箇道理。且如人君治天下，亦何容心哉？公卿大夫各依其等列，士農工商各就其職分，如此則尊卑貴賤不相混殽，好惡取舍不相貿亂，天下自然而治。

鶴山魏氏曰：道家者流，其始不見於聖人之經。自老聃氏爲周柱下史，著書以自明其説，亦不過恬養虚應，以自淑其身者之所爲爾。世有爲老氏而不至者，初無得於其約，而徒有慕乎其高，直欲垢濁斯世，妄意於六合之外，求其所謂道者。於是神仙荒誕之術，或得以乘間抵巇，而蕩摇人主之侈心。歷世窮年，其説猶未泯也。

或問：黄老，清浄無爲之學也。申韓

之學出於黄老，流入於刑名慘刻，前輩謂無情之極，至於無恩，然否？潛室陳氏曰：纔無情，便無恩，意脈如此。

魯齋許氏曰：老氏言道德仁義禮智，與吾儒全别，故其爲教大異，多隱伏退縮，不肯光明正大做得去。吾道大公至正，以天下公道大義行之，故其法度森然，明以示人。雖然，三代以前人忠厚篤實，必不如老氏所説。老氏衰世之書也，其流必變詐刻薄。知老氏之所長，復知老氏之所短可也。○老氏以道德仁義皆失，然後至於禮，禮爲忠信之薄而亂之首。又謂「以智治國，國之賊。不以智治國，國之福」。孟子曰：「智之實，知斯二者弗去是也。」又謂「若禹之行水，行其所無事」。非老氏所見之智也。孟子開口便説仁義，蓋不可須臾離也。道指鴻荒之世，又謂上德不德，皆所見之異，不必概舉。

臨川吴氏曰：老子云「天下萬物生於有，有生於無」。萬物者指動植之類而言，有字指陰陽之氣而言，無字指無形之道體而言，此老子本旨也。理在氣中，元不相離。老子以爲先有理而後有氣，横渠張子詆其有生於無之非，晦庵先生詆其有無爲二之非，其無字是説理字，有字是説氣字。

列　子

朱子曰：列子平淡疎曠。○列子所謂「生之所生者死矣，而生生者未嘗終。形之所形者實矣，而形形者未嘗有爾」。豈子思《中庸》之旨哉？其言「精神入其門，骨骸反其根，我尚何存」者，即佛書「四大各離，今者妄身當在何處」之所由出也。他若此類甚衆，聊記其一二於此，可見剽掠之端云。

莊　子

問：莊周何如？程子曰：其學無禮無本，然形容道理之言則亦有善者。○問：商開丘之事信乎？❶曰：大道不明於天下，莊列之徒窺測而言之者也。○問：《齊物論》如何？曰：莊子之意欲齊物理邪？物理從來齊，何待莊子而後齊？若齊物形，物形從來不齊，如何齊得？此是莊子見道淺，不奈胸中所得何，遂著此論也。○學者後來多耽莊子，若謹禮者不透，則是他須看莊子，爲他極有膠固纏縛，則須求一放曠之説以自適。譬之有人於此，久困纏縛，則須覓一箇出身處。如東漢末尚節行太甚，須有東晉放曠，其勢必然。

五峰胡氏曰：莊周云伯夷死名於首陽之下，非知伯夷者也。若伯夷可謂全其性命之情者矣，謂之死名可乎？周不爲一世用，以保其身可矣，而未知天下之大本也。

朱子曰：莊周書都讀來，所以他説話都説得也是，但不合没拘撿，便凡百了。❷或問康節近似莊周。曰：康節較穩。○問：莊子、孟子同時，何不一相遇，又不聞相道及，如何？曰：莊子當時也無人宗之，他只在僻處自説，然亦止是楊朱之學。但楊氏説得大了，故孟子力排之。○問：孟子與莊子同時否？曰：莊子後得幾年，

❶「開丘」，據《列子》，疑當作「丘開」。
❷「凡」，原作「九」，今據《朱子語類》卷一百二十五改。

然亦不争多。或云莊子都不説著孟子一句。曰：孟子平生足跡只在齊魯滕宋大梁之間，不曾過大梁之南，莊子自是楚人，想見聲聞不相接。大抵楚地便多有此樣差異底人物學問，所以孟子説陳良之非。曰：如今看許行之説如此鄙陋，當時亦有數十百人從他是如何？曰：不特此也，如莊子書中説惠施、鄧析之徒，與夫堅白異同之論，是甚麽學問？然亦自名家。或云他恐是借此以顯理。曰：便是禪家要如此。凡事須要倒説，如所謂「不管夜行，投明要到」，如「人上樹，口銜樹枝，手足懸空，却要答話」。皆是此意。○因者，君之綱，道家之説最要這因，萬件事且因來做。《史記》老子傳贊云：「虛無因應，變化於無窮。」虛無是體，與因應字當爲一句，蓋「因應」是用因而應之之義云爾。○因論庖丁解牛一段，至「恢恢乎其有餘刃」，曰：理之得名以此，所見無全牛，熟。○莊子云「各有儀則之謂性」，此謂各有儀則，如有物有則，比之諸家差善。○問：「野馬也，塵埃也，生物之以息相吹也。」是如何？曰：他是言九萬里底風，也是這箇推去，息是鼻息出入之氣。○問：莊子「實而不知以爲忠，當而不知以爲信」。此語似好。曰：以實當言忠信也好，只是他意思不如此。雖實而我不知以爲忠，雖當而我不知以爲信。問：莊生他都曉得，只是却轉了説。曰：其不知處便在此。○莊子云：「天其運乎，地其處乎，日月其争於所乎，孰主張是？孰綱維是？孰居無事推而行是？意者其有機緘而不得已邪？意者其運轉不能自止邪？雲者爲雨乎？雨者爲雲乎？孰隆施是？孰居無事淫樂而勸是？」這數語甚好，是他見得方説到此，其才高如老子。《天下》篇言「《詩》以道志，《書》以道事，《禮》以道行，《樂》以道和，《易》以道陰陽，《春秋》以道名分」。若見不分曉，焉敢如此道？要之他病，我雖理會得，只是不做。又曰：《莊》、《老》二書解注者甚多，竟無一人説得他本義出，只據他臆説，某若拈出便別，只是不欲得。○「爲善無近名，爲惡無近刑，緣督以爲經。」督舊以爲中。蓋人身有督脈，循脊之中，貫徹上下，故衣背當中之縫亦謂之督，皆中意也。❶老莊之學不論義理之當否，而但欲依阿於其間，以爲全身避患之計，❷正程子所謂閃姦打訛者。故其意以爲爲善而近名者，爲善之過也。爲惡而近刑者，亦爲惡之過也。唯能不大爲善，不大爲惡，而但循中以爲常，則可以全身而盡年矣。然其爲善無近名者，語或似是而實不然。蓋聖賢之道但教人以力於爲善之實，初不教人以求名，亦不教人以逃名也。蓋爲學而求名者，自非爲己之學，蓋不足道。若畏名之累己，而不敢盡其爲學之力，則其爲心亦已不公，而稍入於惡矣。至謂爲惡無近刑，則尤悖理。夫君子之惡惡如惡惡臭，非有所畏而不爲也。今乃擇其不至於犯刑者而竊爲之，至於刑禍之所在，巧其途以避之而不敢犯。此其計私而害理，又有甚焉。乃欲以其依違苟且之兩間，爲中之所在而循之，其無忌憚亦益甚矣。客嘗有語予者曰：昔人以誠爲入道之要，恐非易行。不若以中易誠，則人皆可行而無難也。予應之曰：誠而中者，君子之中庸也。不

❶「中」，重修本作「此」。
❷「患」，重修本作「害」。

誠而中，則小人之無忌憚耳。今世俗苟偷恣睢之論，蓋多類此，不可不深察也。或曰：然則莊子之意得無與子莫之執中者類耶？曰：不然。子莫執中，但無權耳，蓋猶擇於義理而誤執此一定之中也。莊子之意則不論義理，專計利害，又非子莫比矣。蓋即其本心，實無以異乎世俗鄉原之所見，而其揣摩精巧，校計深切，則又非世俗鄉原之所及，是乃賊德之尤者。所以清談盛而晉俗衰，蓋其勢有所必至，而王通猶以爲非老莊之罪，則吾不能識其何説也。

魯齋許氏曰：莊子好將來大見趣，及義理粗淺處徹説得不知大小無邊際，緘縢得深密，教人窺測不著。讀此等書，便須大著眼目與看破，休教被他瞞了引了。

或問：《史記》稱莊子作《漁父》、《盜跖》、《胠篋》以詆訾孔子之徒，當時去戰國未遠也，而已莫辨其書之異同矣。且其書汪洋恣縱乎繩墨之外，而乃規規焉、局局焉議其篇章，得無陋哉？臨川吴氏曰：得意固可以忘言，將欲既其實，而謂不必既其文欺也。

程子曰：莊生形容道體之語儘有好處，老氏「谷神不死」一章最佳。已下總論老、莊、列。○問：學者何習莊老之衆也？❶曰：謹禮而不達者，爲其所膠固焉。放情而不莊者，畏法度之拘己也。必資其放曠之説以自適，其勢則然。

朱子曰：老子猶要做事在，莊子都不要做了。又却説道他會做，只是不肯做。○莊周是箇大秀才，他都理會得，只是不肯做事。觀其第四篇《人間世》及《漁父》篇以

❶「莊老」，重修本作「老莊」。

後，多是説孔子與諸人語，只是不肯學孔子，所謂「知者過之」者也。如説「《易》以道陰陽，《春秋》以道名分」等語，後來人如何下得？他直是似快刀利斧劈截將去，字字有著落。李公晦曰：莊子較之老子較平帖些。曰：老子極勞攘，莊子得些只也乖。莊子跌蕩，老子收斂，齊脚斂手。莊子却將許多道理掀翻説，不拘繩墨。○問：老子與莊子似是兩般説話。曰：莊子於篇末自説破矣。問：先儒論老子多爲之出脱，云老子乃矯時之説。以某觀之，不是矯時，只是不見實理，故不知禮樂刑政之所出而欲去之。曰：渠若識得寂然不動，感而遂通天下之故，自不應如此。他本不知下一節，欲占一簡徑言之。然上節無實見，故亦不脱洒。○問：原壤看來也是學老子。曰：他也不似老子，老子却不恁地。周莊仲曰：却似莊子。曰：是，便是夫子時已有這様人了。莊仲曰：莊子雖以老子爲宗，然老子之學尚要出來應世，莊子却不如此。曰：莊子説得較開闊、較高遠，然却較虚，走了老子意思。若在老子當時看來，也不甚喜他如此説。○莊子比老子便不同，莊子又轉調了精神，發出來龘。列子比莊子又較細膩。問：御風之説亦寓言否？曰：然。○問：程先生謂莊生形容道體之語，儘有好處，老氏「谷神不死」一章最佳。莊子云「嗜欲深者天機淺」，此言最善。又曰「謹禮不透者，深看莊子」。然則莊老之學未可以爲異端而不講之耶？曰：君子不以人廢言，言有可取，安得而不取之？如所謂「嗜欲深者天機淺」，此語甚的當，不可盡以爲虚無之論，而妄訾之也。周謨曰：平時慮爲異教所汩，未嘗讀莊老等書，今欲讀之如何？曰：自有所主，則讀之何害？要在識其意所以異於聖人者如何爾。○楊朱之學出於老子，蓋是楊朱曾就老子學來，故莊列之書皆説楊朱。孟子闢楊朱，便是闢莊老了。○莊子全寫列子，又變得峻奇，列子語温純。○列莊本楊朱之學，故其書多引其語。莊子説「子之於親也，命也，不可解於心」。至臣之於君，則曰「義也，無所逃於天地之間」。是他看得那君臣之義，却似是逃不得，不奈何，須著臣服他，更無一箇自然相胥爲一體處，可怪。故孟子以爲無君，此類是也。○儒教自開闢以來，二帝三王述天理，順人心，治世教民惇典庸禮之道，後世聖賢遂著書立言以示後世。及世之衰亂，方外之士厭一世之紛拏，畏一身之禍害，耽空寂以求全身於亂世而已。及老子唱其端，而列禦寇、莊周、楊朱之徒和之。孟子嘗闢之，以爲無父無君，比之禽獸。然其言易入，其教易行，當漢之初，時君世主皆信其説，而民亦化之。雖以蕭何、曹參、汲黯、太史談輩亦皆主之，以爲真足以先於六經，治世者不可以莫之尚也。及後漢以來，米賊張陵、海島寇謙之之徒，遂爲盜賊。曹操以兵取陽平，陵之孫魯即納降款，可見其虛謬不足稽矣。

西山真氏曰：魏正始中，何晏等祖述老莊，以清談相尚，至晉此風益甚。晏嘗立論，以天地萬物皆以無爲本，由是士大夫皆以浮誕爲美。裴頠著《崇有論》以釋其蔽，然不能救也。陳頵嘗遺王導書，以老莊之俗傾惑朝廷，今宜改張，然後大業可舉，導不能從。一時名士如庾亮輩，皆以清談爲風流之宗。國子祭酒袁瓌嘗請立太學，而士大夫習尚莊老，儒術終以不振。會稽王昱等又從而扇之，雖謝安石之賢，不免爲習俗所移，終於晉亡而不能革。至梁武帝好佛，而太子又講莊老，詹事何敬容歎曰：「西晉尚浮虚，使中原淪於胡羯。今江東復爾，江南其爲戎乎？」其後元帝好玄談，於龍光殿講《老子》，胡氏論之曰：「老子之言，其害非釋氏比也，然棄仁義、捐禮樂以爲道，遺物離人，趨於澹泊，而生人之治忽矣。」或問：曹參治齊，師蓋公，其相漢也以清浄。文景之治大率依本黄老，約躬省事，薄斂緩獄，不言兵而天下富。老子之教亦何負歟？曰：蓋公之語參曰：「治道貴清浄而民自定」，此在老子書中一語爾。此一語非有槌提仁義、絶滅禮樂之失也，故參用之，務爲休息不擾，至於文景，斯極功矣。雖然庶矣富矣，而未及於教也，比之二帝三王化民成俗之道，可同日語哉？又況掇拾其玄談清論，而不切於事理，有如西晉至使胡羯氏羌腥薰岱華，幾三百年。仲尼之道豈有此禍哉？彼蕭繹曾何足云。然方在漂摇陧杌中，不思保國之計，而講老子，近有簡文不知監也，其亦愚蔽之甚矣。又曰：自何晏、王弼以老莊之書訓釋《大易》，王衍、葛玄競相慕效，專事清談，糟粕五經，蔑棄本實，風流波蕩，晉遂以亡。又曰：爲清談者，以心與迹二，道與事殊，形器法度皆芻狗之餘，視聽言動非性命之理，此其所以大失而不自知也。何晏、王衍自喪其身，喪人之國者如出一軌。胡氏之論至矣。而文中子乃曰：「清談盛而晉室衰，非老莊之罪也。」夫清談之弊正祖於老莊，謂非其罪可乎？近歲文士又謂「自正始以風流相命，賞好成俗，士雖坐談空解，不畏臨戎，紈袴子弟能破百萬兵矣。清言致效，而非喪邦也」。夫却敵者臨戎之功，而喪邦由清談所致，其得失自不相掩，而曰清言致效可乎？此所謂反理之評，不得不辨。

墨子

程子曰：墨子之德至矣，而君子弗學也，以其舍正道而之他也。○問：韓退之《讀墨篇》如何？曰：此篇意亦甚好，但言不謹嚴，便有不是處。且孟子言「墨子愛其兄之子猶鄰之子」，《墨子》書中何嘗有如此等言？但孟子拔本塞源，知其流必至於此。大凡儒者學道，差之毫釐，繆以千里。楊朱本是學義，墨子本是學仁，但所學者稍偏，故其流遂至於無父無君。孟子欲正其本，故推至此。退之樂取人善之心，可謂忠恕，然持教不知謹嚴，故失之。

朱子曰：楊墨皆是邪說，但墨子之說尤出於矯僞，不近人情而難行。孔墨並稱乃退之之繆，然亦未見得其《原道》之作孰先孰後也。

管子

朱子曰：管子之書雜。管子以功業著者，恐未必曾著書。如《弟子職》之篇全似《曲禮》，他篇有似莊老。又有說得太卑，直是小意智處，不應管仲如此之陋。其內政分鄉之制，《國語》載之却詳。○管仲當時任齊國之政事甚多，稍閒時又有三歸之溺，決不是閒工夫著書底人。著書者是不見用之人也，其書想只是戰國時人收拾仲當時行事言語之類著之，并附以他書。○問：《管子》中說辟雍言不是學，只是君和也。

曰：既不是學，君和又是箇甚物事？而今不必論。《禮記》所謂疑事毋質，蓋無所考據，不必恁地辨析。且如辟雍之義，古不可考，或以爲學名，或以爲樂名，無由辨證。某初解詩亦疑放那裏，但今説作學，亦説得好了。亦有人説辟雍是天子之書院，太學又別。

或問：内政何名寓軍令？潛室陳氏曰：自伯圖之興，大抵兵不詭，則不能謀人國；政不詭，則不能自謀其國。故春秋善戰者，兵有所不交。善詭者，城有所不守。詭道相高，求以得志，乃於治民之中而默寓治兵之法。陽爲治民以欺其人，陰爲治兵以壯其勢。其言於桓公曰：「君欲正卒伍，脩甲兵，大國亦將修之，而小國設備，則難以速得志，不若隱其事而寄其政，於是作内政而寓軍令焉。」今觀自五家爲軌，軌有長，積而至十連之鄉，鄉有良人，以爲内政。自伍人爲伍，軌長率之，積而至於萬人爲軍，五鄉之帥帥之，以爲軍令，名爲内政，實則軍令寓焉。寓之云者，猶旅之有寓，非其所居而暫居之謂也。夷吾志在强國内政之作，豈在於民乎？特假内政之名，以行軍令耳。是故外假王政之名，内修强國之利，夷吾巧於用詭，固如是哉！嗟夫，有爲爲善，雖善實利；有意爲公，雖公實私。成周自五家爲比，至五州爲鄉，居民之法也。自五人爲伍，至五師爲軍，會萬民之法也。其事暴白於天下，而無非王道之公。夷吾之法，能髣髴其一二矣，獨奈何以詭道行之，以欺其隣國，則安得不爲伯者之私哉？

孫子

朱子曰：鄭厚《藝圃折衷》云：「《孫子》十三篇，不惟武人之根本，文士亦當盡心焉。其詞約而縟，易而深，暢而可用，《論語》、《易大傳》之流，孟、荀、揚著書皆不及也。以正合，以奇勝，非善也。正變爲奇，奇變爲正，非善之善也。即奇爲正，即正爲奇，善之善也。」而余隱之，辨曰：昔吾夫子對衛靈公以軍旅之事未之學，荅孔文子以甲兵之事未之聞，及觀夾谷之會，則以兵加萊人而齊侯懼，費人之亂則命將士以伐之，而費人北。嘗曰：「我戰則克。」而冉有亦曰：「聖人文武並用。」孔子豈有真未學、未聞哉！特以軍旅甲兵之事，非所以爲訓也。乃謂「《孫子》十三篇，不惟武人根本，文士所當盡心。其詞可用，《論語》、《易大傳》之流，孟、荀、揚著書皆不及」，是啓人君窮兵黷武之心，庸非過歟！叛吾夫子已甚矣，何立言之不審也。以予觀之，此段本不必辨，但其薄三王、罪孟子而尊堯舜似矣，乃取孫武之書厠之《易》、《論語》之列，何其駁之甚歟！予嘗謂鄭氏未能真知堯舜，而好爲太高之論以駭世，若商鞅之談帝道，於是信矣。

孔叢子

朱子曰：《家語》雖記得不純，却是當時書。《孔叢子》是後來白撰出。〇《家語》只是王肅編古録雜記，其書雖多疵，然非肅所作。《孔叢子》乃其所註之人僞作。讀其首幾章，皆法《左傳》句，已疑之。及讀其後序，乃謂渠好《左傳》，便可見。○《孔叢子》鄙陋之甚，理既無足取，而詞亦不足觀。○《孔叢子》説話多類東漢人文，其氣軟弱，又全不似西漢人文。兼西漢初若有此等話，何故不略見於賈誼、董仲舒所述？恰限到東漢方突出來，皆不可曉。

申　韓

或問：《史記》云「申子卑卑，施於名實。韓子引繩墨，切事情，明是非，其極慘覈少恩，皆原於道德之意」。朱子曰：張文潛之説得之。宋齊丘《化書》序中所論也。楊道夫曰：東坡謂商鞅、韓非得老子所以輕天下者，是以敢爲殘忍而無疑。曰：也是這意，要之只是孟子所謂「楊氏爲我，是無君也」。

荀　子

周子曰：荀子云「養心莫善於誠」，荀子元不識誠。既誠矣，心安用養邪？

程子曰：荀子謂「博聞多見，可以取道」。欲力行堯禹之所行，其所學皆外也。○有學不至而言至者，循其言可以入道。荀門人曰：何謂也？曰：真積力久則入，荀卿之言也。優而柔之，使自求之。饜而飫之，使自趨之。若江河之浸，膏澤之潤，涣然冰釋，怡然理順，杜預之言也。思之思之，又重思之，思而不通，鬼神將通之，非鬼神之力也，精誠之極也，管子之言也。此三者，循其言皆可以入道，而三子初不能及此也。

朱子曰：荀子説能定而後能應，此是

荀子好話。○或言性，謂荀卿亦是教人踐履。曰：須是有是物，而後可踐履。今於頭段處既錯，又如何踐履？天下事從其是。曰同，須求其真箇同；曰異，須求其真箇異。今則不然，只欲立異，道何由明？○問：荀子言性惡禮僞，其失蓋出於一。大要不知其所自來，而二者亦互相資也。其不識天命之懿，而以人慾横流者爲性。不知天秩之自然，而以出於人爲者爲禮，所謂不知所自來也。至於以性爲惡，則凡禮文之美，是聖人制此以返人之性而防遏之，則禮之僞明矣。以禮爲僞，則凡人之爲禮，皆反其性，矯揉以就之，則性之惡明矣，此所謂互相資也。告子杞柳之論，則性惡之意也；義外之論，則禮僞之意也。曰：亦得之。

西山真氏曰：荀子云：「水火有氣而無生，草木有生而無知，禽獸有知而無義，人有氣有生有知，亦且有義，故最爲天下之貴也。」其論似矣。至其論性則以爲惡，論禮則以爲僞，何其自相戾耶？○荀子論心，如「君子大心則天而道，小心則畏義而節」等語，皆可取。若所謂「湛濁在下，而清明在上」，則有可疑。蓋心之虚靈知覺者，萬理具焉，初豈有一毫之汙濁哉？自夫汩於物欲，而後有汙濁耳。學者必盡去物慾之害，則本然之清明自全。今曰「湛濁在下，而清明在上」，是物慾之害初未嘗去，但伏而未作耳，其可恃以爲安耶？水不能不遇風，長川巨浸，泓澄無底，雖大風不能使之濁。心不能不應物，慾盡理明，表裏瑩徹，雖酬酢萬變不能使之昏。無風則清，有風則濁者，塵滓之伏于下也。静之則明，動之則昏者，利欲之藏于中也。

董　子

程子曰：董子言仁人「正其誼不謀其利，明其道不計其功」，度越諸子遠矣。○漢儒近似者三人，董仲舒、大毛公、揚雄。

朱子曰：董仲舒資質純良，摸索道得數句著，如正誼不謀利之類。然亦非他真見得這道理。○仲舒識得本原，如云正心。修身可以治國平天下，如說仁義禮樂皆其具，此等說話皆好。○問：仲舒云「性者，生之質也」。曰：不是。只當云「性者，生之理也。氣者，生之質也」。問：其以情爲人之欲，如何？曰：也未害。蓋欲爲善，欲爲惡，皆人之情也。○問：董仲舒見道不分明處。曰：也見得鶻突。如「命者，天之令。性者，生之質。情者，人之欲。命非聖人不行，性非教化不成，情非制度不節」等語，似不識性善模樣。又云「明於天性，知自貴於物。知自貴於物，然後知仁義。知仁義，然後重禮節。重禮節，然後安處善。安處善，然後樂循理」。又似見得性善模樣。終是說得騎牆，不分明端的。○仲舒言「命者，天之令。性者，生之質」。如此說固未害。下云「命非聖人不行」，便牽於對句，說開去了。如正誼明道之言，却自是好。問：或謂此語是有是非，無利害，如何？曰：是。不論利害，只論是非，理固然也。要亦當權其輕重方盡善，無此亦不得。只被今人只知計利害，於是非全輕了。○正其誼不謀其利，明其道不計其功。誼必正，非是有意要正。道必明，非是有意要明。功利自是所不論，仁人於此，有不能自已者。師出無名，事故不成，明其爲賊，敵乃可服。此便是有意立名以正其誼。○問：諸葛誠之云：「仁人正其誼不謀其利，明其道不計其功。仲舒説得不是。只怕不是誼，是誼必有利。只怕不是道，是道必有功。」曰：才如此，人必求功利而爲之，非所以爲訓也。固是得道誼則功利自至，然而有得道誼而功利不至者，人將惟功利之徇而不顧道誼矣。○仲舒所立甚高，後世之所以不如古人者，以道誼功利關不透耳。其議匈奴一節，婁敬、賈誼智謀之士爲之，亦不過如此。○問：正其誼，明其道，道誼如何分别？曰：道誼是箇體用，道是大綱説，誼是就一事上説。誼是道中之細分别，功是就道中做得功效出來。○問：正其誼者，凡處此一事，但當處置使合宜，而不可有謀利占便宜之心。明其道，則處此事便合義，是乃所以爲明其道，而不可有計後日功效之心。正義不謀利，在處事之先。明道不計功，在處事之後。如此看可否？曰：恁地説也得。他本是合掌説，看來也須微有先後之序。○仲舒本領純正。如説「正心以正朝廷」，與「命者，天之令也」以下諸語皆善。班固所謂醇儒極是。至於天下國家事業，恐施展未必得。○《三策》説得稍親切，終是脱不得漢儒氣味。

西山真氏曰：仲舒醇正近理之言，見稱於諸老先生外。如曰「彊勉學問，則聞見博而智益明。彊勉行道，則德日起而大有功」。又引曾子尊聞行知之説。此二條最有功於學者。蓋學道之要，致知力行而已。《虞書》之精一，《論語》之知及仁守，《中庸》之博學篤行，皆是也。秦漢以下，未有識之者。而仲舒能言之，此豈諸儒所可及哉？其曰：「道之大原出於天」，則天命率性之意，尤所謂知其本源者。至謂「有國者不可不知《春秋》」，其言亦有補於世。《本傳》稱其「進退容止，非禮不行」。兩相驕主，正身率下。方公孫弘以阿意容悦取相位，仲舒獨終始守正，卒老于家。以其質之美，守之固，使得從游於聖人之門，淵源所漸，當無慚於游夏矣！惜其生於絶學之後，雖潛心大業，終未能窺大道之全，至或流於災異之術。吁，可歎哉！

性理大全書卷之五十七

性理大全書卷之五十八

諸子二

揚子

程子曰：林希嘗謂揚雄爲祿隱。揚雄後人只爲見他著書，便須要做他是，怎生做得是？因問：如《劇秦》文莫不當作？曰：或云非是美之，乃譏之也。然王莽將來族誅之，亦未足道，又何足譏？譏之濟得甚事？或云且以免死，然已自不知明哲煌煌之義，何足以保身？作《太玄》本要明《易》，却尤晦如《易》，其實無益，真屋下架屋，牀上疊牀。他只是於《易》中得一數爲之，於曆法雖有合，只是無益。○《太玄·中首》：「中：陽氣潛萌於黃宮，信無不在乎中。」《養首》：「一：藏心于淵，美厥靈根。」《測》曰「藏心于淵，神不外也」。揚子雲之學，蓋嘗至此地位也。○問：《太玄》之作如何？曰：是亦贅矣。必欲撰《玄》，不如明《易》。邵堯夫之數似《玄》而不同。數只是一般，但看人如何用之。雖作十玄亦可，況一玄乎！○漢儒之中，吾必以揚子雲爲賢，然於出處之際不能無過也。其言曰：「明哲煌煌，傍燭無疆。孫于不虞，以保天命。」孫于不虞則有之，傍燭無疆則未也。○光武之興，使雄不死，能免誅乎？觀於朱泚之事可見矣。古之所謂言遜者，迫不得已。如《劇秦美新》之類，非得已者乎？○揚子雲云：「明哲煌煌，傍燭無疆。」悔其蹈亂無先知之明也。其曰：「孫于不虞，以保天命。」欲以苟容爲全身之道也。使彼知聖賢見幾而作，其及是乎？○世之議子雲者，多疑其投閣之事。以《法言》觀之，蓋未必有。又天禄閣世傳以爲高百尺，宜不可投。然子雲之罪特不在此。黽勉於莽賢之間，畏死而不敢去，是安得爲大丈夫哉？○揚子謂「老子言道德則有取，至如搥提仁義，絶滅禮樂則無取」。若以剖斗折衡，聖人不死，大盜不止，爲救時反本之言爲可取，却尚可恕。如言失道而後德，失德而後仁，失仁而後義，失義而後禮，則自不識道，已不成言語。却言其言道德有取，此自是揚子不見道處。又謂「學行之上也，名譽以崇之」，皆揚子之失。

龜山楊氏曰：揚雄云：「多聞則守之以約，多見則守之以卓。」其言終有病，不如孟子言「博學而詳説之，將以反説約也」爲無病。蓋博學詳説，所以趨約。至於約，則其道得矣。謂之守以約卓於多聞多見之中，將何守？見得此理分明，然後知孟子之後其道不傳，知孟子所謂天下可運於掌爲不妄。○揚子雲作《太玄》，只據他立名便不是。既定却三方九州二十七部八十一家，不知如何相錯得？八卦所以可變而爲六十四者，只爲可相錯，故可變耳。惟相錯，則其變出於自然也。

朱子曰：揚子雲出處非是，當時善去，亦何不可？○問：揚子避礙通諸理之説是否？曰：大概也似，只是言語有病。問：莫是避字有病否？曰：然。少間處事，不看道理當如何，便先有箇依違閃避之心矣。○學之爲王者事，不與上文屬，只是言人君不可不學底道理。所以下文云「堯舜禹湯文武汲汲，仲尼皇皇」。以數聖人之盛德，猶且如此。問：仲尼皇皇如何？曰：夫子雖無王者之位，而有王者之德，故作一處稱揚。○德隆則晷星，星隆則晷德。晷，影也，猶影之隨形也。蓋德隆則星隨德而見，星隆則人事反隨星而應。○揚子云：「月未望則載魄于西，既望則終魄于東，其遡於日乎？」載者，加載之義，如老子云載營魄，左氏云從之載，正是這箇載字。諸家都亂說，只有古注解云「月未望則光始生於西面，以漸東滿。既望則光消虧於西面，以漸東盡」。此兩句略通而未盡，此兩句盡在「其遡於日乎」一句上。蓋以日爲主，月之光也，日載之；光之終也，日終之。載，猶加載之載。又訓上，如今人上光上采色之上。蓋初一二間時，日落於西，月是時同在彼。至初八九，日落在酉，則月已在午。至十五日相對，日落於酉，而月在卯，此未望而載魄于西。蓋月在東而日在西，日載之光也。及日與月相去逾遠，則光漸消而魄生。少間月與日相蹉過，日却在東，月却在西，故光漸至東盡，則魄漸復也。當改古注云：「日加魄於西面，以漸東滿。日復魄於西面，以漸東盡。其載也，日載之。其終也，日終之。皆繫於日。」又說：秦周之士貴賤拘肆，皆繫于上之人，猶月之載魄終魄皆繫於日也，故曰其遡於日乎？其載其終皆向日也。温公云「當改載魄之魄作朏」，都是曉其說不得。○雄之學似出於老子。如《太玄》曰「潛心于淵，美厥靈根」。《測》曰「潛心于淵，神不昧也」。乃老氏說話。問：《太玄》分贊於三百六十六日下，不足者乃益以踦贏，固不是。如《易》中卦氣如何？曰：此出於京房，亦難曉。如《太玄》

中推之，蓋有氣而無朔矣。問：伊川亦取雄《太玄》中語，如何？曰：不是取他言，他地位至此耳。○問：《太玄》如何？曰：聖人説天一地二，天三地四，天五地六，天七地八，天九地十，甚簡易。今《太玄》説得却支離。《太玄》如他立八十一首，却是分陰陽，中間一首半是陰半是陽。若看了《易》後去看那《玄》，不成物事。又問：揚雄也是學焦延壽推卦氣？曰：焦延壽《易》也不成物事。今人説焦延壽卦氣不好，是取《太玄》，不知《太玄》却是學他。○天地間只有陰陽二者而已，便會有消長。今《太玄》有三箇了。如冬至是天元，到三月便是地元，七月便是人元，夏至却在地元之中，都不成物事。○《太玄》甚拙。歲是方底物，他以三數乘之，皆算不著。○《太玄》紀日而不紀月，無弦望晦朔。○《太玄》中高處只是黃老，故其言曰「老子之言道德，吾有取焉」。○《太玄》之説只是老莊，康節深取之者，以其書亦挨傍陰陽消長來説道理。

或問：《易》與《太玄》數有何不同？潛室陳氏曰：《易》是加一倍法，《太玄》加三倍法。《易》卦六十四，《太玄》卦八十一。《太玄》模放《周易》，只起數不同耳。先儒謂將《易》變作十部《太玄》亦得，但無用耳。

西山真氏曰：揚子默而好深湛之思，故其言如此。潛之一字，最宜玩味。天惟神明，故照知四方。惟精粹，故萬物作類。人心之神明精粹，本亦如此。惟不能潛，故神明者昏而精粹者雜，不能燭理而應物也。

臨川吴氏曰：揚子雲擬《易》以作《太玄》，《易》自一而二，二而四，四而八，八而十六，十六而三十二，三十二而六十四。

《太玄》則自一而三，三而九，九而二十七，二十七而八十一。易之數乃天地造化之自然，一豪知力無所與於其間也。異世而同符，惟邵子《皇極經世》一書而已。至若焦延壽《易林》、魏伯陽《參同契》之屬，雖流而入於伎術，尚不能外乎《易》之爲數。子雲《太玄》名爲擬《易》，而實則非《易》矣。其起數之法既非天地之正，又强求合於曆之日。每首九贊，二贊當一晝夜，合八十一首之贊，凡七百二十九，僅足以當三百六十四日有半。外增一踦贊以當半日，又立一嬴贊以當四分日之一。吁，亦勞且拙矣！

文　中　子

程子曰：文中子本是一隱君子，世人往往得其議論，傅會成書。其間極有格言，荀揚道不到處。又有一件事，半截好，半截不好。如魏徵問「聖人有憂乎」？曰「天下皆憂，吾獨得不憂」。問疑。曰「天下皆疑，吾獨得不疑」。徵退。謂董常曰「樂天知命吾何憂，窮理盡性吾何疑」。此言極好。下半截却云：「徵所問者，迹也；吾告女者，心也。心迹之判久矣。」便亂道。○王通當時有些言語，後來被人傅會。若《續經》之類，皆非其作。○文中子續經甚謬，恐無此。如《續書》始於漢，自漢以來制詔，又何足記？《續詩》之備六代，如晉、宋、後魏、北齊、後周、隋之詩，又何足采？○問：文中子云「圓者動，方者静」。曰：此正倒説了。静體圓，動體方。○文中子言「古之學者聚道」，不知道如何聚得？

朱子曰：文中子他當時要爲伊周事業，見道不行，急急地要做孔子。他要學伊周，其志甚不卑，但不能勝其好高自大欲速之心，反有所累。二帝三王却不去學，❶却要學兩漢，此是他亂道處。○問：文中子好處與不好處。曰：見得道理透後，從高視下，一目瞭然，今要去揣摩不得。○文中子其間有見處也，即是老氏。又其間被人夾雜，今也難分別。但不合有許多事，全似孔子。孔子有荷蕢等人，他也有許多人，便是粧點出來。其間論文史及時事世變煞好。○文中子《中説》被人亂了。説治亂處與其他好處極多，但向上事只是老釋。問：過《法言》否？曰：大過之。○文中子論時事及文史處，儘有可觀。於文取陸機，史取陳壽。曾將陸機文來看，也是平正。○房、杜於河汾之學，後來多有議論。且如《中説》，只是王氏子孫自記，亦不應當時開國文武大臣盡其學者。何故盡無一語言及其師？兼記其家世事，攷之傳記無一合者。○文中子看其書忒裝點，所以使人難信。如説諸名卿大臣，多是隋末所未見有者。兼是他言論大綱雜伯，凡事都要硬做。如説禮樂治體之類，都不消得從正心誠意做出。又如説「安我所以安天下，存我所以厚蒼生」，都是爲自張本，做雜伯鎡基。問：《續書》「天子之義，制、詔、志、策有四。大臣之義，命、訓、對、讚、議、誡、諫有七」。如何？曰：這般所在極膚淺，中間説話大綱如此。但看世俗所稱道便喚做好，都不識。如云晁、董、公孫之對，據道理看，只有董仲舒爲得，如公孫已是不好，晁錯是説箇甚麽。又如《自敘》許多説話，盡是夸張。考其年數，與唐煞遠，如何唐初諸名卿皆與

❶「三」，原作「二」，今據重修本改。

說話？若果與諸名卿相處，一箇人恁地自標致，史傳中如何都不見說？○文中子議論多是中間暗了一段，無分明。其間弟子問答，姓名多是唐輔相，恐亦不然。蓋諸人更無一語及其師。人以爲王通與長孫無忌不足，故諸人懼無忌而不敢言，亦無此理。如鄭公豈畏人者哉！七制之主亦不知其何故以七制名之，此必因其《續書》中曾採七君事迹以爲書，而名之曰七制。如二典體例，今無可攷，大率多是依倣而作。如以董常爲顏子，則是以孔子自居。謂諸公可爲輔相之類，皆是撰成要安排七制之君爲他之堯舜。考其事迹，亦多不合。劉禹錫作《歙池江州觀察王公墓碑》，乃仲淹四代祖，碑中載祖諱多不同。及阮逸所注并載關朗等事，亦多不實。王通大業中死，自不同時。如推說十七代祖，亦不應遼遠如此。

唐李翺已自論《中說》可比太公家教，則其書之出亦已久矣。伊川謂文中子有些格言，被後人添入壞了。看來必是阮逸諸公增益張大，復借顯顯者以爲重耳。○問：文中子之學。曰：他有箇意思，以爲堯舜三代也只與後世一般，也只是偶然做得著。問：他《續詩》、《續書》意是如此，因舉答賈瓊數處說。曰：近日陳同父便是這般說話。他便忌程先生說「帝王以道治天下，後世只是以智力把持天下」。正緣這話說得他病處。問：《元經》尤可疑。只緣獻公奔北，便以爲天命已歸之，遂帝魏。曰：今之注本是阮逸注，龔鼎臣别有一本注，後面敘他祖，都與文中子所說不同。說他先已仕魏，不是後來方奔去。又問：他說「權義舉而皇極立」，如何？曰：說權義不是。義是活物，權是稱錘，義是稱星，義所以用權。

今似他說，却是以權爲嫂溺援之之義，以義爲授受不親之禮。問：義便有隨時底意思。曰：固是。問：他只緣以《元經》帝魏，生此說。曰：便是他大本領處不曾理會，縱有一二言語可取，但偶然耳。其《續經》猶小兒豎瓦屋然。世儒既無高明廣大之見，因遂尊崇其書。○問：文中子說「動靜見天地之心」，説得似不然。曰：他意思以方圓爲形，動靜爲理，然亦無意思。而今自家若見箇道理了，見他這説話，都似不曾説一般。○「天下皆憂，吾獨得不憂。天下皆疑，吾獨得不疑。」又曰：「樂天知命吾何憂，窮理盡性吾何疑。」蓋有當憂疑者，有不當憂疑者，然皆心也。文中子以爲有心迹之判，故伊川非之。又曰：「惟其無一己之憂疑，故能憂疑以天下。惟其憂以天下，疑以天下，故無一己之憂疑。」○道之在天下未嘗亡，而其明晦通塞之不同，則如晝夜寒暑之相反。故二帝三王之治，《詩》、《書》六藝之文，後世莫能及之。蓋非功效語言之不類，乃其本心事實之不侔也。雖然，「維天之命，於穆不已」。彼所謂道者，則固未嘗亡矣。而大學之教所謂明德、新民、止於至善者，又已具有明法，若可階而升焉。後之讀其書攷其事者，誠能深思熟講以探其本，謹守力行以踐其實。至於一旦豁然而晦者明，塞者通，則古人之不可及者，固已倏然而在我矣。夫豈患其終不及哉？苟爲不然，而但爲模放假竊之計，則不惟精粗懸絶，終無可似之理。政使似之，然於其道亦何足以有所發明？此有志爲己之士所以不屑，而有所不暇爲也。王仲淹生乎百世之下，讀古聖賢之書，而粗識其用，則於道之未嘗亡者，蓋有意焉。而於明德新民之學，亦不可謂無其志矣。然未嘗深探其本，而盡力於其實，以求必得夫至善者而止之。顧乃挾其窺覘想像之彷彿，而謂聖之所以聖，賢之所以賢，與其所以修身，所以治人，而及夫天下國家者，舉皆不越乎此。是以一見隋文而陳《十二策》，則既不自量其力之不足以爲伊周，又不知其君之不可以爲湯武。且不待其招而往，不待其問而告，則又輕其道以求售焉。及其不遇而歸，其年蓋亦未爲晚也。若能於此反之於身，以益求其所未至，使明德之方、新民之具皆足以得其至善而止之，則異時得君行道，安知其卒不逮於古人？政使不幸終無所遇，至於甚不得已而筆之於書，亦必有以發經言之餘蘊，而開後學於無窮。顧乃不知出此，而不勝其好名欲速之心，汲汲乎日以著書立言爲己任，則其用心爲己外矣。及其無以自託，乃復捃拾兩漢以來文字言語之陋，功名事業之卑，而求其天資之偶合，與其竊取而近似者，依倣六經，次第采輯，因以牽挽其人，强而躋之二帝三王之列。今其遺編雖不可見，然考之《中説》，而得其規模之大略。則彼之贊《易》，是豈足以知先天後天之相爲體用？而高、文、武、宣之制，是豈有精一執中之傳？曹、劉、沈、謝之詩，是豈有物則秉彝之訓？叔孫通、公孫述、曹褒、荀勖之禮樂，又孰與伯夷、后夔、周公之懿？至於宋魏以來，一南一北，校功度德，蓋未有以相君臣也。則其天命人心之向背，統緒繼承之偏正，亦何足論？而欲攘臂其間，奪彼予此，以自列於孔子之《春秋》哉？蓋既不自知其學之不足以爲周孔，又不知兩漢之不足以爲三王，而徒欲以是區區者，比而效之於形似影響之間，傲然自謂足以承千聖而詔百王矣，而不知其初不足以供兒童之一戲，又適以是而自納於吳楚僭王之誅。使夫後世知道之君子，雖或有取於其言，而終不能無恨於此，是亦可悲也已。至於假卜筮，象《論語》，而强引唐初文武名臣以爲弟子，是乃福郊、福畤之所爲，而非仲淹之雅意。然推原本始，乃其平日好高自大之心有以啓之，則亦不得爲無罪矣。或曰：然則仲淹之學固不得爲孟子之倫矣，其視荀、揚、韓氏亦有可得而優劣者耶？曰：荀卿之學雜於申商，子雲之學本於黄老，而其著書之意，蓋亦姑託空文以自見耳。非如仲淹之學，頗近於正而粗有可用之實也。至於退之《原道》諸篇，則於道之大原若有非荀、揚、仲淹之所及者。然攷其平生意鄉之所在，終不免文士浮華放浪之習，時俗富貴利達之求，而其覽觀古人之變，將以措諸事業者，恐亦未若仲淹之致懇惻而有條理也。是以予於仲淹獨深惜之，而有所不暇於三子，是亦《春秋》責備賢者之遺意也，可勝歎哉！○王通也有好處。只是也無本原工夫，却要將秦漢以下文飾做箇三代。他便自要比孔子，不知如何比得。他那斤兩輕重自定，你如何文飾得？如《續詩》、《續書》、《元經》之作，盡要學箇孔子，重做一箇三代，如何做得？如《續書》要載漢以來詔令，他那詔令便載得，發明得甚麼義？理發明得甚麼政事？只有高帝時三詔令稍好，然已不純。如曰「肯從我游者，吾能尊顯之」。此豈所以待天下之士哉？都不足録。三代之書誥詔令，皆是根源學問，發明義理，所以粲然可爲後世法。如秦漢以下詔令，濟得甚事？緣他都不曾將心子細去讀聖人之書，只是要依他箇模子。見聖人作六經，我也學他作六經。只是將前人腔子，自做言語填放他腔中，便說我這箇可以比並聖人。聖人做箇《論語》，我便做《中說》。如揚雄《太玄》、《法言》亦然，不知怎生比並。○問：王氏《續經》說荀卿固不足以望之。若房杜輩觀其書，則固嘗往來于王氏之門。其後來相業，還亦有得於王氏之道否？曰：房杜如何敢望文中子之萬一。其規模事業無文中子髣髴。某常說房杜只是箇村宰相，文中子不干事，他那制度規模誠有非後人之所及者。

韓　子總論荀揚王韓附

程子曰：古之君子修德而已。德成而言，則不期於文而自文矣。退之乃因學爲文章，力求其所未至以至於有得也。其曰軻死不得其傳，非卓然見其所傳者，語不及此。○韓愈道他不知，又不得。其言曰「《易》奇而法，《詩》正而葩，《春秋》謹嚴，《左氏》浮誇」。其名理皆善。○韓退之頌伯夷甚好，然只說得伯夷介處。要知伯夷之心，須是聖人。《語》曰：「不念舊惡，怨是用希。」此甚說得伯夷心也。○《原道》之作，其言雖未盡善，然孟子之後識道之所傳者，非誠有所見，不能斷然言之如是其明也。其識大矣！○韓愈亦近世豪傑之士，如《原道》中言語雖有病，然自孟子而後，能將許大見識尋求者，纔見此人。至如斷曰「孟子醇乎醇」，❶又曰「荀與揚擇焉而不精，語焉而不詳」。若不是他見得，豈千餘年後，便能斷得如此分明也？

❶「子」，原作「氏」，今據重修本改。

朱子曰：韓退之却有些本領，非歐公比。《原道》其言雖不精，然皆實，大綱是。○問：博愛之謂仁。曰：程先生之説最分明，只是不子細看。要之仁便是愛之體，愛便是仁之用。後段云「以之爲人則愛而公」，愛公二字却甚有義。○問：《原道》起頭四句恐説得差，且如「博愛之謂仁」，愛如何便盡得仁？曰：只爲他説得用，又遺了體。○問：「由是而之焉之謂道。」曰：此是説行底，非是説道體。問：「足乎己無待於外之謂德。」曰：此是説行道而有得於身者，非是説自然得之於天者。○問：「仁與義爲定名，道與德爲虚位。」虚位之義如何？曰：亦説得通，蓋仁義禮智是實，此道德字是通上下説却虚。如有仁之道，義之道，仁之德，義之德。此道德只隨仁義上説，是虚位。他又自説「道有君子小人，德有凶有吉」。謂吉人則爲吉德，凶人則爲凶德，君子行之爲君子之道，小人行之爲小人之道。如「道二，仁與不仁」、「君子道長，小人道消」之類。若是志於道，據於德，方是好底，方是道德之正。○自古罕有人説得端的，惟退之《原道》庶幾近之，却説見大體。程子謂能作許大識見，尋求真箇如此，他資才甚高。○《原性》，人多忽之，却不見他好處。如言「所以爲性者五，曰仁、義、禮、智、信」，此語甚實。○問：韓文公説人之所以爲性者五，是他實見得到後如此説邪？爲復是偶然説得着？曰：看他文集中説多是閑過日月，初不見他做工夫處，想只是才高，偶然見得如此。及至説到精微處，又却差了。○問：《原性》三品之説是否？曰：退之説性，只將仁義禮智來説，便是識見高處。如論三品亦是。但以某觀人之性，豈獨三品，須有百千萬品。退之所論却少了一氣字。程子曰：「論性不論氣不備，論氣不論性不明。」此皆前所未發。如夫子言「性相近」，若無「習相遠」一句，便説不行。如人生而静，静固是性，只着一生字便是帶着氣質言了，但未嘗明説着氣字。惟周子《太極圖》，却有氣質底意思。程子之論又自《太極圖》中見出來也。○《原鬼》不知鬼神之本，只是在外説箇影子。○問：《讀墨》篇言孔子尚同、兼愛與墨子同。曰：未論孔墨之同異，只此大小便不相敵，不可以對待言也。以此而論，則退之全未知孔子所以爲孔子者。○問：孟子謂「楊墨之道不息，孔子之道不著」。韓文公推尊孟氏闢楊墨之功以爲不在禹下，而《讀墨》一篇却謂孔子必用墨子，墨子必用孔子者，何也？曰：韓文公第一義是去學文字，第二義方去窮究道理，所以看得不親切。如云「其行己不敢有愧於道」，他本只是學文，其行己但不敢有愧於道爾，把這箇做第二義。似此様處甚多。○問：觀昌黎與孟簡書，其從大顛，是當時已有議論，而與之分解，不審有崇信之意否？曰：真箇是有崇信底意，他是貶從那潮州去，無聊後被他説轉了。黄義剛曰：韓公雖有心學問，但於利禄之念甚重。曰：他也是不曾去做工夫。他於外面皮殻子上都見得，安排位次是恁地。如《原道》中所謂「寒然後爲之衣，飢然後爲之食，爲宫室，爲城郭」等皆説得好。只是不曾向裏面省察，不曾就身上細密做工夫。只從麓處去，不見得原頭來處。如一港水，他只見得是水，却不見那源頭來處是如何。把那道别做一件事，道是可以行於世，我今只是恁地去行。故立朝議論風采，亦有可觀，却不是從裏面流出。平日只以做文吟詩飲酒博戲爲事，及貶潮州，寂寥無人共吟詩，無人共飲酒，又無人共博戲，見一箇僧説道理，便爲之動。如云「所示廣大深迴，非造次可喻」。不知大顛與他説箇什麽？得恁地傾心信向。韓公所説底，大顛未必曉得。大顛所説底，韓公亦見不破。但是他説得恁地好，後便被他動了。陳安卿曰：博愛之謂仁等説，亦可見其無原頭處。曰：以博愛爲仁，則未有博愛之前，不成是無仁。黄義剛曰：他説明明德，却不及致知格物。緣其不格物，所以恁地。曰：他也不曉那明明德。若能明明德，便是識原頭來處了。又曰：孟子後，荀揚淺，不濟得事。只有箇王通、韓愈好，又不全。安卿曰：他也只是見不得十分，不能止於至善也。曰：也是。○問：韓子稱「孟子醇乎醇，荀與揚大醇而小疵」。程子謂韓子稱孟子甚善。竊謂韓子既以失大本，不識性者爲大醇，則其稱孟氏醇乎醇，亦只是説得到，未必真見得到。曰：韓子説荀揚大醇是泛説，與田駢、慎到、申不害、韓非之徒觀之，則荀揚爲大醇。韓子只説那一邊，湊不着這一邊。若是會説底，説那一邊，亦自湊着這一邊。程子説「荀子極偏駁」，「揚子雖少過」，此等語皆是就分金秤上説下來。今若不曾看荀子、揚子，則所謂偏駁、雖少過等處亦見不得。○問：昌黎學者莫是李翺最識道理否？曰：也只是從佛中來。問：渠有去佛齋文，闢佛甚堅。曰：只是麄迹，至説道理却類佛。又問：退之見得不甚分明。曰：他於大節目處又却不錯，亦未易議。問：莫是説傳道是否？曰：亦不止此，他氣象大抵大。又歐陽只説韓李，不曾說韓柳。○韓退之著書立言，觝排佛老，不遺餘力。然讀其《謝潮州表》、《答孟簡書》及張籍侑奠之詞，則其所以處於禍福死生之際，有愧於異學之流者多矣，其不能有以深服其心也宜哉！○韓退之、歐陽永叔所謂扶持正道、不雜釋老者也。然到得緊要處，更處置不行，更說不去。便說得來，也拙不分曉。緣他不曾去窮理，只是學作文，所以如此。○韓退之及歐、蘇諸公議論，不過是主於文詞，少間却是邊頭帶說得些道理。其本意終自可見。

北溪陳氏曰：韓公學無原頭處。如《原道》一篇，鋪敘許多節目，亦可謂見得道之大用流行於天下底分曉。但不知其體本具於吾身，故於反身内省處殊無細密工夫。只是與張籍輩吟詩飲酒度日，其中自無所執守。致得後來潮陽之貶，寂寞無聊中遂不覺爲大顛說道理動了。故俛首與之從遊，而忘其平昔排佛老之說。

西山真氏曰：《唐史》韓愈本傳云：「其《原道》、《原性》、《師說》等數十篇，皆奥衍閎深，與孟軻、揚雄相表裏，而佐佑六經云。」又曰：「自晉迄隋，老佛顯行，諸儒倚天下正議，助爲怪神。愈獨喟然引聖，争四代之惑，雖蒙訕笑，跲而復奮，始若未之信，卒大顯于時。昔孟軻拒楊墨，去孔子才二百年。愈排二家，乃去千載餘，撥衰反正，功與齊而力倍之，所以過況雄爲不少矣。自愈没，其言大行，學者仰之如泰山北斗云。」史氏之稱愈者如此，而程朱二先生議論乃或是非相半。蓋史氏存乎奬善，而二先生講學明道，則雖毫釐必致其察，此所以不同歟。又曰：昔者聖人言道必及器，言器必及道。盡性至命而非虚也，灑掃應對而非末也。自清静寂滅之教行，乃始以日用爲粃糠，天倫爲疣贅。韓子憂之，於是《原道》諸篇相繼而作。其語道德也必本於仁義，而其分不離父子君臣之間，其法不過禮樂刑政之際。飲食裘葛即正理所存，斗斛權衡亦至教所寓，道之大用粲然。復明者，韓子之功也。

程子曰：荀、揚性已不識，更説甚道！已下總論荀、揚、王、韓。○荀卿才高學陋，以禮爲僞，以性爲惡，不見聖賢。雖曰尊子弓，然而時相去甚遠，聖人之道至卿不傳。揚子雲仕莽，謂之「旁燭無疆」可乎？隱可也，仕不可也。○荀卿才高，其過多。揚雄才短，其過少。韓子稱其大醇，非也。若二子可謂大駮矣。然韓子責人甚恕。○揚子無自得者也，故其言蔓衍而不斷，優柔而不決。其論性，則曰：「人之性也善惡混，修其善則爲善人，修其惡則爲惡人。」荀子悖聖人者也，故列孟子於十二子，而謂人之性惡。

朱子曰：荀子儘有好處，勝似揚子，然亦難看。○諸子百家書亦有説得好處，如荀子曰：「君子大心則天而道，小心則畏義而節。」此二句説得好。問：荀子資質也是箇剛明底人。曰：只是麄，他那物事皆未成箇模樣，便將來説。問：揚子工夫比之荀子，恐却細膩。曰：揚子説到深處，止是走入老莊窠窟裏去，如清静寂寞之説，皆是也。又如《玄》中所説靈根之説之類，亦只是老莊意思，止是説那養生底工夫爾。○問：東坡言三子言性，孟子已道性善，荀子不得不言性惡，固不是。然人之一性無自而見，荀子乃言其惡。他莫只是要人修身，故立此説。曰：不須理會荀卿，且理會孟子性善，渠分明不識道理。如天下之物有黑有白，此是黑，彼是白，又何須辯？荀揚不惟説性不是，從頭到底皆不識。當時未有明道之士，被他説用於世千餘年。韓退之謂荀揚大醇而小疵，伊川曰韓子責人甚恕，自今觀之，他不是責人恕，乃是看人不破。今且於自己上作工夫，立得本，本立則條理分明不待辯。○問：揚子與韓文公優劣如何？曰：各自有長處。韓文公見得大意已分明，但不曾去子細理會，如《原道》之類，不易得也。揚子雲爲人深沉，會去思索，如陰陽消長之妙，他直是去推求。然而如《太玄》之類，亦是拙底工夫，道理不是如此。蓋天地間只有箇奇耦，奇是陽，耦是陰，春是少陽，夏是太陽，秋是少陰，冬是太陰。自二而四，自四而八，只恁推去，都走不得。而揚子却添兩作三，謂之天地人，事事要分作三截。又且有氣而無朔，有日星而無月，恐不是道理。亦如孟子既説性善，荀子既説性惡，他無可得説，只得説箇善惡混。若有箇三底道理，聖人想自説了，不待後人説矣。看他裏面推得辛苦，却就上面説些道理，亦不透徹。看來其學似本於老氏，如惟清惟静惟淵惟默之語，皆是老子意思。韓文公於仁義道德上看得分明，其綱領已正，却無他這箇近於老子底説話。又問：文中子如何？曰：《文中子》之書，恐多是後來人添入，真僞難見，然好處甚多。但一一似聖人，恐不應恰限有許多事相湊得好。如見其荷蓧隱者之類，❶不知如何得恰限有這人。若道他都是粧點來，又恐粧點不得許多。然就其中惟是論世變因

❶「其」，原作「甚」，今據重修本改。

革處説得極好。又問：程子謂揚子之學實，韓子之學華，是如何？曰：只緣韓子做閒雜言語多，故謂之華。若揚子雖亦有之，不如韓子之多。○揚子雲、韓退之二人，也難説優劣。但子雲所見處多得之老氏，在漢末年難得人似他。亦如荀子言語亦多病，但就彼時亦難得一人如此。子雲所見多老氏者，往往蜀人有嚴君平源流。問：温公最喜《太玄》。曰：温公全無見處。若作《太玄》，何似作曆？老泉嘗非《太玄》之數，亦説得是。又問：與康節如何？曰：子雲何敢望康節，康節見得高又超然自得。退之却見得大綱，有七八分見識。如《原道》中説得仁義道德煞好，但是他不去踐履玩味，故見得不精微細密。伊川謂其學華者，只謂愛作文章，如作詩説許多閒言語，皆是華也。看得來退之勝似子雲。

○問：程子言「近世豪傑，揚子雲豈得如愈」，如何？曰：只以言性論之，則揚子善惡混之説，所見僅足以比告子。若退之見得到處，却甚峻絶。性分三品，正是説氣質之性。至程門説破氣字，方有去著，此退之所以不易及也。○嘗令學者論董仲舒、揚子雲、王仲淹、韓退之四子優劣。曰：董仲舒自是好人，揚子雲不足道，這兩人不須説。只有文中子、韓退之這兩人疑似，學者多主退之。曰：看文中子根脚淺，然却是以天下爲心，分明是要見諸事業。天下事他都一齊入思慮來，雖是卑淺，然却是循規蹈矩，要做事業底人，其心却公。如韓退之雖是見得箇道之大用是如此，然却無實用功處。他當初本只是要討官職做，始終只是這心。他只是要做得言語似六經，便以爲傳道。至其每日工夫，只是做詩博弈、酣飲取樂而已。觀其詩便可見，都襯貼那《原道》不起。至其做官臨政，也不是要爲國做事，也無甚可稱，其實只是要討官職而已。○問：荀、揚、王、韓四子。曰：凡人著書，須自有箇規模，自有箇作用處。或流於申韓，或歸於黄老，或有體而無用，或有用而無體，不可一律觀。且如王通，這人於世務變故、人情物態、施爲作用處極，見得分曉，只是於這作用曉得處却有病。韓退之則於大體處見得，而於作用施爲處却不曉。如《原道》一篇，自孟子後無人似他見得。「郊焉而天神格，廟焉而人鬼享。以之爲人則愛而公，以之爲心則和而平，以之爲天下國家無所處而不當。」説得極無疵，只是空見得箇本原如此。下面工夫都空踈，更無物事撑柱襯簟，所以於用處不甚可人意。如論文章云自屈原、荀卿、孟軻、司馬遷、相如、揚雄之徒，却把孟軻與數子同論，可見無見識。荀卿則全是申韓，觀《成相》一篇可見。他見當時庸君暗主戰鬭不息，憤悶惻怛，深欲提耳而誨之，故作此篇。然其要卒歸於明法制、執賞罰而已。他那做處粗，如何望得王通？揚雄則全是黄老。某嘗説揚雄最無用，真是一腐儒。他到急處只是投黄老，如反《離騷》、并老子道德之言，可見這人更無足説。自身命也奈何不下，如何理會得别事？如《法言》一卷，議論不明快，不予決，如其爲人。荀揚二人自不可與王韓同日語。問：王通病處如何？曰：這人於作用處曉得，急欲見之於用，故便要做周公底事業，便去上書，要興太平。及知時勢之不可爲，做周公事業不得，則急退而《續詩》、《續書》、《元經》，又要做孔子底事業。殊不知孔子之時，接乎三代，有許多典謨訓誥之文，有許多禮樂法度，名物度數，數聖人之典章皆在，於是取而纘述，方做得這箇家具成。王通之時有甚麽典謨訓誥，有甚麽禮樂法度，乃欲取漢魏以下者爲之。書則欲以七制命議之屬爲《續書》，詩則欲取曹、劉、沈、謝者爲《續詩》，續得這般詩書，發明得箇甚麽道理？自漢以來，詔令之稍可觀者不過數箇。如高帝《求賢詔》雖好，已自不純。文帝勸農，武帝薦賢、制策、輪臺之悔，只有此數詔略好，此外盡無那一篇比得典謨訓誥。便求一篇如《君牙》、《冏命》、《秦誓》也無。曹、劉、沈、謝之詩，又那得一篇如《鹿鳴》、《四牡》、《大明》、《文王》、《關雎》、《鵲巢》。亦有學爲四句古詩者，但多稱頌之詞，言皆過實，不足取信。樂如何有《雲英》、《咸韶》、《濩武》之樂，禮又如何有伯夷、周公制作之禮。他只是急要做箇孔子，又無佐證，故裝點幾箇人來做堯舜湯武，皆經我删述，便顯得我是聖人。如《中説》一書，都是要學孔子《論語》説泰伯三以天下讓，他便説陳思王善讓。《論語》説殷有三仁，他便説荀氏有二仁。又捉幾箇公卿大夫來相答問，便比當時門人弟子。正如梅聖俞説歐陽永叔，他自要做韓退之，却將我來比孟郊。王通便是如此，便胡亂捉别人來爲聖爲賢。殊不知秦漢以下君臣人物，斤兩已定，你如何能加重？《中説》一書固是後人假託，非王通自著，然畢竟是王通平生好自夸大。《續詩》、《續書》紛紛述作，所以起後人假託之過。後世子孫見他學周公孔子學不成，都冷淡了，故又取一時公卿大夫之顯者，纘緝附會以成之。畢竟是王通有這樣意思在，雖非他之過，亦他有以啓之也。如世人説坑焚之禍起於荀卿，荀卿著書立言，何嘗教人焚書坑儒？只是觀他無所顧藉，敢爲異論，則其末流便有坑焚之理，然王通比荀揚又夐別，王通極開爽，説得廣闊，緣他於事上講究得精。故於世變興亡，人情物態，更革沿襲，施爲作用，先後次第，都曉得，識得箇仁義禮樂都有用處。若用於世，必有可觀。只可惜不曾向上透一著，於大體處有所欠闕，所以如此。若更曉得高處一著，那裏得來。只細看他書，便見他極有好處。非特荀揚道不到，雖韓退之也道不到。然王通所以如此者，其病亦只在於不曾子細讀書。若是子細讀書，知聖人所説義理之無窮，自然無工夫閑做。他死時只三十餘歲，他却火急要做許多事。❶問：若少假之年，必有可觀。曰：不然，他氣象局促只如此了。他做許多書時，方只二十餘歲。孔子七十歲方繫《易》作《春秋》，而王通未三十皆做了，聖人許多事業氣象去不得了。又曰：《中説》一書，如子弟記他言行，也煞有好處。雖云其書是後人假託，不會假得許多，須真有箇人坯模如此，方裝點得成。假使懸空白撰得一人如此，則能撰之人亦自大有見識，非凡人矣。

歐陽子

蘇氏軾曰：自漢以來，道術不出於孔氏，而亂天下者多矣。晉以老莊敗，梁以佛亡，莫或正之。五百餘年而後得韓愈，學者以配孟氏，蓋庶幾焉。愈之後三百有餘年，而後得歐陽子，其學推韓愈、孟子，以達於孔氏，故天下翕然師尊之。曰歐陽子，今之

❶「急」，重修本作「速」。

韓愈也。宋興七十餘年，民不知兵，富而教之，至天聖景祐極矣，而斯文終有愧於古。士亦因陋守舊，論卑而氣弱。自歐陽氏一出，天下争自濯磨，以通經學古爲高，以救時行道爲賢，以犯顔納諫爲忠，長育成就，至嘉祐末號稱多士，歐陽子之功爲多。

蘇氏轍曰：公權知貢舉，是時進士爲文以詭異相高，號太學體，文體大壞。公患之，所取率以詞義近古爲貴，比之險怪知名者黜去殆盡。牓出，怨議紛然，久之乃服。然文章自是變而復古。

龜山楊氏曰：《孟子》一部書，只是要正人心，教人存心養性，收其放心。至論仁義禮智，則以惻隱、羞惡、辭讓、是非之心爲之端。論邪説之害，則曰「生於其心，害於其政」。論事君，則欲格君心之非。千變萬化，只説從心上來，人能正心，則事無足爲者矣。《大學》之脩身、齊家、治國、平天下，其本只是正心、誠意而已。心得其正，然後知性之善。孟子遇人便道性善，永叔却言聖人之教人，性非所先。永叔論别是非利害，文字上儘去得，但於性分之内全無見處，更説不行。人性上不可添一物，堯舜所以爲萬世法，亦只率性而已。所謂率性，循天理是也。外邊用計用數，假饒立得功業，只是人欲之私，與聖賢作處天地懸隔。

問：歐公如何？朱子曰：淺。久之，又曰：大概皆以文人自立，平時讀書，只把做考究古今治亂興衰底事要做文章，都不曾向身上做工夫，平日只是以吟詩飲酒戲謔度日。○歐公文字大綱好處多，晚年筆力亦衰。○《言行録》曰：公於古文，得之自然，非學所至。超然獨騖，衆莫能及。譬夫天地之妙，造化萬物，動者植者，無細與大，不見痕迹，自極其工。

蘇　子王安石附

朱子曰：嘗聞之師云，二蘇聰明過人，所説《語》《孟》，儘有好處。蓋天地間道理不過如此，有時便見得到，皆聰明之發也。但見到處却有病，若欲窮理，不可不論也。○蘇氏之學，以雄深敏妙之文煽其傾危變幻之習，以故被其毒者淪肌浹髓而不自知。今日正當拔本塞源，以一學者之聽，庶乎其可以障狂瀾而東之。若方且懲之，而又遽有取其所長之意，竊恐學者未知所擇。一取一舍之間，又將與之俱化而無以自還。○或謂蘇學，以爲世人讀之，止取文章之妙，初不於此求道，則其失自可置之。夫學者之求道，固不於蘇氏之文矣。然既取其文，則文之所述，有邪有正，有是有非，是亦皆有道焉，固求道者之所不可不講也。講去其非以存其是，則道固於此乎在矣，而何不可之有？若曰惟其文之取，而不復議其理之是非，則是道自道、文自文也。道外有物，固不足以爲道，且文而無理，又安足以爲文乎？蓋道無適而不存者也。故即文以講道，則文與道兩得而一以貫之，否則亦將兩失之矣。中無主，外無擇，其不爲浮誇險詖所入，而亂其知思也者幾希。況彼之所以自任者，不但曰文章而已，既亡以考其得失，則其肆然而談道德於天下，夫亦孰能禦之？○《答汪尚書書》曰：蘇學邪正之辨，終未能無疑於心。❶蓋熹前日所陳，乃論其學儒不至，而流於詖淫邪遁之域。竊

❶「未」，重修本作「不」。

味來教，乃病其學佛未精，而滯於智慮言語之間，此所以多言而愈不合也。夫其始之闢禪學也，豈能明天人之藴，推性命之原，以破其荒誕浮虚之説，而反之正哉？如《大悲閣中和院記》之屬，直掠彼之粗以角其精，據彼之外以攻其内，是乃率子弟以攻父母，信枝葉而疑本根，亦安得不爲之詘哉？近世攻釋氏者，如韓、歐、孫、石之正，龜山猶以爲一杯水救一車薪之火。況如蘇氏以邪攻邪，是束緼灌膏而往赴之也，直以身爲燼而後已耳！來教又以爲蘇氏乃習氣之弊，雖不知道而無邪心，非若王氏之穿鑿附會，以濟其私邪之學也。熹竊謂學以知道爲本，知道則學純而心正，見於行事，發於言語，亦無往而不得其正焉。如王氏者，其始學也蓋欲陵跨揚韓，掩迹顔孟，初亦豈遽有邪心哉？特以不能知道，故其學不純，而設心造事遂流入於邪。又自以爲是，而大爲穿鑿附會以文之。此其所以重得罪於聖人之門也。蘇氏之學雖與王氏若有不同者，然其不知道而自以爲是則均焉。學不知道，其心固無所取則以爲正，又自以爲是而肆言之，其不爲王氏者，特天下未被其禍而已。其穿鑿附會之巧，如來教所稱論成佛、説老子之屬，蓋非王氏所及，而其心之不正，至乃謂湯武簒弑，而盛稱荀彧以爲聖人之徒。凡若此類，皆逞其私邪，無復忌憚，不在王氏之下。借曰不然，而原情以差其罪，則亦不過稍從末減之科而已，豈可以是爲當然而莫之禁乎？《書》曰：「天討有罪，五刑五用哉。」此刑法之本意也。若天理不明，無所準則，而屑屑焉惟原情之爲務，則無乃徇情廢法，而縱惡以啓姦乎！楊朱學爲義者也，而偏於爲我。墨翟學爲仁者也，而流於兼愛。本其設心，豈有邪哉？皆以善而爲之耳。特於本原之際，微有毫釐之差，是以孟子推言其禍，以爲無父無君而陷於禽獸，辭而闢之不少假借。孟子亦豈不原其情而過爲是刻核之論哉？誠以其賊天理、害人心於幾微之間，使人陷溺而不自知，非若刑名狙詐之術，其禍淺切而易見也。是以拔本塞源，不得不如是之力。《書》曰：「予畏上帝，不敢不正。」又曰：「予弗順天，厥罪惟均。」孟子之心亦若是而已爾。以此論之，今日之事，王氏僅足爲申韓儀衍，而蘇氏學不正而言成理，又非楊墨之比。愚恐孟子復生，則其取舍先後，必將有在矣。○《答程允夫書》曰：來書謂熹之言乃論蘇氏之粗者，不知如何而論乃得蘇氏之精者？此在吾弟必更有説，然熹則以爲道一而已，正則表裏皆正，譎則表裏皆譎，豈可以析精粗爲二致？此正不知道之過也。又謂洗垢索瘢，則孟子以下皆有可論，此非獨不見蘇氏之失，又并孟子而不知也。夫蘇氏之失著矣，知道愈明，見之愈切，雖欲爲之覆藏而不可得，何待洗垢而索之耶？若孟子則如青天白日，無垢可洗，無瘢可索，今欲掩蘇氏之疵而援以爲比，豈不適所以彰之耶？黄門比之乃兄，似稍簡静，然謂簡静爲有道，則與子張之指清忠爲仁何以異？第深考孔子所答之意，則知簡静之與有道，蓋有間矣。況蘇公雖名簡静而實陰險，元祐末年規取相位，力引小人楊畏使傾范忠宣公，而以己代之。既不效矣，則誦其彈文於坐，以動范公，此豈有道君子所爲哉！此非熹之言，前輩固已筆之於書矣。吾弟乃謂其躬行不後二程，何其考之不詳而言之之易也。二程之學始焉未得其要，是以出入於佛老，及其反求而得諸六經也，則豈固以佛老爲是哉？ 如蘇氏之學，則方其年少氣豪，固嘗妄觝禪學；及其中歲，流落不耦，鬱鬱失志，然後匍匐而歸焉。始終迷惑，進退無據，以比程氏，正傷子先病後瘳、先瘳後病之說。 吾弟比而同之，是又欲洗垢而索孟子之瘢也。 又謂「程氏於佛老之言皆陽抑而陰用之，夫竊人之財猶謂之盜，況程氏之學以誠爲宗，今乃陰竊異端之說，而公排之以蓋其跡，不亦盜憎主人之意乎」？ 必若是言，則所謂誠者安在？ 而吾弟之所以裁抑之意果何謂也？ 挾天子以令諸侯，乃權臣跋扈借資以取重於天下，豈真尊主者哉？ 若儒者論道而以是爲心，則亦非真尊六經者。 此其心跡之間，反覆畔援，去道已不啻百千萬里之遠，方且自爲邪說詖行之不暇，又何暇攻百氏而望其服於己也？ 凡此皆蘇氏心術之蔽，故其吐辭立論出於此者十而八九。 吾弟讀之，愛其文辭之工，而不察其義理之悖。 日往月來，遂與之化，如入鮑魚之肆，久則不聞其臭矣。 而此道之傳，無聲色臭味之可娛，非若侈麗閎衍之辭，縱横捭闔之辨，有以眩世俗之耳目而蠱其心。 自非真能洗心滌慮以入其中，真積力久，卓然自見道體之不二，不容復有毫髮邪妄雜於其間，則豈肯遽然舍其平生之所尊敬向慕者，而信此一夫之口哉？ 故伊川爲明道墓表曰：「學者於道，知所向，然後見斯人之爲功；知所至，然後見斯名之稱情。」蓋爲此也。 然世衰道微，邪僞交熾，士溺於見聞之陋，各自是其所是。 若非痛加剖析，使邪正真僞判然有歸，則學者將何所適從以知所向？ 況欲望其至之乎？ 又曰：蘇氏文辭偉麗，近世無匹，若欲作文，自不妨模範。但其辭意矜豪譎詭，亦有非知道君子所欲聞。是以平時每讀之，雖未嘗不喜，然既喜未嘗不厭，往往不能終帙而罷，非故欲絶之也，理勢自然，蓋不可曉。然則彼醉於其説者，欲入吾道之門，豈不猶吾之讀彼書也哉！亦無怪其一胡一越而終不合矣。又曰：東坡善議論，有氣節。○蘇子由云：「學聖人不如學道。」他認道與聖人做兩箇物事，不知道便是無軀殼底聖人，聖人便是有軀殼底道。學道便是學聖人，學聖人便是學道，如何將做兩箇物事看。○或謂蘇程之學，二家當時自相排斥，蘇氏以程氏爲姦，程氏以蘇氏爲縱横。以某觀之，只有荆公脩仁宗實録，言老蘇之書大抵皆縱横者流，程子未嘗言也。如《遺書》賢良一段，繼之以得志不得志之説，却恐是説他。坡公在黄州猖狂放恣，不得志之説恐指此而言。楊道夫問：坡公苦與伊洛相排，不知何故？曰：他好放肆，見端人正士以禮自將，却恐他來檢點，故恁詆訾。道夫曰：坡公氣節有餘，然過處亦自此來。曰：固是。又云老蘇辨姦，初間只是私意如此，後來荆公做不著，遂中他説。然荆公氣習，自是一箇要遺形骸、離世俗底模樣，喫物不知飢飽。嘗記一書載公於飲食絶無所嗜，唯近者必盡，左右疑其爲好也，明日易以他物，而置此品於遠，則不食矣，往往於食未嘗知味也。至如食釣餌，當時以爲詐，其實自不知了。近世吕伯恭亦然，面垢身汙似所不卹，飲食亦不知多寡。要之，即此便是放心。辨姦以此等爲姦，恐不然也。老蘇之出，當時甚敬崇之，惟荆公不以爲然，故其父子皆切齒之。然老蘇詩云「老態盡從愁裏過，壯心偏傍醉中來」。如此無所守，豈不爲他荆公所笑？如《上韓公書》求官職，如此所爲，又豈不爲他荆公所薄？至如坡公著述，當時使得盡行所學，則事亦未可知。從其遊者皆一時輕薄輩，無少行檢，就中如秦少游則其最也。諸公見他説得去，更不契勘。當時若使盡聚朝廷之上，則天下何由得平？更是坡公首爲無稽，游從者從而和之，豈不害事？但其用之不久，故他許多敗壞之事未出，兼是後來群小用事，又費力似他，故覺得他箇好。○又曰：蘇黄門謂之近世名卿則可，以顔子方之，某不得不論也。大抵學者貴於知道，蘇公早拾蘇張之緒餘，晚醉佛老之糟粕，謂之知道可乎？《古史》中論黄帝、堯、舜、禹、益、子路、管仲、曾子、子思、孟子、老聃之屬，皆不中理，未易概舉。但其辯足以文之，世之學者窮理不深，因爲所眩耳。某數年前亦嘗惑焉，近歲始覺其繆。

○問：荆公與坡公之學。曰：二公之學皆不正，但東坡之德行那裏得似荆公。東坡初年若得用，未必其患不甚於荆公。但東坡後來見得荆公狼狽，所以都自改了。初年論甚生財，後來見青苗之法行得狼狽，便不言生財。初年論甚用兵，如曰「用臣之言，雖北取契丹可也」。後來見荆公用兵用得狼狽，更不復言兵。他分明有兩截底議論。

性理大全書卷之五十八

性理大全書卷之五十九

歷代一

唐虞三代

堯舜

程子曰：得天理之正、極人倫之至者，堯舜之道也。○堯舜知他幾千年，其心至今在。○泰山雖高矣，絕頂之外，無預乎山也。唐虞事業自堯舜觀之，亦猶一點浮雲過於太虛爾。

龜山楊氏曰：舜在側微，堯舉而試之。慎徽五典，則五典克從。納于百揆，則百揆時敘。賓于四門，則四門穆穆。以至以天下授之而不疑。觀其所施設，舜之所以爲舜，其才其德可謂大矣。宜非深山之中所能久處而爲舜者，當堯未之知，方且飯糗茹草，若將終身。若使今人有才氣者雖不得時，其能自已其功名之心乎？以此見人必能不爲，然後能有爲也。非有爲之難，其不爲猶難矣！

禹

南軒張氏曰：禹之有天下也，無所與於己。又曰：禹之爲聖，本由學而成，皆其工夫至到者也。

湯文武

程子曰：聖人無過，湯武反之也。其始未必無過，所謂如日月之食，乃君子之過。○或問：高宗之於傅説，文王之於太公，知之素矣，恐民之未信也，故假夢卜以重其事。曰：然則是僞也，聖人無僞。

或問：湯之伐桀也，衆以爲我后不恤我衆，舍我穡事而割正夏，而湯告以必往，是聖人之任者也。文王三分天下有其二，以服事商，是聖人之清者也。龜山楊氏曰：非也。湯之伐桀，雖其衆有不悦之言，憚勞而已。若夏之人則不然，曰：「時日曷喪，予及汝偕亡。」故攸徂之民，室家相慶，簞食壺漿以迎王師。湯雖欲不往，不可得矣。文王之時，紂猶有天下三分之一，民猶以爲君，則文王安得而不事之？至於武王，而受罔有悛心，賢人君子不爲所殺，則或爲囚奴，或去國，紂之在天下爲一夫矣，故武王誅之，亦不得已也。由此觀之，湯非樂爲任，而文王非樂爲清也，會逢其適而已。

宣

華陽范氏曰：昔周宣王任賢使能，吉甫征伐於外，而王之所與處者，張仲孝友也。夫使文武之臣征伐，而左右前後得正良之士，善其君心，則讒言不至，而忠謀見用，此所以能成功也。苟使憸邪之人從中制之，則雖吉甫無以成其功。宣王能復文武之業以致中興者，内順治而外威嚴也。

伊尹　傅説

程子曰：伊尹之耕于莘，傅説之築于巖，天下之事非一一而學之，天下之賢才非人人而知之也，明其在我者而已。

朱子曰：伊尹是兩截人。方其耕于莘野，若將終身焉，是一截人。及湯三聘，翻然而往，便以天下之重爲己任，是一截人。

總　論

程子曰：五帝公天下，故與賢。三王家天下，故與子。論善之盡，則公而與賢，不易之道也。然賢人難得而争奪興焉，故與子以定萬世，是亦至公之法也。○堯與舜更無優劣，及至湯武便别。孟子言性之、反之，自古無人如此説，只孟子分别出來，便知得堯舜是生而知之，湯武是學而能之。文王之德則似堯舜，禹之德則似湯武，要之皆是聖人。○聖人無優劣，堯舜之讓，禹之功，湯武之征伐，伯夷之清，柳下惠之和，伊尹之任，周公在上而道行，孔子在下而道不行，其道一也。

張子曰：稽衆捨己，堯也。與人爲善，舜也。聞善言則拜，禹也。用人惟己，改過不吝，湯也。不聞亦式，不諫亦入，文王也。皆虚其心以爲天下也。

華陽范氏曰：象日以殺舜爲事，舜爲天子則封之。管蔡啓商以叛周，周公爲相也則誅之。其迹不同，其道一也。舜知象之將殺己也，故象憂亦憂，象喜亦喜，盡其誠以親之而已矣，象得罪於舜，故封之。管蔡流言於國，將危周公，以間王室，得罪於天下，故誅之，非周公誅之，天下之所當誅也。周公豈得而私之哉？後世如有王者，不幸而有害兄之弟如象，則當如舜封之是也；不幸而有亂天下之兄如管蔡，則當如周公誅之是也。舜處其常，周公處其變，此聖人所以同歸于道也。

五峰胡氏曰：堯舜以天下與人，而無人德我之望。湯武有人之天下，而無我取人之嫌。是故天下無大事，我不能大，則以事爲大而處之也難矣。

庸齋許氏曰：五帝之禪，三代之繼，皆數然也。其間如堯舜有子之不肖，變也。堯舜能通之以揖遜，而不能使己子之不朱均。湯武遇君之無道，變也。湯武能通之以征伐，而不能使夏商之無桀紂。聖人遇變而通之，亦惟達於自然之數，一毫之己私無與也。

春秋戰國

魯衛

程子曰：蒯聵得罪於父，不得復立。輒亦不得背其父而不與共國，委於所可立，使不失先君之社稷，而身從父，則義矣。

五峰胡氏曰：欲撥亂興治者，當正大綱。知大綱，然後本可正而末可定。大綱不知，雖或善於條目，有一時之功，終必於大綱不正之處而生大亂。然大綱無定體，各隨其時事。故魯莊之大綱，在於復讎也；衛國之大綱，在於正名也。讎不復，名不正，雖有仲尼之德，亦不能聽魯衛之政矣。

管仲

或言使管仲而未死，内嬖復六人，何傷桓公之霸乎？程子曰：管仲爲國政之時，齊侯之心未蠱也。既蠱矣，雖兩管仲將如之何？未有蠱心於女色，而能盡心於用賢也。

涑水司馬氏曰：孔子稱管仲之器小哉，先儒以爲管仲得君如此，不勉之以王，而僅止於霸，此其所以爲小也。愚以爲周天子存，而管仲勉齊桓公以王，是教之篡也。此管仲所耻，而不爲孔子顧欲其爲之邪？夫大人者，顧時不用則已，用則必以禮樂正天下，使綱紀文章粲然有萬世之安，豈直一時之功名而已邪？管仲相桓公，霸諸侯，禹迹所及，冠帶所加，未能使之皆率職也，而偃然自以天下爲莫已若也。朱紘而鏤簋，反坫而三歸，此其器豈不小哉？揚子曰：「大器其猶規矩準繩乎？先自治而後治人。」斯言得之矣。

荀　息

涑水司馬氏曰：晉獻公使荀息傅奚齊，荀息曰：「臣竭其股肱之力，不濟則以死繼之。」及里克殺奚齊，荀息死之。君子曰：《詩》所謂「白圭之玷，尚可磨也；斯言之玷，不可爲也」。荀息有焉。杜元凱以爲荀息有此詩人重言之義。以愚觀之，元凱失左氏之意多矣。彼生與君言、死而背之者，是小人穿窬之行，君子所不譏也。夫立嫡以長，正也。獻公溺於嬖寵，廢長立少，荀息爲國正卿，君所倚信，不能明白禮義以格君心之非，而遽以死許之。是則荀息之言玷於獻公未没之前，而不可救於已没之後也。然則左氏之志所以貶荀息，而非所以爲褒也。

狐偃　趙衰

西山真氏曰：狐偃、趙衰，晉文之以父師事之者也。從亡十有九年，其所以輔翼扶持者，不遺餘力矣。然聖賢脩身治國之道，二子蓋未嘗講也。故其始霸也，請王者之隧，圍天子之邑，勤天王之狩。❶使二子嘗從事於格心之學，素以義禮迪其君，詎至於是哉？以行事考之，惟用人一節頗得古人推賢遜能之意，其餘則皆孔門之所羞言者也。然自二人而觀，則子餘之言論風旨，又非舅犯可及。❷

趙文子

東萊呂氏曰：趙文子其中退然如不勝衣，其言吶吶然如不出諸其口。及宋之盟，談笑當衷甲之變，神閑氣定而不亂。晏子長不滿六尺，及崔慶之盟，白刃在前，毅然賁育不能奪。蓋其怯者，血氣也；其勇者，義也。

西山真氏曰：趙文子之賢出於天資，而未嘗輔之學，故志不能帥氣，年未及耄而偷惰形焉。其視畢公弼四世而克勤小物，衛武過九十而以禮自防，何相去之遠耶？此無他，有理義以養其心，則雖老而神明不衰。苟爲不然，則昏於豢養，敗於戕賊，未老而已然矣。有志之士，可不戒諸！

子産

或問：子産相鄭，鑄刑書，作丘賦，時人不以爲然。是他不達爲國以禮底道理，徒恃法制以爲國，故鄭國日以衰削。朱子曰：是他力量只到得這裏。觀他與韓宣子争時，似守得定。及到伯有子皙之徒撓他時，則度其可治者治之，若治他不得，便只含糊過亦然。當時列國世卿，每國須有三兩族强大，根株盤互，勢力相依倚，卒急動

❶「王」，四庫本作「子」。
❷「舅」，原作「咎」，今據重修本改。

他不得。不比如今大臣才被人論，便可逐去。故當時自有一般議論，如韓獻子分謗之說，只是要大家含糊過，不要見得我是你不是。又如魯以相忍爲國，意思都如此。後來張文潛深取之，故其所著，雖連篇累牘，不過只是這一意。

西山真氏曰：鄭子産以鄭簡公十二年爲卿，明年得政，簡公在位三十六年乃卒。又歷事定公、獻公、聲公，合凡四十餘年。方其始也，内則有諸大夫之争權，互相誅殺，外則晉楚之兵無歲不至城下。國之危且弱，幾不可爲矣。子産於此從容回斡，皆有次第。其於内也，務息諸大夫之争，而去其猶不可令者。然根之難拔者不輕動以激其變，惡之既稔者不緩治以失其機。有勸懲之公，而無忿疾之過。故自子南逐，子晳死，豪宗大姓弭然聽順，無復有梗其政者。其於外也，事大國以禮而不苟徇其求，故終其身免於諸侯之討。而鄭能以弱爲强，考其所爲，惟作丘賦、鑄刑書見譏當世，其餘鮮不合於理者。❶然大人格心之業，則未之聞焉。豈其所事四公，皆凡庸之主，不足與有進耶？不然，何其無有以一善著者？至於用人，各以所長，蓋得聖門所謂器使之道，春秋卿大夫未有能及之者。後之以權衡人物爲職者，當觀法焉。

商　鞅

或問：商鞅説孝公帝王道不從，乃説以霸道。鞅亦不曉帝王道，但是先將此説在前者，渠知孝公決不能從，且恁地説，庶可以堅後面霸道之説耳。朱子曰：鞅又如

❶「其」，原作「自」，今據四庫本改。

何理會得帝王之道？但是大拍頭去揮那孝公耳。他知孝公是行不得，他恁地説，只是欲人知道我無所不曉。○問開阡陌。曰：阡陌便是井田。陌，百也。阡，千也。東西曰阡，南北曰陌。或問：南北曰阡，東西曰陌，未知孰是？但却是一箇横，一箇直。且如百夫有遂，遂上有涂，這便是陌。若十箇涂恁地直在横頭，又作一大溝，謂之洫。洫上有路，這便是阡。阡陌只是疆界，自阡陌之外有空地，則只恁地閑在那裏。所以先王要如此者，也只是要正其疆界，怕人相侵互。而今商鞅却開破了，遇可做田處便墾作田，更不要恁地齊整。這開字非開創之開，乃開闢之開也。

或問：商君初變法，秦民不悦，言不便者以千數，令行之後，秦道不拾遺，鄉邑大治，秦民後來言令便。潛室陳氏曰：始言不便，猶是三代直道之民；終復言便，則戰國刑戮之民矣。不下毒手，如何得他合口？當看商鞅行法始末。○問：秦謫戍法，先發吏有謫籍及贅婿、賈人，又父母有市籍者，所以重困商賈，何故？曰：秦自商君立法，欲民務農力戰，故重耕戰之賞。以商賈務末，不能耕戰，故重爲謫罰以抑之，所以立致富彊。

樂毅　孫臏

或問：樂毅伐齊，文中子以爲善藏其用，東坡則責其不合妄效王者事業以取敗，二説孰是？朱子曰：這只是他每愛去立説，後都不去攷教子細。這箇是那田單會守，後不奈他何。當時樂毅自是兼秦魏之師，又因人怨湣王之暴，故一旦下齊七十餘城。及既殺了湣王，則人心自是休了。他又怕那三國來分他底，連忙發遣了他。以燕之力量，也只做得恁地。更是那田單也忠義，盡死節守那二城。樂毅不是不要取他，也煞費氣力，被他善守，後不奈他何。樂毅也只是戰國之士，又何嘗是王者之師？他當時也恣意去鹵掠，政如孟子所謂「毁其宗廟，遷其重器」，不過如此舉措。他當時那鼎也去扛得來，他豈是不要他底？但是田單與他皆會，兩箇相遇，智勇相角，至相持三年，便是樂毅也煞費氣力，但取不得。及騎刼用，則是大段無能，後被田單使一箇小術數子，便乘勢殺將去。便是國不可以無人，如齊但有一田單盡死節恁地守，便不奈他何。○樂毅莒即墨之圍，乃用師之道適當如此，用速不得。又齊湣王人多叛之，及死而其子立于莒，則人復惜之，不忍盡亡其國。即墨又有田單，故下之難。使毅得盡其策，必不失之。

或問：孫臏料龐涓暮當至馬陵，如何料得如此好？沈僩曰：使其不燭火看白書，則如之何？曰：臏料龐涓是箇絮底人，必看無疑。此有三様，上智底人，他曉得必不看；下智獃底人，亦必不看；中智底人必看。看則墮其機矣。嘗思古今智士之謀略詭譎，固不可及。然記之者能如此曲折書之而不失其意，則其智亦不可及矣。

毛遂　趙括　魯仲連

潛室陳氏曰：毛遂上不數於其主，下不齒於其徒，而卒能奮身決起，著名楚趙，苟非見棄於人，安能以有激乎？吾觀戰國游士，所以策名當時，致身將相，快平生之憤，酬夙昔之願，往往皆因所激而能致之。蘇秦之相六國，其家激之也。張儀之相秦，其友激之也。范睢談笑而取秦柄，其讎激之也。故善用人者，於其淩厲頓挫之時，而乘其感慨奮激之氣，則雖尋常之人，皆能以自效於尺寸。如其習安於豢養之餘，而生平之意願已足，則雖奇人節士，亦或無以自見也。

趙括虛張無實，言大而才踈，其父母知之，趙廷之臣知之，而敵國之人亦知之。獨其君不之知者，蓋當是時，應侯行千金於趙以爲反間，是必左右近臣陰受秦賂，相與蒙蔽主知，故其君不悟至此。人多以名用人，失之趙括，不知括之在趙，未嘗以名聞也。使括而以名聞於趙，則秦當忌之矣，而胡爲利括之爲將也？是括虛張踈繆之實，已久聞於隣國，其主不知之耳！○問趙長平之敗。曰：長平之敗，豈不哀哉！此不惟一趙括爲之，兵端一開，平原君實爲之也。蓋當是時，秦嘗有事於魏韓，而馮亭欲嫁禍於隣國，故以上黨自歸於趙。夫秦拔野王而上黨路絶，是上黨之在韓也，有已亡之形，而秦有垂得之勢。今韓以空名歸趙，實欲嫁秦兵於趙，此蓋馮亭狙詐之術耳。夫秦日夜勞心苦力，以蠶食於韓，今上黨有垂得之勢，而趙乃欲安坐而利之，則雖彊大不能得之弱小，而弱小顧能得之彊大乎？且無故之獲，有道之所深憂也；非望之福，哲人之所甚禍也。平原不見天下之大勢，暗於狙詐之術，棄龜鑑之名言，而自速危亡之禍，則長平之敗豈獨趙括爲之哉！

魯仲連亦戰國策士耳，而奇氣踈節，憤激陳義，有非策士所能及者。鷹隼高飛於雲漢，虎豹長嘯於山林，其頡頏飛騰之氣，豈人之所能近哉！一旦受人之羈縶，而豢養於韝圈之中，則與雞犬何異？何者，惟其有所欲故也。戰國游士大抵不勝其利欲之私心，擔簦而往，鼓篋而遊，夫孰非有富貴之心者？故一受人之羈縻，甘人之豢養，則雖有奇氣踈節，將無所用之，而俛首帖尾，碌碌人下者，往往而是也。尚何望其憤激陳義哉！仲連惟不見其所欲，故不受人之羈縻，不甘人之豢養，是以高飛長嘯，而足以頡頏於一世。雖未必爲天下士，而人固以天下士奇之矣。

藺相如

龜山楊氏曰：周室之季，天下分裂爲戰國，游談之士出於其間，各挾術以干時君，視其喜怒悲懼而捭闔之，徼名射利，固無足道者。間有感憤激昂以就一時之功，其材力有足過人，而鮮克自重其身者何多耶！予讀藺相如傳，未嘗不壯其爲人，而惜其如此也。夫秦藉累世之資，肆虎狼之暴，摶噬天下，有并吞諸侯之心，非可與禮義接而論曲直也。相如區區掉三寸舌，入睚眦不測之秦，卒能以完璧歸，亦足壯哉！然當其捧璧睨柱，示以必死，蓋亦摩虎牙矣。夫死非難，死不失義，不傷勇，君子所難也。且秦趙之不敵，蓋雄雌之國也。身之存亡，非特一璧之重，而社稷安危之機，亦不在夫璧之存亡也。然則趙之有璧，存可也，亡可也。初相如捧璧入秦，趙之君臣計議，非有親秦之心，特迫其威彊耳。夫以小事大，古之人有以皮幣犬馬珠玉而不得免者，至棄國而逃，況一璧乎？雖與之可也。相如計不出此，乃以孤單之使，逞螳怒之威，抗臂秦庭，當車轍之勢，其危如一髮引千鈞，豈不殆哉！當是時，使秦知趙璧終不可得，則欲徼幸不死難矣。若是則尚安得爲不失義，不傷勇乎？不三數年，趙卒有覆軍陷城之禍者，徒以璧爲之祟也。然則全璧歸趙何益哉？至於澠池之會，則其危又甚矣。方趙王之西也，廉頗約以一月不返，則立太子以絶秦望，則是行也，非有萬全之計，雖無往可也。《傳》曰：「智者慮，義者行，仁者守，然後可以會。」三者一闕焉，則危事矣。挾萬乘之君蹈危事，非得計也。相如爲趙卿相，其智勇不足重趙，使秦不敢惴焉，乃欲以頸血濺之，豈孔子所謂暴虎馮河、死而無悔者歟？嗚呼！周道衰，士無中行久矣。區區戰國之際，尚足追議其失哉！予於相如，惜其雄傑俊偉，於戰國士有足稱者，而其失如此，故特爲之論著云。

或曰：藺相如其始能勇於制秦，其終能和以待廉頗，可謂賢矣。以某觀之，使相如能以待頗之術待秦，乃爲善謀。蓋柔乃能制剛，弱乃能勝强。今乃欲以匹夫之勇，恃區區之趙而鬬强秦，若秦奮其虎狼之威，將何以處之？今能使秦不加兵者，特幸而成事耳。朱子曰：子由有一段説，大故取他，説他不是戰國之士，此説也太過。其實他只是戰國之士。龜山亦有一説，大概與公説相似，説相如不合要與秦争那璧。要之恁地説也不得。和氏璧也是趙國相傳，以此爲寶，若當時驟然被人將去，則國勢也解不振。古人傳國皆以寶玉之屬爲重，若子孫不能謹守，便是不孝。當時秦也是强，但相如也是料得秦不敢殺他後，方恁地做。若其他人，則是怕秦殺了，便不敢去。如藺相如豈是孟浪恁地做？他須是料度得那秦過了。戰國時如此等也多，黄歇取楚太子也是如此。當時被他取了，秦也不曾做聲，只恁休了。

廉頗　蘇秦　張儀

東萊呂氏曰：趙使武襄君樂乘代廉頗，頗怒攻武襄君，廉頗出犇魏。以是推之，則向者肉袒負荆之悔，特感相如之義而非真悔也。悔不發於己而發於人，烏可久邪？○蘇秦約從，説齊王曰：「夫韓魏所以畏秦者，爲其與秦接境壤也。韓魏戰而勝秦，則兵半折，四境不守；戰而不勝，國已危亡。故韓魏所以重與秦戰而輕爲之臣也。」吾不知蘇秦之説韓魏敢出此語乎？此蘇秦之所以爲蘇秦也。○蘇秦、張儀，同門友也。蘇秦將止秦兵，不以情而遣儀，乃以術而激儀，何邪？蓋平昔師友之間未嘗用情，故臨事不可以情告也。

屈原

朱子曰：屈原之心，其爲忠清潔白，固無待於辨論而自顯。若其爲行之不能無過，則亦非區區辨説所能全。故君子之於人，取其大節之純全而略其細。行之不能無弊，則雖三人猶必有師者，況如屈子乃千載而一人哉！孔子曰：「人之過也，各於其黨。觀過，斯知仁矣。」此觀人之法也。夫屈原之忠，忠而過者也。屈原之過，過於忠者也。故論其大節，則其他可以一切置之不問。論其細行，而必其合於聖賢之榘度，則吾固已言其不能皆合於中庸矣。尚何説哉！

范睢

涑水司馬氏曰：穰侯相秦，秦益彊，宰

制諸侯，如嚴主之役僕夫，左右前後無不如志，此穰侯之功也。范雎非能爲秦忠謀，亦非有怨於穰侯也，欲行其説，而穰侯適妨其路，故控其喉、拊其背而奪之位。秦王視聽之不明，遂至於遷逐母弟，況穰侯何有哉？穰侯雖擅權，未至如雎之所言，孔子惡夫佞者，豈以此夫？

總　論

庸齋許氏曰：春秋上下二百餘年，其間人材有一節一行之可稱者，固難以指而數。若夫宏碩之器，明敏之識，端實之行，正大之議論，未嘗不相望于世。今試舉其材美之著者言之，如齊之鮑叔、管仲，晉之子舅犯、先軫、郤克、趙衰，宋之華元，楚之子文、蔿賈，秦之百里奚，鄭之子産，吴之季札。此十數輩者，皆足以尊主而庇民，皆足以捍災而制變，皆足以繼絶世而興治平。若較之三代王佐之才，固未可同日語。若求之漢唐全盛之際，未見有出其右者。然考諸人之事業，其大者僅能輔其君以主夏盟，餘皆保全境内，幸免社稷之變遷而已。遂使後之議者，謂其規模淺狹，皆無能用於天下，而止足以用一國。斯言也，果足以病諸人乎？愚竊以爲春秋之時，吾道與元氣會合者，皆支離於光岳之分裂。天綱地維，一墜而難振；民彝國政，一壞而難修；事物統類，一紛亂而未易以整齊。當是之時，陰陽氣運之厄，方有以成吾道之厄，雖有偉人特起，欲以天下爲己任，吾知其材力無所施。

秦始皇

或云：秦始皇用王翦，將兵伐楚，翦請田宅甚衆，或者非之。翦曰：「王怚中而不信人，今空國中之甲士盡以委我，儻不多請田宅爲子孫業，則王疑我矣。」范陽張氏曰：君臣至於此，衰世之風也。君不信其臣，故以術而御其臣。臣不信其君，故以術而防其君。君臣上下，無非以術相與，欲其終始無間難矣！然當此時，三綱五常既已淪斁，使秦皇不疑其臣，則臣下必移其權；使王翦不防其君，則後日必被其禍。君臣之風喪至此，天下可知矣。

或問：自秦始皇變法之後，後世人君皆不能易之，何也？朱子曰：秦之法盡是尊君卑臣之事，所以後世不肯變。且如三皇稱皇，五帝稱帝，三王稱王，秦則兼皇帝之號。只此一事，後世如何肯變？又問：賈生仁義攻守之説，恐秦如此，亦難以仁義守之。曰：他若延得數十年，亦可扶持整頓，只是犯衆怒多，下面逼得來緊，所以不旋踵而亡。如三皇五帝三王以來，皆以封建治天下，秦一切掃除，不留種子。秦視六國之君，如坑嬰兒，今年捉一人，明年捉兩人，絶滅都盡，所以犯天下衆怒。當時但聞秦字，不問智愚男女，盡要起而亡之。陳涉便做陳王，張耳便做趙王，更阻遏他不住。漢高祖自小路入秦，由今襄陽、金、商、藍田入關，項羽自河北大路入關。及項羽盡殺秦人，想得秦人亦悔不且留取子嬰在也。

茅蕉　陳勝

潛室陳氏曰：秦遷太后於離宫，諫死者二十七人，而後來之輸忠者猶未已。夫秦無道極矣，而在廷何多直節臣也？且其諫者非必皆社稷之臣，皆貴戚之卿也。非必皆析秦之圭，皆儋秦之爵也。又非必皆秦之所産，皆直言之士也。而爲是奮死而不顧，蓋生乎戰國之世，無一而非口舌之士；仕於危亡之朝，無一而非口舌之功。故常喜出於波濤洶湧之間，游人之所不能泳，與濟俱没，與汩俱出，而幸不死焉，是其所以爲工耳。若夫潢汙行潦，弱翁稚子，可褰裳而濟，彼豈以是而動其心哉？此所以積尸秦庭，而後來者愈出而愈奇也。雖然，亦危矣。逆驪龍之頷下而取其珠，料虎口而奪之食，若茅蕉者亦幸矣。

陳涉之王也，其事至微淺，然縉紳先生抱祭器而往歸之。張耳、陳餘、房君之徒，又皆以興王之業説之。舊史按其行事，謂其不幸如是而致敗。設不如是，其事當復如何耶？至其再三致意也，猶曰其所置王侯將相竟足以亡秦，且涉所置王侯將相微矣，而史誇之。若曰夫涉起讁戍而首事，志在免死而已，其大要不過偷一時之欲，其用軍行師未嘗有一日之規，徒不勝其憒憒之心，決一旦之死爲天下首事，蓋未知烏止誰屋也。在天下後世，正不當以興王之事責之，舊史猶復云云。至今尚論涉事者，猶惜其孰得而孰失也。吁，亦悲矣！天下苦秦之禍，故家遺俗，豪人俠士，喪氣略盡。乃其所不慮之戍卒，猶能爲天下而首事，雖其人物卑陋，事至微淺，而古今猶幸之。蓋積萬年之憾，而發憤於陳王，猶曰此秦民之湯武耳。

總論

五峰胡氏曰：一氣太息，震蕩無垠，海宇變動，山勃川湮，人消物盡，舊迹亡滅，是所以爲鴻荒之世歟！氣復而滋，萬物化生，日以益衆，不有以道之則亂，不有以齊之則争。敦倫理，所以道之也。飭封井，所以齊之也。封井不先定，則倫理不可得而敦。堯爲天子，憂之而命舜。舜爲宰臣，不能獨任憂之而命禹。禹周視海内，奔走八年，辨土田肥瘠之等而定之，立井牧多寡之制而授之，定公侯伯子男之封而建之，然後五典可敷，而兆民治矣。此夏后氏之所以王天下也。後王才不出庶物，大侵小，强侵弱，智詐愚，禹之制浸隳浸紊，以至于桀，天下大亂，而成湯正之。明其等，申其制，正其封，以復大禹之舊，而人紀脩矣。此殷之所以王天下也。後王才不出庶物，大侵小，强吞弱，智詐愚，湯之制浸隳浸壞，以至于紂，天下大亂，而周武王征之。明其等，申其制，正其封，以復成湯之舊，而五教可行矣。此周之所以王天下也。後王才不出庶物，大吞小，强侵弱，智詐愚，武王之制浸隳浸亂，先變於齊，後變於魯，大壞於秦，而仁覆，天下之政亡矣。仁政既亡，有天下者，漢唐之盛，其不王，人也，非天也。其後亡，天也，非人也。噫，孰謂而今而後，無繼三王之才者乎？病在世儒不知王政之本，議三王之有天下，不以其道，而反以亡秦爲可法也。

或問：關中形勝，周用以興。到得後來，秦又用以興。朱子曰：此亦在人做。

當春秋時，秦亦爲齊晉所軋不得伸。到戰國時，六國又皆以夷狄擯之，使不得與中國會盟。及孝公，因此發憤，致得商鞅而用之，遂以强大。後來又得惠、文、武、昭、襄皆是會做底，故相繼做起來。若其間有一二君昏庸，則依舊做壞了。以此見得形勝也須是要人相副。因言昭王因范睢傾穰侯之故，却盡收得許多權柄，秦遂益强，豈不是會？○問：温公《稽古録・秦論》謂「知及之，仁不能守之。雖得之，必失之。秦之謂矣」。又引賈生之論曰：「仁義不施，而攻守之勢異也。」某竊謂秦以虎狼并天下，設使守之以道且不可保，況又非其道耶。論者不當徒咎其守之非道，而不論其攻之已不善也。曰：賈生、温公之論，若究其極，固爲有病，然彼其立論，非爲攻取者謀，以爲可以如是取之而無害也；乃爲既得之後而謀，以爲如是則或可以守耳。今且試以身處胡亥、子嬰之地，而自謀所以處之之宜，則彼前日取之之逆者既不可及矣，吾乃可以拱手安坐以待其亡耶。

性理大全書卷之五十九

性理大全書卷之六十

歷代二

西漢

高帝

程子曰：高祖其勢可以守關，不放入項王，然而須放他入來者有三事：一是有未阬二十萬秦子弟在外，恐内有父兄爲變，二是漢王父母妻子在楚，三是有懷王。

元城劉氏與馬永卿論圍棋。曰：棋中有一事，今與公論之。某嘗見高棋云：「高低棋不甚相遠，但高棋識先後着耳。若低棋即以後着爲先着，故敗。」昔有高棋曰：「漢高帝方黥布以窮來歸，故洗足不起，以挫其鋭。布欲自殺，後見張御從官如漢王，則又大喜過望。」此識先後着也。又有低棋曰：「梁武帝方侯景以窮來歸，遽裂地而王之。其後景凡有所須，輒痛挫抑之，故景反而梁亡。」此以後著爲先着也。又曰：圍棋有過行者，必須皆是高棋。而當局者爲利害所昏，故藉傍人指之爾。若低棋雖是提耳而明告之，亦不悟也。昔漢高帝聞韓信欲爲假王，輒大怒慢駡，良、平躡足，此過行法也。且高帝見處不甚相遠，但高帝當局而迷爾。使良、平遇暗主，雖累千萬言，亦何益哉？

或問：高祖爲義帝發喪是詐，後如何却成事？朱子曰：只緣當時人和詐也無，如五伯假之，亦是諸侯皆不能假故也。○

漢高祖取天下，所謂仁義者，豈有誠心哉？其意本謂項羽背約，及到新城，遇三老董公遮道之言，方假此之名，以正彼之罪。所謂縞素發喪之舉，其意何在？ 似此之謀，看當時未必不是欲項羽殺之而後罪之也。◯廣武之會，太公既已爲項羽所執，高祖若去求告他，定殺了。只得以兵攻之，他却不敢殺。時高祖亦自知漢兵已强，羽亦知殺得無益，不若留之，庶可結漢之懽心。一云：使高祖屈意事楚，則有俱斃而已。惟其急於攻楚，所以致太公之歸也。 問：舜棄天下猶敝屣。曰：如此則父子俱就戮爾，亦救太公不得。若分羹之語，自是高祖説得不是。◯高祖斬丁公，赦季布，非誠心欲伸大義，特私意耳。季布所以生，蓋欲示天下功臣，是時功臣多，故不敢殺季布。既是明大義，陳平、信、布皆項羽之臣，信、布何待反而誅之？

南軒張氏曰：惟仁義足以得天下之心，三王是也。高帝之興，亦有合乎此，是以能剪暴秦、滅强項，而卒基漢業。方懷王遣將入關，諸老將固以爲沛公素寬大長者而心歸之。至於三章之約，其所以得乎民者深矣。此非其所謂仁者歟？ 予每愛三老董公之説，以爲順德者昌，逆德者亡。兵出無名，事故不成。名其爲賊，敵可乃服。三軍之衆爲義帝縞素，聲項羽之罪而討之，於是五十六萬之師不謀而來從，義之所感也。使斯時高帝不入彭城，置酒高會，率諸侯窮羽所至而誅之，天下即定矣。惜其誠意不篤，不能遂收湯武之功，然漢卒勝、楚卒亡者，良由於此名正義立故也。◯問：高祖規模弘遠，何事可驗？ 曰：約法三章，用三老、董公仁義之説，此二事可驗。◯嘗讀漢史至平城之圍，内外不通者七日，用陳平秘計，僅而獲免，未嘗不爲高帝危之。班固號良史，於陳平之計，亦莫得聞，意必猥陋可羞之甚，故平亦恥諱，不欲自貽笑於後世也。猶幸有平計可用耳。脱或無策，則漢家社稷豈不寒心？雖欲斬十使，封婁敬，尚及爲乎？一聽之誤，爲禍如此！幸免而悔，所失已多。曷若審聽於初，而不輕用以取辱乎。又曰：高祖平生，好謀能聽，自起布衣以有天下，用人之言，鮮有誤者。至此忽輕信十輩之言，其病安在？蓋由急於功利之故。❶惟帝貪易擊之利，遂欲邀功於遠夷。此念既萌，利害倒置，故十輩之言得以入之，雖有婁敬之忠，反怒其妄言沮軍也。是故爲人主者，又當端其一心，勿以小功淺利自惑其聰明，則臣下是非之言可以坐照，而挾功利之説者亦無隙之可乘矣。

潛室陳氏曰：楚懷王之立也，天將以興漢乎？懷王之死也，天將以亡楚乎？夫懷王項氏所立，此宜深德於項。今觀懷王在楚，曾無絲粟之助於楚，而獨屬意於沛公。方其議遣入關也，羽有父兄之怨於秦，所遣宜莫如羽者，顧不遣羽而遣沛公，曰吾以其長者不殺也，沛公之帝業蓋於是乎興矣。至其與諸將約也，曰先入關者王之。沛公先入關，而羽有不平之心，使人致命於懷王，蓋以爲懷王爲能右己也，而懷王之報命但如約而已。以草莽一時之言，而重於山河丹書之誓，羽雖欲背其約，其如負天下之不直何？是沛公之帝業又於此乎定矣。夫項氏之興，本假於亡楚之遺孽，顧迫於亞父之言，起民間牧羊子而王之，蓋亦謂其易

❶「故」，四庫本作「過」。

制無他，而豈料其賢能若是邪？始而爲項氏之私人，而今遂爲天下之義主。始以爲有大造於楚，而今則視羽蔑如也。則羽此心之鬱鬱悔退，豈能久居人下者？自我立之，自我廢之，或生或殺，羽以爲此吾家事，而不知天下之英雄得執此以爲辭也。故自三軍縞素之義明，沛公之師始堂堂於天下，而羽始奄奄九泉下人矣。懷王之立，曾不足以重楚；而懷王之死，又適足以資漢。然則范增之謀欲爲楚也，而秪以爲漢也。嗚呼，此豈沛公智慮所能及哉？其所得爲者天也。此豈范增、項羽智慮之所不及哉？其所不得爲者，亦天也。〇高帝之爲義帝發喪也，三軍縞素，天下之士歸心焉。雖然，帝亦詭而用之耳。夫帝之於懷王也，君臣之分未定也。生則嘗以天下之義主而事之，死則以爲天下之義主而喪之。此蓋項氏之短，而大其辭以執之，是三老、董公之善謀，豈出於帝之本情哉？〇問：高帝約法三章如何？曰：沛公之始入關也，與秦父老約法三章。是時沛公猶未王關中也，而輒與其民私約如此，殆類於兒曹嘔呴之爲者。當雌雄未定之時，務爲寬大長者，以媚悦斯民，❶孰不能者？及項氏既滅，天下一家，正高帝創法定令之時也，而三章之法不移如山，豈兒輩呴嘔之恩，姑以媚悦於一時者哉？使其仁心仁聞出於至誠憐恤之意，雖草莽私約，遂以爲漢世不刊之典。真主一言，其利博哉！〇問：高祖大封同姓，卒有尾大不掉之患。高祖明達，何不慮此？曰：懲戒亡秦孤立之弊，故大封同姓。聖人謂百世損益可知，此類是也。周

❶「斯」，四庫本作「其」。

以封建亡，故秦必損之。秦以不封建亡，故漢必益之。事勢相因，必至於此。兼漢初户口減少，封諸王時計地，故封三庶孽，分天下半。其後户口日蕃，所以彊大。○問：漢高，人謂其寬仁長者。韓、彭、英、盧曾未免於誅死，何耶？曰：方事之殷，能奪諸公死力，是高祖善將將處。及事之定，置諸公於死，即將將之餘習未忘。寬仁其天資，殘忍是無學問。○問：漢高祖爲義帝發喪，與曹操挾天子以令天下，未審如何？曰：爲義帝發喪，因人之短而執之；挾天子以令天下，負己之有而挾之。雖皆詭之爲名，但一則豪傑起事，舉動光明；一則奸雄不軌，蹤跡暗昧。爲義帝發喪，無君之罪在項羽。挾天子以令諸侯，無君之責在曹操。

魯齋許氏曰：高祖自有取天下才量。如推車子，須是自推得六七分，則人扶領二三分，雖陡峻處都行得。若全推不得，全仰別人，平地上也行不得，況陡險乎？諸功臣但輔翼之也。躡足不悟，後大害事。

文帝

程子曰：漢文帝殺薄昭，李德裕以爲殺之不當，温公以爲殺之當，説皆未是。據史不見他所以殺之之故，須是權事勢輕重論之。不知當時薄昭有罪，漢使人治之，因殺漢使也；還是薄昭與漢使飲酒，因忿怒而致殺之也。漢文帝殺薄昭，而太后不安，奈何？既殺之，太后不食而死，奈何？若漢治其罪而殺漢使，太后雖不食不可免也。須權他那箇輕，那箇重，然後論他殺得當與不當也。

龜山楊氏曰：文帝以竇廣國有賢行，

欲相之，恐天下以爲私，不用，用申屠嘉。此乃文帝以私意自嫌，而不以至公處己也。廣國果賢邪，雖親不可廢。果不賢邪，雖踈不可用，吾何容心哉？當是時，承平日久，英才間出，擇可用者用之可也，必曰高帝舊臣，過矣！

朱子曰：三代以下，漢之文帝可謂恭儉之主。○問：文帝好黄老，亦不免有慘酷處。莫是纔好清浄，便至於法度不立，必至慘酷，而後可以服人。曰：自清浄至慘酷，中間大有曲折，却如此説不得。惟是自家好清浄，便一付之法。有犯罪者都不消問自家，但看法如何，只依法行，自家這裏更不與你思量得。此所以流而爲慘酷。或曰：黄老之教本不爲刑名，只要理會自己，亦不説要慘酷，但用之者過耳。曰：緣黄老之術，凡事都先退一着做，教人不防他，到得逼近利害，也便不讓别人。寧可我殺了你，定不容你殺了我，他術多是如此，所以文景用之如此，文帝猶善用之。如南越反，則卑辭厚禮以誘之；吴王不朝，賜以几杖等事。這退一着都是術數。到他教太子，晁錯爲家令，他謂太子亦好學，只欠識術數，故以晁錯傅之。到後來七國之變，弄成一場紛亂。看文景許多慈祥愷悌處，都只是術數。然景帝用得不好，如削之亦反，不削亦反。○問：文帝欲短喪，或者要爲文帝遮護，謂非文帝短喪，乃景帝之過。曰：恐不是恁地。文帝當時遺詔，教大功十五日，小功七日，纖三日。或人以爲當時當服大功者只服十五日，當服小功者只服七日，當服纖者只三日。恐亦不解恁地。臣爲君服，不服則已，服之必斬衰三年，豈有此等級？或者又説古者只是臣爲君服三年服，如諸侯爲天子，大夫爲諸侯，及畿内之民服之。於天下吏民無三年服，道理必不可行。此制必是秦人尊君卑臣，却行這三年，至文帝反而復之耳。

南軒張氏曰：文帝初政，良有可觀。蓋制事周密，爲慮深遠，懇惻之意有以得人之心。三代而下，亦未易多見也。文帝以庶子居藩國，入踐大統，知己之立爲漢社稷，非爲己也，故不敢以爲己私。有司請建太子，則先示博求賢聖之義，而又推之於吳王、淮南王。有司請王諸子，則先推諸兄之無後者而立之。其辭氣温潤不迫，其義誠足以感人也。凡所以施惠於民者，類非虛文，皆有誠意存乎其間。千載之下，即事而察之，不可掩也。史於其編年曰：「帝既施惠天下，諸侯四夷，遠近驩洽，乃修代來功。」觀諸此，又可見其明先後之宜，而不敢私己。記史者亦可謂善發明矣。其待夷狄，蓋亦有道。以南越尉佗之强恣，自高帝猶難於服之，而帝特施恩惠遣使，遺以一書，而佗即自去帝制，下令國中稱漢皇帝賢天子，皇恐報書不敢慢。予嘗詳味帝所與書，則知忠信之可行於蠻貊也如此。書之首辭曰：「朕高皇帝側室子也，棄外奉北藩于代。」蓋後世之待夷狄，往往好爲夸辭，於是等皆在所蓋覆矯飾以示之者也。而帝一以其實告語之，彼亦豪傑也，見吾推誠如此，則又安得不服？故其報書首曰：「老夫故越吏也。」文帝不以高帝側室之子爲諱，則佗敢以越吏爲歉哉？若吾以驕辭蓋之，則彼亦且慢以應我必然矣。推此一端，忠信可行於蠻貊，可不信哉！以文帝天資之美，初政小心畏忌之時，得道學之臣佐之，治功之起，豈不可追三代之餘風？惜其大臣不過絳、灌、申屠嘉之徒，獨有一賈誼爲當時英俊，而誼之身蓋自多所可恨，而卒亦不見庸也。故以帝之賢，僅能爲一時之小康，無以垂法於後世。如淮南、薄昭之事，未免陷於刑名之家衰世之事。至於即位歲久，怠肆亦萌，新垣平之邪説，故得以入之。然終以其天資之高，旋即悟也。其終詔有曰：「惟年之久長，懼于不終。」蓋可見帝之能察乎此矣。嗚呼，亦賢矣哉！故予猶重惜其諸臣之無以佐下風也。

或問：肉刑始于苗，堯因之而不革，更虞、夏、商、周而又不革，漢文以一女子之言而革之，何唐虞三代不知出此也？文帝除之而刑亦措，何邪？潛室陳氏曰：先儒謂井田、學校、封建、肉刑四者，廢一不可。不知秦變古法，凡古人教民養民處掃地不存，單獨留肉刑以濟其虐。雖微文帝，必有變之者。此蓋損益盈虛，理勢必至，能通變宜民，雖成康復起，不能易也。○問：漢文平生所爲，大抵出於黄老，至其得力處，亦是黄老，不聞有無情少恩之病，何邪？曰：文帝天資粹美，却能轉得黄老不好處作好處。景帝天資刻忍，却將黄老好處轉作不好處。○問：漢文殺薄昭，李德裕以爲殺之不當，温公以爲殺之當，未知孰是？曰：雖未免少恩，然以文帝仁厚之資爲之，乃是借一人以行法，於仁厚中有神武焉。○問：漢文時，吴王不朝，賜以几杖，此與唐之陵夷藩鎮邀節旄者何異？不幾於姑息之政歟？曰：文帝是純任德教，權綱在上，伸縮由己。唐一向姑息，權柄倒持于下，予奪由人。兩事不可同日語。○問：晦翁以三代而下皆人欲而非天理。且如漢文帝資稟純粹，如何斷以人欲？曰：晦翁此語止謂秦漢而下，不曾有徹底理會學問人，其中好者只是天資粹美，暗合聖賢，元不從學問中來。文帝是。若似此人主更從學問中徹底理會，便是湯文以上人。○問：天下之患，莫大於本小末大。周之内輕外重宜若難久，而卒綿遠；漢之内重外輕，宜若足以相制，而猶有七國之禍。何邪？曰：周雖諸侯彊大，猶能支吾數百年，先史喻爲百足蟲，所以難死者，扶之者多也。漢七國之禍亦自外重，自此以後日以輕矣。

景帝

五峰胡氏曰：漢景以郅都、甯成爲中尉，以嚴酷治宗室貴戚，人人惴恐。夫親親尊尊之道，必選天下有節行賢德之人，爲之師傅，爲之交遊，則將有大人君子可爲天下用，何有憂其犯法耶？治百姓亦然，修崇學校所以教也。刑以助教而已，非爲治之正法也。

武帝

朱子曰：武帝病痛固多，然天資高，志向大，足以有爲。使合下便得箇真儒輔佐，豈不大有可觀？惜乎無真儒輔佐，不能勝其多欲之私，做從那邊去了。欲討匈奴，便把呂后嫚書做題目，要來揜蓋其失。他若知得此，豈無修文德以來道理？又如討西域，初一番去不透，又再去，只是要得一馬，此是甚氣力！若移來就這邊做，豈不可？末年海内虚耗，去秦始皇無幾。若不得霍光收拾，成甚麽！輪臺之悔，亦是天資高，方如此。嘗因人言太子仁柔，不能用武，答以「正欲其守成，若朕所爲，是襲亡秦之迹」。可見他當時已自知其罪。向若能以仲舒爲相，汲黯爲御史大夫，豈不善？

南軒張氏曰：武帝奢侈窮黷之事，與秦皇相去何能尺寸？然不至於亂亡者，有四事焉。高帝寬大，文景惠養，其得民也深，流澤滲漉，未能遽泯。非若秦自商鞅以來，根本已蹶，民獨迫於威而强服耳。此一也。武帝所爲，每與六經戾，夫豈真能尚儒者？然猶表章六經，聘召儒生，爲稽古禮文之事，未至蕩然盡棄名教，如秦之爲。此二也。輪臺之詔，雖云已晚，然詳味其辭，蓋真知悔者。誠意所動，固足以回天人之心。自詔下之後，不復萌前日之爲，思與民休息矣。與卒死於行而不之悟者，蓋甚有間。秦穆之誓，聖人取其悔過列之於書。予於輪臺之詔，每三復焉，蓋以爲存亡之幾所係耳。此三也。惟其能悔過也，故自是之後，侈欲之機息，而清明之慮生，是以能審於付託。昭帝之初，霍光當政，述文景之事，以培植本根，於是興利之源窒，而惠澤復流，有以祈天永命矣。此四也。以四者相須而維持，是以能保其祚。然向使武帝老不知悔，死於熾然私欲之中，則決不能善處其後。雖使賴高、文、景之澤以免其身，旋即殆矣。故予深有取於輪臺之詔，以爲存亡之幾所係也。然其能卒知悔者，則以其平日猶知誦習六經之言，聽儒生之論。❶至於力衰而意怠，則善端有時而萌故耳。然則其所以不至亂亡者，亦豈偶然也哉？

潛室陳氏曰：武帝之伐匈奴也，不絶大漠，不襲王庭，則不足以泄其怒。其通西域也，不窮河源，不歷懸度，則不足以快其欲。其事土木也，不千門萬户則不息。其

❶「聽」，四庫本作「習」。

聚斂也，不告緡則不休。其深刑也，不根株則不已。其崇儒也，不辟雍則不樂。其務農也，不代田則不爲。至其老而悔過，不下輪臺之詔則不足。蓋天地之間，凡可以力致者，武帝皆能以力致之。而有不容於力致者，獨其終身用力於神仙，曾不獲如其意。蓋嘗凝神於蓬萊，蜕形於海上，魂交黃帝，而夢接安期矣。亦嘗父事少君，師事文成，五利公孫卿，而賓齊魯之士矣。而卒莫能致也，豈其力尚不足耶？嗚呼，武帝窮奢極欲，以從富貴之樂，使神仙道家之事爲不無，蓋非帝之所可冀，矧其實無有哉！今徒狃於力之所可爲，而謂神仙可以力致，曾不察其理之有無也。使天下而有是理，則須帝之力而可致。如其無是理也，則雖帝之力何所用哉？觀諸此，世之言神仙者，亦可以已矣。○問：漢法，宰相必出於列侯，武帝變而通之，是耶，非耶？曰：漢法，非軍功不侯，非列侯不相。儒者既無軍功可論，永無入相之路，此高祖馬上之陋規，非三代之宏規。至武帝元朔中，始下詔，嘉先聖之道，招四方之士，遂以御史大夫公孫弘代薛澤爲丞相，封平津侯，丞相封侯自弘始也。其後遂爲故事。夫武帝崇儒之君子，厭文吏武功之不學無識，陋國初淺近之規，以爲儒道不能光顯，遂革其故習。不吝厚爵重封以激厲儒者，則武帝之美意，人亦孰得而非之也。然公孫弘起自徒步之中，以明《春秋》一經，不四年而超取相位，貴至封侯，則論者不能不於是而有憾焉。蓋武帝以利而用儒，儒者見利而求用，自弘以明經而爲相後之爲儒者，孰不欲競章句之末習，以僥倖於一遇？利禄之門一開，而士大夫之心術自兹蠱壞矣。況漢家以軍功立國，必以列侯爲相，雖漢之規陋，然而非軍功不侯，則漢之良法。使儒者而不相則已，使儒者而可相，則自版築而遽登相位乎何慊？而猶欲假封侯以爲重，此又武帝之不善變也。故自弘之侯平津也，而由相封侯者，漢史自爲恩澤侯。自是以恩澤侯者相望於前後，使恩澤而可侯，則無復軍功之足競矣。故自侯法之既壞，至元成之間，士大夫之氣習豢養於富貴之餘，無復剛心鋭氣之可畏，而委靡巽懦之風，猶婦人女子生長于閨房之中，求欲如周昌、趙堯、申屠嘉、張蒼輩，愈不可得矣。夫相者既非真儒，侯者又非軍功，是武帝更張之善意，不免一舉而兩失。蓋自命相之法變，而儒者之心術壞。自封侯之法變，而士大夫之氣習壞。更張之善者猶若此，更張而不善則奈何？此變法之所以難也。

宣帝

豫章羅氏曰：漢宣帝詰責杜延年治郡不進，乃善識治體者。夫治郡不進，非人臣之大罪，而宣帝必欲詰責之，何耶？蓋中興之際，內之朝廷，外之郡縣，法度未備，政事未修，民人未安堵。或治郡不進，則百職廢矣，烏可不責之？夫一郡尚爾，況天下乎？予謂漢宣帝識治勢。

或問：宣帝言漢雜王伯，此説也似是。朱子曰：這箇先須辨別得王伯分明，方可去論他是與不是。胡叔器云：如約法三章，爲義帝發喪之類，做得也似好。曰：這箇是他有意無意？叔器曰：有意。曰：既是有意，便不是王。又曰：宣帝也不識王伯，只是把寬慈底便喚做王，嚴酷底便喚做伯。

南軒張氏曰：宣帝謂漢家雜伯，固其所趨若此。然在漢家論之，則蓋亦不易之論也。自高祖取天下，固以天下爲己利，而非若湯武弔民伐罪之心。故其即位之後，反者數起而莫之禁。利之所在，固其所趨也。至其立國規模，大抵皆因秦舊，而無復三代封建井田公共天下之心矣。其合於王道者，如約法三章，爲義帝發喪，要亦未免有假之之意，其誠不孚也，則其雜伯固有自來。夫王道如精金美玉，豈容雜也？雜之，則是亦伯而已矣。惟文帝天資爲近之，然其薰習操術，亦雜於黃老刑名。考其施設，動皆有術，但其資美而術高耳，深攷自可見。至於宣帝，則又伯之下者，桓文之罪人也。西京之亡，自宣帝始。蓋文景養民之意，至是而盡消靡矣。且宣帝豈真知所謂德教者哉？而以爲不可用也。如元帝之好儒生，蓋竊其近似之名，委靡柔懦，敗壞天下者，其何德教之云？夫惟王者之政，其心本乎天理，建立人紀，施於萬事，仁立義行，而無偏弊不舉之處，此古人之所以制治保邦，而垂裕乎無疆者。後世未嘗真知王道，顧曰儒生之説迂闊而難行，蓋亦未之思矣。

或問：孝宣綜覈名實，而王成以僞增户口褒賞，遂起天下俗吏之僞，然綜覈者安在？潛室陳氏曰：刑名術數之家，各是執一實以御百虛，老蘇所謂「人服吾之識其一，而不知吾之不識其九也」。宣帝殆用此術，間有受人欺處，不害他大體也。

元帝

涑水司馬氏曰：甚矣！闇君之不可與言也。天實剥喪漢室，而昏塞孝元之心，使如木石不可得入，至於此乎！哀哉，京房之言如此其深切著明也，而曾不能喻，何哉？《詩》云「匪面命之，言提其耳。匪手携之，言示之事」。又云「誨爾諄諄，聽我藐藐」。噫，後之人可不以孝元爲監乎！

項羽范增附

涑水司馬氏曰：世皆以項羽不能用韓生之言，棄關中之險，故失天下，竊謂不然。夫秦據函谷，東嚮以制天下，然孝、惠、昭、襄以之興，而二世子嬰以之亡，顧所以用之之道何如耳，地形不足議也。項羽放殺其君，不義之名明於日月，宰制天下王諸侯，廢公義而任私意，逐其君以置其臣，其受封者争奪不服，踈斥忠良，猜忌有功，使臣下皆無親附之意。推此道以行之，雖重金襲湯，不能以一日守也，況三秦之險哉！

龜山楊氏曰：予讀《漢紀》，至高祖謂「項王有一范增不能用，故爲我禽」。常以爲信然。及讀《項羽傳》，觀范增所以佐羽者，然後知羽雖用增，無益於敗亡也。夫秦人齮齕其民，天下背而去之，莫肯反顧。當是時，民之就有道，正猶飢者之嗜食，不必芻豢稻粱，而皆可於口也。項籍以閭閻匹夫之資，首天下豪傑西向而並争，視秦車之覆曾不知戒，猶蹈其故轍，欲以力致天下，所過燒夷殘滅，是以秦攻秦也。范增曾無一言及此，乃區區欲立楚後，爲足以懷民望，何其謬哉？其後項王卒有弑義帝之名，爲敵國之資，增實兆之也。增之得計，不過數欲害沛公耳。使項王不改其轍，則前日之亡秦是也。借令沛公死，天下其無沛公乎？

或問：高祖言「項羽有一范增不能用，

所以亡」。夫項羽之失無數，初未聞范增之有諫。使項羽而終用范增，又將如何？潛室陳氏曰：係興亡處，但看人物有無是第一節。范增豈三傑比耶？但就項羽人物言之，有此人耳。

董　公

庸齋許氏曰：方楚漢争雄之時，能使沛公激發天下之大機括者，誰歟？三老董公説之以三軍素服，共誅楚之弑義帝者。順德逆德之辭，昭然與日月争光。人心稍知義者，其從順去逆，已於此決擇矣。董公之説又豈蕭何文墨議論之比？以子房號爲帝師，籌幄之間亦未見有此大計。當時仗義而西，天下爲之響應者，董公力也。

蕭　何

龜山楊氏曰：高帝收民於暴秦傷殘之餘，而蕭何秉國鈞，盡革秦苛法，與之更始。天下宜之，作畫一之歌。其法令終漢世守之，莫能損益也。班固謂爲一代宗臣，豈虚語哉！然高皇帝既平天下，於功臣猶多忌刻，何爲宰輔，至出私財以助軍費，買田宅以自汙，以是媚上僅能免。其甚至於械繫之，猶不知引去，豈工於爲天下而拙於謀身耶？蓋不學無聞，暗於功成身退之義。貪冒榮寵，惴惴然如持重寶，惟恐一跌，然而幾蹈者亦屢矣。蓋高帝慢而侮人，而輕與人爵邑，故不得廉節之士，而一時頑鈍嗜利無恥者多歸之。以何之賢，猶不免是，惜夫！

元城劉氏曰：蕭何治未央宫之意深

矣。高帝、項王皆楚人，豐沛臨淮，相去至近，二人之心豈一日忘山東哉？羽見秦地皆已燒殘，乃思東歸。使其如昔日之盛，未必不都關中也。漢五年夏，雖自雒陽駕之關中，然長安宮殿未成，寄治櫟陽，又高帝之在關中無幾時矣。五年秋，親征臧荼，復至雒。六年十二月，取韓信還至雒陽。七年冬十月，自征韓信，又自雒陽至長安。時宮闕已成，乃自櫟陽徙都長安，則高帝都長安之心方定矣。然何欲順適其意，以就大事，不欲令窺其秘也。故假辭云爾，此何之深意也。而史氏見蕭何之意，又不欲明言之，又不欲不言之，乃書上説兩字，以見高帝在何術中，而且樂都關中也。

南軒張氏曰：蕭何佐高帝，定一代規模，亦宏遠矣。高帝征伐多在外，何守關中，營緝根本。漢所以得天下者，以關中根本先壯故也，此何相業之大者。又何爲相之初，首薦韓信爲大將，而三秦之計遂定，此亦得爲相用人之體。曹參雖不逮何，然以摧鋒陷陣、勇敢果鋭之氣而施之治民，乃能盡斂芒角，以清淨爲道，遵何約束，不務變更，其人亦寬裕有識矣，此參相業也。然二子惜皆未之學，以高帝之資質，何不能贊助遠追三代之法，創業垂統，貽之後嗣？一時所定，未免多襲秦故，如井田封建等事皆不能復古。在高帝之世，反者固已數起，此在何爲可憾也。至參但知以清淨不擾爲善，而不知吕氏之禍已復著見，當逆爲之處，以折其謀。惠帝憂不知所出，但爲淫樂不聽政，而曾不能引義以强其君心，爲可罪也矣。

東萊吕氏曰：蕭何治未央，但欲高帝安於此，不欲之他爾。要之，創業之君自當以儉爲先，何慮不及此也。

潛室陳氏曰：沛公之入關也，諸將爭走金帛財物之府庫，蕭何獨先入收丞相府圖籍藏之，以故沛公得知天下阸塞户口多少强弱之處。世常以刀筆吏少何，此特書生之論耳。何非刀筆吏，何以知丞相府之有圖籍耶？然刀筆吏多矣，而何獨知丞相府之有圖籍，則自其爲郡縣小吏時，固已習於國家之體要若此，此其器已不在人下矣。況當草莽角逐之時，見秦氏府庫宫室之盛，雖沛公不能不垂涎者，而何之器度越人如此，沛公之有愧多矣。及項羽王沛公於漢中也，沛公意大不滿，自絳灌以下，莫不勸攻項羽，何獨諫曰：「能屈於一人之下而伸於萬乘之上者，湯武是也。願大王王漢中，養其民，以致賢人，收用巴蜀，還定三秦，天下可圖也。」嗚呼，何之器度若此，其位當不在人下矣！昔者晉重耳之亡也，從亡三人者皆相國之器也。夫以羈旅喪亡之餘，而其從者皆可以相國。君子曰：「用臣如三人，公子何患於喪乎？」吁，此固沛公所以興也。○問：蕭何未央之營前殿，建北闕，周匝二十重，九十五步，街道周迴七十里，臺殿四十三所，宫門闥凡九十五，壯麗如此，宜高帝之所以怒。温公譏其非，元城乃以爲蕭何堅漢高都長安之深意。當從何説爲正？曰：高帝都關中之意猶豫未决，蓋其嫌殘破故也。何大建宫室以轉其機，至其自夸壯麗，今人皆譏其無識，不知何不欲以據形勢定根本正言於高帝，恐費分踈，姑假世俗之言以順適其意。與買田宅自污意同。

韓　信

龜山楊氏曰：韓信以機變之才，因思

歸之衆以臨江東，而燕代趙齊之間無堅城彊敵矣。其用奇無窮，所向風靡，自漢興名將，未有倫擬也。至其軍脩武也，又輔以張耳，二人皆勇略蓋世。余竊怪漢王自稱漢使，晨馳入壁，即卧内奪其印符，麾召諸將易置之，而耳、信未之知也。此其禁防闊踈，與棘門霸上之軍何異耶？使敵人投間竊發，則二人者可得而虜也。豈古所謂有制之兵者？信亦有未逮歟！

或問：太史公書項籍垓下之敗，實被韓信布得陣好，是以一敗而竟斃。朱子曰：不特此耳。自韓信左取燕齊趙魏，右取九江英布，收大司馬周殷，而羽漸困于中而手足日翦，則不待垓下之敗，而其大勢蓋已不勝漢矣。

張　良

程子曰：張良亦是箇儒者，進退間極有道理。人道漢高祖能用張良，却不知是張良能用高祖。良計謀不妄發，發必中。如後來立太子事，皆是能使高祖必從，使之左便左，使之右便右。豈不是良用高祖乎？

或言：正叔云人言沛公用張良，沛公幾曾用得張良，張良用沛公耳。良之從沛公，以爲韓報秦也。既滅秦，於是置沛公關中，辭歸韓。已而見沛公有可以取天下之勢，故又從之。已取天下，便欲棄人間事，從赤松子遊。良不爲高祖之臣可見矣。此論甚好，以前無人及此。龜山楊氏曰：此論亦未盡。張良蓋終始爲韓者。方沛公爲漢王之國，遣良歸韓，良因説沛公燒絶棧道，此豈復有事漢之意？ 及良歸至韓，聞項羽以良從漢王，故不遣韓王成之國，與俱東至彭城殺之。 先是良説項梁以韓諸公子横陽君成可立，梁遂使良求韓成立爲韓王，良爲韓司徒。 良以韓見殺之故，於是又間行歸漢，其意蓋欲爲韓報項羽也。 至漢高祖用其謀，已破項羽，平定天下，從高祖西都關中，於是始導引辟穀，有從赤松子之語。 蓋爲韓報仇之心，於是方已故也。 據良當時説高祖燒絶棧道，然後歸韓，此亦似有意使韓王成若在，良輔之，并天下未可知。 良意以謂可與之争天下者，獨高祖。 高祖既阻蜀不出，其他不足慮矣。 不幸韓王成爲項羽所殺，故無以自資，而卒歸漢也。 如高祖亦自用張良不盡，良之術亦不止於如此，須更有事在。 其臣高祖，非其心也，不得已耳。 ○子房起布衣徒步，以三寸舌爲帝者師，其奇謀秘計轉敗爲成，出於困急之中者數矣。 故高祖稱之，配蕭韓爲三傑。 天下既平，功高者往往以才見忌，疑釁一開，雖韓信有解衣推食之誠，猶不克終竟以葅醢。 蕭何雖能以功名自全，而見疑亦屢矣。 是三人者，惟子房功成智隱，不邇權勢，視去權利如脱敝屣，雖寄身朝市，而翛然如江湖萬里之遠，鴻冥鳳舉，矰繳不及，方諸范蠡其優矣哉！ 夫漢興將相於去就之際，皆中機會而不違理義者，吾獨於子房得之矣。

或問：養虎自遺患事，張良當時若放過，恐大事去矣，如何？ 朱子曰：若只計利害，即無事可言者。 當時若放過未取，亦不出三年耳。 問：幾會之來，間不容髮，況沛公素無以繫豪傑之心，放過即事未可知。 曰：若要做此事，先來便莫與項羽講解。

既已約和，即不可爲矣。大抵張良多陰謀。如入關之初，賂秦將之爲賈人者，此類甚多。問：伊川却許以有儒者氣象，豈以出處之際可觀耶？曰：爲韓報仇事亦是，是爲君父報仇。○三代以下人品皆稱子房、孔明。子房今日説了脱空，明日更無愧色。畢竟只是黄老之學，及後疑戮功臣時，更尋討他不著。○問：子房、孔明人品。曰：子房全是黄老，皆自《黄石》一編中來。又問：一編非今之《三略》乎？曰：又有《黄石公素書》，然大率是這樣説話。輔廣云：觀他博浪沙中事也甚奇偉。曰：此又忒煞不黄老，爲君報仇，此是他資質好處。後來事業，則都是黄老了。凡事放退一步，若不得那些清高之意來緣飾遮蓋，則其從衡詭譎殆與陳平輩一律耳。問：邵子云「智哉留侯，善藏其用」。如何？曰：只燒絶棧道，其意自在韓而不在漢。及韓滅無所歸，乃始歸漢，則其事可見矣。

南軒張氏曰：子房蓋有儒者氣象，三代之後未易得也。五世相韓，篤《春秋》復讎之義，始終以之。其狙擊嬴政，非輕舉也。其復讎之心，苟得以一擊而遂焉，則亦慊矣。此其大義根諸心，建諸天地而不可泯者也。子房之心，非以功利也，始終爲韓，而漢之爵禄不足以羈縻之。故予以爲有儒者之氣象，三代之後未易多得，此其出處大致也。至於從容高帝之旁，其計策不汲汲於售，而所發動中節會，使高帝從之有不庸釋者，蓋子房非有求於高帝，故能屈伸在己，而動無不得。此豈獨可以知計名哉？○高帝之英武慢侮士大夫，其視隨何、酈食其、陸賈輩，皆撫而忽之。至如蕭相國之功，一旦下之廷尉，亦不顧也。獨於子房蓋敬而不敢慢，順而不可强，則以子房所守在義而不以利故爾。嗟乎，秦漢以來，士賤君肆，正以在下者急於爵禄，而上之人持此以爲真足以驕天下之士故也。若子房者，其可得而驕之哉？雖然，以高帝之英武，而能虚己以聽信子房，蓋亦可謂明也已矣，可謂遠也已矣！

或問：高帝暮年猜忌功臣，張良不能開釋帝意，及見諸將沙中偶語，乃指示曰「此屬相聚謀反」，毋乃益其猜忌之心？而温公反謂因事納忠，何也？潛室陳氏曰：子房言無虚發，平生智謀都因事方用，所以撥轉主心，如轉户樞。○問：子房之於漢高，言無不盡，晚年廢立，乃不敢言，至四皓之來而後定。豈天下既定，子房之言不足以動帝之聽耶？曰：此事子房自度，不能得之於口舌之間，故於人主機括中撥轉來。伊川生平不喜人用智，獨喜子房，此著具見《易傳》，可玩味。自是轉移君心一道理，未可以一筆勾斷。○沛公有三傑，故雖遷漢中，而卒定三秦。項羽無三傑，故雖王三將，而終不能有三秦。嗚呼，羽非失險也，失人也。夫項羽遷沛公於巴蜀，而王三降將以拒漢，漢勢若已屈矣。吁，彼豈知巴蜀果非死地也耶？羽以巴蜀爲死地而謀遷沛公，沛公亦以死地視巴蜀而忿嫉項羽。故當是時也，取捨屈伸之理，惟蕭何知之。及其何勸王王漢中，收用巴蜀，還定三秦。既就國也，項羽肺肝之謀惟張良知之，故良説王燒絶棧道，以示項羽無東意。此蕭何之所以强沛公之行也，而張良所以安沛公之心也。使巴蜀而果能爲死地也，則蕭何、張良之謀是置沛公於死也。蕭何、張良可謂見之明，計之熟矣。至於韓信登壇之日，畢陳平生之畫略，論楚之所以失，及漢之所以得。漢一日舉兵而東，秦民其爲沛公耶？爲三降將耶？此三秦還定之謀，所以卒定於韓信之手也。噫，三傑宜人傑也！向也蕭何、張良有卓越之見，而始勸沛公之入，今也韓信乘罅漏之餘，而徑勸沛公之出。其入也，所以養其出也；其出也，所以用其入也。三子之見，智謀略同，故蹙楚之效同。孰謂關中非沛公囊中物耶？善乎史臣之論高祖曰從諫如轉圜也。夫天下之勢，成敗未易料也。見近者昧其勢，而慮遠者審其勢。蓋勢者成敗之所係也。一舉措之不謹，則俄頃之間，大事去矣。方羽之王三降將於三秦，而王高祖於漢中也。高祖蓋不勝其忿而欲奮於一擊之間，周勃等又從而從更之。❶當是時，高帝死固未可定，❷而何以成敗爲也？及蕭相國進諫，而高祖翻然改悟，罷兵就國，徐起而還定之，如取諸寄。此豈有他術也，知成敗之勢在已而已。已能屈之，亦能伸之。是以高帝之還定三秦也，不在於引兵故道之時，而在於不攻項羽之日；不在於拜將之後，而在於聽諫之初。

彭越

龜山楊氏曰：天下之禍莫大乎不明分，分之不明，由較材程力之過也。予觀韓、彭之亡，皆以此歟！蓋西漢之初，高皇帝以匹夫起阡陌之中，一時名將非屠販亡命輕猾之徒，則里巷齷齪布衣之交也。其平居握手，素非有君臣等威也。論其材力，

❶「從更」，重修本作「協贊」。
❷「定」，原作「保」，今據四庫本改。

亦豈足相過哉？天下未平，而大者已王，小者已侯，皆連城數郡，一揺足則秦項之争復搆矣。漢方收民於百戰凋瘵之餘，而臨諸侯王之上，凛乎其猶蹈春冰而常恐其潰也，故疑隙一開，則葅醢隨之矣。嗚呼，是豈知先王所以維持天下者哉？雖朝委裘植遺腹而不亂者，亦有名義以正其分耳，故君君臣臣而天下治。如將較材程力，以彊弱勝負爲君臣，則天下之禍何時已哉？漢之君臣不知出此，卒至相夷而不悟，悲夫！

或問：司馬温公言漢之所以得天下者，大抵皆韓信之功，則知彭越又其次耶。今考其本末，二子各有所長，其功一也。故張漢家之勢者，信之功多於越，破魏取代，仆趙脅燕，擊齊滅楚是也。困項氏之勢者，越之功多於信，焚楚積聚而項氏敗，擾梁地而項氏急是也。未審如何？潛室陳氏曰：彭越人物功勳皆非信比，但其常以游兵出入梁楚間，爲項氏腹心之疾，所以有功於漢。

曹參

程子曰：曹參去齊，以獄市爲託。後之爲政者，留意於獄者則有之矣，未聞有治市者。

龜山楊氏曰：曹參從高帝起豐沛間，與之並馳者皆一時熊羆之士。而陷敵攻堅必以參爲首，宜其勇悍彊鷙，果於擊斷。天下已定，參爲齊相，乃退然不自用，盡召長老諸先生，問所以安集百姓者。既得蓋公，避正堂舍之，尊用其言而齊大治。其後爲漢相，亦以治齊者治天下，故其効如之。觀參所爲，其始以戰鬬爲功，而終則以清浄無爲自守，何其不相侔也？非其資務學，樂用人言，而勇於自克，其何能爾？若參者，可不謂賢矣夫！初參與蕭何有隙，何且死，所推賢唯參。參代何爲相國，舉事無所變更，一遵用何法。二人者，苟無體國之誠心，忘一己之私忿，則排陷紛更，將無所不至。推之以爲賢，守之而勿失，尚何有哉？其卒爲一代宗臣，蓋有以也。○後世如曹參，可謂能克己者。觀參本武人，攻堅陷敵，是其所長，至其治國爲天下，乃以清淨無爲爲事，氣質都變了。

婁　敬

龜山楊氏曰：婁敬建和親之策，欲以適長公主妻單于，以謂冒頓在固爲子壻，子壻死，外孫爲單于，豈聞孫敢與大父亢禮哉？可毋戰以漸臣也。其説何謬哉！且子壻之與外孫，孰與父子親也？彼且殺父以代立，況妻之父乎？其何足恃哉？然屬人主厭兵，故以一言之謬而遂成千載之患，惜夫！

周　勃

程子曰：周勃入北軍，問曰：「爲劉氏左袒，爲吕氏右袒。」既知爲劉氏，又何必問？若不知而問，設或右袒當如之何？已爲將乃問士卒，豈不謬哉？當誅諸吕時，非陳平爲之謀，亦不克成。及迎文帝至霸橋，曰「願請間」，此豈請間時耶？至於罷相就國，每河東守行縣至絳，必令家人被甲執兵而見，此欲何爲？可謂至無能之人矣。

或問：周勃雖則重厚少文，可屬大事，然其畏誅，令家人持兵自衛，似未得人臣事君之義，而班固以爲漢伊周，何耶？潛室陳氏曰：周勃處事煞有周章處，如既入軍，復問左右袒，迎文帝至渭橋，却欲入私謁，皆非召之不來、麾之不去舉動，安劉事特幸成耳。

性理大全書卷之六十

性理大全書卷之六十一

歷代三

陳平

或問：陳平當王諸吕時，何不諫？程子曰：王陵廷争，不從則去其位。平自意，復諫者未必不激吕氏之怒也。夫漢初君臣徒以智力相勝，勝者爲君，其臣之者非心説而臣事之也。當王諸吕時，而責平等以死節，庸肯苟死乎？○陳平只是幸而成功，當時順却諸吕，亦只是畏死。漢之君臣，當恁時，豈有樸實頭爲社稷者？使後來少主在，事變那時他也則隨却。如令周勃先入北軍，陳平亦不是推功讓能底人，只是占便宜，令周勃先試難也。其謀甚拙，其後成功亦幸。如人臣之義，當以王陵爲正。○陳平雖不知道，亦知學。如對文帝以宰相之職，非知學，安能此？

龜山楊氏曰：吕后問宰相，高祖曰：「陳平智有餘，難以獨任；王陵少戇，可以佐之。」則高祖固有疑平之心矣，然終其世不見其隙。蓋天下初定，國家多故，諸侯内叛，夷狄外陵，平爲護軍，常從征伐，不據重兵，不親國柄，故能免也。然高祖謂平難獨任，王陵可以佐之，而陵終以戇見疎，無益於國。其後平專爲丞相，天下無間言，卒以功名終，不其反歟？知人惟帝難之，信矣夫！

或問：文帝問陳平錢穀刑獄之數，而平不對，乃述所謂宰相之職。或以爲錢穀刑獄一得其理，則陰陽和，萬物遂，而斯民得其所矣。宰相之職莫大於是，惜乎平之不知此也。朱子曰：平之所言，乃宰相之體。此之所論，亦是一說。但欲執此以廢彼，則非也。要之，相得其人，則百官各得其職。擇一户部尚書，則錢穀何患不治？而刑部得人，則獄事亦清平矣。

或問：良、平，漢之功臣也，十八侯之次，良、平何以不與？高后四年，差次功臣，其位愈下，何歟？潛室陳氏曰：漢封功臣，其盟誓之辭曰「非軍功不侯」。於軍功中又三事最重：一曰從起豐沛，二曰從入關中破秦，三曰從定三秦。十八侯位次全論此三事。良、平皆後附，良雖從沛公，但其時自有故君韓氏。所以不在此數。又良、平皆帷幄謀議，不履行陣，所以諸軍功者率在先。

王　陵

或問：王陵、周勃、陳平處吕后之事，如何？南軒張氏曰：夫以吕氏之凶暴，欲王諸吕，其誰扼之？獨問此三人者，蓋亦有所憚也，非特憚此三人，蓋實憚高帝之餘威流澤之在天下也。陵引高帝白馬之盟以對，其言明切，固足以折其姦心，如砥柱之遏横流也。使二子者對復如陵，吾知吕氏將悚焉，若高帝臨之在上，且懼天下之變，或縮而不敢，未可知也。彼二子者，乃唯然從之，反有以安其邪志，而遂其凶謀。既分王諸吕，而吕氏羽翼成就，氣燄增長。然則吕氏之欲篡漢，二子實助之。予謂二子方對吕氏時，其心特畏死耳，未有安漢之謀也。退而聞王陵之責，顧高帝之眷，思天下後世之議，於是而不遑，則有卒安社稷之言耳。雖然，使二子未及施計，先吕氏而死，則是乃畔漢輔吕，不忠之臣尚何道哉？抑二子安劉氏之計亦踈矣，不遏之於爪牙未就之初，而捄之於搏擊磔裂之後。觀其閒居深念，與刼酈寄入北軍等事，亦可謂窘迫僥倖之甚。夫豈全謀哉？酈寄不可刼，北軍不可入，吕嬃之謀行，則亦殆矣。忠於人國者，固如是哉？人臣之立朝，徇義而已，利害所不當顧也。功業之成，不必蘄出於吾身也；義理苟存，則國家可存矣。借使王陵以正對，平、勃又以正對，吕氏一日而尸三子於朝。三子雖死，而大義固已皎然如白日，轟然如震霆，天下之義士將不旋踵，四面並起，而亡吕氏矣！安劉氏者，豈獨三子爲能哉？使人臣當變故之際，畏死貪生，不知徇義，而曰吾欲用權以濟事于後，此則國家何所賴焉？亂臣賊子所以接踵於後世也，其弊至於如荀彧、馮道之徒。而論者猶或賢之，豈不哀哉？夫所貴乎權者，謂其委曲以行其正也。若狄仁傑是已，其始終之論，皆以母子天性爲言，拳拳然日以復廬陵王爲事。然其所以紆餘曲折而卒成其志者，則用功深矣。潛授五龍夾日以飛，仁傑豈必功業於其身者哉？人臣之義，當以王陵爲正；濟大事者，當以狄仁傑爲法。

叔孫通

朱子曰：叔孫通爲綿蕝之儀，其效至於群臣震恐，無敢喧譁失禮者。比之三代燕享群臣氣象，便大不同，蓋只是秦人尊君卑臣之法。魯二生之不至，亦是見得如此，未必能傳孔孟之道。只是他深知叔孫通之爲人，不肯從他耳。

或問：叔孫通定禮樂，召兩生不至，曰「禮樂積德百年而後可興」。漢初朝廷無禮，群臣拔劍擊柱。若從兩生，無救於目前。從叔孫，則又因陋就簡。揚子雲獨以大臣許兩生，如何？潛室陳氏曰：人有所不爲也，而後可以有爲。叔孫通盜儒，稍有節操人便不因之而進。兩生不是欲待百年，但以叔孫通非興禮樂之人，故設辭以拒之耳。子雲以其自重難進，有所不爲，故以大臣許之。蓋因其出處之間，可卜其事業也。

四　皓

朱子曰：漢之四皓，元稹嘗有詩譏之，意謂楚漢分争却不出，只爲吕氏以幣招之便出來，只定得一箇惠帝，結裹小了。然觀四皓，恐不是儒者，只是智謀之士。○問：四皓是如何人品？曰：是時人材都没理會，學術權謀混爲一區。如安期生、蒯通、蓋公之徒，皆合做一處。四皓想只是箇權謀之士。觀其對高祖言語重，如願爲太子死，亦脅之之意。又問：高祖欲易太子，想亦是知惠帝人才不能負荷。曰：固是，然便立如意，亦了不得。蓋題目不正，諸將大臣不心服。到後來吕氏横做了八年，人心方憤悶不平，故大臣誅諸吕之際，因得以誅少帝。少帝但非張后子，或是後宫所出，亦不可知。史謂大臣陰謀以少帝非惠帝子，意亦可見。少帝畢竟是吕氏黨，不容不誅耳。杜牧之詩云：「南軍不袒左邊袖，四老安劉是滅劉。」

趙堯　季布　劉章　張蒼　酈寄

龜山楊氏曰：予讀漢史至吕戚之事，

未嘗不爲之廢卷太息也。以高帝之明，惓惓於趙王，其念深矣。然卒用趙堯之策，可謂以金注也。且呂后以堅忍之資，濟之以深怨積怒，其於趙王也，欲得而甘心焉久矣。雖韓、彭之强，有弗利於己，去之猶發蒙耳。一貴强相，何足以重趙哉？善爲高皇計者，盍亦反諸己而已。不以衽席燕好之私，亂嫡妾之分，使貴者不陵，賤者不逼，夫夫婦婦而家道正矣。是將化天下以婦道，如《關雎》之詩，❶豈特無母禍而已哉？

桓公殺公子糾，召忽死之，管仲不死，孔子稱其仁。管仲之不死，繩以《春秋》之法，則其義固有在矣，世莫有能窺之者。方季布髡鉗奴辱於朱家，非有深計遠慮也，期以免死而已。班固謂「賢者誠重其死。夫死非其所，固賢者所重也。然君子固有舍生而取義者」。固之爲此説，豈非以管仲之事與之乎？是皆未明《春秋》之法也。揚子曰「明哲不終事項」，其義得之矣。

予讀《高五王傳》，至劉章言田事，及誅諸呂一人亡酒者，未嘗不爲之寒心也。方高后欲强諸呂，雖大臣平、勃等皆俛首取容而已，其志非忘漢也，觀王陵之事，則可鑑矣。使章以才見忌，不得宿衛禁中，則後雖欲有爲也，尚何及哉？

張蒼吹律調樂，定律令，若百工作程品，其有意乎推本之也。當是時，漢廷公卿皆武夫軍吏，無能知書者。唯蒼自秦時爲柱下史，明習天下圖書，尤邃於律曆，有所建明，宜無不從也。然其術學踈陋，猶以漢當水德之盛，正朔宜因秦弗革，卒以此絀，惜夫！

❶「詩」，原作「時」，今據重修本改。

諸呂之王非漢約，天下莫與也。產、祿擅兵欲危劉氏，忠臣所共切齒，而酈寄固與之友善，而商亦莫之禁，何也？其謀呂祿也。刼之而後從，則商、寄之罪均矣。雖絳侯賴之以入北軍，功不足以贖其罪也。使商不就刼，而呂氏得志，則寄之父子得無非望乎？其賣友非其本心也。

張釋之

龜山楊氏曰：君子欲訥於言而敏於行，利口捷給，古人賤之。若上林尉居其位不知其任，至十餘問不能對，是謂不任職，非訥於言者也。張釋之以絳侯張相如方之，過矣。文帝問絳侯天下一歲決獄幾何，絳侯不能對。又問天下錢穀一歲出入幾何，又不能對。帝以問陳平，平條析甚辨，文帝善之。絳侯愧汗洽背，自以其能不及平遠甚。若是以絳侯爲賢，平爲喋喋可乎？予謂上林尉真亡賴，而虎圈嗇夫雖口對響應亡窮，然上所問乃其職事，非利口捷給也，豈足深過之歟？

或問：張釋之爲廷尉，天下無冤民。于定國爲廷尉，民自以不冤。二者何以異？東萊呂氏曰：以史氏之辭論之，則民自以爲不冤者，勝於天下無冤民。蓋天下無冤民者，所斷皆當其罪，罪人未必皆心服也。然以實攷之，則定國實不勝釋之。

或問：張釋之爲廷尉，天下無冤民。于定國爲廷尉，民自以不冤。若趙、蓋、韓、楊之死，謂之不冤可乎？或者說宣帝時，廷尉不獨一于定國，雖不獨在定國，❶而定國坐視四子之死，亦不能效張釋之之守法，

❶「不獨」，原作「獨不」，今據重修本改。

如何？潛室陳氏曰：漢卿有罪，未必悉下廷尉，自有詔獄，多丞相御史大夫治之，或下中二千石雜議。廷尉所謂平者，非必皆寬縱之謂。剛不吐，柔不茹者，平也。趙、蓋、韓、楊之死，今作文人但浪説耳。

周亞夫

五峰胡氏曰：周亞夫、霍光不學不知道，能進不能退，殺身亡宗，是功名富貴誤之也。知道者，屈伸通變與天地相似，功名富貴何足以病之？張子房進於是矣！

或問：周亞夫軍中聞將軍令，不聞天子詔，不知是否？朱子曰：此軍法。又問：大凡爲將之道，首當使軍中尊君親上。若徒知有將而不知有君，則將皆亞夫，固無害也。設有姦將一萌非意，則軍中之人豈容不知有君？曰：若説到反時，更無説。凡天子命將，既付以一軍，只當守法。

賈誼

或問賈誼。程子曰：誼之言曰「非有孔子、墨翟之賢」，孔與墨一言之，其識末矣，其亦不善學矣。

龜山楊氏曰：賈誼以少年英鋭之資，抱負其器，頗見識拔，慨然遂以身任天下。而絳、灌之徒出於織薄販繒之武夫，先王之典章文物，彼烏足與議哉？高帝所與平天下，定法令，又皆其身親見之也。誼以踈逖晚進之人，欲一日悉更奏之，彼其心豈能恝然耶？此讒釁之所由起也。古之君子自重其身，常若不得已而後進，非固要君也。蓋天下重器不可易爲之，王業之大必遲久而後成，故人君非有至誠不倦之心，則不足以有爲也。其尊德樂義，一有不至，則引而去之，萬鍾於我何加焉？非忘天下，道固然也。誼之草具儀法，與夫三表五餌，其術固踈矣。當是時，人君方且謙讓未遑也。誼身非宰輔，及汲汲然自進其説，蓋亦不自重矣。在我者不重，故人聽之也輕。及夫以才見忌，不容於朝，出爲王傅，其論國事，猶曰「陛下曾不與如臣者議之」，則是欲嬰撫在廷之臣而出其上也，豈不召禍歟？孔子曰「爲國以禮，其言不讓」，於誼有之。◯漢之儒者，若賈誼用力亦勤矣。其文宏妙，殆非後儒能造其域。然稽其道學淵源，論篤者終莫之與也。

朱子曰：賈誼之學雜。他本是戰國縱横之學，只是較近道理，不至如儀、秦、蔡、范之甚爾。他於這邊道理見得分數稍多，所以説得較好，然終是有縱横之習，緣他根脚只是從戰國中來故也。漢儒惟董仲舒純粹，其學甚正，非諸人比。只是困苦無精彩，極好處也只有正義、明道兩句。下此諸子皆無足道。如張良、諸葛亮固正，只是太麄。

南軒張氏曰：賈生，英俊之才；若董相，則知學者也。《治安》之策，可謂通達當世之務，然未免乎有激發暴露之氣，其才則然也。《天人》之對，雖若緩而不切，然反復誦味，淵源純粹，蓋有餘意，以其自學問涵養中來也。讀其奏篇，則二子氣象如在目中，而其平生出處語默，亦可驗於是矣。以武帝好大喜功多欲之心，使其聽仲舒之言，則天下蒙其福矣。孰謂緩而不切也耶？

或問：賈誼陳《治安策》，論民俗奢侈，盜賊乘時而發。夫文帝躬修玄默，移風易俗，以誼言觀之，所謂移風易俗者安在？

潛室陳氏曰：誼煞有踈密太過處，惟文帝

能受盡言。史臣謂誼之言亦略施行，文帝風俗好處，誼不爲無助。

袁盎　賈山　馮唐　鄒陽　枚乘

龜山楊氏曰：淮南王之驕恣，其茬禍久矣。然徵之即至，則反形未具，以檻車遷之，是將置之必死也。不早辨之，養成其禍，卒至乎敗國亡身，文帝不無罪也。鄭共叔不義得衆，詩人以刺莊公，而《春秋》交譏之，正謂此也。然則人君不幸有弟如淮南者，宜奈何？若舜之於象，放之有庳可也。袁盎不能明義以正其君，乃以無稽之言謂之，不亦過乎？若七國之反，聞晁錯之欲治己也，反以奇禍中之，此戰國策士之常也。然二人之相賊，其志一也，特繫其發之先後耳。不念國家之大計，乃欲因禍以釋一己之私怨，若二人，又何足誅哉？而班固謂盎仁心爲質，誤矣。

孝文之恭儉慈仁，而賈山乃借秦爲諭，盛言其侈靡、貪狠、暴虐，宜若過矣！然君臣儆戒，正在無虞之時。故舜之臣猶以丹朱戒其君，則山之借秦不爲過也。後世驕君諛臣，恃天下無虞而不知儆戒，有聞斯言必以爲訕矣，其取禍敗，不亦宜乎！

馮唐謂文帝不能用頗、牧，其言雖有激，然亦深中其病也。夫李牧之爲趙將也，軍市之租皆自用，賞賜皆決於外，不從中覆，故能有成功。魏尚守雲中，上功首虜，差六級文吏即以法繩之。以是較之，文帝不能用李牧，信矣。揚雄謂文帝親詘帝尊，以信亞夫之軍，曷爲不能用頗、牧？夫孫武斬吳王之寵姬，穰苴斬齊君之寵臣，與其使者僕車之左駙馬之左驂，皆在軍不受君令也。古之爲將者皆然，豈獨亞夫乎？然則文帝未嘗詘，而亞夫之軍未嘗信也。謂之有激云爾，則得矣。

吳王怨望，陰有邪謀，鄒陽、枚乘之徒不能明義以導其君，而區區以利說之，宜乎其無益也。及吳兵西嚮，而枚乘猶以民之輕重、國之大小爲言，則是使吳重大而漢輕小，則吳兵可得而進也。吳亡，乘不及禍而卒以取重於世，幸矣夫！

田叔

龜山楊氏曰：班固謂田叔隨張敖赴死如歸，彼誠知所處。予謂田叔之隨王，雖以身死之，何益於趙？此與婢妾賤人感慨自殺者，何以異哉？烏在其爲知所處？孟舒爲雲中守，而士爭臨城死敵，此誠長者。而田叔乃以隨張王事首稱之，斯言豈特爲舒而發？抑亦自賢耳。夫譽人以自賢，是豈長者之言乎？

五峰胡氏曰：田叔悉燒梁獄詞，空手來見，可謂善處人子母兄弟之間者也。漢景，忌刻之君也，而能賢田叔有過人之聰明、越人之度量者，何歟？以太后在上，不敢肆故也。天理存亡在敬肆之間耳。孔子作《春秋》，必記災異警乎人君，萬世不死也。

晁錯

龜山楊氏曰：晁錯云「人君必知術數」，又云「五帝神聖，其臣莫能及，而自親事」。操是說，蓋未嘗知治體也。夫天下大器，非智力所能勝也。舜之惇五典，庸五禮，用五刑，皆因天而已，未嘗自爲也。雖股肱耳目付之臣而不自用，況以術數而自親事乎？使後世懷諂者誤其君挾術以自用，必資是言也。其爲禍豈淺哉？若吴楚之反不在錯，天下户知之矣。景帝用讒邪之謀以誅錯，其失計不已甚乎？當是時，兵之勝負，國之安危，未可知也，而誅其謀首，豈不殆哉？而在廷之臣，無一人爲錯言者，蓋變起倉卒，各欲僥幸於無事，而莫敢以身任之也。然而錯亦有以取之矣。夫漢之有七國，未若魯之三家也。孔子墮三都之城，而三家無敢不受命者，則其處之必有道矣。孟子曰：「子以爲有王者作，則魯在所損乎，在所益乎？」使孟子而得志，固將損之也。錯無碩德重望以鎮服其心，而强爲之謀，其召亂而取禍，蓋無足怪者。武帝時，淮南王欲反，獨畏汲黯之節義，視公孫弘輩如發蒙耳，則天下果非智力可爲也。以一汲黯猶足以寢淮南之謀，況不爲黯者乎？

南軒張氏曰：晁錯在當時，只合使居論思獻納之職，觀其言之是者、行之不是者置之，而使之爲御史大夫，則過其才矣。至如馬謖不是孔明錯看他，亦是用過其才。謖平生參軍事煞有籌畫，一旦使之自將兵，所以敗耳。使參謀爲都統，如何做得？

竇嬰　灌夫　田蚡

龜山楊氏曰：景帝燕兄弟，欲以天位傳梁王，竇嬰以漢約直之，忤大后旨，可謂不阿矣。及爲丞相，推轂士類，尊用儒術，雖藉福之辨，不能遷惑其所守，直己以往，不撓權貴，其節義有足稱者。至晚節末路，失位不得志，而與灌夫相爲引重，二人者並位公侯，顯名當世，其平生意氣何其壯哉！田蚡以外戚進顯，淫奢無度，尊己以下人，壯夫義士宜恥出其門，而二人者乃幸其臨況以爲名高，其志慕又何其汙也？蓋鷙勢榮者，勢窮則辱，而氣隨以奪，其理然矣。若灌夫者，勇悍不遜，有死之道焉，終以一朝之忿亡其身，非自取歟？竇嬰區區復鋭於爲救，果何益哉？故卒與俱滅，是亦不知量也。田蚡規利賣國，其不族，幸矣。

卜式

潛室陳氏曰：漢方事匈奴，而卜式願輸助邊；方事南越，而式願父子俱死；天下方事匿財，而式猶欲就助公家之費。凡式之所樂爲者，皆衆人之所難爲；而武帝之所欲爲者，式輒揣其意而逆爲之。故天下因式獲罪者，十室而九，而式之褒寵眷遇，自以爲有用於天下。及武帝當封禪，而式獨以不習文章見棄，式乎式乎！何不先衆人而爲之乎？

公孫弘

程子曰：觀武帝問賢良：「禹湯水旱，厥咎何由？」公孫弘曰：「堯遭洪水，不聞禹世之有洪水也。」而不對所由，姦人也。

元城劉氏曰：公孫弘，姦詐人也。亦有長處，諫罷西南夷，不用卜式、郭解是也。且武帝之好征伐，天下皆欲諫而止之，而式身爲庶人，乃願以家財助邊，以迎合人主，其後又欲父子死南越。帝由是移怒列侯不肯從軍，坐酎金失侯者百六人，實式激其怒也。故弘以式爲非人情不軌之臣，不可以爲化而亂法，且郭解以匹夫而奪人主死生之權。且聖人之作五刑，固有輕重，今一言不中意而立殺之，此何理也？考其唱此悖亂之風，解實爲之魁，故弘之言解布衣爲任俠行權，以睚眦殺人。解不知，此罪甚於解知。此二事得大臣之體。

張　湯

涑水司馬氏曰：或稱張湯矯僞刻薄，而後嗣顯榮，七葉不絶，意者積善餘慶、積惡餘殃近虚語耶？應之曰：不然。所謂積者，繼世相因之謂也。故傳稱八元八凱，世濟其美；饕餮三族，世濟其凶。此非積善積惡之謂耶？欒書有惠於晉，晉人思之，黶雖剛愎，猶得保其宗廟。至盈無德，卿族遂亡，然則黶之所以存，書之餘慶也；盈之所以亡，黶之餘殃也。祖父有德，子孫爲不善，未免禍敗，慶何有焉？祖父不善，而子孫有德，福禄將集，殃何有焉？祖父爲不善，而子孫又無德，以蓋前人之愆，則餘殃被之。是以堯、舜雖至德，朱、均不能免其災；瞽、鯀雖大惡，舜、禹無所虧其聖。若張湯者，雖險詖人也，而有子安世保輔漢室，寔有大功，子孫嗣之，率皆忠恪信厚，恭儉周密，邦有道不廢，邦無道免於刑戮，以是光顯於後，彌歷永世，固其宜矣，又何異焉？

霍　光

朱子曰：霍光臨大節，亦大有虧欠處。○問：君臣之變不可不講，且如霍光廢昌邑，正與伊尹同。然尹能使太甲自怨自艾而卒復辟，光當時被昌邑説天子有争臣七人兩句後，他更無轉側。萬一被他更咆勃時，也惡模樣。曰：到這裏也不解恤得惡模樣了。又問：光畢竟是做得未宛轉。曰：做到這裏，也不解得宛轉了。良久，又曰：人臣也莫願有此。萬一有此時，也十分使那宛轉不得。○問：霍光小心謹厚，而許后之事不可以爲不知。馬援戒諸子以口過，而裹屍之禍乃口過之所致。二人之編在《小學》，無亦取其一節耶？曰：采葑采菲，無以下體。取人之善，爲己師法，正不當如此論也。

南軒張氏曰：霍光天資重厚，如朝謁進止常不差尺寸，似乎知學者。後人往往輕加詆毀，使之當大事必不能，然立君豈易事？吕氏之難，或言齊王可立，大臣以爲王舅駟鈞虎而冠，即立齊王，復爲吕氏矣，遂定議立文帝。須謹擇於其初，至如昌邑王在國素狂縱，光不能察知而輕立之，豈得無罪？其後幸而能立宣帝，劉元城謂取其無黨，此則未然。○霍光天資重厚，故可以當大事，而其所以失，則由於不學之故也。人臣之功，至於周公無以加矣，而詩人形容其盛德，則曰：「公孫碩膚，赤舄几几。」夫何其温恭謙厚也？是則雖以天子叔父之尊，處人臣之極位，有蓋世之功業，而玩其氣象，豈有一毫權勢之居？而人之視之也，但見其道德之可尊，而亦豈覺權勢之可憚哉？孟子曰「事親若曾子可也」，而後之君子亦曰「事君若周公可也」。如曾子之事親，適爲人子之能盡其分者耳，非有加也。如周公之事君亦然，蓋在其身所當爲者而何一毫有於己也？周公惟無一毫有於己也，是故德盛而愈恭，事業爲無窮也。光之所建立，想負於其身，横於其心，而不能以弭忘。惟其不能以弭忘，故其氣燄不可掩，威勢日以盛。權利之途，人争趨之，非惟家人子弟門生故吏，馴習驕縱而不可戢，光之身亦不自知其安且肆矣。此凶于乃國，敗于乃家之原也，可不畏哉？故其一時用舍進退，例出於私意。以蘇武之忠節，進不由已，僅得典屬國。而大司馬、長史雖如楊敞之庸謬，亦得爲宰相。至於如魏相、蕭望之之才，皆擯不用。田千秋小不當意，則其壻即論死。作威作福蓋如此。陰妻之邪謀未論，其不能白發於後，使其妻邪謀至此，而人敢爲之助，而無復言其姦，則履霜堅冰、馴致其道，夫豈一日之故哉？光至此亦無全理矣！原其始，皆由於其心以寵利居成功，不知爲人臣之分，故曰不學之過也。雖然，後之儒生如班固輩，蓋知以不學病光矣，然使其當小利害僅如毫髮，鮮不喪其所守，望其如光凜然當大事，屹如山嶽，其可得哉？然則光雖有不學之病，而其自得於天資者，蓋有不可及。後之儒生雖自號爲學者，譏議前人，而反無以自立，則亦何貴乎學哉？予謂人才如光輩，學者要當觀其大節，先取其所長，而後議其所蔽，反身而察焉，則庶幾爲蓄德之要。不然，所論雖似高，亦爲虚言而已矣。

或問：周勃、霍光在漢均有擁立之功，優劣如何？潛室陳氏曰：霍光仗忠義，舉動光明。平勃任智術，蹤跡踈昧。

汲　黯

龜山楊氏曰：周勃起布衣，蓋椎朴鄙人，以其重厚故可屬大事，則天下重任固非狷忿褊迫者所能勝也。武帝時，淮南王欲反，獨畏汲黯之節義。至論公孫弘輩，若發蒙爾。夫汲黯之直，爲天下敬憚如此。予獨疑其狷忿褊迫，臨大事不能無輕動，輕動則失事機，難與成功，故武帝謂古有社稷臣，黯近之矣，其有得於此乎？

疏廣　受

或論二疏不合徒享爵位而去，又不合不薦引剛直之士代己輔導太子。朱子曰：疏廣父子亦不必苛責之，雖未盡出處之正，然在當時親見元帝懦弱，不可輔導，他只得去，亦是避禍而已。觀渠自云「不去懼貽後悔」，亦自是省事恬退底，世間自有此等人。他性自恬退，又見得如此只得去，若不去，蕭望之便是樣子。望之即剛直之士。

魏相　趙充國

南軒張氏曰：魏相所存不得爲正，觀其有許史之累，則可見矣。夫欲其説之行，而假許史以爲重，此詭遇獲禽之心，君子不道也。然其爲相亦有可取者，四方有異聞，或有逆賊災變，輒奏言之，此誠宰相事也。其諫伐匈奴書有曰：「今郡國守相多不實選，風俗猶薄，水旱不時。按今年子弟殺父兄、妻殺夫者，凡二百二十二人。臣愚以此非小變也。」凡此在他人不知爲憂者，而相獨知憂之，亦概乎有聞矣。故予甚惜其進之不能以正也。進不以正，則牽制徇從之事必多，而感格正捄之風或鮮矣。

漢將誠當以趙充國爲最。凡將之病，患於勇而不詳也。充國蓋更軍事多矣，及聞西羌之事，則不敢以遽，而曰兵難遥度，願馳至金城圖上方略，其不敢忽如此。蓋思慮之深，經歷之多，孔子所謂臨事而懼，好謀而成者也。將之病，在於急近功也。充國則圖其萬全，陳屯田十二利，持久而爲不可動之計。其規模與孔明渭上之師，何以異哉？將之病，在果於殺而不恤百姓也。充國任閫外之寄，而爲國家根本之慮。

要使百姓安邊圉彊，而西戎坐消焉。此殆三代之將，非戰國以來摧鋒折敵者所可班也。反覆究其規模，味其風旨，遠大周密，拔出倫輩。予謂充國在宣帝時，且不獨爲賢將，殆可相也。使其爲相，必能爲國家圖回制度，爲後世慮，安養百姓，爲邦本計。如魏相輩，皆當在其下風耳。

丙吉

涑水司馬氏曰：丙吉爲丞相，出逢群盜格鬭，死傷橫道，過之不問，見牛喘而問之。以爲詰禁盜賊，守令之事；陰陽不調，此乃宰相職耳。談者美之，愚竊以爲不然。夫宰相所以治陰陽者，豈拱手端冕無所施設，而陰陽自調？蓋亦佐人主，治庶政，安四海，使和氣洋洋，薄於宇宙，旁暢周達，浸潤滲漉，明則百姓洽，幽則鬼神諧，然後寒暑時至，萬物阜安，雖古昔聖人之治天下，至於陰陽和、寒暑時，而至治極矣，豈庸人所能致哉？當丙吉爲政之時，政治之不得，刑罰之失中，不肖之未去，忠賢之未進，可勝紀哉！釋此不慮，而慮於牛喘以求陰陽，不亦踈乎？且京邑之內，盜賊縱橫，政之不行，孰甚於此！詩云：「商邑翼翼，四方之極。」近不能正，如遠人何？若曰守令之職，守令不賢，當責何人？非執政者之過，而又誰歟？昔士會爲政，晉國之盜逃奔于秦；子産爲政，桃李垂於街者莫援。若盜賊不禁而曰長安令之職，風俗不和而曰三老之職，刑罰不當而曰廷尉之職，衣食不足而曰司農之職，推而演之，天下之事各有其官，則宰相居於其間，悉無所與，而曰主調陰陽，陰陽固可坐而調耶？愚以爲丙吉自知居其位而無益於世，飾智譎問以揜其迹，抑亦自欺而已矣。

南軒張氏曰：丙吉深厚不伐，在他人亦無所難者，其德厚可稱也。其爲相若寬緩者，雖天資則然，意亦以宣帝之政尚猛，而有矯之之意歟？然抑亦太甚矣。至於韓延壽、楊惲之死，則亦莫能救也。吉見謂不親小事，知大體，二卿之死，夫豈事之小者耶？濫刑若是，其於大體何有？若語其才識，蓋不逮魏相遠矣。

黄霸

象山陸氏曰：黄霸爲潁川守，鰥寡孤獨死無以葬者，霸爲區處曰：「某所木可爲棺，某亭豬可以祭。」吏往皆如其言。遣吏司察事，既還而勞其食於道傍，爲烏所攫肉，事每得實，人無敢欺，皆以爲神。史家載其得之之由，以爲語次尋繹，問他陰伏以相參考，後世儒者乃以爲鈎距而鄙之。此在黄霸雖未盡善，而後儒非之者猶爲無知。蓋不論其本而論其末，不觀其心而遽議其行事，則皆不足以論人。原霸之心，本欲免人之欺，求事之實而已。

匡衡

朱子曰：嘗見一人云，匡衡做得相業全然不是，只是所上疏議論甚好，恐是收得好懷挾。又云：如答淮陽王求史遷書，其詞甚好。又曰：如宣元間詔令及戒諸侯王詔令皆好，不知是何人做。漢初時却無此議論，漢初却未曾講貫得恁地。又曰：匡衡説《詩·關雎》等處甚好，亦是有所師授，講究得到。

劉向　蕭望之

龜山楊氏曰：漢武元鼎元封之間，燕齊之士爭言神仙祭祀致福之術者以萬數，故淫祠於漢世爲多。雖當時名儒碩德，繼登宰輔，莫有能是正之者。元成之際，衡、譚用事，始奮然欲盡去淫祠，正以古義，又幸世主從之，其志行矣。未幾，以劉向一言而廢祠復興，豈不惜哉？蓋人情狃於禍福而易動，鬼神隱於無形而難知。以易動之情稽難知之理，而欲正百年之謬，宜乎其難矣！以劉向之賢，猶溺於習見，況餘人乎？○自孟子沒，王道不傳，故世無王佐之才。既無王佐之才，故其治效終不如古。若要行道，纔說做計較要行便不是。何故自家先負一箇不誠了，安得事成？劉向多少忠於漢，只爲做計較大甚，纔被見破，手足俱露，是甚模樣。○初，孝宣循武帝故事，招置名儒，劉更生以通達善屬文，與選中，可謂遇主矣。其後上復興神仙方術之士，而更生得淮南枕中鴻寶秘書獻之，言黄金可成，其所爲未免長君之過也。豈其逢世希合而爲之歟？抑年少學猶未能無惑於異端歟？其後與望之堪猛輩並立于朝，爲群小側目，更生乃令外親上變事，其義安在哉？夫君子小人相爲盛衰，蓋天地之大義也。消息盈虚，天地且不能不以其漸，況於人乎？且許史恭顯之於漢也，憑藉私昵寵嬖之恩，非一日矣。其培根深，其滋蔓遠，非所以朝升而暮罷。而君子之去小人，又非智謀之足恃也，亦有吾之仁義而已。彼方欲肆欺以罔吾之信，爲數以敗吾之義，而吾且欲決而去之，而自爲不信，其見乘也，不亦宜乎？予讀更生傳，見其惓惓於其君，未嘗不爲之歎息也。惜其不知義命之歸，故一蹶而不振，悲夫！

南軒張氏曰：蕭望之、劉更生輔元帝初政，以元帝天資之弱，而外有史高總朝廷之事，内有恭顯制樞機之權，二子居其間，可謂孤弱之勢，危疑之時矣。所以處之之道，要當艱深其慮，正固其守，誠意懇惻以廣上心，人才兼收以彊國勢。謹其爲，勿使有差；密其機，勿使或露。積之以久，上心開明，人才衆多，群心歸而理勢順，庶幾有可爲者。此在《易·屯》「膏小貞」之義也。而二子處之，蓋甚踈矣。其綢繆經理未嘗有一日之功也，遽白罷中書宦官，其機蓋已盡露而無餘策。既不蒙信用，而中外小人並起而乘之，身之死逐不足道，而當時之事遂不可復救。甚矣，二子之踈也！況其所爲自多不正，用人要當公天下之選，而二子者不惟其賢，惟其附己。不知小人迎合於外者，詎可保耶？故以鄭朋之傾邪而使之待詔，至於華龍之汙穢，亦欲入其黨，彼蓋有以召之也。在《易》有之，「君子以遠小人，不惡而嚴」。所謂嚴者，嚴其在我者也。二子處群小之間，而不嚴如是，其可得乎？袁安、任隗當梁冀强横之時，非惟不能加害，而卒能去之，以安、隗所處之嚴故也。故史稱安、隗素行高，冀未有以害之，斯言誠有味也，二子曾不知此耶？至於使外親上變事與子上書，則又其甚矣！予觀二子所執雖正，然懇誠之心不篤，勢利之念相交，以天下之公義，而行之以一己之私，蓋不知學之弊也。吁，可惜哉！然而昔人未可以一失斷其平生，若更生經歷憂患，晚歲氣象殊勝於前，處王氏之際，庶幾爲憂國敦篤者矣。

龔勝

涑水司馬氏曰：王莽慕龔君賓之名，訹以尊爵厚禄，刼以淫威重勢而必致之，君賓不勝逼迫，絶食而死。班固以薰膏之語譏焉，未聞有爲辨之者也，可不大哀歟！昔者紂爲不道，毒痡四海，武王不忍天下困窮而征之，斯則有道天子，誅一亂政之匹夫爾，於何不可？而伯夷、叔齊深非之，義不食周粟而餓死，狷隘如此，仲尼猶稱之曰仁，以爲不殞其節而已。況於王莽憑漢累世之恩，因其繼嗣衰絶，飾詐僞而盜之，又欲誣汚清士，以其臭腐之爵禄，甘言諛禮，期於必致，不可以智免，不可以義攘，則志行之士，舍死何以全其道哉？或者謂其不能黜芳棄明，保其天年，然則虎豹之鞹何以異於犬羊之鞹，庸人之行孰不如此？又責其不詭辭曲對若薛方然，然則將未免於諂，豈曰能賢？故君賓遭遇無道，及此窮矣。失節之徒排毁忠正以遂己非，不察者又從而和之，太史公稱伯夷、叔齊，不有孔子，則西山之餓夫誰識知之？信矣哉！

王莽

潛室陳氏曰：莽拔於族屬，繼四父而輔政，時人未之信也。於是刻心厲行以著其節，禮賢下士以釣其名，分布黨與以承其意，諂事母后以市其權，延見吏民以致其恩意，上下之勢既成，而人皆知有莽矣。於是力爲險異之行，以焜耀當時。封邑不受，位號不居，視天下爵禄若將浼焉。天下之人見其苦心如此，遂以其無他，而謂伊、周復出。故其避丁傅也，莫不稱其賢；其罷歸也，天下莫不訟其冤。一辭采女，而詣闕上書者千數。辭益封，而吏民上書者八千人。辭新野田，而前後上書者至四十八萬。蓋當時惟恐莽之一日去漢，舉國以授之惟恐其不受。夫莽斗筲之才，賈孺之智，兒曹之恩，妾婦之行，徒以驅委庸人，籠絡小孺，媚事婦人女子可也。而乃掩竊大物，豈非厄會然歟？

總論

朱子曰：漢興之初，人未甚繁，氣象劃地較好。到武、宣極盛時，便有衰底意思。○周人繁密，秦人盡掃了，所以賈誼謂秦專用苟簡自恣之行。秦又太苟簡自恣，不曾竭其心思。太史公、董仲舒論漢事，皆欲用夏之忠，不知漢初承秦，掃去許多繁文，已是質了。○董仲舒才不及陸宣公，而學問過之。張子房近黃老，而隱晦不露。

南軒張氏曰：西漢末世，風節不競，居位大臣號爲有正論者，不過王嘉、何武、師丹耳。在波蕩風靡之中，誠亦可取。比之光、禹，則甚有間矣。然西漢末年，正如病者元氣先敗，凡疾皆得以入之，而皆得以亡之。爲當時大臣者，要當力陳國勢根本之已蹶，勸人主以自强於德，多求賢才以自輔，庶可以扶助元氣，消靡沉痼。若不循其本，而姑因一事之謬、一人之進而指陳之，縱使一事之正，一人之去，亦將有繼其後者，終無益也。故哀帝之末，董賢雖去，而王氏即起，遂以亡漢矣。自成帝以來，受病之痼且大者，乃在王氏。如丁傅、董賢之徒，又特一時乘間之疾耳。在位者當深以王氏爲慮，以王氏爲慮，當如予所言，先勸人主以自强於德。自强於德，則不宜少有差失。顧反尊傅氏，寵董賢，以重失天下之心，是益自削而增助王氏之勢耳，故莽得以拱手而乘其後。惜當時論者皆不知及此也，可勝歎哉！

性理大全書卷之六十一

性理大全書卷之六十二

歷代四

東漢

光武

南軒張氏曰：光武之不任功臣爲三公，蓋鑑高帝之弊而欲保全之，前史莫不以爲美談。以予觀之，光武之保全功臣，使皆得以福禄終身，是固美矣，然於用人之道，則有未盡也。蓋用人之道，先以一説横於胸中，則爲私意，非立賢無方之義矣。高祖之待功臣誠非也。如韓、彭、黥布之徒，雖有大功，要皆天資小人。在《易》之《師》：「開國承家，小人勿用。」蓋於用師既終成功之後，但當寵之以富貴，而不可使之有國家而爲政也。高帝正犯此義，是以不能保功臣之終。爲光武者，要當察吾大臣有如韓、彭之徒者乎，則當以是待之。若光武之功臣則異於是，至寇、鄧、賈復，則又識明而行脩，量洪而器遠。以光武時所用之大臣論之，若三子者類過之遠甚，與共圖政，豈不可乎？顧乃執一概之嫌，廢大公之義，是反爲私意而已矣。抑光武之所責於大臣者特爲吏事，大臣之職顧如是乎？惟其不知大臣所當任之職，故不知用大臣之道，而獨以吏事之督責爲憂，抑亦末矣。方當亂定之後，正宜登用賢才，與共圖紀綱，以爲垂世長久之計，而但知吏事責三公，其貽謀之不競亦宜矣！

東萊吕氏曰：光武治天下，規模不及高帝。其禮嚴光，用卓茂，所以養得後來許多名節。○光武罷郡縣材官等事，其識見與秦皇相去不遠。

或問：光武之失正在攬權，而史乃稱其總攬權綱，舉無過事，何耶？潛室陳氏曰：光武再造於僵仆之後，如何不總攬權綱？但末流之弊，至不任三公，乃矯枉過正，非謂全不是。

和　帝

致堂胡氏曰：和帝幼冲，能誅竇憲，自是威權不失，無大過舉，尊信儒術，友愛兄弟，禮賢納諫，中國乂安，方之章帝，實過之矣。

鄧禹　吴漢

朱子曰：古人年三十時，都理會得了，便受用行將去。如鄧禹十三歲學於京師，已識光武爲非常人，後來杖策謁軍門，只以數言定天下大計。

古之名將能立功名者，皆是謹重周密，乃能有成。如吴漢、朱然，終日欽欽，常如對陳，須學這樣底方可。如劉琨恃才傲物，驕恣奢侈，卒至父母妻子皆爲人所屠。今人率以才自負，自待以英雄，以至恃氣傲物，不能謹嚴，以此臨事，卒至於敗而已。要做大功名底人，越要緊密，未聞粗魯闊略而能有成者。

嚴　光

南軒張氏曰：嘗怪嚴子陵竟不爲帝少

屈，何邪？ 攷子陵之言論風旨，亦非素隱行怪，必欲長往而不反者。彼與光武少而相從，知其心度爲最詳也。以謂光武欲爲當時之治，則當時之人才固足辦之，而無待乎己。若欲進乎兩漢之事，則又懼有未能信從者。不然徒受其高位，饗其尊禮之虛名，則非子陵之本心也，故寧不就之。然而以子陵爲光武之故人，名高一世，而竟高卧不屈，光武亦不敢以屈之。其所以激頑起懦，扶植風化，助成東京風俗之美，人才之盛，其爲力固亦多矣，豈不美哉！

黄　憲

龜山楊氏曰：黄叔度學充其德，雖顔子可至矣。

或問：黄憲不得似顔子。朱子曰：畢竟是資稟好。又問：若得聖人爲之依歸，想是煞好。曰：又不知他志向如何？顔子不是一箇衰善底人，看他多少聰明，便敢問爲邦，孔子便告以四代禮樂。

李固　杜喬

南軒張氏曰：李、杜二公精忠勁節，不憚殺身，百世之下，凜乎猶有生氣。其視胡廣、趙戒輩，真不翅如糞土也。但恨於幾會節目之間，處之未盡，要是於《春秋》提綱之法，講之不素耳。李固方舉於朝，即就梁商之辟，商雖未有顯過，然如固之志業，其進也將以正邦，殆不可以苟也。一爲之屬，即涉梁氏賓客，事必有牽制者矣，此其失之於前也。方質帝之弑也，固爲首相，又質帝忍死有語之以被毒之事，則任是責者，非固而誰？ 質帝既不幸，固便當召尚書發冀姦，正大義，顯言于朝，則忠臣義士孰不應固？

冀雖勢盛，然名其爲賊，逆順理殊，蓋可誅也。此間不容髪之時，而固昧夫大幾，獨推究侍醫等，舉動迂緩，使冀得以措手，大義不白，人心日以懈弛。其幾既失，固身據大位，當大權，持大義，而反聽命受制於賊，豈不惜哉？此其失之於後也。夫以冀之悖逆，而固且奏記與議所立，固豈不知冀心之所存哉？失太阿之柄，而陵遲至此耳。度固之不白發冀罪，非黨梁氏也，恐事之不成無益，故欲隱忍以待清河王之立，庶幾可扶社稷。而不知天下大變，已爲冢宰，理當明義以正之，事之成與不成，蓋非所問。況如前所論逆順之理，冀決無以逭死邪。固之隱忍，乃所以成冀姦謀，殺身不足道，而社稷重受害矣。若固者，盡其忠國之心，而無克亂之才，可勝惜哉！杜喬在九卿中若懷是見，必贊固爲之矣。及繼固爲相，已制命於冀矣。相與就死，嗚呼悲夫！

朱穆

龜山楊氏曰：蔡邕謂朱穆貞而孤，有羔羊之節。觀其立朝論議有足稱者，然乃從梁冀之辟，何也？孟子曰：「觀近臣以其所爲主，觀遠臣以其所主。」以穆之賢而主梁冀，烏在其爲貞孤哉？然邕之從董卓，無異於梁冀，宜其不以朱穆爲過也。

荀淑

朱子曰：近看温公論東漢名節處，覺得有未盡處。但知黨錮諸賢趨死不避，爲光武明章之烈。而不知建安以後，中州士大夫只知有曹氏，不知有漢室，却是黨錮殺戮之禍有以敺之也。且以荀氏一門論之，則荀淑正言於梁氏用事之日，而其子爽已濡跡於董卓專命之朝。及其孫彧則遂爲唐衡之壻，曹操之臣，而不知以爲非。蓋剛大直方之氣折於凶虐之餘，而漸圖所以全身就事之計，故不覺其淪胥而至此耳。想其當時父兄師友之間，亦自有一種議論文飾，蓋覆使驟而聽之者不覺其爲非，而真以爲是，必有深謀奇計可以活國救民於萬分有一之中也。邪説横流，所以甚於洪水猛獸之害，孟子豈欺予哉！

陳　寔

勉齋黄氏曰：陳太丘送張讓父之喪，人以爲善類賴以全活者甚衆，前輩亦以爲太丘道廣。嘗竊疑之，如此則枉尺直尋而可爲歟？士君子行己立身，自有法度，有義有命，豈宜以此爲法？天地如此其廣，古今如此其遠，人物如此其衆，便使東漢善類盡爲宦官所殺，世亦曷嘗無善類哉？若使是真丈夫，又豈畏宦官之禍，而藉太丘如此之屈辱以全其身哉？吾人於此等處，直須見得分明，不然，未有不墮坑落塹者也。

竇武　何進　陳蕃

龜山楊氏曰：桓靈之間，昏弱相仍，女后臨朝，權移近習久矣。王甫、曹節以臺厮之賤，便嬖寵暱之私，竊弄神器，固天下之所同疾也。竇武倚元舅之親，操國重柄，招集天下名儒碩德，布在王庭，相與仗義恊謀，勦絶凶類，正猶因迅風之勢以揚秠粃耳，豈不易哉？然而身敗功頽、貽國後患者，幾事不密，而禍成於猶豫也。方武之不受詔，馳入步軍營，召會北軍五校士數千人，勢猶足以有爲也。張奂，北州人豪，素非中人之黨，可以義動也。不能乘機決策，收爲己用，而乃遲回達旦，使逆賊得與奂等合，豈不惜哉？何進親見竇氏之敗，而不用陳琳、鄭公業之諫，躬蹈覆轍，引姦凶而授之柄，卒成移鼎之禍，進實兆之也。范曄乃引天廢商之言，豈不謬哉？

朱子曰：東漢誅宦官事，前輩多論之。然嘗細考其事，恐禍根不除，終無可安之理。後人據紙上語，指點前人甚易爲力，不知事到手頭實要處斷，毫髮之間，便有成敗，不是容易事。若使陳、竇只誅得首惡一二人，後來未必不取王允五王之禍也。

南軒張氏曰：竇武、陳蕃雖據權處位，而事當至難。主弱，一也；政在房闥，二也；宦者盤錯，其勢已成，三也。武等雖漸引類於朝，而植根未固，上則太后之心未明禍亂之原，下則中外之情未識朝廷之尊，而武等之謀，但欲速決爲誅小人之計。夫當時宦者雖有罪，然豈無輕重先後之倫？乃一概欲施之，舉動草草，今日誅數輩，明日誅數輩，輕重失其權，先後失其序，非天討矣。且使之人人自疑，反締其黨與而速其姦謀，善處大事者顧如是邪？觀朱瑀所謂「中官放縱者自可誅耳，我曹何罪而當盡族滅」？使蕃、武施之有道，行之有序，則雖此曹蓋亦有心服者矣。殲厥渠魁，脅從罔治，此待盜與小人之法，而亦天心也，況其所自處者又自有失。方是時，非衆志允從，其何以濟事？宦者竊柄已久，人知有此曹而已。爲大臣者要當深自刻苦，至誠惻怛，舉動無失，而後人有以孚信而趨向於我。人心向信，則勢立而形成，然後可以消弭禍亂。而武於靈帝踐位之初，一門三侯，妄自封殖，如此其誰心服乎？故王甫後來亦得以藉口，則可見此曹平日之所竊議，而衆志之所不平者矣。及難之作，雖曰忠義，而無或應之。以張奐之賢，猶且被紿而莫知逆順之所在，則以武平日所爲，未有以慰士大夫故也。蕃雖辭爵，而不能力止武之封，是亦潔身之爲耳。任天下之重，顧止如是哉？然予每讀蕃辭爵之疏，未嘗不三復歎息。其辭達，其義正，東京之文若此者蓋鮮，亦足以見其忠義之氣也，可勝惜哉！

趙苞

程子曰：東漢趙苞爲邊郡守，虜奪其母，招以城降，苞遽戰，而殺其母，非也。以君城降而求生其母固不可，然亦當求所以生母之方，奈何遽戰乎？不得已，身降之可也。王陵母在楚，而使楚，質以招陵，陵降可也。徐庶得之矣。

臧洪

龜山楊氏曰：臧洪初爲張超功曹，後遇袁紹以爲青州刺史。二人之遇洪，其義均矣，而洪之報二人者何其異哉？方曹公圍超於雍丘也，洪欲赴難，而請兵於紹。袁、曹方睦，而紹之與超素無一日之歡，則雍丘之圍非切於己也。欲其背好用師，以濟不切之難，則紹之不聽未爲過，而洪之絶紹，豈亦不量彼己歟？其不屈而死也，蓋亦匹夫匹婦之爲諒也已。

總論

或有問「甯武子邦有道則智，邦無道則愚。其智可及，其愚不可及」。初理會不得。武子當衛成公無道失國之時，周旋其間，盡心竭力而不去。及成公囚京師，武子求掌槖饘，賂醫薄酖，免衛侯於死，終以復國。及元咺之訟，武子又獨以忠而獲免。其能保身以濟其君如此，雖謂之知可也，而夫子曰「其愚不可及」。又嘗曰「君子哉蘧伯玉，邦有道則仕，邦無道則可卷而懷之」。以伯玉之事責武子，雖謂之愚不識時亦可也。然惓惓忠君，不避險艱，能爲人所不能爲，抑亦難矣，故謂之愚，蓋閔之也。其稱南容曰「邦有道則仕，邦無道則免於刑戮」。武子之免亦幸矣。然武子仕衛兩世，其君信任之，義不可棄之而去，其幾於東漢王允乎！允又不免被害。伊尹以天下爲己任，治亦進，亂亦進，使成湯不興，聘幣不至，雖五就桀，其志曷施？陳蕃，漢代人豪，驅馳險阨之中，與刑人腐夫同朝爭衡，屢退而不去者，以仁爲己任，非人倫莫相卹也。卒以謀踈見殺，亦昧於夫子免刑戮之戒。然陳蕃、王允猶是當時朝廷倚任，身居鼎軸，義當與國存亡，故程子曰：「亦有不當愚者，比干是也。」若無言責官守，則如東海逢萌，當先漢之亂，憤三綱之既絶，挂冠東都門，浮海而去，惟恐其或緩也。君子之道，詎可不識時幾？朱子曰：所疑甯武子事，大概得之。但爲蘧伯玉、南容之愚則易，爲武子之愚則難，所以聖人有不可及之歎。陳蕃、王允固不得爲伯玉、南容之愚，然蕃事未成而謀已泄，允功未就而志已驕，則又不能爲甯武子之愚，此其所以取禍也。然爲逢萌則甚易，爲二公則甚難，又不可以彼而責此。但當問其時義之如何，與其所處之當否可也。

南軒張氏曰：高祖洪模大略，非光武所及也。高祖起匹夫，提三尺取天下，光武則以帝室之胄，因人心之思漢而復舊業，其難易固有間矣。而高祖之對乃項籍，亦蓋世之豪也。光武所與周旋者，獨張步、隗囂、公孫述輩，其去籍蓋萬萬相遠矣。至於韓信、彭越之徒，皆如泛駕之馬，實難駕御，而盡在高祖掌握之中，指麾使令，無不如意。使光武有臣如此，未必能用也。然而創業之難，光武固不及高祖。而至於光武之善守，則復非高祖所及也。大抵高祖天資極高，所不足者學爾。即位之後，所以維持經理者，類皆踈略。雄傑之氣不能自斂，卒至平城之辱。一時功臣，處之不得其道，類皆赤族。此則由其學不足之故也。光武天資雖不逮高祖，而自其少時從諸生講儒學，謹行義，故天下既定，則知兵之不可不戢。審黄石，存包桑，閉玉關以謝西域之質。安南定北，以爲單于久遠之計。處置功臣，假以爵寵而不使之任事，卒保全其始終。凡此皆思慮縝密，要自儒學中來。至於尊禮隱逸，褒崇風節，以振起士氣，後之人君尤未易及此，非特高祖也。嗟乎，以高祖之天資，使之知學爲當務，則湯武之聖亦豈不可至哉！是尤可歎息也。○名節之稱起於衰世，昔之儒者學問素克，其施於用，隨時著見，不蘄於立節而其節不可奪，不蘄乎徇名而其名隨之，在己初無一毫加意也。至於世衰道微於陵遲委靡之中，而其能拔然自立者，則世以名節歸之，而士君子道學未至，則亦以此自負。吁，亦小矣。然而名節之稱雖起於衰世，而於衰世之中實亦有賴乎此，使併與是焉而俱亡，則亦無以爲國矣。西漢之儒者，予甚病之。蓋自董相、申公數人之外，其餘往往以佔畢詁訓爲儒，❶無復氣象。上焉既不能推尋問學之源流，而其次又不能以名節立於衰世，其亦何所貴於儒也。考其所自，亦由上之人有以致之。自高帝鄙薄儒生，文景則尚黄老，武帝雖號爲表章，然徇其文而不究其實，適足以爲害，至宣帝則又明示所以不崇尚之意矣。則其挫抑摧沮之餘，不復自振固宜。然儒者之學，豈必爲一時貴尚而後勉邪？待文王而後興者，凡民也。漢之儒者，自叔孫通師弟子，固皆以利禄爲事，至於公孫丞相取相印封侯，學士皆歆慕之。其流如夏侯勝之剛果，猶有明經取青紫之言，況他人乎？蓋其習俗胥靡之陋一至於此，宜乎王莽篡竊之日，貢符獻瑞一朝成群，而能自潔者，班班僅有見於史也。故光武中興，力矯斯弊，尊德義、貴隱逸，以變其風。而中世以後，人才輩出，雖視昔之儒者有愧，然在衰世之中守義不變，蓋有足尚者矣。至於桓靈之後，國勢奄奄，群狡並起，睥睨神器未敢即取者，亦一時君子維持之力也。然則名節之稱，在君子則爲未盡，而於國家亦何負哉？蓋不可不思也。○人言東漢之亡，黨錮趣之也。曾不知東漢若無數君子，其亡也尤速。譬如羸病者之服丹，一旦死則歸罪於丹，不知其所以能延數日之命者，丹之力。使其不服丹，則其死必速矣。○東京黨錮諸君子，蓋嘉其志氣之美，而惜其所處之未盡；重其天資之高，而歎其於學有所未足也。方是時，乾綱解紐，陰邪得路，天下之勢日入於頹敗矣。而諸君子曾不少貶以徇於世，慷慨所激，視死如歸，至於患難得喪，寧復肯顧，其志氣可謂美矣。

❶「其」，原作「自」，今據重修本改。

雖然，昔之君子，其出處屈伸之際，蓋各有義。故當困之時，則有居困之道；當屯之時，則有亨屯之法。時不我用，則晦處自脩，危行而言遜，其進不可苟也。若乃居位，則思其艱而慮其周，扶持根本，漸以圖濟，其爲不可驟也。黨錮諸君子在下，則嘘枯吹生，自爲題榜，圭角眩露，昧夫處困之道矣。及其有位於朝，不過奮袂正色，搏擊豪强數輩，以爲事業在是矣。又進而居高位，則果於有爲，直欲一施之而不復顧，身死非所問，而國勢愈傾，是又失亨屯之法矣。是豈非有所未盡爲可恨歟！若諸君子之不爲死生禍福易操，其間如李膺、杜密、陳蕃輩卓然一時，其天資可謂剛特不群矣。然惟其未知從事於聖門也，故所行雖正，立節雖嚴，未免發於意氣之所動，而非循乎義理之安；出於惡其聲之所感，而未盡夫惻隱之實。處之有未盡，固其宜也。豈非於學有不足歟！使其在聖門，則當入於仲由之科，聖人抑揚矯揉之，其必有道矣。或以爲陳太丘之事爲得其中，以予觀之，太丘在諸君子之中持心最平，蓋天資又加美焉耳。而其所處張讓之事，亦非中節，在當時隱迹自晦，豈無其方，何至送宦者之葬？此又爲矯失之過。以此免禍，君子亦不貴也。不然，則郭有道乎？識高而量洪，才優而慮遠，足爲當時人物之領袖，然收斂之功猶未之盡，要亦於學有欠也。不然，則黄叔度乎？言論風旨，雖不盡見，然其氣象温厚，圭角渾然，見之者有所感於心，其爲最高乎？使在聖門作成之，當居顔氏之科矣。

或問：高帝不免韓、彭之誅，而光武乃能全功臣之世，何耶？潛室陳氏曰：此大有說。一則逐鹿之勢，外相臣服，事定難制；一則高祖之業，名位素定，事已相安。一則草昧功臣，豪傑難收；一則中興功臣，謹守規矩。一則大度中有嫚罵之失，人心素疑；一則大度中能動如節度，人心素定。一則劫其死力，封爵過度，不計後患；一則赤心在人，監戒覆轍，務在保全。○問：高帝只因請苑事，便疑蕭何，欲置之辟。光武於馮異，或譖其威權太重，百姓歸心，而帝信之愈篤。何高帝之介介於其小，而光武乃釋然於其大？曰：高帝因諸將而疑元臣，光武鑑往事而全功臣。

三　國

漢　昭　烈

或云：昭烈知有權而不知有正。朱子曰：先主見幾不明，經權俱失，當劉琮迎降之際，不能取荊州，烏在其知權耶？至於狼狽失據，乃不得已而出於盜竊之計，善用權者正不如此。若聲罪致討，以義取之，乃是用權之善。蓋權不離正，正自有權，二者初非二物也。○劉備之敗於陸遜，雖言不合輕敵，亦是自不合連營七百餘里，先自做了敗形。是時孔明在成都督運餉，後云法孝直若在，不使主上有此行。孔明先不知曾諫止與否，今皆不可考。但孔明雖正，然盆。去聲。法孝直輕快，必有術以止之。○先主不忍取荊州，不得已而爲劉璋之圖。若取荊州，雖不爲當，然劉表之後君弱勢孤，必爲他人所取，較之取劉璋，不若得荊州之爲愈也。學者皆知曹氏爲漢賊，而不知孫權之爲漢賊也。若孫權有意興復漢室，自當與先主協力并謀，同正曹氏之罪，如何先主纔整頓得起時，便與壞倒，如襲取關羽之類是也。權自知與操同是竊據漢土之人，若先主事成，必滅曹氏，且復滅吴矣。權之姦謀蓋不可掩，平時所與先主交通，姑爲自全計爾。或曰：孔明與先主俱留益州，獨令關羽在外，遂爲陸遜所襲。當時只先主在内，孔明在外，如何？曰：正當經理西向宛洛，孔明如何可出？此特關羽恃才踈鹵，自取其敗。據當時處置如此，若無意外齟齬，曹氏不足平，兩路進兵何可當也？此亦漢室不可復興，天命不可再續而已，深可惜哉！

或問：蜀先主以國委孔明，無言不聽。伐吴之役，先主誠失計也，而孔明曾不以爲非，及其既敗，乃曰「法孝直若在，必能制主上東行」。何孔明不能諫於知己之主，而猶有待於孝直也？潛室陳氏曰：只緣孔明規模在據荆、益，方成伯業，以荆州爲必争之地，争而不得，後方悔耳。

魏曹操　吴孫權

元城劉氏謂馬永卿曰：温公退居洛，一日語某曰「昨夕看《三國志》，識破一事」。因令取《三國志》及《文選》示某，乃理會武帝遺令也。公曰「遺令之意如何」？某曰「曹公平生姦至此盡矣，故臨死諄諄作此令也」。公曰「不然，此乃操之微意也。遺令者，世所謂遺囑也。必擇緊要言語付囑子孫，至若纖細不緊要之事，則或不暇矣。且操身後之事，有大於禪代者乎？今操之遺令諄諄百言，下至分香賣履之事，家人婢妾無不處置詳盡，無一語語及禪代之事，其意若曰『禪代之事自是子孫所爲，吾未嘗教爲之』。是實以天下遺子孫，而身享漢臣之名，此遺令之意歷千百年無人識得，昨夕偶窺破之」。公似有喜色，且戒某曰：「非有識之士，不足以語之。」或云：非温公識高不能至此。曰：此無他也，乃一誠字爾。惟以誠意讀之，且誠之至者可以開金石。況此虚僞之事，一看即解散也。某因此歷觀曹操平生之事，無不如此。夜卧枕圓枕，噉野葛至尺許，飲鴆酒至一盞，皆此意也。操之負人多矣，恐人報己，故先揚此聲以誑時人，使人無害己意也。然則遺令之意，亦揚此聲以誑後世耳。

或論三國形勢。朱子曰：曹操合下便知據河北可以爲取天下之資，既被袁紹先説了，他又不成出他下，故爲大言以誑之。胡致堂説史臣後來代爲文辭以欺後世，看來只是一時無説了，大言耳。此著被袁紹先下了，後來崎嶇萬狀，尋得箇獻帝來，爲挾天子令諸侯之舉。此亦是第二大著。若孫權據江南，劉備據蜀，皆非取天下之勢，僅足以自保耳。○曹操用兵煞有那幸而不敗處，却極能料。如征烏桓，便能料得劉表不從其後來。○孫權與劉備同禦曹操，亦是其勢不得不合。孫權若不與劉備，即當迎降於操。然此兩人終非好相識，到利害處便不相顧。劉備纔得荆州，權便遣吕蒙去擒關羽。○人謂曹操父子爲漢賊，以某觀之，孫權真漢賊耳。先主孔明正做得好時，被孫權來戰兩陣，到這裏便難向前了，權又結托曹氏父子。權之爲人，正如偷去劉氏一物，知劉氏之興必來取此物，不若結托曹氏，以賊托賊。使曹氏勝，我不害守得一隅；曹氏亡，則吾亦初無利害。

諸葛亮

程子曰：孔明有王佐之心，道則未盡。王者如天地之無私心焉，行一不義而得天下不爲。孔明必求有成而取劉璋，聖人寧無成耳，此不可爲也。若劉表子琮將爲曹公所并取，而興劉則可也。孔明不死，三年可以取魏。且宣王有英氣，久不得伸必沮，死不久也。○孔明營五丈原，宣王言無能爲，此僞言安三軍耳。兵自高地來可勝，先主嘗自觀五丈原，曰「此地不可據」。英雄欺人，不可盡信。○問：文中子謂「諸葛亮無死，禮樂其有興乎」？諸葛亮可以當此否？曰：禮樂則未敢望他，只是諸葛亮已近王佐。又問：如取劉璋事，如何？曰：只有這一事大不是，便是計較利害。當時只爲不得此，則無以爲資。然豈有人特地出迎，他却於座上執之。大段害事，只是箇爲利。君子則不然，只一箇義不可便休，豈可苟爲？又問：如湯兼弱攻昧，如何？曰：弱者兼之，非謂并兼取他，只爲助他與之相兼也。昧者乃攻，亂者乃取，亡者乃侮。○諸葛亮近王佐之才。或問：亮果王佐才，何爲僻守一蜀而不能有爲於天下？曰：孔明固言明年欲取魏，幾年定天下，其不及而死則命也。某嘗謂孫覺曰：「諸葛武侯有儒者氣象。」孫覺曰：「不然。聖賢行一不義，殺一不辜，雖得天下不爲，武侯區區保完一國，不知殺了多少人邪！」某謂之曰：「行一不義，殺一不辜，以利一己則不可，若以天下之力誅天下之賊，殺戮雖多亦何害？陳恒弑君，孔子請討，孔子豈保得討陳恒時不殺一人耶？蓋誅天下之賊，則有所不得顧爾。」曰：「三國之興孰爲正？」曰：「蜀志在興復漢室則正也。」

元城劉氏曰：淮陰、武侯二人不同。若論人品，則淮陰不及孔明遠甚；若論功業，而武侯何寥寥也？馬永卿曰：西南者，漢始終之地也。故漢起於西南，而卒終於此。而淮陰當漢之初興，故能卓卓如此。而武侯之時，火將熸矣，故無所成也。曰：此固然矣。然淮陰所以得便宜者，以平日名太卑。而武侯所以無成者，以平日名太高也。淮陰有乞食胯下之辱也，而武侯即隱於隆中，而當時謂之卧龍，此一事也。又淮陰既從項梁，又事項羽，又歸漢，而武侯則必待三顧而後起，此又一事也。又楚漢之時，用兵者皆非淮陰之敵而嘗易之，故淮陰能取勝也。三國之時，若司馬仲達輩乃武侯等輩人也，而又素畏孔明，故武侯不能取勝也。譬知奕碁有二國手，一國手未有名而對之乃低碁，不知其爲國手而嘗易之，故狼狽大敗。有一國手已有名，對局者亦國手而差弱焉，謹以待之，故勝敗未分也。且淮陰既平魏趙，而功業如此其卓犖也，而龍且尚且輕之，曰「吾平生知韓信爲人易與耳，寄食於漂母，無資身之策；受辱於胯下，無兼人之勇。以淮陰平日名素卑也。孔明與司馬宣王對壘，不能取尺寸地，宣王受其巾幗之辱而不敢出兵。至其已死，按行軍壘，猶曰天下奇材也。故當時有「死諸葛走生仲達」之嘲，以孔明平日名素高故也。人品高下不同，而其功業反相去之遠者由此。

豫章羅氏曰：西漢人才可與適道，東漢人才可與立，三國人才可與權。杜欽、谷永可與適道而不可與立，故附王氏。陳蕃、竇武可與立而不可與權，故困於宦官。至於諸葛孔明然後可與權，夫人才至可與權而不可以有加。張良近太公之材略，諸葛近伊尹之出處。然良佐高祖，論其時則宜，語其德則合。亮處三國，則材大任小，惜哉！

朱子曰：孔明天資甚美，氣象宏大，但所學不盡純正，故亦不能盡善。取劉璋一事，或以爲先主之謀，未必是孔明之意，然在當時多有不可盡曉處。如先主東征之類，不見孔明一語議論，後來壞事，却追恨法孝直若在，則能制主上東行。孔明得君如此，猶有不能盡言者乎！○南軒言孔明體正大，問學未至，此語也好。但孔明本不知學，全是駁雜了，然却有儒者氣象，後世誠無他比。○程先生云「孔明有王佐之心，然其道則未盡」。其論極當。魏延請從間道出關中，侯不聽。侯意中原已是我底物事，何必如此？故不從。不知先主當時只從孔明，不知孔明如何取荆取蜀。若更從魏延間道出關中，所守者只是庸人，從此一出，是甚聲勢？如拉朽然，後竟不肯爲之。○問孔明出處。曰：當時只有蜀先主可與有爲耳。如劉表、劉璋之徒，皆了不得。曹操自是賊，既不可從。孫權又是兩間底人。只有先主名分正，故只得從之。○問：孔明殺劉璋是如何？曰：這只是不是。初間教先主殺劉璋，先主不從。到後來先主見事勢迫，也打不過，便從他計。要知不當恁地行計殺了他。若明大義，聲罪致討，不患不服。看劉璋欲從先主之招，傾城人民願留之。那時郡國久長，能得人心如此。○孔明之事，其於荆蜀亦合取。當日草廬亦是商量準擬在此，但此時不當恁地。若是恁地取時，全不成舉措。如二人視魏而不伐，自合當取。兼在是時，捨此無以爲資。若能聲其罪，用兵而取之却正。但當時劉焉父子亦得人情，恐亦未易取。或問：「聖人處此合如何？」曰：「亦須别有箇道理。若似如此，寧可事不成。只爲後世事欲苟成，功欲苟就，便有許多事。孔明大綱却好，只爲如此便有斑駁處。」○義利之大分，武侯知之，有非他人所及者，亦其天資有過人處。若其細微之間，則不能無未察處，豈其學有未足故耶？觀其讀書之時，他人務爲精熟，而已則獨觀大旨。此其大者固非人所及，而不務精熟，亦豈得無欠闕耶？○或論孔明事，以爲天民之未粹者，此論甚當。然以爲略數千户而歸，不肯徒還，乃常人之態，而孔明於此亦未能免俗者，則熹竊疑之。夫孔明之出祁山，三郡響應，既不能守而歸，則魏人復取三郡，必齮齕首事者墳墓矣。拔衆而歸，蓋所以全之，非賊人諱空手之謂也。近年南北交兵，淮漢之間，數有降附，而吾力不能守。虜騎復來，則委而去之，使忠義遺民爲我死者肝腦塗地而莫之收省。此則孔明之所不忍也。故其言曰「國家威力未舉，使赤子困於豺狼之吻」。蓋傷此耳。此見古人忠誠仁愛之心，招徠懷附之略，恐未必如或者之論也。○孔明失三郡，非不欲盡徙其民，意其倉卒之際，力之所及止是而已。若其心則豈有窮哉？以其所謂困於豺狼之吻者觀之，則亦安知前日魏人之暴其邊境之民，不若今之胡虜哉？孔明非急近功、見小利、詭衆而自欺者，徙民而歸，殆亦昭烈不肯棄民之意歟？○問：孔明興禮樂如何？曰：也不見得孔明都是禮樂中人，也只是粗底禮樂。○孔明擇婦，正得醜女，奉身調度，人所不堪。彼其正大之氣，經綸之藴，固已得於天資。然竊意其智慮之所以日益精明，威望之所以日益隆重者，則寡欲養心之助與爲多焉。○看史策自有該載不盡處。如後人多説武侯不過子午谷路，往往那時節必有重兵守這處，不可過。今只見子午谷易過，而武侯自不過。史只載魏延之計，以爲夏侯楙是曹操壻，怯而無謀，守長安甚不足畏。這般所在，只是該載不盡。亮以爲此危計，不如安從坦道。又揚聲由斜谷，又使人據箕谷，此可見未易過。○問：孔明出師每乏糧。古人做事須有道理，須先立些根本。曰：孔明是殺賊不得不急，如人有箇大家被賊來占了，趕出在外牆下住，殺之豈可緩？一纔緩，人便一切都忘了。孔明亦自言一年死了幾多人，不得不急爲之。意司馬懿甚畏孔明，便使得辛毗來遏，令不出兵，其實是不敢出也。○諸葛公是忠義的司馬懿，司馬懿是無狀底諸葛公，劉禪備位而已。

南軒張氏曰：諸葛武侯左右昭烈父子立國於蜀，明討賊之義，不以强弱利害二其心，蓋凜凜乎三代之佐也。侯之言曰：「漢賊不兩立，王業不偏安。」又曰：「臣鞠躬盡力，死而後已。至於成敗利鈍，非臣之明所能逆睹。」嗟乎！誦味斯言，則侯之心可見矣！雖不幸功業未究，中道而殞，然其扶皇極，正人心，挽回先王仁義之風，乘之萬世，與日月同其光明可也。夫有天地，則有三綱，中國之所以異於夷狄，人類之所以别於庶物者，以是故耳。若汩於利害之中，而亡夫天理之正，則雖有天下，不能一朝居。此侯所以不敢斯須而忘討賊之義，盡其心力至死不悔者也。方天下雲擾之初，侯獨高卧，昭烈以帝室之胄，三顧其廬，而後起從之。則夫出處之際，固已有大過人者。其治國，立經陳紀而不爲近圖；其用兵，正義明律而不以詭計。凡其所爲，悉本大公，曾無纖毫姑息之意，類皆非後世所可及。至讀其將没自表之辭，則知天下物欲舉不足以動之。所養者深，則所發者大，理固然也。曾子曰：「士不可以不弘毅。」若侯者，其所謂弘且毅者歟！孟子曰：「富貴不能淫，貧賤不能移，威武不能屈。此之謂大丈夫。」若侯者，所謂大丈夫非耶？○問：孔明不死，能取中原否？曰：屯田渭上，根本已固，必能取中原。司馬懿亦是能者，常不敢與戰。又問：蔣琬特守常之才乎？曰：誠不可以應變。○馬謖議論與孔明略相似，其才非不可用，但置之帷幄則可，以之爲將帥則違其才。孔明使之領衆爲前鋒，於此小有差爾。

或問：魯兩生謂禮樂必百年可興，文中子輕許孔明，何也？潛室陳氏曰：叔孫通人物污下，故兩生却之。孔明人物正大，故文中子許之。○問：文中子曰：「諸葛亮而無死，禮樂其有興乎？」《近思録》程子亦以此許之。敢問孔明自比管、樂，使果能興復漢室，恐未必便能興禮樂如三代。曰：孔明是天資帶得，又從學問中攧出來。據他用事行師調度，若當升平之時，做出必須光明，不止漢唐人物。○問：巴蜀四塞，非進取之地。惟一江陵，然諸葛亮不勸先主都之。及關羽之危，又不聞救之。何也？曰：江陵屬荆州，武侯首陳取荆州之策，先主不能用，其後争之於吴而不得，吴止分數郡以與之。至關羽之敗，并數郡而失之，況得而都之耶？況荆襄爲南北咽喉，在三國爲必争之地，乃戎馬之場，非帝之都也。

魯齋許氏曰：不問利害，只求義理，孔明見得真。當時只有復漢討賊爲當然，至於成敗利鈍，非臣之明所能逆睹，歸之於天而已。只得如此做，便是聖賢之心，常人則必計其成敗利害也。

臨川吴氏曰：「開誠心，布公道，集衆思，廣忠益，諸有忠慮於國，但勤攻吾之闕。」漢丞相諸葛忠武侯語也，可以爲萬世相天下者之法矣。孔明豈不知爲相之體哉？於主簿楊顒之諫也，生既謝之，死又哀之。孔明豈不知其言之忠哉？然而罰二十以上皆親覽，食少事繁，至爲敵國所窺，而慶幸其不久。孔明豈不知愛重其身哉？其若是者何也？嗚呼！是未可以常情度，淺識議也。夫知相之體而未免自勞，知言之忠而未見樂取，知一身繫國之存亡而竟取敵國慶幸之計，苟非甚愚者，或有所不爲，而謂蓋世絶人之智者爲之乎？予故曰：「是未可以常情度，淺識議也。」且當時事勢如何耶？以一木支大厦之傾，事君而致其身，盡瘁於國，遑恤其他，夫豈可已而不已者？楊顒之諫，謂之愛孔明則可，謂之知孔明則未也。杜子美詩云：「三分割據紆籌策，萬里雲霄一羽毛。」又云：「運移漢祚難恢復，志決身殲軍務勞。」此詩字字有意，細味之，庶乎知孔明之心，而豈常情淺識之所能測度擬議者哉？

荀　彧

龜山楊氏曰：議者謂曹公非取天下於漢，其説非也。方曹公以强忍之資，因亂假義，挾主威以利諸侯，其包藏禍心，天下庸人知之矣。而荀彧間關河冀，擇其所歸，卒從曹氏，志欲扶義奮謀，以舒倒懸之急。迹其行事，可謂勇智兼人矣。乃獨不知曹氏之無君乎？其拒董昭之議何也？夫豈誠有忠貞之節歟，抑欲以晚節蓋之歟？由前則不智，由後則不忠，不智不忠而求免於亂臣，宜乎其難矣！嗚呼，荀君安得無罪歟？觀其臨大義，斷大謀，操弄强敵於股掌之間，輔成曹氏之霸業。至其威加海內，下陵上逼，乃欲潛杜其不軌，是猶揚瀾潰堤，以成滔天之勢，而後徐以一葦障之，尚可得乎？而范曄猶謂彧有殺身成仁之美，吾不知其説也。○東坡謂荀文若其才似子房，其道似伯夷。予以謂其才似子房則有之矣。伯夷不事非君，不立於惡人之朝，寧忍事操乎？以爲其道似伯夷，吾不知其説。

朱子曰：荀彧之死，胡文定引宋景文説，以爲劉穆之宋齊丘之比，最爲得其情狀之實，無復改評矣。考其議論本末，未見其有扶漢之心，其死亦何足悲。又據本傳，彧乃唐衡之壻，則彧之失其本心久矣。

性理大全書卷之六十二

性理大全書卷之六十三

歷代五

晉

元帝

或問：晉元帝所以不能中興者，其病安在？朱子曰：元帝與王導元不曾有中原志，收拾吴中人情，惟欲宴安江左耳。

南軒張氏曰：爲國有大幾，大幾一失，則其弊隨起而不可禁。所謂大幾，三綱之所存是也。晉元帝初以懷帝之命來臨江左，當時之意，固以時事艱難，分建賢王以爲屏翰，庶幾增國家之勢，折姦宄之心，緩急之際，實賴其糾率義旅入衛王室，其責任蓋不輕矣。而瑯琊之入建業，考觀其規模，以原其心度之所安，蓋有自爲封殖之意，而無慷慨謀國之誠。懷帝卒以蒙塵，迄不聞勤王之舉。愍帝之立，增重寄委，制詔深切，而亦自若也。祖逖擊楫渡江，聊復以兵應其請，反從而制之，使不得有爲，則其意不在中原也審矣。坐視神州板蕩，戎馬縱横，不以動其心，不過欲因時自利云耳。愍再蒙塵，懼天下之議己，則陽爲出師之勢，遷延顧望，終歸罪於運餉稽緩，斬一無辜令史以塞責，赤眚之異亦深切矣。吾誰欺，欺天乎？夫受君父之委託，而坐視其禍變；因時事之艱難，而覬幸以自利。三綱淪矣！惟其大幾既失，故其所以建國規模亦復不競。亂臣賊子如王敦輩，不旋踵而起，蓋其弊有以致之也。使元帝痛懷、愍之難，篤君臣之義，念家國之讎，率江東英俊，鼓忠義之氣，北向討賊，名正理順，安知中原無響應者？以區區一祖逖，倔强自立於群雄之間，猶幾以自振。況肺腑之親，總督之任，數路之勢，何所不濟哉？惟其不以大公爲心，而私意蔽之，甚可歎息也！

温　嶠

南軒張氏曰：温太真忠義慷慨，風節表著，足以爲晉室名臣，古今所共推，不待詳言。然吾獨有所恨者，絶裾之事也。太真少時，甞以孝友篤至稱。❶一旦奉劉琨之檄，將命江左，母崔固止之不可，至於絶裾而行。噫，太真有母在，此身固不得以許琨矣！獨不見徐元直之事乎？元直所謂方寸亂矣，蓋其天性不可已者也，而太真獨忍於此乎？若既以委質爲人之臣，當危難而無避可也。將命之舉，豈無他人？太真念母獨不得辭乎？度其意不過以江左將興，奉檄勸進，徼倖投富貴之機，赴功名之會耳。而其所喪，不過甚乎？或曰：使太真不來江左，則寧復有後世之事業？太真固不得以兩全矣。此殆不然，昔人之事業皆非有所爲而爲之，事理至前，因而有成之耳。若懷希慕求必之心，則其私欲而已。苟可以就異日之事，則凡背親賊性，皆可以屑爲。此三綱之所由壞，而弊之所由生也。故伯夷、叔齊不受其國，夫子以爲求仁而得仁。商之三臣，微子不得不去，箕子不得不爲奴，比干不得不死，皆素其位而行也。豈直太真之事業爲不足道，就使太真能佐晉

❶「甞」，重修本作「常」。

室，克復神州，一正天下，勳烈如此，浮雲之過太虛耳！豈足以塞其天性之傷也？夫太真順母之心而終其身，雖泯滅無聞於後，顧其所全者大，於身無愧，烏能以此易彼哉？故予謂太真稱爲功名之士則可，尚論古人則可憾矣！

顧榮　賀循

朱子曰：東晉時所用人才皆中州浮誕者之後，惟顧榮、賀循有人望，不得已而用之。

王導　謝安　殷浩

或云：庾亮欲移鎮石城，興兵討趙，王導許之，郄鑑、蔡謨等皆以爲不可也。范陽張氏曰：晉以寡弱之師，一旦討强暴之寇，是無異驅群羊以攻猛虎，不格明矣。使王導不知利害，則導爲不智。知而許之，則導爲不忠。不智不忠，何以爲導？予竊料其意，蓋當是時，導與庾亮有隙，亮欲起兵以廢導，於此復沮其謀，適所以激彼之怒，故不若陽且許之以快其情，陰使郄鑑等拒之以絶其議。此乃君子之待小人，不得不然耳。觀史者當逆其意可也。

或問：老子之道，曹參、文帝用之皆有效，何故以王、謝之力量反做不成？朱子曰：王導、謝安又何曾得老子妙處？然謝安又勝王導。石林説「王導只是隨波逐流底人，謝安却較有建立，也煞有心於中原。王導自渡江來，只是恁地，都無取中原之意」。此説也是。但謝安也被這清虚絆了，都做不得。○謝安之待桓温本無策，温之來，廢了一君，幸而要討九錫，要理資序，未至太甚，猶是半和秀才。若他便做箇二十分賊，如朱全忠之類，更進一步，安亦無如之何。王儉平日自比謝安，王儉是已敗闕底謝安，謝安特幸未踈脱底王儉耳。安比王儉只是有些英氣，符堅之來亦無措置。前輩云非晉人之善，乃符堅之不善耳。然堅只不合擁衆來，謝安必有以料之。兼秦人國内自亂，晉亦必知之，故安得以鎮静待之。堅之來，在安亦只得發兵去迎敵當來，符堅若不以大衆來，只以輕兵時擾晉邊，便坐見狼狽。因問萬正淳曰：桓温移晉祚時，安能死節否？曰：必不能，却須逃去。曰：逃將安往？若非死節，即北面事賊耳。到這裏是築底處，中間更無空地。因説韋孝寬智略如此，當楊堅簒周時，尉遲迥等皆死，孝寬乃獻金熨斗。始嘗疑之，既不與他爲異，亦何必如此結附之？元來到這地位，便不與辨，亦不免死。既不能死，便只得失節耳。又曰：謝安之於符堅，❶如近世陳魯公之於完顔亮，幸而捱得他死耳。又曰：如前代多有幸而不敗者。如謝安，桓温入朝，已自無策，從其廢立，九錫已成，但故爲遷延以俟其死。不幸而病小甦，則將何以處之？擁重兵上流而下，何以當之？於此看，謝安果可當伏節死義之資乎？或曰：坦之倒持手板，而安從容閒雅，似亦有執者。曰：世間自有一般心膽大底人。如廢海西公時，他又不能拒，廢也得，不廢也得，大節在那裏？

南軒張氏曰：符堅掃境入寇，方是時，晉室之勢亦甚殆矣。梁、益既非吾有，而襄、沔復爲所破，在他人宜恐懼失措之不暇，而謝安方且從容應敵，不過以江北軍事

❶「於」，原作「與」，今據重修本改。

付之謝玄及劉牢之輩，卒以成功。蓋其方略素定，非僥倖苟然也。安明於用人，考察既精，不以親疎而廢。玄有謀慮，善使人，而牢之勇鋭出衆，安所施置，各得其宜。蓋用兵之道當以奇正相須，使玄將重兵于後，此正也；使牢之將精兵迎擊于前，此奇也。秦兵既近洛澗，牢之攖其鋒，直搏而勝之，固以奪其心矣。淝水之戰，其勝算已在目中，故秦兵一退，風聲鶴唳，以至山川草木皆足以懼之，惟牢之先奪其心故也。安之方略，可謂素定矣。惟其素定，故安静而不撓，其矯情鎮物，豈固爲是哉！夫有所恃故耳。至於却上流之兵，又其一奇也。得上流之兵不足以助益，而適足以銷薄聲勢，摇動人心，桓冲是舉亦無謀矣。吾慮既定，一却其兵，而戰士之心益固，國内之情舉安，安見之明且審矣。嗟乎，國之所恃者人才耳。以當時晉室之勢，獨任一謝安，足以當苻秦百萬之師。以予觀之，非特安方略之妙，抑其所存忠義純固，負荷國事，直欲與晉室同存亡，故能運用英豪，克成勳業，誠與才合故也。大抵立大事者，非誠與才合，不足以濟。若安者，其在東晉人物中傑出者哉！

或問：晉殷浩、謝安少有重名，方其隱而未用也，人皆以公輔期之。或曰「淵源不起，❶如蒼生何」？或曰「謝安不起，當如蒼生何」？及其既用也，謝安却苻秦，安晉室，功業亦可無負。而殷浩舉兵北伐，師徒屢敗，桓温因朝野之怨而廢之，如棄草芥。夫人之擬二子則同，而二子事業何其相遠？潛室陳氏曰：東晉諸賢大抵務養名

❶「淵」，原作「深」，今據重修本改。

節，不務實用。幸而成功則爲謝安，如其無成則爲殷浩。然安能矯情鎮物，浩則遇事周章，較是輸他一着也。

符　堅

程子曰：符堅養民而用之，一敗不復振，無本故也。

或問：符堅立國之勢亦堅牢，治平許多年，百姓愛戴，何故一敗塗地，更不可救？朱子曰：他是掃土而來，所以一敗更救不得。又問：他若欲滅晉，遣一良將提數萬之兵以臨之，有何不可？何必掃境而來？曰：他是急要做正統，恐後世以其非正統，故急欲亡晉。此人性也急躁，初令王猛滅燕，猛曰：「既委臣，陛下不必親臨。」及猛入燕，忽然堅至，蓋其心又恐猛之功大，故親來分其功也。便是他器量小，所以後來如此。○孔明臨陣對敵，意思安閒，如不欲戰。而符堅踴躍不寐而行師，此其敗不待至淝水而決矣。

桓　温

朱子曰：桓温入三秦，王猛來見，眼中不識人，却謂「三秦豪傑未有至，何也」？三秦豪傑非猛而誰？可笑！

陶　潛

朱子曰：陶淵明有高志遠識，不能俯仰時俗，故作《歸去來詞》以見志。抑以其自謂晉臣恥事二姓，自劉裕將移晉祚，遂不復仕，則其意亦不爲不悲矣。然其詞義夷曠蕭散，雖託楚聲而無其尤怨切蹙之病云。○張子房五世相韓，韓亡，不愛萬金之産，弟死不葬，爲韓報讎。雖博浪之謀不遂，横陽之命不延，然卒藉漢滅秦誅項，以攄其憤。然後棄人間事，導引辟穀，託意寓言，將與古之形解銷化者相期於八紘九垓之外。使千載之下聞其風者，想像歎息，不知其心胸面目爲何如人。其志可謂壯哉！陶元亮自以晉世宰輔子孫，恥復屈身後代。自劉裕簒奪勢成，遂不肯仕。雖其功名事業不少概見，而其高情逸想播於聲詩者，後世能言之士皆自以爲莫能及也。蓋古之君子，其於天命民彝，君臣父子，大倫大法之所在，惓惓如此。是以大者既立，而後節概之高，語言之妙，乃有可得而言者。如其不然，則紀逡、唐林之節非不苦，王維、儲光羲之詩非不翛然清遠也。然一失身於新莽、禄山之朝，則其平生之所辛勤而僅得以傳世者，適足爲後人嗤笑之資耳！

鶴山魏氏曰：世之辯證陶氏者曰：「前後名字之互變也，死生歲月之不同也，彭澤退休之年，史與集所載之各異也。」然是所當考而非其要也。其稱美陶公者曰：「榮利不足以易其守也，聲味不足以累其真也，文詞不足以溺其志也。」然是亦近之。而公之所以悠然自得之趣，則未之深識也。風雅以降，詩人之詞樂而不淫，哀而不傷，以物觀物而不牽於物，吟咏性情而不累於情，孰有能如公者乎？有謝康樂之忠而勇退過之，有阮嗣宗之達而不至於放，有元次山之漫而不著其迹，此豈小小進退所能窺其際耶？先儒所謂經道之餘，因閒觀時，因静照物，因時起志，因物寓言，因志發詠，因言成詩，因詠成聲，因詩成音者，陶公有焉。

臨川吴氏曰：靖節先生高志遠識，超越古今，而設施不少概見。其令彭澤也，不過一時牧伯辟舉相授，❶俾得公田之利以自養，如古人不得已而爲禄者爾，非受天子命而仕也。曾幾何時，不肯屈於督郵而去。充此志節，異時詎肯忍恥於二姓哉？觀《述酒》、《荆軻》等作，殆欲爲漢相孔明之事，而無其資。責子有詩，與子有疏，志趣之同，苦樂之安，一家父子夫婦又如此。夫人道三綱爲首，先生一身而三綱舉無愧焉。忘言於真意，委運於大化，則幾於同道矣。誰謂漢魏以降，而有斯人者乎！

崔浩

或問：崔浩如何？朱子曰：也是箇博洽的人。他雖自比子房，然却學得子房獃了。子房之辟穀，姑以免禍耳，他却真箇要做。

總論

五峰胡氏曰：桀紂秦政皆窮天下之惡，百姓之所同惡。故商、周、劉漢因天下之心伐而代之，百姓親附，居之安久，所謂仁義之兵也。魏晉以來，莫不假人之柄，而有隳三綱之罪，仁義不立，綱紀不張，無以締固民心，而欲居之安久，可乎？

象山陸氏曰：燕昭王之於樂毅，漢高帝之於蕭何，蜀先主之於孔明，符秦之於王猛，相知之深，相信之篤，這般處所不可不理會，讀其書不知其人可乎？

臨川吴氏曰：楚三閭大夫竭其忠志，欲强宗國，懷王信讒踈之，國事日非，竟客

❶「相」，原作「扳」，今據四庫本改。

死於秦。襄王又信讒，放之江南，原不忍見宗國駸駸趨於亡，遂沈江而死。韓爲秦所滅，韓臣之子子房，自以五世相韓，散財結客，爲韓報讎。博浪之椎不中，則匿身下邳以俟時。山東兵起，從沛公入關，立韓公子成續韓後。秦亡而楚霸，王沛公於漢，又殺韓成，良乃輔漢滅楚，而從隱去。諸葛孔明初見昭烈，已知賊之必亡漢，而勸昭烈跨有荆、益，圖霸業，復帝室，後卒償其所言。晉陶淵明自其高祖長沙桓公爲晉忠臣，及桓玄篡逆，劉裕起自布衣誅玄，又滅秦滅燕，挾震主之威，晉祚將易，既無昭烈可輔以興復，又無高皇可倚以報復，志願莫伸，其憤悶之情往往發見於詩。蓋四賢者，其遇時不同，其爲人不同，而君臣之義重，則其心一也。

唐

高祖

或問：劉武周兵勢甚銳，關中震駭，上出手敕曰「賊勢如此，難與争鋒。宜棄大河以東，謹守關西而已」。秦王世民上表請行，如何？范陽張氏曰：高祖可謂謬而無策矣。且唐所以能守關西者，以河東爲之障蔽也。今舉而棄之，則賊兵深入，是棄關西也，豈不謬哉？以此推之，高祖之取天下賴有世民耳。不然，事未可知也。○問：李密據洛口倉，流民就食日以萬數，何也？曰：隋失其鹿，豪傑並起而逐之。李密據洛口，王世充據東都，竇建德據山東，以至蕭銑、薛軌之徒莫不各據險要以争進取。惟唐高祖用秦王策，獨決計入關。關中既定，遂尊立代王以號令天下，除隋苛法以陰結民心，收攬豪傑以經營四方，則天下之柄已在唐掌握中矣。彼李密輩雖橫鶩於外，果何益哉？

朱子曰：唐高祖辭得九錫，却是。

太宗

或問：貞觀之治不幾於三代之盛乎？

程子曰：《關雎》、《麟趾》之意安在？

或問：范祖禹《唐鑑》譏太宗曰：「陷父之罪，脅以起兵。古人行一不義而得天下弗爲也，太宗終守臣節可也。愚歷觀唐史，隋煬帝既遺江都之使，唐高祖不宜坐處夷滅。況大業之末，生民塗炭，太宗苟不爲此，必無以濟蒼生之困。」范氏正大之説，果可用否？使聖賢處此，當守臣節乎？將權以濟事乎？潛室陳氏曰：孤隋之暴，何止桀紂！若欲行湯武之事，但當正名弔伐，不當自陷於盜賊之地而脅以起兵。以斯舉事，是以亂易亂也，大桀小桀也。惜乎！太宗有濟世之志，傷於欲速迫切，反以堂堂禮義之師自陷於亂臣賊子之倫。世上有理明義直之事，只爲學術不正，舉動不明，便壞了事體。○問：唐太宗誅高德儒之諂諛，薄宇文士及之不忠，豈不知姦邪讒諂之士不可厠文墨議論之臣，而定十八學士之選，而許敬宗之姦獨録而不棄，何耶？曰：知人甚難。太宗不但失於許敬宗，以李勣可任大事，此失之尤者。

中宗 武后附

朱子曰：唐中宗事，致堂、南軒皆謂五王合併廢中宗，因誅武氏，別立宗英。然當時事勢，中宗却未有過。正緣無罪被廢，又是太宗孫、高宗子，天下之心思之，爲他不憒，五王亦因此易於成功耳。中宗後來所爲固是謬，然當時便廢他不得。○問：狄梁公雖復正中宗，然大義終不明，做得似鶻突。曰：當此時，做得到恁地。狄梁公終死於周，然薦得張柬之，迄能反正。又問：呂后事勢倒做得只如此，然武后却可畏。曰：呂后只是一箇村婦人，因戚姬遂迤邐做到後來許多不好。武后乃是武功臣之女，合下便有無君之心。❶自爲昭儀，便鴆殺其子，以傾王后。中宗無罪而廢之，則武后之罪已定。只可便以此廢之，拘於子無廢母之義，不得。胡文定謂武后之罪當告于宗廟社稷而誅之。○問武后之禍曰：前輩云當廢武后所出，别立太宗子孫。曰：此論固善。但當時宗室爲武后殺盡，存者皆愚暗，豈可恃？

南軒張氏曰：致堂胡氏論五王不誅武后事，曰：「武氏誠當誅，但既立其子，難誅其母。或者以爲予奪輕重之間，不過告于唐家宗廟，廢置幽處之耳。然以中宗之昏庸，其復之如反手耳，亦豈是長策？以愚觀之，五王若有伊周之見，則當時復唐家社稷，何必須立中宗？中宗雖爲武后所廢，然嘗欲傳位與后父。是其得罪宗廟，不可負荷，已自著見。五王若正大義於唐家，見存子孫中，公選一人以承天序，告于宗廟，誅此老媼，則義正理順，唐祚有泰山之安矣。」

玄　宗

元城劉氏嘗與馬永卿論唐史，及明皇

❶「君」，原作「稽」，今據《朱子語類》卷一百三十二改。

信任姚、宋事。曰：此二人與張説乃天后時相也，非己自用，故敬憚之。至於張九齡輩，乃己所自用，故於進退輕也。永卿曰：人主用相，必要專一。明皇用二相專，故能成開元之治。曰：明皇仰面不對除吏，雖是好事，然未也。明皇之任用宰相是也，其以情告宦官者非也。使力士以誠告崇固可，若加以誕謾之語，則崇何從質之？曷若以語力士之言面諭崇，則君臣之情洞然無疑矣。又曰：以明皇之任韓休一事觀之，信忠臣之難遇，而佞臣之難去也。藉使令知其人，曰某人忠、某人姦，亦未必能任且去之也。明皇分明知韓休之忠，乃速去之；分明知蕭嵩之佞，乃久任之。後來任李林甫又更好笑，分明知其姦，至用之二十來年，至死乃罷。人主唯患不能分別忠佞，今分明知之乃如此，欲天下不亂可乎？又曰：雖大無道之君亦惡亂亡，而明皇中材之主，知姦邪而用之，何也？曰：此蔽於左右之佞幸耳。蓋所謂佞幸者，嬪御也，内臣也，戚里也，幸臣也，此皆在人主左右而可以進言者也。賢相不與佞幸交結，彼有所倖求，則執法而抑之，人人與之爲讎，必旦旦而譖之，而人主之眷日衰矣。姦臣則交結佞幸，彼有所僥求，則謹奉而行之，人人感其私恩，必旦旦而譽之，則人主之眷日深矣。人主雖欲用忠臣而去佞臣，不可得也。李林甫所以作相二十年不去者，正緣得高力士、安禄山、陳希烈等内外贊助之也。

或問：唐明皇開元天寶之治，何始之不克終耶？潛室陳氏曰：開元之世乃無妄之時，雖四夷時有不靖，乃無妄之疾。緣小人以邊功動之，致令邊釁一開，生出萬端病痛，乃無病服藥之故。

肅　宗

致堂胡氏曰：玄宗既有傳位之命，太子非真叛也。其失在玄宗命不亟行，而裴冕諸人急於榮貴，是以致此咎也。使肅宗著於父子君臣之義，豈爲諸人所移？得以移之，則其心有以來之爾。唐高祖、睿、玄之逼，不見幾故也。而太宗、明、肅之惡，欲速見小利。故父不父，子不子，豈非後世之大鑑歟？

朱子曰：肅宗之收復京師，其功固可稱。至不待父命而即位，分明是篡。功過當作兩項説，不以相揜可也。

憲　宗

朱子曰：退之云「凡此蔡功，惟斷乃成」。今須要知他斷得是與不是。古今煞有以斷而敗者，如唐德宗非不斷，却生出事來。要之只是任私意。帝剛愎不明理，不納人言。惟憲宗知蔡之不可不討，知裴度之不可不任。若使他理自不明，胸中無所見，則何以知裴公之可任？若只就斷字上看，而遺其左右前後，殊不濟事。

王珪　魏徵

程子曰：天下寧無魏公之忠亮，而不可無君臣之義，昔事建成而今事太宗可乎？

或云王、魏事，後世人不當盡繩以古人禮法，畢竟高祖不當立建成。朱子曰：建成既如此，王、魏何故不見得？又何故不知太宗？如此便須莫事建成，亦只是望僥倖。問：二人如此機敏，何故不見得？

曰：王、魏亦只是直。

馬周　褚遂良　狄仁傑

龜山楊氏曰：馬周言事，每事須開人主一綫路，終是不如魏徵之正。如諫太宗避暑，論事親之道甚善。然又云鑾輿之出有日不可遽止，願示還期，若事非是。即從而止之，何用如此？此正孟子所謂月攘一鷄者，豈是以堯舜望其君乎？

褚遂良脩《起居注》，唐太宗曰：「朕有不善，卿亦當記之乎？」或爲之言曰：「借使遂良不記，天下亦記之。」曰：此語亦善。但人主好名，則可以此動之耳，未盡也。夫君子居室，出其言善，則千里之外應之；出其言不善，則千里之外違之。故言行，君子之樞機，不可不謹。縱使史官不記，而民之應違如此，雖欲自掩其不善，其可得乎？

狄仁傑在武后時，能撥亂反正，謂之社稷之臣可也，然亦何嘗挾數任術？觀史氏所載，其議論未嘗不以正。當時但以母子天性之説告武后，其濱於死者亦屢矣，卒至武后怒而言曰「還汝太子」。夫豈嘗姑務柔從，以陰幸事之成乎？孟子曰：「君子創業垂統，爲可繼也。若夫成功，則天也。」人臣之事君，或遠或近，或去或不去，歸潔其身而已可也，豈可枉己以求難必之功乎？

陸　贄

龜山楊氏曰：陸宣公當擾攘之際，説其君未嘗用數，觀其奏議可見。欲論天下事，當以此爲法。宣公在朝，自以不恤其身，知無不言，言無不盡。至於遷貶，唯杜門集古方書而已，可謂知進退者。

或問：陸宣公既貶避謗，闔户不著書，

秖爲古今集驗方。朱子曰：此亦未是，豈無聖經賢傳可以玩索，可以討論？終不成和這箇也不得理會。○陸宣公奏議末數卷，論稅事極盡纖悉，是他都理會來。此便是經濟之學。○史以陸宣公比賈誼，誼才高似宣公。宣公諳練多，學更純粹。大抵漢去戰國近，故人才多是不粹。○問：陸宣公比諸葛武侯如何？曰：武侯氣象較大，恐宣公不及。武侯當面便說得，如說孫權一段，雖辯士不及。其細密處不知比宣公如何？只是武侯也密，如橋梁、道路、井竈、圊溷，無不脩繕，市無醉人，更是密。只是武侯密得來嚴，其氣象剛大嚴毅。

楊綰

朱子曰：楊綰用，而大臣損音樂，減騶御，則人豈可不有以養素自重耶？

東萊呂氏曰：楊綰爲吏部，欲去科舉，後世皆以爲不可，但未之知耳。及爲相，半年而死，志遂不及施。唐時如陸贄、楊綰論治道，皆有規模。

陽城

或論及陽城事，謂永叔不取，純夫取之，其言曰：「陽城蓋有待而爲者也，後世猶責之無已，其不成人之美亦甚哉！」此論似近厚。龜山楊氏曰：陽城固可取，然以爲可法則不可。裴延齡之欲相，其來非一朝一夕，何不救之於漸乎？至於陸贄之貶，然後論延齡之姦佞無益矣。觀古人退小人之道不然。《易》之《姤》卦曰：「女壯，勿用取女。」夫姤一陰生未壯也，而曰壯者生而不用，固有壯之理也。取女則引而與之齊也，引而與之齊，則難制矣。陰者，小人之象也。小人固當制之於漸也。故當陰之生，則知其有壯之理。知其有壯之理，則勿用娶女可也。是以《姤》之初爻曰：「繫于金柅，貞吉。有攸往，見凶。」金柅，止車之行也。陰之初動，必有以柅之，其制之於漸乎！蓋小人之惡，制之於未成則易，制之於已成則難。延齡之用事，權傾宰相，雖不正名其爲相，其惡自若也。何更云待其爲相，然後取白麻壞之耶？然城之所爲，當時所難能也。取之亦是，但不可以爲法耳。

朱子曰：說者謂陽城居諫職，與屠沽出没。果然，則豈能使其君聽其言哉？

張　巡

涑水司馬氏曰：天授之謂才，人從而成之之謂義，發而著之事業之謂功。精敏辯博，拳捷趫勇，非才也。驅市井數千之衆，摧胡虜百萬之師，戰則不可勝，守則不可拔，斯可謂之才矣。死黨友，存孤兒，非義也。明君臣之大分，識天下之大義，守死而不變，斯可謂之義矣。攻城拔邑之衆，斬首捕虜之多，非功也。控扼天下之咽喉，蔽全天下之大半，使其國家定於已傾，存於既亡，斯可謂之功矣。嗚呼！以巡之才如是，義如是，功如是，而猶不免於流俗之毀，況其瞹瞹者邪！

總　論

或問百世可知之道。程子曰：以三代而後觀之，秦以反道暴政亡。漢興，尚德行，崇經術，鑑前失也。學士大夫雖未必知道，然背理甚者亦鮮矣。故賊莽之時，多伏節死義之士。世祖興而褒尚之，勢當然也。

節久而苦，視死如歸，而不明乎理義之中也。故魏晉一變，而爲曠蕩浮虛之習，人紀不立，相胥爲夷，五胡亂華，行之弊也。陰極則陽生，亂極則治形。隋驅除之，唐混一之，理不可易也。唐室三綱不立，自太宗啓之，故後世雖子弟不用父兄之命。玄宗使其子篡，肅宗使其弟反。選武才人以刺王妃入也，納壽王妃以武才人進也。終唐之世，夷狄數爲中國患，而藩鎮陵犯，卒以亡唐。及乎五季之甚，人爲而致也。

元城劉氏曰：嘗考前世已然之事，蓋有真朋黨而不能去，亦有非朋黨而不能辨者。此實治亂消長之機，不可不察也。東漢之衰，姦人先以黨事誅戮禁錮天下之賢者，而在朝皆小人也，故漢以之亡。此所謂非朋黨而不能辨者也。唐之季世，牛李之徒迭進相毁，巧相傾覆，而善人君子廢斥無餘，其所用者皆庸鄙不肖也，故唐以之亂。此所謂真朋黨而不能去者也。蓋君子之進，則至公引類以報國；小人之進，則徇私立黨以固寵。雖世主深疾臣下之背公成朋，而小人窺見間隙，鄉原上意，閉匿其私，陽若可信，反指君子引類之公以爲有黨。黨之與類相似而不同，是非虛實，間不容髮，辨之不早，遂生亂階。此正人所以常被誣，而小人所以常得志也。

五峰胡氏曰：漢唐以來，天下既定，人君非因循自怠，則沉溺聲色；非沉溺聲色，則開拓邊境；非開拓邊境，則崇飾虛文。其下乃有惑於神仙真空之術者。曷若講明先王之道，存其心，正其情，大其德，新其政，光其國，爲萬世之大君乎？後世必有高於漢唐賢君之聰明者，然後能行之矣。而漢唐賢君志趣識量亦未易及也，可輕棄哉？又況三代之盛王，行一不義，殺一不辜，而得天下不爲者，其仁何可及乎？

豫章羅氏曰：漢武帝知汲黯之賢而不用，唐太宗知宇文士及之佞而不去，何其誤耶？夫人主知賢而不能用，未若不知之爲善。知佞而不能去，未若不知之爲愈。苟知賢而不能用，則善無所勸。知佞而不能去，則惡無所懲。雖然，武帝知賢而不用，猶愈於元帝知蕭望之之賢而反罪焉。太宗知佞而不去，猶愈於德宗知盧杞之姦而復用焉。觀元帝、德宗之與武帝、太宗，豈不相寥絶哉？○石守道採摭唐史中女后、姦臣、宦官事，各以其類作三卷，目之曰《唐鑑》。而言曰：「巍巍巨唐，女后亂之於前，姦臣壞之於中，宦官覆之於後。」考其所論，可爲萬世鑑。惜乎不推其本而言之。故人主欲懲三者之患，其本不過有二，以内則清心，以外則知人。能清心，則女后不能亂之。能知人，則姦臣不能壞之，宦官不能覆之。請借明皇一君而論，開元能清心矣，能知人矣，武惠妃、蕭嵩、楊思勉豈能易其志？及天寶之際，不能清心矣，不能知人矣，而楊貴妃、李林甫、高力士遂亂其心。清心知人，其人主致治之本歟？○人主欲明而不察，仁而不懦。蓋察常累明，而懦反害仁也。漢昭帝明而不察，章帝仁而不懦，孝宣明矣而失之察，孝元仁矣而失之懦。若唐德宗則察而不明，高宗則懦而不仁，兼二者之長，其惟漢文乎？

樂庵李氏曰：人讀書須是識字。固有讀書而不識字者，如漢之孔光、張禹，唐之許敬宗、柳宗元。非不讀書，但不識字。或問其説。曰：孔光不識進退字，張禹不識剛正字，許敬宗不識忠孝字，柳宗元不識節義字。

朱子曰：漢高祖取天下却正當，爲他直截恁地做去，無許多委曲。唐初，隋大亂如此，高祖、太宗因群盜之起，直截如此做去，只是誅獨夫。爲他心中打不過，又立恭帝，假援回護，委曲如此，亦何必耳？所以不及漢之創業也。○漢高祖私意分數少，唐太宗一切假仁借義，以行其私。○劉漢而下，高祖、太宗亦是如此。都是自智謀功力中做來，不是自聖賢門户中來，不是自自家心地義理中流出。使高祖、太宗當湯武，固自不得。若當桓文，尚未可知。問：使二君與桓文同時，還在其上，還在其下？曰：桓公精密，做工夫多年。若文公只是六年，已自甚快。但管仲作内政，盡從脚底做出，所以獨盛於諸侯。漢高從初起至入秦，只是擄掠將去，與項羽何異？但寬大不甚殺人耳。秦以苛虐亡，故高祖不得不寬大。隋以拒諫失國，故太宗不得不聽人言。皆是他天資高，見得利害分明，稍不如此，則天下便叛而去之。如太宗從諫甚不得已，然當時只有這一處服得人。○太宗從魏鄭公仁義之説，只是利心，意謂如此，便可以安居民上。漢文帝資質較好，然皆老氏術也。○太宗功高，天下所係屬，亦自無安頓處，只高祖不善處置了，又建成乃欲立功蓋之。如玄宗誅韋氏有功，睿宗欲立宋王成器，宋王成器便理會得事，堅不受。○論三代而下，以義爲之，只有一箇諸葛孔明，若魏鄭公全只是利。漢唐之興，皆是爲利。須是有湯武之心始做得。❶太宗亦只是爲利，亦做不得。曰：漢高祖見始皇出，

❶ 「心」，原作「興」，今據《朱子語類》卷一百三十六改。

謂丈夫當如此耳，項羽謂彼可取而代也，其利心一也。○問：唐宦官與東漢末如何？曰：某嘗説唐時天下尚可爲，唐時猶有餘策。東漢末直是無著手處，且是無主了。如唐昭宗、文宗直要除許多宦官，那時若有人，似尚可爲。那時只宣宗便度得事勢不能誅，便一向不問他，也是老練了如此。伊川《易解》也失契勘，説「屯其膏」云：「又非恬然不爲，若唐之僖、昭也。」這兩人全不同，一人是要做事，一人是不要做，與小黄門啗果食度日，呼田令孜爲阿父。不知東漢時，若一向盡引得忠賢布列在内，不知如何？只那都無主可立。天下大勢，如人衰老之極，百病交作，略有些少變動，便成大病。如乳母也聒噪一場，如單超、徐璜也作怪一場，如張讓、趙忠之徒纔有些小權柄，便作怪一場。這是甚麽時節！或云：從那時直到唐太宗，天下大勢方定疊。曰：這許多時節，直是無著手處。然亦有幸而不亡者，東晉是也。汪莘作詩史，以爲竇武、陳蕃誅宦者，不合前收鄭颯，而未收曹節、王甫、侯覽。若一時便收却四箇便了。陽球誅宦者，不合前誅王甫、段熲，而未誅曹節、朱瑀。若一時便誅却四箇亦自定矣。此説是。

東萊吕氏曰：自古以來，雖經太康之亂，三代之季只是一變，其罪皆由商君。雖漢文帝、唐太宗出來扶持天下，然此骨子終不换得。井田最先壞，其次封建，其他亦未盡壞。府兵尚存古制，及張説方壞盡。兩税壞於楊炎。自然有此等人來。○兩漢以來，明君良臣屬意於邦本者多矣。賈誼治安之策，言雖忠而道則踈。義府承華之箴，言雖切而心則詐。元稹教本之書，言雖華而要則寡。用智囊爲家令，則輔之非其人。開博望延賓客，則處之非其地。養之無素，導之無術，無惑乎其治效之卑污蹇淺也。

潛室陳氏曰：漢高祖事事不能，只有一箇帝王器度。本不擬到此地位，自是天人推出來，所以規模比三代。太宗事事了得，本是唐之第一君。爲其必欲做帝王，不待天人自安排，所以只做得魏晉規模。○問：高祖之興，計謀有人。光武之起，既身爲之謀，又身爲之戰，遂復故物。馬援乃以爲光武不及高帝，意者用人者大，自用者小邪？曰：光武、太宗身經百戰，真千古英雄之將。所以不似漢高者，蓋漢高不能爲將而善將將，此光武、太宗所以見容於漢高也。○問：漢宣帝之麒麟閣，明帝之雲臺二十八將，及唐太宗之十八學士淩煙閣，皆所以圖畫功臣也。須觀漢之人主務實不務名，唐之太宗務名而無實。以許敬宗之姦佞，而與十八學士之選。以侯君集之小人，而與淩煙之數。皆失實也。不然，漢唐之世皆有得失否？❶曰：此未免以成敗論。所可論處者亦多，却不只在二子，二子不足爲輕重。唐學士之選，即淮南王安之招致賓客，羽翼既多，便有相軋之勢。淩煙雖祖麒麟、雲臺，然漢時却有教化之意寓其間。如以蘇武而與麒麟，以馬援而不與雲臺，此殆有深意，唐則無之。○問：唐太宗恭儉不若孝文，而功烈過之，何耶？曰：三代而下，英主無出文帝。太宗止做得創業功臣，君德上可議處甚多，不止恭儉。文帝不是無功，但當守文時，故不以征伐顯耳。太宗只是削平盪定之功，而德在人心處少。

❶「世」，原脱，今據重修本補。

〇問：漢七制，景帝、昭帝何爲不與？唐三宗，宣宗、武宗何爲不録？願聞其説。曰：景帝天資刻薄，無人君之度，但以不失文帝之恭儉，故史人之辭稱曰「文景」。昭帝雖聰明早成，而享國不永，所以不在七制之數。唐三宗已不似漢，更添宣、武何爲？

庸齋許氏曰：高祖天資本明，而將之以寬大。太宗識見固高，而將之以詳審。惟其寬大，故事爲常暗與道合，而間失之踈。惟其詳審，故事爲每關於念慮，而或過於密。

性理大全書卷之六十三

性理大全書卷之六十四

歷代六

五代

後唐明宗

致堂胡氏曰：明宗美善頗多，過舉亦不至甚，求於漢唐之間，蓋亦賢主也。其尤足稱者，内無聲色，外無遊畋，不任宦官，廢内藏庫，賞廉吏，治臧蠹。若輔相得賢，則其過舉當又損矣。其焚香祝天之言發於誠心，天既厭亂，遂生聖人。用是觀之，天人交感之理不可誣矣！

後周世宗

朱子曰：周世宗規模雖大，然性迫無甚寬大氣象，做好事亦做教顯顯地，都無些含洪之意，亦是數短而然。○晉悼公幼年聰慧似周世宗，只是世宗却得太祖接續他做將去。雖不是一家人，以公天下言之，畢竟是得人接續，所做許多規模不枉却。且如周武帝一時也自做得好，只是後嗣便如此弱了。後來雖得一箇隋文帝，終是不甚濟事。○周世宗亦可謂有天下之量，纔見元稹《均田圖》，便慨然有意。○周世宗天資高，於人才中尋得箇王朴來用，不數年間做了許多事業。且如禮樂律曆等事，想見他都會得，故能用其說，成其事。

馮道

程子曰：馮道更相數主，皆其讐也。安定以爲當五代之季，生民不至於肝腦塗地者，道有力焉，雖事讐，無傷也。荀彧佐曹操誅伐，而卒死於操。君實以爲東漢之衰，彧與攸視天下無足與安劉氏者，惟操爲可依，故俯首從之。方是時，未知操有他志也。君子曰：「在道爲不忠，在彧爲不智。」如以爲事固有輕重之權，吾方以天下爲心，未暇卹人議己也。則枉己者，未有能直人者也。

涑水司馬氏曰：忠臣不二君，賢女不二夫。策名委質，有死無二，天之制也。彼馮道者，存則何心以臨前代之民，死則何面以見前代之君？自古人臣不忠，未有如此比者。然而尊官重禄，老以没齒，何哉？夫爲國家者，明理義，奬忠良，褒義烈，誅姦回，以厲群臣，群臣猶愛死而忘其君。況相印將節以寵叛臣，其不能永享天命，宜矣。然庸愚之人，往往猶稱其智。蓋五代披攘，人主歲易，群臣失節，比踵於朝，因而譽之，欲以自釋。余恐後世以道所爲爲合於理，君臣之道將大壞矣。臣而不臣，雖云其智，安所用哉？

宋

太祖

元城劉氏曰：太祖極好讀書，每夜於寢殿中看歷代史，或至夜分，但人不知，及口不言耳。至與大臣論事，時出一語，往往盡利害之實。又曰：太祖既平孟蜀，而兩浙錢王入朝，群臣自趙普以下争欲留之，聖意不允。一日，趙相拉晉王於後殿，奏事畢，晉王從容言錢王事，太祖曰：「我平生不曾欺善怕惡，不容易留住這漢，候捉得河東薛王，令納土。」於後數日錢王陛辭，太祖封一軸文字與錢王，曰：「到杭州開之。」錢王至杭，會其下開視，乃滿朝臣僚乞留錢王表劄，君臣北面再拜謝恩。至太平興國四年，河東已平，乃令錢王納土。太祖此意何也？馬永卿對曰：此所謂不欺善也。曰：此固然也。錢氏久據兩浙，李氏不能侵。藉使錢王納土，使大將鎮之，未必能用其民。須本朝兵去鎮服，又未必能守。兩浙必不敢附李氏，李氏既平，則兩浙安歸乎？此聖模之宏遠也。

或言：太祖受命，盡除五代弊法，用能易亂爲治。朱子曰：不然。只是去其甚者，其他法令條目多仍其舊。大凡做事底人多是先其大綱，其他節目可因則因，此方是英雄手段。○問：藝祖平定天下如破竹，而河東獨難取，何耶？以爲兵强，則一時政事所爲皆有敗亡之勢，不知何故如此？曰：這却本是他家底，郭威乘其主幼而奪之，劉氏遂據有并州。若使柴氏得天下，則劉氏必不服，所以太祖以書喻之，謂本與他無讐隙。渠荅云，不忍劉氏之不血食也。此其意可見矣。被他辭直理順了，所以難取。

太宗　真宗　仁宗

朱子曰：太宗、真宗之朝可以有爲而不爲。太宗每日看《太平廣記》數卷，若能推此心去講學，那裏得來。不過寫字作詩，君臣之間以此度日而已。真宗東封西祀，糜費巨萬計，不曾做得一事。仁宗有意於爲治，不肯安於小成，要做極治之事。只是資質慈仁，却不甚通曉用人，驟進驟退，終不曾做得一事。然百姓戴之如父母。契丹初陵中國，後來却服仁宗之德，也是慈仁之效。緣他至誠惻怛，故能動人如此。

神　宗

朱子曰：神宗鋭意爲治，用人便一向傾信他。初用富鄭公，甚傾信。及論兵，鄭公曰：「願陛下二十年不可道著用兵二字。」神宗只要做，鄭公只要不做，説不合。後來傾信王介甫，終是坐此病。只管好用兵，用得又不著，費了無限財穀，殺了無限人，殘民蠹物之政皆從此起。○神宗極聰明，於天下事無不通曉，真不世出之主，只是頭頭做得不中節拍。如王介甫爲相，亦是不世出之資，只緣學術不正當，遂誤天下。使神宗得一真儒而用之，那裏得來，此亦氣數使然。天地生此人，便有所偏了。

欽　宗

朱子曰：欽宗勤儉慈仁，出於天資。當時親出詔答，所論事理皆是。但於臣下賢否邪正，辨别不分明。又無剛健勇決之操，纔説著用兵便恐懼，遂致播遷之禍，言之使人痛心。

孝　宗

問：或言孝宗於内殿置御屏，書天下監司帥臣郡守姓名，作揭帖于其上，❶果否？朱子曰：有之。孝宗是甚次第英武。劉恭甫奏事便殿，嘗見一馬在殿庭間不動，

❶「帖」，原作「貼」，今據重修本改。

疑之。一日問王公明，公明曰：「此刻木爲之者，上萬機之暇即御之，以習據鞍騎射故也。」○孝宗小年極鈍。高宗一日出對廷臣，云「夜來不得睡」。或問何故，云「看小兒讀書念不得，甚以爲憂」。某人進云：「帝王之學，只要知興亡治亂，初不在記誦。」上意方少解。後來却恁地聰明。

寧宗

寧宗即位踰月，留揆以一二事忤旨，特批逐之，人方服其英斷。朱子被召至上饒，聞之有憂色，曰：「人心易驕如此，某今方知可懼。」或問曰：「某人專恣當逐，何懼之有？」曰：「大臣進退，亦當存其體貌，豈宜如此？」又問：「恐是廟堂諸公難其去，故以此勸上逐之。」曰：「亦不可如此。何不使其徒諭之以物論不佳，恐丞相久勞機務，或欲均佚。俟其請去而後許之，則善矣。幼主新立，豈可導之以輕逐大臣邪？」

向敏中　王隨

程子曰：本朝向敏中號有度量，至作相，却與張齊賢争取一妻，爲其有十萬囊橐故也。王隨亦有德行，仁宗嘗稱「王隨德行，李淑文章」。至作相，蕭端公欲得作三路運使，及退，隨語堂中人曰：「何不以溺自照面，看做得三路運使無？」皆量所動也。今人何嘗不動？只得綾寫一卷便動，又干他身分甚事。

楊億

朱子曰：楊億工於纖麗浮巧之文，已非知道者所爲。然資稟清介，立朝獻替，略有可觀。而釋子特以爲知道者，以其有「八角磨盤」之句耳。然既謂之知釋氏之道，則於死生之際，宜亦有過人者。而方丁謂之逐萊公也，以他事召億至中書，億乃恐懼，至於便液俱下，面無人色。當此時也，八角磨盤果安在哉？

范仲淹

程子曰：張横渠謂范文正才氣老成。

朱子曰：范文正傑出之才。○近得周益公書，論吕、范解仇事，曰：「初范公在朝，大臣多忌之。及爲開封府，又爲百官圖以獻。因指其遷進遲速次序，曰某爲超遷，某爲左遷，如是而爲公，如是而爲私，意頗在吕相。吕不樂，由是落職，出知饒州。未幾，吕亦罷相。後吕公再入，元昊方犯邊，乃以公經略西事，公亦樂爲之用。嘗奏記吕公云『相公有汾陽之心之德，❶仲淹無臨淮之才之力』。後歐陽公爲范公神道碑，有『懽然相得，戮力平賊』之語，正謂是也。」公之子堯夫乃以爲不然，遂刊去此語。前書今集中亦不載，疑亦堯夫所删。他如《叢談》所記，説得更乖。某謂吕公方寸隱微雖未可測，然其補過之功，使天下實被其賜，則有不可得而掩者。范公平日胸襟豁達，毅然以天下國家爲己任。既爲吕公而出，豈復更有匿怨之意？況公嘗自謂平生無怨惡於一人，此言尤可驗。忠宣固是賢者，然其規模廣狹與乃翁不能無間。意謂前日既排申公，今日若與之解仇，前後似不相應，故諱言之。却不知乃翁心事政不如此。○范文正公自做秀才時，便以天下爲己任，無一事不理會過。一旦仁宗大用之，便做

❶「心」，四庫本作「才」。

出許多事業。今則所謂負剛大之氣者，且先一筆勾斷。秤停到第四五等人，器宇厭厭，布列臺諫，如何得事成？故某向謂姓名未出，而内外已知其非天下第一流矣。○問：范文正公振作士大夫之功爲多，不知使范公處韓公受顧命之時，處事亦能如韓公否？曰：看范公才氣，亦須做得。又曰：祖宗以來，名相如李文靖、王文正諸公，只恁地善，亦不得。至范文正時，便大厲名節，振作士氣，故振作士大夫之功爲多。

韓　琦

程子嘗與韓公、范公泛舟於潁湖，有屬吏求見韓公，公既已見之，退而不悦，曰：「謂其以職事來也，乃求薦舉耳。」程子曰：「公爲州太守，不能求之，顧使人求君乎？」范公曰：「子之固每若是也。夫今世之仕者求舉於其上，蓋常事耳。」程子曰：「是何言也？不有求者，則遺而不及知也，是以使之求之歟？」韓公無以語，愧且悔者久之。程子顧范公曰：「韓公可謂服義矣。」

朱子曰：韓魏公爲相，或謂公之德業無愧古人，但文章有所不逮。公曰：「某爲相，歐陽永叔爲翰林學士，天下之文章莫大於是。」○韓魏公作相，温公在言路，凡事頗不以魏公爲然，魏公甚被他激撓。後來温公作《魏公祠堂記》，却説得魏公事分明，見得魏公不可及處，温公方心服他。記中所載魏公之言曰：「凡爲臣者，盡力以事君，死生以之，顧事之是非何如耳！至於成敗，天也，豈可豫憂其不成，遂輟不爲哉！」公爲此言時，乃仁宗之末，英宗之初，蓋朝廷多故之時也。

南軒張氏曰：韓魏公登第時，唱名未終，太史奏五色雲見。未幾，色映殿庭。此不偶然，魏公後來果有大功於社稷。

司馬光

程子曰：司馬君實能受盡言，故與之言必盡。又曰：能受盡言，儘人迕逆終不怒，便是好處。○君實之語，自謂如人參甘草，病未甚時可用也，病甚則非所能及。觀其自處，必是有救之之術。○問：司馬公辭副樞，名冠一時，天下無賢不肖浩然歸重，呂申公亦以論新法不合罷歸。熙寧末，取公起知河陽，先生以詩送行，復爲詩與温公，蓋恐其以不出爲高也。及申公自河陽乞在京宮祠，神宗大喜，召登樞府。人以二公出處爲優劣。曰：呂公世臣，不得不歸見上。司馬公諍臣，不得不退處。

朱子曰：温公可謂知仁勇，他那活國救世處是甚次第！其規模稍大，又有學問，其人嚴而正。

南軒張氏曰：司馬温公改新法，或勸其防後患。使他人答之，必曰「苟利社稷，遑恤其他」。只如此說已自好。使某答之，亦不過如此。温公乃曰：「天若祚宋，必無此事。」更不論一己利害，想其平日所養，故臨事發言能如是中理，雖聖人不過如此說，近於終條理者矣。

呂公著

呂申公嘗薦處士常秩，秩既起，他日稍變其節。申公謂知人實難，以語程子，且告之悔。程子曰：「然，不可以是而懈好賢之心也。」申公矍然謝之。

上蔡謝氏曰：申公寡言，在中書議事，

衆人議畢，然後以一語去取之，人亦不能易其議。至於用人，於己分合除得若干人，須教是。當初自洛中上《君道》十篇，不止可用於當時，爲君之道幾無出此。

王安石

程子曰：介甫之言道，以文焉耳矣。言道如此，己則不能然，是己與道二也。夫有道者，不矜於文學之門，啓口容聲，皆至德也。○或曰：未有大臣如介甫得君者。曰：介甫自知之。其求去，自表於上曰：「忠不足取信，事事待於自明。」使君臣之契果深，而有是言乎？○王介甫當初只是要行己志，恐天下有異同，故只去上心上把得定，他人不能搖。以是拒絶言路，進用柔佞之人，使之奉行新法。今則是他已去，不知今日却留下害事！

涑水司馬氏曰：介甫文章、節義過人處甚多，但性不曉事，而喜遂非。致忠直踈遠，讒佞輻輳，敗壞百度，以至于此。

龜山楊氏曰：神宗嘗問伯淳：「王安石如何人？」伯淳云：「安石博學多文則有之，守約則未也。」又嘗問：「是聖人否？」伯淳云：「《詩》稱周公：『公孫碩膚，赤舄几几。』聖人蓋如此。若安石剛褊自任，恐聖人不然。」○荆公云：「利者，陰也，陰當隱伏。義者，陽也，陽當宣著。」此説源流發於董仲舒，然此正是王氏心術之蔽。觀其所爲，雖名爲義，實爲利。以此觀王氏之學，其治天下專講求法度。如彼脩身之潔，宜足以化民矣。然卒不逮王文正、呂晦叔、司馬君實諸人者，以其所爲無誠意故也。明道嘗曰：「有《關雎》、《麟趾》之意，然後可以行周官之法度。」蓋深達乎此。

元城劉氏謂馬永卿曰：金陵有三不足之説，聞之乎？永卿曰：未聞。曰：金陵用事，同朝起而攻之。金陵闢衆論，進言於上曰：「天變不足懼，祖宗不足法，人言不足卹。」此三句非獨爲趙氏禍，乃爲萬世禍也。司馬温公嘗云：「人主之勢，天下無能敵者。或有過舉，人臣欲回之，必思有大於此者把攬，庶幾可回也。」天子者，天之子也。今天變，乃天怒也，必有災禍，或可回也。今乃教人主使不畏天變，不法祖宗，不卹人言，則何等事不可爲也？永卿曰：此言爲萬世禍，或有術可以絶此言，使不傳於後世乎？曰：安可絶也？此言一出，天下人皆聞之，不若著論明辯之，曰「此乃禍天下後世之言，雖聞之，不可從也」。譬如毒藥不可絶，而神農與歷代名醫言之曰「此乃毒藥，如何形色，食之必殺人」。故後人見而識之，必不食也。今乃絶之，不以告人，既不能絶，而人誤食之，死矣。

欒菴李氏曰：荆公長處甚多，亦不易得。方其執政時，豈有意壞亂天下？第所見有不到處，故温公曰：「介甫無他，但執拗爾。」此言正中荆公之病，可謂公論。

或論荆公云：他當時不合於法度上理會。朱子曰：法度如何不理會？只是他所理會，非三代法度耳。○問：荆公節儉恬退，素行亦好。曰：他當時作此事，已不合中。如孔子於飲食衣服之間，亦豈務滅裂？他當初便只苟簡，要似一苦行然。○問：王介甫其心本欲救民，後來弄壞者，乃過誤致然。曰：不然。正如醫者治病，其心豈不欲活人？却將砒霜與人喫，及病者死，却云我心本欲捄其病，死非我之罪，可乎？介甫之心固欲捄人，然其術足以殺人，豈可謂非其罪？

南軒張氏曰：王介甫執拗，只是不曉事。若是曉事，言有當于吾心者，當幡然而改矣。

范純仁

程子曰：范公堯夫之寬大也。昔余過成都，公時攝帥，有言公於朝者，朝廷遣中使降香峨眉，實察之也。公一日訪予欵語，予問曰：「聞中使在此，公何暇也？」公曰：「不爾則拘束。」已而中使果怒，以鞭傷傳言者耳。屬官喜，謂公曰：「此一事足以塞其謗，請聞於朝。」公既不折言者之爲非，又不奏中使之過，其有量如此。

鄒浩

或曰：鄒浩以極諫得罪，世疑其賣直也。程子曰：君子之於人，當於有過中求無過，不當於無過中求有過。

曾肇

龜山楊氏曰：曾子開不以顏色語言假借人，其慎重爲得大臣之體。於今可以庶幾前輩風流者，惟此一人耳。

宗澤　李綱

朱子曰：宗澤守京城，治兵禦戎，以圖恢復之計，無所不至。上表乞回鑾，數十表乞不南幸，乞脩二聖宮殿，論不割地。其所建論，所謀畫是非利害，昭然可觀。觀其勢，駸駸乎中興之基矣。耿南仲沮之於南京時，使不歸京城。汪黄沮之淮甸時，動相掣肘，使不得一有所爲。

惟天下之義，莫大於君臣。其所以纏

綿固結而不可解者，是皆生於人心之本然，而非有所待於外也。然而世衰俗薄，學廢不講，則雖其中心之所固有，亦且淪胥陷溺而爲全軀保妻子之計。以後其君者，往往接迹於當世。有能奮然拔起於其間，如李公之爲人，知有君父而不知有其身，知天下之有安危而不知其身之有禍福。雖以讒間竄斥，屢瀕九死，而其愛君憂國之志，終有不可得而奪者，是亦可謂一世之偉人矣！

汪伯彦　黄潛善

朱子曰：舜舉十六相，誅四凶，如此方恰好，兩邊方停匀。後世都不然，惟小人得志耳。方天下無事之時，則端人正士，行義謹飭之士，爲小人排擯，不能一日安于朝廷，遷竄貶謫。及擾攘多故之秋，所謂忠臣義士者，犯水火，蹈白刃，以捐其軀。而小人者，平世固是他享富貴，及亂世亦是他獨寬，縱横顛倒，無非是他得志之日。君子者常不幸，而小人者常幸也。如汪、黄在高宗初年爲宰相，後來竄廣中，正中原多故之日，却是好好送他去廣中避盜。及事稍定，依舊取他出來爲官。高宗初啓中興，而此等人爲宰相，如何有恢復之望？在維揚時，番人兵矢簇在胸前了，他猶自不管，世間有此愚人。

趙　鼎

或問：中興賢相皆推趙忠簡公，如何？朱子曰：看他做來做去，亦只是王茂洪規模。當時廟論大概亦主和議，使當國久，未必不出於和。但就和上，却須有些計較。如歲幣、稱呼、疆土之類，不至一一聽命，如秦檜之樣草草地和了。❶後來秦没意智，乃以不合沮撓和議爲詞貶之，却十分送箇好題目與他。問趙好處何如？曰：意思好，又孜孜汲引善類。但其行事，亦有不强人意處。○趙丞相中興名臣，一人而已。然當時不滿人意處亦多。且如好伊洛之學，又不大段理會得，故皆爲人以是欺之。○沈公雅言：「趙丞相鎮静德量之懿，而諳練事機，則恐於秦公不逮。」張子恭以爲不然，且曰：「焘在都司日，忠簡爲相，有建議者，公必訐曰：『如是則利在上而害在民，如是則害在上而利在民。今須如此行，則利澤均而公私便。』至秦公，則僚屬凡有關白，默無一語，而屬諸吏。事出，則皆吏輩所爲，而非復前日之所擬。」

或問趙忠簡公。南軒張氏曰：人品甚高，如元祐黨籍至忠簡始除。○五峰云：過江來，如趙丞相做得五分宰相。若充之以學，須做成十分。

洪　皓

西山真氏曰：蘇武之還自匈奴也，詔拜爲典屬國，賜錢二百萬緡，田宅副焉。洪忠宣公之節亡媿蘇武，而高宗皇帝之所以寵錫者有過漢庭。其褒表忠義，皆可爲後世法。然武不幸見抑於霍光，公亦不幸逢怒於秦檜。武之見抑，不過不爲公卿爾。而公方違陰山之北，復貶瘴海之南，是公之不幸，視子卿爲甚。而檜之罪，又浮於博陸也。

❶「檜」，原作「會」，今據重修本改。

張浚　張俊　韓世忠　劉光世　岳飛

朱子曰：張魏公材力雖不逮，而忠義之心雖婦人孺子亦皆知之。故當時天下之人，惟恐其不得用。○張魏公不與人共事，有自爲之意。也是當時可共事之人少，然亦不可如此。天下事未有不與人共而能濟者。○問：如張、韓、劉、岳之徒，富貴已極，如何責他死了，宜其不可用。若論數將之才，則岳飛爲勝。然飛亦横，只是他猶欲向前厮殺。曰：便是如此。有才者又有些毛病，然亦上面人不能駕馭他。若撞著周世宗、趙太祖，那裏怕他？駕馭起，皆是名將。緣上之舉措無以服其心，所謂得罪於巨室者也。又問：劉光世本無能，然却軍心向他，其裨將亦多可用者。張魏公撫師淮上，督劉光世進軍。是時虜人正大舉入寇，光世恐懼，遂背後愬趙忠簡。是時趙爲相，折彦質爲樞密。折助之請樞密院，遂命劉光世退軍。魏公聞之大怒，遂趕回劉光世。約束云「如一人一馬渡江者，皆斬」。光世遂不敢渡江，便回淮上。樞府一面令退軍，而宣撫令進軍淮上，然終退怯。魏公既還朝，遂力言光世巽懦不堪用，罷之，而命吕安老董其軍。及安老爲瓊等所殺，降劉豫，魏公由是得罪，而趙忠簡復相。趙既相，遂復舉劉光世爲將，都弄成私意。魏公已自罷得劉光世好了，雖吕安老敗事，然復舉能者而任之，亦足矣，何必須光世哉？此皆趙之私意。以某觀之，必竟魏公去得光世是，而趙所爲非。豈有虜人方入，你却欲掉了去？一邊令進軍，一邊令退軍，如何作事？因言諸將驕横，張與韓較與高宗密，故二人得全。岳飛較疎，高宗又忌之，遂爲秦所誅。而韓世忠破膽矣。只有韓世忠在大儀鎮，算殺得虜人一陣好。高宗初遣魏良臣往虜中講和，令韓世忠退師渡江。韓聞魏將至，知其欲講和也，遂留之，云：「某方在此措置得略好，正抵當得虜人住，大功垂成，而主上乃令追還，何也？」魏云：「主上方與大金講和，以息兩國之民，恐邊將生事敗盟，故欲召公還，慎勿違上意。」韓再三嘆息，以爲可惜。又云：「既上意如此，只得抽軍歸耳。」遂命士卒束裝，即日爲歸計。魏遂渡淮，兀术問以韓世忠已還否？魏答以：「某來時，韓世忠正治疊行，即日起離矣。」兀术再三審之，知其然，遂稍弛備。世忠乘其懈，回軍奮擊之，兀术大敗。魏良臣皇恐無地，再三求哀，云「實見韓將回，不知其紿己」。乃得免。

岳飛恃才不自晦。郭子儀晚節保身甚闒茸，然當緊要處又不然，單騎見虜是也。飛作副樞，便直是要去做。張、韓知其謀，便只依違。然便不做亦不免，直是忠勇故也。

秦　檜

或問胡文定公與秦丞相厚善之故。朱子曰：秦會之嘗爲密教，翟公巽時知密州，薦試宏詞。游定夫過密，與之同飯于翟，奇之。後康侯問人才於定夫，首以會之爲對，云其人類荀文若。又云無事不會。京城破，虜欲立張邦昌，執政而下，無敢有異議，惟會之抗疏以爲不可。康侯亦義其所爲，力言於張德遠諸公之前。後會之自海上歸，與聞國政，康侯屬望尤切，嘗有書疏往來講論國政。康侯有詞掖講筵之召，則會之薦也。然其雅意堅不欲就，是必已窺見其微隱有難處者，故以老病辭。後來會之做出大疏脱，則康侯已謝世矣。定夫之後及康侯諸子，會之皆擢用之。又曰：此老當國，却留意故家子弟，往往被他牢籠出去，多墜家聲。獨胡明仲兄弟却有樹立，終是不歸附他。嘗問和仲先世遺文，因曰：「先公議論好，但只是行不得。」和仲曰：「聞之先人，所以謂之好議論。政以其可以措諸行事，何故却行不得？」答曰：「公不知，便是六經也有説得行不得處。」此是這老子由中之言。看來聖賢説話，他只將做一件好底物事安頓在那裏。又曰：此老千鬼百怪，如不樂這人，貶竄將去，却與他通慇懃不絶。一日忽招和仲飯，意極拳拳。比其還家，則臺章已下，又送白金爲贐。如欲論去之人，章疏多是自爲以授言者，做得甚好。傅安道諸公往往認得，如見彈洪慶善章，曰此秦老筆也。○秦老倡和議以誤國，挾虜勢以邀君，終使彝倫斁壞，遺親後君，此其罪之大者。至於戮及元老，賊害忠良，攘人之功以爲己有，又不與也。

胡銓

南軒張氏語門人曰：胡澹庵大節極好，曾見其諫書否？門人對曰：見之。曰：雖與日月爭光可也。

張九成　李椿

朱子曰：張子韶人物甚偉。高廟時除講筵，嘗有所奏陳，上云：「朕只是一箇至誠。」張奏云：「陛下對群臣時如此，退居禁中時不知如何？」云：「亦只是箇誠。」又問對宮嬪時如何，上方經營答語間，張便奏云：「只此便是不誠。」蓋高宗容諫，故臣下得以盡言。

直敷文閣李公椿莊重簡淡，嶷然有守，泊然無欲，喜怒不形見於色，故人不可得而親踈。而中夷易平直，廉不近名，介不絶物，應事存心，悉主於厚。平生未嘗失節於權倖，❶然非有意以矯厲爲高也。

總論

程子曰：熙寧中，洛陽以清德爲朝廷尊禮者，大臣曰富、韓公，侍從曰司馬温公、吕申公。位卿監以清德早退者十餘人，好學樂善、有行義者幾二十人。邵先生隱居謝聘，皆相從，忠厚之風聞於天下。里中後生皆知畏廉恥，欲行一事，必曰：「無爲不善，恐司馬端明、邵先生知。」○嘗觀自三代而下，本朝有超越古今者五事。如百年無内亂，四聖百年，受命之日，市不易肆。百年未嘗誅殺大臣，至誠以待夷狄。此皆大抵以忠厚廉耻爲之綱紀，故能如此。蓋睿主開基，規模自別。

武夷胡氏曰：自熙寧元祐靖國間，事變屢更。當其時，固有名蓋天下，致位廟堂，得行所學者。然夷考其事，猶有憾焉。如張天祺、朱光掞等可謂奮不顧身，盡忠許國，而議論亦多過矣。乃知理未易窮，義未易精，言未易知，心未易盡，聖賢事業未易到也。

臨川吴氏曰：韓司徒張文成侯，漢丞相諸葛忠武侯，唐司空狄文惠公，宋參知政事范文正公，四人之功業不盡同，而其爲百代殊絶之人物則一。文成身事漢，而心在

❶「於」，原重，今據四庫本删。

報韓仇。文惠身事周，而心在復唐祚，常人莫能測知，卒克遂其志，故邵子稱其忠且智焉。忠武扶漢於末造，文正佐宋於盛際，器局公平廣大，設施精審詳密，心事如青天白日，遘時雖異，易地則皆然，故朱子稱其磊磊落落，無纖芥之可疑也。

性理大全書卷之六十四

性理大全書卷之六十五

君道

程子曰：君道以至誠仁愛爲本。又曰：大要以正心窒欲，求賢育材爲先。又曰：人主當防未萌之欲。○君道以人心悦服爲本。○君道稽古正學，明善惡之歸，辨忠邪之分，曉然趨道之至正，君志定而天下之治成矣。夫義理不先定，則多聽而易惑；志意不先定，則守善而或移。必也以聖人之訓爲先當從，以先王之治爲必可法。不爲後世駁雜之政所牽滯，不爲流俗因循之論所遷改。信道極於篤，自知極於明，去邪勿疑，任賢勿貳，必期致治如三代之隆而後已也。然患常生於忽微，而志亦戒乎漸習。故古之人君雖從容燕閒，必有誦訓箴諫，左右前後罔匪正人，輔成德業。誠能尊禮老成，訪求儒學之士，不必勞以官職，俾日親便坐，講論道義，又博延俊彦，陪侍法從，朝夕延見，講磨治體，則睿智益明，王猷允塞矣。○人君欲附天下，當顯明其道。誠意以待物，恕己以及人，發政施仁，使四海蒙其惠澤可也。若乃暴其小惠，違道干譽，欲致天下之親己，則其道狹矣。○古之聖王所以能化姦宄爲善良，綏仇敵爲臣子者，由弗之絶也。苟無含弘之道，而與己異者一皆棄絶之，不幾於棄天下以讎君子乎？故聖人無棄物，王者重絶人。

涑水司馬氏曰：夫道者，萬世無弊。夏商周之子孫苟能常守禹湯文武之法，何衰亂之有乎？故武王克商，曰：「乃反商政，政由舊。」然則雖周室亦用商之舊政也。《書》曰：「無作聰明，亂舊章。」《詩》曰：「不愆不忘，率由舊章。」然則祖宗舊法何可廢也？

元城劉氏曰：《書》稱堯之德曰：「稽于衆，舍己從人。」舜戒其臣曰：「予違汝弼，汝無面從，退有後言。」伊尹之告太甲曰：「有言逆于汝心，必求諸道；有言遜于汝志，必求諸非道。」傅説之復于高宗曰：「惟木從繩則正，后從諫則聖。」然則古之聰明睿智之君所以能大過於人者，未有不以求諫爲先務也。○昔之聖人深居九重，以謂竭其聰明猶不足以盡天下之聞見，遂以耳目之任付之臺諫之官。而臺諫之論每以天下公議爲主。公議之所是，臺諫必是之；公議之所非，臺諫必非之。人君所以不出户庭，而四海九州之遠物無遁情者，用此道也。

龜山楊氏曰：人君所以御其臣，只有一箇名分不可易。名分既正，上下自定，雖有幼冲之主在上，而臣下不亂。若以智籠臣下，智有時乎困，則彼不爲用矣。○問：或謂人主之權當自主持，是否？曰：不爲臣下奪其威柄，此固是也。《書》稱湯曰「用人惟己」，而孟子亦曰「見賢焉然後用之」。則人君之權，豈可爲人所分？然孟子之論用人、去人、殺人，雖不聽左右諸大夫之毁譽，亦不聽國人之公。因國人之公，是非吾從而察之，必有見焉而後行。如此則權常在我矣。若初無所見，姑信己意爲之，亦必終爲人所惑，不能固執矣。

上蔡謝氏曰：帝王之功，聖人之餘事。有内聖之德，必有外王之業。其所以存心，一言以蔽之，曰公而已。

華陽范氏曰：人君以一人之身，而御四海之廣，應萬務之衆。苟不以至誠與賢，而役其獨智以先天下，則耳目心志之所及者，其能幾何？是故人君必清心以涖之，虛己以待之。如鑑之明，如水之止，則物至而不能罔矣。夫權衡設而不可欺以輕重者，唯其平也。繩墨設而不可欺以曲直者，唯其正也。我以其正，彼以其邪；我以其真，彼以其僞。何患乎邪之不察，佞之不辨？一爲不誠，則心且蔽矣，邪正何能辨乎？是故鑑垢，則物不能察也；水動，則形不能見也。己不明故也。且待物以誠，猶恐其不動也，況不誠而能動物乎？○《易》曰：「天下之動貞夫一。」朝廷者，四方之極也。非至公無以絶天下之私，非至正無以止天下之邪。人君一不正其心，則無以正萬事。苟以術御下，是自行詐也，何以禁臣下之欺乎？是以術行而欺愈多，智用而心愈勞。蓋以詐勝詐，未有能相一者也。《禮》曰：「王中心無爲也，以守至正。」夫惟正不可得而欺，欺則不容於誅矣。豈不約而易守哉？○鼂錯有言：「五帝神聖，其臣莫能及，故自親事。」此本刑名之言也，豈足以知帝王之道哉？然而後世或稽其説以謏人主，至使爲上者行有司之事，宰相失職，天下不治，由其臣不學之過也。夫人主任一相，一相舉賢材，賢者各引其類，豈不易而有成功乎？是故上不可代其下，下不可勤其上。若爲上而親有司之事，豈獨治天下不可爲也，一縣亦不可爲也。奚獨一縣也，一家亦不可爲也。

武夷胡氏曰：君遇臣下，恩禮雖一，而崇高嚴恪常行於介胄爪牙之夫，以折其驕悍難使之氣。柔遜謙屈必施於林壑退藏之士，以礪其廉靖無求之節。乃能駕馭人才，表正風俗，威有所當加，勢有所可屈。加於所當加以立威則强，屈於所可屈以忘勢則昌。

致堂胡氏曰：夫以違拂對順從，則有恭與不恭之似。以恣肆對儆戒，則有樂與不樂之殊。惟聰明睿智之君，則知違拂之爲恭，而順從之爲大不恭也。知儆戒之可樂，而恣肆之有大不樂也。

五峰胡氏曰：人皆生於父，父道本乎天，謂人皆天之子可乎？曰：不可。天道至大至正者也。王者至大至正，奉行天道，乃可謂之天之子也。○養天下而享天下之謂君，先天下而後天下之謂君。❶反是者有國危國，有天下危天下。○人君不可不知乾道，不知乾道是不知君道也。君道如何？曰：天行健。人君不可頃刻忘其君天下之心也。如天之行，一息或不繼，則天道壞矣。○天下有三大，大本也，大幾也，大法也。大本，一心也。大幾，萬變也。大法，三綱也。有大本然後可以有天下，見大幾然後可以取天下，行大法然後可以理天下。是故君克以天下自任，則皇天上帝畀付以天下矣。君以從上列聖之盛德大業自期，則天下仁人争輔之矣。君以保養天下爲事，而不自奉養，則天下黎民趨戴之矣。上得天心，中得聖賢心，下得兆民心，夫是之謂一心。心一，天下一矣。天下之變無窮也，其大幾有四：一曰救弊之幾，二曰用人之幾，三曰應敵之幾，四曰行師之幾。幾之來也，變動不測，莫可先圖，必寂然不動，

❶「君」，四庫本作「臣」。

然後能應也。其大法有三：一曰君臣之法，二曰父子之法，三曰夫婦之法。夫婦有法，然後家道正。父子有法，然後人道久。君臣有法，然後天地泰。天地泰者，禮樂之所以興也。禮樂興，然後賞罰中，而庶民安矣。○人君盡下則聰明開，而萬里之遠親於衽席。偏信則昏亂，而父子夫婦之間有遠於萬里者矣。人君欲救偏信之禍，莫先於窮理，莫要於寡欲。窮理寡欲，交相發者矣。○天下有二難。以道義服人難，難在我也。以勢力服人難，難在人也。由道義而不舍，禁勢力而不行，則人心服而天下安。○《易》、《詩》、《春秋》者，聖人之道也。聖人之道若何？曰：聖人者，以一人理億兆人之德性，息其争奪，遂其生養者也。○天下之臣有三：有好功名而輕爵禄之臣，是人也名得功成而止矣；有貪爵禄而昧功名之臣，是人也必忘其性命矣，鮮不及哉；有由道義而行之臣，是人也爵禄功名得之不以爲重，失之不以爲輕，顧吾道義如何耳。君天下，臨百官，是三臣者雜然並進，爲人君者烏乎知而進退之？孟子曰「君仁莫不仁」。○義理，群生之性也。義行而理明，則群生歸仰矣。敬愛，兆民之心也。敬立而愛施，則人心誠敬矣。感應，鬼神之情性也。誠則能動，而鬼神來格矣。

豫章羅氏曰：祖宗法度不可廢，德澤不可恃。廢法度，則變亂之事起；恃德澤，則驕佚之心生。自古德澤最厚，莫若堯舜。向使子孫可恃，則堯舜必傳其子。至於法度，則莫若周家之最明。向使子孫世守，則歷年至今猶存可也。○人君納諫之本，先於虚己。禹拜昌言，故能納諫。德宗强明

自任，必能拒諫。❶

朱子曰：天下之紀綱不能以自立，必人主之心術公平正大，無偏黨反側之私，然後紀綱有所繫而立。君心不能以自正，必親賢臣，遠小人，講明義理之歸，閉塞私邪之路，然後乃可得而正。○天子至尊無上，其居處則內有六寢六宮，外有三朝五門。其嬪御、侍衛、飲食、衣服、貨賄之官，皆領於冢宰。其冕弁、車旗、宗祝、巫史、卜筮、瞽侑之官，皆領於宗伯。有師以道之教訓，有傅以傅其德義，有保以保其身體，有師氏以媺詔之，有保氏以諫其惡。前有疑，後有丞，左有輔，右有弼。其侍御僕從，罔匪正人，以旦夕承弼厥辟。出入起居，罔有不欽。發號施令，罔有不臧。在輿有旅賁之規，旅賁，勇士，掌執戈楯，夾車而趨。位宁有官師之典，門屏之間謂之宁。倚几有訓誦之諫，工師所誦之諫，書之於几也。居寢有暬御之箴，暬，近也。臨事有瞽史之道，宴居有工師之誦。史爲書，太史，君舉則書。瞽爲詩，工誦箴諫，大夫規誨，士傳言，庶人謗，商旅于市，旅，陳也。陳其貨物，以示時所貴尚。百工獻藝，獻其技藝，以喻政事。動則左史書之，言則右史書之，其書《春秋》、《尚書》有存者。御瞽幾聲之上下。幾，猶察其樂。不幸而至於有過，則又有爭臣七人，面折廷爭，❷以正捄之。蓋所以養之之備至於如此，是以恭己南面，中心無爲以守至正，而貌之恭足以作肅，言之從足以作乂，視之明足以作哲，聽之聰足以作謀，思之睿足以作聖，然後能以八柄馭群臣，八統馭萬民，而賞無不慶，刑無不威，遠無不至，邇無不

❶「必」，四庫本作「故」。
❷「折」，原作「列」，今據重修本改。

服。傅説所謂「奉若天道，建邦設都，樹后王君公，承以大夫師長，不惟逸豫，惟以亂民」。武王所謂「亶聰明作元后，元后作民父母」。所謂「天降下民，作之君，作之師，惟其克相上帝，寵綏四方」。箕子所謂「皇建其有極，斂時五福，用敷錫厥庶民。惟時厥庶民于汝極，錫汝保極」。董子所謂「正心以正朝廷，正朝廷以正百官，正百官以正萬民，正萬民以正四方」者，正謂此也。◯天無私覆，地無私載，日月無私照。故王者奉三無私以勞於天下，則兼臨博愛，廓然大公，而天下之人莫不心悦而誠服。儻於其間，復以新舊而爲親踈，則其偏黨之情，褊狹之度，固已使人憪然有不服之心。而其好惡取舍，又必不能中於義理，而甚則至於沮謀敗國，妨德亂政，而其害有不可勝言者。◯天下之本在國，國之本在家。故人主之家齊，則天下無不治。人主之家不齊，則未有能治其天下者也。是以三代之盛，聖賢之君能修其政者，莫不本於齊家。蓋男正位乎外，女正位乎內，而夫婦之別嚴者，家之齊也。妻齊體於上，妾接承於下，而嫡庶之分定者，家之齊也。采有德，戒聲色，近嚴敬，遠技能者，家之齊也。內言不出，外言不入，苞苴不達，請謁不行者，家之齊也。然閨門之內，恩常掩義，是以雖以英雄之才，尚有困於酒色，溺於情愛而不能自克者。苟非正心修身，動由禮義，使之有以服吾之德，而畏吾之威，則亦何以正其宮壼，杜其請託，檢其姻戚，而防禍亂之萌哉？《書》曰：「牝雞之晨，惟家之索。」《傳》曰：「福之興莫不本乎室家，道之衰莫不始乎梱內。」◯一念之萌，則必謹而察之，此爲天理耶，爲人欲耶？果天理也，則敬以擴之，而不使其少有壅閼。果人欲也，則敬以克之，而不使其少有凝滯。推而至於言語動作之間，用人處事之際，無不以是裁之。知其爲是而行之，則行之惟恐其不力，而不當憂其力之過也。知其爲非而去之，則去之惟恐其不果，而不當憂其果之甚也。知其爲賢而用之，則任之惟恐其不專，聚之惟恐其不衆，而不當憂其爲黨也。知其爲不肖而退之，則退之惟恐其不速，去之惟恐其不盡，而不當憂其有偏也。如此則聖心洞然，中外融徹，無一毫之私欲得以介乎其間，而天下之事將惟所欲爲，無不如志矣。○古先聖王所以立師傅之官，設賓友之位，置諫諍之職，凡以先後縱臾，左右維持，惟恐此心頃刻之間，或失其正而已。原其所以然者，誠以天下之本在是。一有不正，則天下萬事將無一物得其正者，故不得而不謹也。○天下之事千變萬化，其端無窮，而無一不本於人主之心者，此自然之理也。故人主之心正，則天下之事無一不出於正。人主之心不正，則天下之事無一得由於正。蓋不惟其賞之所勸，刑之所威，各隨所向，勢有不能已者。而其觀感之間，風動神速，又有甚焉。是以人主以眇然之身，居深宫之中，其心之邪正，若不可得而窺者。而其符驗之著於外者，常若十目所視，十手所指，而不可掩。此大舜所以有惟精惟一之戒，孔子所以有克己復禮之云，皆所以正吾此心，而爲天下萬事之本也。此心既正，則視明聽聰，周旋中禮，而身無不正。是以所行無過不及，而能執其中。雖以天下之大，而無一人不歸吾之仁者。然邪正之驗著於外者，莫先於家人，而次及於左右，然後有以達於朝廷，而及於天下焉。若宫闈之内，端莊齊肅，后妃有關雎之德，後宫無盛色之譏，貫魚順序，而無一人敢恃恩私以亂典常，納賄賂而行請謁，此則家之正也。退朝之後，從容燕息，貴戚近臣、攜僕奄尹陪侍左右，各恭其職。而上憚不惡之嚴，下謹戴盆之戒。❶無一人敢通内外，竊威福，招權市寵，以紊朝政，此則左右之正也。内自禁省，外徹朝廷，二者之間洞然，無有毫髮私邪之間。然後發號施令，群聽不疑，進賢退姦，衆志咸服，紀綱得以振而無侵撓之患，政事得以修而無阿私之失，此所以朝廷百官、六軍、萬民無敢不出於正，而治道畢也。心一不正，則是數者固無從而得其正。是數者一有不正，而曰心正，則亦安有是理哉？是以古先聖王兢兢業業，持守此心，雖在紛華波動之中，幽獨得肆之地，而所以精之一之，克之復之，如對神明，如臨淵谷，未嘗敢有須臾之怠。然猶恐其隱微之間，或有差失而不自知也。是以建師保之官以自開明，列諫諍之職以自規正。而凡其飲食酒漿，衣服次舍，器用財賄，與夫宦官宫妾之政，無一不領於冢宰之官，使其左右前後，一動一静，無不制以有司之法，而無纖芥之隙，瞬息之頃，得以隱其毫髮之私。蓋雖以一人之尊深居九重之邃，而懔然常若立乎宗廟之中，朝廷之上。此先王之治所以由内及外，自微至著，精粹純白，無少瑕翳，而其遺風餘烈，猶可以爲後世法程也。○人主當務聰明之實，而不可求聰明之名。信任大臣，日與圖事，反覆辯論，以求至當之歸，此聰明之實也。偏聽左右，輕信其言，此聰明之名也。務其實者，今雖未明，

❶「戴」，四庫本作「覆」。

久必通悟。務其名者，或一時可以竦動觀聽，然中實未明，愈久而愈暗矣。二者之間所差毫釐，而其得失則有大相遠者。○講學所以明理而導之於前，定計所以養氣而督之於後，任賢所以修政而經緯乎其中，天下之事無出乎此者矣。○問聖人兼三才而兩之。曰：上至天，下至地，中間是人。塞于兩間者，無非此理。雖是聖人出來，左提右挈，原始要終，無非欲人有以全此理，而不失其本然之性。天佑下民，作之君，作之師，只是爲此道理。所以作箇君師以輔相裁成，左右民，使各全其秉彝之良，而不失其本然之善而已。故聖人以其先得諸身者與民共之，只是爲這一箇道理。

南軒張氏曰：人主尤不可孤立。堯舜明四目，達四聰，通天下爲一身。若紂則爲獨夫矣。○漢武謂多欲不宜君國子民，此言極是。既是多欲，豈可使之君國子民？武帝雖能言此，他却亦自多欲。然此言不可以人廢。○人主不可以蒼蒼者便爲天，當求諸視聽言動之間。一念纔是，便是上帝鑑觀，上帝臨汝，簡在帝心。一念纔不是，便是上帝震怒。

西山真氏曰：知父母之心者，可以知天心。知人君之道者，可以知天道。蓋父母之於子也，鞠育而遂字之，仁也；鞭扑而教戒之，亦仁也。君之於臣也，爵賞以褒勸之，仁也；刑罰以聳礪之，亦仁也。天佑民而作之君，其愛之深，望之切，無異親之於子，君之於臣也。故君德無媿，則天爲之喜，而祥瑞生焉。君德有闕，則天示之譴，而災異形焉。災祥雖異，所以勉其爲善一也。天之愛君如此，爲人君者，其可不以天之心爲心乎？

鶴山魏氏曰：古之人君以天位爲至艱至危，如履虎尾，如蹈春冰，如恫瘝乃身。是故師氏司朝，僕臣正位，太史奉諱，工師誦詩，御瞽幾聲，巫史後先，卜筮左右，人主無一時可縱弛也。虞賓在位，三恪助祭，夏士在庭，殷士在廟，雝民在甸，夷隸在門，人主無一事不戒懼也。蟲飛而會盈，日出而視朝，朝退而路寢聽政，日中而考政，夕而糾虔天刑，日入而絜奉粢盛，然後即安，人主無一刻可暇逸也。后妃御見有度，應門擊柝，鼓人上堂，女史授環，彤管記過，人主無一息可肆欲也。夫以貴爲天子，富有四海之内，而自朝至昃，兢兢業業，居内之日常少，居外之時常多，蓋所以養壽命之源，保身以保民也。豈惟可以保民，雖子孫千億亦自此始！自秦人蕩滅古制，爲人上者深居穆清，而受事於婦寺，出令於房闥，四方文書非暬御之臣不得上聞。千數百年以來，相尋一轍，於是宦官外戚，女寵嬖倖，代操政柄。人主僅擁虚器以寄于民上，其接士大夫不過視朝數刻之外。凡以傷生伐性者畢陳於前，豈惟湮政事之原，抑以傷壽命之本。身不得康，嗣不得蕃，凡以是耳。

魯齋許氏曰：民生有欲，無主乃亂。上天眷命作之君師，必予之聰明剛斷之資，重厚包容之量，使首出庶物，表正萬邦。此蓋天以至難任之，非予之可安之地而娱之也。堯舜以來，聖帝明王莫不兢兢業業，小心畏慎，日中不暇，未明求衣，誠知天之所畀至難之任，初不可以易心處也。知其爲難而以難處，則難或可易。不知爲難而以易處，則他日之難有不可爲者矣。孔子謂人之言曰：「爲君難，爲臣不易。」則其説所由來遠矣。○人君不患出言之難，而患踐言之難。知踐言之難，則其出言不容不慎矣。昔劉安世見司馬温公，問盡心行己之要可以終身行之者。公曰：「其誠乎？」劉公問行之何先？公曰：「自不妄語始。」劉公初甚易之，及退而自隱括平日之所行，與凡所言自相掣肘矛盾者多矣。力行七年而後成。自此言行一致，表裏相應，遇事坦然，常有餘裕。夫劉安世一士人也，所交者一家之親，一鄉之衆，同列之臣不過數十百人而止耳。然以言行相較，猶有自相掣肘矛盾者。況夫天下之大，兆民之衆，事有萬變，日有萬幾，而人君以一身一心酧酢之，欲言之無失，豈易能哉？故有昔之所言而今日不記者，今之所命而後日自違者，可否異同，紛更變易，紀綱不得布，法度不得立，臣下雖欲黽勉而無所持循，徒汩没於瑣碎之中，卒於無補。況因之爲弊者，又日新月盛而不可遏。在下之人疑惑驚眩，且議其無法無信一至於此也。此無他，至難之地不以難處而以易處之故也。苟從古者大學之道，以修身爲本，凡一事之來，一言之發，必求其所以然，與其所當然。不牽於愛，不蔽於憎，不因於喜，不激於怒，虚心端意，熟思而審處之，雖有不中者，蓋鮮矣。奈何爲人上者多樂舒肆，爲人臣者多事容悦。容悦本爲私也，私心盛則不畏人矣。舒肆本爲欲也，欲心熾則不畏天矣。以不畏天之心與不畏人之心，感合無間，則所務者皆快心事耳。快心則口欲言而言，身欲動而動，又豈肯兢兢業業以修身爲本，一言一事熟思而審處之乎？此人君踐言之難，所以又難於天下之人也。○人君處億兆之上，所操者予奪進退、賞罰生殺之權。不幸見欺，以非爲是，以是爲非，其害可勝既耶！人君惟無喜怒也，有喜怒則贊其喜以市恩，鼓其怒以張勢。人君惟無愛憎也，有愛憎則假其愛以濟私，藉其憎以復怨。甚至本無喜也，誑之使喜；本無怒也，激之使怒；本不足愛也，强譽之使愛；本無可憎也，强短之使憎。若是則進者未必爲君子，退者未必爲小人。予之者或無功，而奪之者或有功也。以至賞之罰之，生之殺之，鮮有得其正者。人君不悟，日在欺中，方仗若曹擿發細隱，以防天下之欺。欺而至此，欺尚可防耶？大抵人君以知人爲貴，以用人爲急。用得其人，則無事於防矣。既不出此，則所近者，争進之人耳，好利之人耳，無耻之人耳。彼挾詐用術，千蹊萬徑，以蠱君心。於此欲防其欺，雖堯舜不能也。○爲人君止於仁，天地之心仁而已矣。

君　德

程子曰：爲宗社生靈長久之計，惟是輔養上德。而輔養之道非徒涉書史、覽古今而已。要使跬步不離正人，乃可以涵養薰陶，成就聖德。

河東侯氏曰：君德，天德也。有此盛德，故能上順天理，下達人情，無一事之繆，無一物之戾。如天之高，如淵之深。見而民莫不敬，言而民莫不信，行而民莫不悦。其聲名之洋溢也，無遠無近，無内無外，極天地之所覆載，日月之所照臨，霜露之所墜。凡有血氣者無不尊親，故曰配天，聖人之事盡於是矣。

華陽范氏曰：《書》曰「自成湯至于帝乙，成王畏相」。其稱中宗曰「嚴恭寅畏」。

大王、王季曰「克自抑畏」。《詩》曰「維此文王，小心翼翼」。夫爲人君動必有所畏，此盛德也。不然，以一人肆於民上，其何所不至哉？

豫章羅氏曰：仁義者，人主之術也。一於仁，天下愛之而不知畏；一於義，天下畏之而不知愛。三代之主仁義兼隆，所以享國至於長久。自漢以來，或得其偏，如漢文帝過於仁，宣帝過於義。夫仁可過也，義不可過也。

朱子曰：修德之實在乎去人欲，存天理。人欲不必聲色貨利之娛，宮室觀遊之侈也，但存諸心者小失其正，便是人欲。必也存祗懼之心以畏天，擴寬弘之度以盡下，不敢自是而欲人必己同，不循偏見而謂衆無足取，不甘受佞人而外敬正士，不狃於近利而昧於遠猷。出入起居，發號施令，念兹在兹，不敢忘怠。而又擇端人正士、剛明忠直、能直言極諫者，朝夕與居左右。不使近習便利捷給之人得以窺伺間隙，承迎指意，污染氣習，惑亂聰明。務使此心虛明廣大，平正中和，表裏洞然，無一毫私意之累，然後爲德之脩。而上可以格天，下可以感人，凡所欲爲，無不如志。

西山真氏曰：三代聖王以敬爲修身立政之本。故伊尹告太甲曰「嗣王祗厥身，念哉」。又曰「欽厥止，率乃祖攸行」。周公之戒成王，一則曰「嚴恭寅畏，天命自度」，二則曰「治民祗懼，不敢荒寧」，三則曰「克自抑畏」，四則曰「皇自敬德」。而召公之誥，一則曰「嗚呼，奈何弗敬」？二則曰「王其疾敬德」，三則曰「王敬作所，不可不敬德」，四則曰「惟不敬厥德，乃早墜厥命」。伊、周、召公皆古聖賢，而所以啓迪其君者，如出一口。又考之《書》「昏迷不恭，侮慢自賢」，禹之所以征有苗也。「威侮五行，怠棄三正」，啓之所以伐有扈也。「狎侮五常，荒怠弗敬」，謂「己有天命」，謂「敬不足行」，武王之所以誅獨夫受也。蓋敬則爲堯舜，爲禹湯，爲文武。不敬則爲有苗，爲有扈，爲獨夫受。聖狂之所以分，治亂之所由判，未有不出乎此者。○先聖贊《易》，於乾曰「君子以自强不息」，謂其體天之剛健也。於坤曰「君子以厚德載物」，謂其法地之博厚也。不體乎乾，無以宰萬物。不法乎坤，無以容萬物。汎觀古昔，凡過於剛者，爲亢，爲暴，爲强明自任。偏於柔者，爲闇，爲懦，爲優柔不斷。雖其失不同，而害治一也。○誠之爲道，可以參天地，贊化育，其功用大矣。然求其用力之地，不過曰無妄也，不欺也，悠久不息也。盡此三者，而誠之體具矣。何謂無妄，就乎真實而不雜以虚僞是也。何謂不欺，戒謹乎其所不睹，恐懼乎其所不聞是也。何謂不息，終始惟一，時乃日新是也。此三者有一之未至焉，則去聖遠矣。姑舉其概言之，實奢而文之以儉，實暴而掩之以仁；所樂者諛佞，而外爲納諫之名；所愛者姦邪，而謬爲敬賢之貌。此妄也，非誠也。修飾於大庭廣衆之中，而放肆於深宮燕閑之地；矯揉於親近君子之際，而發露於昵比小人之時。此欺也，非誠也。敬畏未幾而慢忽繼之，儉約未幾而侈泰隨之，勤怠之靡常而暴寒之不一。凡此者，皆非誠也。《易》曰「鳴鶴在陰，其子和之」，言其應之速也。《詩》曰「鼓鐘于宫，聲聞于外」，言其實之易彰也。苟意念少差，則觀感立異，豈不甚可畏哉？

聖學

程子曰：人心廣大無垠，萬善咸備，盛德大業由此而成。故欲傳堯舜禹湯文武之道，擴充是心焉爾。帝王之學與儒士異尚，儒生從事章句文義，帝王務得其要，措之事業。蓋聖人經世大法備在方册，苟得其要，舉而行之無難也。○人主之學惟當務爲急，辭命非所先也。○古之人君守成業而致盛治者，莫如周成王。其所以成德，則由乎周公。周公之輔成王也，幼而習之，所見必正事，所聞必正言，左右前後皆正人，故習與智長，化與心成。今輔養之道不可不至也。所謂輔養之道，非謂告詔以言過而後諫也，尤在涵養薰陶之而已矣。今夫一日之間，接賢士大夫之時多，親寺人宦官之時少，則氣質自化，德器自成。謹選賢德之士以待勸講，講讀既罷，常留以備訪問，從容燕語，不獨漸摩。至於人情物態，稼穡艱難，日積既久，自然通達。比之常處深宫，爲益多矣。夫傅德義者在乎防聞見之非，節嗜欲之過。保身體者在乎適起居之宜，存畏謹之心。故左右近侍宜選老成重厚小心之人，服飾器用皆須質朴之物。俾華巧靡麗不至於前，淺俗之言不入於耳。凡動作言語，必使勸講者知之，庶幾隨物箴規，應時諫正，調護聖躬，莫過乎此矣。人君居崇高之位，持威福之柄，百官畏懼而莫敢仰視，萬方崇奉而所欲必得。苟非知道畏義所養如此，則中常之君無不驕肆，英明之主自然滿假。此古今同患，治亂所由也。所以周公告成王，稱前王之德以寅恭祇懼爲首云。○歷觀前古成就幼主，莫備於周公，爲萬世之法。考之《立政》之書，其言常伯、常任之尊，與綴衣、虎賁之賤，同以爲戒。要在得人以爲知恤者，鮮也。終篇反覆，惟此一事而已。夫僕臣正，厥后克正。左右侍御僕從罔匪正人，旦夕承弼，然後起居出入無違禮也，發號施令無不善也。後世不復如此，以謂人主就學，所以涉書史，覽古今也。夫此一端而已。苟曰如是而足，則能文，宫人可以備勸講；知書，内侍可以充輔導。又何必置官設職，求賢德之士哉？自古帝王才質鮮不過人，完德有道之君至少，其故何哉？皆輔養不得其道，而勢位使之然也。

華陽范氏曰：人主學與不學，繫天下之治亂。如好學，則天下之君子欣慕，願立於朝，以直道事上，輔助德業而致太平矣。如不好學，則天下之小人皆動其心，欲立於朝，以邪諂事上，竊取富貴而專權利矣。

龜山楊氏曰：古之聖人固宜莫如舜也。舜之在側微，與木石居，鹿豕遊，固無異於深山之野人也，是豈以文采過人邪？伏羲畫八卦，《書》斷自《堯典》，當是時，六經蓋未有也。而舜之所以聖者，果何自哉？然則聖人之所以爲聖，其學必有在矣。

武夷胡氏曰：明君以務學爲急，聖學以正心爲要。心者，事物之宗。正心者，揆事宰物之權也。六經所載古訓，不可不攷。若夫分章析句，牽制文義，無益於心術者，非帝王之學也。○心者，身之本也。正心之道，先致其知而誠意，故人主不可不學也。蓋戡定禍亂，雖急於戎務，必本於方寸。不學以致知，則方寸亂矣，何以成帝王之業乎？

致堂胡氏曰：古之人君既得賢材布之列位矣，於是朝以聽政，則公卿在前，史在左右，諫諍七人，訓告教誨，而無怠朝矣。晝以訪問，則監于成憲，學於古訓，多識前言往行，與萬民之疾苦，物情之幽隱，而無怠晝矣。夕以修令，則思夫應違，慮夫榮辱，慎而後出，奠而後發，不敢苟也，而無怠夕矣。而又無淫于觀，于逸，于遊，于畋，于酒，于樂，而又盤有銘，几有戒，杖有詔，器有箴，圖有規，藝有諫。夫所以夤畏祗懼，不使放心邪氣得溺焉者如此。夜而寢息，則又有《雞鳴》之賢妃，《卷耳》之淑女，警戒相成，不懷宴安，昧爽丕顯，坐以待旦，此乃憂勤之事也。憂勤如此，乃所以端拱無爲也。是故勤勞者，非衡石程書，衛士傳餐之謂也。無爲者，非遺棄萬務，嘿然兀然之謂也。稽《無逸》周公之言，則人君之法具矣。

豫章羅氏曰：人主讀經則師其意，讀史則師其迹。然讀經以《尚書》爲先，讀史以《唐書》爲首。蓋《尚書》論人主善惡爲多，《唐書》論朝廷變故最盛。

朱子曰：天下之事，其本在於一人。而一人之身，其主在於一心。故人主之心一正，則天下之事無有不正。人主之心一邪，則天下之事無有不邪。如表端則影直，源濁則流汙，其理有必然者。是以古先哲王欲明其德於天下者，莫不一以正心爲本。然本心之善，其體至微，而利欲之攻不勝其衆。嘗試驗之，一日之間，聲色臭味，游衍馳驅，土木之華，貨利之殖，雜進於前，日新月盛，其間心體湛然、善端呈露之時，蓋絶無而僅有也。苟非講學之功，有以開明其心，而不迷於是非邪正之所在；又必信其理之在我，而不可以須臾離焉，則亦何以得此心之正，勝利欲之私，而應事物無窮之變乎？然所謂學，則又有邪正之别焉。味聖賢之言，以求義理之當；察古今之變，以驗得失之幾，而必反之身以踐其實者，學之正也。涉獵記誦，而以雜博相高；割裂裝綴，而以華靡相勝，反之身則無實，措之行則無當者，學之邪也。學之正而心有不正者鮮矣，學之邪而心有不邪者亦鮮矣。故講學雖所以爲正心之要，而學之邪正其繫於所行之得失，而不可不審者又如此。《易》曰：「正其本，萬事理。差之毫釐，繆以千里。」○舜之戒禹曰：「人心惟危，道心惟微。惟精惟一，允執厥中。」而必繼之曰：「無稽之言勿聽，弗詢之謀勿庸。慎乃有位，敬脩其可願。四海困窮，天禄永終。」孔子之告顔淵，既曰：「克己復禮爲仁，一日克己復禮，天下歸仁焉。爲仁由己，而由人乎哉？」而又申之曰：「非禮勿視，非禮勿聽，非禮勿言，非禮勿動。」既告之以損益四代之禮樂，而又申之曰：「放鄭聲，遠佞人。鄭聲淫，佞人殆。」嗚呼，此千聖相傳心法之要。其所以極夫天理之全而察乎人欲之盡者，可謂兼其本末巨細而舉之矣。兩漢以來，非無願治之主，而莫克有志於此。是以雖或隨世以就功名，而終不得以與乎帝王之盛。其或耻爲庸主，而思用力於此道，則又不免蔽於老子、浮屠之説。静則徒以虚無寂滅爲樂，而不知有所謂實理之原。動則徒以應緣無礙爲達，而不知有所謂善惡之幾。是以日用之間，内外乖離，不相爲用，而反以害於政事。蓋所謂千聖相傳心法之要者，於是不復講矣。○帝王之學雖與韋布不同，經綸之業固與章句有異，然其本末之序，竊以爲無二道也。聖賢之言平鋪放著，自有無窮之味，於此從容潛玩默識而心通焉，則學之根本於是乎立，而其用可得而推矣。患在立說貴於新奇，推類欲其廣博，是以反失聖言平淡之真味，而徒爲學者口耳之末習。至於人主能之，則又適所以爲作聰明自賢聖之具，不惟無益而害有甚焉。○人主所以制天下之事者，本乎一心。而心之所主，又有天理人欲之異。二者一分，而公私邪正之塗判矣。蓋天理者，此心之本然，循之則其心公而且正。人欲者，此心之疾疢，循之則其心私而且邪。公而正者逸而日休，私而邪者勞而日拙。其效至於治亂安危有大相絶者，而其端特在夫一念之間而已。舜禹相傳，所謂「人心惟危，道心惟微。惟精惟一，允執厥中」者，正謂此也。○人主之學當以明理爲先。是理既明，則凡所當爲而必爲，所不當爲而必止，莫非循天之理，而非有意必固我之私也。○周武王之言曰：「惟天地萬物父母，惟人萬物之靈。亶聰明，作元后，元后作民父母。」而孟子又曰：「堯舜性之，湯武反之。」蓋嘗因此二説而深思之。天地之大無不生育，固爲萬物之父母矣。人於其間，又獨得其氣之正，而能保其性之全，故爲萬物之靈。若元后者，則於人類之中，又獨得其正氣之盛，而能保其全性之尤者。是以能極天下之聰明，而出乎人類之上，以覆冒而子畜之，是則所謂作民父母者也。然以自古聖賢觀之，惟帝堯、大舜生而知之，安而行之，爲能履此位、當此責而無媿。若成湯、武王，則其聰明之質固已不能如堯舜之全矣。惟其能學而知，能利而行，能擇善而固執，能克己而復禮，是以有以復其德性聰明之全體，而卒亦造夫堯舜之域，以爲億兆之父母。蓋其生質雖若不及，而其反之之至，則未嘗不同，孔子所謂及其成功一也，正此之謂也。誠能於日用之間，語默動静必求放心，以爲之本。而於玩經觀史，親近儒學，已用力處益用力焉。數召大臣，切劘治道，俾陳要急之務。至於群臣進對，亦賜温顔，反復詢訪，以求政事之得失，民情之休戚。而又因以察其人材之邪正短長，庶於天下之事各得其理。經歷詳盡，浹洽貫通，聰明日開，志氣日强，德聲日聞，治效日著，四海之内瞻仰畏愛如親父母，則是反之之至，而堯舜湯武之盛不過如此。

勉齋黄氏曰：帝王之學必先格物致知，以極夫事物之變，使義理所存纖悉畢照，則自然意誠心正，而可以應天下之務。

西山真氏曰：惟學可以養此心，惟敬可以存此心，惟親近君子可以維持此心。蓋義理之與物欲，相爲消長者也。篤志于學，則日與聖賢爲徒，而有自得之樂。持身以敬，則凛如神明在上而無非僻之侵。親賢人君子之時多，則規儆日聞，諂邪不得而惑。三者交致其力，則聖心湛然，如日之明，如水之清，義理爲之主，而物欲不能奪矣。○人主之學，其要在於誠意、正心、修身、齊家，以爲出治之本，非徒琱鎪詞藝，破析章句，爲書生之末技而已。

魯齋許氏曰：凡人之情，敬慎於憂危，惰慢於暇豫，惟聖人不如此。堯舜只兢兢業業無已時，憂危暇豫處之如一，一日二日萬幾，何得惰慢？程子謂「惟慎獨可以行王道」，初未然之，徐而思之，不如此不能行王道。蓋功夫有間斷故也。以太宗之英明，猶於此不能進。兩漢文帝、光武敬慎終身，然聖學不足以成就之，惜哉！

儲嗣

涑水司馬氏曰：古之明王教養太子，爲之擇方正敦良之士，以爲保傅師友，朝夕與之遊處，左右前後，無非正人，出入居處，無非正道。

五峰胡氏曰：養太子不可以不慎也，望太子不可以不仁也。○大本正，然後可以保國一天下。

朱子曰：賈誼作《保傅傳》，其言有曰：「天下之命繫於太子，太子之善在於早諭教與選左右。教得而左右正，則太子正，太子正而天下定矣。」此天下之至言，萬世不可易之定論也。至論所以教諭之方，則必以孝仁禮義爲本。而其條目之詳，則至於容貌詞氣之微，衣服器用之細，纖悉曲折，皆有法度。一有過失，則史書之策，宰撤其膳。而又必有進善之旌，誹謗之木，敢諫之鼓，瞽詩史書，工誦箴諫，士傳民語，必使至於化與心成，中道若性，而猶不敢怠焉。其選左右之法，則有三公之尊，有三少之親，有道有充，有弼有承。上之必得周公、太公、召公、史佚之流，乃勝其任；下之猶必取於孝弟博聞有道術者。不幸一有邪人厠乎其間，則必逐而去之。是以太子朝夕所與居處出入，左右前後，無非正人，而未嘗見一惡行。此三代之君所以有道之長，至於累數百年而不失其天下也。當誼之時，固已病於此法之不備。然考孝昭之詔，則猶知誦習誼之所言，而有以不忘乎先王之意。降而及於近世，則帝王所以教子之法益踈略矣。蓋其所以教者，不過記誦書札之工，而未嘗開以仁孝禮義之習。至於容貌詞氣，衣服器用，則雖極於邪侈，而未嘗有以裁之也。寮屬具員，而無保傅之嚴。講讀備禮，而無箴規之益。至於朝夕所與出入居處而親密無間者，則不過宦官近習掃除趨走之流而已。夫以帝王之世，當傳付之統，上有宗廟社稷之重，下有四海烝民之生，前有祖宗垂創之艱，後有子孫長久之計，而所以輔養之具疎略如此，是猶家有明月之珠、夜光之璧，而委之衢路之側，盜賊之衝也。豈不危哉？

魯齋許氏曰：有家有國所以立適，嗣無所争者，出於無爲而分定故也。如走兔在野，人競逐之；積兔在市，過而不顧。此之謂分定。

君臣

程子曰：君貴明，不貴察；臣貴正，不貴權。

華陽范氏曰：《書》曰：「元首明哉，股肱良哉，庶事康哉！」又曰：「元首叢脞哉，股肱惰哉，萬事墮哉！」此舜、臯陶所以賡歌而相戒也。夫君以知人爲明，臣以任職爲良。君知人，則賢者得行其所學。臣任職，則不賢者不得苟容於朝。此庶事所以康也。若夫君行臣職，則叢脞矣。臣不任君之事，則惰矣。此萬事所以墮也。當舜之時，禹平水土，稷播百穀，土穀之事，舜不親也。契敷五教，臯陶明五刑，教刑之事，舜不治也。伯夷典禮，夔典樂，禮樂之事，舜不與也。益爲虞，垂作共工，虞工之事，舜不知也。禹爲一相總百官，自稷以下分職以聽焉。君人者，如天運於上，而四時寒暑各司其序，則不勞而萬物生矣。君不可以不逸也，所治者大，所司者要也。臣不可以不勞也，所治者寡，所職者詳也。不明之君不能知人，故務察而多疑。欲以一人之身代百官之所爲，則雖聖智亦日力不足矣。故其臣下事無大小，皆歸之君，政有得失，不任其患，賢者不得行其志，而持禄之士得以保其位，此天下所以不治也。

五峰胡氏曰：人君剛健中正純粹，首出庶物者也。人臣柔順利貞，順承乎天而時行者也。○寡欲之君，然後可與言王道；無欲之臣，然後可與言王佐。○自三代之道不行，君臣之義不明，君誘其臣以富貴，臣干其君以文行。夫君臣相與之際，萬化之原也。既汩於利矣，末流其可禁乎？此三代之治所以不復也。

朱子曰：君臣之際，權不可略重，纔重則無君。且如漢末，天下唯知有曹氏而已，魏末唯知有司馬氏而已。魯當莊、僖之際，也得箇季友整理一番，其後季氏遂執其權，歷三四世，魯君之勢全無了，但有一季氏而已。葉賀孫問：也是合下君臣之間，其識慮不遠。曰：然。所以聖人垂戒謂：「臣弑君，子弑父，非一朝一夕之故，其所由來者漸矣，由辨之不早辨也。」這箇事體，初間只争些小，到後來全然只有一邊。聖人所以一日二日萬幾，常常戒謹恐懼。《詩》稱文王之盛，於後便云：「殷之未喪師，克配上帝。宜鑑于殷，駿命不易。」此處甚多。○問：忠只是實心，人倫日用皆當用之，何獨只於事君上説忠字？曰：父子、兄弟、夫婦皆是天理自然，人皆莫不自知愛敬。君臣雖亦是天理，然是義合，世之人便自易得苟且。故須於此説忠，却是就不足處説。如莊子説：「命也，義也，天下之大戒。」看這説，君臣自是有不得已意思。○問：君臣父子同是天倫，愛君之心終不如愛父，何也？曰：離畔也只是庶民，賢人君子便不如此。韓退之云：「臣罪當誅兮，天王聖明。」此語何故程子云是好，文公豈不知紂之無道，却如此説？是非欺誑衆人，直是有説。須是有轉語，方説得文王心出。看來臣子無説君父不是底道理，此便見得是君臣之義處。莊子云：「天下之大戒二：命也，義也。子之於父，無適而非命也。臣之於君，無適而非義也。無所逃於天地之間。」

東萊呂氏曰：畢公弼亮四世爲周父師，而康王之册尚有「罔曰弗克，罔曰民寡」之戒。康王非敢少畢公，蓋規警勉飭，此是君臣間常法，❶初不以耆艾廢也。

臣道

程子曰：臣之於君，竭其忠誠，致其才力，用否在君而已。不可阿諛逢迎，以求君之厚己也。○事君者知人主不當自聖，則不爲諂諛之言；知人臣義無私交，則不爲阿黨之計。○君子之事君也，不得其心，則盡其誠以感發其志而已。誠積而動，則雖昏蒙可開也，雖柔弱可輔也，雖不正可正也。古之人事庸君常主而克行其道者，以己誠上達，而其君信之之篤耳。○人臣身居大位，功蓋天下，而民懷之，則危疑之地

❶「是」，原作「自」，今據四庫本改。

也。必也誠積於中，動不違理，威福不自己出，人惟知君而已，然後位極而無逼上之嫌，勢重而無專權之過，斯可謂明哲君子矣。周公、孔明其人也。郭子儀有再造社稷之功，威震人主，而上不疑之也，亦其次歟。○臣賢於君，則輔君以所不能，伊尹之於太甲，周公之於成王，孔明之於劉禪是也。臣不及君，則贊助之而已。○剛健之臣事柔弱之君，而不爲矯飾之行者鮮矣。夫上下之交，不誠而以僞也，其能久相有乎？○人臣之義，位愈高，而思所以報國者當愈勤。饑則爲用，飽則飛去，是以鷹犬自期也，曾是之謂愛身乎？○問：世傳成王幼，周公攝政。荀卿亦曰：「履天下之籍，聽天下之斷。」周公果踐天子之位，行天子之事乎？曰：非也。周公位冢宰，百官總己以聽之而已，安得踐天子之位？又問：君薨，百官聽於冢宰者三年爾，周公至於七年，何也？曰：三年謂嗣王居憂之時也，七年爲成王幼故也。又問：賜周公以天子之禮樂，當否？曰：始亂周公之法度者，是賜也。人臣安得用天子之禮樂哉？成王之賜，伯禽之受，皆不能無過。《記》曰：「魯郊非禮也，其周公之衰乎？」聖人嘗譏之矣。説者乃云周公有人臣不能爲之功業，因賜以人臣所不得用之禮樂，則妄也。人臣豈有不能爲之功業哉？借使功業有大於周公，亦是人臣所當爲爾。人臣而不當爲，其誰爲之？豈不見孟子言事親若曾子可也？曾子之孝亦大矣，孟子纔言可也。蓋曰子之事父，其孝雖過於曾子，畢竟是以父母之身做出來，豈是分外事？若曾子者，僅可以免責爾。臣之於君，猶子之於父也。臣之能立功業者，以君之人民也，以君之勢位也。假如功業大於周公，亦是以君之人民、勢位做出來，而謂人臣所不能爲，可乎？使人臣恃功而懷怏怏之心者，必此言矣。

張子曰：近臣守和。和，平也。和其心以備顧對，不可徇其喜怒好惡。

龜山楊氏曰：人臣之事君，豈可佐以刑名之説？如此，是使人主失仁心也。人主無仁心，則不足以得人。故人臣能使其君視民如傷，則王道行矣。○問：以匹夫一日而見天子，天子問焉，盡所懷而陳之，則事必有窒礙者，不盡則爲不忠，如何？曰：事亦須量深淺。孔子曰：「信而後諫，未信則以爲謗己也。」《易》之《恒》曰：「浚恒凶。」此恒之初也，故當以漸而不可以浚，浚則凶矣。假如問人臣之忠邪，其親信者誰歟？遽與之辨别是非，則有失身之悔。君子於此，但不可以忠爲邪，以邪爲忠，語言之間，故不無委曲也。至於論理則不然，如惠王問孟子「何以利吾國」，則當言「何必曰利」。宣王問孟子卿不同，則當以正對，蓋不直則道不見故也。

和靖尹氏每赴經筵前夕，必沐浴更衣，衣皆薰香。設香案，以來日所當講書置案上，朝服再拜，拈香又再拜，齊于燕室，初夜乃寢。次日入侍講筵，學者問焉，曰：「必欲以所言感悟君父，安得不盡敬？人君其尊如天，必須盡己之誠意。」又曰：「以吾所言得入，則天下蒙其利。不能入，則反之。安敢不盡誠敬？」

致堂胡氏曰：忠愛其君者，必思納諸無過之地，而不計一身之安危。不忠不愛者，惟其身之營，使君荒怠昏亂而不恤也。○莫難强如怠心，莫難制如慾心，莫難降如驕心，莫難平如怒心，莫難抑如忌心，莫難開如惑心，莫難解如疑心，莫難正如偏心，然皆放心也。大人格君心之非者，格此等也。未至乎大人而當大人之任，亦當勉勉焉，思齊以事其君。君心怠則强之，慾則制之，驕則降之，怒則平之，忌則抑之，惑則開之，疑則解之，偏則正之，要使君心常收而不放，則善日起，惡日消，治可立，安可保矣。夫水源濁則流汙，源清則流潔，古之人所以惡夫逢君之惡者，爲病其源也。◯事功出於臣下，效智謀，輸才力，及其有成，必曰此君之德，非臣所能也。君亦安然受之，不幾於僞乎？蓋道固當然，非僞也。在《易》《坤》之六三曰：「含章可貞，或從王事，無成有終。」謂有功善，則隱晦其美，而歸之於君，不敢當其成，然後下得恭順之道，而上無忌惡之心也。在《師》之九二曰：「在師中吉，承天寵也。」爲衆之主專制其事，所以能吉者以受委於君，非己無因而致者也。是故智如良、平，不待帷幄爲謀主，則滅秦梟羽之事何以效？略如英、衛，不授鈇鉞制閫外，則征伐四克之績何以著？故自古有成功而知此道者，必謙虚退讓，沖然而若無。不然，既非所以蓄德，又非所以全身也。夫矜伐生於氣盈，貪戀生於氣歉，❶所以然者，爲利禄耳。有大勳勞於天下，孰若周公？使周公以勳勞自居，既以翦商受賞，又以東征受賞，又以踐奄受賞，又以滅國五十受賞，又以制禮樂頒度量受賞，必見於《詩》、《書》。今可考者爲太師，位冢宰，開國曲阜，以侯伯禽而已，不聞賞而又賞也。太師冢宰，其所當爲也。俾

❶「歉」，四庫本作「慊」。

侯于東，衆建親賢，非私於周公也。然則周公有大勳勞，而未嘗取賞明矣。故曰：「以周公之才之美，使驕且吝，其餘不足觀也已。」驕吝者，盈而歉之謂歟？○忠賢之於事有所不可，亦陳其正理，開悟君心而已。聽否，雖仲尼、孟子不能必其説之行也。苟必其説之行，將用智任術，與小人無異矣。故曰：「若夫成功，則天也。」

五峰胡氏曰：守身以仁。以守身之道正其君者，大臣也。漢唐之盛，忠臣烈士攻其君之過，禁其君之欲，糾其政之謬，彈其人之佞而已。求其大正君心，引之志於仁者，則吾未之見也。惟董生其庶幾乎？

豫章羅氏曰：士之立朝，要以正直忠厚爲本。正直則朝廷無過失，忠厚則天下無嗟怨，二者不可偏也。一於正直而不忠厚，則漸入於刻。一於忠厚而不正直，則流入於懦。汲黯正直，所以闢公孫弘之阿諛，忠厚所以闢張湯之殘刻。武帝享國五十五年，其臣之賢，獨此一人而已。○立朝之士當愛君如愛父，愛國如愛家，愛民如愛子，然三者未嘗不相賴也。凡人愛君則必愛國，愛國則必愛民，未有以君爲心而不以民爲心者。故范希文謂：「居廟堂之上，則憂其民。處江湖之遠，則憂其君。」諒哉！○士之立身，要以名節忠義爲本。有名節，則不枉道以求進。有忠義，則不固寵以欺君矣。

朱子曰：古之君子居大臣之任者，其於天下之事知之不惑，任之有餘，則汲汲乎其時而勇爲之。知有所未明，力有所不足，則咨訪講求以進其知，拔援汲引以求其助。如救火追亡，尤不敢以少緩。上不敢愚其君，以爲不足與言仁義。下不敢鄙其民，以爲不足以興教化。中不敢薄其士大夫，以爲不足共成事功。一日立乎其位，則一日業乎其官。一日不得乎其官，則不敢一日立乎其位。有所愛而不肯爲者，私也。有所畏而不敢爲者，亦私也。屹然中立，無一毫私情之累，而惟知其職之所當爲者。夫如是，是以志足以行道，道足以濟時，而於大臣之責可以無愧。○臣子無愛身自佚之理。○今之仕官不能盡心盡職者，是無那先其事而後其食底心。○誠以天下之事爲己任，則當自格君心之非始。欲格君心，則當自身始。○夫宰相以得士爲功，下士爲難。而士之所守，乃以不自失爲貴。○於天下之事有可否，則斷以公道，而勿牽於内顧偏聽之私。於天下之議有從違，則開以誠心，而勿誤以陽開陰闔之計，則庶乎德業盛大，表裏光明，中外遠邇心悦誠服。

南軒張氏曰：伊尹云：「予弗克俾厥后惟堯舜，其心愧耻，若撻于市。一夫不獲，時予之辜。」君不堯舜，心便愧耻。民有不獲，是爲己辜。真所謂任天下之重者。人須存伊尹之心方得。○畢公以四朝元老，方且克勤小物。若在吾人，則合當如此也。古人未嘗不謙，至周公方説謙。蓋周公以天子之叔父，而又爲宰相，猶且自處以謙。若在吾人，則亦合當爲者也。《謙》之九三，伊川專以指周公。「德言盛，禮言恭。」德只要盛，禮只要恭。又曰：某於世間無所愛慕，亦無所享用，惟有報君愛民之事在所當爲耳。

象山陸氏曰：古人所以不屑屑於間政適人，而必務有以格君心者，蓋君心未格，則一邪黜，一邪登，一弊去，一弊興，如循環然，何以窮已？及君心既格，則規模趨鄉有若燕越，邪正是非有若蒼素。大明既升，群陰畢伏，是瑣瑣者亦何足污人牙頰間哉！

勉齋黄氏曰：臣子之於君父，與生俱生，而不可懈於心者也。食人之禄者當任其事，此亦不待智者而後知也。

西山真氏曰：古今事業未嘗無所本。諸葛武侯平生所立事業奇偉，然求其所以，則開誠心，布公道，集衆思，廣忠益而已。蓋此四者，乃武侯事業之本。而誠之與公，又其本也。○忠臣之心，常欲君身之强固，君德之清明，故動以聲色遊畋爲藥石之戒。古之人有行之者，周公是也。姦臣之心則不然。君身强固，則必不倦於政機，而威權在己。君德清明，則必不謬於邪正，而用舍合宜。此正人君子之所深願，而憸夫壬人之所甚不便者也。故必蠱之以逸欲，導之以奢淫，然後其君恣肆昏荒，而惟己之聽。後之人有行之者，趙高、仇士良是也。二人刀鋸之餘，何足深罪？而春秋名卿如管仲、趙武者，亦安視其君有六嬖四姬之惑，而不能救焉。彼其人非姦慝也，其志非蠱媚也，迺至於是者，由不知古人保傅之職，而以强兵制敵爲功故也。有志愛君者，其可不以周公爲法，以管仲、趙武爲戒哉！

魯齋許氏曰：臣子執威權，未有無禍者。豈唯人事，在天道亦不許。夫月陰魄也，借日爲光，與日相遠則光盛。猶臣遠於君，則聲名大，威權重。與日相近，則光微，愈近愈微。臣道陰道，理當如此。大臣在君側而擅權，此危道也。古人舉善薦賢，不敢自名，欲恩澤出於君也，刑人亦然。恩威豈可使出於己？使人知恩威出於己，是生多少怨敵，其危亡可立待也。故月星皆借日以爲光，及近日却失其光，此理殊可玩索。

性理大全書卷之六十五

性理大全書卷之六十六

治道一

總論

程子曰：論治者貴識體。○治身齊家以至平天下者，治之道也。建立綱紀，分正百職，順天揆事，創制立度，以盡天下之務，治之法也。法者，道之用也。○聖王爲治，修刑罰以齊衆，明教化以善俗，刑罰立則教化行矣，教化成而刑罰措矣。雖曰尚德而不尚刑，顧豈偏廢哉？○治則有爲治之因，亂必有致亂之因，在人而已矣。○立治有體，施治有序。酌而應之，臨時之宜也。○治道之要有三，曰立志、責任、求賢。○必井田，必肉刑，必封建，而後天下可爲，非聖人之達道也。善治者放井田而行之，而民不病；放封建而臨之，而民不勞；放肉刑而用之，而民不怨。得聖人之意而不膠其迹。迹者，聖人因一時之利而利焉者耳。○天地之生，萬物之成，合而後遂。天下國家至於事爲之末，所以不遂者，由不合也。所以不合者，由有間也。故間隔者，天下之大害，聖王之所必去也。○事事物物各有其所，得其所則安，失其所則悖。聖人所以能使天下順治，非能爲物作則也，惟止之各於其所而已。止之不得其所，則無可止之理。○養民者以愛其力爲本。民力足則生養遂，然後教化可行，風俗可美。是故善爲政者必重民力。○教人者，養其善心則惡自消；治民者，導以敬遜則争自止。○聖人爲戒，必於方盛之時。方盛慮衰，則可以防其滿極而圖其永久。至於既衰而後戒，則無及矣。自古天下之治，未有久而不亂者，蓋不能戒於其盛也。狃安富則驕侈生，樂舒肆則紀綱壞，忘禍亂則釁孽萌。是以浸淫滋蔓，而不知亂亡之相尋也。○守國者必設險，山河之固，城郭溝洫之阻，特其大端耳。若夫尊卑貴賤之分，明之以等威，異之以物采，凡所以杜絶陵僭，限隔上下，皆險之大用也。○治道亦有從本而言，亦有從事而言。從本而言，惟從格君心之非，正心以正朝廷，正朝廷以正百官。若從事而言，不救則已，若須救之必須變，大變則大益，小變則小益。○爲天下安可求近効？才計校著利害，便不是。○王者高拱於穆清之上，而化行於裨海之外，何脩何飾而致哉？以純王之心行純王之政爾。老吾老以及人之老，幼吾幼以及人之幼，此純王之心也。使老者得其養，幼者得其所，此純王之政也。尚慮其未也，則又尊國老而躬事之，優庶老而時養之。風行海流，民陶其化，孰有怠於親而慢於長者哉！虞夏商周之盛王，由是道也，人倫以正，風俗以厚，鰥寡孤獨無不得其養焉。後世禮廢法壞，教化不明，播棄耇老、饑寒、轉死者往往而是。嗚呼，率是而行，而欲王道之成，猶却行而求及前，抑有甚焉爾。○安危之本在乎人情，治亂之機繫乎事始。衆心睽乖，則有言不信；萬邦協和，則所爲必成。○先王之世以道治天下，後世只是以法把持天下。○民可明也，不可愚也。民可教也，不可威也。民可順也，不可强也。民可使也，不可欺也。○又嘗與客語爲政，曰：甚矣，小人之無行也。牛壯食其力，老則屠之。客曰：不得不然也。牛老不可用，屠之猶得半牛之價，復稱貸以買壯者，不爾則廢耕矣。且安得芻粟養無用之牛乎？曰：爾之言，知計利而不知義者也。爲政之本莫大於使民興行，民善俗而衣食不足者，未之有也。水旱螟蟲之災，皆不善之致也。○天下之事無一定之理，不進則退，不退則進，時極道窮，理當必變。惟聖人爲能通其變於未窮，使其不至於極，堯舜時也。○三代忠質文，其因時之尚然也。夏近古，人多忠誠，故爲忠。忠弊故捄之以質，質弊故捄之以文，非道有弊也。後世不守，故浸而成弊，雖不可以一二事觀之，大概可知。如堯舜禹之相繼，其文章氣象亦自小異也。○識變知化爲難，古今風氣不同，故器用亦異宜。是以聖人通其變，使民不倦，各隨其時而已矣。後世雖有作者，虞帝爲不可及已。蓋當是時，風氣未開，而虞帝之德又如此，故後世莫可及也。若三代之治，後世決可復。不以三代爲治者，終苟道也。○自古聖人之救難而定亂也，設施有未暇及焉者，既安之矣，然後爲可久可繼之治。自漢而下，禍亂既除，則不復有爲，始隨時維持而已，所以不能髣髴於三代歟。○三代而後有聖王者作，必四三王而立制矣。或曰：夫子云三重既備，人事盡矣，而可四乎？曰：三王之治以宜乎今之世，則四王之道也。若夫建亥爲正，則事之悖繆者也。

張子曰：大都君相以父母天下爲王道，不能推父母之心於百姓，謂之王道，可乎？所謂父母之心，非徒見於言，必須視四海之民如己之子。設使四海之内皆爲己之子，則講治之術必不爲秦漢之少恩，必不爲五伯之假名。○井田而不封建，猶能養而不能教。封建而不井田，猶能教而不能養。封建井田而不肉刑，猶能教養而不能使。然此未可遽行之。○秦爲月令，必取先王之法以成文字，未必實行之。道千乘之國，敬事而信，節用而愛人，使民以時，此皆法外之意。秦苟有愛民爲惠心方能行，徒法不能以自行，須實有其心也。有其心而無其法，則是雖有仁心仁聞，不行先王之道，不能爲政於天下。

華陽范氏曰：治天下之繁者必以至簡，制天下之動者必以至静。是故號令簡則民聽不惑，心慮静則事變不撓，此所以能成功也。○民莫不惡危而欲安，惡勞而欲息，以仁義治之則順，以刑罰治之則咈矣，故治天下在順之而已。咈之而能治者，未之聞也。

龜山楊氏曰：《書》曰：「德惟善政。」孔子曰：「爲政以德。」離道德而爲政事，非先王之政事也。○《書》曰：「德惟善政。」則以德爲政也。伯夷降典，折民惟刑，則以禮用刑也。有德禮，則刑政在其中矣。○政者，正也。王中心無爲，以守至正，而天下從之。○或謂經綸天下須有方法，亦須才氣運轉得行。曰：《天保》以上治内，《采薇》以下治外，先王經綸之迹也，其効博矣。然觀其作處，豈嘗費力？本之誠意而已。今《鹿鳴》、《四牡》諸詩皆在，先王所歌以燕群臣、勞使臣者也。若徒取而歌之，其有効乎？然則先王之用心，蓋有在矣。如《書·堯典》序言「克明俊德」，以至「親睦九族，平章百姓，協和萬邦」。法度蓋未及也，而其効已臻。黎民於變時雍，然後乃命羲和以欽若昊天之事。然則法度雖不可廢，豈所宜先？○正心一事，自人未嘗深知之。若深知而體之，自有其効。觀後世治天下者，皆未嘗識此。然此亦惟聖人力做得徹。蓋心有所忿懥恐懼，好樂憂患，一毫少差即不得其正。自非聖人，必須有不正處。然有意乎此者，隨其淺深，必有見効，但不如聖人之効著耳。○爲政要得厲威嚴，使事事齊整甚易，但失於不寬，便不是古人作處。孔子言「居上不寬，吾何以觀之哉」！又曰「寬則得衆」，若使寬非常道，聖人不只如此説了。今人只要事事如意，故覺見寬政悶人。不知權柄在手，不是使性氣處，何嘗見百姓不畏官人，但見官人多虐百姓耳。然寬亦須有制始得。若百事不管，唯務寬大，則胥吏舞文弄法，不成官府。須要權常在己，操縱予奪總不由人，儘寬不妨。程伯淳作縣，常於坐右書「視民如傷」四字，云「某每日常有愧於此」。觀其用心，應是不錯決撻了人。古人於民，若保赤子，爲其無知也。常以無知恕之，則雖有可怒之事，亦無所施其怒。無知則固不察利害所在，教之趨利避害，全在保者。今赤子若無人保，則雖有坑穽在前，蹈之而不知。故凡事疑有後害而民所見未到者，當與他做主始得。

上蔡謝氏曰：君君臣臣，父父子子，親親而尊尊，所謂民彝也。爲政之道，保民而已。不然，人類幾何其不相噬嚙也。

五峰胡氏曰：造車於室，而可以通天下之險易。鑄鑑於冶，而可以定天下之妍醜。蓋得其道而握其要也。治天下者，何獨不觀乎此，反而求諸身乎？是故一正君心而天下定矣。○下之於上德，不待聲色而後化。人之於其類，不待聲色而後從。

禍福於善惡，不待聲色而後應。《詩》云「民之秉彝，好是懿德」，是故君子篤恭而天下平。○事成則極，極則變；物盈則傾，傾則革。聖人裁成其道，輔相其宜，百姓於變而不知，此堯舜之所以爲聖也。○處之以義而理得，則人不亂；臨之以敬而愛行，則物不争；守之以正，行之以中，則事不悖而天下理矣。○聖人尚賢，使民知勸；教不能，使民不争。明善惡之歸，如日月之照白黑，然民猶有惑於欲而陷於惡。故孔子觀上世之化，喟然而歎曰：「甚哉，知之難也。」雖堯舜之民比屋可封，能使之由而已，亦不能使之知也。夫人目於五色，耳於五聲，口於五味，其性固然，非外來也。聖人因其性而道之，由於至善，故民之化之也易。○馬牛，人畜也。御之失道，則奮其角蹏，雖有猛士莫之敢攖。得其道，則三尺童子用之周旋，無不如志焉。天下分裂，兆民離散，欲以一之，固有其方。患在人不仁，雖與言而不入也。○井法行，然後愚智可擇，學無濫士，野無濫農，人才各得其所而游手鮮矣。君臨卿，卿臨大夫，大夫臨士，士臨農與工商，所受有分制，多寡均而無貧苦者矣。人皆受地，世世守之，無交易之侵牟也。無交易之侵牟，則無争奪之訟獄。無争奪之訟獄，則刑罰省而民安。刑罰省而民安，則禮樂脩而和氣應矣。○養民惟恐不足，此世之所以治安也。取民惟恐不足，此世之所以敗亡也。○財出於九職，兵起於鄉遂，學校起於鄉行，士選於庠塾，政令行乎世臣，然後政行乎百姓而仁覆天下矣。

豫章羅氏曰：三代之治在道而不在法，三代之法貴實而不貴名，後世反之，此享國與治安所以不同。○教化者，朝廷之先務；廉恥者，士人之美節；風俗者，天下之大事。朝廷有教化，則士人有廉恥；士人有廉恥，則天下有風俗。或朝廷不務教化，而責士人之廉恥；士人不尚廉恥，而望風俗之美，其可得乎？○天下之變，不起於四方而起於朝廷。譬如人之傷氣，則寒暑易侵；木之傷心，則風雨易折。故内有李林甫之姦，則外有禄山之亂；内有盧杞之邪，則外有朱泚之叛。《易》曰：「負且乘，致寇至。」不虚言哉！

延平李氏曰：治道必以明天理，正人心，崇節義，厲廉恥爲先。本末備具，可舉而行。

元城劉氏曰：嘗考《禮記》春夏月令，以謂「無聚大衆，無置城郭，掩骼埋胔，毋起土功」。有以見聖人奉順陰陽，取法天地，力役之事不奪農時，行道之墐亦順生氣。是以風雨時若，災害不生，天人和同，上下交泰。其或賦政違道，役使過中，人力疲勞，養氣摇動，則國有水旱之變，民罹疾疫之災。此繼天奉元之君，所以夙夜恭敬而不敢忽也。

朱子曰：天下萬事有大根本，而每事之中，又各有要切處。所謂大根本者，固無出於人主之心術；而所謂要切處者，則必大本既立，然後可推而見也。如論任賢相，杜私門，則立政之要也。擇良吏，輕賦役，則養民之要也。公選將帥，不由近習，則治軍之要也。樂聞警戒，不喜導諛，則聽言用人之要也。推此數端，餘皆可見。然未有大本不立，而可以與此者。此古之欲平天下者，所以汲汲於正心誠意以立其本也。若徒言正心，而不足以識事物之要，或精覈事情，而特昧夫根本之歸，則是腐儒迂闊之論，俗士功利之談，皆不足與論當世之務矣。○天下之事有本有末，正其本者雖若迂緩，而實易爲力；捄其末者雖若切至，而實難爲功。是以昔之善論事者，必深明夫本末之所在，而先正其本。本正，則末之不治非所憂矣。○古聖賢之言治，必以仁義爲先，而不以功利爲急。夫豈故爲是迂闊亡用之談，以欺世眩俗，而甘受實禍哉？蓋天下萬事本於一心，而仁者此心之存之謂也。此心既存，乃克有制，而義者此心之制之謂也。誠使是説著明於天下，則自天子以至於庶人，人人得其本心，以制萬事，無一不合宜者，夫何難而不濟？不知出此，而曰「事求可，功求成，吾以苟爲一切之計而已」，是申、商、吴、李之徒所以亡人之國，而自滅其身。國雖富其民必貧，兵雖彊其國必病，利雖近其爲害也必遠，顧弗察而已矣。○天下之事有緩急之勢，朝廷之政有緩急之宜。當緩而急，則繁細苛察無以存大體，而朝廷之氣爲之不舒。當急而緩，則怠慢廢弛無以赴事幾，而天下之事日入於壞。均之二者，皆失也。然愚以爲當緩而急者，其害固不爲小；若當急而反緩，則其害有不可勝言者。不可以不察也。○天下國家之大務莫大於恤民，而恤民之實在省賦，省賦之實在治軍。若夫治軍省賦以爲恤民之本，則又在夫人君正其心術以立紀綱而已矣。董子所謂正心以正朝廷，正朝廷以正百官，正百官以正萬民，正萬民以正四方，蓋謂此也。○治道別無説，若使人主恭儉好善，有言逆于心必求諸道，有言孫于志必求諸非道，這如何會不治？這別無説，從古來都有見成樣子，直是如此。○人主以論相爲職，宰相以正君爲職，二者各得其職，然後體統正而朝廷尊，天下之政必出於一而無多門之弊。苟當論相者，求其適己而不求其正己，取其可愛而不取其可畏，則人主失其職矣。當正君者，不以獻可替否爲事，而以趨和承意爲能；不以經世宰物爲心，而以容身固寵爲術，則宰相失其職矣。二者交失其職，是以體統不正，綱紀不立，而左右近習皆得以竊弄威權，賣官鬻獄，使政體日亂，國勢日卑。雖有非常之禍伏於冥冥之中，而上恬下熙，亦莫知以爲慮者。是可不察其所以然者而反之，以汰其所已用而審其所將用者乎？選之以其能正己而可畏，則必有以得自重之士，而吾所以任之不得不重。任之既重，則彼得以盡其獻可替否之志，而行其經世宰物之心。而又公選天下直諒敢言之士，使爲臺諫給舍，以參其議論，使吾腹心耳目之寄常在於賢士大夫，而不在於群小；陟罰臧否之柄常在於廊廟，而不出於私門。如此，而主威不立，國勢不彊，綱維不舉，刑政不清，民力不裕，軍政不脩者，吾不信也。《書》曰：「成王畏相。」語曰：「和臣不忠。」且以唐太宗之聰明英特，號爲身兼將相，然猶必使天下之事關由宰相，審熟便安，然後施行。蓋謂理勢之當然，有不可得而易者。○四海之廣，兆民至衆，人各有意欲行其私。而善爲治者乃能總攝而整齊之，使之各循其理而莫敢不如吾志之所欲者，則以先有綱紀以持之於上，而後有風俗以驅之於下也。何謂綱紀？辨賢否以定上下之分，核功罪以公賞罰之施也。何謂風俗？使人皆知善之可慕而必爲，皆知不善之可羞而必去也。然綱紀之所以振，則以宰執秉持而不敢失，臺諫補察而無所私，人主又以其大公至正之心恭己於上而照臨之。是以賢者必上，不肖者必下；有功者必賞，有罪者必刑，而萬事之統無所闕也。綱紀既振，則天下之人自將各自矜奮，更相勸勉以去惡而從善。蓋不待黜陟刑賞一一加於其身，而禮義之風、廉耻之俗已丕變矣。惟至公之道不行於上，是以宰執臺諫有不得人，黜陟刑賞多出私意，而天下之俗遂至於靡然。不知名節行檢之可貴，而唯阿諛軟熟奔競交結之爲務，一有端言正色於其間，則群譏衆排，必使無所容於斯世而後已。此其形勢如將傾之屋，輪奐丹雘，雖未覺其有變於外，而材木之心已皆蠹朽腐爛，而不可復支持矣。苟非斷自聖志，洒濯其心，而有以大警敕之，使小大之臣各舉其職，以明黜陟，以信刑賞，則何以振已頽之綱紀，而厲已壞之風俗乎？管子曰：「禮義廉耻，是謂四維。四維不張，國乃滅亡。」賈誼嘗爲漢文誦之，而曰：「使管子而愚人也則可，使管子而少知治體，是豈可不爲寒心也哉？」二子之言明白深切，非虛語者。○天下豈有兼行正道邪術，雜用君子小人，而可以有爲者？○人情不能皆正，故古人治世以大德，不以小惠。然則固有不必皆順之人情者，若曰順人心，則氣象差正當耳。井田、肉刑二事儘有曲折，恐亦未可遽以爲非。○欲整頓一時之弊，譬如常洗澣不濟事，須是善洗者一一拆洗，乃不枉了，庶幾有益。○爲政如無大利害，不必議更張，則所更一事未成，必閧然成紛擾，卒未已也。至於大家，且假借之。故子產引《鄭書》曰：「安定國家，必大焉先。」○古人爲政一本於寬，今必須反之以嚴，蓋必如是矯之，而後有以得其當。今人爲寬，至於事無統紀，緩急予奪之權皆不在我。下梢却是姦豪得志，平民既不蒙其惠，又反受其殃矣。○問：爲政更張之初，莫亦須稍嚴以整齊之否？曰：此事難斷定説，在人如何處置，然亦何消要過於嚴？今所難者，是難得曉事底人。若曉事底人歷練多，事纔至面前，他都曉得，依那事分寸而施以應之，人自然畏服。今人往往過嚴者，多半是自家不曉，又慮人欺己，又怕人慢己，遂將大拍頭去拍他，要他畏服。若自見得，何消過嚴？○問：政治當明其號令，不必嚴刑以爲威。曰：號令既明，刑罰亦不可弛。苟不用刑罰，則號令徒掛牆壁爾。與其不遵以梗吾治，曷若懲其一以戒百。與其覆實檢察於其終，曷若嚴其始而使之無犯。做大事，豈可以小不忍爲心。○問：爲政者當以寬爲本，而以嚴濟之。曰：某謂當以嚴爲本，而以寬濟之。《曲禮》謂：「涖官行法，非禮威嚴不行。」須是令行禁止，若曰令不行，禁不止，而以是爲寬，則非也。○或問：程子云：「論治便要識體。」這體字是事理合當做處，凡事皆有箇體，皆有箇當然處。」問：是體段之體否？曰：也是如此。又問：如爲朝廷有朝廷之體，爲一國有一國之體，爲州縣有州縣之體否？曰：然。是箇大體有格局當做處。如作州縣，便合治告訐，除盜賊，勸農桑，抑末作。如朝廷，便須開言路，通下情，消朋黨。如爲大吏，便須求賢才，去贓吏，除暴斂，均力役。這箇都是定底格局，合當如此做。

南軒張氏曰：周家建國，自后稷以農事爲務，歷世相傳，其君子則重稼穡之事，其室家則躬織紝之勤，相與咨嗟歎息，服習乎艱難，詠歌其勞苦，此實王業之根本也。

如周公之告成王，其見於《詩》，有若《七月》，皆言農桑之候也；其見於《書》，有若《無逸》，則欲其知稼穡之艱難，知小人之依也。帝王所傳心法之要，端在乎此。夫治常生於敬，而亂常起於驕肆。使爲國者而每念乎稼穡之勞，而其后妃又不忘乎織紝之事，則心不存焉寡矣。何者？其必嚴恭朝夕而不敢怠也，其必懷保小民而不敢康也，其必思天下之饑寒若己饑寒之也。是心常存，則驕矜放肆何自而生，豈非治之所由興也歟？美哉！周之家法也。聖哲相繼，固不待論，而其后妃之賢見於簡編。太王之妃則姜女也，而文王之母則太任，妃則太姒，而武王之后又邑姜也，皆助其君子焦勞于内，以成風化之美。觀后妃，則太王、文、武之德可知矣。以此垂世，而其後世猶有若幽王者，惑褒姒而廢正后，以召犬戎之禍，而詩人刺之曰：「婦無公事，休其蠶織。」蓋推其禍端，良由稼穡織紝之事不聞於耳，不動於心，以至於此。故誦「服之無斁」之章，則知周之所以興；誦「休其蠶織」之章，則知周之所以衰。其得失所自，豈不較著乎？以是意而考秦漢以下，其治亂成壞之源，皆可見矣。

問三代治天下。曰：井田、封建、肉刑，後世變井田爲阡陌，變封建爲郡縣，變肉刑爲鞭笞，而末流愈不勝其弊。今欲追復舊制，於斯三者何先？潛室陳氏曰：復古，惟唐得之。世業府兵，六典建官，分畫措置，最有法度。其不傳遠者，非作法不善，自是家法不正，無賢子孫耳。先儒謂必有《關雎》、《麟趾》之化，而後可以行周官之法度。古人所以兢業寅畏、左規右矩者，正欲立箇人樣，以爲守法之地耳。

西山真氏曰：世之言政者，有曰「寬以待良民，而嚴以馭姦民也」。或曰「撫民當寬而束吏貴嚴也」。或曰「始嚴而終之以寬也」。然則治人之術，其果盡於此乎？如其盡於此也，夫人之所知也，吾何庸思？且世之能是者亦衆矣，抑何其合於聖賢者寡也？嗚呼！吾患不能存吾心焉爾。吾之心存，則藴之爲仁義，發之爲惻隱羞惡，隨物以應而無容心焉，則寬與嚴在其中矣。且獨不觀諸天乎？熙然而春，物無不得其生者；凛然而秋，物無不遂其成者。是果孰爲之哉？曰陰與陽而已。人知天道之妙若是，而不知吾之所謂仁義者，即天之陰陽也。昔者聖人繫《易》，蓋並言之，以見夫人之與天其本則一。自夫汩之以私，亂之以欲，於是乎與天不相似矣。盍亦反其本而觀之，怵惕於情之所可矜，顙泚於事之所可愧，此固有之良心，而非由外鑠者也。吾能存之使勿失，養之亡以害，則天理渾然，隨感輒應。於其當愛者，憫惻施焉，非吾愛之也，仁發乎中而不能不愛也。於其當惡者，懲艾加焉，非吾惡之也，義動乎中而不能不惡也。吾之愛惡以天不以人，故雖寬而寬之名不聞，雖嚴而嚴之迹不立，以之治人其庶矣乎！○嘗觀古今之變，大抵盛衰强弱之分，不在兵力而在國勢，不在財用而在人心。誠使國勢尊安，人心豫附，運掉伸縮，惟所欲爲，以之治財則財可豐，以之治兵則兵可强，其機易回，而其事易察也。惟吾之所恃者國勢也，而操持不定，無以遏其趨。吾之所恃者人心也，而繫屬不加，無以保其固。百度搶攘，衆志涣散，天下之患，方倀然未知底止之地，雖兵財之畫，日討月究，何益哉！○或者患國勢未張，而欲振以威刑，患財用未豐，而欲益以聚斂。謂誠信不如權譎，謂忠厚不如刻深，有一于兹，皆伐國之斧斯，蠹民之螟螣也。

鶴山魏氏曰：自三代以還，王政不明，而天下無善治。寥寥千百載間，豈無明君令辟，脩立法度，講明政刑，欲以挈其國於久安長治之域者哉？然撑東而西傾，捉衿而肘見，治之形常浮於亂之意，則亦未明乎紀綱而已矣。

魯齋許氏曰：孔子曰：「政寬則民慢，慢則糾之以猛。猛則民殘，殘則施之以寬。寬以濟猛，猛以濟寬，政是以和。」斯不易之常道也。○革人之非，不可革其事，要當先革其心。其心既革，其事有不言而自革者也。○爲天下國家有大規摹，規摹既定，循其序而行之，使無過焉，無不及焉，則治功可期。否則心疑目眩，變易紛更，日計有餘而歲計不足，未見其可也。昔子産處衰周之列國，孔明用西蜀之一隅，且有定論，而終身由之。況堂堂天下，可無一定之論而妄爲之哉！古今立國規摹雖各不同，然其大要在得天下心。得天下心無他，愛與公而已矣。愛則民心順，公則民心服，既順且服，於爲治也何有？然開創之始，重臣挾功而難制，有以害吾公；小民雜屬而未一，有以梗吾愛。於此爲計，其亦難矣。自非英睿之君，賢良之佐，未易處也。勢雖難制，必求其所以制；衆雖未一，必求其所以一。前慮却顧，因時順理，予之奪之，進之退之，内主甚堅，日戛月摩，周還曲折，必使吾之愛、吾之公達於天下而後已。至是則紀綱法度施行有地，天下雖大，可不勞而理也。然其先後之序，緩急之宜，密有定則，可以意會而不可以言傳也，是之謂規摹。

禮樂

程子曰：禮儀三百，威儀三千，非絶民之欲，而强人以不能也。所以防其欲，戒其侈，而使之入道也。○禮者，人之規範。守禮，所以立身也。安禮而和樂，斯爲盛德矣。○禮者，理也，文也。理者，實也，本也。文者，華也，末也。理文若二而一道也。文過則奢，實過則儉，奢自文至，儉自實生，形影之類也。○學禮者考文，必求先王之意，得意乃可以沿革。○禮之本出於民之情，聖人因而道之耳。禮之器出於民之俗，聖人因而節文之耳。聖人復出，必因今之衣服器用而爲之節文。其所謂貴本而親用者，亦在時王斟酌損益之爾。○行禮不可全泥古，須當視時之風氣自不同，故所處不得不與古異。若全用古物，亦不相稱。雖聖人作，須有損益。○大凡禮必須有意。禮之所尊，尊其義也。失其義，陳其數，祝史之事也。○人或勸先生以加禮近貴。曰：何不見責以盡禮，而責之以加禮？禮盡則已，豈有加也？○禮者，因人情者也。人情之所宜，則義也。三年之服，禮之至，義之盡也。○禮樂大矣。然於進退之間，則已得性情之正。○樂隨風氣，至《韶》則極備。若堯之洪水方割，四凶未去，和有未至也。至舜以聖繼聖，治之極，和之至，故《韶》爲備。○先王之樂，必須律以考其聲。今律既不可求，人耳又不可全信，正惟此爲難。求中聲須得律，律不得則中聲無由見。律者，自然之數。至如今之度量權衡，亦非正也。今之法且以爲準則可，非如古法也。此等物雖出於自然，一有「之數」字。亦須人爲之。但古人爲之，得其自然。至於規矩，則極盡天下之方圓。

張子曰：禮所以持性，蓋本出於性，持性反本也。凡未成性，須禮以持之。能守禮，已不畔道矣。禮即天地之德也。如顔子者方勉勉於非禮勿言，非禮勿動。勉勉者，勉勉以成性也。禮非止著見於外，亦有無體之禮。蓋禮之原在心。禮者，聖人之成法也，除了禮，天下更無道矣。欲養民當自井田始，治民則教化刑罰俱不出於禮外。五常出於凡人之常情，五典人日日爲，但不知耳。時措之宜便是禮，禮即時措時中見之事業者。非禮之禮，非義之義，但非時中者皆是也。非禮之禮，非義之義，又不可一概言，如孔子喪出母，子思不喪出母，又不可以子思守禮爲非也。❶ 又如制禮以小功不税，使曾子制禮，又不知如何。以此不可易言，時中之義甚大，須是精義入神以致用，觀其會通以行典禮，此則真義理也。行其典禮而不達會通，則有非時中者矣。禮亦有不須變者，如天敘天秩，如何可變？禮不必皆出於人，至如無人，天地之禮自然而有，何假於人？天之生物便有尊卑大小之象，人順之而已，此所以爲禮也。學者有專以禮出於人，而不知禮本天之自然。告子專以義爲外，而不知所以行義由内也。皆非也，當合内外之道。○學者且須觀禮。蓋禮者滋養人德性，又使人有常業守得定，又可學便可行，又可集得義。○能答曾子之問，能教孺悲之學，斯可以言知禮矣。進人之速，無如禮學。○學之行之，而復疑

❶「不喪出母又不可以子思」十字，原脱，今據四部叢刊景宋本《張子語録》下補。

之，此習矣而不察者也。故學禮所以求不疑，仁守之者在學禮也。學者行禮，時人不過以爲迂，彼以爲迂，在我乃是徑捷，此則從吾所好。文則要密察，心則要弘放，如天地自然從容中禮者，盛德之至也。○古人無椅卓，智非不能及也。聖人之才豈不如今人？但席地則體恭，可以拜伏。今坐椅卓，至有坐到起不識動者，主人始親一酌，已是非常之敬，蓋後世一切取便安也。○禮文參校，是非去取，不待已自了當。蓋禮者理也，須是學窮理，禮則所以行其義，知理則能制禮，然則禮出於理之後。今在上者未能窮，則在後者烏能盡？今禮文殘缺，須是先求得禮之意，然後觀禮。合此理者即是聖人之制，不合者即是諸儒添入，可以去取。今學者所以宜先觀禮者，類聚一處，他日得理，以意參校。○禮但去其不可者，其他取力能爲之者。○大凡禮不可大段駭俗，不知者以爲怪，且難之，甚者至于怒之、疾之。故禮亦當有漸，於不可知者，少行之已爲多矣，但不出户庭，親行之可也，毋强其人爲之。已德性充實，人自化矣，正己而物正也。○古樂不可見，蓋爲今人求古樂太深，始以古樂爲不可知，只以《虞書》「詩言志，歌永言，聲依永，律和聲」求之，得樂之意，蓋盡於是。詩只是言志，歌只是永其言而已，只要轉其聲，令人可聽。今日歌者亦以轉聲而不變字爲善歌，長言後却要入於律，律則知音者知之，知此聲入得何律。古樂所以養人德性中和之氣，後之言樂者止以求哀，故晉平公曰：「音無哀於此乎？」哀則止以感人不善之心。歌亦不可以太高，亦不可以太下，太高則入於噍殺，太下則入於嘽緩。蓋窮本知變，樂之情也。○聲音之道與天地同和，與政通。蠶吐絲而商絃絶，正與天地相應。方蠶吐絲，木之氣極盛之時，商金之氣衰，如言「律中太簇」、「律中林鐘」，於此盛則彼必衰。方春木當盛，却金氣不衰，便是不和，不與天地之氣相應。

五峰胡氏曰：等級至嚴也，失禮樂則不威；山河至險也，失禮樂則不固。禮乎樂乎，天下所日用，不可以造次顛沛廢焉者乎！

朱子曰：「天敘有典，勑我五典五惇哉。天秩有禮，自我五禮有庸哉。」這箇典禮自是天理之當然，欠他一毫不得，添他一毫不得。惟是聖人之心與天合一，故行出這禮無一不與天合，其間曲折厚薄淺深，莫不恰好。這都不是聖人白撰出，都是天理決定合著如此。後之人此心未得似聖人之心，只得將聖人已行底，聖人所傳於後世底，依這樣子做，做得合時，便是合天理之自然。○禮即理也，但謂之理，則疑若未有形迹之可言。制而爲禮，則有品節文章之可見矣。人事如五者，固皆可見其大概之所宜，然到禮上，方見其威儀法則之詳也。○問：冠昏之禮，如欲行之，當須使冠昏之人易曉其言，乃爲有益。如三加之辭，出門之戒，若只以古語告之，彼將謂何？曰：只以今之俗語告之，使之易曉乃佳。○禮，時爲大。古禮如此零碎繁冗，今豈可行？亦且得隨時裁損爾。孔子從先進，恐已有此意。或曰：禮之所以亡，正以其太繁而難行耳。曰：然。○古人於禮，直如今人相揖相似，終日周回於其間，自然使人有感他處，後世安得如此？○聖人有作，古禮未必盡用，須別有箇措置，視許多瑣細制度，皆若具文，且是要理會大本大原。曾子臨死丁寧説：「君子所貴乎道者三：動容貌，斯遠暴慢矣；正顔色，斯近信矣；出辭氣，斯遠鄙倍矣。籩豆之事，則有司存。」上許多正是大本大原。如今所理會許多，正是籩豆之事。曾子臨死，教人去不要理會這箇。夫子焉不學，而亦何常師之有？非是孔子，如何盡做這事？到孟子已是不説到細碎上，只説：「諸侯之禮，吾未之學也。吾嘗聞之矣，三年之喪，齊疏之服，饘粥之食，自天子達於庶人。」這三項便是大原大本。○嘗見劉昭信云：「禮之趨翔、登降、揖遜，皆須習。」也是如此。漢時如大射等禮，雖不行，却依舊令人習，人自傳得一般。今雖是不能行，亦須是立一科，令人習得，也是一事。○六經之道同歸，而禮樂之用爲急。遭秦滅學，禮樂先壞。漢晉以來，諸儒補緝，竟無全書，其頗存者三禮而已。《周官》一書固爲禮之綱領，至其儀法度數，則《儀禮》乃其本經，而《禮記》《郊特牲》、《冠義》等篇乃其義疏耳。若乃樂之爲教，則又絶無師授。律尺短長，聲音清濁，學士大夫莫有知其説者，而不知其爲闕也。○古禮繁縟，後人於禮日益疎略。然居今而欲行古禮，亦恐情文不相稱，不若只就今人所行禮中删修，令有節文、制數、等威足矣。古樂亦難遽復。且如今樂中去其噍殺促數之音，并攷其律吕，令得其正。更令掌詞命之官製撰樂章，其間略述教化訓戒，及賓主相與之情，及如人主待臣下恩意之類，令人歌之，亦足以養人心之和平。○古者教法，禮、樂、射、御、書、數不可闕一。就中樂之教尤親切，夔教胄子只用樂，大司徒之職也是用樂。蓋是教人朝夕從事於此物，得心長在這上面。蓋爲樂有節奏，學他底急也不得，慢也不得，久之都換了他一副當情性。○古者太子生，則太師吹管以度其聲，看合甚律。及長，其聲音高下皆要中律。○今之士大夫，問以五音十二律，無能曉者。要之，當立一樂學，使士大夫習之，久後必有精通者出。○人今都不識樂器，不聞其聲，故不通其義。如古人尚識鐘鼓，然後以鐘鼓爲樂，如孔子云：「樂云樂云，鐘鼓云乎哉！」今人鐘鼓已自不識。○音律只是氣，人亦只是氣，故相關。○樂律自黃鐘至中呂皆屬陽，自蕤賓至應鐘皆屬陰，此是一箇大陰陽。黃鐘爲陽，大呂爲陰，太簇爲陽，夾鐘爲陰，每一陽間一陰，又是一箇小陰陽。○自黃鐘至中呂皆下生，自蕤賓至應鐘皆上生，以上生下皆三生二，以下生上皆三生四。

北溪陳氏曰：禮樂有本有文。禮只是中，樂只是和，中和是禮樂之本，然本與文二者不可一闕。禮之文如俎豆玉帛之類，樂之文如聲音節奏之類，須是有這中和，而文以玉帛俎豆與聲音節奏，方成禮樂。○就心上論，禮只是箇恭敬底意，樂只是箇和樂底意，本是裏面有此敬與和底意。然此意何自而見？須於賓客祭祀時，將之以玉帛，寓之於籩豆，播之於聲音節奏間，如此則內外本末相副，方成禮樂。○禮樂亦不是判然二物，不相干涉。禮只是箇序，樂只是箇和，纔有序便順而和，失序便乖戾而不和。如父子、夫婦、兄弟所以相戕相賊，相怨相仇，如彼其不和者，都先緣無父子、君臣、兄弟、夫婦之禮，無親義序別，便如此。○禮樂無所不在，所謂明則有禮樂，幽則有鬼神，如何離得？如盜賊至無道，亦須上下有統屬，此便是禮底意。纔有統屬，便自相聽從，自相和睦，這便是樂底意。又如行路人，兩箇同行，纔存箇長少次序，長先少後，便相和順而無争。其所以有争鬭之心，皆緣是無箇少長之序，先自亂了，安得有和順底意？○人徒見升降裼襲有類乎美觀，鏗鏘節奏有近乎末節，以爲禮樂若無益於人者。抑不知釋回增美，皆由於禮器之大備，而好善聽過，皆本於樂節之素明。禮以治躬，則莊敬不期而自肅；樂以治心，則鄙詐不期而自銷。蓋接於視聽者，所以養其耳目，而非以娱其耳目。形於舞蹈者，所以導其血氣，而非以亂其血氣。則禮樂之用可知矣。

西山真氏曰：敬者，禮之本。制度威儀者，禮之文。和者，樂之本。鐘鼓管磬者，樂之文。禮樂二者闕一不可，《記》曰：「樂由陽來，禮由陰作，天高地下，萬物散殊，而禮制行焉。」天尊於上，地卑於下。萬物散殊，有大有小。此即制之所由起，蓋禮主乎别故也。流而不息，合同而化，而樂興焉。陰陽二氣流行於天地之間，未嘗止息。二氣和合而化生萬物，此樂之所由興，蓋樂主乎和故也。所謂陰陽二氣者，日月雷霆，風雨寒暑之類皆是。二氣和合，方能生成萬物。故禮屬陰，凡天地間道理一定而不可易者皆屬陰。樂屬陽。凡天地間流行運轉者皆屬陽。禮樂之不可闕一，如陰陽之不可偏勝。一歲之間，寒暑之相易，雨露霜雪之相濟，方能氣候和平，物遂其生。陽太勝則亢而爲旱，陰太勝則溢而爲水。有陰無陽，則物不生。有陽無陰，則生而不成。禮勝則離，以其太嚴而不通乎人情，故離而難合。樂勝則流，以其太和而無所限節，則流蕩忘返。所以有禮須用有樂，有樂須用有禮，此禮樂且是就性情上説。然精粗本末，亦初無二理。○禮中有樂，言嚴肅之中有自然之和，此即是禮中之樂。樂中有禮。言和樂之中有自然之節，此即是樂中之禮。朱文公謂嚴而泰，此即禮中有樂。和而節。此即樂中有禮。

鶴山魏氏曰：人生莫不有仁義之性，具乎其心。禮儀三百，威儀三千，聖人所以合内外之道，而節文乎仁義者也。昔之教人者，必以是爲先。

魯齋許氏曰：凡天倫，如父子、兄弟、夫婦、長幼，禮應如法，不可妄意增損。簡易者略之，細密者過之，皆非也。禮者，人事之儀則，天理之節文。聖人之於儀則節文，乃所以當然者，不可易也。○禮只是箇敬之節文，不可令人後來有悔心，亦不可使己有悔心，故曰：「已辭者猶可受，已與者不可奪。」饋獻亦然。○聖人感人心，天下和平。聖人和順積於中，發之爲禮樂，禮樂之本在是。古人所以作樂，寓情性風化於其中，非爲鐘鼓之鏗鎗也。小雅盡廢，四夷交侵，禮壞樂崩，不能固結人心。人心無所係屬，元氣虚隙，邪氣乘之以入。三百篇古樂章也，與後世樂章大異，尤以見古人敦本業，厚人倫，念念在是，未嘗流於邪僻也。傷人倫之廢，哀刑政之苛，禮樂廢故也。

宗　廟

張子曰：宗子爲士，立二廟；支子爲大夫，當立三廟。是曾祖之廟爲大夫立，不爲宗立。然不可二宗別統，故其廟亦立于宗子之家。

朱子曰：《王制》「天子七廟，三昭三穆，與太祖之廟而七」，諸侯、大夫、士降殺以兩。而《祭法》又有適士二廟、官師一廟之文，大抵士無太祖，而皆及其祖考也。鄭氏曰：夏五廟，商六廟，周七廟。今按《商書》已云七世之廟，鄭説恐非。顔師古曰：父爲昭，子爲穆，孫復爲昭。昭，明也。穆，美也。後以晉室諱昭，故學者改昭爲韶。其制皆在中門外之左，外爲都宫，内各有寢廟，别有門垣。太祖在北，左昭右穆，以次而南。天子太祖百世不遷，一昭一穆爲宗，亦百世不遷。宗亦曰世室，亦曰祧。鄭注《周禮·守祧》曰：宗亦曰祧，亦曰世室。《周禮》有守祧之官。鄭氏曰：遠廟爲祧，周爲文武之廟，遷主藏焉。又曰：遷主所藏曰祧，先公之遷主，藏于太祖后稷之廟；先王之遷主，藏於文武之廟。群穆於文，群昭於武。《明堂位》有文世室、武世室。鄭氏曰：世室者，不毁之名也。二昭二穆爲四親廟，高祖以上，親盡則毁而遞遷。昭常爲昭，穆常爲穆。昭之二廟，親盡則毁，而遷其主于昭之宗，曾祖遷于昭之二，新入廟者祔于昭之三，而高祖及祖在穆如故。穆廟親盡放此。新死者如當爲昭，則祔於昭之近廟，而自近廟遷其祖於昭之次廟，而於主祭者爲曾祖。自次廟遷其高祖于昭之世室，蓋於主祭者爲五世，而親盡故也。其穆之兩廟如故不動，其次廟於主祭者爲高祖，其近廟於主祭者爲祖也。主祭者没，則祔于穆之近廟，而遞遷其上放此。凡毁廟遷主，改塗易檐，示有所變，非盡毁也。見《穀梁傳》及注。諸侯則無二宗，大夫又無二廟，其遷毁之次，則與天子同。《傳》：毁廟之主，藏於太祖。《儀禮》所謂以其班祔，《檀弓》所謂祔于祖父者也。《曲禮》云「君子抱孫不抱子」，此言孫可以爲王父尸，子不可以爲父尸。鄭氏云，以孫與祖昭穆同也。周自后稷爲太祖，不窋爲昭，鞠陶爲穆，以下十二世至太王復爲穆，十三世至王季復爲昭，十四世至文王又爲穆，十五世至武王復爲昭，故《書》稱文王爲穆考，《詩》稱武王爲昭考。而《左氏傳》曰：太伯、虞仲，太王之昭也。虢仲、虢叔，王季之穆也。又曰：管、蔡、魯、衛，文之昭也。邘、晉、應、韓，武之穆也。蓋其次序一定，百世不易，雖文王在右，武王在左，嫌於倒置，而諸廟别有門垣，足以各全其尊，初不以左右爲尊卑也。三代之制，其詳雖不得聞，然其大略不過如此。漢承秦敝，不能深考古制，諸帝之廟各在一處，不容合爲都宮，以序昭穆。《韋元成傳》云：宗廟異處，昭穆不序。但考周制，先公廟在岐周，文王在豐，武王在鎬，則都宮之制亦不得爲，與漢亦無甚異。未詳其說。貢禹、韋元成、匡衡之徒雖欲正之，而終不能盡合古制，旋亦廢罷。後漢明帝又欲遵儉自抑，遺詔無起寢廟，但藏其主於光武廟中更衣別室。其後章帝又復如之，後世遂不敢加，而公私之廟皆爲同堂異室之制。見《後漢·明帝紀》。《祭祀志》又云：其後積多無別，而顯宗但爲陵寢之號。自是以來，更歷魏晉，下及隋唐，其間非無奉先思孝之君，據經守禮之臣，而皆不能有所裁正，其弊至使太祖之位下同孫子，而更僻處於一隅。既無以見其爲七廟之尊，群廟之神，則又上厭祖考，而不得自爲一廟之主。以人情而論之，則生居九重，窮極壯麗，而没祭一室，不過尋丈之間，甚或無地以容鼎俎，而陰損其數，孝子順孫之心於此宜亦有所不安矣。肆我神宗，始獨慨然深詔儒臣，討論舊典，蓋將以遠迹三代之隆，一正千古之繆，甚盛舉也。不幸未及營表，世莫得聞，秉筆之士又復不能特書其事，以詔萬世。今獨其見於陸氏之文者，爲可考耳。然其所論昭穆之説，亦未有定論。獨原廟之制，外爲都宮，而各爲寢廟門垣，乃爲近古。但其禮本不經，義亦非古，故儒者得以議之。如李清臣所謂略于七廟之室，而爲祠於佛老之側，不爲木主，而爲神象，不爲禘祫烝嘗之祀，而行一酌奠之禮。楊時所謂舍二帝三王之正禮，而從一繆妄之叔孫通者，其言皆是也。然不知其所以致此，則由於宗廟不立，而人心有所不安也。不議復此，而徒欲廢彼，亦安得爲至當之論哉！○祖有功而宗有德，是爲百世不遷之廟。商六百年只三宗，皆以有功德當百世祀，故其廟稱宗。至後世始不復問其功德之有無，一例以宗稱之。○古人七廟，恐是祖宗功德者不遷。胡氏謂如此，則是子孫得以去取其祖宗。然其論續謚法，又謂謚乃天下之公義，非子孫得以私之。如此，則廟亦然。○問：漢儒所論如何？曰：劉歆說得較是。他謂宗不在七廟中者，謂恐有功德者多，則占了那七廟數也。○或問：遠廟爲祧如何？曰：天子七廟，如周文武之廟不祧。文爲穆，則凡後之屬乎穆者，皆歸於文之廟。武爲昭，則凡後之屬乎昭者，皆歸乎武之廟也。○昭穆，昭常爲昭，穆常爲穆，中間始祖。太廟門向南，兩邊分昭穆。周家則自王季以上之主，皆祧于后稷始祖廟之夾室。❶自成王、昭王以下，則隨昭穆遞遷于昭穆之首廟而止。如周，則文王爲穆之首廟。凡新崩者祔廟，則看昭穆。但昭則從昭，穆則從穆，不交互兩邊也。又云諸廟皆有夾室。○問：廟主自西而列，何所據？曰：此也不是古禮。如古時一代只奉之於一廟，如后稷爲始封之廟，文王自有文王之廟，武王自有武王之廟，不曾混雜共一廟。○古者一世自爲一廟，有門有堂有寢，凡屋三重，而牆四周焉。自後漢以來，乃爲同堂異室之廟，一世一室而以西爲上。如韓文中家廟碑，有祭初室、祭東室之語。今國家亦只用此制，故士大夫家亦無一世一廟之法，而一世一室之制亦不能備。故温公諸家祭禮皆用以右爲尊之說，獨文潞公嘗立家廟。今《温公集》中有碑，載其制度頗詳，亦是一世一室而以右爲上，自可檢看。伊

❶「廟」，原脫，今據《朱子語類》卷九十補。

川之説亦誤，昭穆之説則又甚長。《中庸或問》中已詳言之，更當細考。大抵今士大夫家，只當且以温公之法爲定也。〇家廟要就人住居，神依人，不可離外做廟。又在外時，婦女遇雨時難出入。

臨川吴氏曰：古之大夫、元士有家，有家者何謂？都邑有食采之田，以奉宗廟。子孫雖不世爵，而猶世禄。承家之宗子世世守其宗廟所在，而支子不得與焉。宗子出在他國而不復，然後命其兄弟若族人主之。此古者大夫士之家，所以與國咸休而無時或替也。

性理大全書卷之六十六

性理大全書卷之六十七

治道二

宗法

程子曰：宗子繼别爲宗，言别則非一也。如别子五人，五人各爲大宗。所謂兄弟宗之者，謂别子之子、繼禰者之兄弟宗其小宗子也。○宗子無法，則朝廷無世臣。立宗子，則人知重本，朝廷之勢自尊矣。古者子弟從父兄，今也父兄從子弟，由不知本也。人之所以順從而不辭者，以其有尊卑上下之分而已。苟無法以聯屬之，可乎？○凡小宗以五世爲法，親盡則族散。若高祖之子尚存，欲祭其父，則見爲宗子者，雖是六世七世，亦須計會今日之宗子，然後祭其父。宗子有君道。○後世骨肉之間，多至仇怨忿争，其實爲争財。使之均布，立之宗法，官爲法則無所争。○立宗非朝廷之所禁，但患人自不能行之。○凡大宗與小宗，皆不在廟數。○禮，長子不得爲人後。若無兄弟，又繼祖之宗絶，亦當繼祖。禮雖不言，可以義起。○凡人家法，須令每有族人遠來，則爲一會以合族。雖無事，亦當每月一爲之。古人有花樹韋家會法可取也。然族人每有吉凶嫁娶之類，更須相與爲禮，使骨肉之意常相通。骨肉日疎者，只爲不相見，情不相接爾。

張子曰：宗子之法不立，則朝廷無世臣。且如公卿一日崛起於貧賤之中，以至公相，宗法不立，既死遂族散，其家不傳。宗法若立，則人人各知來處，朝廷大有所益。或問朝廷何所益？曰：公卿各保其家，忠義豈有不立？忠義既立，朝廷之本豈有不固？今驟得富貴者，止能爲三四十年之計，造宅一區，及其所有；既死則衆子分裂，未幾蕩盡，則家遂不存。如此，則家且不能保，又安能保國家？○夫所謂宗者，以己之旁親兄弟來宗己，所以得宗之名。是人來宗己，非己宗於人也。所以繼禰，則謂之繼禰之宗。繼祖，則謂之繼祖之宗。曾、高亦然。○言宗子者，謂宗主祭祀。宗子爲士，庶子爲大夫，以上牲祭於宗子之家。非獨宗子之爲士，爲庶人亦然。○宗子之母在，不爲宗子之妻服，非也。宗子之妻，與宗子共事宗廟之祭者，豈可夫婦異服？故宗子雖母在，亦當爲宗子之妻服也。東酌犧象，西酌罍尊，須夫婦共事，豈可母子共事也？未娶而死則難立後，爲其無母也。如不得已，須當立後，又須并其妾母與之，大不得已也。未娶而死，有妾之子，則自是妾母也。○古所謂支子不祭也者，惟使宗子立廟主之而已。支子雖不得祭，至於齊戒致其誠意，則與祭者不異。與則以身執事，不可與則以物助之，但不別立廟爲位行事而已。後世如欲立宗子，當從此義。雖不與祭，情亦可安。

朱子曰：宗子法，雖宗子庶子孫死，亦許其子孫別立廟。○問：周制有大宗之禮，乃有立適之義，立適以爲後，故父爲長子權其重者若然。今大宗之禮廢，無立適之法，而子各得以爲後，則長子、少子當爲不異。庶子不得爲長子三年者，不必然也。父爲長子三年者，亦不可以適、庶論也。

曰：宗子雖未能立，然服制自當從古，是亦愛禮存羊之意，不可妄有改易也。如漢時宗子法已廢，然其詔令猶云賜民當爲父後者爵一級，是此禮意猶在也。豈可謂宗法廢，而諸子皆得爲父後乎？

北溪陳氏曰：神不歆非類，民不祀非族。古人繼嗣，大宗無子，則以族人之子續之，取其一氣脉相爲感通，可以嗣續無間。此亦至正大公之舉，而聖人所不諱也。後世理義不明，人家以無嗣爲諱，不肯顯立同宗之子，多是潛養異姓之兒，陽若有繼，而陰已絶矣。蓋自春秋鄫子取莒公子爲後，故聖人書曰：「莒人滅鄫，非莒人滅之也。」以異姓主祭祀，滅亡之道也。秦以吕政絶，晉以牛睿絶，亦皆一類。然在今世論之，立同宗又不可泛。蓋姓出於上世聖人之所造，正所以别生分類。自後有賜姓匿姓者，又皆混雜，故立宗者又不可恃同姓爲憑，須擇近親有來歷分明者立之，則一氣所感，父祖不至失祀。今世多有以女子之子爲後，以姓雖異而有氣類相近，似勝於姓同而屬踈者。然賈充以外孫韓謐爲後，當時太常博士秦秀已議其昏亂紀度。是則氣類雖近，而姓氏實異，此説亦斷不可行。

潛室陳氏曰：宗法爲諸子之庶子設，恐其後流派寖多，姓氏紛錯，易至殽亂，故於源頭有大宗以統之，則人同知尊祖。分派處有小宗以統之，則人各知敬禰。且始封之君，其適子襲封，則庶子爲大夫，大夫不得以禰諸侯，故自别爲大夫之祖，是謂别子爲祖也。别子之適子則爲大宗，使繼其祖之所自出。從此直下，適子世爲大宗，合族同宗之，是謂繼别爲宗也。别子之庶子又不得以禰别子，却待其子繼之而自别爲禰，繼禰者遂爲小宗。凡小宗之適子服屬未盡，常爲小宗。凡小宗之庶子，又別爲禰，而其適子又各爲小宗，兄弟同宗之，謂繼禰爲小宗是也。大宗是始祖正派下，雖其後支分派別，皆同宗此祖，則合族皆服齊衰九月，初不以親屬近遠論，是爲百世不遷之宗。小宗是禰正派下，親盡則絶。如繼禰者，親兄弟宗之，爲之服朞。繼祖者，則從兄弟宗之，爲之服大功。繼曾祖者，再從兄弟宗之，爲之服小功。繼高祖者，三從兄弟宗之，爲之服緦。自此以後，代常趲一代，是爲五世則遷之宗。宗法之立，嫡長之尊，有君道焉。大宗所以統其宗族，凡合族中有大事，當稟大宗而後行。小宗所以統其兄弟，如同禰者有大事，則同禰之兄弟當稟繼禰之小宗而後行。一族之中，大宗只是一人，小宗儘多。故一人之身，從下數至始祖，大宗惟一；數至高祖，小宗則四。此古者宗族，人情相親，人倫不亂，豈非明嫡庶之分，有君臣之義，由大宗小宗之法而然歟？

諡法

程子曰：古之君子之相其君，而能致天下於大治者，無他術，善惡明而勸懲之道至焉爾。勸得其道而天下樂爲善，懲得其道而天下懼爲惡，二者爲政之大權也。然行之必始於朝廷，而至要莫先於諡法。何則？刑罰雖嚴，可警於一時；爵賞雖重，不及於後世。惟美惡之諡一定，則榮辱之名不朽矣。故歷代聖君賢相，莫不持此以勵世風也。○或問：臣子加諡於君父，當極其美，有諸？曰：正終，大事也。加君父以不正之謚，知忠孝者不爲也。

涑水司馬氏答程子書曰：承問及張子厚謚，倉卒奉對，以漢魏以來，此例甚多，無不可者。退而思之，有所未盡。竊惟子厚平生用心，欲率今世之人復三代之禮者也。漢魏以下，蓋不足法。《郊特牲》曰：「古者生無爵，死無謚。」爵，謂大夫以上也。《檀弓》記禮所由失，以謂士之有誄自縣賁父始。子厚官比諸侯之大夫，則已貴，宜有謚矣。然《曾子問》曰：「賤不誄貴，幼不誄長，禮也。唯天子稱天以誄之。」諸侯相誄，猶爲非禮，況弟子而誄其師乎？孔子之没，哀公誄之，不聞弟子復爲之謚也。子路欲使門人爲臣，孔子以爲欺天。門人厚葬顔淵，孔子嘆不得視猶子也。君子愛人以禮，今關中諸君欲謚子厚而不合於古禮，非子厚之志。與其以陳文範、陶靖節、王文中子、孟貞曜爲比，其尊之也，曷若以孔子爲比乎？

和靖尹氏曰：謚法最公。以成周之時，其子孫自以幽、厲、赧爲謚，此孝子慈孫所不能改也。文王只用箇「文」字，武王只用箇「武」字，大小大公。

五峰胡氏曰：昔周公作謚法，豈使子議父，臣議君哉？合天下之公，奉君父以天道耳，孝愛不亦深乎？所以訓後世爲君父者，以立身之本也。知本，則身立、家齊、國治、天下平。不知本，則縱慾恣暴，惡聞其過，人於滅亡。天下知之，而不自知也，唯其私而已。是故不合天下之公，則爲子議父，臣議君。夫臣子也，君父有不善，所當陳善閉邪，引之當道。若生不能正，既亡而又黨之，是不以天道奉君父，而不以人道事君父也，謂之忠孝可乎？今夫以筆寫神者，必欲其肖。不肖吾父，則非吾父；不肖吾君，則非吾君。奈何以謚立神而不肖之乎？是故不正之謚，忠孝臣子不忍爲也。

封建

問：封建可行否？程子曰：封建之法，本出於不得已。柳子厚有論，亦窺測得分數。秦法固不善，亦有不可變者，罷侯置守是也。柳子厚論曰：天地果無初乎？吾不得而知之也。生人果有初乎？吾不得而知之也。然則孰爲近？曰有初爲近。孰明之？由封建而明之也。彼封建者，更古聖王堯、舜、禹、湯、文、武而莫能去之。蓋非不欲去之也，勢不可也。勢之來，其生人之初乎？不初，無以有封建。封建，非聖人意也。彼其初與萬物皆生，草木榛榛，鹿豕狉狉，人不能搏噬，而且無毛羽，莫克自奉自衛。荀卿有言：「必將假物以爲用者也。」夫假物者必争，争而不已，必就其能斷曲直者而聽命焉。其智而明者，所伏必衆，告之以直而不改，必痛之而後畏，由是君長刑政生焉。故近者聚而爲群，群之分，其争必大，大而後有兵有德。又有大者，衆群之長又就而聽命焉，以安其屬。於是有諸侯之列，則其争又有大者焉。德又大者，諸侯之列又就而聽命焉，以安其封。於是有方伯、連帥之類，則其争又有大者焉。德又大者，方伯、連帥又就而聽命，以安其人，然後天下會於一。是故有里胥而後有縣大夫，有縣大夫而後有諸侯，有諸侯而後有方伯、連帥，有方伯、連帥而後有天子。自天子至於里胥，其德在人者，死必求其嗣而奉之。故封建非聖人意也，勢也。夫堯、舜、禹、湯之事遠矣，及有周而甚詳。周有天下，列土田而瓜分之，設五等，邦群后。布履星羅，四周于天下，輪運而輻集。合爲朝覲會同，離爲守臣扞城。然而降于夷王，害禮傷尊，下堂而迎覲者。歷于宣王，挾中興復古之德，雄南征北伐之威，卒不能定魯侯之嗣。陵夷迄於幽、厲，王室東徙，而自列爲諸侯。厥後問鼎之輕重者有之，射王中肩者有之，伐凡伯、誅萇弘者有之，天下乖戾，無君君之心。余以爲周之喪久矣，徒建空名於公侯之上耳。得非諸侯之盛强，末大不掉之咎歟？遂判爲十二，合爲七國，威分於陪臣之邦，國殄於後封之秦，則周之敗端，其在乎此矣。秦有天下，裂都會而爲之郡邑，廢侯衛而爲之守宰，據天下之雄圖，都六合之上游，攝制四海，運於掌握之内，此其所以爲得也。不數載而天下大壞，其有由矣。亟役萬人，暴其威刑，竭其貨賄，負鋤梃謫戍之徒，圜視而合從，大呼而成群，時則有叛人而無叛吏，人怨于下而吏畏于上，天下相合，殺守刼令而並起。咎在人怨，非郡邑之制失也。漢有天下，矯秦之枉，徇周之制，剖海内而立宗子，封功臣。數年之間，奔走扶傷而不暇，困平城，病流矢，陵遲不救者三代。後乃謀臣獻畫，而離削自守矣。然而封建之始，郡國居半，時則有叛國而無叛郡，秦制之得亦以明矣。繼漢而帝者，雖百代可知也。唐興，制州邑，立守宰，此其所以爲宜也。然猶桀猾時起，虐害方域，失不在於州而在於兵，時則有叛將而無叛州。州縣之設，固不可革也。或者曰：「封建者，必私其土，子其人，適其俗，修其理，施化易也。守宰者，苟其心思遷其秩而已，何能理乎？」余又非之。周之事迹斷可見矣。列侯驕盈，黷貨事戎，大凡亂國多，理國寡。侯伯不得亂其政，天子不得變其君，私土子人者百不有一。失在於制，不在於政，周事然也。秦之事迹，亦斷可見矣。有理人之制，而不委郡邑是矣。有理人之臣，而不使守宰是矣。郡邑不得正其制，守宰不得行其理。酷刑苦役，而萬人側目。失在於政，不在於制，秦事然也。漢興，天子之政行於郡，不行於國，制其守宰，不制其侯王。侯王雖亂，不可變也；國人雖病，不可除也。及夫大逆不道，然後掩捕而遷之，勒兵而夷之耳。大逆未彰，奸利浚財，怙勢作威，大刻于民者，無如之何。及夫郡邑，可謂理且安矣。何以言之？且漢知孟舒於田叔，得魏尚於馮唐，聞黄霸之明審，覩汲黯之簡靖，拜之可也，復其位可也，卧而委之以輯一方可也。有罪得以黜，有能得以賞。朝拜而不道，夕斥之矣；夕受而不法，朝斥之矣。設使漢室盡城邑而侯王之，縱令其亂，人戚之而已。孟舒、魏尚之術莫得而施，黄霸、汲黯之化莫得而行。明譴而導之，拜受而退已違矣。下令而削之，締交合從之謀周於同列，則相顧裂眦，勃然而起。幸而不起，則削其半，削其半，民猶瘁矣，曷若舉而移之以全其人乎？漢事然也。今國家盡制郡邑，連置守宰，其不可變也固矣。善制兵，謹擇守，則理平矣。或者又曰：「夏、商、周、漢封建而延，秦郡邑而促。」尤非所謂知理者也。魏之承漢也，封爵猶建；晉之承魏也，因循不革；而二姓陵替，不聞延祚。今矯而變之，垂二百祀，大業彌固，何繫於諸侯哉？或者又以爲：「殷周聖王也，而不革其制，固不當復議也。」是大不然。夫殷周之不革者，是不得已也。蓋以諸侯歸殷者三千焉，資以黜夏，湯不得而廢。歸周者八百焉，資以勝殷，武王不得而易。徇之以爲安，仍之以爲俗，湯武之所不得已也。夫不得已，非公之大者也，私其力於己也，私其衛於子孫也。秦之所以革之者，其爲制，公之大者也；其情私也，私其一己之威也，私其盡臣畜於我也。然而公天下之端自秦始。夫天下之道，理安斯得人者也。使賢者居上，不肖者居下，而後可以理安。今夫封建者，繼世而理。繼世而理者，上果賢乎，下果不肖乎？則生人之理亂未可知也。將欲利其社稷以一其人之視聽，則又有世大夫世食禄邑，以盡其封略。聖賢生于其時，亦無以立於天下。封建者爲之也，豈聖人之制使至於是乎？吾固曰：「非聖人之意也，勢也。」

張子曰：古者諸侯之建，繼世以立，此象賢也。雖有不賢者，象之而已。天子使吏治其國，彼不得暴其民，故舜封象，是不得已。周禮建國，大小必參相得。蓋是建大國其勢不能相下，皆小國則無紀，以小事大，莫不有法。

五峰胡氏曰：封建之法始於黃帝，成於堯舜，夏禹因之，至桀而亂，成湯興而脩之，天下以安。至紂而又亂，文王武王興而脩之，天下亦以安。至幽王而又亂，齊桓、晉文不能脩而益壞之，故天下紛紛不能定。及秦始皇而掃滅之，故天下大亂，争起而亡秦，猶反覆手於須臾間也。○黃帝、堯、舜安天下，非封建一事也，然封建其大法也。夏禹、成湯安天下，亦非封建一事也，然封建其大法也。文王、武王安天下，亦非封建一事也，然封建其大法也。齊桓、晉文之不王，非一事也，然不能封建，其大失也。秦二世而亡，非一事也，然掃滅封建，其大繆也。故封建也者，帝王之所以順天理，承天心，公天下之大端大本也。○聖人制四海之命，法天而不私己，盡制而不曲防，分天下之地以爲萬國，而與英才共焉，誠知興廢之無常，不可以私守之也。故農夫受田百畝，諸侯百里，天子千里；農夫食其力，諸侯報其功，天子享其德。此天之分也。○郡縣天下，可以持承平，而不可以支變故。封建諸侯，可以持承平，可以支變故。

朱子曰：柳子厚以封建爲非，胡明仲輩破其説，則專以封建爲是。要之，天下制度無全利而無害底道理，但看利害分數如何。封建則根本較固，國家可恃；郡縣則截然易制，然來來去去，無長久之意，不可恃以爲固也。○封建實是不可行。若論三代之世，則封建好處便是君民之情相親，可以久安而無患。不似後世郡縣一二年輒易，雖有賢者善政亦做不成。○封建只是歷代循襲，勢不容已，柳子厚亦説得是。賈生謂樹國必相疑之勢甚，然封建後來自然有尾大不掉之勢。成周盛時能得幾時，到春秋列國强盛，周之勢亦浸微矣。後來到戰國東西周分治，赧王但寄於西周公耳。○雖是聖人法，豈有無弊？問：後世封建、郡縣何者爲得？曰：論治亂，畢竟不在此。以道理觀之，封建之意是聖人不以天下爲己私，分與親賢共理，但其制則不過大，此所以爲得。賈誼於漢言衆建諸侯而少其力，其後主父偃竊其説用之於武帝。○或論郡縣、封建之弊。曰：大抵立法必有弊，未有無弊之法，其要只在得人。若是箇人，則法雖不善，亦占分數多了。若非其人，則有善法，亦何益於事？且如説郡縣不如封建，若封建非其人，且是世世相繼，不能得他去。如郡縣非其人，却只三兩年任滿便去，忽然换得好底來，亦無定。范太史《唐鑑》議論，大率皆歸於得人。某初嫌他恁地説，後來思之，只得如此説。○或疏胡五峰論封建井田數事以質疑。曰：封建井田乃聖王之制，公天下之法，豈敢以爲不然，但在今日恐難下手。設使强做得成，亦恐意外别生弊病，反不如前，則難收拾耳。○因論封建，曰：此亦難行，恐膏粱之子弟不學而居士民上，其爲害豈有涯哉！且以漢諸王觀之，其荒縱淫虐如此，豈可以治民？故主父偃勸武帝分王子弟，而使吏治其國，故禍不及民。所以後來諸王也都善弱，蓋漸染使然。積而至於魏之諸王，遂使人監守，雖飲食亦皆禁制，更存活不得。及至晉懲其弊，諸王各使之典大藩，總强兵，相屠相戮，馴致大亂。沈僩云：監防太密，則有魏之傷恩；若寬去繩勒，又有晉之禍亂。恐皆是無古人教養之法故爾。曰：那箇雖教，無人奈得他何。或言今之守令亦善，曰：却無前代尾大不掉之患，只是州縣之權太輕，卒有變故，更支撑不住。○問：封建，《周禮》説公五百里，孟子説百里，如何不同？曰：孟子説恐是夏商之制，孟子不詳考，亦只説嘗聞其略也。若夏商時諸處廣闊，人各自聚爲一國，其大者止百里，故禹合諸侯，執玉帛者萬國。到周時漸漸吞併，地里只管添，國數只管少，到周時只千八百國，較之萬國，五分已減了四分已上。❶此時諸國已自大了，到得封諸公，非五百里不得。如周公封魯七百里，蓋欲優於其他諸公。如左氏説云「大國多兼數圻」，也是如此。後來只管併來併去，到周衰便制他不得，也是尾大了。到孟子時只有七國，這是事勢必到這裏，雖有大聖大智，亦不能遏其衝。今人只説漢封諸侯王，

❶「已」，重修本作「以」。

土地太過，看來不如此不得。初間高祖定天下，不能得韓、彭、英、盧許多人來使，所得地又未定是我底，當時要殺項羽，若有人説道中分天下與我，我便與你殺項羽，也没奈何與他。到少間封自子弟，也自要狹小不得，須是教當得許多異姓過。

學校

程子曰：古者八歲入小學，十五入大學，擇其才可教者聚之，不肖者復之田畝。蓋士農不易業，既入學則不治農，然後士農判。在學有養，若士大夫之子，則不慮無養；雖庶人之子，既入學，則亦必有養。古之士者自十五入學，至四十方仕，中間自有二十五年學，又無利可趨，則所志可知。須去趨善，便自此成德。後之人自童稚間，已有汲汲趨利之意，何由得向善？故古必使四十而仕，然後志定。只營衣食却無害，惟利禄之誘最害人。人有養，便方定志於學。○古者家有塾，黨有庠，三老坐於里門，察其長幼出入揖遜之序。詠歌諷誦，無非禮義之言。今也上無所學，而民風日以偷薄，父子兄弟惟知以利相與耳。以古所習如彼，欲不善得乎？以今所習如此，欲其善得乎？○生民之道，以教爲本，故古者自家黨遂至于國，皆有教之之地。民生八年，則入于小學，是天下無不教之民也。既天下之民莫不從教，小人脩身，君子明道，故賢能群聚於朝，良善成風於下，禮義大行，習俗粹美，刑罰雖設而不犯，此三代盛治由教而致也。後世不知爲治之本，不善其心，而驅之以力，法令嚴於上，而教不明於下，民放僻而入於罪，然後從而刑之。噫，是可以美風俗而成善治乎？

朱子曰：昔者聖王作民君師，設官分職，以長以治，而其教民之目，則曰父子有親，君臣有義，夫婦有别，長幼有序，朋友有信，五者而已。蓋民有是身，則必有是五者，而不能以一日離。有是心則必有是五者之理，而不可以一日離也。是以聖王之教，因其固有，還以導之，使不忘乎其初。然又慮其由而不知，無以久而不壞也，則爲之擇其民之秀者，群之以學校，而聯之以師儒，開之以詩書，成之以禮樂。凡所以使之明是理而守之不失，傳是教而施之無窮者，蓋亦莫非因其固有而發明之，而未始有所務於外也。夫如是，是以其教易明，其學易成，而其施之之博，至於無遠之不暨，而無微之不化。此先王教化之澤所以爲盛，而非後世所能及也。○古者學校選舉之法，始於鄉黨而達於國都。教之以德行道藝，而興其賢者能者。蓋其所以居之者無異處，所以官之者無異術，所以取之者無異路，是以士有定志而無外慕，蚤夜孜孜，唯懼德業之不脩，而不憂爵禄之未至也。若夫三代之教，藝爲最下，然皆猶有實用而不可闕。其爲法制之密，又足以爲治心養氣之助，而進於道德之歸。此古之爲法，所以能成人材而厚風俗，濟世務而興太平也。○道不遠人，理不外事，故古之教者，自其能食能言，而所以訓導整齊之者，莫不有法，而況於家塾黨庠遂序之間乎？彼其學者所以入孝出弟，行謹言信，群居終日，德進業脩，而暴慢放肆之氣不設於身體者，繇此故也。○天生斯人，而予之以仁義禮智之性，而使之有君臣、父子、兄弟、夫婦、朋友之倫，所謂民彝者也。惟其氣質之稟不能一於純秀之會，是以欲動情勝，則或以陷溺而不自知焉。古先聖王爲是之故，立學校以教其民，而其爲教必始於洒掃、應對、進退之間，禮、樂、射、御、書、數之際，使之敬恭朝夕，脩其孝弟忠信而無違也。然後從而教之格物致知以盡其道，使之所以自身及家，自家及國而達之天下者，蓋無二理。其匡直輔翼，優柔漸漬，必使天下之人皆有以不失其性，不亂其倫而後已焉。此二帝三王之盛，所以化行俗美，黎民醇厚，而非後世之所能及也。○古者聖王設爲學校，以教其民，由家及國，大小有序，使其民無不入乎其中而受學焉。而其所以教之之具，則皆因其天賦之秉彝，而爲之品節以開導而勸勉之，使其明諸心，脩諸身，行於父子、兄弟、夫婦、朋友之間，而推之以達乎君臣、上下、人民、事物之際，必無不盡其分焉者。及其學之既成，則又興其賢且能者，寘之列位。是以當是之時，理義休明，風俗醇厚，而公卿大夫列士之選，無不得其人焉。此先王學校之官所以爲政事之本，道德之歸，而不可以一日廢焉者也。至于後世學校之設，雖或不異乎先王之時，然其師之所以教，弟子之所以學，則皆忘本逐末，懷利去義，而無復先王之意。以故學校之名雖在，而其實不舉，其效至於風俗日敝，人材日衰。雖以漢唐之盛隆，而無以彷彿乎三代之叔季。然猶莫有察其所以然者，顧遂以學校爲虛文，而無所與於道德政理之實，於是爲士者求道於老子釋氏之門，爲吏者責治乎簿書期會之最。蓋學校之僅存而不至於遂廢者，亦無幾耳。○學校之政不患法制之不立，而患理義之不足以悦其心。夫禮義不足以悦其心，而區區於法制之末以防之，是猶決湍水注之千仞之壑，而徐翳蕭葦以捍其衝流也，亦必不勝矣。

南軒張氏曰：惟民之生，其典有五，君臣、父子、兄弟、夫婦、朋友是也。而其德有四，仁義禮智是也。人能充其德之所固有，以率夫典之所當然，則必無力不足之患，惟人之不能是也，故聖人使之學焉。自唐虞以來，固莫不以是教矣。至于三代之世，立教人之所，設官以董莅之，而其法益加詳焉。然其所以爲教，則一道耳。故曰學則三代共之，皆所以明人倫也。嗟夫！人倫之在天下，不可一日廢，廢則國隨之。然則有國者之於學，其可一日而忽哉！○先王所以建學造士之本意，蓋將使士者講夫仁義禮智之彝，以明夫君臣、父子、兄弟、朋友之倫，以之脩身、齊家、治國、平天下，其事蓋甚大矣。而爲之則有其序，教之則有其方，故必先使之從事於小學，習乎六藝之節，講乎爲弟爲子之職，而躬乎洒掃、應對、進退之事，周旋乎俎豆羽籥之間，優游乎絃歌誦讀之際，有以固其肌膚之會，筋骸之束，齊其耳目，一其心志，所謂大學之道，格物致知者，由是可以進焉。至於物格知至，而仁義禮智之彝得於其性，君臣、父子、兄弟、夫婦、朋友之倫皆以不亂，而脩身、齊家、治國、平天下無不宜者，此先王之所以教，而三代之所以治，後世不可以跂及者也。後世之學校，朝夕所講，不過綴緝文辭，以爲規取利禄之計，亦與古人之道大戾矣。上之人所以教養成就之者，夫豈端爲是哉？○三代之學至周而大備，自天子之國都以及於鄉黨，莫不有學，使之朝夕優游於絃誦詠歌之中，而服習乎進退揖遜之節，則又申之以孝弟之義，爲之冠昏喪祭之法，春秋釋菜，與夫鄉飲酒養老之禮，其耳目手足肌膚之會，筋骸之束，無不由於學。在上則司徒總其事，樂正崇其教，下而鄉黨亦莫不有師，其教養之也密，故其成材也易。士生斯時，藏脩游息於其間，誦言而知味，玩其文而會其理，德業之進，日引月長，自宜然也。於是自鄉論其行而升之司徒，司徒又論之而升之國庠，大樂正則察其成以告于王，定其論而官之。其官之也，因其才之大小。蓋有一居其官，至于終身不易者，士脩其身而已，非有求於君也，身脩而君舉之耳。夫然，故禮義興行，人材衆多，風俗醇厚，至於班白者不負戴於道路，而王道成矣。

東萊吕氏曰：學校之設，非爲士之貧而食之也，又非欲群其類而習爲文辭也。不農不商，若何而可以爲士？非老非釋，若何而可以爲儒？事親從兄，當以何者爲法？希聖慕賢，當自何門而入？道德性命之理，當如何而明？治亂興衰之故，當何由而達？考之古，以爲得失之鑑；驗之今，以爲因革之宜。此士之所當用心也。自孔門高弟猶勤勤於問仁問孝，問智問政，所以爲士，請之於師，辨之於友，後世之士不逮遠矣。儻離群索居，而蔽其所習，則固陋乖僻無自進於道，聖人憂之，著爲成書，以詔萬世，教養漸摩，以俾之講習，立師儒之官以董正之，此開設學校之本意也。

西山真氏曰：按古教法，其近民者教彌數，故二十五家爲閭，閭有塾，民朝夕處焉。四閭爲族，則歲之讀法者十有四。法者何？大司徒所頒之三物也。士生斯時，不待舍去桑梓，而有學有師。敬敏任恤，則閭胥書之；孝弟睦姻，則族師書之。其所以教，又皆因性牖民，而納諸至善之域。禮鎔樂冶，以成其德，達其材，古者作人之功蓋如此。然士之於學，豈直處庠序爲然哉？雞鳴夙興，嚮晦宴息，皆學之時。微而暗室屋漏，顯而鄉黨朝廷，皆學之地。動容周旋，洒掃應對，皆學之事。知無時之非學，則晝而有爲、夜而計過者，其敢懈？知無地之非學，則警於冥冥、惕於未形者，其敢忽？知無事之非學，則矜細行、勤小物者，其敢或遺？

魯齋許氏曰：先王設學校，養育人材，以濟天下之用。及其弊也，科目之法愈嚴密，而士之進於此者愈巧，以至編摩字樣，期於必中。上之人不以人材待天下之士，下之人應此者，亦豈仁人君子之用心也哉？雖得之，何益於用？上下相待其弊如此，欲使生靈蒙福，其可得乎？先王設學校，後世亦設學校，但不知先王何爲而設也。上所以教人，人所以爲學，皆本於天理民彝，無他教也，無異學也。○學則三代共之，皆所以明人倫也。司徒之職，教以人倫而已。凡不本於人倫，皆非所以爲教。樹之君以立政，謹此教也。作之師以立教，教以此也。先王皆本於人心之所固有，不强以其所無有，故人易從而風俗美，非後世所謂學，所謂教也。文公《小學》、《四書》次第本末甚備，有王者起，必須取法。

臨川吴氏曰：古者盛時，萬二千五百家之鄉有鄉學，鄉大夫主之，頒教法于州黨族閭，俾教其民。二千五百家之州，則州長屬民讀法以時，習鄉射于學，而尚功。五百家之黨，則黨正屬民讀法以時，習鄉飲酒于學，而尚齒。雖二十五家之閭，巷口亦有塾，閭内致仕之老，朝夕坐其中，民之出入者必受教。此所以教成俗善，而人人有士君子之行也。

用　人

程子曰：海宇之廣，億兆之衆，一人不可以獨治，必賴輔弼之賢，然後能成天下之務。自古聖王未有不以求任輔相爲先者也。❶在商王高宗之初，未得其人，則恭默不言，蓋事無當先者也。及其得傅説而命之，則曰：「濟川作舟楫，歲旱作霖雨，和羹惟鹽梅。」其相須倚賴之如是，此聖人任輔相之道也。夫圖任之道，以慎擇爲本。擇之慎，故知之明；知之明，故信之篤；信之篤，故任之專；任之專，故禮之厚而責之重。擇之慎，則必得其賢；知之明，則仰成而不疑；信之篤，則人致其誠；任之專，則得盡其才；禮之厚，則體貌尊而其勢重；責之重，則自任切而功有成。是故推誠任之，待以師傅之禮，坐而論道，責之以天下治，陰陽和。故當之者自知禮尊而任專，責深而勢重，則挺然以天下爲己任，故能稱其職也。雖有姦諛巧佞，知其交深而不可間，勢重而不可摇，亦將息其邪謀，歸附於正矣。後之任相者異於是，其始也不慎擇。擇之不慎，故知之不明；知之不明，故信之不篤；信之不篤，故任之不專；任之不專，故禮之不厚，而責之亦不重矣。擇不慎，則不得其人；知不明，則用之猶豫；信不篤，則人懷疑慮；任不專，則不得盡其能；禮不厚，則其勢輕而易摇；責不重，則不稱其職。是故任之不盡其誠，待之不以其禮，僕

❶「王」，四庫本作「人」。

僕趨走若吏史然，文案紛冗，下行有司之事，當之者自知交不深而其勢輕，動懷顧慮，不肯自盡。上懼君心之疑，下虞群議之奪，故蓄縮不敢有爲，苟循常以圖自安爾，君子弗願處也。姦邪之人亦知其易摇，日伺間隙，如是其能自任以天下之重乎？若曰「非任之艱，知之惟艱」，且何以知其賢而任之？或失其人，治亂所繫，此人君所以難之也。〇天地生一世人，自足了一世事，但恨人不能盡用天下之才，此其不能大治。

涑水司馬氏曰：用人者無親踈新故之殊，惟賢不肖之爲察。其人未必賢也，以親故而取之，固非公也。苟賢以親故而捨之，亦非公也。夫天下之賢，固非一人所能盡也，若必待素識熟其才，行而用之，所遺亦多矣。古之爲相者則不然，舉之以衆，取之以公。衆曰賢矣，己雖不知其詳，姑用之，待其無功然後退之，有功則進之；所舉得其人則賞之，非其人則罰之。進退賞罰，皆衆人所共然也，己不置毫髮之私於其間。苟推是心以行之，又何遺賢曠官之足病哉？

元城劉氏曰：朝廷之務，莫先於用人。君子進，則治之本也；小人用，則亂之階也。王者深居於九重，不能盡知臣下之邪正，是以設諫官御史之職，俾司耳目之任，而採中外之公議，是非可否，惟衆之從。故蔽賢之言不能害君子，黨姦之論無以助小人。明君無所用心，而賢不肖自辨。知人則哲，其道不過於此。〇天下之治亂在朝廷，朝廷輕重在執政。論執政才否而進退之者，人主之職也。使廟堂之上皆得當時之賢，而都俞戒敕以圖天下之治，則善日進，而君子道長，此《易》之卦所以爲泰。使公卿輔相非其人，而姦邪朋黨更相比周，以蔽人君之聰明，則惡日滋，而小人道長，此《易》之卦所以爲否也。自古雖至聖之君，不能無惡人立朝，堯之四凶是已。雖甚衰之世，未嘗無君子在位，商之三仁是已。聖人之興賢者衆，則惡人不能勝其善，故雖有四凶而或竄或殛，卒無幸免。暴君在上，讒諂並進，則善人不能勝其惡，故雖有三仁而或去或死，終莫能用。此乃治亂盛衰之機，不可不察也。○自古及今，未有任君子而不治，用小人而不亂者。蓋甘言美辭足以感移人意，小節僞行足以欺惑世俗。及其得志，苟患失之，陰引姦邪，廣布心腹，根深蔕固，牢莫可破，則其爲國家之害，將有不可勝言者矣。故陸贄之論，以爲操兵以刃人，天下不委罪於兵，而委罪於所操之主；蓄蠱以殃物，天下不歸咎於蠱，而歸咎於所蓄之家。此言雖小，可以喻大。○齊桓公之郭，問其父老曰：「郭何故亡。」父老曰：「以其善善而惡惡也。」桓公曰：「若子之言，乃賢君也，何至於亡？」父老曰：「不然。郭君善善而不能用，惡惡而不能去，所以亡也。」每讀至此，未嘗不掩卷太息，以謂鄙夫固陋，燭理不明，人之所非，反以爲是，衆之所惡，覆以爲美，此乃愚者偏暗之常態，固不足論。若夫能知天下之善惡，如辨白黑而無疑惑之心，蓋非智者有所不及，然而郭君反以此而亡國，其故何也？夫郭君能知善之爲善，惡之爲惡，則不可謂之不智。特以其見善而不能用，使君子無以自立；知惡而不能去，使小人得以成朋。因循積累，其害遂至於亡國。然則有天下者，可不視此以爲戒乎？

華陽范氏曰：才有君子之才，有小人

之才。古之所謂才者，君子之才也。後世之所謂才者，小人之才也。高陽氏有子八人，天下以爲才，其所以爲才者，曰齊聖廣淵，明允篤誠。高辛氏有子八人，天下以爲才，其所以爲才者，曰忠肅恭懿，宣慈惠和。周公制禮作樂，孔子以爲才。然則古之所謂才者，兼德行而言也。後世之所謂才者，辯給以禦人，詭詐以用兵，僻邪險詖，趨利就事，是以天下多亂，職斯人之用於世也。在《易·師》之上六曰：「開國承家，小人勿用。」《象》曰：「小人勿用，必亂邦也。」《未濟》曰：「高宗伐鬼方，三年克之，小人勿用。」王者創業垂統，敷求哲人，以遺後嗣，故能長世也。豈以天下未定，而可專用小人之才歟？○人君勞於求賢，逸於任人。古者疇咨僉諧，然後用之。苟得其人，則任而勿疑，乃可以責成功。○明君用人而不自用，故恭己而成功。多疑之君自用而不用人，故勞心而敗事。自古征伐或勝或負，多由於此二者矣。○自古君子易疏，小人易親。蓋君子難於進而果於退，小人不恥於自售，而戚於不見知，其進也無所不至。人君一爲所惑，不能自解，鮮有不至禍敗者也。

五峰胡氏曰：唐文宗云：「宰相薦人當不問疎戚，若親故果才避嫌而棄之，亦不爲公。」誠哉是言也！

豫章羅氏曰：名器之貴賤以其人，何則？授於君子則貴，授於小人則賤。名器之所貴，則君子勇於行道，而小人甘於下僚。名器之所賤，則小人勇於浮競，而君子恥於求進。以此觀之，人君之名器可輕授人哉？○君子在朝，則天下必治。蓋君子進，則常有亂世之言，使人主多憂而善心生，故天下所以必治。小人在朝，則天下必亂。蓋小人進，則常有治世之言，使人主多樂，而怠心生，故天下所以必亂。

朱子曰：天下之治固必出於一人，而天下之事則有非一人所能獨任者。是以人君既正其心、誠其意於堂阼之上、突奥之中，而必深求天下敦厚誠實、剛明公正之賢以爲輔相，使之博選士大夫之聰明達理、直諒敢言、忠信廉節足以有爲有守者，隨其器能寘之列位，使之交脩衆職，以上輔君德，下固邦本，而左右私褻使令之賤，無得以奸其間者。有功則久其任，不稱則更求賢者而易之。蓋其人可退，而其位不可以苟充；其人可廢，而其任不可以輕奪。此天理之當然，而不可易者也。人君察於此理，而不敢以一毫私意鑿於其間，則其心廓然大公，儼然至正，泰然行其所無事，而坐收百官衆職之成功。一或反是，則爲人欲私意之病，其偏黨反側，黯闇猜嫌，固日擾擾乎方寸之間，而姦僞讒慝，叢脞眩瞀，又將有不可勝言者。此亦理之必然也。○尋常之人將欲屬人以一至微至細之事，猶必先爲規模使其盡善，然後所屬之人有所持循，而不失吾之所以屬之之意。況有天下者，將以天下至大之事屬之於人，而不先爲盡善可守之規以授之乎？○蓬生麻中，不扶而直；白沙在泥，不染而黑。故賈誼之言曰：「習與正人居之，不能無正，猶生長於齊之地，不能不齊言也。習與不正人居之，不能無不正，猶生長於楚之地，不能不楚言也。」是以古之聖賢欲脩身以治人者，必遠便嬖，以近忠直。蓋君子小人如冰炭之不相容，薰蕕之不相入，小人進則君子必退，君子親則小人必踈，未有可以兼收並蓄而不相害者也。能審乎此，以定取舍，則其見聞之益，薰陶之助，所以謹邪僻之防，安義理之習者，自不能已。而其舉措刑賞所以施於外者，必無偏陂之失。一有不審，則不惟其妄行請託，竊弄威權，有以害吾之政事。而其導諛薰染，使人不自知覺而與之俱化，則其害吾之本心正性，又有不可勝言者。然而此輩其類不同，蓋其本出下流，不知禮義而稍通文墨者，亦有服儒衣冠，叨竊科第，而實全無行檢者，是皆國家之大賊，人主之大蜮。苟非心正身脩，有以灼見其情狀，如臭惡之可惡，則亦何以遠之而來忠直之士，望德業之成乎？○伏節死義之士當平居無事之時，誠若無所用者。然古之人君所以必汲汲以求之者，蓋以如此之人，臨患難而能外死生，則其在平世必能輕爵禄；臨患難而能盡忠節，則其在平世必能不詭隨。平日無事之時得而用之，則君心正於上，風俗美於下，足以逆折姦萌，潛消禍本，自然不至真有伏節死義之事，非謂必知後日當有變故，而預蓄此人以擬之也。惟其平日自恃安寧，便謂此等人材必無所用，而專取一種無道理、無學識、重爵禄、輕名義之人，以爲不務矯激而尊寵之，是以綱紀日壞，風俗日偷，非常之禍伏於冥冥之中，而一旦發於意慮之所不及，平日所用之人交臂降叛，而無一人可同患難，然後前日擯棄流落之人，始復不幸而著其忠義之節。以天寶之亂觀之，其將相貴戚近幸之臣皆已頓顙賊庭，而起兵討賊卒至於殺身湛族而不悔，如巡、遠、杲卿之流，則遠方下邑，人主不識其面目之人也。使明皇早得巡等而用之，豈不能銷患於未萌？巡等早見用於明皇，又何至真爲伏節死義之舉哉？○

自古君子小人雜居並用，非此勝彼即彼勝此，無有兩相疑而終不決者，此必然之理也。故雖舉朝皆君子，而但有一二小人雜於百執事之間，投隙抵巇，已足爲患，況居侍從之列乎？況居丞弼之任，而潛植私黨布滿要津乎？蓋二三大臣者，人主之所與分别賢否，進退人材，以圖天下之事，自非同心一德，恊恭和衷，彼此坦然，一以國家爲念，而無一毫有己之私間於其間，無以克濟。若以小人參之，則我之所賢而欲進之者，彼以爲害己而欲退之；我之所否而欲退之者，彼以爲助己而欲親之。且其可否異同，不待勉争力辨而後決，但於相與進退之間，小爲俯仰前郤之態，而已足以敗吾事矣。是豈可不先以爲慮，而輕爲他計以發其害我之機哉？

象山陸氏曰：銖銖而稱之，至石必繆；寸寸而度之，至丈必差。石稱丈量，徑而寡失，此可爲論人之法。且如其人大概論之，在於爲國、爲民、爲道義，此則君子人矣。大概論之，在於爲私己、爲權勢，而非忠於國、徇於義者，則是小人矣。若銖稱寸量，校其一二節目，而違其大綱，則小人或得爲欺，君子反被猜疑，邪正賢否，未免倒置矣。

東萊吕氏曰：用人之道，詎可信其虚言而不試之以事乎？是以明君將欲付大任於是人，必納之於膠擾繁劇之地，以觀其材；處之於間暇寂寞之鄉，以觀其量；使之嘗險阻艱難，以觀其操；使之當盤根錯節，以觀其斷；投之州縣，磨之歲月，習之既久，養之既深，異時束帶立於朝，天下之事莫不迎刃而解也。

西山真氏曰：《易》君子在内，小人在外，則謂之泰。泰者，通而治也。君子在外，小人在内，則謂之否。否者，閉而亂也。君子小人並生於天地間，不能使之無也，但當區處得宜，使有德者布列朝廷，有才者奔走任事於外，如此則治矣。

鶴山魏氏曰：嘗聞朱熹云：「天地之間，有自然之理。凡陽必剛，剛必明，明則易知。凡陰必柔，柔必闇，闇則難測。故光明正大，疏暢通達，無纖芥可疑者，必君子也。回互隱伏，閃倏狡獪，不可方物者，必小人也。」某嘗以是爲察言觀人之鑑，邪正之辨了不可掩，則取舍之極定於内矣。

魯齋許氏曰：賢者以公爲心，以愛爲心，不爲利回，不爲勢屈，寘之周行，則庶事得其正，天下被其澤，賢者之於人國，其重固如此也。然或遭世不偶，務自韜晦，有舉一世而人不知者。雖或知之，而當路之人未有同類，不見汲引，獨人君有不知者。人君雖或知之，召之命之，泛如厮養，而賢者有不屑就者。雖或接之以貌，待之以禮，而其所言不見信用，有超然引去者。雖或信用，復使小人參於其間，責小利，期近効，有用賢之名，無用賢之實，賢者亦豈肯尸位素餐，徒費廪禄，取譏誚於天下也？雖然，此特論難進者然也，又有難合者焉。人君位處崇高，日受容悦，大抵樂聞人之過，而不樂聞己之過，務快己之心，而不務快民之心。賢者必欲匡而正之，扶而安之，使如堯舜之正，堯舜之安而後已，故其勢難合。況姦邪佞倖醜正惡直，肆爲詆毁，多方以陷之，將見罪戾之不免，又可望庶事得其正，天下被其澤邪？自古及今，端人雅士所以重於進而輕於退者，蓋以此尔。大禹聖人，聞善即拜，益戒之曰：「任賢勿貳，去邪勿疑。」貳之一言，在大禹猶當警省，後世人主宜如何哉？此任賢之難也！○任用人材，興作事功，自己已有一定之見，然不可獨用己意。獨用己意，則排沮者必多，吾事敗矣。稽於衆，取諸人以爲善，然後可。堯之禪舜也，以聖人見聖人，不待三載之久而後知也，當一見便知之。然而不敢以己之見便以天位付之，必也賓于四門，納于大麓，歷試諸難，使天下之人共知之，四岳十二牧共推之，若不出於堯之意也。然後居天位，理天職，人無間言，後世稱聖。後之任用人材立事功者，皆獨出己意，憲宗淮蔡功成，而裴中立不得安於朝矣，況大於此者乎？○姦邪之人，其爲心險，其用術巧。惟險也，故千態萬狀，而人莫能知。如以甘言卑辭誘人入於過失，然後發之之類。惟巧也，故千蹊萬徑，而人莫能禦。如勢在近習，則諂近習。勢在宮闈，則諂宮闈之類。人君不察，以諛爲恭，以訐爲公，以欺爲可信，以佞爲可近。喜怒愛惡，人主固不能無，然有可者有不可者。而姦邪之人一於迎合，竊其勢以立己之威，濟其欲以結主之愛，愛隆於上，威擅於下，大臣不敢議，近親不敢言，毒被天下而上莫之知，此前人所謂城狐也，所謂社鼠也。至是而求去之，不亦難乎？雖然，此由人主不悟，誤至於此，猶有説也。如宇文化及之佞，太宗灼見其情而竟不能斥；李林甫妬賢疾能，明皇洞見其姦而卒不能退。邪之惑人有如此者，可不畏哉？○天下之務，固不勝其煩也。然其大要，在用人立法而已。古人謂得士者昌，自用則小，意正如此。夫賢者，識治之體，知事之要，與庸人相懸，蓋十百而千萬也。布之周行，百職具舉，然人之賢否未能灼知其詳，固不敢用。或已知其孰爲君子，孰爲小人，復畏首畏尾，患得患失，坐視其弊而不能進退之，徒曰知人，而實不能用人，亦何益哉？○生民休戚，係於用人之當否。用得其人，則民賴其利；用失其人，則民被其害。自古論治道者，必以用人爲先務。用既得人，則其所謂善政者，始可得而行之，以善人行善政，其於爲治也何有？

臨川吴氏曰：治天下者在得人，相天下者在用人，用人必自好賢始。周公大聖也，而急於見賢，一食三吐其哺，一沐三握其髮。趙文子賢大夫也，所舉筦庫之士七十有餘家。嗚呼！當時周公所見，文子所舉，豈必皆其親舊而有所請求者哉？好賢之臣能容人而天下治，媢賢之臣不能容人而天下亂，此《大學》平天下章所以引《秦誓》之言，而深切教戒也。

性理大全書卷之六十七

性理大全書卷之六十八

治道三

人才

程子曰：善言治者，必以成就人才爲急務。人才不足，雖有良法，無與行之矣。欲成就人才者，不患其稟質之不美，患夫師學之不明也。師學不明，雖有美質，無由成之矣。○作新人才難，變化人才易。今諸人之才皆可用，且人豈肯甘爲小人？在君相變化如何爾。若宰相用之爲君子，孰不爲君子？○才高者多過，過則一出焉，一入焉。才卑者多不及，不及者殆且弛矣。

元城劉氏曰：所謂長養成就人才，非如今學校之類也，但於人才愛惜保全之爾。譬如富家養山林，不旦旦伐之，乃可爲棟梁之具；若非理摧折之，及至造屋，無材可用也。是愛惜人才，乃人主自爲社稷計耳。

龜山楊氏曰：當先王之盛，禮義之澤，漸摩浸灌，天下亹亹向風承德，敦厚而成俗。於斯時也，士游乎校庠術序之間，攬六藝之英華，而充飫乎道德之實。凡耳目之所習聞者，皆足以迪己而勵行，優游自得，不見異物而遷焉。此三代之士，所以彬彬多全德也。陵夷至于戰國，暴君汙吏各逞其私欲，磨牙摇毒相吞噬者，天下相環也。機會之變，間不容髮，故從人合之以效其謀，衡人離之以攻其後，掉三寸之舌鬭天下之諸侯，斂爲己功，由是靡靡日入於亂也。

漢興襲秦遺俗，而高皇帝起於布衣户伍之中，一呼而有天下，慢而侮人，尤不喜儒士，故一時貪利頑頓無恥者多歸之。雖秉國鈞衡爲一代宗臣者，猶且囚拘縲絏而不知去，況其餘人乎？光武中興，尤旌節義之士，而依違附逆之臣多見戮辱，故宏儒遠智、累行高舉、激揚風流者，方軌而出。及其衰也，懷濟時之志，則以觸權而嬰禍；謝事丘壑，則以黨錮而陷刑。雖輿敗轅脱，猶不忍改轍，一犯清議，則蹈鼎伏鑕而不悔。東漢之社稷僅如垂髮而不絶者，亦衆君子之力也。東晉之興，士懲前軌，皆遺世絶俗，視天下治亂，恝然如秦人視越人之肥瘠也，而晉從而亡。此氣俗之不同，然亦興衰治亂之所繫也。故戰國之士務奇謀而不徇正道，西漢之士喜功名而不務奇節，東漢之士貴節義而不通時變，東晉之士樂恬曠而不乎實用，是皆爲世變所移而昧夫中行者也。惟古之聖賢則不然，不以世治而堅其操，世亂而改其度，雖變故日更，而吾之所守自若也。○周之士也貴，秦之士也賤。周之士非獨上之人貴之也，士亦知自貴焉。秦之士非獨上之人賤之也，士亦輕且賤焉。自秦而來迄于今千有餘歲，士之知自貴者何其少，而輕自賤者何多耶？蓋古之士雖一介之賤，厠於編户齊民之間，短褐不完，含菽飲水，裕然有餘，而不知王公之爲尊，與夫膏粱文繡之爲美也。三旌之位，非其道也，有弗屑焉。萬金之餽，非其義也，有弗受焉。夫如是，上之人雖欲挾貴自尊以輕天下之士，其可得乎？後世之士，顛冥利欲而不知有貴於己者，故守道循理之志薄，而偷合苟得之行多，伺候公卿之門，奔走形勢之塗，脅肩諂笑，以取容悦，其自處如是，而欲人貴之，其可得乎？故愚竊謂士之貴賤雖視勢盛衰，然其所以貴賤者，皆其自取也。

朱子曰：世間有才底人若能損那有餘，勉其不足時節，却做得事，却出來擔當得事，與那小廉曲謹底不同。

東萊呂氏曰：不離莘野而割烹之鼎已調，不離傅巖而濟川之舟已具，不離磻溪而牧野之陣已成。彼爲伊、傅、太公者，曷嘗徒勞州縣，屈首簿書，然後知之哉？殊不知有非常之才，而後有非常之舉也。

魯齋許氏曰：大聖大賢本末具舉，極其規模之大，盡其節目之詳，先勤小物而後盡於大事。降此一等，亦豪傑之士，然舉其大則遺其細，盡其小則惛於大。材具稍大，便不謹細行，所以有材大便疎之語。謹於細小者，多不識大體，不能謀大事。用人者宜知之。後世功名之士，到禮樂制度便進不去，蓋到此稍細密，亦精力有所不及，故須別用一般人物。○傳記中人才傑然可觀，以道理觀之，只是偏才。聖人則圓融渾全，百理皆具。古今人才多是血氣用事，故多偏。聖人純是德性用事，只明明德便自能圓成不偏。

求賢

程子曰：古之聖王所以能致天下之治，無他術也，朝廷至於天下公卿大夫百職群吏，皆稱其任而已。何以得稱其任？賢者在位，能者在職而已。何以得賢能而任之？求之有道而已。雖天下常用易得之物，未有不求而得者也。金生於山，木生於林，非匠者採伐，不登於用。況賢能之士，傑出群類，非若山林之物，廣生而無極也。非人君搜擇之有道，其可得而用乎？自昔邦家張官置吏，未嘗不取士也，顧取之之道如何爾。○歷觀前史，自古以來稱治之君，有不以求賢爲事者乎？有規規守常以資任人而能致大治者乎？有國家之興不由得人者乎？由此言之，用賢之驗，不其甚明？若曰非不欲賢也，病求之之難也，竊以爲不然。夫以人主之勢，心之所嚮，天下風靡景從，設若珍禽異獸、瓌寶奇玩之物，雖遐方殊域之所有，深山大海之所生，志所欲者無不可致。蓋上心所好，奉之以天下之力也。若使存好賢之心如是，則何巖穴之幽不可求？何山林之深不可致？所患好之不篤爾。

龜山楊氏曰：三代兩漢人才之盛，風俗之美，後世莫能及者，取士以行，不專以言故也。今雖詔内外官舉經明行修之士，中第之日，優其恩典，不獨取之以言，又本其行，庶乎近古。然徒使舉之而不由鄉里之選，又無考察之實，與斯舉者隨衆牒試於有司，糊名謄録，校一日之長，不惟士失自重之義，且於課試之際，無以别異於衆人，則所謂本其行者，亦徒虚文而已。謂宜别立一科，稍倣三代兩漢取士官人之法，因今之宜，斟酌損益，要之無失古意而已。至於投牒乞試，糊名謄録之類，非古制者，一切罷之。待遇恩數，盡居詞賦經義等科之上，庶使學者尊經術，惇行義，人人篤於自修，則人才不盛，風俗不美，未之有也。○明道在鄠邑，政聲流聞，當路欲薦之朝，而問其所欲，對曰：「夫薦士者，皆才之所堪，不問志之所欲。」

五峰胡氏曰：人君聯屬天下，以成其

身者也。內選於九族之親，禮其賢者，表而用之，以聯屬其親。外選於五方之人，禮其英傑，引而進之，以聯屬其民。是故賢者，衆之表，君之輔也。不進其親之賢者，是自賊其心腹也。不進其人之賢者，是自殘其四肢也。〇古者舉士於鄉，自十年出就外傅，學於家塾州序，其學者何事也？曰六禮也，七教也，八政也。書其資性近道，才行合理，鄉老、鄉吏會合鄉人，於春秋之祭祀鬼神而書之者也。三歲大比，鄉老、鄉吏及鄉大夫審其性之不悖於道也，行之不反於理也，質其書之先後無變也，乃入其書於司徒，謂之選士。選士學於鄉校，其書之如州序。三歲大比，鄉大夫及司徒審之如初，乃入其書於樂正，謂之俊士。俊士入國學，春秋教以禮樂，冬夏教以詩書，以上觀古道，樂正官屬以時校其業之精否而勉勵之。三歲大比，樂正升其精者於王，謂之進士。王命冢宰會天下之進士，論其資性才行學業，某可以爲卿歟？某可以爲大夫歟？某可以爲士歟？卿闕則以可以爲卿者補之，大夫闕則以可以爲大夫者補之，士有闕則以可以爲士者補之。三年一考其績，三考黜其不職，陟其有功者。是故朝無幸官，野無遺賢，毀譽不行，善惡不眩，德之大小當其位，才之高下當其職，人務自脩而不僥倖於上，人知自守而不冒昧求進，人知自重而不輕用其身，人能有恥而不苟役於利。此所以仕路清，政事治，風俗美，天下安寧，四夷慕義，而疆埸不聳也。

朱子曰：德行之於人大矣，然其實則皆人性所固有，人道所當爲。以其得之於心，故謂之德；以其行之於身，故謂之行。非固有所作爲增益，而欲爲觀聽之美也。

士誠知用力於此，則不唯可以脩身，而推之可以治人，又可以及夫天下國家。故古之教者，莫不以是爲先。若舜之命司徒以敷五教，命典樂以教胄子，皆此意也。至於成周，而法始大備，故其人才之盛，風俗之美，後世莫能及之。漢室之初，尚有遺法，其選舉之目必以敬長上，順鄉里，肅政教，出入不悖所聞爲稱首。魏晉以來，雖不及古，然其九品中正之法，猶爲近之。及至隋唐，遂專以文詞取士，而尚德之舉不復見矣。○夫古之人教民以德行道藝，而興其賢者能者，其法備而意深矣。今之爲法不然，其教之之詳，取之之審，反復澄汰，至于再三，而其具不越乎無用之空言而已。深求其意，雖或亦將有賴於其用，然彼知但爲無用之空言，而便足以要吾之爵禄，則又何暇復思吾之所以取彼者，其意爲何如哉？○古之大臣以其一身任天下之重，非以其一耳目之聰明，一手足之勤力，爲能周天下之事也。其所賴以共正君心，同斷國論，必有待於衆賢之助焉。是以君子將以其身任此責者，必咨詢訪問，取之於無事之時；而參伍校量，用之於有事之日。蓋方其責之必加於己而未及也，無旦暮倉卒之頃，則其觀之得以久；無利害紛拏之惑，則其察之得以精。誠心素著，則其得之多；歲引月長，則其蓄之富。自重者無所嫌而敢進，則無幽隱之不盡；欲進者無所爲而不來，則無巧僞之亂真。久且精，故有以知其短長之實而不差；多且富，故有以使其更迭爲用而不竭。幽隱畢達，則讜言日聞而吾德脩；取舍不眩，則望實日隆而士心附。此古之君子所以成尊主庇民之功於一時，而其遺風餘韻猶有稱思於後世者也。○天下之事，決非一人之聰明才力所能獨運，是以古之君子雖其德業智謀足以有爲，而未嘗不博求人才以自裨益。方其未用，而收寘門牆，勸奬成就，已不勝其衆。是以至於當用之日，推挽成就，布之列位，而無事之不成也。○古之君子有志於天下者，莫不以致天下之賢爲急。而其所以急於求賢者，非欲使之綴緝言語，譽道功德，以爲一時觀聽之美而已。蓋將以廣其見聞之所不及，思慮之所不至，且慮夫處己接物之間，或有未盡善者，而將使之有以正之也。是以其求之不得不博，其禮之不得不厚，其待之不得不誠，必使天下之賢，識與不識，莫不樂自致於吾前，以輔吾過，然後吾之德業得以無媿乎隱微，而寖極乎光大耳。○朝廷設官求賢，故在上者不當以請託而薦人；士人當有禮義廉恥，故在下者不當自衒鬻而求薦。

東萊吕氏曰：井田之制，士與兵，國之重事皆取於農，工商不與。古者取士於田野，取其民之秀者，以其質朴故也。

臨川吴氏曰：古之爲士者，苟可以仕，則選於里，舉於鄉，而長治其鄉里之民。在公得以行己志，在私得以資禄養。此古之士所以自安於内，而無願外之想也。後世取士之法不一，雖存選舉之名，而實與古不同。何也？所取不于其可用之實能，而于其不可用之虚伎。可以仕者或不得仕，而不可以仕者乃或得仕，時之多失人，士之多失志，往往由是。

論　官蒞政附

程子曰：古者使以德，爵以功，世禄而

不世官，故賢才衆而庶績成。及周之衰，公卿大夫皆世官，政由是敗矣。〇三代之時，人君必有師、傅、保之官。師，道之教訓；傅，傅之德義；保，保其身體。後世作事無本，知求治而不知正君，知規過而不知養德。傅德義之道固已踈矣，保身體之法無復聞焉。〇古之時，分羲和以職天道，以正四時，遂司其方，主其時政，在堯謂之四岳，周乃六卿之任，統天下之治者也。後世學其法者不復知其道，故星曆爲一技之事，而與政分矣。〇禮院，關天下之事。得其人，則凡舉事可以考古而立制；非其人，未免隨俗而已。〇或曰：治獄之官不可爲。曰：苟能充其職，則一郡無冤民矣。〇四海之利病，係於斯民之休戚；斯民之休戚，係於守令之賢否。然而監司者，守令之綱也；朝廷者，監司之本也。欲斯民之皆得其所，本原之地亦在乎朝廷而已。

元城劉氏曰：左右之史紀人主之言動，職清地要，他官莫比。非器識端方，上下所信，才學優贍，中外所推者，不虛授也。

華陽范氏曰：夫天地之有四時，如百官之有六職，天下萬事備盡於此。如網之在綱，裘之挈領，雖百世不可易也。人君如欲稽古以正名，苟不於《周官》，未見其可也。

朱子曰：宰相擇監司，吏部擇郡守，如此則朝廷亦可無事，又何患其不得人。

臨川吴氏曰：予閒居思天下之治法，以爲禹、稷、伊尹之志，苟得一縣亦可小試，何也？縣之於民最近，令之福惠所及最速，莫是官若也。❶而舉世瞀瞀，孰知其任

❶「是官若」，四庫本作「若縣官」。

之爲不輕？專務己肥，遑恤民瘠，壅閼吾君之德，使不得下達，愁怨之氣瀰漫兩間，以至上干陰陽之和者，十而八九也。聚群羊而牧之以一狼，恣其啖食，何辜斯民而至斯極？於斯之時，倏有人焉，慰愜其蘇息之望，則民之愛之也，烏得不如子之愛其父母哉？世固有廉者矣，其見不明，則爲吏所蔽，雖廉何補？亦有廉而且明者矣，其心不仁，則自謂無取於民，不眩於事，而深刻嚴酷，又縱其下漁獵躪躒，略無惻隱之意。或其心雖仁而短於剸裁，徒有仁心而民不被澤，仁而不能故也。或其才雖能，而意之所向不無少偏，終亦不免於小疵，能而未公故也。全此五善，難矣哉！

程子曰：談經論道則有之，少有及治體者。如有用我者，正心以正身，正身以正家，正家以正朝廷百官，至于天下，此其序也。其間則又係用之淺深，臨時裁酌而應之，難執一意也。以下論涖政。○斟酌去取古今，恐未易言，須尺度權衡在胸中無疑，乃可處之無差。○古者鄉田同井，而民之出入相友，故無爭鬭之獄。今之郡邑之訟往往出於愚民以戾氣相搆，善爲政者勿聽焉可也。又時取强暴而好譏侮者痛懲之，則柔良者安，鬬訟可息矣。○韓持國常患在下者多欺，曰：「欺有三：有爲利而欺者，則固可罪；有畏罪而欺者，在所恕；事有類欺者，在所察。」○問：臨政無所用心，求於恕如何？曰：推此心行恕，可也。用心求恕，非也。恕，己所固有，不待求而後得，舉此加彼而已。○吕進明使河東，伊川問之曰：爲政何先？對曰：莫要於守法。曰：拘於法而不得有爲者，舉世皆是也。若某之意，謂猶有可遷就不害於法而可以有爲者也。昔明道爲邑，凡及民之事，多衆人所謂於法有礙焉者。然明道爲之，未嘗大戾於法，人亦不以爲駭也。謂之得伸其志則不可，求小補焉則過之，與今爲政遠矣。人雖異之，不至指爲狂也。至謂之狂，則心大駭，盡誠爲之，不容而後去之，又何嫌之有？○或問：爲官僚而言事於長，理直而不見從也，則如之何？曰：亦權其輕重而已。事重於去，則當去；事輕於去，則當留。事大於争，則當争；事小於争，則當已。雖然，今之仕於官，其有能去者，必有之矣，而吾未之見也。○一命之士，苟存心於愛物，於人必有所濟。○問臨民。曰：使民各得輸其情。問御吏。曰：正己以格物。

人有語及爲政者，和靖尹氏曰：子張問政，子曰「居之無倦」。倦最害事，若能無倦，推而行之，爲尉爲邑爲郡，以至爲宰相，皆可了。若倦，則雖居家至小事，也不能了。

五峰胡氏曰：事有大變，時有大宜。通其變，然後可爲也。務其宜，然後有功也。

朱子曰：作縣固非易事，然盡心力而爲之，必無不濟。今人多是自放懶了，所以一綱弛，而衆目紊也。○仕宦只是廉勤自守，進退遲速自有時節，切不可起妄念也。○大抵守官只要律己公廉，執事勤謹，晝夜孜孜，如臨淵谷，便自無他患害。纔是有所依倚，便使人怠惰放縱，不知不覺錯做了事也。○大率天下事，循理守法，平心處之，便是正當。如賊盗入獄而加以桎梏箠楚，乃是正理。今欲廢此，以誘其心，欲其歸恩於我，便是挾私任術，不行衆人公共道理。

況恩既歸己，怨必歸於他人，彼亦安得無忿疾於我耶？○事變無窮，幾會易失，酬酢之間，蓋有未及省察而謬以千里者。是以君子貴明理也，理明則異端不能惑，流俗不能亂，而德可久，業可大矣。○問：班朝治軍，莅官行法，非禮威嚴不行；禱祠祭祀，非禮不誠不莊。先生謂古人以誠莊對威嚴，蓋爲政以嚴爲本，寬以濟嚴之太過也。某竊謂居上以寬爲本，寬則得衆，嚴以濟寬之不及耳。若一意任威，其弊將有至於法令如牛毛者。然先王爲政之本，寬嚴先後之異施者，不敢不講。曰：爲政以寬爲本者，謂其大體規模意思當如此耳。古人察理精密，持身整肅，無偷惰戲豫之時，故其政不待作威而自嚴，但其意則以愛人爲本耳。及其施之於政事，便須有綱紀文章，關防禁約，截然而不可犯，然後吾之所謂寬者，得以隨事及人，而無頹敝不舉之處。人之蒙惠於我，亦得以通達明白，實受其賜，而無間隔欺蔽之患。聖人説政以寬爲本，而今反欲其嚴，正如古樂以和爲主，而周子反欲其淡。蓋今之所謂寬者乃縱弛，所謂和者乃哇淫，非古之所謂寬與和者。故必以是矯之，乃得其平耳。如其不然，則雖有愛人之心，而事無統紀，緩急、先後、可否、與奪之權皆不在己，於是姦豪得志，而善良之民反不被其澤矣。此事利害只在目前，不必引書傳，考古今，然後知也。但爲政必有規矩，使姦民猾吏不得行其私，然後刑罰可省，賦斂可薄，所謂以寬爲本，體仁長人，孰有大於此者乎？○平易近民，爲政之本。

南軒張氏曰：爲政須是先平其心，不平其心，雖好事亦錯。如抑强扶弱，豈不是好事？往往只這裏便錯。須是如明鏡然，妍者自妍，醜者自醜，何預我事？若是先以其人爲醜，則相次見此人無往而非醜矣。○問：趙德莊知建寧府，問於晦庵，爲政寬則是？猛則是？晦庵云：「若教公寬一尚，猛一尚，則如發瘧子相似。以某之意，御善良以寬，治强暴以嚴。」此語如何？曰：若胸中著一寬字，寬必有弊；著一猛字，猛必有弊。吾徒處事，當如持衡，高者下之，低者平之，若聖人之秤則常平矣。

東萊呂氏《官箴》曰：凡治事有涉權貴，須平心看理之所在。若其有理，固不可避嫌，故使之無理。直須平心看，若有一毫畏禍自恕之心，則五分有理，便看作十分有理。若其無理，亦不可畏禍，曲使之有理。政使見得無理，只須作尋常公事看斷，過後不須拈出説。尋常犯權貴取禍者，多是張大其事，邀不畏彊禦之名，所以彼不能平。若處得平穩妥帖，彼雖不樂，視前則有間矣。然所以不欲拈出者，本非以避禍，蓋此乃職分之常，若特然看做一件事，則發處已自不是矣。○當官之法唯有三事，曰清，曰慎，曰勤。知此三者，則知所以持身矣。然世之仕者，臨財當事不能自克，常自以爲必不敗，持必不敗之意，則無不爲矣。然事常至於敗而不能自已，故設心處事，戒之在初，不可不察。借使役用權智，百端補治，幸而得免，所損已多，不若初不爲之爲愈也。司馬子微《坐忘論》云：「與其巧持於末，孰若拙戒於初。」此天下之要言，當官處事之大法，用力寡而見功多，無如此言者。人能思之，豈復有悔吝耶？○事君如事親，事官長如事兄，與同僚如家人，待群吏如奴僕，愛百姓如妻子，處官事如家事，然後爲能盡吾之心。如有毫末不至，皆吾心有所不盡也。

故事親孝，故忠可移於君；事兄弟，故順可移於長；居家治，故事可移於官。豈有二理哉？○當官處事，常思有以及人。如科率之行既不能免，便就其間求所以使民省力，不使重爲民患，其益多矣。○當官者難事勿辭而深避嫌疑，以至誠遇人而深避文法，如此則可免。○前輩嘗言小人之性專務苟且，明日有事，今日得休且休，當官者不可徇其私意，忽而不治。諺有之曰「勞心不如勞力」，此實要言也。○當官既自廉潔，又須關防小人。如文字曆引之類，皆須明白，以防中傷，不可不至謹，不可不詳知也。○當官者，凡異色人皆不宜與之相接，巫祝尼媪之類尤宜疎絶，要以清心省事爲本。○後生少年乍到官守，多爲猾吏所餌，不自省察，所得毫末。而一任之間，不復敢舉動，大抵作官嗜利，所得甚少，而吏人所盜不貲矣。以此被重譴，良可惜也。○當官者先以暴怒爲戒。事有不可，當詳處之，必無不中。若先暴怒，只能自害，豈能害人？前輩嘗言凡事只怕待。待者，詳處之謂也。蓋詳處之，則思慮自出，人不能中傷也。嘗見前輩作州縣，或獄官，每一公事難決者，必沉思静慮累日，忽然若有得者，則是非判矣。是道也，唯不苟者能之。○處事者不以聰明爲先，而以盡心爲急。不以集事爲急，而以方便爲上。○畏避文法，固是常情。然世人自私者，率以文法難事委之於人，殊不知人之自私，亦猶己之自私也。以此處事，其能有濟乎？○當官大要，直不犯禍，和不害義，在人消詳斟酌之爾。然求合於道理，本非私心專爲己也。○當官處事，但務著實。如塗擦文書，追改日月，重易押字，萬一敗露，得罪反重，亦非所以養誠心事君不欺之道也。百種姦僞，不如一實；反復變詐，不如慎始；防人疑衆，不如自慎；智數周密，不如省事。不易之道也。○事有當死不死，其詬有甚於死者，後亦未必免死。當去不去，其禍有甚於去者，後亦未必得安。世人至此，多惑亂失常，皆不知義命輕重之分也。此理非平居熟講，臨事必不能自立，不可不預思。古之欲委質事人，其父兄日夜先以此教之矣。中材以下，豈臨事一朝一夕所能至哉？教之有素，其心安焉，所謂有所養也。○忍之一字，衆妙之門，當官處事，尤是先務。若能清慎勤之外，更行一忍，何事不辦？《書》曰：「必有忍，其乃有濟。」此處事之本也。諺有之曰「忍事敵災星」，少陵詩云「忍過事堪喜」，此皆切於事理，爲世大法，非空言也。王沂公嘗説：「喫得三斗釅醋，方做得宰相。」蓋言忍受得事也。○居官臨事，外有齟齬，必内有窒礙。蓋内外相應，毫髮不差，只有反己兩字，更無别法也。

魯齋許氏曰：恐害於己者，必思所以害人也，豈知利人則未有不利於己者也。至於推勘公事，已得大情，適當其法，不旁求深入，是亦利人之一端也。彼俗吏不達此理，專以出罪爲心，謂之陰德，予曰不然。履正奉公，嫉惡舉善，人臣之道也。有違于此，則惡者當害之而反利之，善者當利之而反害之。顯不能逃其刑責，幽不能欺於神明，顧陰德何有焉？○每臨事且勿令人見喜，既令見喜，必是偏於一處，隨後便有弊。蓋喜悦非久長之理，既不令人喜，亦不令人怒，便是得中。

諫諍

程子曰：有翦桐之戲，則隨事箴規。違養生之戒，則即時諫止。○人臣以忠信善道事其君者，須體納約自牖之意，必違其所蔽而因其所明，乃能入矣。雖有所蔽，亦有所明，未有冥然而皆蔽者也。古之善諫者必因君心所明，而後見納。是故訐直强果者，其説多忤；温厚明辯者，其説多行。愛戚姬將易嫡庶，是其所蔽也。素重四老人之賢而不能致，是其所明也。四老人之力，孰與夫公卿及天下之心？其言之切，孰與周昌、叔孫通也？高祖不從彼而從此者，留侯不攻其蔽而就其明也。趙王太后愛其少子長安君，不使爲質於齊，是其蔽也。愛之欲其富貴久長於齊，是其所明也。左師觸龍所以導之者，亦因其明爾，故其受命如響。夫教人者，亦如此而已。

元城劉氏曰：嘗讀《國語》，以謂天子聽政，使公卿至於列士獻詩，瞽獻曲，史獻書，師箴，瞍賦，矇誦，百工諫，庶人傳語，近臣盡規，親戚補察，瞽史教誨，耆艾修之，而後王斟酌焉。是三代之前，上則公卿大夫朝夕得以納忠，下則百工庶民猶執藝事以諫。故忠言嘉謀日聞於上，而天下之情無幽不燭，無遠不通，所爲必成，所舉必當者，諫諍之效也。後世之士不務獻納於君，而多爲自全之謀，正論遠猷鮮有入告，於是設員置職？而責之以諫矣。夫進言者日益少，而聽言者不加勸，此天下之治所以終愧於先王之盛時也。

華陽范氏曰：人臣諫而不聽，則當去位。苟不能彊諫，而視其君之過舉，至於天下咸怨，其臣則曰：「非我不諫，君不能用我也。」始則擇利以處其身，終則引謗以歸於君，此不忠之大者也。○國之將興，必賞諫臣；國之將亡，必殺諫臣。故諫而受賞者，興之祥也；諫而被殺者，亡之兆也。天下如人之一身，夫身必氣血周流無所壅底，而後能存焉。諫者使下情得以上通，上意得以下達，如氣血之周流於一身也。故言路開則治，言路塞則亂。治亂者，繫乎言路而已。

五峰胡氏曰：事物之情以成則難，以毀則易。足之行也亦然，升高難，就卑易。舟之行也亦然，泝流難，順流易。是故雅言難入，而淫言易聽；正道難從，而小道易用。伊尹之訓太甲曰：「有言逆于汝心，必求諸道；有言遜于汝志，必求諸非道。」蓋本天下事物之情而戒之耳，非謂太甲質凡而故告之以如是也。英明之君能以是自戒，則德業日新可以配天矣。

朱子曰：內自臣工，外及甿庶，有能開寤聖心，指陳闕政者，無間疎賤，使咸得以自通。然後差擇近臣之通明正直者一二人，使各引其所知有識敢言之士三數人，寓直殿門。凡四方之言有來上者，悉令省閱，舉其盡忠不隱者，日以聞于聰聽，則夫天人之際，將有粲然畢陳於前者，然後兼總條貫，稱制臨決，晝爲科品，以次施行。○問《淵源録》折柳事。程伊川在經筵，一日講罷未退，哲宗忽起，憑檻戲折柳枝，進曰：方春發生，無故不可摧折。曰：有無不可知，但劉公非妄語人。而《春秋》有傳疑之法，不應遽削之也。且伊川之諫，其至誠惻怛，防微慮遠，既發乎愛君之誠，其涵養善端，培植治本，又合乎告君之道，皆可以爲後世法，而於輔導少主，尤所當知。至其餘味之無窮，則善學者雖以自養可也。

南軒張氏曰：某每登對，必先自盟其心曰：「切不可見上喜，便隨順將去，恐一時隨順，後來收拾不得。」上嘗曰：「伏節死義之臣難得。」某對曰：「陛下未得所以求之之道。」上曰：「何如？」曰：「當於犯顔敢諫中求，則臨事可以得伏節死義之士矣。若平時不能犯顔敢諫，他日安能望其伏節死義乎？」○武昭儀稱制，長孫無忌欲諫，褚遂良曰：「公，國之元舅，諫而得罪，使上有殺元舅之名，不如遂良先諫，諫而不從，公却繼之。」遂諫至於棄笏。此非不美也，然費了多少氣力，終亦不成事。孰若高宗初幸尼寺，取才人入宮之時，大臣一言可去矣。大凡事豈可不辨於幾微，小處放過，却來大處旋争，無益矣。

東萊吕氏曰：自古進言於君者，必以責難爲恭。蓋宴安之適，聲色之娱，瓌麗之玩，畋游之佚，實爲治之大蠹。其樂難捨，其惑難移，忠臣義士乃冒萬死而欲奪其君之所嗜，此自古及今所共謂之責難也。○大凡爲人須識綱目。辭氣是綱，言事是目。言事雖正，辭氣不和亦無益。自古亂亡之國，非無敢言之臣，既殺其身，國亦從之，政坐此耳。○諫之道有三難焉，曰遠，曰疎，曰驟。遠則勢不接，疎則情不通，驟則理不究。其言之不行也，固也。彼周設師氏之官，淵乎其用意之深乎！師氏之官實居虎門之左，而詔王以熾者也。其勢近，其情親，其言漸，若江海之浸，膏澤之潤，日加益而不知焉。周公之設官三百六十，官必掌一事，事必寓一意，而師氏獨列地官之屬，實周公致意之深者。想夫成周之隆，出入起居同歸於欽，發號施令同歸於臧者，師氏抑有助焉。昔周太史辛甲命百官箴王闕，而虞人之箴獨傳。竊意師氏之所獻，必反復紬繹，辭順意篤，足以爲百代箴規之法。然求之於蠹書漆簡之中，雖斷章片辭，邈不可得，是可歎已。

西山真氏曰：天下之務至廣也，軍國之機至要也，雖明主聽斷，賢相謀議，思慮之失，亦不能免。一失則爲害不細，必藉忠良之士諫正。夫忠良之士論治體，補國事，乃其志爾。能密有所助，則亦志伸而道行，豈必彰君過而取高名哉？當君相議事之際，使諫官預聞，得以關説，或有闕失，從而正之。天下但覩朝政之得宜，不知諫者之何言，上下誠通，國體豈不美乎？況大臣論事，以諫官規正於人君之前，安有不公之議？茲亦制御大臣，使之無過之術爾。若以諫官小臣不可預聞國議，必衆知闕失，方許諫正，事或已行而不可救，過或已彰而不可言。故剛直之臣有激訐不顧以争之者，君從之，猶掩其過。君或不從，則君之過大，臣之罪愈大矣。○君子小人之分，義利而已矣。君子之心純乎爲義，故其得位也，將以行其道。小人之心純乎爲利，故其得位也，將以濟其欲。二者操術不同，故所以道其君者亦異。夫爲人君者，受諫則明，拒諫則昏，明則君子得以自盡，昏則小人得以爲欺。故爲君子者，惟恐其君之不受諫；爲小人者，惟恐其君之不拒諫。彼小人者，豈以受諫爲不美哉？蓋正論勝則邪説不容，公道行則私意莫逞，故其術不得不出諸此。○欲諫其君者，必先能受人之諫。儻在己則知盡言以諫君，而於人則不欲盡言以諫我，是以善責君而未嘗以善責己也，其可乎哉？故爲大臣，必以群下有言爲救己之過而不以爲形己之短，以爲愛己而不以爲輕己，以爲助己而不以爲異己，然後可稱宰相之度矣。

魯齋許氏曰：後世臣子謀於君，只說利害有如此，以利害相恐動，則利害不應時，都不信了。或者於君前說旱災可畏，税課害人，爲害不細，後皆無損，再有便難説。後來雖因此壞了天下，也説不得。唐懿宗爲諫驪山事，曰彼叩頭何足信，此其驗也。人只當言義理可與不可，當與不當。且如天道福善禍淫，有時而差，是禍福亦不足信也。人只得當於義理而已，利害一切不恤也。

法令

程子曰：三王之法各是一王之法，故三代損益，文質隨時之宜。若孔子所立之法，乃通萬世不易之法。孔子於他處亦不見説，獨答顔回云：「行夏之時，乘殷之輅，服周之冕，樂則韶舞。」此是於四代中舉這一箇法式，其詳細雖不可見，而孔子但亦言其大法，使後人就上修之，二千年來亦無一人識者。○居今之時，不安今之法令，非義也。若論爲治，不爲則已，如復爲之，須於今之法度内處得其當，方爲合義。若須更改而後爲，則何義之有？○古之人重改作，變政易法，人心始以爲疑者，有之矣。久而必信，乃其改作之善者也。始既疑之，終復不信，而能善治者，未之有也。○爲政必立善法，俾可以垂久而傳遠。若後世變之，則末如之何矣。

龜山楊氏曰：立法要使人易避而難犯，至於有犯，則必行而無赦，此法之所以行也。

元城劉氏曰：嘗考載籍以推先王之道，雖禮樂刑政號爲治具，而所以行之者，特在於命令而已。昔之善觀人之國者，不視其勢之盛衰，而先察其令之弛張；未論其政之醇疵，而先審其令之繁簡。惟其慮之既熟，謀之已臧，發之不妄，而持以必行，則堅如金石，信如四時，敷天之下莫不傾耳承聽，聳動厭服，此聖人所恃以鼓舞萬民之術也。《書》曰：「慎乃出令，令出惟行，弗惟反。」《易》曰：「渙汗其大號。」《傳》曰：「令重則君尊。」又曰：「國之安危在出令。」凡此皆聖人慎重之意也。○人君命令雖在必行，苟處之得其理，則執之不可變。惟其不合衆望，違咈人情，關天下之盛衰，繫朝廷之輕重，所宜擇善，何憚改爲？

五峰胡氏曰：荀子云：「有治人，無治法。」竊譬之欲撥亂反之正者。如越江湖，法則舟也，人則操舟者也。若舟破楫壞，雖有若神之技，人人知其弗能濟矣。故乘大亂之時必變法，法不變而能成治功者，未之有也。○法制者，道德之顯爾。道德者，法制之隱爾。天地之心，生生不窮者也。必有春秋冬夏之節，風雨霜露之變，然後生物之功遂。有道德結於民心而無法制者，爲無用，無用者亡。劉虞之類。有法制繫於民身而無道德者，爲無體，無體者滅。暴秦之類。是故法立制定，苟非其人，亦不可行也。

朱子曰：古人立法只是大綱，下之人得自爲。後世法皆詳密，下之人只是守法。

法之所在，上之人亦進退下之人不得。○朝廷紀綱尤所當嚴，上自人主以下至於百執事，各有職業，不可相侵。蓋君雖以制命爲職，然必謀之大臣，參之給舍，使之熟議以求公議之所在，然後揚于王庭，明出命令而公行之。是以朝廷尊嚴，命令詳審，雖有不當，天下亦皆曉然知其謬之出於某人，而人主不至獨任其責。臣下欲議之者，亦得以極意盡言而無所憚，此古今之常理也。

賞罰

程子曰：聖人所知宜無不至也，聖人所行宜無不盡也，然而《書》稱堯舜，不曰「刑必當罪，賞必當功」，而曰：「罪疑惟輕，功疑惟重。與其殺不辜，寧失不經。」異乎後世刻核之論矣。○萬物皆只是一箇天理，己何與焉？至如言天討有罪，五刑五用哉；天命有德，五服五章哉。此都只是天理自然當如此。人幾時與，與則便是私意。有善有惡，善則理當喜。如五服自有一箇次第，以章顯之惡則理當惡，彼自絶於理，故五刑五用，曷嘗容心喜怒於其間哉？舜舉十六相，堯豈不知，只以他善未著，故不自舉。舜誅四凶，堯豈不察，只爲他惡未著，那誅得他。舉與誅，曷嘗有毫髮厠於其間哉？只有一箇義理，義之與比。

元城劉氏曰：人主所以鼓動天下，制馭臣民之柄莫大於賞罰。使賞必及於有功，罰必加於有罪，則四海之内竦然向風而無不心服者矣。惟其無功者虚受，有罪者幸免，遂容僭濫，而其弊將至於無所勸懲。然則爲天下者，安可不以至公而慎用之乎？

華陽范氏曰：人君賞一人而天下莫不勸，罰一人而天下莫不懼，豈其力足以勝億兆之衆哉？處之中理而能服其心也。用一不肖而四方莫不解體，殺一無罪而百姓莫不怨怒，豈必人人而害之哉？處之不中理而不能服其心也。

武夷胡氏曰：人主以天下爲度者也，所好當遵王道，不可以私勞行賞；所惡當遵王路，不可以私怨用刑。其喜怒則當發必中節，和氣絪緼而育萬物也。

呂氏本中曰：賞必當功，罰必當罪，刻核之論也。罪疑惟輕，功疑惟重，君子長者之心也。以君子長者之心爲心，則自無刻核之論。如君子不盡人之歡，不竭人之忠。去其臣也，必可使復仕；去其妻也，必可使復嫁。如此等論，上下薰蒸，則太平之功可立致也。芝草生，甘露降，醴泉出，皆是此等和氣薰蒸所生。

朱子曰：古之欲爲平者，必稱其物之大小高下，而爲其施之多寡厚薄，然後乃得其平。若不問其是非曲直而待之如一，則是善者常不得伸，而惡者反幸而免。以此爲平，是乃所以爲大不平也。故雖堯舜之治，既舉元凱，必放共兜。此又《易·象》所謂「遏惡揚善，順天休命」者也。蓋善者，天理之本然；惡者，人欲之邪妄。是以天之爲道，既福善而禍淫，又以賞罰之權寄之司牧，使之有以補助其禍福之所不及。然則爲人君者，可不謹執其柄，而務有以奉承之哉？

性理大全書卷之六十八

性理大全書卷之六十九

治道四

王伯

程子曰：得天理之正，極人倫之至者，堯舜之道也。用其私心，依仁義之偏者，伯者之事也。王道如砥，本乎人情，出乎禮義，若履大路而行，無復回曲。伯者崎嶇反側於曲徑之中，而卒不可與入堯舜之道。故誠心而王則王矣，假之而伯則伯矣。二者其道不同，在審其初而已。《易》所謂「差若毫釐，繆以千里」者，其初不可不審也。故治天下者必先立其志，志先立，則邪説不能移，異端不能惑，故力進於道而莫之禦也。苟以伯者之心而求王道之成，是衒石以爲玉也。故仲尼之徒無道桓文之事，而曾西恥比管仲者，義所不由也，況下於伯者哉！○王道奉若天道，動無非天者，故稱天王。命則天命也，討則天討也。盡天道者，王道也。後世以智力持天下者，伯道也。

涑水司馬氏曰：合天下而君之之謂王，王者必立三公，三公分天下而治之曰二伯，一公處乎内，皆王官也。周衰，二伯之職廢，齊桓、晉文糾合諸侯以尊天子，天子因命之爲侯伯，修舊職也。伯之語轉而爲霸，霸之名自是興。

問：如管仲之才，使孔子得志行乎天下，還用之否？龜山楊氏曰：管仲高才自不應廢，但綱紀法度不出自他，儘有用處。曰：若不使他自爲，或不肯退聽時，如何？曰：如此，則聖人廢之，不問其才。又曰：王道本於誠意，觀管仲亦有是處，但其意別耳。如伐楚事，責之以包茅不貢，其言則是，若其意豈爲楚不勤王，然後加兵？但欲楚尊齊耳。尊齊而不尊周，管仲亦莫之詰也。若實尊周，專封之事，仲豈宜爲之？故孟子曰：「五伯，假之也。」蓋言其不以誠爲之也。又曰：自孟子後，人不敢小管仲，只爲見他不破。近世儒者如荆公雖知卑管仲，其實亦識他未盡，況於餘人。人若知王良羞與嬖奚比，比而得禽獸，雖若丘陵弗爲之意，則管仲自然不足道。又曰：管仲只爲行詐，故與王者別。若王者，純用公道而已。○問：或謂衛於王室爲近，懿公爲狄所滅，齊桓公攘戎狄而封之。當是時，夷狄橫而中國微，桓公獨能如此，故孔子曰：「微管仲，吾其被髮左衽矣。」爲其功如此也。觀晉室之亂，胡羯猖獗於中原，當是時，只爲無一管仲，故顛沛如此。然則管仲之功，後世信難及也。曰：若以後世論之，其功不可謂不大。自王道觀之，則不可以爲大也。今人只爲見管仲有此，故莫敢輕議，不知孔孟有爲，規模自別。見得孔孟作處，則管仲自小。曰：孔孟如何？曰：必也以《天保》以上治内，以《采薇》以下治外。雖有夷狄，安得遽至中原乎？如《小雅》盡廢，則政事所以自治者俱亡，四夷安得而不交侵？中國安得而不微？方是時，縱能救之於已亂，雖使中國之人不至被髮左衽，蓋猶賢乎周衰之列國耳，何足道哉？如孟子所以敢輕鄙之者，蓋以非王道不行故也。曰：然則孔子何爲深取之？曰：聖人之於人，雖有毫末之善必録之，而況於仲乎？若使孔子得君如管仲，則管仲之事蓋不暇爲矣。

問：管仲之功，孔子與之。其曰「如其仁」，何也？和靖尹氏曰：如，似也。與其功而不與其仁。問：何故不與其仁？曰：只爲大本錯了。問：如何是大本錯？曰：且如初相子糾，其錯亦大矣。問：如何是錯？曰：觀《春秋》所書「莊公九年夏，公伐齊，納子糾，齊小白入于齊。九月，齊人取子糾殺之」可見也。管仲功高，豈可補過？但只是忍耻能就其功，故孔子與其功也，其於仁也何有？若夫舍王道而行伯道，以富國强兵爲本，則更不待論也。如責包茅不入，昭王不返，亦謂假仁以行其伯。孟子雖説久假而不歸，然怎生謂之假？豈能久而不歸？若到得不歸處時，只是假之以成功也。然桓公尚在五伯中爲盛者也，孟子責管仲功烈如此其卑者，以其不能行王道以至于仁也。孔子謂九合諸侯、一正天下者，以其功也。孔孟之意則同，舍此皆穿鑿也。問：孔門羞稱五伯，❶何也？曰：七十子之徒皆未必能作得管仲之功，然所以羞稱者，只爲錯了大本，不知學者也。學者不可不知此也。

五峰胡氏曰：三王正名興利者也，故其利大而流長。五伯假名争利者也，故其利小而流近。

豫章羅氏曰：王者富民，伯者富國。富民，三代之世是也。富國，齊晉是也。至漢文帝行王者之道，欲富民而告戒不嚴，民反至於奢。武帝行伯者之道，欲富國而費

❶「門」，四庫本作「孟」。

用無節，國反至於耗。

南軒張氏曰：學者要須先明王伯之辨，而後可論治體。王伯之辨，莫明於孟子。大抵王者之政皆無所爲而爲之，伯者則莫非有爲而然也。無所爲者天理，義之公也。有所爲者人欲，利之私也。考左氏所載齊桓晉文之事，其間豈無可喜者？要莫非有所爲而然，考其迹，而其心術之所存固不可掩也。

問：王伯如何分別？潛室陳氏曰：司馬温公無王伯之辨。要之源頭，只是「王伯」兩字。以其爲天下王，故謂之王。以其爲方伯，故謂之伯。以王天下言之謂之王，猶伯之爲伯也，未見其美玉珷玞之辨。後來制字有不備，故伯字有霸字，王字只是王字，點發爲之，然伯字亦無詐力之義。故言三王，以其王天下也。言五伯，以其伯諸侯也。自其有三王之至公，有五伯之智力，而後有王伯是非誠僞之分。故今之言王伯之分者，當以孟子德行仁、力假仁爲正。

西山真氏曰：義信禮爲國之本，不可一日離。古之王者動必由之，非有所爲而爲之也。子犯之爲晉文公謀，必曰：「示之義，示之信，示之禮。」則皆有爲而爲之矣。王伯粹駁之異，其不以此哉！

田　賦

或問：井田今可行否？程子曰：豈古可行而今不可行者？或謂今人多地少。不然，譬諸草木，山上著得許多，便生許多，天地生物常相稱，豈有人多地少之理？○問：古者百畝，今四十一畝餘。若以土地計之，所收似不足以供九人之食。曰：百畝九人固不足，通天下計之則亦可。家有九人，只十六已别受田，其餘皆老少也，故可供。有不足者，又有補助之政，又有鄉黨賙捄之義，故亦可足。○又嘗與張子厚論井地。❶曰：地形不必謂寬平可以畫方，只可用算法折計地畝以授民。子厚謂：「必先正經界，經界不正，則法終不定。地有坳垤不管，只觀四標竿，中間地雖不平，饒與民無害。就一夫之間所争亦不多，又側峻處田亦不甚美，又經界必須正南北，假使地形有寬狹尖斜，經界則不避山河之曲，其田則就得井處爲井，不能就成處，或五七，或三四，或一夫，其實四數則在，又或就不成一夫處，亦可計百畝之數而授之，無不可行者。如此，則經界隨山隨河，皆不害於畫之也。苟如此畫定，雖便使暴君汙吏亦數百年壞不得。經界之壞，亦非專在秦時，其來亦遠，漸有壞矣。」又曰：井田今取民田，使貧富均，則願者衆，不願者寡。正叔言：「亦未可言民情怨怒，正論可不可爾。須使上下都無怨怒，方可行。」

藍田吕氏曰：古之取民，貢、助、徹三法而已。校數歲之中以爲常，是爲貢。一井之地八家，八家皆私百畝，同治公田百畝，是爲助。不爲公田，俟歲之成，通以十一之法取于百畝，是爲徹。

龜山楊氏曰：先王爲比閭、族黨、州鄉以立軍政，居則爲力耕之農，出則爲敵愾之士。蓋當是時，天下無不受田之夫，故均無貧焉，而人知食力而已。游惰姦凶不軌之民，無所容於其間也。

五峰胡氏曰：仁心，立政之本也。均

❶ 「地」，四庫本作「田」。

田，爲政之先也。田里不均，雖有仁心而民不被其澤矣。井田者，聖人均田之要法也。恩意聯屬，姦宄不容，少而不散，多而不亂，農賦既定，軍制亦明矣。三王之所以王者，以其能制天下之田里。政立仁施，雖匹夫匹婦，一衣一食，如解衣衣之，如推食食之，其於萬物誠有調爕之法，以佐贊乾坤化育之功。

華陽范氏曰：自井田廢而貧富不均，後世未有能制民之産，使之養生送死而無憾者也。立法者未嘗不欲抑富而或益助之，不知富者所以能兼并，由貧者不能自立也。貧者不能自立，由上之賦斂重而力役繁也。爲國者必曰財用不足，故賦役不可以省，盍亦反其本矣。昔哀公以年饑用不足問於有若，有若曰「盍徹乎」？夫徹非所以裕用，然欲百姓與君皆足，必徹而後可也。後之爲治者，三代之制雖未能復，❶唯省其力役，薄其賦斂，務本抑末，尚儉去奢，占田有限，困窮有養，使貧者足以自立，而富者不得兼之，此均天下之本也。不然，雖有法令，徒文具而已，何益於治哉？

問：横渠謂「世之病井田難行者，以亟奪富人之田爲辭，然處之有術，期以數年不刑一人而可復」。不審井議之行於今果如何？朱子曰：講學時且恁講，若欲行之，須有機會。經大亂之後，天下無人，田盡歸官，方可給與民。如唐口分世業，是從魏晉積亂之極，至元魏及北齊後周，乘此機方做得。荀悦《漢紀》一段正説此意甚好，若平世則誠爲難行。

東萊吕氏曰：孔子言王道，曰：「道千

❶「制」，四庫本作「治」。

乘之國，敬事而信，節用而愛人，使民以時。」孟子言王道，須説百畝之田、八口之家，及材木不可勝用之類。何故須説許多？以此見得春秋時井田尚在，戰國時已自大故廢，須要人整頓。如《史記》説決裂阡陌以静天下之業，又以此見得井田亦不易廢。

理財

龜山楊氏曰：古之制國用者，量入以爲出，故以九賦斂之，而後以九式均節之，使用財無偏重不足之處，所謂均節也。取之有藝，用之有節，然後足以服邦國，以致其用。先王所謂理財者，亦均節之，使當理而已。○《周官》泉府之官，以市之征布斂市之不售，貨之滯於民用，以其價買之，物揭而書之，以待不時而買者。夫物貨之有無，民用之贏乏，常相因而至也。不售者有以斂之，蓋將使行者無滯貨，非以其賤故買之也。不時買者有以待之，蓋將使居者無乏用，非以其貴故賣之。蓋所以阜通貨賄也，此商賈所以願藏於王之市，而有無贏乏皆濟矣。○先王所謂理財者，非盡籠天下之利而有之也。取之以道，用之有節，各當於義之謂也。取之不以其道，用之不以其節，而不當於義，則非理矣。故《周官》以九職任之，而後以九賦斂之，其取之可謂有道矣。九賦之入，各有所待，如關市之賦以待王之膳服，邦中之賦以待賓客之類是也。邦之大用，内府待之；邦之小用，外府受焉，有司不得而侵紊之也。冢宰以九式均節之，下至工事芻秣之微，匪頒好用，皆有式焉，雖人主不得而逾之也。所謂惟王及后、世子不會，特膳服之類而已。有不如式，雖有司不會，冢宰得以式論之矣。○什一，天下之中制，自堯舜以來，未之有改也。取其所當取，則利即義矣。故曰：「國不以利爲利，以義爲利。」則義利初無二致焉。

朱子曰：古者荒歲方鑄錢，《周禮》所謂「國凶荒札喪，則市無征而作布」。既可因此以養飢民，又可以權物之重輕。蓋古人錢闕，方鑄錢以益之。

節儉

程子曰：仁宗一日問折米折幾分？曰「折六分」。怪其太甚也，有旨只令折五分。次供進偶覺藏府，痛曰「習使然也」，却令如舊。又一日思生荔枝，有司言已供盡，近侍曰：「有鬻者，請買之。」上曰：「不可。令買，來歲必增上供之數，流禍百姓無窮。」又一日夜中甚飢，思燒羊頭，近侍乞宣取，上曰：「不可。今次取之，後必常備，日殺三羊，暴殄無窮。」竟夕不食。

元城劉氏曰：仁宗恭儉出於天性，故四十二年如一日也，《易》所謂有始有卒者。世以明皇初節儉，後奢侈，疑相去遼絶。此說非也，此正是一箇見識耳。夫錦繡珠玉，世之所有也，已不好之則不用，何至焚之？焚之必於前殿，是欲人知之，此好名之弊也。夫恭儉不出於天性，而出於好名，好名之心衰，則其奢侈必甚，此必至之理也。故當時識者見其焚珠玉，知其必有末年之弊。若仁宗則不然，若非大臣問疾，則無由見其黃絁被、漆唾壺。

五峰胡氏曰：上侈靡而細民皆衣帛食肉，此飢寒之所由生，盜賊之所由作也。天下如是，上不知禁，又益甚焉，然而不亡者，未之有也。

朱子曰：先聖之言治國，而有節用愛人之説。蓋國家財用皆出於民，如有不節而用度有闕，則横賦暴斂必將有及於民者。雖有愛人之心，而民不被其澤矣。是以將愛人者必先節用，此不易之理也。

東萊吕氏曰：古人自奉簡約，類非後人所能及。如飲食高下，自有制度。諸侯無故不殺牛，大夫無故不殺羊，士無故不殺犬豕，此猶是極盛時制度也。大抵古人得食肉者至少，如食肉之禄，冰皆與焉。肉食者謀之，肉食無墨，此言貴者方得肉食也。比之後人，簡約甚矣。

魯齋許氏曰：地力之生物有大數，人力之成物有大限。取之有度，用之有節，則常足。取之無度，用之無節，則常不足。生物之豐歉由天，用物之多少由人。○天地間爲人爲物皆有分限，分限之外，不可過求，亦不得過用。暴殄天物，得罪於天。

賑恤

元城劉氏曰：昔堯有九年之水，湯遇七年之旱，而國無捐瘠之民者，蓋備之有素而已。○聖王爲國，必有九年之蓄，故雖遇旱乾水溢之災，民無菜色。今歲一不登，人且狼狽，若有司不度事勢，拘執故常，必俟春夏之交，方行祈禱之禮，❶民已艱食，旋爲賑貸之計，所謂大寒而後索衣裘，亦無及矣。

龜山楊氏曰：先王之時，三年耕有一

❶「禮」，原作「理」，今據通行本改。

年之積，故凶年飢歲民免於死亡，以其豫備故也。不知爲政，乃欲髡其人而取其資，以爲賑飢之術，正孟子所謂「雖得禽獸若丘陵，弗爲也」。

朱子曰：夫先王之世，使民三年耕者必有一年之蓄，故積之三十年，則有十年之蓄，而民不病於凶飢，此可謂萬世之良法矣。其次則漢之所謂常平者，其法亦未嘗不善也。○救荒之政，蠲除賑貸固當汲汲於其始，而撫存休養尤在謹之於其終。譬如傷寒大病之人，方其病時，湯劑砭灸固不可以少緩，而其既愈之後，飲食起居之間，所以將護節宣少失其宜，則勞復之證百死一生，尤不可以不深畏也。○自古救荒自有兩說，第一是感召和氣以致豐穰，其次只有儲蓄之計。若待他餓時理會，更有何策？○或說救荒賑濟之意固善，而取出之數不節不可。黄直卿云：制度雖只是這箇制度，用之亦在其人。如糴米賑飢，此固是，但非其人，則做這事亦將有不及事之患。曰：然。○嘗謂爲政者當順五行，修五事，以安百姓。若曰賑濟於凶荒之餘，縱饒措置得善，所惠者淺，終不濟事。○賑飢無奇策，不如講求水利，到賑濟時成甚事！

象山陸氏曰：社倉固爲農之利，然年常豐，田常熟，則其利可久。苟非常熟之田，一遇歉歲，則有散而無斂，來歲闕種糧時，乃無以賑之。莫若兼置平糴一倉，豐時糴之，使無價賤傷農之患；闕時糶之，以摧富民閉廩騰價之計。析所糴爲二，每存其一以備歉歲，代社倉之匱，實爲長利也。

禎異

程子曰：陰陽運動有常而無忒，凡失其度，皆人爲感之也，故《春秋》災異必書。漢儒傳其説而不得其理，是以所言多失。○或問：鳳鳥不至，河不出圖，不知符瑞之事果有之否？曰：有之。國家將興，必有禎祥。人有喜事，氣見面目。聖人不貴祥瑞者，蓋因災異而修德，則無損；因祥瑞而自恃，則有害也。問：五代多祥瑞，何也？曰：亦有此理，譬如盛冬時發出一花相似。和氣致祥，乖氣致異，此常理也。然出不以時，則是異也。如麟是太平和氣所生，然後世有以麟駕車者，却是怪也。譬如水中物生於陸，陸中物生於水，豈非異乎？又問：漢文多災異，漢宣多祥瑞，何也？曰：且譬如小人多行不義，人却不説；至君子未有一事，便生議論，此是一理也。至白者易污，此是一理也。《詩》中幽王大惡爲小惡，宣王小惡爲大惡，此是一理。又問：日食有常數，何治世少而亂世多，豈人事乎？曰：理會此到極處，煞燭理明也。天人之際甚微，宜更思索。曰：莫是天數、人事看那邊勝否？曰：似之，然未易言也。又問：魚躍于王舟，火復于王屋流爲烏，有之否？曰：魚與火則不可知，若兆眹之先，應亦有之。○或問：東海殺孝婦而旱，豈國人冤之所致邪？曰：國人冤固是，然一人之意自足以感動天地，不可道殺孝婦不能致旱也。或曰：殺姑而雨，是衆人冤釋否？曰：固是衆人冤釋，然孝婦冤亦釋也。其人雖亡，然冤之之意自在，不可道殺姑不能釋婦冤而致雨也。

五峰胡氏曰：變異見於天者，理極而通，數窮而更，勢盡而反，氣滋而息，興者將廢，成者將敗。人君者，天命之主，所宜盡心也。德動於氣，吉者成，凶者敗，大者興，小者廢，夫豈有心於彼此哉？謂之譴告者，人君覩是宜以自省也。若以天命爲恃，遇災不懼，肆淫心而出暴政，未有不亡者也。

朱子曰：商中宗時，有桑穀並生于朝，一莫大拱，中宗能用巫咸之言，恐懼修德，不敢荒寧，而商道復興，享國長久，至于七十有五年。高宗祭于成湯之廟，有飛雉升鼎耳而鳴，高宗能用祖己之言，克正厥事，不敢荒寧，而商用嘉靖，享國亦久，至于五十有九年。古之聖王遇災而懼，修德正事，故能變災爲祥，其效如此。

象山陸氏曰：昔之言災異者多矣，如劉向、董仲舒、李尋、京房、翼奉之徒，皆通乎陰陽之理，而陳於當時者非一事矣。然君子無取焉者，爲其著事應之説也。孔子書災異於《春秋》以爲後王戒，而君子有取焉者，爲其不著事應故也。夫旁引物情，曲指事類，不能無偶然而合者，然一有不合，人君將忽焉而不懼。孔子於《春秋》著災異不著事應者，實欲人君無所不謹，以答天戒而已。

西山真氏曰：祥多而恃，未必不危。異衆而戒，未必不安。顧人主應之者如何耳。

魯齋許氏曰：三代而下，稱盛治者，無若漢之文景。然考之當時，天象數變，如日食、地震、山崩、水潰、長星、彗星、孛星之類，未易遽數。前此後此凡若是者，小則有水旱之應，大則有亂亡之應，未有徒然而已者。獨文景克承天心，消弭變異，使四十年間，海内殷富，黎民樂業，移告訐之風爲醇厚之俗，且建立漢家四百年不拔之業，猗歟偉歟，未見其比也。秦之苦天下久矣，加以楚漢之戰，生民糜滅，户不過萬，文帝承諸吕變故之餘，入繼正統，専以養民爲務。其憂也，不以己之憂爲憂，而以天下之憂爲憂。其樂也，不以己之樂爲樂，而以天下之樂爲樂。今年下詔勸農桑也，恐民生之不遂；明年下詔減租稅也，慮民用之或乏。懇愛如此，宜其民心得而和氣應也。○或問天變。曰：胡氏一說好，如父母嗔怒，或是子婦有所觸瀆而怒，亦有父母别生憂惱時，爲子者皆當恐懼修省。此言殊有理。

論　兵

程子曰：兵以正爲本，動衆以毒天下而不以正，則民不從而怨敵生，亂亡之道也。是以聖王重焉，東征西怨，義正故也。又曰：行師之道，以號令節制。行師無法，幸而不敗且勝者，時有之矣，聖人之所戒也。○用兵以能聚散爲上。○兵陣須先立定家計，然後以遊騎旋，旋量力分外面與敵人合，此便是合内外之道。若遊騎太遠，則却歸不得。至如聽金鼓聲，亦不忘却自家如何，如符堅一敗便不可支持，無本故也。○技擊不足以當節制，節制不足以當仁義，使人人有子弟衛父兄之心，則制挺以撻秦楚之兵矣。○韓信多多益辦，分數明而已。○管轄人亦須有法，徒嚴不濟事。今帥千人，能使千人依時及節得飯喫，只如此者能有幾人？嘗謂軍中夜驚，亞夫堅卧不起。不起善矣，然猶夜驚，何也？亦是未盡善。○善兵者有二萬人未必死，彼雖十萬人，亦未必能勝二萬人。古者以少擊衆而取勝者多，蓋兵多亦不足恃。昔者袁紹以十萬阻官渡，而曹操只以萬卒取之。王莽百萬之衆，而光武昆陽之衆有八千，仍有在城中者，然則只是數千人取之。符堅下淮百萬，而謝玄纔二萬人，一麾而亂。以此觀之，兵衆則易老，適足以資敵人，一敗不支，則自相蹂踐。至如聞風聲鶴唳，皆以爲晉軍之至，則是自相殘也。譬之一人軀幹極大，一人輕捷，兩人相當，則擁腫者遲鈍，爲輕捷者出入左右之，則必困矣。○餽運之術，雖自古亦無不煩民、不動搖而足者。然於古則有兵車，其中載糗糧，百人破二十五人。然古者行兵在中國，又不遠敵，若是深入遠處，則決無省力。且如秦運海隅之粟以饋邊，率三十鍾而致一石，是二百倍以來。今日師行，一兵行，一夫饋，只可供七日，其餘日必俱乏食也。且計之，須三夫而助一兵，仍須十五日便回，一日不回，則一日乏食。以此校之，無善術。故兵也者，古人必不得已而後用者，知此耳。

龜山楊氏曰：自黄帝立丘，乘之法以寓軍政，歷世因之，未之有改也。至周爲尤詳，居則爲比閭、族黨、州鄉，出則爲伍兩軍師之制，使之相保相愛，刑罰慶賞相及，用一律也。天子無事，歲三田以供祭祀賓客，充君之庖而已。其事宜若緩而不切也，而王執路鼓親臨之，教以坐作進退，有不用命者，則刑戮隨之，其教習之嚴如此。故六鄉之兵出則無不勝，以其威令素行故也。丘井之廢久矣，兵農不可以復合，而伍兩軍師之制不可不講。無事之時，使之相保相愛，刑罰慶賞相及。用之於有事之際，則申之以卒伍之令，督之以旌旗指揮之節，臨難而不相救，見敵而不用命，必戮無赦，使士卒畏我而不畏敵，然後可用。若夫伍法不脩，雖有百萬之師，如養驕子，不可用也。《傳》曰：「秦之鋭士，不可當齊晉之節制；齊晉之節制，不可以當湯武之仁義。」某竊謂雖有仁義之兵，苟無節制，亦不可以取勝。《甘誓》曰：「左不攻于左，汝不恭命，右不攻于右，汝不恭命。弗用命則孥戮之。」《牧誓》曰：「不愆于六步、七步，乃止齊焉；不愆于四伐、五伐、六伐，乃止齊焉。」其節制之嚴蓋如此，故聖人著之於經，以爲後世法也。故諸葛孔明曰：「有制之兵，無能之將，不可以敗；無制之兵，有能之將，不可以勝。」此之謂也。○韓信用兵在楚漢之間，則爲善矣。方之五伯，自已不及，以無節制故也。如信之軍脩武，高祖即其卧内奪之印，易置諸將，信尚未知，此與棘門霸上之軍何異？但信用兵能以術驅人，使自爲戰，當時亦無有以節制之兵當之者，故信數得以取勝也。王者之兵未嘗以術勝人，然亦不可以計敗。後世惟諸葛亮、李靖爲知兵。如諸葛亮已死，司馬仲達觀其行營軍壘，不覺歎服；而李靖惟以正出奇。此爲得法制之意，而不務僥倖者也。古人未嘗不知兵，如《周官》之法，雖坐作進退之末，莫不有節。若平時不學，一旦緩急，何以應敵？如此，則學者於行師、御衆、戰陣、營壘之事，不可不講。○或問：今之爲將帥者，不必用狙詐固是。奈兵官武人之有智略者，莫非狙詐之流。若無狙詐，如何使人？曰：君子無所往而不以誠，但至誠惻怛，則人自感動。曰：至誠惻怛可也。然今之置帥，朝除暮易，若以至誠爲務，須是積久，上下相諳，其效方見，卒然施之，未必有補。曰：誠動於此，物應於彼，速於影響，豈必在久？如郭子儀守河陽，李光弼代之，一號令而金鼓旗幟爲之精明，此特其號令各有體耳。

華陽范氏曰：古之明王，天下有不順者，必諄諄而告教之，至于再，至于三。告之不可，然後征之，則其民知罪，而用兵有辭矣。

朱子曰：先王之制，内有六鄉六遂都鄙之兵，外有方伯連帥之兵。内外相維，緩急相制。○本强則精神折衝，不强則招殃致凶。○兵法以能分合爲變，不獨一陣之間有分合，天下之兵皆然。○兵之勝負全在勇怯。又曰：用兵之要，敵勢急，則自家當委曲以纏繞之；敵勢緩，則自家當勁直以衝突之。○厮殺無巧妙，只是死中求生。須兩軍相拄，一邊立得脚住不退即赢矣。須是死中求生，方勝也。○晝則聽金鼓，夜戰看火候。嘗疑夜間不解戰，蓋只是設火候，防備敵來刼寨之屬。古人屯營，其中盡如井形，於巷道十字處置火候。如有間諜，一處舉火，則盡舉，更走不得。○管仲内政士鄉十五，乃戰士也，所以教之孝悌忠信，尊君親上之義。夫子曰：「以不教民戰，是謂棄之。」故雖伯者之道，亦必如此。○五代時兵甚驕矣。周世宗高平一戰既敗，却忽然誅不用命者七十餘人，三軍大振，遂復合戰而克之。凡事都要人有志。○或言：古人之兵，當如子弟之衛父兄；而孫吴之徒，必曰與士卒同甘苦而後可。是子弟必待父兄施恩而後報也。曰：巡而拊之，三軍之士皆如挾纊，此意也少不得。○陣者，定也。八陣圖中有奇正，前面雖未整，猝然遇敵，次列便已成正軍矣。○或問：《史記》所書高祖垓下之戰，季通以爲正合八陣之法。曰：此亦後人好奇之論。大凡有兵須有陣，不成有許多兵馬相戰鬭，只衮作一團。又只排作一行，必須左右前後，部伍行陣，各有條理方得。今且以數人相撲言之，亦須擺布得所而後相角。今人但見《史記》所書甚詳，《漢書》則略之，便以司馬遷爲曉兵法，班固爲不曉，此皆好奇之論。不知班固以爲行陣乃用兵之常，故略之，從省文爾。看古來許多陣法，遇征戰亦未必用得。所以張巡用兵，未嘗倣古兵法，不過使兵識將意，將識士情，蓋未論臨機應變，方略不同。只如地圓則須布圓陣，地方則須布方陣，亦豈容概論也？又曰：常見老將說，大要臨陣，又在番休遞上，分一軍爲數替。將戰，則食第一替人，既飽遣之入陣，便食第二替人。覺第一替人力將困，即調發第二替人往代，第三替人亦如之。只管如此更番，則士常飽健而不至困乏。○問：選擇將帥之術。曰：當無事之時，欲識得將，須是具大眼力，如蕭何識韓信方得。

南軒張氏曰：君子於天下之事，無所不當究。况於兵者，世之興廢，生民之大本存焉，其可忽而不講哉？夫兵政之本在於仁義，其爲教根乎三綱，然至於法度紀律，機謀權變，其條不可紊，其端爲無窮，非素考索，烏能極其用？一有所未極，則於酬酢之際，其失將有間不容髮者，可不畏哉！

東萊吕氏曰：後世用兵者，以爲《黄石》一書無與比者。不知黄石公未出之前，三代之兵一舉而無敵於天下，兵書何在？黄石公有一秘法在人間，人自不識。三代之得天下，亦不過此道，唯仁一字爾。

西山真氏曰：古之用武者，不急於治兵，而急於擇將。將之勇怯，兵實係焉。故天下無必勝之兵，而有不可敗之將。昔人未嘗不用民兵也，然既募之後，則有紀律焉，馬燧之練戍精卒是也。方募之始，則有差擇焉，馬隆之立標揀試是也。

鶴山魏氏曰：余少讀書，於十三卦制作之象，見所謂「門柝以待暴客，弧矢以威天下」，每嘆風氣既開，人情易動，雖黄帝、堯、舜有不容不先事而爲慮者。及觀古制之詳，莫備於周。有井牧之田，有伍兩之兵，有溝樹之固，有郊關之限，有巡鼜之警，有壺欜之守。不得已而用民也，則鄉遂、三邑、三等、采地以次召發。不止，則諸侯。又不止也，則有遍境出之法。乃知古人雖以禮義廉恥爲域民固國之道，然未嘗不設險用師以輔之也。

論刑

龜山楊氏曰：文帝之去肉刑，其用志固善也。夫紂作炮烙之刑，其甚至於刳剔孕婦，則雖秦之用刑不慘於是矣，而商之頑民亦非素教，不聞周繼之而廢肉刑也，豈武王、周公皆忍人哉？若文帝之承秦，蓋亦務爲厚養而素教之耳，不思所以教養之而去肉刑，是亦圖其末也。則王通謂其傷於義，恐未爲過論。及夫廢之已久，而崔鄭之徒乃驟議復之，則其不知本末也甚矣！○或曰：特旨乃人君威福之權，不可無也。曰：不然。古者用刑，王三宥之。若案法定罪而不敢赦，則在有司。夫惟有司守法而不移，故人主得以養其仁心。今也法不應誅，而人主必以特旨誅之，是有司之法不必守，而使人主失仁心矣。○因論特旨曰：此非先王之道，先王只是好生，故《書》曰：「好生之德，洽于民心。」爲天子豈應以殺人爲己任？孟子曰：「國人皆曰可殺，然後殺之，故曰國人殺之也。」謂國人殺之，則殺之者非一人之私意，不得已也。古者司寇以獄之成告于王，王命三公參聽之，三公以獄之成告于王，王三宥然後致刑。夫宥之者，天子之德；而刑之者，有司之公。天子以好生爲德，有司以執法爲公，則刑不濫矣。若罪不當刑，而天子必刑之，寧免於濫乎！然此事其漸有因，非獨人主之過，使法官得其人，則此弊可去矣。舜爲天子，若瞽瞍殺人，皋陶得而執之，舜猶不能禁也。且法者天下之公，豈宜徇一人之意？嘗怪張釋之論渭橋犯蹕事，謂宜罰金，文帝怒，釋之對曰：「法者，天子所與天下公共也。今法如是更重之，是法不信於民也。」此説甚好。然而曰「方其時，上使人誅之則已」，以謂爲後世人主開殺人之端者，必此言也。夫既曰「法，天子與天下公共」，則得罪者，天子必付之有司，安得擅殺？使當時可使人誅之，今雖下廷尉，越法而誅之，亦可也。

五峰胡氏曰：生刑輕則易犯，是教民以無恥也。死刑重則難悔，是絶民自新之路也。死刑生刑輕重不相懸，然後民知所避，而風化可興矣。

豫章羅氏曰：朝廷立法不可不嚴，有司行法不可不恕。不嚴則不足以禁天下之惡，不恕則不足以通天下之情。漢之張釋之，唐之徐有功，以恕求情者也。常衮一切用法，四方奏請莫有獲者，彼庸人哉！天下後世典獄之官，當以有功爲法，以衮爲戒。

朱子曰：昔者帝舜以百姓不親，五品不遜，而使契爲司徒之官，教以人倫，父子有親，君臣有義，夫婦有別，長幼有序，朋友有信。又慮其教之或不從也，則命皋陶作士，明五刑以弼五教，而期于無刑焉。蓋三綱五常，天理民彝之大節，而治道之本根也。故聖人之治，爲之教以明之，爲之刑以弼之。雖其所施或先或後，或緩或急，而其丁寧深切之意，未嘗不在乎此也。乃若三代王者之制，則亦有之，曰：「凡聽五刑之訟，必原父子之親，立君臣之義以權之。」蓋必如此，然後輕重之序可得而論，淺深之量可得而測。而所以悉其聰明、致其忠愛者，亦始得其所施而不悖。此先王之義刑義殺，所以雖或傷民之肌膚、殘民之軀命，然刑一人，而天下之人聳然不敢肆意於爲惡，則是乃所以正直輔翼，而若其有常之性也。後世之論刑者，不知出此。其陷於申商之刻薄者，既無足論矣。至於鄙儒姑息之論，異端報應之説，俗吏便文自營之計，則又一以輕刑爲事。然刑愈輕而愈不足以厚民之俗，往往反以長其悖逆作亂之心，而使獄訟之愈繁，則不講乎先王之法之過也。○以舜命皋陶之辭考之，士官所掌，惟象流二法而已。鞭扑以下，官府學校隨事施行，不領於士官，事之宜也。其曰「惟明克允」，則或刑或宥，亦惟其當而無以加矣，又豈一於宥而無刑哉？今必曰堯舜之世有宥而無刑，則是殺人者不死，而傷人者不刑也，是聖人之心不忍於元惡大憝，而反忍於銜冤抱痛之良民也，是所謂怙終賊刑，刑故無小者，皆爲空言以誤後世也。其必不然也亦明矣。夫刑雖非先王所恃以爲治，然以刑弼教，禁民爲非，則所謂傷肌膚以懲惡者，亦既竭心思而繼之以不忍人之政之一端也。今徒流之法，既不足以止穿窬淫放之姦，而其過於重者，則又有不當死而死。如强暴贓滿之類者，苟采陳群之議，一以宫剕之辟當之，則雖殘其支體，而實全其軀命，且絶其爲亂之本，而使後無以肆焉，豈不仰合先王之意，而下適當世之宜哉？況君子得志而有爲，則養之之具，教之之術，亦必隨力之所至而汲汲焉。固不應因循苟且，直以不養不教爲當然，而熟視其争奪相殺於前也。○獄事，人命所繫，尤當盡心。近世流俗惑於陰德之論，多以縱出有罪爲能，而不思善良之無告，此最弊事，不可不戒。然哀矜勿喜之心，則不可無也。○今人説輕刑者，只見所犯之人爲可憫，而不知被傷之人尤可念也。如刼盜殺人者，人多爲之求生，殊不念死者之爲無辜，是知爲盜賊計，而不爲良民計也。❶若如飢荒竊盜之類，猶可以情原其輕重大小而處之。○今人獄事，只管理會要從厚，不知不問是非善惡，只務從厚，豈不長姦惠惡？大凡事付之無心，因其所犯，考其實情輕重厚薄，付之當然可也。若從薄者固不是，只云我只要從厚，則此病所係亦不輕。○今之法家惑於罪福報應之説，多喜出人罪，以求福報。夫使無罪者不得直，而有罪者得倖免，是乃所以爲惡爾，何福報之有？《書》曰：「欽哉，欽哉！惟刑之恤哉！」所謂欽恤者，欲其詳審曲直，令

❶「計」，原作「地」，今據四庫本改。

有罪者不得免，而無罪者不得濫刑也。今之法官惑於欽恤之説，以爲當寬人之罪而出其死。故凡罪之當殺者，必多爲可出之塗，以俟奏裁，則率多減等。當斬者配，當配者徒，當徒者杖，當杖者笞，是乃賣弄條貫，舞法而受賕者耳，何欽恤之有？罪之疑者從輕，功之疑者從重。所謂疑者，非法令之所能決，則罪從輕而功從重。惟此一條爲然耳，非謂凡罪皆可以從輕，而凡功皆可以從重也。

南軒張氏曰：治獄所以多不得其平者，蓋有數説。吏與利爲市固所不論，而或矜知巧以爲聰明，持姑息以惠姦慝，上則視大官之趨向而重輕其手，下則惑胥吏之浮言而二三其心，不盡其情而一以威怵之，不原其初而一以法繩之，如是而不得其平者抑多矣。無是數者之患，郵罰麗於事，而深存哀矜勿喜之意，其庶矣乎。在上者又當端其一心，勿以喜怒好惡一毫先之，聽獄之成而審度其中，隱於吾心。竭忠愛之誠，明教化之端，以期無訟爲本，則非惟可以臻政平訟理之效，而收輯人心，感召和氣，其於邦本所助，豈淺也哉？

象山陸氏曰：獄訟惟得情爲難。唐虞之朝，惟臯陶見道甚明，群聖所宗，舜乃使之爲士。《周書》亦曰「司寇蘇公式敬爾由獄」。《賁·象》亦曰「君子以明庶政，無敢折獄」。賁乃山下有火，火爲至明，然猶言無敢折獄，此事正是學者用工處。噬嗑，離在上則曰「利用獄」。豐，離在下則曰「折獄致刑」。蓋貴其明也。○夫五刑五用，古人豈樂施此於人哉？天討有罪，不得不然耳。是故大舜有四裔之罰，孔子有兩觀之誅。善觀大舜、孔子寬仁之實者，於四裔兩觀之間而見之矣。近時之言寬仁者，則異於是。蓋不究夫寬仁之實，而徒欲爲容姦庾慝之地，殆所謂以不禁姦邪爲寬大，縱釋有罪爲不苛者也。罪疑惟輕，罪而有疑固宜惟輕，與其殺不辜，寧失不經，謂罪疑者也。使其不輕甚明而無疑，則天討所不容釋，豈可失也？宥過無大，刑故無小，使在趨走使令之間，簿書期會之際，偶有過誤，宥之可也。若其貪黷姦宄，出於其心，而至於傷民蠹國，則何以宥爲？於其所不可失而失之，於其所不可宥而宥之，則爲傷善，爲長惡，爲悖理，爲不順天，殆非先王之政也。

夷　狄

或問：蠻狄猾夏，處之若何而後宜？

程子曰：諸侯方伯明大義以攘却之，義也。其餘列國，謹固封疆可也。若與之和好，以苟免侵暴，則亂華之道也。是故《春秋》謹華夷之辨。

元城劉氏曰：中國與夷狄爲鄰，正如富人與貧人鄰居，待之以禮，結之以恩，高其牆垣，威以刑法。待之以禮，則國家每有使命往來，有立定條貫禮數束縛之也。結之以恩，則歲時嘗以遺餘之物厭飽之也。高其牆垣，則平日講和而不失邊備也。威以刑法，待其先犯邊，然後當用兵也。

龜山楊氏曰：邊事之興，多出於饕功幸利之人，黷武玩寇，不以朝廷大計爲念，視生靈荼毒若非己事，恬不以爲戚。夫蠻獠猖獗，自古然也。緩之則豺噬豨勇，干紀而不受命；急之則鳥驚魚散，依險以自匿。蓋其常態也。不務撫馴之使恩威兩行，乃欲幸其有事草薙而獸獮之，以求有功。一有失律，則敗衄不支，上貽朝廷憂，此邊吏之大弊也。○觀戰國用兵，中原之戰也。若今之用兵，禦夷狄耳。力可以戰則戰，勢利於守則守，來則拒之，去則勿追，則邊鄙自然無事。蓋夷狄之戰與中原之戰異，夷狄難與較曲直是非，惟恃力耳，但以禽獸待之可也。以禽獸待之，如前所爲是矣。

五峰胡氏曰：中原無中原之道，然後夷狄入中原也。中原復行中原之道，則夷狄歸其地矣。○制井田，所以制國也。制侯國，所以制王畿也。王畿安彊，萬國親附，所以保衛中夏，禁禦四夷也。先王建萬國，親諸侯，高城深池徧天下，四夷雖虎猛狼貪，安得肆其欲而逞其志乎？此三王爲萬世慮，禦四夷之上策也。王公設險以守其國，孔子之所以書於習坎之《象》也。城郭溝池以爲固，孔子之所以答言偃之問也。

朱子曰：益之戒舜曰：「儆戒無虞，罔失法度，罔遊于逸，罔淫于樂，任賢勿貳，去邪勿疑。」而終之曰：「無怠無荒，四夷來王。」周之文武亦以《天保》以上治内，《采薇》以下治外，始於憂勤，終於逸樂。其後中微，《小雅》盡廢，四夷交侵，中國衰削。宣王承之，側身脩行，任賢使能，内脩政事，外攘夷狄，而周道粲然復興。某嘗以是觀之，然後知古先聖王所以制御夷狄之道，其本不在乎威彊而在乎德業，其備不在乎邊境而在乎朝廷，其具不在乎兵食而在乎紀綱，蓋決然矣。

西山真氏曰：爲國者當示人以難犯之意，不可示人以易窺之形。昔春秋時，晉師入齊，齊使國佐求盟于晉，其勢亟矣。一聞「齊之封内盡東其畝」之言，雖僨軍之餘，不肯苟從，以紓一旦之禍。蓋敵國之相與，有以折其謀，則爲和也易；有以啓其嫚，則爲和也難。況戎狄豺狼，變詐百出，又非可以中國常理待之乎。○中國有道，夷狄雖盛不足憂；内治未脩，夷狄雖微有足畏。蓋昔者五胡之紛擾，與單于争立之事同，而拓拔氏之東西，與匈奴之分南北，亦無以異。然宣帝因呼韓之朝，而益彊其國。劉石、苻姚之變，晉迄不能以成寸功。光武因南單于之歸，拓地千里。而侯景内附，適以兆蕭梁之釁。所遇略同，而成敗以異者，豈固有幸不幸哉？蓋光武之政脩，而晉、梁之政失也。

魯齋許氏曰：天下事常是兩件相勝負，從古至今如此，大抵只是陰陽剛柔相勝。前人謂如兩人角力相抵，彼勝則此負，此勝則彼負。但勝者不能止於其分，必過其分然後止。負者必極甚，然後復。各不得其分，所以相報復到今不已。如中國與夷狄，中國勝，窮兵四達，臣伏戎夷；夷狄勝，必潰裂中原，極其慘酷。如此報復，何時能已？三代盛時，分别中夏夷狄，君子小人，各安其分，所以大治，後世不及也。且如周成康、漢文景世，所謂大治者，然土宇廣狹可見。彼四君者，未嘗事遠略也。治吾所當治者而已，不取其勝夷狄也，故亦不至爲夷狄所敗。

性理大全書卷之六十九

性理大全書卷之七十

詩

古選

乾坤吟

邵子

用九見群龍，首能出庶物。用六利永貞，因乾以爲利。四象以九成，遂爲三十六。四象以六成，遂成二十四。如何九與六，能盡人間事？

皇極經世一元吟

天地如蓋軫，覆載何高極。日月如磨蟻，往來無休息。上下之歲年，其數難窺測。且以一元言，其理尚可識。一十有二萬，九千餘六百。中間三千年，迄今之陳迹。治亂與廢興，著見于方策。吾能一貫之，皆如身所歷。

觀物詩

地以静而方，天以動而圓。既正方圓體，還明動静權。静久必成潤，動極遂成然。潤則水體具，然則火用全。水體以器受，火用以薪傳。體在天地後，用起天地先。熊氏剛大曰：此用字，妙用之用，如所謂「冲漠無朕，萬象森然已具」也。○此篇論陰陽動静之理。

偶得吟

日爲萬象精，人爲萬物靈。萬象與萬物，由天然後生。言由人而信，月由日而明。由人與由日，何嘗不太平。

心安吟

心安身自安，身安室自寬。心與身俱安，何事能相干。誰謂一身小，其安若泰山。誰謂一室小，寬如天地間。

答人書意

仲尼言正性，子輿言踐形。二者能自得，殆不爲虚生。所交若以道，所感若以誠。雖三軍在前，而莫得之凌。

此日不再得示學者

龜山楊氏

此日不再得，頽波注扶桑。熊氏剛大曰：此言光陰之易過也。躩躩黄小群，唐《食貨志》云：人始生爲黄，四歲爲小。毛髪忽已蒼。願言媚學子，共惜此日光。術業貴及時，勉之在青陽。行矣慎所之，戒哉畏迷方。舜跖善利間，所差亦毫芒。富貴如浮雲，苟得非所臧。貧賤豈吾羞，逐物乃自戕。胼胝奏艱食，一瓢甘糟糠。所逢義適然，未殊行與藏。熊氏剛大曰：道行則爲禹，不行則爲顔，所異者時，不異者理。斯人已云没，簡編有遺芳。晞顔亦顔徒，要在用心剛。譬猶千里馬，駕言勿彷徨。驅馬日云遠，誰謂阻且長。末流學多岐，倚門誦韓莊。出入四寸間，雕鐫事辭章。學成欲何用，奔趨利名場。挾策博簺遊，異趣均亡羊。熊氏剛大曰：挾簡策以讀書，志在圖名之人，與博奕爲事以圖利之人，其志趣雖不同，均爲失其所守。言臧、穀二人牧羊，臧貪書，穀貪博，俱亡其羊。我懶心意衰，撫事多遺忘。念子方妙齡，壯圖宜自强。至寶在高深，不憚勤梯航。熊氏剛大曰：天理高深，須强力以求之也。芒芒定何求，所得安能常。萬物備吾身，求得舍即亡。雞犬猶知尋，自棄良可傷。欲爲君子儒，勿謂予言狂。熊氏剛大曰：此篇論爲學當在少年，能擇向方。

送元晦　南軒張氏

君侯起南服，豪氣蓋九州。頃登文石陛，忠言動宸旒。坐令聲利場，縮頸仍包羞。却來卧衡門，無愧知日休。❶盡收湖海氣，仰希洙泗游。不遠關山阻，爲我再月留。遺經得紬繹，心事兩綢繆。超然會太極，眼底無全牛。惟兹斷金友，出處寧殊謀。南山對床語，匪爲林壑幽。白雲正在望，歸袂風颼颼。朝來出別語，已抱離索憂。妙質貴强矯，精微更窮搜。毫釐有不察，體用豈周流。驅車萬里道，中途可停輈。勉哉共無斁，邈矣追前修。熊氏剛大曰：此篇述朋友相得之情。

感興二十首　朱子

昆侖大無外，旁礴下深廣。陰陽無停機，寒暑互來往。皇羲古聖神，妙契一俯

❶「知」，原作「自」，今據四庫本改。

仰。不待窺馬圖，人文已宣朗。渾然一理貫，昭晰非象罔。珍重無極翁，爲我重指掌。熊氏剛大曰：此篇論天地陰陽寒暑運行之氣，有理融貫其間以爲之主。

吾觀陰陽化，升降八紘中。前瞻既無始，後際那有終。至理諒斯存，萬世與今同。誰言混沌死，幻語驚盲聾。熊氏剛大曰：此篇論陰陽一太極。

人心妙不測，出入乘氣機。凝冰亦焦火，淵淪復天飛。至人秉元化，動靜體無違。珠藏澤自媚，玉韞山含輝。神光燭九垓，玄思徹萬微。塵編今寥落，歎息將安歸。熊氏剛大曰：此篇論人心出入之機。

靜觀靈臺妙，萬化從此出。云胡自蕪穢，反受衆形役。厚味分朵頤，熊氏剛大曰：朵，垂貌。頤，口旁也。言欲食。妍姿坐傾國。崩奔不自悟，馳騖靡終畢。君看穆天子，萬里窮轍迹。不有祈招詩，徐方御宸極。熊氏剛大曰：此篇論人心陷溺之過。所舉穆天子之事，特借此以喻人心之馳騖流蕩。若不知止，則心失主宰，而物欲反據而爲之主矣。此六經之比也。

涇舟膠楚澤，熊氏剛大曰：此言周室衰替之由。蓋自昭王無道，南游於楚濟漢，船人惡之，即涇水之舟膠合以進，至中流而膠液，遂沉没於楚江焉。周綱已陵夷。況復王風降，故宮黍離離。玄聖作春秋，哀傷實在兹。祥麟一以踣，反袂空漣洏。漂淪又百年，僭侯荷爵珪。王章久矣喪，何復嗟嘆爲。馬公述孔業，託始有餘悲。拳拳信忠厚，無乃迷先機。❶熊氏剛大曰：此篇論周室君臣之失。

東京失其御，刑臣弄天綱。西園植姦穢，五族沉忠良。青青千里草，乘時起陸梁。當塗轉凶悖，炎精遂無光。桓桓左將

❶「機」，原作「幾」，今據重修本改。

軍，仗鉞西南疆。伏龍一奮躍，鳳雛亦飛翔。祀漢配彼天，出師驚四方。天意竟莫回，王圖不偏昌。晉史自帝魏，後賢盍更張。世無魯連子，千載徒悲傷。熊氏剛大曰：此篇論漢室君臣之失，秉史筆者不能黜魏而尊蜀。

晉陽啓唐祚，王明紹巢封。垂統已如此，繼體宜昏風。麀聚瀆天倫，牝晨司禍凶。乾綱一以墜，天樞復崇崇。淫毒穢宸極，虐焰燔蒼穹。向非狄張徒，誰辨取日功。云何歐陽子，秉筆迷至公。唐經亂周紀，凡例孰此容。侃侃范太史，受説伊川翁。春秋二三策，萬古開群蒙。熊氏剛大曰：此篇論唐室君臣之失，秉史筆者不能黜武后而尊唐。

朱光遍炎宇，微陰眇重淵。寒威閉九野，陽德昭窮泉。文明昧謹獨，昏迷有開先。幾微諒難忽，善端本綿綿。掩身事齋戒，及此防未然。閉關息商旅，絶彼柔道牽。熊氏剛大曰：此篇論姤乃陰之始，復乃陽之始。

微月墜西嶺，爛然衆星光。明河斜未落，斗柄低復昂。感此南北極，樞軸遥相當。太一有常居，仰瞻獨煌煌。中天照萬國，三辰環侍旁。人心要如此，寂感無邊方。熊氏剛大曰：此篇論天之北極，則人心之太極。

放勳始欽明，南面亦恭己。大哉精一傳，萬世立人紀。猗歟嘆日躋，穆穆歌敬止。戒獒光武烈，待旦起周禮。恭惟千載心，秋月照寒水。魯叟何常師，删述存聖軌。熊氏剛大曰：此篇言堯、舜、禹、湯、文、武、周公傳心之法在乎敬。

吾聞庖羲氏，爰初闢乾坤。乾行配天德，坤布協地文。仰觀玄渾周，一息萬里奔。俯察方儀静，隤然千古存。悟彼立象意，契此入德門。勤行當不息，敬守思彌敦。熊氏剛大曰：此篇論《易》首乾坤，庖羲畫此以示後世，君子當體乾坤以進德。

大《易》圖象隱，《詩》、《書》簡編訛。《禮》、《樂》刓交喪，《春秋》魚魯多。瑶琴空寶匣，絃絶將如何。興言理餘韻，龍門有遺歌。熊氏剛大曰：此篇論六經散失已久，千載之下，惟有程伊川能繼孔子六經之絶學。

顔生躬四勿，曾子日三省。《中庸》首謹獨，衣錦思尚絅。偉哉鄒孟氏，雄辨極馳騁。操存一言要，爲爾挈裘領。丹青著明訓，今古垂焕炳。何事千載餘，無人踐斯境。熊氏剛大曰：此篇論顔、曾、思、孟傳孔子之道，亦惟能潛其心，又重嘆後人之不能。

元亨播群品，利貞固靈根。非誠諒無有，五性實斯存。世人逞私見，鑿智道彌昏。未若林居子，幽探萬化原。熊氏剛大曰：此篇言異端詞章之學害道妨教，故先發此以明吾道之本原也。

飄飄學仙侣，遺世在雲間。盜啓玄命祕，竊當生死關。金鼎蟠龍虎，三年養神丹。刀圭一入口，白日生羽翰。我欲往從之，脱屣諒非難。但恐逆天理，偷生詎能安。熊氏剛大曰：此篇論仙學之失。

西方論緣業，卑卑喻群愚。流傳世代久，梯接凌空虚。顧瞻指心性，名言超有無。捷徑一以開，靡然世争趨。號空不踐實，躓彼荆榛塗。誰哉繼三聖，爲我焚其書。熊氏剛大曰：此篇論佛學之非。

聖人司教化，黌序育群材。因心有明訓，善端得深培。天序既昭陳，人文亦褰開。云何百代下，學絶教養乖。群居競葩藻，争先冠倫魁。淳風久淪喪，擾擾胡爲哉。熊氏剛大曰：此篇論大學之教。蓋道者文之本，文者道之末。古人當於本者加意，故設學教育，惟以天理人倫爲重。文藝之間，特餘力游意云耳。後世於末者用工，故設學教育，惟以文詞葩藻爲尚，天理人倫曾不講明，此朱子所以深嘆也。

童蒙貴養正，遜弟乃其方。雞鳴咸盥櫛，問訊謹暄涼。奉水勤播灑，擁篲周室堂。進趨極虔恭，退息常端莊。劬書劇嗜炙，見惡逾探湯。庸言戒麤誕，時行必安詳。聖途雖云遠，發軔且勿忙。十五志于學，及時起高翔。熊氏剛大曰：此篇論小學之教。

哀哉牛山木，斧斤日相尋。豈無萌蘖生，牛羊復來侵。恭惟皇上帝，降此仁義心。物慾互攻奪，孤根孰能任。反躬艮其背，肅容正冠襟。保養方自此，何年秀穹林。熊氏剛大曰：此篇借牛山之木形容仁義之心所當保養。

玄天幽且默，仲尼欲無言。動植各生遂，德容自清溫。彼哉夸毗子，呫囁徒啾喧。但騁言辭好，豈知神鑑昏。曰予昧前訓，坐此枝葉繁。發憤永刊落，奇功收一原。熊氏剛大曰：此篇論天道不言，聖人無言，後世多言之弊。

酬南軒

昔我抱冰炭，從君識乾坤。始知太極蘊，要眇難名論。謂有寧有跡，謂無復何存。惟應酬酢處，特達見本根。萬化自此流，千聖同茲源。曠然遠莫禦，惕若初不煩。云何學力微，未勝物慾昏。涓涓始欲達，已被黃流吞。豈知一寸膠，救此千丈渾。勉哉共無斁，此語期相敦。熊氏剛大曰：此篇論太極之理，萬化自出。

觀物二首

魯齋許氏

物産天地間，精粗據兩偏。兩偏互倚

伏，一氣常周旋。善善不可緩，安安貴能遷。人生喻此意，自當心乾乾。

事物形雖同，中間勢各異。推遷無寧期，倏忽幾易位。智者識幾微，安焉處平易。人生貴無私，莫使聞見累。

律

復卦詩　邵子

冬至子之半，天心無改移。一陽方動處，萬物未生時。玄酒味方淡，大音聲正希。此言如不信，更請問庖犧。熊氏剛大曰：此篇論陰剝於坤，陽萌於復，坤復中間爲無極，天之心尚未變動。

天道吟

天道不難知，人情未易窺。雖聞言語處，更看作爲時。隱几功夫大，揮戈事業卑。春秋賴乘興，出用小車兒。

爲善吟

人之爲善事，善事義當爲。金石猶能動，鬼神其可欺。事須安義命，言必道肝脾。莫問身之外，人知與不知。

閑吟

忽忽閑拈筆，時時樂性靈。何嘗無對景，未始便忘情。句會飄然得，詩因偶爾成。天機難狀處，一點自分明。

觀物

萬物備吾身，身貧道未貧。觀時見物理，主敬得天真。心爽星辰夜，情忻草木春。自憐斲喪後，能作太平人。

仁術

在昔賢君子，存心每欲仁。求端從有術，及物豈無因。惻隱來何自，虛明覺處真。擴充從此念，福澤遍斯民。入井倉皇際，牽牛觳觫辰。向來看楚越，今日備吾身。

聞善決江河

大舜深山日，靈襟保太和。一言分善利，萬里決江河。可欲非由外，惟聰不在他。勇如争赴壑，進豈待盈科。學海功難並，防川患益多。何人親祖述，耳順肯同波。

秋日

程子

閑來無事不從容，睡覺東窗日已紅。萬物静觀皆自得，四時佳興與人同。道通天地有形外，思入風雲變態中。富貴不淫貧賤樂，男兒到此是豪雄。熊氏剛大曰：此篇形容心體曠大，超乎天地萬物之上，外物不足爲累。

和堯夫打乖吟

打乖非是要安身，道大方能混世塵。陋巷一生顏氏樂，清風千古伯夷貧。客求墨妙多攜卷，天爲詩豪剩借春。儘把笑談親俗子，德言猶足畏鄉人。熊氏剛大曰：此篇形容堯夫居貧樂道，雖混處塵俗，而至德之容自使人畏。

和堯夫首尾吟

先生非是愛吟詩，爲要形容至樂時。醉裏乾坤都寓物，閑來風月更輸誰。死生有命人何與，消長隨時我不悲。直到希夷無事處，先生非是愛吟詩。

龍門道中

邵子

物理人情自可明，何嘗慼慼向平生。卷舒在我有成算，用舍隨時無定名。滿目雲山俱是樂，一毫榮辱不須驚。侯門見説深如海，三十年前掉臂行。熊氏剛大曰：此篇言觀物達理，泰然自處，是非榮辱不足爲吾累。

天意

天意無他只自然，自然之外更無天。不欺誰怕居暗室，絶利須求在一源。未喫力時猶有説，到收功處更何言。此乃無聲無臭底意。聖人能事人難繼，無價明珠止在淵。熊氏剛大曰：此篇言天道自然，人當絶利慾之心，以求造聖人之極致。

極論

下有黃泉上有天，人人許住百來年。還知虛過死萬遍，却似不曾生一般。要識明珠須巨海，如求良玉必名山。熊氏剛大曰：此言欲求衆理，當求之此心。先能了盡世間事，熊氏剛大曰：此即三綱五常、四端萬善也。然後方言出世間。熊氏剛大曰：此篇言人生天地間，只有百年，必須反己以求至貴，而爲出人之事。

觀易

一物其來有一身，一身還有一乾坤。能知萬物備於我，肯把三才別立根。天向一中分造化，熊氏剛大曰：一即太極。人於心上起經綸。熊氏剛大曰：一與心，即上文所謂立根也。天人焉有兩般義，道不虛行只在人。熊氏剛大曰：此篇言天以一爲太極，人以心爲太極，天人之理則一，當充而廣之。

觀物

耳目聰明男子身，洪鈞賦予不爲貧。須探月窟方知物，未躡天根豈識人。乾遇巽時爲月窟，地逢雷處見天根。天根月窟閑來往，三十六宮都是春。熊氏剛大曰：三十六宮，乾一兑二，則三宮也。離三震四，合三與四則爲七。則以三乘七，十宮也。巽五坎六，合五與六爲十一。以十乘十一，則二十一宮也。艮七坤八，合七與八則十五。以二十一乘十五，則三十六宮也。○三十六宮，此就先天八卦圖看。以八卦圓圖言之，乾三畫，坤六畫，則數九也。震坎艮各五畫，則數十五也。巽離兑各四畫，則數十二也。合之爲三十六。此篇言姤復陰陽及八卦之數。

首尾吟三首

堯夫非是愛吟詩，詩是堯夫可愛時。寶鑑造形難隱髮，鸞刀迎刃豈容絲。風埃若不來侵路，塵土何由上得衣。欲論誠明是難事，堯夫非是愛吟詩。熊氏剛大曰：此篇借物形容本體清明，纖毫人慾不能惑。

堯夫非是愛吟詩，詩是堯夫不强時。事到强爲須涉迹，人能知止是先機。面前自有好田地，天下豈無平路岐。省力事多人不做，堯夫非是愛吟詩。熊氏剛大曰：此篇言凡事不可强爲，當知所止，況吾身自有寬平田地，天下亦有平坦路岐，正不消如此。

堯夫非是愛吟詩，詩是堯夫喜老時。明著衣冠爲士子，高談仁義作男兒。敢於世上明開眼，肯向人間浪皺眉。六十七年無事客，堯夫非是愛吟詩。熊氏剛大曰：此篇言其平生脩身窮理，所見高，所處泰，不爲物慾昏撓。

先天吟示邢和叔

一片先天號太虛，當其無事見真腴。胸中美物肯自衒，天下英才敢厚誣。理順是言皆可放，義安何地不能居。直從宇泰收功後，始信人間有丈夫。

仁者吟

仁者難逢思有常，平居慎勿恃無傷。争先徑路機關惡，近後語言滋味長。爽口物多須作疾，快心事過必爲殃。與其病後能求藥，不若病前能自防。

安樂窩中自貽

物如善得終爲美，事到巧圖安有公。不作風波於世上，自無冰炭到胸中。災殃秋葉霜前墜，富貴春花雨後紅。造化分明人莫會，枯榮消得幾何功。

次卜掌書落成白鹿佳句　朱　子

重營舊館喜初成，要共群賢聽《鹿鳴》。三爵何妨奠蘋藻，一編詎敢議明誠。深源定自閑中得，妙用元從樂處生。莫問無窮菴外事，此心聊與此山盟。

白鹿講會次卜丈韻

宫牆蕪没幾經年，秪有寒煙鎖澗泉。結屋幸容追舊觀，題名未許續遺編。青雲白石聊同趣，霽月光風更別傳。珍重箇中無限樂，諸郎莫苦羨騰騫。

蒼蒼吟寄答曹州李審言龍圖　邵　子

一般顔色正蒼蒼，今古人曾望斷腸。日往月來無以異，陽舒陰慘不相妨。迅雷震後山川裂，甘露零時草木香。幽暗巖崖生鬼魅，清平郊野見鸞凰。千花爛爲三春雨，萬木凋因一夜霜。此意分明難理會，直須賢者入消詳。

絶　句

書春陵門扉　周　子

有風還自掩，無事晝常關。開闔從方便，乾坤在此間。

月到梧桐上吟　邵　子

月到梧桐上，風來楊柳邊。院深人復静，此景共誰言。熊氏剛大曰：此篇借物形容聖人清温之德。蓋月到梧桐，天光瑩也。風來楊柳，天氣温也。必聖人德性昭融，方足語此。故末復云此景共誰言，厥有旨哉。

清夜吟

月到天心處，風來水面時。一般清意味，料得少人知。熊氏剛大曰：此篇借物形容聖人本體清明，人慾浄盡。蓋月到天心，則雲翳盡掃。風來水面，則波濤不興。此正人慾浄盡，天理流行時也。

安分吟

安分身無辱，知幾心自閑。雖居人世上，却是出人間。熊氏剛大曰：此篇論安分知幾，乃是出人之事。

天聽吟

天聽寂無音，蒼蒼何處尋。非高亦非

遠，都只在人心。熊氏剛大曰：此篇論上天之道，只是人心之理。

感事吟

芝蘭種不榮，荆棘剪不去。二者無奈何，徘徊歲將暮。熊氏剛大曰：此篇言善根難培，惡習難克，因循荏苒，老將至矣。堯夫詠此，以警後學也。

至靈吟

至靈之謂人，至貴之謂君。明則有日月，幽則有鬼神。

人鬼吟

既不能事人，又焉能事鬼。人鬼雖不同，其理何嘗異。

仁聖吟

盡道之謂聖，如天之謂仁。如何仁與聖，天下莫敢倫。

心耳吟

意亦心所至，言須耳所聞。誰云天地外，別有好乾坤。

偶成　程子

雲淡風輕近午天，熊氏剛大曰：此正陽明勝、陰濁消之時也。傍花隨柳過前川。熊氏剛大曰：取其生意春融與己一也。時人不識予心樂，將謂偷閑學少年。熊氏剛大曰：此篇借物形容陽勝陰消，生意春融。

謝王佺寄丹

至誠通聖藥通靈，遠寄衰翁濟病身。我亦有丹君信否，熊氏剛大曰：此指儒道言也。用時還解壽斯民。熊氏剛大曰：此篇言丹藥之丹，不如吾道之丹能壽一世。

酬韓資政湖上獨酌見贈

對花酌酒公能樂，飯糗羹藜我自貧。若語至誠無内外，却因分別更迷真。

恍惚吟　邵子

恍惚陰陽初變化，絪緼天地乍迴旋。中間些子好光景，安得功夫入語言。

誠明吟

孔子生知非假習，孟軻先覺亦須脩。誠明本屬吾家事，自是今人好外求。

莫春吟

林下居常睡起遲，那堪車馬近來稀。春深晝永簾垂地，熊氏剛大曰：此可見其静定氣象。庭院無風花自飛。熊氏剛大曰：此可見其天理流行，從容洒落氣象。

芭蕉　張子

芭蕉心盡展新枝，熊氏剛大曰：猶人之爲學已有新益矣。新卷新心暗已隨。熊氏剛大曰：猶人心之義理無窮，方其得新益之時，又有新益存於其間也。願學新心養新德，旋隨新葉起新知。熊氏剛大曰：此篇借物形容人心生生之理無窮。細玩此四句，上兩句是狀物，下兩句是體物。新心養新德，尊德性功夫也。新葉起新知，道問學功夫也。横渠先生觀物性之生生不窮，以明義理之源源無盡，學者當深味之，毋徒以詩句觀也。

和陳瑩中了齋自警五首　龜山楊氏

畫前有易方知易，曆上求玄恐未玄。白首紛如成底事，蠹魚徒自老青編。

八荒同宇混車書，一視那知更有渠。憑軾自應由砥道，徑蹊無處問歸愚。

行藏須信執中難，時措應容道屢遷。一目全牛無肯綮，騞然投刃用方安。

聖門事業學須彊，俚耳從來笑折楊。詭遇得禽非我事，但知無有是吾鄉。

盈科日進幾時休，到海方能止衆流。只恐逵多狂未歇，坐馳還愛鏡中頭。

水口行舟　朱子

昨夜扁舟雨一蓑，滿江風浪夜如何。今朝試揭孤蓬看，依舊青山緑樹多。熊氏剛大曰：此篇形容人慾之波自在泛溢，天理常常昭著。

詠開窗

昨日土牆當面立，今朝竹牖向陽開。

此心若道無通塞，明暗如何有去來。熊氏剛大曰：此篇詠塞者既去，明者自來。

克　己

寶鑑當年照膽寒，向來埋没太無端。秪今垢盡明全見，還得當年寶鑑看。

觀書有感二首

半畝方塘一鑑開，天光雲影共徘徊。問渠那得清如許，爲有源頭活水來。

昨夜江邊春水生，蒙衝巨艦一毛輕。向來枉費推移力，此日中流自在行。

公濟和詩見閔耽書，勉以教外之樂，以詩請問二首

至理無言絶淺深，塵塵刹刹不相侵。如云教外傳真的，却是瞿曇有兩心。

未必瞿曇有兩心，莫將此意攪儒林。欲知陋巷憂時樂，只向韋編絶處尋。

石子重兄示詩留别，次韻爲謝三首

此道知君著意深，不嫌枯淡苦難禁。更須涵養鑽研力，彊矯無忘此日心。

克己功夫日用間，知君此意久晞顔。摛文妄意輸朋益，何似書紳有訂頑。

喜見薰成百里春，更慚謙誨極諄諄。願言勉盡精微藴，風俗期君使再淳。

送林熙之二首

仁體難明君所疑，欲求直截轉支離。聖言妙緼無窮意，涵泳從容只自知。

天理生生本不窮，要從知覺驗流通。若知體用元無間，始笑前來説異同。

春日

勝日尋芳泗水濱，無邊光景一時新。等閑識得東風面，萬紫千紅總是春。

春日偶成

聞道西園春色深，急穿芒屩去登臨。千葩萬蕊争紅紫，誰識乾坤造化心。

敬義堂

高臺巨牓意何如，住此知非小丈夫。浩氣擴充無内外，肯誇心月夜同孤。

答袁機仲論啓蒙

忽然半夜一聲雷，萬户千門次第開。若識無心含有象，許君親見伏羲來。

易二首

立卦生爻事有因，兩儀四象已前陳。須知三絶韋編者，不是尋行數墨人。

潛心雖出重爻後，著眼何妨未畫前。識得兩儀根太極，此時方好絶韋編。

文

贊

原象贊

朱子

太一肇判，陰降陽升。陽一以施，陰兩而承。惟皇昊羲，仰觀俯察。奇耦既陳，兩儀斯設。既幹迺支，一各生兩。陰陽交錯，以立四象。奇加以奇，曰陽之陽。奇而加耦，陰陽以章。耦而加奇，陰内陽外。耦復加耦，陰與陰會。兩一既分，一復生兩。三才在目，八卦指掌。奇奇而奇，初一曰乾。奇奇而耦，兑次二焉。奇耦而奇，次三曰離。奇耦而耦，四震以隨。耦奇而奇，巽居次五。耦奇而耦，坎六斯睹。耦耦而奇，艮居次七。耦耦而耦，八坤以畢。初畫爲儀，中畫爲象。上畫成卦，人文斯朗。因而重之，一貞八悔。六十四卦，由内達外。交易爲體，往此來彼。變易爲用，時静而動。降帝而王，傳夏歷商。有占無文，民用弗彰。文王繫象，周公繫爻。視此八卦，二純六交。乃乾斯父，乃坤斯母。震坎艮男，巽離兑女。離南坎北，震東兑西。乾坤艮巽，位以四維。建官立師，命曰周易。孔聖傳之，是爲十翼。遭秦弗燼，及宋而明。邵傳羲畫，程演周經。象陳數列，言盡理得。彌億萬年，永著常式。

述旨贊

昔在上古，世質民淳。是非莫判，利害不分。風氣既開，乃生聖人。聰明睿知，出類超群。仰觀俯察，始畫奇耦。教之卜筮，以斷可否。作爲君師，開鑿户牖。民用不迷，以有常守。降及中古，世變風移。淳澆質喪，民僞日滋。穆穆文王，身蒙大難。安土樂天，惟世之患。乃本卦義，繫此彖辭。爰及周公，六爻是資。因事設教，丁寧詳密。必中必正，乃亨乃吉。語子惟孝，語臣則忠。鈎深闡微，如日之中。爰暨末流，淫于術數。僂句成欺，黄裳亦誤。大哉孔子，晚好是書。韋編既絶，八索以祛。乃作彖象，十翼之篇。專用義理，發揮經言。居省象辭，動察變占。存亡進退，陟降飛潛。曰毫曰釐，匪差匪繆。假我數年，庶無大咎。恭惟三古，四聖一心。垂象炳明，千載是臨。惟是學者，不本其初。文辭象數，或肆或拘。嗟予小子，既微且陋。鑽仰没身，奚測奚究。匪警滋荒，匪識滋陋。維用存疑，敢曰垂後。

明筮贊

倚數之元，參天兩地。衍而極之，五十乃備。是曰大衍，虚一無爲。其爲用者，四十九蓍。信手平分，置右於几。取右一蓍，掛左小指。乃以右手，揲左之策。四四之餘，歸之于扐。初扐左手，无名指間。右策左揲，將指是安。再扐之奇，通掛之算。不五則九，是謂一變。置此掛扐，再用存策。分掛揲歸，復準前式。三亦如之，奇皆四八。三變既備，數斯可察。數之可察，其辨伊何。四五爲少，八九爲多。三少爲九，是曰老陽。三多爲六，老陰是當。一少兩多，少陽之七。孰八少陰，少兩多一。既得初爻，復合前蓍。四十有九，如前之爲。三變一爻，通十八變。六爻發揮，卦體可見。老極而變，少守其常。六爻皆守，彖辭是當。變視其爻，兩兼首尾。變及三爻，占兩卦體。或四或五，視彼所存。四二五一，二分一專。皆變而化，新成舊毀。消息盈虛，舍此視彼。乾占用九，坤占用六。泰愕匪人，姤喜來復。

稽類贊

八卦之象，説卦已全。考之於經，其用弗專。象以情言，象以像告。惟是之求，斯得其要。乾健天行，坤順地從。震動爲雷，巽入木風。坎險水泉，亦雲亦雨。離麗文明，電日而火。艮止爲山，兑説爲澤。以是舉之，其要斯得。凡卦六虛，奇耦殊位。奇陽耦陰，各以其類。得位爲正，二五爲中。二臣五君，初始上終。貞悔體分，爻以位應。陰陽相求，乃得其正。凡陽斯淑，君子居之。凡陰斯慝，小人是爲。常可類求，變非例測。非常曷變，謹此爲則。

警學贊以上易五贊

讀易之法，先正其心。肅容端席，有翼其臨。于卦于爻，如筮斯得。假彼象辭，爲我儀則。字從其訓，句逆其情。事因其理，意適其平。曰否曰臧，如目斯見。曰止曰行，如足斯踐。毋寬以略，毋密以窮。毋固而可，毋必而通。平易從容，自表而裏。及其貫之，萬事一理。理定既實，事來尚虛。用應始有，體該本無。稽實待虛，存體應用。執古御今，由静制動。潔静精微，是之謂易。體之在我，動有常吉。在昔程氏，繼周紹孔。奥旨宏綱，星陳極拱。惟斯未啓，以俟後人。小子狂簡，敢述而申。

復卦贊

萬物職職，其生不窮。孰其尸之，造化爲工。陰闔陽開，一静一動。於穆無疆，全體妙用。奚獨於斯，潛陽壯陰。而曰昭哉，此天地心。蓋翕無餘，斯闢之始。生意闖然，具此全美。其在于人，曰性之仁。斂藏方寸，包括無垠。有茁其萌，有惻其隱。于以充之，四海其準。曰惟兹今，眇綿之間。是用齋戒，掩身閉關。仰止羲圖，稽經協傳。敢贊一辭，以詔無倦。

復卦義贊

南軒張氏

天地之心，其體則微。于動之端，斯以見之。其端伊何，維以生生。群物是資，而以日亨。其在於人，純是惻隱。動匪以斯，則非天命。曰義禮智，位雖不同，揆厥所基，脉絡該通。曷其保之，日乾夕惕。斯須不存，生道或息。養而無害，敬立義集。是爲復亨，出入無疾。

心經贊

西山真氏

舜禹授受，十有六言。萬世心學，此其淵源。人心伊何，生於形氣。有好有樂，有忿有懥。惟慾易流，是之謂危。須臾或放，衆慝從之。道心伊何，根於性命。曰義曰仁，曰中曰正。惟理無形，是之謂微。毫芒或失，其存幾希。二者之間，曾弗容隙。察之必精，如辨白黑。知及仁守，相爲始終。惟精惟一，惟一故中。聖賢迭興，體姚法姒。持綱挈維，昭示來世。戒懼謹獨，閑邪存誠。曰忿曰慾，必窒必懲。上帝實臨，其敢或貳？屋漏雖隱，寧使有愧。四非當克，如敵斯攻。四端既發，皆廣而充。意必之萌，雲捲席撤。子諒之生，春噓物茁。雞犬之放，欲知其求。牛羊之牧，濯濯是憂。一指肩背，孰貴孰賤。簞食萬鍾，辭受必辨。克治存養，交致其功。舜何人哉？期與之同。維此道心，萬善之主。天之與我，此其大者。斂之方寸，太極在躬。散之萬事，其用弗窮。若寶靈龜，若奉拱璧。念兹在兹，其可弗力？相古先民，以敬相傳。操約施博，孰此爲先。我來作州，茅塞是懼。爰輯格言，以滌肺腑。明窗棐几，清晝爐熏。開卷肅然，事我天君。

箴

敬齋箴

朱子

正其衣冠，尊其瞻視。潛心以居，對越上帝。足容必重，手容必恭。擇地而蹈，折旋蟻封。出門如賓，承事如祭。戰戰兢兢，罔敢或易。守口如瓶，防意如城。洞洞屬屬，毋敢或輕。不東以西，不南以北。當事而存，靡他其適。勿貳以二，勿參以三。惟精惟一，萬變是監。從事於斯，是曰持敬。動静弗違，表裏交正。須臾有間，私欲萬端。不火而熱，不冰而寒。毫釐有差，天壤易處。三綱既淪，九法亦斁。於乎小子，念哉敬哉。墨卿司戒，敢告靈臺。

主一箴

南軒張氏

人稟天性，其生也直。克慎厥彝，則靡有忒。事物之感，紛綸朝夕。動而無節，生道或息。惟學有要，持敬勿失。驗厥操捨，乃知出入。曷爲其敬，妙在主一。曷爲其一，惟以無適。居無越思，事靡他及。涵泳于中，匪忘匪亟。斯須造次，是保是積。既久而精，乃會于極。勉哉勿倦，聖賢可則。

勿齋箴

西山真氏

天命之性，得之者人。人之有心，其孰不仁。人而不仁，曰爲物役。耳蕩於聲，曰眩於色。以言則肆，以動則輕。人欲放紛，天理晦冥。於焉有道，禮以爲準。惟禮是由，匪禮勿徇。曰禮伊何，理之當然。不雜以人，一循乎天。勿之爲言，如防止水。孰其尸之，曰心而已。聖言十六，一字其機。機牙既斡，鈞石必隨。我乘我車，駟馬交驟。孰範其驅，維轡在手。是以君子，必正其心。翼翼兢兢，不顯亦臨。萬夫之屯，一將之令。霆鍧飈馳，孰敢干命。衆形役之，統于心官。外止弗流，內守愈安。其道伊何，所主者敬。表裏相維，動靜俱正。莠盡苗長，醕化醴醇。方寸盎然，無物不春。惟勿一言，萬善自出。念茲在茲，其永無斁。

思誠齋箴

誠者天道，本乎自然。誠之者人，以人合天。曰天與人，其本則一。云胡差殊，蓋累於物。心爲物誘，性逐情移。天理之真，其存幾希。豈惟與天，邈不相似。形雖人斯，實則物只。皇皇上帝，命我以人。我顧物之，抑何弗仁？維子思子，深憫斯世。指其本源，袪俗之蔽。學問辨行，統之以思。擇善固執，惟日孜孜。狂聖本同，其忍自棄。人十己千，弗止弗已。雲披霧卷，太虛湛然。塵掃鏡空，清光自全。曰人與天，既判復合。渾然一真，諸妄弗作。孟氏繼之，命曰思誠。更兩鉅賢，其指益明。大哉思乎，作聖之本。歸而求之，實近非遠。

夜氣箴

子盍觀夫冬之爲氣乎？木歸其根，蟄坯其封，凝然寂然，不見兆朕。而造化發育之妙，實胚胎乎其中。蓋闔者，闢之基；正者，元之本；而艮所以爲物之始終。夫一晝一夜者，三百六旬之積。故冬四時之夜，而夜乃一日之冬。天壤之間，群動俱閴，窈乎如未判之鴻濛。維人之身，嚮晦宴息，亦當以造物而爲宗。必齋其心，必肅其躬，不敢弛然自放於牀笫之上，❶使慢易非辟得以賊吾之衷。雖終日乾乾，靡容一息之間斷，而昏冥易忽之際，尤當致戒謹之功。蓋安其身，所以爲朝聽晝訪之地。而夜氣深厚，則仁義之心亦浩乎其不窮。本既立矣，而又致察於事物周旋之頃，敬義夾持，動静交養，則人欲無隙之可入，天理皦乎其昭融。然知及之而仁弗能守之，亦空言其奚庸。爰作箴以自砭，常凜凜瘝恫。

❶「笫」，重修本作「簀」。

理一箴

臨川吴氏

或問予天，予對曰理。陰陽五行，化生萬類，其用至神，然特氣爾。必先有理，而後有氣。蒼蒼蓋高，包含無際。其體至大，然特形只。形氣之凝，理實主是。無聲無臭，於穆不已。天之爲天，斯其爲至。分而言之，名則有異。乾其性情，天其形體。妙用曰神，主宰曰帝。以其功用，曰神曰鬼。專而言之，曰理而已。大哉至哉，理之一言。天以此理，位上爲天，物資以始，是謂乾元。地以此理，而位下焉，物資以生，實承乎乾。人生其間，眇然有己。乃位乎中，而參天地。惟其理一，所以如此。天地與人，理固一矣。人之與物，抑又豈二？天地人物，萬殊一實。其分雖殊，其理則一。天地無情，純乎一真。至誠不息，終古常新。曰天地人，理則惟鈞。或不相似，以人有身。氣質不齊，私欲相因。惟聖無欲，與天地參。理渾然一，形肖而三。下聖一等，于時保之。未能樂天，畏天之威。畏天伊何，無終日違。及其至也，與聖同歸。一者謂誠，惟天惟聖。希聖之賢，主一持敬。敬而戒懼，弗聞弗見。敬而謹獨，莫見莫顯。敬而窮理，則明乎善。如臨如履，心常戰戰。一而無適，有失者鮮。如或不爾，禽獸不遠。人物之初，理同一原。人靈於物，曷爲其然。形氣之稟，物得其偏。是以於理，不通其全。人得其正，固非物比。全體貫通，性爲最貴。最貴之中，又有不同。氣有清濁，質有美惡。曰聖賢愚，其品殊途。濁者惡者，愚不肖也。其清其美，則爲賢知。得美之美，得清之清，無過不及，純粹靈明。

天理渾然，無所虧喪，斯爲聖人，至誠無妄。聖性而安，賢學而行。愚而能學，雖愚必明。愚而不學，是自暴棄。下愚不移，正此之謂。乾父坤母，民胞物與。四而實一，窮亘今古。四者之内，物爲最賤。天地與人，則無少間。胡世之人，多間以私。上不化贊，下甘物爲。上智下愚，學知困知。就人而論，亦分四岐。理焉本一，人自爲四。下愚之人，蓋不足齒。困知可賢，聖可學能。奈何爲人，不求踐形。理在兩間，一本殊分。散爲百行，别爲四端。或謂之道，或謂之誠。千言萬語，一之異名。萬事萬物，胥此焉出。理一之義，周遍詳密。理萬而一，心爲主宰。心一而萬，理之宗會。在天曰理，在人曰心。理一曰實，心一曰欽。

銘

東銘

張子

戲言出於思也，戲動作於謀也。發於聲，見乎四支。謂非己心，不明也；欲人無己疑，不能也。過言非心也，過動非誠也。失於聲，繆迷其四體。謂己當然，自誣也；欲他人己從，誣人也。或者謂出於心者，歸咎於己戲；失於思者，自誣爲己誠。不知戒其出汝者，反歸咎其不出汝者。長敖且遂非，不知孰甚焉？

顔樂亭銘

程子

天之生民，是爲物則。非學非師，孰覺

孰識？聖賢之分，古難其明。有孔之遇，有顔之生。聖以道化，賢以學行。萬世心目，破昏爲醒。周爰闕里，惟顔舊止。巷汙以榛，井堙而圮。鄉閭蚩蚩，弗視弗履。有卓其誰，師門之嗣。追古念今，有惻其心。良價善諭，發帑出金。巷治以闢，井渫而深。清泉澤物，佳木成陰。載基載落，亭曰顔樂。昔人有心，予忖予度。千載之上，顔惟孔樂。百世之下，顔居孔作。盛德彌光，風流日長。道之無疆，古今所常。水不忍廢，地不忍荒。嗚呼正學，其何可忘？

克己銘　藍田吕氏

凡厥有生，均氣同體。胡爲不仁，我則有己。立己與物，私爲町畦。勝心横生，擾擾不齊。大人存誠，心見帝則。初無吝驕，作我蝨賊。志以爲帥，氣爲卒徒。奉辭于天，誰敢侮予？且戰且徠，勝私窒慾。昔焉寇讎，今則臣僕。方其未克，窘我室廬。婦姑勃谿，安取其餘？亦既克之，皇皇四達。洞然八荒，皆在我闥。孰曰天下，不歸吾仁。痒痾疾痛，舉切吾身。一日至之，莫非吾事。顔何人哉？晞之則是。

敬恕齋銘　朱子

出門如賓，承事如祭。以是存之，敢有失墜？己所不欲，勿施於人。以是行之，與物皆春。胡世之人，恣己窮物。惟我所便，謂彼奚卹。孰能反是？斂焉厥躬。于牆于羹，仲尼子弓。内順于家，外同于鄰。無小無大，罔時怨恫。爲仁之功，曰此其極。敬哉恕哉，永永無斁。

學古齋銘

相古先民，學以爲己。今也不然，爲人而已。爲己之學，先誠其身。君臣之義，父子之仁。聚辨居行，無怠無忽。至足之餘，澤及萬物。爲人之學，燁然春華。誦數是力，纂組是誇。結駟懷金，煌煌煒煒。世俗之榮，君子之鄙。維是二者，其端則微。眇綿不察，胡越其歸。卓哉周侯，克承先志。日新此齋，以迪來裔。此齋何有？有圖有書。厥裔伊何，衣冠進趨。夜思晝行，咨諏謀度。絶今不爲，惟古是學。先難後獲，匪亟匪徐。我則銘之，以警厥初。

求放心齋銘

天地變化，其心孔仁。成之在我，則主于身。其主伊何，神明不測。發揮萬變，立此人極。晷刻放之，千里其奔。非誠曷有？非敬曷存？孰放孰求，孰亡孰有。屈伸在臂，反覆惟手。防微愼獨，兹守之常。切問近思，曰惟以相。

尊德性齋銘

維皇上帝，降此下民。何以予之，曰義曰仁。雖義與仁，維帝之則。欽斯承斯，猶懼弗克。孰昏且狂，苟賤污卑。淫視傾聽，惰其四肢。褻天之明，慢人之紀。甘此下流，衆惡之委。我其監此，祗栗厥心。有幽其室，有赫其靈。執玉奉盈，須臾顛沛。任重道悠，其敢或怠。

志道齋銘

曰趨而挹者，孰履而持？曰飢而寒者，誰食而衣？故道也者，不可須臾離。子不志於道，獨罔罔其何之。

據德齋銘

語道術則無往而不通，談性命則疑獨而難窮。惟其厚於外而薄於內，故無地以崇之。

依仁齋銘

舉之莫能勝，行之莫能至。雖欲依之，安得而依之？爲仁由己，而由人乎哉？雖欲違之，安得而違之？

游藝齋銘

禮云樂云，御射數書。俯仰自得，心安體舒，是之謂游。以游以居，嗚呼游乎。非有得於內，孰能如此？其從容而有餘乎？

崇德齋銘

尊我德性，希聖學兮。玩心神明，蛻污濁兮。

廣業齋銘

樂節禮樂，道中庸兮。克勤小物，奏膚公兮。

居仁齋銘

勝己之私，復天理兮。宅此廣居，純不已兮。

由義齋銘

羞惡爾汝，勉擴充兮。遵彼大路，行無窮兮。

蒙齋銘

物盈兩間，有萬其數。天理流行，無一不具。維象之顯，理寓乎中。反而求之，皆切吾躬。觀天之行，其敢違息。察地之勢，亦厚于德。天人一體，物我一源。驗之義經，厥旨昭然。卦之有蒙，内險外止。止莫如山，險莫如水。曷不曰水，而謂之泉？濫觴之初，厥流涓涓。其生之微，若未易達。其行之果，則不可遏。有崇兹山，潤澤所鍾。維静而正，出乃不窮。始焉一勺，終則萬里。問奚以然，有本如是。是以君子，法取於斯。維義所在，必勇于爲。維行有本，綮德焉出。是滋是培，其體乃立。静而養源，澄然一心。動而敏行，萬善畢陳。厚化川流，初豈二致。溥博淵泉，其用弗匱。

於惟簡肅，宜有此孫。揭名齋扉，目擊道存。養正於蒙，奚必童穉。終身由之，作聖之地。

敬義齋銘

惟坤六二，其德直方。君子體之，爲道有常。内而立心，曰直是貴。惟敬則直，不偏以陂。外而制事，曰方是宜。惟義則方，各當其施。曰敬伊何，惟主乎一。凛然自持，神明在側。曰義伊何，惟理是循。利害之私，罔汩其真。静而存養，中則有主。動而酬酢，莫不中矩。大哉敬乎，一心之方。至哉義乎，萬事之綱。敬義夾持，不二不忒。表裏洞然，上達天德。昔有哲王，師保是詢。丹書有訓，西面以陳。敬與怠分，義與欲對。一長一消，禍福斯在。怠心之萌，闒焉沉昏。欲心之熾，蕩乎狂奔。惟此二端，敗德之賊。必壯乃猶，如敵斯克。怠欲既泯，敬義斯存。直方以大，協德于坤。一念小差，胝此齋扁。嚴師在前，永詔無倦。

克齋銘

南軒張氏

惟人之生，父乾母坤。允受其中，天命則存。血氣之萌，物欲斯誘。日削月朘，噫鮮能久。越其云爲，匪我之自。營營四馳，擾擾萬事。聖有謨訓，克己是宜。其克伊何，本乎致知。其致伊何，格物是期。動静以察，晨夕以思。良知固有，匪緣事物。卓然獨見，我心皦日。物格知至，萬理可窮。請事克己，日新其功。莫險於人欲，我其平之。莫危於人心，我其安之。我視我聽，勿蔽勿流。我言我動，是出是由。涵濡泳游，不競不絿。允蹈彝則，靡息厥脩。逮夫既克，曰人而天。悠久無疆，匪然而然。爲仁之功，於斯其至。我稽古人，其惟顔氏。於穆聖學，具有始終。循循不舍，與天同功。於請先致知，以事克己。仁遠乎哉？勉旃吾子。

敬齋銘

天生斯人，良心則存。聖愚曷異，敬肆是分。事有萬變，統乎心君。一頽其綱，泯焉絲棼。自昔先民，脩己以敬。克持其身，順保常性。敬匪有加，惟主乎是。履薄臨深，不昧厥理。事至理形，其應若響。而實卓然，不與俱往。動静不違，體用無忒。惟敬之功，協乎天德。嗟爾君子，敬之敬之。用力之久，其惟自知。勿憚其艱，而或怠遑。亦勿迫切，而以不常。毋忽事物，必精吾思。察其所發，以會于微。忿慾之萌，則杜其源。有過斯改，見善則遷。是則天命，不遏于躬。魚躍鳶飛，仁在其中。於焉有得，學則不窮。知至而至，知終而終。嗟爾君子，勉哉敬止。成己成物，匪曰二致。任重道遠，其端伊邇。毫釐有差，繆則千里。惟建安公，自力古義。❶ 我作銘詩，以諗同志。

敦復齋銘

惟聖作易，研幾極深。惟卦有復，於昭天心。六爻之義，各隨所乘。其在於五，敦復是明。其敦如何，篤志允蹈。順保其中，

❶「力」，四庫本作「立」。

而以自考。我觀爻義，厥有戒辭。君子體之，敬戒是資。人欲易萌，天理難存。毫釐之間，消長所分。凡百君子，奈何不敬。祇于夙宵，以若天命。惟積惟久，匪俟乎外。敢曰無悔，庶幾寡悔。

恕齋銘

刑成不變，君子盡心。明動麗止，象著義經。所存曷先，其恕之云。自盡於己，以察其情。意有所先，則弗敢成。見雖云獨，亦靡敢輕。幽隱之枉，是達是由。毫釐之疑，是析是明。俾爾寡弱，無有或困。于爾强慝，靡詠靡遁。及得其情，又以勿喜。古人於此，恕有餘地。我名于齋，意實在兹。嗟嗟來者，尚克念之。

主一齋銘

人之心，一何危？紛百慮，走千岐。惟君子，克自持。正衣冠，攝威儀。澹以整，儼若思。主于一，復何之。事物來，審其幾。應以專，匪可移。理在我，寧彼隨。積之久，昭厥微。静不偏，動靡違。嗟勉哉，自邇卑。惟勿替，日在兹。

敬銘

臨川吴氏

維人之心，易於放逸。操存舍亡，或入或出。敬之一字，其義精密。學者所當，服膺弗失。收斂方寸，不容一物。如入靈祠，如奉軍律。整齊嚴肅，端莊静一。戒慎恐懼，兢業戰栗。如見大賓，罔敢輕率。如承大祭，罔敢慢忽。視聽言動，非禮則勿。忠信傳習，省身者悉。把捉於中，精神心術。檢束於外，形骸肌骨。常令惺惺，又新日日。敢以此語，鏤于虚室。

和銘

和而不流，訓在中庸。顔之豈弟，孔之温恭。孔顔往矣，孰繼遐蹤。卓彼先覺，元公淳公。元氣之會，淳德之鍾。瑞日祥雲，霽月光風。庭草不除，意思冲冲。天地生物，氣象融融。萬物静觀，境與天通。四時佳興，樂與人同。泯若圭角，春然心胸。如玉之潤，如酒之醲。晬面盎背，辭色雍容。待人接物，德量含洪。和粹之氣，涵養之功。敢以此語，佩于厥躬。

自新銘

齒本白，一朝不漱，其污已積。面本白，一日不頮，其垢已黑。體本白，一日不浴，其形已墨。齒雖污，漱之則即無。面雖垢，頮之則即不。體雖墨，其形浴之，則瑩然如玉潔且清。是知齒本無污，其污也實自吾。面本無垢，其垢也實自取。體本潔且清，其形之墨也實自成。齒本白，而我自污，誰之辜？面本白，而我自垢，誰之咎？體本白，而我自墨，誰之慝？幸而一朝漱其齒，白者復爾。一旦頮其面，白者復見。一日潔其體而浴，白者復如玉。盍曰向也吾身，白者已塵；今焉澡雪，舊染維新。而今而後，殆不可復。士子守己，當如女子。文人治身，當如武人。女子居室，必無一毫點污，介然自守，如此是謂守己如女。武人殺敵，必須直前不顧，勇於自治，如此是謂治身如武。女不女，易所謂不有躬也。武不武，傳所謂我非夫者。身之白者，渾全而未壞，貴常以不女之女爲戒。身之白者，既壞而求全，謹無若不武之武人然。

自脩銘

養天性，治天情，正天官，盡天倫。奚而養，奚而治，奚而正，奚而盡。未知之，則究之。既知之，則踐之。究者何？窮其理。踐者何？履其事。若何而爲仁義禮智之道？若何而爲喜怒哀懼愛惡之節？若何而爲耳目鼻口手足四支之則？若何而爲君臣父子夫婦長幼朋友之常？探其所以然，求其所當然，是之謂窮其理。存之於心則如此，見之於事則如此，行之於身則又如此。内而施之於家則如此，外而推之於人則如此，大而措之於天下則又如此。躬行之焉，力踐之焉，是之謂履其事。然則其先如之何？曰立誠而居敬。

消人欲銘

人欲之極，惟色與食。食能殞軀，色能傾國。紾兄摟子，食色乃得。將紾將摟，不亦大惑。必也謀道，必也好德。而勿謀食，而勿好色。飲食男女，大欲存焉。不爲欲流，乃可聖賢。我思古人，以理制欲。常戒以懼，惟慎其獨。賢賢易色，好善不足。何暇色耽，恣情悦目。食無求飽，志學惟篤。何暇食求，以極其腹。如或不然，是人其天。貪淫蠱惑，有愧格言。好色是欲，德未見好。惡食是恥，未足議道。嗚呼食色，今其戒兹。戒之如何，剛以治之。

長天理銘

天理之至，惟仁與義。仁只在孝，義只在弟。苟孝於親，是能爲子。苟弟於兄，是能爲弟。能爲子弟，他不外是。此之不能，何況他事？盡乎人倫，堯舜爲至。然其爲道，孝弟而已。知斯二者，即所謂知。節斯二者，即所謂禮。實有二者，即信之謂。安行二者，樂則生矣。五常百行，不離斯二。窮神知化，亦由此始。如或不然，流入佛氏。名爲周遍，實外倫理。事親從兄，豈不甚易？人非不能，特不爲耳。嗚呼仁義，爲之由己。尚勉之哉，毋自暴棄。

克己銘

去病非難，當拔其根。己私既克，天理復還。克他未得，但加裁抑。固不猖獗，終尚潛匿。克者伊何，譬如破敵。戰而勝之，是之謂克。二者異情，學者當明。人欲如敵，入據吾城。被吾戰勝，遠屏退聽。不敢復來，攻城犯命。或敵在內，敺之城外。閉門固拒，控守要害。雖不得入，禍胎猶在。守備一踈，又被攻壞。一戰有功，敵自服從。區區固守，敵敢力鬭。一日克己，隨即復禮。天下歸仁，其效如此。克伐怨欲，苟徒力制。而使不行，仁則猶未。去惡之道，如農去草。既已芟夷，復蘊崇之。絶其本根，勿使能殖。則善者信，無復蟊賊。不能勝敵，其何能國。

爲學亦然，其可弗力。以士希賢，顔真準的。力到功深，優入聖域。

賦

拙　賦　　周子

巧者言，拙者默。巧者勞，拙者逸。巧者賊，拙者德。巧者凶，拙者吉。嗚呼！天下拙，刑政徹，上安下順，風清弊絶。

白鹿洞賦　　朱子

承后皇之嘉惠，宅廬阜之南畺。閔原田之告病，惕農扈之非良。粤冬孟之既望，夙余駕乎山之塘。徑北原以東騖，陟李氏之崇岡。揆厥號之所繇，得頽址於榛荒。曰昔山人之隱處，至今永久而流芳。自昇元之有土，始變塾而爲庠。儼衣冠而弦誦，紛濟濟而洋洋。在叔季之且然，矧休明之景運。皇穆穆以當天，一軌文而來混。念敦篤於化原，乃搜剔乎遺遯。盼黄卷以置郵，廣青衿之疑問。樂菁莪之長育，拔雋髦而登進。逮繼照於咸平，又增修而罔倦。旋錫冕以華其歸，琛以肯堂而詒孫。悵茂草於熙寧，尚玆今其奚論。天既啓予以堂壇，友又訂予以册書。謂此前修之逸迹，復關我聖之宏撫。亦既震于余衷，乃謀度而咨諏。尹悉心以綱紀，吏竭蹙而奔趨。士釋經而敦事，工殫巧而獻圖。曾日月之幾何，屹厦屋之渠渠。山葱瓏而遶舍，水汨㶁而循除。諒昔人之樂此，羌異世而同符。豈顓眺之偉章甫之峩峩，抱遺經而來集。豈顓眺之爲娱，實宫牆之可入。愧余修之不敏，何子望之能給。❶矧道體之無窮，又豈一言之可緝。請姑誦其昔聞，庶有開於時習。曰明誠其兩進，抑敬義其偕立。允莘摯之所懷，謹巷顔之攸執。彼青紫之勢榮，亦何心於俛拾。亂曰：澗水觸石，鏘鳴璆兮。山木苯蓴，枝相樛兮。彼藏以修，息且游兮。德崇業茂，聖澤流兮。往者弗及，余心憂兮。來者有繼兮，我將焉求兮。

遂初堂賦

皇降衷于下民兮，粤惟其常。猗歟穆而難名兮，維生之良。翕衆美而具存兮，不顯其光。彼孩提而知愛親兮，豈外鑠緊中藏。年燁燁而寖長兮，紛事物之交相。非元聖之生知兮，懼日遠而日忘。緣氣稟之所偏兮，橫流始夫濫觴。感以動兮不止，乃厥初之或戕。既志帥之莫御，氣決驟以翺翔。六情放而曷禦，百骸弛而莫强。自青陽而逆旅，暨黄髮以茫茫。儻矍然於中道，盍反求於厥初。厥初伊何，夫豈遠歟？彼匍匐以向井，我惻隱之拳如。驗端倪之所發，識大體之權輿。如寐而聰，如迷而途。知睨視之匪遐，乃本心之不渝。嗚呼，予既知其然兮，予惟以遂之。若火始然而泉始達兮，惟不息以終之。予視兮毋流，予聽兮毋從，予言兮毋易，予動兮以躬。惟日反兮于理，兹日新兮不窮。逮充實而輝光，信天資而本同。極存神而過化，亘萬古而常通。嗚呼，此羲文之所謂復，而顔氏之所謂爲萬世道學之宗歟！

❶「給」，重修本作「續」。

太極賦

黄 溍

厥初馮翼以瞢闇兮，維玄黄其孰分。爰揭揭予中立兮，配天地以爲人。曩既學而有志兮，紛遑遑其求索。曰道不可名兮，孰無徵而有獲？繄皇羲之神聖兮，感龍馬之負圖。得妙契於俯仰兮，何有畫而無書。豈至道之玄遠兮，非名言之可摹。懿尼丘之降神兮，廓人文以宣朗。揭日月於中天兮，啓群昏之罔象。指道妙於難名兮，曰以一而生兩。是謂太極兮，非虚無與惚怳。高下以位兮，天尊地卑。燥濕以類兮，五行順施。南乾北坤兮，西坎東離。物錯綜兮，殊鉅細與妍蚩。孰主張是兮，兹一本之所爲。歷兩都而江左兮，胡論説之紛霏。豈清言之弗美兮，去道遠而愈失。❶偉先哲之獨詣兮，重指掌於無極。揭座右以爲圖兮，❷開盲聾於千億。謂斯道之匪他兮，在夫人而曰誠。幾善惡猶陰陽兮，兹吉凶之所生。嗟奇論之後出兮，穴牆垣爲户牖。析同異於一言兮，或曰無而曰有。猶終不可使薰兮，亟終不可使黝。道惟辨而愈明兮，貽話言於不朽。昔聖門之多賢兮，纘入室而升堂。端木氏之穎悟兮，僅有覩其文章。雖亞聖之挺生兮，猶歎其前後之無方。疇敢索無聲於窅默兮，孰能求無形於渺茫。惟下學而上達兮，炳聖謨之洋洋。嗟諸生之貿貿兮，❸方鈎深而摘隱。探賜也之未聞兮，誇神奇而捷敏。持空言於繫影兮，曾不

❶「愈失」，原闕，今據清光緒知服齋叢書本《元儒考略》卷四補。

❷「座」，原作「坐」，今據重修本改。

❸「嗟」，原闕，今據重修本補。

滿夫一哂。曰予未有知兮，何太極之敢言。秉思誠之遺訓兮，矢顛沛而弗諼。庶返觀而有得兮，明萬理之一原。申誦言以自詔兮，聊抒意於斯文。

性理大全書卷之七十

全書終

鳴謝

《儒藏》精華編惠蒙善助，共襄斯文；謹列如左，用伸謝忱。

本焕法師　壹佰萬元

智海企業集團董事長　馮建新先生　壹佰萬元

NE・TIGER時裝有限公司董事長　張志峰先生　壹佰萬元

張貞書女士　壹佰萬元

北京大學《儒藏》編纂與研究中心

本册審稿人　賀擁軍
本册責任編委　甘祥滿

圖書在版編目(CIP)數據

儒藏.精華編.一九三/北京大學《儒藏》編纂與研究中心編.—北京：北京大學出版社，2018.12

ISBN 978-7-301-11911-2

Ⅰ.①儒… Ⅱ.①北… Ⅲ.①儒家 Ⅳ.①B222

中國版本圖書館CIP數據核字（2018）第266520號

書　　名	儒藏（精華編一九三）
	RUZANG
著作責任者	北京大學《儒藏》編纂與研究中心　編
責任編輯	陳軍燕
標準書號	ISBN 978-7-301-11911-2
出版發行	北京大學出版社
地　　址	北京市海淀區成府路205號　100871
網　　址	http://www.pup.cn　　新浪微博：@北京大學出版社
電子信箱	dianjiwenhua@163.com
電　　話	郵購部010-62752015　發行部010-62750672　編輯部010-62756449
印 刷 者	北京中科印刷有限公司
經 銷 者	新華書店
	787毫米×1092毫米　16開本　58.25印張　596千字
	2018年12月第1版　2018年12月第1次印刷
定　　價	1200.00元

ISBN 978-7-301-11911-2

9 787301 119112 >

定價：1200.00元